比 较 译 丛 34

比 较 出 思 想

比较
Comparative Studies

AFTER PIKETTY
The Agenda for Economics and Inequality

皮凯蒂之后
不平等研究的新议程

[美]
希瑟·布西（Heather Boushey）
布拉德福德·德龙（J.Bradford Delong）
马歇尔·斯坦鲍姆（Marshall Steinbaum）
编著

余 江
高德胜
译

中信出版集团｜北京

图书在版编目（CIP）数据

皮凯蒂之后：不平等研究的新议程/（美）希瑟·布西，（美）布拉德福德·德龙，（美）马歇尔·斯坦鲍姆编著；余江，高德胜译. -- 北京：中信出版社，2022.1

书名原文：After Piketty: The Agenda for Economics and Inequality

ISBN 978-7-5217-3806-3

Ⅰ. ①皮… Ⅱ. ①希… ②布… ③马… ④余… ⑤高… Ⅲ. ①收入分配-研究 ②平等（经济学）-研究 Ⅳ. ① F014.4 ② F036

中国版本图书馆 CIP 数据核字（2021）第 253564 号

After Piketty: The Agenda for Economics and Inequality by Heather Boushey,
J. Bradford DeLong and Marshall Steinbaum
Copyright © 2017 by the President and Fellows of Harvard College
Published by arrangement with Harvard University Press through Bardon-Chinese Media Agency
Simplified Chinese translation copyright © 2022 by CITIC Press Corporation
ALL RIGHTS RESERVED
本书仅限于中国大陆地区发行销售

皮凯蒂之后——不平等研究的新议程

编著者：[美]希瑟·布西　[美]布拉德福德·德龙　[美]马歇尔·斯坦鲍姆
译者：余江　高德胜
出版发行：中信出版集团股份有限公司
（北京市朝阳区惠新东街甲 4 号富盛大厦 2 座　邮编　100029）
承印者：北京诚信伟业印刷有限公司

开本：787mm×1092mm　1/16　　印张：40.75　　字数：700 千字
版次：2022 年 1 月第 1 版　　印次：2022 年 1 月第 1 次印刷
京权图字：01-2020-0231　　书号：ISBN 978-7-5217-3806-3
定价：158.00 元

版权所有·侵权必究
如有印刷、装订问题，本公司负责调换。
服务热线：400-600-8099
投稿邮箱：author@citicpub.com

作为学者，我们是站在前人肩膀上的。正是本着这种精神，我们将这本书献给安东尼·阿特金森（Anthony Atkinson, 1944—2017）教授。他对经济不平等议题的毕生研究激励了我们，我们则希望一代又一代学者继续探讨经济如何运行以及为谁服务的根本问题。

目　录

"比较译丛"序　/　V

引言　《21世纪资本论》出版三年之后　/　1
　　布拉德福德·德龙　希瑟·布西　马歇尔·斯坦鲍姆

第一篇　反响

第1章　皮凯蒂现象　/　26
　　亚瑟·戈德哈默

第2章　皮凯蒂是对的　/　47
　　罗伯特·索洛

第3章　为什么我们正处在新镀金时代　/　60
　　保罗·克鲁格曼

第二篇　资本的概念

第4章　《21世纪资本论》的经济学模型错在哪里？　/　74
　　德维什·拉瓦尔

第5章　对财富收入比的政治经济学思考　/　96
　　苏雷什·奈杜

第6章　无所不在的奴隶资本 / 122
　　戴娜·拉米·贝里

第7章　人力资本与财富 / 146
　　埃里克·尼尔森

第8章　技术对收入与财富不平等的影响 / 166
　　劳拉·泰森　迈克尔·斯宾塞

第9章　收入不平等、工资水平决定与裂变的职场 / 202
　　戴维·韦尔

第三篇　不平等的多个维度

第10章　资本收入份额增加及其对个人收入不平等的影响 / 224
　　布兰科·米兰诺维奇

第11章　全球不平等 / 248
　　克里斯托弗·拉克纳

第12章　《21世纪资本论》中的地理学 / 269
　　加雷斯·琼斯

第13章　《21世纪资本论》之后的研究规划 / 293
　　伊曼纽尔·赛斯

第14章　财富不平等的宏观模型 / 311
　　玛莉亚克里斯蒂娜·德纳尔蒂　朱利奥·费拉　杨方

第15章　对世袭资本主义的女性主义解释 / 343
　　希瑟·布西

第16章　不平等扩大对宏观经济意味着什么？ / 371
　　马克·赞迪

第17章　不平等扩大与经济稳定 / 400
　　萨尔瓦多·莫雷利

第四篇　资本与资本主义的政治经济学

第18章　不平等与社会民主主义的崛起 / 424
　　　　马歇尔·斯坦鲍姆

第19章　资本主义的法律架构 / 455
　　　　戴维·格雷瓦尔

第20章　全球不平等的历史起源 / 475
　　　　艾罗拉·德农古

第21章　《21世纪资本论》中的政治因素 / 495
　　　　伊丽莎白·雅各布斯

第五篇　皮凯蒂的答复

第22章　走向经济学与其他社会科学的融合 / 524
　　　　托马斯·皮凯蒂

注　释 / 545

致　谢 / 641

"比较译丛"序

2002年，我为中信出版社刚刚成立的《比较》编辑室推荐了当时在国际经济学界产生了广泛影响的几本著作，其中包括《枪炮、病菌与钢铁》《从资本家手中拯救资本主义》《再造市场》（中译本后来的书名为《市场演进的故事》）。其时，通过20世纪90年代的改革，中国经济的改革开放取得阶段性成果，突出标志是初步建立了市场经济体制的基本框架和加入世贸组织。当时我推荐这些著作的一个目的是，通过比较分析世界上不同国家的经济体制转型和经济发展经验，启发我们在新的阶段，多角度、更全面地思考中国的体制转型和经济发展的机制。由此便开启了"比较译丛"的翻译和出版。从那时起至今的十多年间，"比较译丛"引介了数十种译著，内容涵盖经济学前沿理论、转轨经济、比较制度分析、经济史、经济增长和发展等诸多方面。

时至2015年，中国已经成为全球第二大经济体，跻身中等收入国家的行列，并开始向高收入国家转型。中国经济的增速虽有所放缓，但依然保持在中高速的水平上。与此同时，曾经引领世界经济发展的欧美等发达经济体，却陷入了由次贷危机引爆的全球金融危机，至今仍未走出衰退的阴影。这种对比自然地引发出有关制度比较和发展模式比较的讨论。在这种形势下，我认为更有必要以开放的心态，更多、更深入地学习各国的发展经验和教训，从中汲取智慧，这对思考中国的深层次问题极具价值。正如美国著名政治学家和社会学家李普塞特（Seymour Martin Lipset）说过的一句名言："只懂得一个国家的人，他实际上什么国家都不懂"（Those who only know one country know no country）。这是因为只有越过自己的国家，才能知道什么是真正的共同规律，什么是真正的特殊情况。如果没有比较分析的视野，既不利于深刻地认识中国，也不利于明智地认识世界。

相比于人们眼中的既得利益，人的思想观念更应受到重视。就像技术创新可以放宽资源约束一样，思想观念的创新可以放宽政策选择面临的政治约束。无论是我们国家在二十世纪八九十年代的改革，还是过去和当下世界其他国家的一些重大变革，都表明"重要的改变并不是权力和利益结构的变化，而是当权者将新的思想观念付诸实施。改革不是发生在既得利益者受挫的时候，而是发生在他们运用不同策略追求利益的时候，或者他们的利益被重新界定的时候"。* 可以说，利益和思想观念是改革的一体两面。囿于利益而不敢在思想观念上有所突破，改革就不可能破冰前行。正是在这个意义上，当今中国仍然是一个需要思想创新、观念突破的时代。而比较分析可以激发好奇心、开拓新视野，启发独立思考、加深对世界的理解，因此是催生思想观念创新的重要机制。衷心希望"比较译丛"能够成为这个过程中的一部分。

钱颖一

2015年7月5日

---

* Dani Rodrik, "When Ideas Trump Interests: Preferences, Worldviews, and Policy Innovations," NBER Working Paper 19631, 2003.

引 言

《21世纪资本论》出版三年之后

布拉德福德·德龙　希瑟·布西　马歇尔·斯坦鲍姆

托马斯·皮凯蒂的《21世纪资本论》是有着惊人影响的意外畅销书。其庞大的读者数量表明，有如此多人急切地想要倾听和加入发达国家第二个"镀金时代"的政治经济对话。[1]皮凯蒂著作的英文版译者亚瑟·戈德哈默（Arthur Goldhammer）将在本书的第1章谈道，如今已有30种语言220万册*的《21世纪资本论》发行到世界各地。这220万册图书肯定带有某种力量，它们可以把时代精神引向另外一条轨道：在皮凯蒂之后，针对不平等、经济政策与平等增长（equitable growth）议题的公共知识界讨论应该有了新的焦点。

然而，反方向的社会政治力量也在发挥作用。对皮凯蒂著作的一种视角注意到，在他看来，相对平等的典型工业化经济在许多方面类似于二战后的法国：奉行戴高乐主义，实现了"辉煌30年"的经济增长。而高度不平等的典型工业化经济则类似于1870—1914年处于"美

---

* 为截至本书英文版出版时的数据。——编者注

好时代"的法兰西第三共和国。第三共和国的主导潮流在政治上是激进平等主义（限于本国的男性公民）；在意识形态上是激烈地反对传统权威，尤其是宗教权威；在经济上则高度容忍甚至极度热心于对财富的保护和强化。任何已经拥有财富或试图获取财富的人，无论其财富是商店、葡萄园、年金、工厂还是大庄园，都结成伙伴，以防范有社会主义倾向的劳工阶层的嫉妒和抢夺。

皮凯蒂的著作背后有一条基本信念，即同样的这套文化、意识形态、经济、政治综合体系将主导21世纪的政治经济秩序（至少是在欧美地区），全体有产者将联合起来，防范对财富所有权及其利益的任何威胁。由此产生的作用力将把利润维持在足够高的水平，导致未来金权政治的兴起。

作为本书的编撰者，我们在两年前会说，"或许如此，但也未必"。不过在2016年美国总统大选过后，皮凯蒂的基本信念被凸显出来。1870—1914年法兰西第三共和国"美好时代"的财富主导文化也许不会重现，但我们今天的历程是当时许多重要特征的回响。

应该承认，特朗普赢得2016年美国大选得益于选举人团制度。他并未赢得多数选票，但他确实拿到了大量选票，尤其是在那些传统上支持民主党，近期却饱受经济问题困扰的地区。此外，希拉里没有像奥巴马那样，在年轻人和少数族裔中赢得巨大优势，他们的就业率降到历史新低，屡创新高的学生负债水平没有如约换来劳动力市场上的保障。在我们看来，皮凯蒂分析的经济政治现象由于特朗普的大选胜利得到了有力印证。

本书的重要性也随之凸显。它是若干作者多篇文章的结集，希望通过聚焦关系重大的问题，阐述我们认为经济学界应该在皮凯蒂之后探索哪些主要研究领域。

经济学之外

在经济学之外的社会科学研究中,我们看到皮凯蒂的著作也激起了不小浪花。《21世纪资本论》在学术领域取得了重大成功,改变了社会学、政治学与政治经济学的讨论议题。其他社会科学明显感受到皮凯蒂对不平等恶化前景和效应的论述带来的冲击。

这些冲击对历史学家、社会学家、政治学家及其他学者有何影响?我们认为,对这一问题的最佳总结反而来自一位经济学家:保罗·克鲁格曼(Paul Krugman)。克鲁格曼在本书第3章指出,在上一次出现巨大不平等的历史时期,即第一个镀金时代,严重的不平等与当时理解的激进民主制度(对白人男性而言)实现了完美兼容,因为"与如今一样,当时的巨额财富能买到对政策乃至公共话语的巨大影响力"。就在撰写这段话的2016年12月,我们看到美国组建了一届空前富有的内阁。财富不仅给富人提供了在权力走廊和公共领域的扩音器,而且塑造了社会效仿模式,例如追求高层职位的人应该具备怎样的素质、高级官员应该为谁的利益服务等。

克鲁格曼准确地观察到,如今有着与镀金时代同样的从经济不平等到政治和社会事务影响的链条,其作用甚至更为强烈。政治和社会走向似乎不是回应当前的不平等,而是回应人们预感的一代人之后的状况:"在美国,一个有意思的现象是,不平等的政治影响甚至可以说领先于现实……从目前看,美国经济精英的主要收入来自工薪,而非资本收入。然而保守派的经济主张已经在强调和赞美资本的力量了……有时候,很多政治人物似乎正在积极重建皮凯蒂所说的世袭资本主义。"

2016年美国大选结果彰显了克鲁格曼的结论。一位对国家治理了解如此之少、毫无经验的候选人,完全靠着讲大实话的角色设定,主动迎合某些人群的偏见,为他们的利益不惜损害职业精英群体以及阻止少数族裔和移民"加塞儿",就能赢得如此多的选票,着实令我们震惊。尽管经济学家压倒性地反对他的竞选，他的支持者却拒不接受经济学和其他领域的专家对如何有利于经济发展的公认权威。在过去40年里，美国已经以促进经济增长为名大幅降低了富人的有效税率，削弱了劳工组织以及普通工人的谈判权，并显著提升了劳动力的教育水平。这些政策造就了一个不平等的低增长国家和一群狂热而又愤怒的民粹主义选民，他们甚至愿意拥抱原始法西斯主义。如果说皮凯蒂的著作当初还显得过于激进，那么现在则恰如其分。

我们观察到，社会学家、历史学家、政治学家以及其他学者如今都在热烈并卓有成效地探讨上述问题。因此至少在我们看来，《21世纪资本论》激起的这部分反响正方兴未艾。

经济学内部

不过，经济学内部的反应似乎不那么热烈。虽然皮凯蒂在经济学论坛中现身总会让会场水泄不通，但至少到目前为止，经济学研究并未特别关注他在《21世纪资本论》中提出的宏大议题。《21世纪资本论》尚未带来我们这些热心追随者期望的对经济学研究与政策主张的深刻影响。

我们相信，正如罗伯特·索洛（Robert Solow）在本书第2章中所述，其原因在于皮凯蒂的书是一本极其严肃的著作，提出了大量值得经济学家深究的议题。"卡尔多事实"认为，由要素收入份额变化导致的不平等到20世纪中期已不再是重要的时常变化的经济观测指标，以后似乎也永远不会是。但后来证明，"卡尔多事实"并非事实，而是短暂和意外的历史状态，如今已不复存在。"库兹涅茨事实"认为，几乎所有经济体都已经或将要经历一个不平等扩大的工业化时代，然后是一个不平等缩小的实行社会民主主义的大众消费时代，最后趋于稳定。这同样被证明不是事实，而是暂时的历史偶然现象。鉴于以上两个假说被证伪，索洛呼吁经济学家和经济学研究以皮凯蒂理应得到的严肃礼遇来重新审视《21世纪资本论》。索洛的呼吁是我们编撰本书的主要动机之一，另一个动机是经济学家乃至整个经济学科尚未对其做出恰当的响应。

皮凯蒂的主要观点

由此我们提出如下问题：皮凯蒂对我们理解经济做出了怎样的贡献？鉴于他的发现，后续的经济学研究将如何开展？为了回答上述问题，我们首先需要澄清《21世纪资本论》的主要论点，为此，我们归纳出其以下五个核心论点：

1.第二次世界大战后的社会民主主义时代（1945—1980年），欧美工业化经济体表现出相对的平均主义状态，至少对本国的白人男性而言。这些国家的相对收入差距趋于缓和；长期存在的财富、收入和就业的种族差距被缩小；政治发言权广泛分布在各个人群中。财富对政治走向和经济结构的影响虽然继续存在，却被限制在适当的范围内。

2.这一社会民主主义时代的模式在历史上是偶然现象。与很多学者不同，皮凯蒂认为社会福利国家的兴起是富豪阶层的权势被削弱的结果。他把税后收入不平等差距缩小归因于战争及累进税制的引进，而非19世纪后期到20世纪早期建立的社会保障、劳工标准和福利性基础设施。由于造成资本毁灭的战争属于特殊现象，不平等缩小的时期自然也是如此。

3.在这一社会民主主义时代之前，欧洲处于"美好时代"，美国称之为第一个镀金时代。在那段时期，财富（尤其是继承财富）对政治走向和经济结构产生举足轻重的影响。相对收入的差距很大，相对财富的差距更大。

4.我们当前进入了一个转型时期。财富集中度虽然已经回到20世纪早期的峰值水平,但皮凯蒂指出,最富有1%人群的大部分收入依然是来自劳动,而非资本。[2] 另一方面,资本收入的不平等自2000年以来快速扩大,劳动收入的不平等却保持着相对稳定。[3] 当前还没有出现"过去吞噬未来"的局面,但我们正在向那里趋近。[4]

5.由于财富的基本运动规律产生的巨大力量,我们很可能将被带入第二个镀金时代或又一个"美好时代",财富(尤其是继承财富)将重新对政治走向和经济结构产生举足轻重的统治性影响,相对收入差距将重新走向极端,相对财富差距更甚,医疗与教育进步带来的收益将不再具有普惠性,不同群体和个人的福利差距缩小的趋势将停滞甚至反转。

皮凯蒂的论证结构

皮凯蒂对上述观点的核心论证过程可以简要概述为以下七个步骤:

1.一个社会的财富与年收入之比将提高或降低至净储蓄率及积累率与增长率之比,即(净储蓄率+积累率)除以增长率。

2.时间和机遇等因素将不可避免地导致财富集中到较少数的人群手中,我们称之为"富人"。财富与年收入之比很高的社会将是财富分配极端不平等的社会。

3.财富分配极端不平等的社会伴随着收入分配的极端不平等,因为富人将操控政治经济秩序和其他因素,把利润率维持在高水平,避免凯恩斯所说的"食利者安乐死"现象。[5]

4.财富和收入分配极端不平等的社会将逐渐成为财富控制权被继承人把持的世袭社会。

5.在财富尤其是继承财富对经济活动举足轻重的社会，富人将掌握极大的经济、政治与社会文化影响力，这是一个在许多方面不够美好的社会。

6.到20世纪：（a）在罗伯特·戈登概括的第二次工业革命的推动下出现了独一无二的高速经济增长，欧美各国成功向美国代表的先进经济水平趋近；（b）出现了战争、革命、普遍动荡、社会主义政治运动和累进税制等事件，产生了独特的压低积累率的强大力量；（c）在进入21世纪后，所有这些力量都在衰退。[6]

7.尽管我们距离极限还较远，但上述第1到第5步的发展逻辑正在发挥作用，并且很可能将持续运转下去，在未来50年内给我们带来一个在许多方面不够美好的社会。

在皮凯蒂看来，欧美社会民主主义体制走向灭亡的这个进程，到今天已经走过了整整一代人以上的时间。该进程尚未结束，他认为其背后的驱动力还需要两代人或更多时间才会终结。根据他的观点，我们还远没有达到欧美国家返回金权政治的时刻。

对皮凯蒂批评的贫乏之处

即使采用上述高度简化的版本，皮凯蒂的论述过程也并不轻松。因此我们可以预见，他会收到数量庞大的实质性批评意见。事实的确如此，出现了许多极具深度和影响的评论，例如：

- 马特·罗根利对第3步提出疑问。他支持凯恩斯的见解，认为导致财富与年收入之比提高的积累过程会使利润率比财富与年收入之比更快下降，从而造就一个财富更多而收入不平等程度缩小的社会。[7]
- 泰勒·考恩对第2步、第4步和第5步提出疑问，他认为创造性破坏将打破或至少能限制代际的财富积累过程。接下来,他借鉴了哈耶克的看法,认为"无所事事的富人"是宝贵的文化资源。恰恰是因为这批人不需要陷入为日常生计奔波的命运,才可以用长远或新奇的视角观察世界。[8]

● 达龙·阿西莫格鲁和詹姆斯·罗宾逊指出,尽管皮凯蒂"提到了政策和制度……但安排给它们的角色是专门设定的"。[9]

● 有人预期,新产业革命会带来更多的普惠成果和更快的经济增长,加上新一轮创造性破坏,这将影响第2步、第4步、第6步和第7步的逻辑。

● 还有人质疑,皮凯蒂忽略了人力资本在现代社会也是一种重要的财富形式和促进平等发展的因素。

但总体而言,令我们惊讶的是对皮凯蒂的整体论证逻辑链条的批评很有限。他的论证十分复杂,包含多个步骤,其中所有论述都可能受到质疑。我们对批评意见的了解和阅读远远说不上完整。我们试图总结各种评论意见,但限于篇幅,我们只归纳综述文献。另外我们看到,有相当多的评论非常缺乏实质内容,表现为很不专业的心理诊断、扣"赤色分子"帽子式的迫害、对皮凯蒂观点的曲解、对经济增长模型的误解,以及各种数据错误,等等。

其中最尖锐的,或许是出自艾伦·梅尔泽(供职于卡内基-梅隆大学和斯坦福大学胡佛研究所)笔下。他指责皮凯蒂是法国人,是麻省理工学院的前任教授,是该学院伊曼纽尔·赛斯(Emmanuel Saez)教授的合作撰稿人。此外,国际货币基金组织(IMF)的奥利维尔·布兰查德(Olivier Blanchard)也是该学院的教授,同样是法国人,而法国很多年来一直采用破坏性的收入再分配政策。[10]

一方面,我们很失望地看到许多批评意见并不像学术讨论,而是专门为希望建立家族王朝的典型亿万富豪献计献策。

另一方面，这些低水平评论的急迫发表，加上该书220万册的庞大销量，显然说明《21世纪资本论》激发了虽不和谐却极为宏大的共鸣。有太多人认为该书值得关注，只是问题在于该如何看待它。

我们打算与皮凯蒂的《21世纪资本论》结成一种建设性的合作关系。我们发表的评论可以是尖锐的批评，但应该是有助于促进知识进步的批评。我们不希望推出像图0.1中那样的对皮凯蒂观点的误读，造成世界的知识退步。此外，我们还想鼓励有更多站在皮凯蒂肩上的著述，延续他的数据收集和理论探讨。

> James Pethokoukis
> @JimPethokoukis
>
> 卡尔·马克思没有错，就是说得太早了。大致如此。
> 抱歉了，资本主义。#inequalityforevah
> natl.re/1eD21 dL via @NRO

图0.1 某位推特用户对《21世纪资本论》简短却不到位的总结

我们相信，本书收录的文章将对此做出贡献。为了给这些讨论奠定基础，我们提出如下一些问题：
（1）皮凯蒂在《21世纪资本论》中的论述是否正确？
（2）他的这些论述是否值得关注？
（3）他的这些论述有什么意义？
（4）我们接下来应该做些什么？

皮凯蒂是否正确？

皮凯蒂著作中的论述是否正确？如果不是绝对正确的话，他描述的令人不安的景象是否真有可能发生，是否值得忧虑？或者可否采取某些行动，使《21世纪资本论》的预测成为自我否定的预言？

我们对这些问题均给出强有力的肯定答复。

皮凯蒂正确地指出，在欧美国家，从我们所能回溯的遥远时期起，私人财富的拥有权一直是高度集中的，富人有权力支配资源，决定人们在哪里以及如何从事劳作，并影响政治生活。他正确地指出，在150年（大约六代人的时间）以前的"美好时代"，即第一个镀金时代，典型的欧美国家的私人财富总额与年收入之比约为6。他同样正确地指出，在大约50年（两代人的时间）以前的社会民主主义时代，财富与年收入之比约为3。他还正确地观察到，在过去两代人的时间里，财富与年收入之比在快速提高。

值得商榷的是，财富与年收入之比的提高是否源于皮凯蒂强调的那些作用力？更值得商榷的是，收入不平等的扩大是否源于财富不平等的扩大，而财富不平等扩大本身是否又是整个经济体财富与年收入之比提高的结果？这些问题可以争论，也确实恰如我们所愿地引发了争论。除皮凯蒂强调的因素外，还有其他许多因素在影响收入分配，皮凯蒂本人对其中某些因素展开过讨论。而且他强调的某些因素的作用在社会民主主义时代结束后还没有充分显现。

皮凯蒂的主要论证不是针对当前的状况是如何形成的，而是未来50年乃至更久之后的情况会怎样。尽管如此，依然有很多迹象表明上一个镀金时代的主要特征已经在今天这个时代重现：资本收入份额提高，劳动收入与资本收入伴生的情况越来越多，政府税收部门难以撼动越来越固化的财富代际延续等。

值得深入讨论的是制度、政治和社会运动在面临结构性经济压力时的相对独立性。皮凯蒂的论述是基于极富决定论色彩的未来观：无论财富积累达到多大规模，富人都将通过对社会体制的操控，把利润率维持在5%以上。尽管皮凯蒂不只简单地提及非经济力量的作用，还鼓励读者思考其他社会科学可能带来的启发，但他的论述最终仍基于利润丰厚且相对稳定时的财富积累与不平等的经济动态变化。至于随着财富积累需要什么样的制度变化来维持较高的利润率，并实现他所描述的场景，则没有展开。

然而，现实中的制度可能以多种方式阻碍皮凯蒂描述的场景出现。例如希瑟·布西在本书第15章指出，世袭社会几乎肯定意味着背离性别平等的主张，会遭到女性及其盟友的坚决反对。此外，戴维·格雷瓦尔和马歇尔·斯坦鲍姆在本书第19章和第18章分别提出，不平等的历史伴随着所谓"资本主义意识形态"及其相关的大量法律和政策的兴起（格雷瓦尔）与衰退（斯坦鲍姆）。独立于重商主义者和君主权威的"自由市场"在18世纪伴随着资产阶级发展起来，然后在19世纪与"旧制度"结成政治联盟。《21世纪资本论》认为，资本主义本身（而非其意识形态）是不平等日益扩大的原因，只是由于20世纪两次世界大战的外生因素使其暂时脱轨。世界大战还造成了资本主义意识形态的脱轨，但这方面的外生性不是那么突出。皮凯蒂的观点是值得商榷的，也受到了质疑，因为他关注的信号尚未出现，或者说才刚刚有点苗头。

正是在这些方面，我们期待看到他的观点能够被事实证明。但我们也可能看到，他的观点完全被事实否定。

皮凯蒂认为"食利者安乐死"模型可能会面临严重的实证检验问题，这一论点是站得住脚的。凯恩斯、罗根利和其他学者把财富等同于新古典收入生产函数中的生产资本，认为供求力量将迫使社会财富与年收入之比同社会范围的利润率呈反方向的大幅摆动，从而导致"食利者安乐死"的结果。当资本相对于年收入较为稀缺时，利润率较高，而当资本较为丰富时，利润率较低。按照凯恩斯等人的观点，这种摆动会大到足以使食利者在总收入中的份额维持大致稳定。

皮凯蒂的大致回应是，凯恩斯-罗根利式的观点在新古典经济理论下看似很合理，但并不符合历史事实。供求规律告诉我们，当某个经济体的财富与年收入之比发生变化时，利润率应该呈反向变动。但历史显示，利润率维持在4%~5%的水平，与财富的相对稀缺或充裕基本无关，所以供求规律的说法不成立。

我们在这里面对一个明显的历史事实：对于新古典总生产函数推导出来的主要变化因素来说，利润率确实没有多大变化。但皮凯蒂对此并没有归纳出一套理论。

- 他可以说，无论有关分配的生产理论以及边际生产理论的结论如何，实物资本、全体财富、寻租式政治经济秩序以及政府制造的垄断租金共同形成的铁四边形，会使利润率必然维持在较稳定的水平。
- 他可以说，技术因素导致实物资本不会面临边际回报的快速下降，因此资本收入比与资本份额同向变动，而非反向。他可以说，自己所说的"资本"在过去主要是土地形式的农业资本，在未来则主要是信息资本，而新古典增长模型只能作为短暂的社会民主主义时代的一阶近似描述。
- 他可以采用苏雷什·奈杜在本书第5章的类似观点，认为资本在国民收入中的份额在现实中并不遵循边际生产率定价法则，而是由权力决定。皮凯蒂和新古典学派所说的财富和资本的全部存量，其实是对未来收入流的金融化索取权。也就是说，它们并非过去长期积累的结果，而是对未来的政治控制权。

可是，皮凯蒂并未采用以上任何立场或其他任何说法。

这似乎是《21世纪资本论》的一个重大空白，或许也是皮凯蒂开辟出来的最重要和急迫的研究任务。利润率稳定的表象是不是确切的事实？如果符合事实，又是哪些力量和因素在维持其稳定？

德维什·拉瓦尔在本书第4章试图推进有关研究。他补充了凯恩斯-罗根利式的"食利者安乐死"观点，认为资本和劳动之间的替代性不足以支持皮凯蒂的结论。如果利润率的稳定不是因为资本边际生产率随着资本积累而维持稳定,那又是因何而致?有没有相关理论解释?在本书第8章,劳拉·泰森和迈克尔·斯宾塞提出了一种推测,他们认为皮凯蒂很可能找错了方向。不平等程度是在持续扩大,但并非由于皮凯蒂增长模型描述的因素,而是由于信息时代的到来以及这个时代技术特征的影响。此类技术大幅度减少了在基本事务操作和基本信息处理中利用人脑作为日常控制机制的必要性,首次使劳动力成为资本的替代品,而非互补品。

皮凯蒂的论证是否正确?目前看答案是"或许"。其论证过程每个环节的稳健性仍有待商榷,并取决于欧美国家是否会维持当前的政治经济运行轨迹。因此我们如何诠释"当前的政治经济运行轨迹"是关键。在某些解释中,皮凯蒂的论述显然是正确的;而在其他一些解释中,他肯定是错误的。我们需要分辨这两种情况。

皮凯蒂的论述是否值得关注?

有些人(或许是很多人)说我们无须关注皮凯蒂的论述。一种常见的思路是,不平等本身就不值得关注。按照这一思路,不平等其实是好事,它能激励人力资本积累和促进社会阶层流动,是加快经济增长的发动机。对经济、社会和国家来说,它根本就不是问题。

这一思路认为,问题在于贫困,尤其是极端贫困。该思路继而指出,今天的人类比六代人之前富裕很多。镀金时代或美好时代的高度不平等导致的不仅是贫困,而且是赤贫,因此不平等在当时确实是一个严重问题。但由于欧美国家整体上变得非常富裕,类似的不平等程度在今天已不再导致赤贫。事实上,如果从历史标准看,今天的不平等甚至已不再造成"贫困"了。

例如在美国,"第三条道路"(Third Way)等政策倡议组织认为,美国中产阶级境况不错。他们指出,以实际收入增长(很大程度上源于女性的工作时间和收入增加）来看，皮凯蒂对顶层1%人群的测算并没有把故事讲对。学术界也有很多人提出，医疗服务、环境卫生、公共教育、识字率和疾病防治等方面的巨大进步，以及休闲活动的日益丰富，都表明无论顶层1%人群过得如何，普通人在绝对福利上的收益都不太可能下降。

这其实是一个非常古老的观点，可以追溯到250年前。亚当·斯密在《国富论》中就提出，英国普通工人阶层的物质生活甚至好于非洲的国王。他在《道德情操论》中则认为，富人的消费受到肠胃大小的限制，他们花在自己身上的大部分支出其实是在给下层阶级的休闲和舒适做贡献。

然而这种观点或许是错误的。在17—18世纪的奥古斯都时代，英国的经济增长已令人惊讶地超越了马尔萨斯式的基本生活水平，即使自那以后的经济增长取得了巨大进步，我们仍然有强烈和重要的理由关心历史意义上的贫困和赤贫，以及当前意义上的贫困和不平等状况，哪怕穷人确实已拥有洗碗机、电视机和智能手机。

第一，任何人只要了解美国的医疗服务分配状况及其健康统计结果相对于其他发达国家的糟糕状况，都难以否认：巨额资源投入产生的福利和满意度的最终效果如此之差，不平等是重要影响因素。这一观点不限于医疗领域，严重不平等的经济体很难把生产潜力转化为社会福利。如果有更平等的收入和财富分配，我们本可以做得更好，也必将做得更好。

要证明不平等与医疗或其他社会福利指标之间的因果关系很困难，不过安妮·凯斯和安格斯·迪顿的研究提示了美国部分人群在新镀金时代面临的困境。他们指出，美国中年人在1999—2013年因自杀和过量药物（两种情况都与经济困境有关）造成的死亡率大幅上升，接近艾滋病截至2015年造成的死亡率升幅。[11] 类似的研究也发现，就业、医疗和整体福利方面曾一度缩小的差距已经停止收缩，在某些情况下还被重新拉大了。[12]

第二，如上文所述，现有财富（尤其是继承财富）从本质上不利于同快速经济增长相伴的创造性破坏，现有财富本身就是创造性破坏的对象。富豪及理论家们喜欢说，过分平等的收入分配会破坏工作积极性，把我们变成"不劳而获者的国度"。然而让不平等回到20世纪60年代的水平，并不会把我们带入毛泽东时代的中国。在相应的不平等区间里，更可能出现的场景是：不平等加剧会剥夺穷人给自己、子女和企业投入的资源，从而减缓经济增长。另外，压抑新兴力量的发展，以帮助富人维持既有地位，同样会制约经济增长。

美国有大量证据表明，精英阶层的许多人在从事所谓"机会囤积"（opportunity hoarding）活动。[13] 我们听过很多传闻，如富人们在游艇里改装豪华座椅，营造自己的安乐窝等。但还有一些领域，富人的消费会限制其他人的潜在选择。[14] 例如精英群体越来越多地放弃公立学校，这使这些学校失去了宝贵的家长参与资源和经费支持。精英群体的离开还导致公立学校更容易遭遇政治上的攻击，普惠义务教育和均等化高质量公共教育的整体理念受到敌视。

第三，在富豪阶层能够靠资源获得压倒性话语权的社会，政府致力于解决的是富豪们的问题，而非普通民众关切的事务。这很难说是一个美好的社会。

这一点同样不利于促进增长。面对是寻租还是在竞争市场中争胜的选择，富豪们恐怕更愿意把机会大门关上。例如，尽管政策制定者极力约束新兴的强势平台企业的反竞争倾向，我们依然看到获胜者往往都是先入者，其他企业只能得到残羹冷炙。这样的环境导致价格高昂并制约创新，不利于激发经济的活力。

第四，财富对权力行使的决定性影响远远超出通常的政治领域，会延伸到工作场所、家庭（甚至卧室）以及社会团体。高等教育在资金上对私人财富的依赖已导致这个领域的不平等更加严重，公开照顾校友的子女，暗地里扶持类似阶层的申请人，而对所有不幸未能加入其最优待群体的人则非常不公，相比由公共资金提供持续支持的教育体系而言，依赖私人财富的教育体系对课程与教师观点的限制程度也更高。

第五，在不平等的社会中，雇主可以也确实在滥用左右他人命运的能力，面对让劳工集体发声的主张，他们也总是怒气冲冲。

劳动经济学家戴维·韦尔在本书第9章指出，不平等加剧与职场的裂变存在部分的相互推动关系。过去，大企业是市场经济大海中的中央计划岛屿，发挥着科斯所说的组织效率，雇用各种水平的员工：高技能的职业人士、中层管理人员以及体力劳动者。这种工作场所不可避免地会受到强大的平均主义压力：高工资专业人士的存在会推高所有人对企业可以向体力劳动者支付的薪酬以及体力劳动应得报酬的期望。打破这种社会组织则可以减轻平均主义压力，尤其是停止执行新政以来的雇佣标准，让雇主们可以在无须履行法定义务的条件下保持控制权，这对企业非常有利。我们需要弄清楚韦尔所说的这些力量有多强大，它们属于特殊情况，还是意味着高度不平等有可能在广泛的领域内影响企业之间及企业内部的组织效率。

第六，在不平等的社会中，你认识什么人比你掌握哪些知识对最终福利影响更大，观察富人及其追随者的行为可以发现，讨好富人的天赋能力在人群中的分布并不平均。富人喜欢跟自己相投的人，而福利分配取决于"富人喜欢谁"的社会很难捍卫社会民主主义时代在种族和性别平等上取得的进步。

还有，阿瑟·奥肯在《平等与效率：重大的抉择》一书中提出，"美好的社会应该在平等和效率之间选择一个恰当的临界点"，如果放到今天来看很可能是完全错误的。[15] 更大程度的平等完全可以带来更高的效率。

因此，皮凯蒂的论述的确值得重视，我们也确实非常关注。

皮凯蒂的论述有什么意义？

假设皮凯蒂的观点在今后一个世纪得到验证，欧美国家那时的财富与年收入之比很可能远高于今天，继承财富在总财富中的占比也会比今天大得多。这是否必然导致经济权力和资源的不利分配？考虑到财富的边际效用下降，是否必然导致经济产出低于其潜力？还有，财富收入比较高的社会是否必然是极其不平等的社会？

皮凯蒂的回答是肯定的。在这些议题上他是马克思的追随者，马克思认为，在一个有可转让财富的市场经济中，平均主义的财富分配状况是不稳定的。在初始的平均分配之后，时间和机遇会不可避免地导致一个巨大而延长的尾部，其规模和长度主要和正向地取决于$r-g$的大小（其中，r不是无风险利率水平，而是整体经济的平均利润率）以及与资本回报有关的风险水平。因此，财富收入比较高、资本和其他财富形式在国民收入中所占比例较高的经济，将是不平等的经济。

皮凯蒂自己的论述如下：

> 许多冲击……导致财富分配高度不平等……有人口方面的冲击……回报率的冲击……劳动力市场状况的冲击……影响储蓄水平的偏好参数的差异……这一大类理论模型的核心特征是……如果r与g的差距拉大，长期的财富不平等程度将趋于扩大……r和g的差距如果拉大，将使经济体维持更大和更持久的财富不平等水平……收敛于顶层财富持有者的收入分配呈现帕累托形状的分布状况……使帕累托系数的倒数（反映顶层和底层之间不平等的指标）成为陡峭的$r-g$的增函数（参考文献主要包括：Champernowne, 1953; Stiglitz, 1969; Piketty and Zucman, 2015, 第5.4节；等等）……
>
> 在此类模型中，$r-g$的较小变动可能导致财富不平等稳态水平的极大变动……这其实是$r-g$的影响与制度和公共政策反应之间

的相互作用,包括对收入、财富及继承的累进制税收,通货膨胀、国有化、实物破坏和财产剥夺,房地产分配规则等。在我看来,这些制度和政策决定着财富不平等的变化和水平。[16]

另外,根据皮凯蒂的观点,至少如《21世纪资本论》所述,上述相互作用可能不会带来帮助:财富不平等扩大会增加对平等主义政策的需求,但也会增强以财富阻挠此类政策的人群的力量。《21世纪资本论》认为有利于金权政治统治的力量极为强大,只能靠世界大战和全球革命才能对抗,而且由此带来的矫正也只是暂时的。

这正是《21世纪资本论》表述的观点。当然自该书出版以来,皮凯蒂并没有扮演灾难预言者的角色:传递不平等扩大无可逃避的信息,主张消极对待的态度。相反,他承担起了公共知识分子领袖的责任,他给世界各地传递的信息绝非对无法逃避的宿命的消极记录。如果我们关注皮凯蒂的所作所为,而非他的作品,那么显而易见的是,虽然当前的环境不由他或我们选择,但他依然相信我们可以团结起来决定自己的命运。

布兰科·米兰诺维奇将在本书第10章对此展开讨论,不是针对作为公共知识分子的皮凯蒂,而是针对作为作者的皮凯蒂。米兰诺维奇认为,皮凯蒂(以及之前的马克思)的这些观点只有对"新资本主义"(new capitalism)的制度环境才成立,而未来可能出现其他类型的制度环境。事实上我们也见过历史上其他类型的制度环境。在我们习惯称为发达社会民主主义制度的环境中,例如二战后的制度安排,政府和社会通过强力干预使来自"旧财产"的收入均等化,并创造出公民福利等类型的"新财产",资本收入份额与收入分配的不平等程度无关。另外在米兰诺维奇所说的"古典资本主义"(即马克思所说的"小资产阶级社会主义")制度下,分配由李嘉图理论中的劳动、资本和土地三要素决定,其作用机制也大不相同。

大约两个世纪前，马克思把米兰诺维奇式的观点批驳为反映"小资产阶级社会主义"的非理性幻想，它永远不可能实现，即使偶然发展起来也不可能维持。

但这一简单的批驳并不意味着米兰诺维奇是错的。

皮凯蒂描述的世界极其灰暗，因为其命运已经预先注定。只要利润率高于增长率，我们就必然滑向不平等的持续扩大。我们唯一能做的只是弄清楚如何记录庞大的财富并对其征税，当然前提是能够克服富人们通过操纵政治选项保护自己的阻力。

但加雷斯·琼斯在本书第12章指出，这是难以企及的目标，在很大程度上是因为资本已经跨越了民族国家的范围。工业化带来的财富积累伴随着欧洲及其他地区的民族国家的整合，这些国家本身就是促进资本积累的工具。如今的资本往往致力于突破地区或公民身份的界限，在全球范围内自由流动，不仅追求利润，还要追求不受限制的利润攫取权。加布里埃尔·祖克曼有关税收天堂的开创性研究，以及"巴拿马文件"泄露出来的全球财富流动信息等，都能让我们看到这类趋势。

接下来我们该做些什么？

出于以上各种原因，我们判断《21世纪资本论》是一部意义深远的著作，警示了世界经济在过去30年走上的历史路径在未来可能但并非必然会带来某些令人不安的后果。由此自然会引出若干疑问：我们是否需要采取一些保险措施？如果需要，又该采取什么样的保险措施？但正如亚伯拉罕·林肯于1858年6月16日在伊利诺伊州春田镇的"分裂的家庭"（House Divided）演讲中所述，这类疑问带有某种不成熟的意味，"我们首先需要知道自己站在什么位置，希望走向何方"，因为只有搞清楚这些，"才能更好地判断该做什么，以及如何做"。又如凯恩斯喜欢说的那样，下一步必须"用头脑"去做。编写本书的目的，就是对需要深入理解的议题，阐述我们的研究纲领。

读者在面对本书这样主题庞杂的著作时，恐怕非常需要给自己寻找向导。我们也将尝试提供帮助。在本书第一篇里，三位作者——亚瑟·戈德哈默（第1章）、罗伯特·索洛（第2章）以及保罗·克鲁格曼（第3章）——将从不同视角剖析《21世纪资本论》现象和《21世纪资本论》的观点与启示。

《21世纪资本论》中所讲的"资本"到底是什么？皮凯蒂给出了他的定义。然而当某个概念成为有争议的惊人论述的中心时，这一概念能否承载论述带来的负重，以及这一概念的真实含义，往往会变得不够确定，容易引发争论，也值得重新审视。因此，本书第二篇将从五个不同视角分析"资本"的概念。

德维什·拉瓦尔在第4章指出，皮凯蒂用经济学理论术语阐述的观点源自一个历史事实，即总体来看，资本和劳动是高度相互替代的。可是有大量的研究（包括拉瓦尔本人的研究）充分显示，从微观层面看并非如此，所以在总量上应该对资本和劳动的微观替代弹性以及产品的需求弹性做加权平均处理。他强调在阅读《21世纪资本论》时始终萦绕的一个谜团：该书的核心观点是不是说资本的边际产出不会随着其数量积累而递减？假如事实并非如此，皮凯蒂的论述还有哪些价值？

苏雷什·奈杜在第5章对拉瓦尔的谜团提出一个可能的解释，他把遵循新古典经济学总生产函数机制的"驯化版皮凯蒂"与无所羁绊的"野性版皮凯蒂"进行对比，认为核心内容是一个政治经济学观点，即镀金时代的富人群体会如何安排财产架构，以保卫和增加自己攫取的租金。

本书第二篇接下来的三章将揭示皮凯蒂在展开和应用"资本"概念时留下的漏洞。首先，《21世纪资本论》的主要观点之一是20世纪属于例外情形，从财富不平等的运动规律看，21世纪将更接近18世纪和19世纪的情况。戴娜·拉米·贝里将在本书第6章驳斥皮凯蒂描述的之前数个世纪的景象。根据她的历史解读，在原始积累和财富攫取方面，奴隶制的作用要比皮凯蒂讲的重要得多，这里既包括直接剥削的深度和广度，也涉及奴隶劳动的潜在竞争严重削弱了自由劳动力的谈判权。如果贝里描述的因素很重要，那么在自由劳动盛行的21世纪维持第二个镀金时代就会比18世纪和19世纪创造第一个镀金时代困难许多。而另一方面，如米兰诺维奇所述，国际移民障碍构成了对劳动力自由的某种限制，随着富裕国家与贫穷国家的差距扩大，这一因素将变得愈发突出。

其次，《21世纪资本论》的很多论述假设真正的财富形式只包括政府创造的租金、分期偿债收入、实物资产（土地、建筑物和机器），以及对负责配置此类实物资产和金融资产的组织的控制权。皮凯蒂认为，高工资更多是有利的供求条件导致的偶然和暂时的结果，而非真正可持续的财富来源，因此不是导致不平等状况变化的驱动因素。埃里克·尼尔森将在第7章反驳此观点，概述如果人力资本在21世纪成为与其他财富形式地位相当的财富，会严重质疑皮凯蒂的论证。

再次，劳拉·泰森与迈克尔·斯宾塞在第8章指出，尽管土地和产业资本对财富的形成和分配在过去是重要的决定因素，在未来甚至当前却不再如此。他们认为，我们需要把《21世纪资本论》同布莱恩约弗森和麦卡菲的《第二次机器革命》的观点结合起来，为我们现在讨论的不平等状况建立一个理论架构，并探讨未来的可能情形。

本书第9章将搭建一座知识桥梁，连接对"资本"的探讨与对不平等各个维度的分析。戴维·韦尔在写作本章时担任美国劳工部工资与工时局主管，他强调"职场裂变"的重要影响：大公司在过去采取聘用各种层级和各种岗位员工的模式，但如今工作岗位越来越多地被外包给其他企业和其他地区，原本会成为雇员从而在企业这一社会群体中享有相应的法定和事实特权的劳动者，如今被排除在大企业之外，结果导致恶性竞争。除影响资本和劳动对立的其他经济因素之外，这种在19世纪并不存在的力量，到21世纪后会造成不平等的趋于扩大。

在探讨完"资本"的概念及其在《21世纪资本论》中发挥的作用之后，本书第三篇将呈现多位作者对资本分配不平等导致其他维度不平等所做的分析。米兰诺维奇在第10章提出，财产所有权和控制权与现实不平等状况之间的联系主要取决于政治体制如何影响各种政治经济关系。克里斯托弗·拉克纳在第11章批评了皮凯蒂把不平等问题仅仅作为各民族国家内部不平等的比较，而忽略了闯入房间的"大象"，即自工业革命以来，民族国家之间的不平等已成为全球不平等的更大决定因素。加雷斯·琼斯在第12章批评《21世纪资本论》忽略了"空间"因素，该书只是把地理因素视为"数据容器"，而没有作为不平等和剥削现象发生的背景条件。地理因素如何在全球化世界里促成和推动不平等的发展，在他看来极为关键，而皮凯蒂完全没有涉及。伊曼纽尔·赛斯在第13章指出，我们对不平等的了解是何等之少，以及如果想了解自己的处境和发展趋势，我们是何等需要打破现有的国民收入核算体系，纳入分配指标，把更多资源投入财富不平等的测算，了解监管和税收对不平等的影响效果等。

玛利亚克里斯蒂娜·德纳尔蒂、朱利奥·费拉与杨方在第14章阐述，较高的资本收入比和较大的资本收入份额不是不平等扩大的直接决定因素，并分析了它们之间的联系和差异。希瑟·布西在第15章分析了所谓"女性继承人世袭社会"的创立带来的潜在女性主义经济影响：在历史上，当人们的地位和身份主要取决于其父母和姻亲的背景时，两性关系会变得非常困难和紧张，即使对人们以为掌握了巨大社会权势的女性也是如此。

马克·赞迪（第16章）以及萨尔瓦多·莫雷利（第17章）带领我们展开不同方向的探讨。他们将从一个极为关键的任务入手：评估在不平等扩大的环境中，调控商业周期和促进增长的经济稳定政策会有什么变化。其结论不同于学术界在过去的标准答案，并表明需要开展更多的研究。两位学者都看到了重大的风险，但这些风险应该能得到控制和防范。

本书第四篇给皮凯蒂的观点提出另外一系列挑战,其中的四篇文章采用制度和思想史的宏大视角。马歇尔·斯坦鲍姆在第18章指出,二战后不平等相对缓和的社会民主主义时代是源于20世纪上半叶在政治和军事上的集体屠杀灾难,以及这些灾难对一战之前第一个镀金时代的不平等资本主义政治经济秩序的打击。戴维·格雷瓦尔在第19章论述了第一个(以及第二个)镀金时代的到来很大程度上伴随着17世纪和18世纪法律与政治哲学观的变化,导致对财产的绝对支配权从特殊案例成为西方社会的通行模式,并以此来看待对具体事物和抽象事物的控制以及"所有者"的职责。

艾罗拉·德农古在第20章提到,希望皮凯蒂能够更多地关注财富高度不平等的深层制度和历史起源,并借助阿西莫格鲁等人对"掠夺性"与"包容性"制度的比较分析来填补这一空白,但她同时指出,对"公民"来说属于包容性和发展性的制度,对"臣民"来说可能是掠夺性或排斥性的制度。伊丽莎白·雅各布斯在第21章试图破解皮凯蒂论述中的政治因素既无处不在又无迹可寻的谜题。《21世纪资本论》既认为存在基本的经济运行规律,又认为历史和制度导致的偶然进程改变了增长和分配的结果,却没有描述这两个机制在现实中如何相互作用。

我们希望强调最后这一点,因为它反映了《21世纪资本论》作为一部学术著作及全球知识界的一个社会现象这一双重属性的核心矛盾。一方面,皮凯蒂的中心思想认为,重返镀金时代的经济和政治模式是回归资本主义社会的常态。另一方面,作为知名的公共知识分子,皮凯蒂并不是消极地记录无可逃避的宿命。他的所作所为表明,他相信我们可以抗击其著作中描述的力量,即使当前的环境不由我们选择,我们仍可以联合起来主宰自己的命运。

在本书末尾的第22章,皮凯蒂本人将对我们的论述、批评、拓展和探索予以回应。

第一篇

反响

第1章

皮凯蒂现象

亚瑟·戈德哈默

经济学家的著作大多只有几千本的销量,而皮凯蒂那厚达700多页的《21世纪资本论》却在全世界以30多种语言的版本卖出了200多万册。早在法文原版尚未译成其他语言时,该书已成为社会热点。在美国的华盛顿特区,书商们一直苦于缺货。该书的英文译者亚瑟·戈德哈默在本文中分析了这一"皮凯蒂现象",他的问题是:什么原因导致《21世纪资本论》成为全球畅销书?为什么对该书会有如此强烈的需求?为什么在各种评论出来之后,对该书的热情追捧仍在持续?

---

* 感谢如下人士的建议:Nicolas Barreyre、Mark Blyth、Gary Gerstle、Alex Gourevitch、Peter Gourevitch、David Grewal、Peter Hall、Deborah Mabbett、Noam Maggor、Ian Malcolm、Jedediah Purdy、George Ross、Waltraud Schekele、William Sisler 和 Michael Zakim。本文的早期版本曾于2014年11月应 Pierre Martin 和 George Ross 的邀请,发表于蒙特利尔大学(Universite de Montreal),一并对他们表示感谢。

是因为该书严肃的经济观点、平实近人的文风，还是其顺应了时代精神？戈德哈默将追踪这一现象，并对其原因和影响给出洞见。

托马斯·皮凯蒂的《21世纪资本论》英文版由我从法文版翻译而来，于2014年春面世。在出版后短短数月，销量就超过了40万册。这对任何类型的书籍来说都实属罕见，更不用说是由一位学院派经济学家撰写的700多页的巨著，里面充满了统计图表，甚至在网上补充了技术性的附录资料，涉及数十篇学术论文以及大量的数据。[1] 一年后，该书在全球30多个国家和地区的销量更是攀升到令人震惊的210万册之多（见表1.1）。

对该书的评论除了学术期刊，也频现于面向大众的报纸杂志中。作者出现在世界各地的广播电视上，不只是公共事务或新闻节目，也包括美国的《科尔伯特报道》（Colbert Report）等收视率极高的娱乐类节目。[2] 作者受邀与时任美国财政部长杰克·卢（Jack Lew）及总统经济顾问基恩·斯珀林（Gene Sperling）会面，同参议员伊丽莎白·沃伦（Elizabeth Warren）一同出席公开活动。人们把皮凯蒂称为经济学界的"摇滚巨星"，彭博社的《商业周刊》则用青少年流行杂志的风格给他做封面报道。[3] 众多书店把大部头的精装《21世纪资本论》与其他畅销书码放在一起，书里的公式"$r>g$"在大学校园的T恤上频频出现，也印在了哈佛大学出版社校内垒球队的队服上。[4] 美国经济学会2015年年会为该书举办了一场专题会议，两位诺贝尔经济学奖得主发表了赞赏有加的评论。《金融时报》试图驳斥该书的观点，但没有成功。[5] 皮凯蒂还被授予法国荣誉军团勋章（French Legion of Honor），可他拒绝领取。几个月后，曾抨击他的《金融时报》将该书评为2014年"最佳商业图书"。[6] 出于以上各条以及更多的理由，《21世纪资本论》完全称得上值得研究的出版现象，以及更广义的公众现象。

表1.1 《21世纪资本论》各语种的销量

语种	印刷数量（册，截至2015年12月）
法语	274 910
英语	650 000
德语	108 270
希腊语	7 357
意大利语	71 353
匈牙利语	1 850
葡萄牙语	155 367
卡斯蒂利亚语	101 500
韩语	88 000
日语	163 000
瑞典语	8 000
土耳其语	33 000
中文简体	282 500
中文繁体	44 000
波兰语	16 460
塞尔维亚语	1 750
俄语	7 000
荷兰语	50 981
克罗地亚语	3 000
挪威语	12 000
丹麦语	7 000
加泰罗尼亚语	10 000
捷克语	5 500
斯洛文尼亚语	4 380
斯洛伐克语	1 905
波斯尼亚语	1 000
总计	2 110 083

注：尚无销量数据的其余语种包括：罗马尼亚语、泰国语、泰米尔语、印地语、蒙古语、孟加拉语、拉脱维亚语、阿拉伯语、芬兰语、马其顿语、越南语和乌克兰语。

资料来源：与作者的私人通信。

但这也意味着，以下的分析或许会令试图寻求说法的读者感到失望。在许多方面，"皮凯蒂现象"是无法解释的。尽管我会提到与该书受欢迎看似相关的若干因素，但其中某些因素已经存在了很多年，而同一时期研究不平等问题的其他著作并未激起强烈的公众反应。相关不等于因果。为什么我们将讨论的许多影响因素会在这个时刻汇聚到这本书和这位作者身上，这依然是一个谜。如果可以预见这类现象的发生，出版业肯定会成为致富的捷径。最后一点提醒是，以下分析主要适用于美国。毫无疑问，该书在美国受到的关注影响了它在其他地方的销售表现，包括其原版地法国，但具体影响程度有多大很难判断。

随后的分析将分为五个部分。第一，我将介绍对该书的市场预期，指出最乐观的预测也没有达到所谓"皮凯蒂现象"的程度。第二，我将探讨2007—2009年大衰退导致的政治和社会背景可能对该书带来的影响。第三，回顾对该书早期的重要评论，因为它们可能影响了书籍的市场接受度。第四，分析经济学以外的学科对该书的学术反应。第五，评估该书带来的政治反应，并简要讨论皮凯蒂对民主制度与资本主义关系的看法。

期望和预测

在该书出版前，没有人预见"皮凯蒂现象"。负责引进该书英文版的哈佛大学出版社编辑伊恩·马尔科姆（Ian Malcolm）曾预计，销量"在两三年内可能达到20万册左右"。[7] 他的理由来自之前在普林斯顿大学出版社的工作经验，那里有位同行负责出版了一本他认为有"可比性"的著作：卡门·莱因哈特（Carmen Reinhart）和肯尼斯·罗格夫（Kenneth Rogoff）合著的《这次不一样》。那是一本讲述金融危机历史的书，与皮凯蒂著作的唯一可比之处其实只在于书籍作者也是学院派经济学家，并且比普通学者关注更长的历史跨度。但那本书的成功足以表明，有大量读者对2007—2009年大衰退之后发达工业化国家的状况感到忧心忡忡。

不过，哈佛大学出版社社长威廉·西斯勒（William Sisler）的看法并没有策划编辑那么乐观。他提到，哈佛大学出版社选择将《21世纪资本论》作为2014年的主打书，是因为"我们确实相信这本书会有些反响，运气好的话能卖1万~2万册"。[8]这个量级的销量对学术著作而言的确已算是值得关注，普通学术著作的销量不过数百册，达到10万册量级的极其罕见。但结果表明，老牌出版人和资深编辑都低估了该书的潜力，前者低估了两个数量级，后者低估了一个数量级。作为译者的我同样失算，没有要求拿版税，因为这在学术著作中通常不划算。

所以，尽管有许多热情洋溢的推荐，再加上皮凯蒂在法国和美国已声名鹊起，但客观地说，依然无人预见其著作的现象级热销。《21世纪资本论》是通过法兰西学院的知名经济学家罗杰·格斯奈里（Roger Guesnerie）引起哈佛大学出版社关注的。法国方面的出版人皮埃尔·罗桑瓦隆（Pierre Rosanvallon）对此极为支持，他本人也是法兰西学院的杰出教授，也有著作由我翻译，由伊恩·马尔科姆负责编辑出版。出版社推荐的一位评论家称赞说，该书是"法国社会科学界在过去十年来最重要的著作"。[9]请注意，他对该书的界定是"社会科学"，而不仅限于"经济学"或"经济史"。这对哈佛大学出版社来说或许算是加分项：有机会在经济学出版领域抢滩，同时又可以增加一条能吸引该出版社核心顾客的书目。因而拿下这本书是符合出版策略的，当然也并非毫无风险。在签署合同时，书稿尚未完成，很难评估到底面临多大的风险。完稿后的书稿长度则几乎是预期的两倍，这增加了翻译的成本，也可能令潜在读者望而生畏。

皮凯蒂之前发表的著述，除了在学院派经济学家和经济史学家的圈子里收获数量有限的读者外，难言成功。虽然他与伊曼纽尔·赛斯合著的有关收入分配的多篇论文广为人知（稍后将详细介绍），他之前的主要著作却是本关于法国高收入现象的冗长而厚重的专业书，出版于2001年，之前从未翻译成英文。[10] 此外就是一本短篇的入门级读物《不平等经济学》(*The Economics of Inequality*)，其中不包含皮凯蒂宏大著作中特有的任何实证数据，该书在《21世纪资本论》问世后也出了英文版。

通常来说，对法国学术著作的翻译是等原著在法国出版，并通过学术期刊的评论证实其价值之后才会启动。然而当《21世纪资本论》的英文翻译完成时，该书尚未与法国读者见面。法文版是在我的英文译稿定稿几周后才出版的。该书出版后不久我到法国访问，在每个报刊亭里都能看到有本杂志的封面用挖苦的语气评论说，皮凯蒂不过是一位"小地方来的马克思主义者"，这让人感觉该书在美国的销售也前景不妙。当然，此报道至少说明该书激起了一些波澜，成为大家谈论的话题。

其实，除了那篇讽刺性评论外，该书在法国面市后的几个月里卖得很快。有人说法文版卖得不好，直到英文版在美国成为畅销书以后，得益于媒体对皮凯蒂在海外成为名人的报道，该书才在法国获得新生。然而，这不是事实。该书在法国从一开始就卖得不错，销量达数万册，考虑到法国的市场规模，那已经算是值得庆贺的成绩，与美国的市场欢迎度并非不成比例。当然在美国被神化后，该书在法国的销售也确实出现了第二波热潮。

反之，外国市场的销量并不能保证其在美国市场的成功。例如，我翻译过几本皮凯蒂的支持者皮埃尔·罗桑瓦隆的作品。作为法国的知名公众人物，他的书籍在母国卖得很好，在美国却不尽如人意。这或许是因为阅读罗桑瓦隆的作品需要对法国历史有一定的了解，他的书不善于"跨越"。而皮凯蒂的经济史著作则是从精心的比较视角出发，瞄准全球读者，其主要发现能用醒目的曲线图阐述，并浓缩在一个小时的演讲中。某些尖刻的评论人公开质疑：到底有多少美国购买者真正读完了《21世纪资本论》，甚至翻开过这本书？《华尔街日报》根据亚马逊公司的Kindle阅读器收集的数据报道说，《21世纪资本论》的"霍金指数"得分（数字图书购买者实际阅读的篇幅占图书总页数的比例）甚至低于以其名字给指数命名的那位著名物理学家的作品。[11]

总之，有很多理由让人担心，该书在法国的初期良好表现到美国后未必可以复制。皮凯蒂在自己的母国已经有相当大的公共影响，他不但开展重要的经济学研究，也是政治上的活跃人物。例如，在2012年法国总统大选前，网络新闻媒体Mediapart就组织了一场关于税收政策的辩论，由他和社会党候选人并最终当选总统的奥朗德对垒。[12]因此，皮凯蒂在法国算是公共知识分子，当然他的知名度和他支持左翼社会民主主义的立场也必然会遭到右翼党派的敌视与抨击，例如之前提到的把他称为"小地方来的马克思主义者"的评论。争议能带来卖点，从出版社的角度看，这种敌视也可以当作加分项。同样有把握认为，一本声称美国和英国的财富与收入不平等程度在里根和撒切尔时代之后严重加剧的著作，会让新自由主义政策的众多拥趸发起响亮的回击。事实上更令人惊讶的一个情况是，该书发行后一开始遇到的最敌视的评论其实来自左翼，而右翼的初始反应倒是相当沉默，对此稍后再议。接下来，我先谈谈《21世纪资本论》问世时的政治和社会背景，这些与图书的市场接受度有莫大的关系。

政治和社会背景

皮凯蒂的著作大获成功的一个可能解释是，它踩准了时点。2007—2009年的大衰退击碎了人们对无约束的自由市场的信心，更让大家怀疑经济学家对资本主义制度反复爆发危机原因的理解能力。2008年，来自麻省理工学院的知名学者、后来成为国际货币基金组织首席经济学家的奥利维尔·布兰查德还信心满满地写道："宏观状况良好。"[13] 两年后他的说法变成了有必要在后危机时代的指责与混乱中重新思考宏观经济政策。[14] 保罗·克鲁格曼在东部经济学会（Eastern Economic Association）主席致辞中责备经济学家未能理解2008年金融危机及类似情形的本质和可能性。[15] 尽管在雷曼兄弟公司破产后的数月中，凯恩斯主义的回归受到暂时欢迎，然而政界和选民对赤字支出的抵制情绪显然依旧强烈。布兰查德在2008年的文章中提到新凯恩斯主义和新古典主义宏观经济学之间的休战随危机爆发而溃散，令公众和政客们无所适从。

于是在主流经济学家内部，谈论资本主义制度的系统性不平等重新成为令人可敬之举。而在之前的新自由主义全盛时期（1980—2008年），这一主题几乎已变成禁忌，讨论不平等有时被蔑称为煽动"阶级斗争"，不平等的现实存在则被粉饰为给努力、创新和增长提供激励。面对二战以来最严重的经济衰退，各国中央银行纷纷下调利率，帮助遭受危机冲击的金融资产稳定价值，但失业率仍居高不下。商业银行和保险公司受到公共资金的救助，据称是阻止系统性崩溃的必要手段，而住房资产突然变成负值的居民业主则只能自救。在很多人看来，复苏仅限于富人，灾难带来的负担却落在更不幸的人身上，他们丢掉了工作和住房，在愈发严酷的环境里艰难度日。

其实在之前的岁月中，不平等议题也并未被完全忽略。上文提到，在《21世纪资本论》出版之前，美国人就知道他和伊曼纽尔·赛斯自2003年以来发表过关于美国收入不平等扩大的系列论文。[16] 这些研究受到了相当多的关注，尤其是他们着重指出位居收入分配顶层1%人群与其他人群的差距拉大，已成为标志性的社会现象。2011年爆发的"占领华尔街"运动用"我们是99%！"的口号把这一贫富差距鲜明地表现出来。当然很难证明，该口号是受到皮凯蒂和赛斯论著的启发。自1980年乃至更早以来——最早可以追溯到美国建国时期——收入和财富分配差距的议题在美国就时常被提起。早在皮凯蒂的书出版之前，公司首席执行官（CEO）与普通员工的薪酬之比就是个经常被引用的统计指标。

皮凯蒂的《21世纪资本论》对资本主义制度250年来收入和财富分配状况的总结是否给不平等议题的政治讨论带来了重要影响？像大衰退这样规模的经济灾难，人们在一生中最多遇到一次（但愿如此）。发生这种事件后，回顾更久远的历史，以便更好地评估现状，或许是很自然的倾向。然而汲取历史教训虽然在学者们看来很正常，选民和舆论权威人士是否会这样做却颇令人怀疑。政治评论家很少像皮凯蒂那样有长远眼光，选民则更容易受其现存记忆的鼓动，而没有兴趣对比大多数人从未听说过的镀金时代。类似"你现在的情况跟四年前比有改善吗？"这类问题，是政治上更标准的"历史"比较的概念，很可能比有关资本主义长期发展的哪怕最雄辩有力的观点更能吸引大众。

不过在《21世纪资本论》出版前数月，正准备为第二个任期阐述施政纲领的时任美国总统奥巴马把美国的不平等加剧列入未来十年的关键议题。[17] 虽然衰退后的经济在缓慢复苏，失业也在减少，对系统性不平等的担忧却没有消散。在一篇有关《21世纪资本论》的评论中，美国前财政部长、哈佛大学著名经济学家劳伦斯·萨默斯提到政界对不平等议题重新被唤起的关注，尤其把公众的持续沮丧情绪视作《21世纪资本论》热销的关键因素，他以"后见之明"肯定地说："这本书的成功不算出乎意料……当我们的政治气氛被心怀抱怨的中产阶层主导，总统也把不平等作为其核心经济议题时，一本讲述财富和收入被无孔不入和愈演愈烈地集中到顶层的百分之一、千分之一和万分之一人群的书，怎么会不引起巨大轰动呢？"[18]

奥巴马总统并非在《21世纪资本论》出版前数月中盯上不平等议题的唯一政治人物。伊丽莎白·沃伦也对此发表过重要演讲，专门提到美国收入差距扩大的问题——那正是皮凯蒂过去众多著述的内容。[19] 2013年赢得纽约市市长选举的进步派民主党人比尔·白思豪（Bill de Blasio）

同样把收入不平等作为其竞选的核心议题。[20] 危机凸显的问题并非不平等本身，而是可以追溯到20世纪80年代中期对不公正的愤懑之情。按照皮凯蒂的说法，正是从那时起，收入和财富差距开始扩大。大衰退对富裕人群和中低阶层都造成了伤害，但富人的资产组合价值很快得以恢复，而失去住房的人却不可复得。激起政治愤怒的主要是这种有失公正的过程，而非不平等的结果本身。

日益关注不平等议题的不限于政客，也扩展到更广大的政治阶层。进步派智库经济政策研究所（Economic Policy Institute）多年来一直关注工资水平停滞的问题，不过其关注重点是中位数工薪收入者，而不像皮凯蒂和赛斯那样盯住顶层1%人群。2014年秋，即《21世纪资本论》出版数月后，该研究所所长拉里·米歇尔（Larry Mishel）称赞时任美联储主席珍妮特·耶伦（Janet Yellen）认识到不平等加剧对美国经济的严重危害："对人们往往忽视的社会流动性和收入不平等问题，她讲了一些真话……而不是遮遮掩掩，这值得我们鼓掌。"[21] 米歇尔还大段援引了耶伦的讲话："过去几十年的不平等加剧可以概括为顶层人群的收入和财富大幅度增加，而大多数人的生活水平停滞，这不是什么秘密。我认为有理由质疑这一趋势是否符合我们国家在历史上形成的价值观，特别是美国人传统上高度重视的机会平等。"

耶伦的讲话暗示了一种超越数字和图表的担忧，从普通人到美联储主席，无疑都受到这一担忧的困扰。她提到有深厚基础的美国价值观，显示出人们对不平等扩大和社会流动性减弱之间可能存在的联系颇为忧虑。2012年，当时的白宫经济顾问委员会主席艾伦·克鲁格（Alan Krueger）在一次演讲中呼吁人们关注不平等（由基尼系数衡量）同社会流动性之间明显的逆向关系：不平等越严重，社会流动性越弱。该现象很快被冠以"了不起的盖茨比曲线"之名而广为报道。[22]

总之，对于一本讲述财富和收入分配如何变化，并对普通国民和政治领袖都开始表达忧虑和困惑的现象加以解释的著作而言，2014年早期的政治背景非常有利。如果有相当一部分民众感到自己注定会永远滞留在社会下层,没有上升空间,民主制度就会受到威胁。通过教育获得上进的机会,历来是美国式民主制度的基石之一。

当然,对于近年来社会流动性减弱的感受或许并不准确。拉贾·切蒂与皮凯蒂的论文合著者伊曼纽尔·赛斯及其他人的合作研究发现,这方面的普遍感受可能被过分夸大了。然而这种感受毕竟存在,或许是因为收入不平等的加剧凸显了社会停滞的后果。[23] 事实上,对社会流动性,尤其是向下流动的担忧,对二战后数十年里由于教育成就并获得更多机会而能够在收入分配上居于较高地位的人群而言,已成为一个特定的焦虑根源。皮凯蒂把这个群体称为"世袭性质的中产阶层",由收入分配阶梯中最上面的1/10或2/10人群构成。这个群体中的很多人获得了比自己父辈高得多的收入,掌握着多得多的财富,并会留给他们的子女。我愿意冒险打赌——由于缺乏统计数据难以证实,但可能性很大——皮凯蒂著作的大多数读者正是属于这个群体。

皮凯蒂著作问世时,美国公众舆论动态的另一个关键之处是,在许多美国人心中,最高法院对"公民联盟"案件(Citizens United case)的判决打开了金钱影响政治的防洪闸。巨额财富对民主政治生活的潜在影响力是皮凯蒂著作探讨的主题之一,虽然论述还不够深入。皮凯蒂认为,正是这种影响导致美国从高度累进的所得税和遗产税体制变成了对最高收入阶层也实行很低的边际税率。这一改变继而激励企业高管索取越来越高的薪酬组合,使他们以可转移资产的形式积累了过多的收入,并导致"过去吞噬未来"的场景,这是皮凯蒂书中最令人印象深刻的段落之一。若真像我猜测的那样,皮凯蒂著作的读者主要是来自世袭式中产阶层,那么对此主题的探讨会有些自相矛盾的意味,因为数据表明这个人群是1980年以后财富日益集中的受益者。

不过,如果我们假设皮凯蒂在这个人群中的读者是来自自由派到进步派的政治谱系,上述矛盾便会消失。这些人属于世袭式中产阶层中的专业人士,他们的地位在很大程度上取决于他们的教育水平,倾向于持有自由派到进步派的政治和社会价值观。

需要承认的是,美国教育体制的公平性也经常遭到质疑。顶尖大学作为许多职业的高层精英的看门人角色,是美国教育中一个颇具争议的方面,因为高昂的学费和传承录取(kegacy admission)[*]倾向收窄了入学的大门,把精英阶层变成自我复制的种姓式人群。[24] 在二战后的30年,也就是皮凯蒂视作不平等程度缓和的特殊时期,美国采取措施拓宽了精英高等教育的录取渠道,包括采用"学习能力测验"(Scholastic Aptitude Test,SAT)等标准化考试。[25] 但随着不平等自1980年后重新加剧,这种补救措施的效果因美国教育体系的架构而减弱。由地方房产税负担的公立学校把更多教育资源注入较为富裕的社区。付费备考课程、私人辅导,以及受过良好教育的上层中产阶级对私立学校的日益依赖,也都在某种程度上抵消了二战后旨在促进教育公平的措施。当时采取那些措施的部分原因是为了满足美国对高学历科学家、工程师和其他专业人士的需求。

专业人士群体尤其关注的一点是,极为富裕和极端保守的捐助者对共和党右翼的扶持越来越突出。这种推动是如此成功,以至于过去的一个派别如今已完全吞噬了全党。

由此我们可以推测,世袭式中产阶层里倾向自由派的专业人士群体受到了某种"身份焦虑症"(status anxiety)的困扰,这类似于历史学家理查德·霍夫斯塔特(Richard Hofstadter)对美国历史早期阶段其他社会群体的诊断。许多世袭式自由派人士把自己的成功归因于战后几十年里开放的教育和就业机会,但他们担忧,尽管自己的家庭能提供更好的环境,子女们却不再能获得那样的机会。他们尤其反感对自由主义共识明目张胆的破坏,历史学家阿瑟·施莱辛格(Arthur

---

[*] 指优先录取校友、教职工的子女或亲属。——编者注

Schlesinger）把这种共识称为美国政治生活的"关键中心"。破坏力量来自右翼民粹主义，这股势力受到西达·斯考切波（Theda Skocpol）和瓦尼萨·威廉姆森（Vanessa Williamson）所说的"不安分的亿万富豪"（roving billionaires）的资助，被反精英、反智情绪点燃，仇视20世纪60年代的文化革命开启的价值观变化。而之前的价值观变化对城市专业人士群体在年轻时的生活圈子有过极大的影响。[26] 所以，看到仇视自己文化影响力的个别豪富捐助者的政治影响力显著放大，较为富裕的世袭式自由派群体可能尤其感到担心，也就特别能接受皮凯蒂的观点。

此外，皮凯蒂的书在年轻读者中也极具号召力，特别是在大学里，标志之一是"皮凯蒂读书小组"在美国各地的大学校园中快速涌现。激励这些年轻人的，是某种"我们正处在一个关键时刻，一个原因和影响依然看不清的社会经济转折点"的感受。皮凯蒂带来的是对当前困境的深入理解。在某种意义上，尽管做出了严重不平等会持续的悲惨预测，皮凯蒂带来的却是某种慰藉：他认为第二个镀金时代在许多方面与第一个镀金时代相似，因此也有可能用类似的办法加以改造，而且以"对资本主义的民主控制"为名做了抱有希望的总结。"这次没有什么不同"，他可能说对了，也可能不对。但在面对不确定的未来时，无论是老一辈的身份焦虑还是年轻人的生存焦虑，都促使很多人涉足自己并不熟悉的经济史和历史计量（historical econometrics）领域。

评论界的反应

单以评论界的反应无法解释皮凯蒂的现象级成功，但充分的媒体报道为该书在美国市场的发行助力，则是毋庸置疑的。《21世纪资本论》早在广泛普及前已经成为关注的焦点。对该书最早的英文介绍来自世界银行的经济学家、不平等问题研究专家布兰科·米兰诺维奇，他对法文版发表了评论，并指出皮凯蒂远远超越了以前有关分配问题的研究，试图提出一个"针对资本主义的通用理论"："皮凯蒂没有挑明的目标，正是把经济增长理论同功能性收入分配及个人收入分配理论统一起来。"[27]《经济学人》杂志关注到该书即将出版，宣称它将是一本划时代的著作，并承诺待其出版后在自己杂志上开辟论坛。[28] 英文版出版前不久的2014年1月，《纽约时报》作家托马斯·埃兹尔欢呼该书的到来，指出它在法国已被称为"理论和政治上的推土机"，并保证它会挑战"左右两派的正统理论"。[29] 埃兹尔还提到，皮凯蒂声称不平等扩大与市场缺陷无关，而是自由市场像其支持者宣称的那样运转后的必然结果。此外，埃兹尔还援引了米兰诺维奇的断言，称该书是"经济学思想中的里程碑著作之一"。

由于该书在出版前受到的广泛关注，哈佛大学出版社决定把正式出版日期提前一个月。起初，对激起大众关注居功至伟的是诺贝尔经济学奖得主保罗·克鲁格曼反复发起的讨论，首先是在他的博客和《纽约时报》专栏中，之后又在《纽约书评》杂志发布了一篇重要评论，并与另一位诺奖得主约瑟夫·斯蒂格利茨及皮凯蒂共同出席纽约城市大学的公开活动。克鲁格曼几乎抑制不住自己的热情，他于2014年4月16日写道："该书的分析不仅重要，而且优美……对同行的高度嫉妒令我倍加崇拜，多么出色的一本著作！"克鲁格曼在大量评论中提到该书"极为重要"，并补充说，由此之后"我们讨论财富和不平等的方式将与过去不再相同"。[30] 鉴于克鲁格曼作为知名经济学家和公共知识分子的影响力，他对该书成功发行的贡献不可估量。

与此同时，另一位诺贝尔经济学奖得主、其增长理论对皮凯蒂的分析颇有影响的罗伯特·索洛也在《新共和》杂志上发表书评，为后辈学者欢呼，"对一个古老课题做出了新颖而重大的贡献"。索洛还提到皮凯蒂论述中尤其吸引其他学科学者注意的一个关键点，"相比新近劳动收入，也就是绩效收入，继承财富在社会中的地位很可能会继续提高"。稍后我将对此做更多介绍。[31]

早期的宣传还让皮凯蒂接到众多邀请，出席各种有影响力的公共政策论坛。在2014年4月中旬（即图书刚刚送达书店后）的旋风式宣传之旅中，皮凯蒂先后亮相于经济政策研究所和华盛顿公平增长中心（Washington Center for Equitable Growth）的联合讨论会，城市研究所（Urban Institute）以及国际货币基金组织在华盛顿的会议。另外如前文所述，他还会见了当时的美国财政部长杰克·卢。此后他前往纽约，先后在联合国、美国对外关系委员会和纽约城市大学（由克鲁格曼、斯蒂格利茨和米兰诺维奇陪同）发表演讲，吸引了大量听众。所有这些活动都吸引了大量媒体报道，使该书得到了远比同类图书正常受众多得多的注意。

离开纽约，皮凯蒂飞往波士顿，出席麻省理工学院的宏观经济学讲座，尽管完全没有对外宣传，听众人数依然达到正常情况下的5倍。之后他在哈佛大学肯尼迪政府学院亮相，由前哈佛校长和财政部长萨默斯引见给挤得水泄不通的听众。接下来，皮凯蒂与参议员伊丽莎白·沃伦一起参加在法尼尔厅（Faneuil Hall）举办的公开会议。在此期间，各大报纸持续报道其新书令人瞠目的销量，把这位英俊的年轻经济学家描绘成通常被视为"沉闷的科学"、很少能吸引普通崇拜者的行业"摇滚巨星"。各地书店纷纷报告缺货，出版社发现自己对初期的市场需求完全缺乏准备。事实上，该书的销售速度在哈佛大学出版社设立后的102年历史上高居榜首，让出版人不得不求助于印度和英国的印刷厂，以应对令其措手不及的热切需求。[32]

要继续罗列对皮凯蒂及其著作的溢美之词和热情响应非常容易，然而，就此认为该书得到了一边倒的积极评价则是个错误。在早期发行中，最大的意外或许是最激烈的批评声音并非来自主流群体，而是出于左翼非正统阵营。人们原本以为，皮凯蒂抨击主流群体"对数学的幼稚追求"并坚持"让收入分配问题回归经济学研究的核心"，会让左翼阵营受到鼓舞。[33] 经济政策研究中心（Center for Economic and

Policy Research）的迪恩·贝克尔（Dean Baker）虽然赞同皮凯蒂关于不平等加剧的论点，却坚持对《纽约时报》说，造成这种情况的主要原因是律师、医生、金融家及知识产权所有者等受保护群体的"寻租"行为。这就大大削弱了皮凯蒂远为激进的观点，即不平等是自由市场中完全竞争发挥作用的自然且可预测的天然结果。在贝克尔看来，皮凯蒂的"很大一部分"魅力源自"让人们承认资本主义是一种可怕的制度，而且我们对它还无能为力"。[34]

对皮凯蒂观点最负面的评论之一来自研究不平等问题的一位同行——詹姆斯·加尔布雷思。他严厉责备法国学者自创的资本定义，而没有采纳马克思或者琼·罗宾逊（Joan Robinson）的说法，由此导致了"可怕的混淆"。[35] 当然加尔布雷思也承认，皮凯蒂激发了社会关注财富积累过程的重大变化，也就是某些国家如今的"继承收入"已达到国民收入的15%之多。在无意之间，他也同索洛一样指出了《21世纪资本论》对历史学和社会学等其他领域的学者产生吸引力的原因。下面我就转入对"皮凯蒂现象"这个方面的讨论。

经济学界之外的反应

"皮凯蒂现象"的另一个观察尺度是《21世纪资本论》在经济学以外的学科中激发的兴趣。2012年春，皮凯蒂曾到哈佛大学的欧洲研究中心（Center for European Studies）做讲座，主题正是尚未完成的该书大纲。他的演讲吸引了大约100名学者和学生，主要是来自政治学和社会学领域。三年后的2015年春，即该书出版后约一年光景，皮凯蒂再次到访哈佛，这次是应从事近期已成为显学的"资本主义史"研究的历史学家斯文·贝克特（Sven Beckert）之邀。[36] 能够容纳1 500名听众的哈佛大学的最大会堂，也不足以挤下希望一睹皮凯蒂风采的众多学生、学者和大众，许多人只好悻悻而归。

在哈佛大学的这两次演讲的反差，充分说明了《21世纪资本论》对皮凯蒂在学术界的声誉产生了巨大影响。由于该书的隆重出版，他从一位研究不平等问题、在经济学界之外只受到社会学和政治学界（分配公平问题在这些学科有较大影响力）少数学者关注的有影响力的经济学家，变身为被广大有教养的听众急切期待的公众人物。他在书中呼吁经济学家应和其他社会科学家展开更紧密的合作，这对贝克特这样的学者有着显而易见的吸引力。随着历史学与经济学的注册学生人数此消彼长，贝克特也在试图调整自己学科的研究方向。[37]

加尔布雷思的评论尽管消极，却让人们关注到皮凯蒂著作中的一个方面，这对试图在现代性的"长时段"研究中理解资本主义历史的贝克特等人尤其重要。用加尔布雷思的话来说，继承收入"作为一个在报纸和教科书中丝毫不受关注的因素实在高得离奇"。

在2008年金融危机爆发后，许多学者强调资本主义经济的明显缺陷，强调债务的脆弱性和财富的波动性。然而皮凯蒂的书提醒我们，资本主义制度自创建以来，尽管反复爆发各种灾难，却有着极强的适应力。[38]他给出的数据表明，资本的构成在长期中发生了深刻变化，但资本回报率却只在很小的范围内波动。繁荣时期积累的财富可能受到衰退的蚕食，却很少被全部清除，尽管熊彼特强调的创造性破坏会掏空某些资产类别的价值，机敏的资本家及其继承者却能调整自己的资产组合，以利用新的增长策略。一代又一代的继承者会抓住新出现的机会，继续利用祖先积累的资源，维持自己的支配地位。

这样一来，皮凯蒂提供的关于继承收入的数据为如下观点提供了支持：阶级统治的模式有着长期持续的趋势。由于新自由主义意识形态的兴起，这一观点在20世纪最后几十年一度沉寂。被保罗·克鲁格曼称为"同代人中最具影响力的宏观经济学家"的小罗伯特·卢卡斯（Robert Lucas Jr.）就曾在2004年宣称，"在有害于正常经济学研究的各种倾向中，在我看来，最具诱惑力也最具毒性的莫过于把分配问题作为核心"。[39]皮凯蒂让收入分配问题以及竞争对分配的影响问题重新获得了尊重，由此也深受历史学家们的感激。这些学者从自己的研究中意识到，像小卢卡斯那样的经济学家的信念，即市场的正常运转足以确保财富及其支配权不会轻易落入人数有限且在某种程度上自我复制的资本家阶层手中，完全是过于乐观。他所谓的"有毒"的观念最终可能会成为现实。

法国历史学界的旗舰杂志《年鉴》(Annales)用了一整辑来讨论皮凯蒂的著作及其同社会科学各学科的联系。编辑们在引言中说，"这种联系绝非不言自明"。[40] 皮凯蒂本人在书中令人释然地说过，他在麻省理工学院短期执教后返回法国的原因之一，正是经济学这门学科在欧洲并不像在美国那样占据社会科学的霸权地位。他指出，法国经济学家因此采用了更为谦逊的态度来看待社会现实问题，摆脱了美国同行那种专横霸道的野心，能够与其他社会科学的兄弟姐妹开展更加密切的合作。

皮凯蒂祖国的历史学家同行对经济学家的谦逊似乎并不信服。例如，尼古拉斯·德拉朗德一方面赞誉皮凯蒂著作的宏大视野，让他回想起19世纪的政治经济学名著，另一方面又质疑皮凯蒂是否充分参考了与其中心议题（如累进税的发展史）相关的历史学研究。他提到，在远早于被皮凯蒂视为转折点的第一次世界大战之前，累进税就得到了深入讨论，并在若干国家被采纳，包括普鲁士、瑞典和英国等。[41] 皮凯蒂著作的最终影响很大程度上将取决于他对资本主义全球体系的基本解释如何被更细致地研究扩充、细化，乃至提起挑战。这些正是德拉朗德呼吁开展的。

社会学家阿列克斯·斯皮尔则在《年鉴》杂志的另一篇文章中建议，"要认真接受皮凯蒂的邀请……不应把该书当作经济学专著，而是要看成对更普遍的社会科学做出的贡献"。[42] 他赞许地援引皮凯蒂对经济学的定义："同历史学、社会学、人类学和政治学等并列的，社会科学的一门子学科。"[43] 可是斯皮尔的论述却表明，他和其他社会学家早在《21世纪资本论》出版前就发现了不平等问题在发达的工业化社会结构中的重要性。

而且他对皮凯蒂书中没有深入讨论"社会运动的演变及其推动制度和监管变革的能力"感到有些惊讶。[44]

皮凯蒂对社会科学之间加强合作的呼吁,让他在非经济学家中找到了某些知音,但这种合作是否以及如何在组织和学科上落实则有待观察。经济学家和历史学家在各自的研究议题上有着非常不同的训练和技能。皮凯蒂的愿望如果想变成现实,必须在组织和资源上给予支持,通过共同努力跨越学科边界。在出版上获得巨大成功伴随而来的一个风险是,该书的主要论点会被表面上的巨大影响力遮蔽,而这一影响力被认为只是来自庞大的读者群。或许就像印有"$r>g$"公式的T恤衫和棒球衫代表的那样,皮凯蒂有着成为历史学家南希·帕特纳所说的"偶像派知识分子"的危险。帕特纳引用社会学家多米尼克·巴特曼斯基(Dominik Bartmanski)的话说,偶像地位被赋予了一种"符号价值",把社会理论树立成品牌。[45]偶像地位吸引其他学科的学者引用或至少提及其著述,以支持自己在任何研究中可能得出的观点,却不管原作者是否真正有过论述。有关不平等问题的社会学研究早在皮凯蒂的著作发表前就已非常热烈。某些社会学家私下表示,他们怀疑不平等问题会成为经济学帝国主义将要吞噬的又一个领域。不过,随着有关报道说,受到《21世纪资本论》巨大成功鼓舞的出版商开始给突然流行的不平等研究领域的学者同行提供前所未有的大额预付金,社会学家最初的敌意又很快都烟消云散了。[46]

不平等与民主制度

上文介绍了皮凯蒂著作发行时的政治环境,那么该书出版后又在政治上带来了什么影响呢?借用常被误认为是周恩来对法国大革命的评价:"现在下结论还为时尚早。"[47]尽管前文提到,奥巴马总统确实说过不平等问题将成为未来数十年的关键政治议题,他却没有采取特定的应对行动，或许是因为公众对其说法的反应并不热烈。美国有很多民主党人支持提高最低工资水平，包括西雅图在内的某些地区也通过了这方面的法案，然而对于曾在20世纪中期为降低不平等程度发挥过显著作用的工会，美国社会却依旧保持着较高的敌意。

针对自己做出的疾病诊断，皮凯蒂偏好的药方是对资本进行全球征税，但他也承认，这一乌托邦式的建议在近期很难有具体实施的希望。加尔布雷思则认为，该书对不平等实证研究的贡献不大，对相关政治问题的分析则更没有帮助。他写道："如果建议是乌托邦式的，也就是徒劳无用的，那为什么还要提出呢？为什么还要花一整章讨论这样的建议，难道只是为了煽动天真的民众？"[48]

从不那么偏激的角度看，我们应该考虑到皮凯蒂对税收建议的兴趣不只是因为它能带来财政收入，还因为这是产生信息的手段。对一位虔诚的实证主义研究者而言，皮凯蒂自然相信为了掌控经济活动，政治决策者和公民需要准确的数据。在他看来，税收法规是鼓励产生此类信息的潜在工具。当然税务部门并不是此类有用数据的唯一来源。皮凯蒂还建议通过立法迫使银行和其他金融企业同政府机构分享存款人资产的信息。这方面在近年来已经取得了一定进展，所以皮凯蒂的相关建议既不是空想，也不幼稚。[49]

的确，皮凯蒂对信息的力量寄予了很大希望，以图激发广泛的政治参与，重振民主制度："信息本身不是目的，而是为民主制度提供必要的支撑。要让民主在未来再次掌控资本主义，首先必须承认民主和资本主义所依赖的具体机制需要反复重新改造。"[50]这里他援引了法国政治哲学家雅克·朗西埃（Jacques Rancière）的著述，却忽略了众多历史学家和政治学家的研究。那些人早已发现，如果民主制度能够"掌控"（借用皮凯蒂喜爱的词汇"control"）资本主义，这样的制度同样能够被资本所有者利用，以提高其体制的效率。例如监管措施能够防止产能过剩，但也能被用于强化产业部门的控制，提升规模报酬，从而加剧皮凯蒂反对的资本集中。在涉及经济监管时，集体行动的逻辑有利于那些有明确利益诉求、有办法让决策者了解自身利益的小群体。信息除了支持民主，也能服务于技术官僚的统治，信息解读带来的争议可能消减发起社会运动所需的激情。虽然这些疑虑都不能否认皮凯蒂关于释放信息潜力的主张，但对于他希望获取的信息在面临利益冲突时该如何加以利用，若能提供更全面的论述，其观点可能更具说服力。

结论

有着宏大视野和抱负的《21世纪资本论》把皮凯蒂从一位有名望的经济学家变成了"偶像派知识分子"。众所周知，作品一旦成为公共资产，作者就丧失了控制力。对标志性作品而言尤其如此。《21世纪资本论》的意义已不仅仅或者主要取决于皮凯蒂构建的观点，而是成为读者和非读者都能自由添加解释的"漂浮的能指"（floating signifier）。这未必是对一位作者的垂青，他在某种意义上已成为某个社会现象的一部分，该现象会永远对他此后的思考做出响应。像皮凯蒂那样赢得全世界的关注并不容易，要不受名声所累，获得自我革新所需的宁静，或许将更为困难。

第2章

皮凯蒂是对的

罗伯特·索洛

　　自20世纪70年代以来，美国和其他国家的收入不平等状况都在恶化，其中最显著的一点是富人与其他人群的差距在不断扩大。这一不祥的反民主趋势最终引起公众关注并成为政治议题。如果对此有什么理性和有效的应对政策，那必须基于对不平等加剧原因的正确理解。目前的讨论发现了若干可能的因素：实际最低工资水平萎缩；工会力量与集体谈判机制衰退；全球化与来自贫穷国家的低收入工人的竞争加剧；技术和需求变化导致中层工作岗位减少，劳动力市场走向两极分化，一边是顶层高素质高技能群体，另一边是大量缺乏教育的底层低技能群体；等等。

　　以上各种可能因素似乎都反映了一部分真相，但即使将它们结合在一起，似乎也不足以提供令人满意的答案。对这些因素的分析至少存在两方面的缺陷：首先，它们没有回答真正的关键问题，即顶层1%收入群体同社会上其他人群脱节的趋势；其次，它们带有某些外来的偶然特征，而美国、欧洲和日本等发达经济体在40年来普遍存在的趋势更有可能源自现代工业资本主义的某些更深层的作用力。此时我们迎来了皮凯蒂,一位年仅42岁的法国经济学家,他填补了这样那样的缺陷。我认识一位知名的数学家朋友,他最喜欢用"严肃"一词来表达赞美,"某某是位严肃的数学家",或者"这是幅严肃的绘画"。现在,皮凯蒂带来了一部严肃的著作。

它同时也是一部长篇巨作:英文版有577页排版紧密的正文,加上77页的丰富注解。顺便插一句,我诅咒那些把注解放在全书末尾而不是每页底部的出版人,因为这样排版肯定会让我这类读者忽略大量注解内容。皮凯蒂还在网上提供了内容广泛的"技术附录",其中包含数据表格、数学推导、参考文献,以及他在巴黎授课时的精彩讲义的网络链接。由亚瑟·戈德哈默完成的英译版本读起来也文采斐然。

皮凯蒂的策略是从跨越空间和时间的全景式数据解读入手,再展开论述。之前他与一群合作者通过辛勤努力,编制出了仍在扩展和改进的庞大数据库,其中最知名的人士包括加州大学伯克利分校教授、同样来自法国的年轻经济学家伊曼纽尔·赛斯及现代不平等问题研究的先驱者和泰斗、牛津大学的安东尼·阿特金森(Anthony B. Atkinson)[*]。该数据库为皮凯蒂的观点奠定了实证基础。

整个论述从法国、英国和美国总财富(或资本)——包括私人财富和公共财富——的时间变化轨迹开始,从各国能获得的最早数据起延续至今。德国、日本、瑞典以及较少提及的其他国家,只要能获得令人满意的统计数据,也被纳入该数据库。一本有关不平等问题的著作为何要从总财富的测算谈起,你如果对此感到困惑,且听下文分解。

由于研究的关键是对极大的时间和空间跨度加以比较,如何寻找恰当的可比单位自然是个问题,例如,如何能对法国1850年的总财富与美国1950年的总财富进行对比。皮凯蒂的解决办法是用当时的当

---

[*] 阿特金森教授已于2017年1月去世。——编者注

地货币测算的财富除以当时的国民收入，于是这一财富收入比便采用"年"作为测算维度。因此刚刚提到的对比问题的结论是：法国在1850年的总财富大约相当于该国7年的国民收入，而美国在1950年的总财富仅相当于其4年左右。用直观的国民财富或资本与收入之比进行比较的做法，是整个研究的基础，经济学中也经常提到资本产出比或资本收入比。请读者们习惯这一做法。

但这里有小小的含糊之处：皮凯蒂把"财富"（wealth）概念等同于"资本"（capital），当作可互换的术语。我们很清楚如何计算某个人或某个机构的财富，把所有资产的价值加起来，再减去所有负债的价值（这些价值由市场价格决定，在缺乏市场价格时可采用某种近似值计算），其结果即为净值或财富。至少在英语里，这通常被称为某个人或某个机构的资本。然而"资本"一词还有另一种不完全相同的含义，即表示一种"生产要素"，即生产过程中的一种必要投入，以工厂、机器、电脑、写字楼或（提供居住服务的）住房等形式存在。资本的这一种含义可能有别于"财富"。仔细分辨会发现，某些具有价值、属于财富的资产并不参与任何生产过程，如艺术品、窖藏的贵金属等。你当然可以说挂在起居室中的画作能生产某种"艺术欣赏服务"，但这些产值通常未被计入国民收入。更突出的差异是，股票的市场价值、公司生产资本对应的金融资产可能发生剧烈波动，远高于国民收入的振幅。在衰退期间，财富收入比可能显著下跌，而生产性资本的存量甚至其未来的预期盈利能力或许变化甚微。当然，只要我们像皮凯蒂那样坚持考察长期趋势，这一细节问题完全可以忽略。

整体数据呈现出清晰的态势。在法国和英国，国民资本在1700—1910年相当稳定地保持在国民收入的7倍左右，在1910—1950年受战争和大萧条的影响迅速下降，在英国和法国分别跌至2.5倍和3倍的低谷。此后，两国的资本收入比开始回升，至2010年分别达到略高于5（英国）和略低于6（法国）的水平。美国的情况略有不同，在1770年略高于3，至1910年提升到5，1920年略有下降，1930年恢复到5~5.5的高点，1950年下降到4以下，2010年回升到4.5。

美国的财富收入比始终低于欧洲。早期的主要原因是，在北美洲广袤的开放空间中，土地价值没有那么凸显。美国的土地当然有很多，但价格相当便宜。进入20世纪之后，美国的财富收入比更低或许是因为其生产率较高：同欧洲相比，给定数量的资本能创造出更大的产值。两次世界大战给美国造成的资本破坏和损耗要远远小于英国和法国，这是常识。皮凯蒂观点的一个重要之处在于，在所有这三个国家乃至其他地方，财富收入比自1950年以来都在上升，目前已几乎回到19世纪的水平。他预测这一增长趋势将在21世纪持续下去，并造成重大影响，我们之后将对此展开讨论。

= Ⅱ =

事实上，皮凯蒂并不特别自信却也绝非儿戏地推测，全球的资本收入比将从2010年略低于4.5的水平提升到21世纪末的略高于6.5，从而使整个世界回到少数欧洲富国在19世纪时的状态。这一推测从何而来呢？或者更普遍地说，是哪些因素决定一个经济体的长期资本收入比？经济学家对这一问题的研究已经有75年的历史，他们归纳出了被皮凯蒂当成长期经济"定律"的一个标准答案，其基本思路可以大致概括如下。

假设某个经济体的国民收入为100，以每年2%的速度增长（偶尔会有波动，但可以忽略）。再假设该经济体把10%的国民收入用于储蓄和投资，这样会增加资本数量，如国民收入为100时，资本存量将增加10。我们想探究的是，次年的资本收入比能否维持不变，或者说能否在长期持续稳定？要出现这种稳定状态，资本收入比的分子必须与分母一样保持每年2%的增幅。前面提到，当年的资本存量将增加10，因此原来的存量必须为500，既不能多也不能少。这样就能得到连续一致的变化过程：当年的国民收入为100，资本为500，资本收入比是5；第二年的国民收入为102，资本为510，资本收入比仍然是5。只要国民收入增长率为每年2%，储蓄率或投资率为国民收入的10%，以上过程就能够自动持续。更精彩的情景也可以成立：如果国民收入是靠资本和劳动共同创造出来的，并服从收益递减的古老法则，那么不管经济体的起跑位置如何，它都会因为内在的增长逻辑到达这一独特的、自我再生的资本收入比水平。

请注意，从上述案例可以得出更为普遍的论点：如果某个经济体以每年 g % 的速率保持增长，并把每年 s % 的国民收入用于储蓄，则自我再生的资本收入比就是 s/g（在上述案例中是10/2）。皮凯蒂认为，全球的产出增长率在未来一个世纪中将从每年3%降至1.5%（该增长率为人口增长率与生产率增长率之和，他预期两者都会下跌）。全球的储蓄率或投资率则被设定为10%，于是他预计资本收入比最终将攀升到7左右（即10/1.5）。这是件将要发生的大事。皮凯蒂当然很清楚他所依赖的假设最后可能被证明是错的，没有人能看一个世纪那么远，但事情的进展完全有可能如他预测的那样。

= || =

资本主义经济中的财富有一个关键特征，它可以自我再生，并且往往能获得正的净回报。这将是下一个需要探讨的主题。皮凯蒂估算了英国和法国的"净"回报率（在某些微小调整后），对英国回溯到1770年，对法国回溯到1820年，但没有涉及美国。他得出的结论是："资本的净回报率在每年4%~5%的中心值附近波动，或者更普遍地说是在3%~6%的区间内波动，没有明显上升或下降的长期趋势……但从极长的时期看，资本的净回报率可能略有下降。"若找到美国的可比数据或许能提供更多有趣的启发。

现在，我们如果把资本回报率乘以资本收入比，就能得到资本收入在国民收入中的占比（以下简称"资本收入份额"）。例如，假定回报率为每年5%，资本存量相当于6年的国民收入，那么资本收入就占国民收入的30%，剩下的70%则是劳动收入。于是在经过以上的各种准备工作之后，我们终于进入不平等的讨论议题，并涉及两层不同含义。首先，我们得到了一个功能性收入分配的结果，即劳动收入和资本收入的划分。其次，与劳动收入相比，财富总是更高度地集中在富裕人群手中（尽管美国近期在这方面显得较为异常），因此资本收入份额越大，整体收入在人们之间的分配状况就愈加不平等。人与人之间的不平等，无论是好是坏，对一个社会而言都是最重要的方面。

可惜这点经常未得到充分理解，所以有必要做个简要的解释。从数学角度看，劳动收入在国民收入中所占的份额（以下简称"劳动收入份额"）完全等于实际工资除以劳动生产率。你愿意生活在一个实际工资快速提高但劳动收入份额下降（因为劳动生产率提高更快）的社会，还是一个实际工资和生产率停滞不前、劳动收入份额也没有变化的社会？从狭义的经济角度看，前者肯定更好，因为你是靠自己的工资生活，与你在国民收入中占有多大份额无关。但后一个场景可能在政治和社会的意义上更具优越性。如果少数财富所有者阶层在国民收入中占有的份额越来越高，他们就可能在其他方面同样获得对社会的支配权。我们未必要做上述非此即彼的选择，但从中可以得到更清晰的认识。

假设我们接受皮凯蒂这一有一定根据的推测，即资本收入比在21世纪将会上升，最后稳定在7左右的较高水平，这是否意味着资本收入份额也会扩大？结论是不一定。请回忆一下，我们需要把资本收入比乘以资本回报率，而收益递减规律意味着资本回报率将下降。随着生产中的资本密集度越来越高，想为新增资本找到有利可图的用途将越来越困难，或者说，越来越不容易继续用资本替代劳动。所以资本收入份额是上升还是下降，将取决于资本回报率的降幅与资本收入比增幅之间的关系。

经济学界对此问题已开展过大量研究，但尚未得出明确结论。这表明对资本收入份额的影响无论其变动方向如何，幅度应该都不大。皮凯蒂选择了资本收入份额上升的观点，我倾向于赞同他。在过去几十年的美国经济中，生产率增速一直领先于实际工资水平的提升，且没有逆转的迹象，因此资本收入份额有所提升，而劳动收入份额下降。资本收入份额或许将从30%左右提高至35%左右，这必然会给民主文化和政治带来各种挑战。

= Ⅱ =

这一论证思路还有更强烈的启示，将带我们触及皮凯蒂的核心观点。就我所知，在他之前还没有人给出这一联系。回顾迄今为止的研究结论，历史和理论都表明，工业化资本主义经济体有资本收入比趋于稳定的缓慢趋势，资本回报率也同样如此。该趋势可能受到严重衰退、战争、社会事件和技术变革的干扰，却会在平稳环境中重新确立。在皮凯蒂梳理的漫长历史跨度中，资本回报率通常高于基本的经济增长率，唯一的明显例外是1910—1950年这一段时期。皮凯蒂把这个特例归因于两次世界大战及其间的大萧条造成的破坏，以及由此引发的高税收。

资本回报率超过增长率在理论逻辑上并没有必然性：一个社会及其中的个人可以增加储蓄和投资的数量，使得在收益递减规律的作用下，把资本回报率压缩到长期增长率之下。但我们知道，这种可能的状态从社会的角度看是不合理的，因为如果减少过高的资本存量，使回报率回升到与增长率持平的水平，可以使每个人的消费水平都有永久性的提高，从而进入一个更理想的状态。虽然并没有"看不见的手"可以让市场经济摆脱上述反常状态，但它在现实中并未出现，或许是因为历史上的增长率水平一直不高，而资本则一直稀缺。总体而言，我们仍可以把资本回报率超过基本增长率作为一种常态。

= Ⅱ =

接下来我们可以将注意力转向经济体内部发生的事情。假设某个经济体进入了资本收入比不变的"稳定状态"，则收入完全来自劳动收入的人群可以预期，其工资和收入将与技术进步导致的生产率增速保持同步。这个速度会略低于经济体的整体增长率，因为后者还包含了人口增长率。再看看收入完全来自积累财富收入的人群，其回报率为每年 r 个百分点（这里暂时不考虑税收）。对非常富有的人来说，他可能只会消费其收入的一小部分，剩余部分会用于储蓄和积累，使他的财富（和年收入）以每年接近 r% 的速度增长。好比你存在银行账户里的100美元每年产生3%的利息，你的存款余额就会以每年3%的速度增长。

于是我们可得到皮凯蒂的主要观点，也是他对这一古老课题强有力的全新贡献：只要资本回报率高于经济增长率，富人的收入和财富增速就会快于正常的劳动收入增速。另外，似乎不存在资本收入份额缩小的反方向作用，即使存在也很微弱。从这个趋势出发解释不平等程度的扩大，尤其是解释顶层1%人群的收入增长，并不需要归结为经济制度的任何失灵，而是主要源于资本主义经济在回报率不显著下降的情况下吸收越来越多资本的能力。这对整个经济体而言或许是好事，但对社会中的不平等状况而言则非常不利。

我们可以给这个变化过程命名为"富者愈富的动力机制"。该机制比皮凯蒂书中的描述要略微复杂一些。某些储蓄是来自劳动收入，使工薪阶层手里也有一定的资本积累。这部分财富的回报同样需要重视。但考虑到这些人的财富初始值较小，储蓄率也相对较低，而且小额储蓄获得的回报率较低，计算表明，这种因素不足以阻挡不平等扩大的趋势。

这一基本趋势还有另一个较为令人沮丧的含义。如果现有的大额财富总是比劳动收入增长更快，则相对于新近获得的、主要来自业绩的财富而言，社会中继承财富的地位很可能还会提高。毋庸讳言，工资收入总额增长较慢并不排除某些杰出的创新者、经理人、创业家等可以在有生之年积累大量财富，并进入食利者行列。可是较慢的增长速度显然会使此类成功故事更少出现。尽管对此还有待深入讨论，但数学计算显示，财富集中及其增长潜力会使人们的继承权相对于才能来说越来越占据优势。

皮凯蒂喜欢较为具象地描述收入和财富分配，而不是采用统计学术语。他关注顶层1%人群（有时还包括顶层1%人群中最顶层的10%）、顶层10%人群、顶层之下40%人群以及余下50%人群在总收入中所占的份额。他把夹在顶层10%人群和中位数之间的40%人群称为"中产阶层"——由此界定的中产阶层全都位于中位数之上，颇有些自相矛盾的意味。但美国人习惯把夹在富有人群与可怜的贫困人群之间的所有人都视作中产阶层，与之相比，我认为皮凯蒂的定义还是要好一些。

这方面的数据较为复杂，做跨时间和空间的对比并非易事，但皮凯蒂描述的整体图景能提供帮助。资本的分配状况确实非常不平等，在当前的美国，顶层10%人群拥有的总资本份额超过70%，其中一半又属于最顶层1%人群。在顶层人群之下的40%中产阶层拥有的总资本份额约为25%，其中大多是住房。其余占人口总数一半的人群仅拥有5%的总资本，接近于一无所有。即便是中产阶层拥有的财富数量从历史上看也是新现象。典型的欧洲国家稍微平均一些：顶层1%人群拥有总资本的25%，中产阶层拥有35%。而在一个世纪前，欧洲的中产阶层基本上不拥有任何财富。如果财富所有权在21世纪剩下的时间里变得更加集中，前景将变得相当灰暗，除非你对寡头社会情有独钟。

来自财富的收入可能比财富所有权本身的分配更加集中，原因如皮凯蒂所述，大额财富的回报率往往高于小额财富。这一优势部分源自规模经济，但更可能是由于大投资者有机会接触到更广泛的投资机会。劳动收入自然比财富收入的集中度更低。在皮凯蒂对当今美国的类型化描述中，顶层1%人群拥有全部劳动收入的12%，接下来的9%人群拥有23%，中产阶层拥有的份额约为40%，其余50%人群拥有约25%。欧洲的情况大体相似：顶层10%人群的份额略少于美国，其他两个主要群体略多一点。

= Ⅱ =

由此我们看到了全貌：现代资本主义是一个不平等的社会，而且"富者愈富的动力机制"强烈预示着不平等将会加剧。不过这里还有个问题要回答，它与极高工资收入的出现有关。我们先看看顶层收入构成的某些数据，美国现在顶层1%人群的收入中约有60%来自劳动，只有把范围缩小到顶层1%人群中最顶层的10%人群时，资本收入才占据主导。而对顶层1%人群中最顶层的1%部分，大约有70%的收入是来自资本。这种情况在法国也大致如此，只是对每个分层来说，劳动收入所占的份额都比美国要稍高一点。显然，社会上存在着非常高的工资收入，或许人们之前不曾听说过。

不过这是近期才出现的现象。20世纪60年代，美国顶层1%的工资收入者在全部劳动收入中的份额只是略高于5%。该比例此后便持续提高，到今天，已占据全部劳动收入的10%~12%。法国的情况则有较大不同，顶层1%群体在全部劳动收入中的份额长期维持在6%，最近才提高到7%。劳动收入近期在顶部出现的极端不平等，或许主要是美国发生的现象。皮凯蒂与赛斯对美国高收入者的纳税申报开展了细致研究，他们把这一现象归因于他们所说的"超级经理人"的崛起。极高收入阶层中包含众多大企业的高管，他们有着非常丰厚的薪酬组合。其中有超正常比例的相当多的人（虽非全部）来自金融服务业。无论收入中是否包含股票期权，这些巨额薪酬组合都会转化成财富以及未来的财富收入。因此一个基本事实是，美国的收入和财富分配不平等加剧，很大部分正是由于这些超级经理人的涌现。

目前对这一现象的研究并不多，皮凯蒂的著作也没有深究。他当然清楚高级管理者的薪酬往往是由董事会和薪酬委员会在彼此关照的氛围中决定的，其组成人员跟他们要聘用的高管背景上非常类似。这里显然有乌比冈湖效应（Lake Wobegon illusion）的成分：每个董事会都愿意相信其高管的水平高于平均水平，也理应得到高于平均值的报酬。

那些超级经理人当然有可能名副其实，他们的超高薪酬可能只是反映了他们对企业利润的巨大贡献，按此思路，他们自20世纪60年代以来的影响力提升或许也能找到明确的缘由。但如果该现象是美国独有的，那么这种解释就难以服众。法国并没有出现类似现象，德国或日本大致看来也没有。这些国家的高级管理者缺乏某种优秀基因吗？即便如此，也应该存在巨大的移植空间。

另一种颇具吸引力却依然有些模糊的可能性是，高级管理者的薪酬待遇中至少有一部分并不真正属于劳动收入，而是代表资本的某种附属收入，应作为资本收入的一种分享形式。对这个谜题的解答，可以帮助我们理解美国顶层人群在近期的收入不平等扩大现象。当然这一谜题或许难以求解，因为其中包含的各种条件和结果过于复杂。

= || =

无论如何，我们非常清楚超级经理人阶层在社会和政治上属于食利者阶层，而不是同更广大的工薪阶层、独立执业人士及中层管理者们站在一起。因此，我们依然需要正视皮凯蒂对21世纪的前景展望：人口和生产率增速较慢，资本回报率明显高于增长率，财富收入比回升到19世纪的高水平，资本在国民收入中的占比可能提高，继承财富相对于新获得财富的地位提升，以及顶层收入人群与其他人群的差距拉大等。对此或许可以有一些存疑。例如，历史上相当稳定的资本回报率是收益递减与技术进步共同作用的折中结果；未来的增长率下滑可能使资本回报率大幅下挫……或许会如此。但假设皮凯蒂总体上是正确的，那应该如何应对呢？

皮凯蒂强烈地倾向于对财富征收年度累进税，尽可能在全球征收，以免资本逃离到所谓的税收天堂。他承认全球征税是难以企及的目标，但认为有可能在欧洲或美国这样规模的地域内实施区域性财富税。他设想了一份税率表：100万欧元以下的财富税率为0%，100万~500万欧元的财富税率为1%，500万欧元以上的部分为2%（我写作本文时的汇率约为1欧元兑1.37美元）。请注意这是一种年度税，而非一次性征缴。皮凯蒂估计，这一税种如在欧盟实施会带来相当于GDP 2%的税收收入，可以用作公共支出或者按照既定的公式进行再分配。他倾向于略带累进性的税率设计，我对此表示赞成。当然这种税收的征管需要金融机构及其他企业有很高的透明度和完善的报告。《21世纪资本论》较为详细地讨论了该税种在欧洲可以如何实施。与其他所有税种一样，毫无疑问需要持续努力堵塞税收漏洞、防止逃税行为，但这也是意料之中的情况。

创造每年相当于GDP 2%的税收收入不算太大或太小，但收入不是皮凯蒂所提建议的中心目标。他着眼的是增长率同税后资本回报率之间的差距，而这是导致富者愈富的不平等状况扩大的根源。如果按照他建议的税率结构征税，资本回报率同增长率之间的差距将缩小约1.5个百分点，从而显著削弱上述作用机制。

该建议颇有理论上的意义，因为对皮凯蒂发现的不平等扩大的动力机制来说，这是天然解药。我们还记得，富者愈富的变化过程是在财富累积基础上运转的资本主义制度的本质属性，它并不需要通过个人的创新激励甚至储蓄激励来发挥作用，因此削弱这个过程并不一定会损害上述激励。当然，资本的税后回报率下降可能使大额财富积累的吸引力略有下降，但这也没有定论。总体来看，该建议的影响应该是可以接受的。

皮凯蒂似乎认为，这样的财富税可能在不久的将来就会在欧洲具有政治上的可行性，因为欧洲已经有征收资本税的某些经验。我对此尚无明确看法。在大西洋的这一端，当前对这一建议似乎还看不到像样的前景。我们在政治上连保留住真正有效的遗产税的能力都没有（如果能做到这一点，或许还有个合理的起点），更不用说推行累进程度更高、与现有税制相比对资本收入更不友好的所得税了。顶层人群的收入超过其他人群的内在趋势，不能被某些小修小补逆转。如果美国成为自由者的乐土、勇敢者的家园，以及不断加剧的不平等的最后避难所，这样的结果有吸引力吗？你能接受吗？

第3章

为什么我们正处在新镀金时代

保罗·克鲁格曼

巴黎经济学院教授托马斯·皮凯蒂并不是家喻户晓的名人，当然随着反映了他对不平等问题深刻思考的杰作《21世纪资本论》英文版的发行，他可能已经变成了名人。然而他的影响力其实更为深入。人们已经习惯于承认，我们正生活在第二个镀金时代，或者如皮凯蒂喜欢说的那样，生活在第二个美好时代，其标志是顶层1%人群不可思议的崛起。这个说法能够被广泛接受，完全归功于皮凯蒂的工作。尤其是，他与若干合作者（最突出的有牛津大学的安东尼·阿特金森和加州大学伯克利分校的伊曼纽尔·赛斯）在统计技术方面的开创性工作，使他们可以追踪自过去很久以来的收入和财富集中状况，对美国和英国可追溯到20世纪早期，对法国甚至可一直追溯到18世纪后期。

他们的研究成果带来了我们对不平等状况长期趋势认识上的革命，之前对经济不平等问题的大多数讨论或多或少忽略了极端富裕人群。某些经济学家（更不用说政客）更试图完全消除对不平等问题的关注。同代人中最具影响力的宏观经济学家、芝加哥大学的小罗伯特·卢卡斯曾于2004年宣称,"在有害于正常经济学研究的各种倾向中,在我看来,最具诱惑力也最具毒性的莫过于把分配问题作为核心"。另外,即便有意愿研究不平等问题的人,通常也只是关注贫困或工薪阶层人群同境遇稍好的人群(而非真正的富裕群体)之间的差距。例如,大学毕业生的工资涨幅超过了教育程度较低的工人,顶层1/5人群同之下4/5人群的对比,至于高级经理人与银行家的收入飞涨则无人问津。

此时,皮凯蒂及其合作者的研究让人茅塞顿开,表明如今已众所周知的顶层"1%"(以及更为尖端的)人群的收入增长其实是不平等恶化中的一件大事。该发现还带来了第二个重大启示:看似夸张的第二个镀金时代的说法毫不过分。特别是在美国,顶层1%人群的收入出现了巨大的U形转折。第一次世界大战之前,他们在总收入中所占的份额在英国和美国都约为1/5,到1950年则被压缩了一半以上,然而自1980年起再度提升,在美国已回到一个世纪前的水平。

也许你会认为,今天的经济精英阶层已完全不同于19世纪的情形。以前的巨额财富基本上是继承得来的,而今天的精英群体不是靠自己赢得地位的吗?但皮凯蒂告诉我们,事情并非如你认为的那样,而且这种通过奋斗走向成功的情形或许与二战后曾繁荣了一代人的中产阶层社会一样,不再能维持下去。《21世纪资本论》的一个重要观点是,当前的收入不平等状况不但已恢复到19世纪的高水平,而且我们的轨道已滑向"世袭资本主义",经济生活的主导权将不再属于才华出众的人,而是由豪门家族控制。

这是一个引人注目的看法,也正是由于其不同寻常,才需要严肃地加以仔细审视。但在展开讨论之前,请允许我先对这本书做一个评价,皮凯蒂确实写了本非常卓越的著作。该书既包含煞费苦心的数据分析,也有宏大的历史跨度,读者们可以想想上次听到经济学家引述简·奥斯汀和巴尔扎克是什么时候?尽管皮凯蒂讽刺了经济学界"对数学的幼稚追求",他的论述依然是基于精妙的经济学模型分析,把经济增长的分析与收入和财富分配的分析结合了起来。这本书既改变了我们对社会的思考方式，又革新了我们对经济学的认识。

= Ⅱ =

我们对经济不平等有哪些认识，这些认识大约在何时形成？直到皮凯蒂革命席卷这一领域之前，我们对收入和财富不平等的大多数认识来自抽样调查，邀请随机抽取到的一些家庭填写问卷，再把他们的答案汇总起来，形成对总体状况的统计描述。此类调查的国际公认标准是美国人口普查局开展的年度调查，另外美联储也对财富分配状况开展三年一度的调查。

以上两个调查可以给美国社会版图的变化提供基本参考。除其他信息外，它们早就显示出美国经济增长过程自1980年左右出现了重大调整。之前，各阶层居民家庭的收入都或多或少随整体经济的增长而提高，但是1980年后，大多数增长收益汇聚到收入分配顶层的人群，底层50%家庭被远远甩下。

在历史上，其他许多国家对追踪记录各个人群的收益水平变化并没有做得像美国那样好。但这种情况已逐渐有所改善，这很大程度上得感谢卢森堡收入研究项目（Luxembourg Income Study），我本人也很快将加入其中。用于跨国比较的调查数据日益丰富，带来了更多重要发现。尤其是，我们如今了解到美国的收入不平等程度远甚于其他发达国家，同时这一区别很大程度上可以直接归因于政府行为。欧洲国家与美国一样有着因市场行为造成的较高收入差距，当然程度或许有所不同。但这些国家在通过税收和转移支付实现再分配方面的作为远远超过了美国，从而导致可支配收入的不平等程度远没有美国那么严重。

调查数据虽然用途广泛，却也有重大缺陷。它们往往会低估甚至完全漏算少数收入最高人群的收入。调查数据在历史深度上也有欠缺，即便是美国的数据也只能追溯到1947年。

皮凯蒂及其合作者在这点上做出了贡献,他们转向另一种完全不同的信息来源:纳税记录。使用纳税记录并不是一个新想法,早期的收入分配研究其实就是依据税收数据开展的,因为没有其他资料可以利用。但皮凯蒂等人找到了把税收数据同其他资料结合起来的方法,产生出可以为调查结果提供重要补充的关键信息,特别是税收数据能告诉我们很多关于精英阶层的情况。同时,基于税收的测算可以延伸到更为久远的历史时期:美国自1913年起就开始征收所得税,英国是1909年,法国由于有精密的遗产税征管及记录,其财富数据可以追溯到18世纪后期。

对这些数据进行挖掘并不简单,但在利用了各种技巧加上某些合理推测后,皮凯蒂得以总结过去一个世纪极端不平等的起伏情况。其结果如表3.1所示。

表3.1 收入份额 (单位:%)

	低度不平等 (北欧,20世纪70—80年代)	中度不平等 (欧洲,2010年)	高度不平等 (欧洲,1910年; 美国,2010年)
顶层1%	7	10	20
之下9%	18	25	30
之下40%	45	40	30
底层50%	30	25	20

正如上文所言,把我们现在的时代视作新镀金时代或新美好时代绝非夸大其词,而是一个简单的事实。但这一结果是如何形成的呢?

= II =

皮凯蒂以他的书名《21世纪资本论》向知识界发起直接挑战:经

济学家今天还能够这样发表意见吗？

令人震惊的不只是他的书名来自马克思的巨著，皮凯蒂还彻底摒弃了有关不平等的现代研究方法，从一开始就提出资本的概念，回归更古老的学术传统。

大多数不平等问题的研究者都采用的一个普遍假设是：以工资为主的劳动收入是所有行动的核心，资本收入既不重要，又缺乏吸引力。但皮凯蒂揭示，即使在今天，收入分配最顶层也是以资本收入为主。他还指出，在历史上，如欧洲的美好时代和（程度稍差些的）美国的镀金时代，财产所有权的不平等（而非劳动收入的不平等）才是收入差距的主要决定因素。他认为我们正在向上述社会状态回归，而且这不是随便做出的推测。尽管《21世纪资本论》是严格的实证主义著作，它在很大程度上仍基于一个理论框架，试图把经济增长与收入和财富分配的论述统一起来。从理论上讲，皮凯蒂是把经济史看作资本积累与其他增长驱动因素的角力过程，主要是人口增长和技术进步。

诚然，这场角力不可能有永远的赢家：从极长视角看，资本存量与总收入必然会以大致相当的速度增长。不过其中一方可能在某个几十年中领先。一战前，欧洲积累的资本已达到国民收入的6~7倍。但在之后40年里，由于物质上的破坏和储蓄资金被用于战争，这一比率减半。资本积累在二战后重新起步，但那段时期出现了炫目的经济增长，即"光辉三十年"，导致资本收入比依旧维持在低水平。直至20世纪70年代起，增长率下降导致资本比率提高，资本和财富才表现出回归美好时代的稳健上升趋势。皮凯蒂提到，这样的资本积累最终将重现美好时代式的不平等社会，除非用累进税制加以约束。

这背后的原因是什么？完全是由于r与g，即资本回报率与经济增长率的对阵。

几乎所有经济学模型都告诉我们，如果增长率g下跌（这符合自1970年以来的实际情况，由于劳动年龄人口增速下降和技术进步减速，该趋势可能还将持续下去），回报率 r 也会下降。然而皮凯蒂确信 r 的降幅会小于 g。虽说这不会必然发生，但如果比较容易用机器取代工人，或者用专业术语说，资本和劳动的替代弹性大于1，那么增长率放缓及其导致的资本收入比提高，确实会使 r 和 g 的差距拉大。而且皮凯蒂指出，历史记载也表明这一情形的确会发生。

如果皮凯蒂的观点正确，一个立竿见影的后果将是更多收入从劳动者转向资本所有者。长期以来的传统观念认为，我们不必担心这种情况会发生，资本和劳动在总收入中的占比一直保持相对稳定。但在极长时间跨度下，以上的稳定说法并不成立。例如在英国，资本收入份额，包括企业利润、红利、租金、财产出售收入等，从一战前的40%左右下跌到1970年的约20%，此后又反弹了大约一半的降幅。这一形状的历史变化曲线在美国不是那么突出，但目前也出现了有利于资本的分配调整趋势。特别是自2008年金融危机爆发以来，企业利润大涨，而包括高素质员工在内的劳动力工资却始终停滞不前。

资本收入份额的提高会直接加剧不平等，因为资本的所有权始终比劳动收入的分配状况更为不均。并且其影响不止于此，因为如果资本回报率远远超过经济增长率，"过去就会吞噬未来"：社会将无情地滑向由继承财富主导。

我们可以看看欧洲在美好时代的情形。当时，资本所有者通常的预期投资回报率为4%~5%，而且这部分回报的税率还是最低的；经济增长率则只有1%左右。因此富裕人群能够很轻松地把足够多的收入用于再投资，以确保其财富乃至收入的增长快于整体经济增长，从而强化他们在经济上的主导地位，有时甚至为此不惜告别极度奢侈的生活。

在这些富人去世后，情况是怎样的？他们的财富将再次以最低的税率传给后代。下一代继承的财富占年收入的20%~25%。绝大部分财富（约占90%）来自继承，而非通过劳动收入所得。这种继承财富被集中在极少数人手中：1910年，最富裕的1%人群掌控着法国60%的财富，在英国更是达到70%。

因此，19世纪的小说家对继承题材那么着迷，也就不足为奇了。皮凯蒂用了很长篇幅讨论巴尔扎克的《高老头》中恶棍伏脱冷对拉斯蒂涅的训导，其主旨是：再成功的职业生涯带来的收入可能也不及拉斯蒂涅因娶到一位富家女而一举获得的财富的零头。事实证明，伏脱冷说得没错：成为19世纪顶层1%人群的继承人，仅靠继承财富，就能让你的生活水平达到靠竭尽全力奋斗升入最顶层1%工资收入者的2.5倍左右。

你或许会说，现代社会与之已完全不同。但事实上，虽然资本收入和继承财富在如今的重要性已不及美好时代，但它们仍然是加剧不平等的主要原因，而且其影响力正在日益增加。皮凯蒂指出，法国的继承财富占总财富的份额在两次世界大战期间及战后的高增长时期曾出现大幅下滑，到1970年左右已不足50%，但目前已回升至70%，而且还在继续攀升。相应地，继承权对决定精英地位的作用也出现了历史性的先降后升趋势：在1910—1950年，顶层1%人群的继承者的生活水平跌落到顶层1%的劳动收入者之下，在1970年后，他们的生活水平又开始上升。虽然还没有完全回到拉斯蒂涅时代的情形，但总体而言，有好的父母（或者与富贵人家婚配）已经比找到好工作更值钱了。

这或许还只是开始。图3.1显示了皮凯蒂对全球r和g的长期关系的估算，表明平等时代已离我们而去，世袭资本主义复辟的条件已经成熟。

在这一背景下，为什么继承财富在今天的公共讨论中依然不突出呢？皮凯蒂认为，恰恰是继承财富的巨大规模使它们处于隐形状态："财富集中程度如此之高，使很大部分社会民众意识不到其存在，有些人甚至以为这些财富属于某些超现实的神秘组织。"这个说法言之有理，但肯定不能完全解释上述疑问。因为现实表明：当今世界不平等急剧扩大的最显著案例——盎格鲁－撒克逊国家，尤其是美国最富裕1%人群的地位提升——并不都是因为资本积累，至少从目前来看是如此。不平等扩大与极高的薪酬收入有更密切的关系。

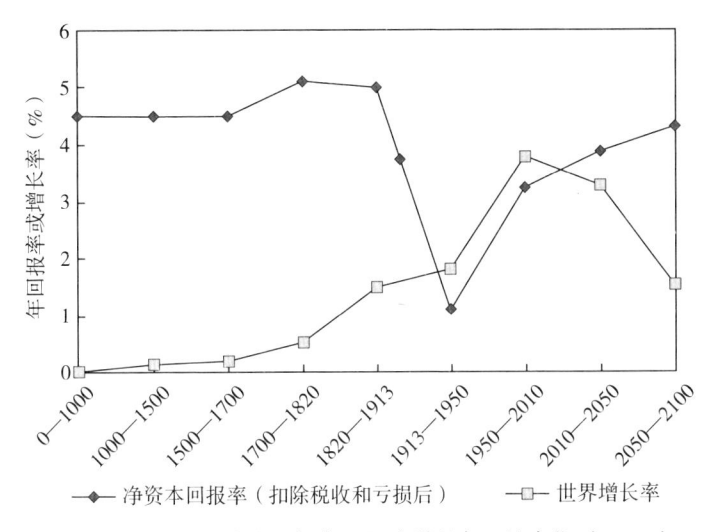

图3.1　全球的净资本回报率和经济增长率，从古代到2100年

注：净资本回报率（扣除税收和亏损后）在20世纪低于经济增长率，但在21世纪，净回报率很可能会超过增长率。

资料来源：piketty.pse.ens.fr/capital21c。

= II =

希望我已表达得足够清楚，《21世纪资本论》是部杰作。当财富和收入集中到少数人手里再度成为核心政治的中心议题时，皮凯蒂不仅提供了关于当前发展态势的宝贵记录，并追溯到前所未有的历史深度，而且还建立了有关不平等问题的统一理论，把经济增长、资本和劳动之间的收入分配，以及财富和收入在个人之间的分配纳入了统一的理论框架。

不过，这里有一个令其成就略微减分的遗憾，可以算是研究中遇到的障眼法，尽管它并不真正涉及皮凯蒂的任何欺骗或失职，但的确存在：这部巨著受到社会追捧的主要原因不只是顶层1%人群的地位上升，更重要的是美国顶层1%人群的崛起，然而造成这一特殊现象的若干原因却无法用皮凯蒂的宏大理论来解释。

当然,皮凯蒂作为优秀而诚实的经济学家,绝不会特意掩盖不利的事实。他宣称,"美国在2010年的不平等状况从数量上看,与旧欧洲在20世纪头10年一样极端,但不平等的内在结构却有相当大的差别"。的确,我们在美国已经看到并将在其他地方陆续看到的是某种"全新"的现象,即"超级打工者"的崛起。

资本的地位依旧举足轻重,在社会的最顶端部分,资本收入依然超出工薪和奖金等收入。皮凯蒂估算,美国不平等水平的总增加量中,有1/3源自资本收入的不平等增长。不过最顶层的工资收入水平也有大幅飙升。大多数美国工人的实际工资从20世纪70年代早期以来涨幅甚微,而处于工资最顶层1%人群的工资却提升了165%,最顶层0.1%群体的工资提升了362%。如果拉斯蒂涅生活在今天,伏脱冷或许会退一步说,如果他能成为一位对冲基金经理,跟娶到一个富家闺秀也差不多。

工资收入不平等急剧扩大,最顶层人群切走了大部分新增收益,这又该如何解释?部分美国经济学家认为这是技术变革推动的结果。芝加哥大学的经济学家舍温·罗森(Sherwin Rosen)在1981年的著名论文《超级明星经济学》(The Economics of Superstars)中指出,当代通信技术扩展了天才人士的空间,正在创造赢家通吃的市场,让极少数杰出人物收获巨大回报,哪怕他们的表现并不比报酬少得多的竞争对手强太多。

皮凯蒂对此并不认同。他指出,保守派经济学家喜欢谈论某类人物的高收入,如影视明星或体育明星,以此认为这些高收入都合情合理。但此类人士其实只占极高收入阶层的很小一部分,人们会发现,数量更多的其实是各种类型的高级经理人,而这些人的业绩表现很难给予评价或者用恰当的货币价值衡量。

一家公司的CEO值多少钱是由谁决定的?通常是薪酬委员会,而该委员会则是由CEO自己任命的。皮凯蒂认为,高级经理人实际上是自己给自己制定薪酬水平，能够约束他们的主要来自社会规范，而非任何类型的市场约束。他把顶层工薪族的待遇飙升归因于社会规范的败坏，也就是社会与政治方面的因素，而不仅仅是经济力量的作用。

客观地说，皮凯蒂随后对社会规范的变化给出了可能的经济解释，他指出下调富人的税率助长了顶层工薪族的贪婪行为。如果某位高级经理人冒着蔑视社会规范的压力给自己争取大笔薪酬，却由于税收只能保留其中的较小部分，他或许会觉得留这种骂名并不值得。而如果他面临的边际税率大幅降低，其行为方式就有可能改变。随着越来越多的超级打工者违背社会规范，社会规范本身也会被改写。

对于上述观点有很多可商榷的地方，但它显然缺乏皮凯蒂在分析财富分配及其回报时保持的严谨性和普遍性。此外，我认为《21世纪资本论》并没有充分回应对高级经理人权力假说的最有力的批评意见：超高收入之所以会集中出现在金融业，是因为其业绩表现是勉强可以被评估的。如上文我有意提及的对冲基金经理，他们的薪酬来自招揽客户和获取投资回报的能力。你可以质疑现代金融业的社会价值，可那里的戈登·盖柯（Gordon Gekkos，电影《华尔街》的主角）们显然有他们的专长，其崛起并不能简单地归因于权力关系。当然我推测，有人会说边际税率下调仍将助长他们从事道德上可疑的行为，如违背薪酬制定的规范。

总体而言，虽然皮凯蒂没有把监管放松纳入论述是个不小的遗憾，我仍然基本接受他对工资不平等扩大的解释。但正如上文所述，他对这方面的分析还缺乏在资本研究中展示的那种严谨性，更不用说那种理论上令人赏心悦目的简洁与优雅。

我们对此缺陷当然不必反应过度。即使迄今为止的美国不平等加剧主要是因为工资收入差距所致，资本的作用依旧显著。而且无论未来如何，都很可能与现在完全不同。美国当前这一代富裕人群或许主要是由高级经理人构成，而非食利者阶层，即靠积累资本为生的人。

可是高级经理人也有继承人，20年后的美国可能会变成一个由食利者统治且比美好时代的欧洲更加不平等的社会。

当然，这一天并不一定会到来。

= Ⅱ =

有时，皮凯蒂带给我们的似乎是一个历史决定论的视角，所有事情都被人口增长和技术进步的速率锁定了。可实际上，《21世纪资本论》明确指出公共政策可以带来巨大改变，即使基本经济条件指向极端不平等的发展方向，但如果国家政治实体愿意，皮凯蒂所说的"滑向寡头政治"的趋势可以被阻止甚至逆转。

关键在于，当我们对财富回报率和经济增长率进行比较的时候，真正起作用的是税后回报率。因此，累进税制，特别是对财富和遗产征缴的税收，可以成为制约不平等扩大的有力武器。皮凯蒂在其名著中也的确呼吁征缴此类税收，但不幸的是，他书中总结的历史却表明这一对策的前景不容乐观。

不可否认，强有力的累进税制在20世纪的大多数时间内确实帮助削弱了收入和财富的集中，你或许也会认为，对顶层人群的高税收是民主制度在应对严重不平等时的自然政治选择。然而皮凯蒂否认了这一结论，他宣称，累进税制在20世纪的胜利是"混乱的暂时性产物"。如果没有欧洲的"现代三十年战争"时期的战乱冲突，这种政策或许就不会出现。

他的论证以法兰西第三共和国为例，政府的官方意识形态是高度平均主义的，但财富和收入的集中程度，经济地位与继承权的密切关系，都和英吉利海峡对岸的君主立宪制国家毫无二致。法国的公共政策也对食利者的经济统治地位毫无作为，特别是遗产税低到可笑的程度。

那么，为什么获得了普选权的法国公民不投票支持主张打击食利者阶层的政客呢？其实，与今天类似，巨额财富能够买到巨大的影响力，不但决定了政策导向，而且还把持着公共话语权。美国作家厄普顿·辛克莱（Upton Sinclair）有一句名言，"在某个人因为搞不懂某个问题才能拿到报酬的时候，你很难让他搞懂那个问题"。皮凯蒂从他自己国家的历史中得出了类似的结论："如果还需要证据的话，那么法国在美好时代的经历足以证明，当经济和金融精英必须捍卫自己的利益时，他们的厚颜无耻是没有底线的。"

如今有着同样的现象。事实上，在美国出现的一个令人不解的场景是，对不平等的政治讨论似乎跑到了现实前面。上文提到，就目前而言，美国的经济精英更多是依靠工资收入而非资本收入。可是，保守派的经济观点已经在强调和赞美资本而非劳动的贡献了，他们歌颂的是"工作创造者"，而非劳工。

2012年，众议院多数党领袖埃里克·坎托（Eric Cantor）选择在劳动节——多么讽刺——用推特表彰企业主们的贡献：

> 今天，我们赞美那些承担风险、辛勤工作、创建企业并赢得成功的人。

或许是因为推文后舆论反响的原因，据说，坎托后来在一个共和党人参加的小会中感到有必要提醒自己的同僚：大多数人还没有自己的企业，但此事已足以显示共和党如何把自己彻底划归资本的阵营，完全排斥了劳工阶层。

这种亲近资本的转向不只是言论上的。美国高收入人群的税收负担自20世纪70年代以来已全面下降，而最大的降幅是对资本收入（包括公司税的大幅下调，给股东们带来间接好处）和遗产的征税。有时候，我们的很大一部分政界人士看起来正在积极重建皮凯蒂所说的世袭资本主义。如果检视政治捐款的来源，会发现其中许多来自富裕家庭，这一点也不令人奇怪。

皮凯蒂在《21世纪资本论》结尾处呼吁拿起武器，尤其是（在可能情况下）利用覆盖全球的财产税来制约继承财富的势力膨胀。人们很容易用愤世嫉俗的态度来看待任何此类建议的实施前景，但皮凯蒂对我们当前的处境及未来走向的卓越分析显然会增大其实现的可能性。因此从各方面来讲，《21世纪资本论》都是一部极为重要的著作。皮凯蒂改变了我们的经济话语，我们再也不会用过去的方式来讨论财富和不平等问题。

第二篇

资本的概念

第4章

《21世纪资本论》的经济学模型错在哪里？

德维什·拉瓦尔

  经济学家德维什·拉瓦尔做了重要的原创性研究，估算了资本和劳动之间的替代弹性。这一经济学概念在《21世纪资本论》的理论模型中具有核心作用，是不平等会因$r>g$而持续扩大这一著名论断的基础。但拉瓦尔以及其他人的研究表明，资本和劳动的替代弹性不足以支撑皮凯蒂的观点。在本文中，拉瓦尔将评述皮凯蒂的理论设计、该课题的经济学研究进展，以及这给皮凯蒂著作的核心部分留下的疑问：如果不平等的扩大并非由于资本边际回报随资本积累继续保持较高水平，那原因又是什么？

---

* 本章的所有观点和结论均出自笔者。笔者对以下人士的评论建议致以感谢：Chris Adams、Miguel Leon-Ledesma、Eric Nielsen、Ezra Oberfield、Dave Schmidt、Marshall Steinbaum 以及 Nathan Wilson。

《21世纪资本论》的长远贡献是，它显示了测算的改进对经济学研究的重要意义。通过聚焦不平等问题，皮凯蒂从多个维度拓展了可以利用的事实资料。他开发了新的国民账户统计方法，用于分析比学者们研究的要久远得多的历史，并利用政府的微观数据创建了不平等的新测量指标，例如顶层1%人群在国民收入中的占比。皮凯蒂整理的事实资料既针对宏观经济学家经常思考的问题（如资本收入份额），又涉及微观经济学家关心的问题（如劳动收入内部的不平等）。例如，他指出资本收入份额在过去一个世纪显示出了很长的周期性，另外顶层工薪阶层的收入增速比社会其他人群快得多。

《21世纪资本论》预测不平等会加剧，资本所有者将在国民收入中占据更大份额，在这一预测背后，真正的生命力源于其理论模型。该模型让人联想到马克思的《资本论》，并推导出了征收全球财富税的主要政策建议。那么这一模型经得起严格检验吗？

本章将首先介绍《21世纪资本论》的经济模型。皮凯蒂的模型预测，只要资本和劳动之间的替代弹性大于1，经济增长率的放缓就将导致资本占比提高。于是接下来我将结合对资本—劳动替代关系的更广泛研究，检验皮凯蒂对该弹性的估算，并解释为什么大多数测算结果比皮凯蒂的估算要低得多。最后我将指出资本收入份额提高的另外两个原因：劳动节约型技术进步和国际贸易的影响，并讨论支持这两个解释的实证依据。

理论模型

皮凯蒂在《21世纪资本论》中采用了标准的新古典索洛－斯旺（Solow-Swan）增长模型来分析资本产出比的变化（他所说的资本主义第二定律）和资本收入份额的变化（他所说的资本主义第一定律）。[1] 他特别关注经济增长率的下降（原因或许是人口结构变化）会如何影响资本收入份额。而资本收入份额的改变则会影响社会不平等状况，因为根据他的数据资料，资本所有权是高度集中在极少数人手里的。

第二定律

皮凯蒂的第二定律针对的是资本产出比的稳态值，以 β 表示。每个时期的储蓄 S_t 均等于投资 I_t，继而假设，净储蓄是净产出 Y_t 的一个稳定比例 s，使 $S_t = sY_t$。皮凯蒂在其著作的其他地方分析了不同类型资本所有者的储蓄率和回报率的变化，但这没有直接纳入他的模型中，我在此处也不涉及。

在平衡增长轨迹上，资本 K_t 和产出 Y_t 以固定速率 g 保持增长，从而使投资/资本比率维持不变，并与增长率相等。在进行数学调整后，这些假设将意味着：

$$\frac{sY}{K} = g \tag{1}$$

$$\beta = \frac{K}{Y} = \frac{s}{g} \tag{2}$$

换句话说，在平衡增长轨迹上，资本产出比 β 保持不变，并等于储蓄率 s 除以增长率 g。皮凯蒂通过这个等式推测：如果经济增长率下降，资本产出比会上升。例如，当储蓄率为 12% 时，增长率从 3% 降至 1%，将导致资本从净产出的 4 倍提高到 12 倍。[2]

第一定律

皮凯蒂的第一定律只是一个会计恒等式，资本收入份额（以 α 表示）是资本的租金率 r 乘以资本产出比 β：

$$\alpha = \frac{rK}{Y} = r\beta \tag{3}$$

如果要素市场是竞争性的，资本的租金价格将等于其边际产出。为计算这一边际产出，简化起见，我假设了一个不变替代弹性生产函数[3]：

$$Y = \left[a\left(A^K K\right)^{\frac{\sigma-1}{\sigma}} + (1-a)\left(A^L L\right)^{\frac{\sigma-1}{\sigma}} \right]^{\frac{\sigma}{\sigma-1}} \qquad (4)$$

其中，L 是劳动。生产率可以对资本（A^K）也可以对劳动（A^L）产生作用，因此 A^K 增大相当于增加资本，A^L 增大相当于增加劳动力。

替代弹性 σ 是总体资本劳动比率（K/L）对相对要素价格（w/r）变化的弹性：

$$\sigma = \frac{d\ln K/L}{d\ln w/r} \qquad (5)$$

于是，资本的边际产出和租金价格 r 等于：

$$r = \frac{dY}{dK} = a\left(\left(A^K\right)^{1-\sigma}\beta\right)^{-\frac{1}{\sigma}} \qquad (6)$$

再考虑到租金价格对 β 变化的响应以及第二定律，第一定律将改写为：

$$\alpha = a\left(A^K \beta\right)^{\frac{\sigma-1}{\sigma}} = a\left(A^K \frac{S}{g}\right)^{\frac{\sigma-1}{\sigma}} \qquad (7)$$

皮凯蒂设想了一个场景，人口增速放缓，而技术（包括 A^K）维持不变。在此情形下，资本产出比 β 将提高，而租金价格 r 将下降。于是资本收入份额的变化将取决于资本和劳动的替代关系。如果资本容易替代劳动，富余资本能找到更多用途，租金价格的跌幅将较小。如果像他假设的那样，替代弹性 σ 大于 1，g 的下降就会导致资本收入份额 α 提高。

皮凯蒂的估算策略

皮凯蒂对经济增长率下跌导致资本收入份额提高的预测，取决于资本能在多大程度上替代劳动。为确定资本和劳动的替代弹性，他借用了公式（7）中包含的资本收入份额α同资本产出比β的关系式。皮凯蒂论述说，从长期历史发展来看，α和β都表现出U形特征，在1910—1950年下降，在1980—2010年回升。于是他从这些数据系列的同步运动中确定了替代弹性的特征，认为β变化是α变化的原因。他指出，"考虑到20世纪观察到的资本收入份额的变化，及其于1970—2010年在富裕国家的上升，我们可以得出结论说，这一变化足以由略大于1（1.3～1.6）的替代弹性来解释"。[4]

图4.1显示的是四个国家的资本产出比β和资本收入份额α的增长率，皮凯蒂找到了这四个国家的长期观测值：法国、德国、英国和美国。浅灰色柱体代表资本产出比，深灰色柱体代表资本收入份额。两个指标的增长率都分别对应1910—1950年（美国是1929—1950年）以

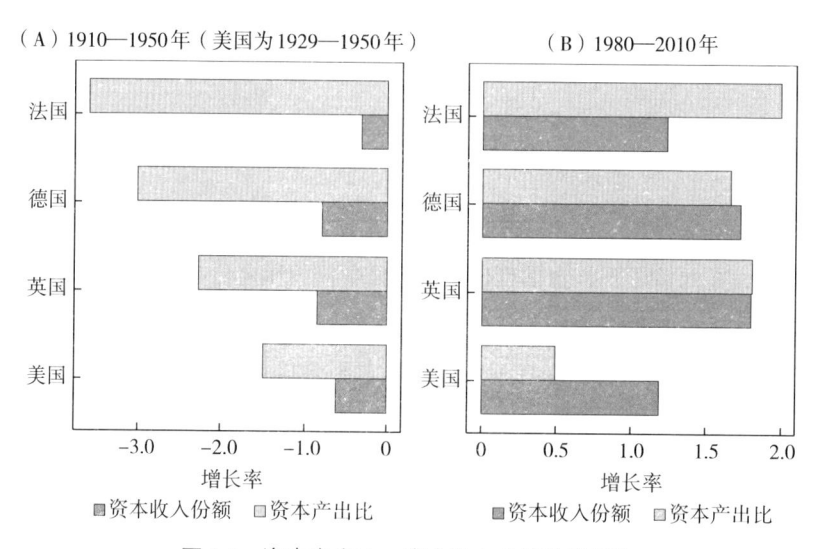

图4.1 资本产出比、资本收入份额的增长率

注：根据如下数据测算，Thomas Piketty and Gabriel Zucman, "Capital Is Back: Wealth-Income Ratios in Rich Countries 1700-2010," *Quarterly Journal of Economics* 129, no. 3 (2014): 1255-1310，单位为年度百分比变化。美国在早期阶段的数据来自1929—1950年（而非1910—1950年），原因是美国在1910年没有资本收入份额的数据。

及1980—2019年。四个国家的这两个指标在早期均出现下降，在后期均是上升。在早期，资本产出比的降幅远大于资本收入份额；在后期，美国的资本收入份额的上升速度快于资本产出比，法国的情形相反，英国和德国的这两个指标增速大体相当。

运用皮凯蒂的识别策略进行估算的更正式的方法是如对公式（7）那样，用 β 对 α 做回归分析。我针对与图4.1相同的四个国家和相同的时期，采用1910年（美国是1929年）、1950年、1980年和2010年的时点数据，做了回归分析。得出的弹性估计值为1.34，落在皮凯蒂报告的数值区间之内。

上述估算方法要求有资本产出比（β）的数据。皮凯蒂用财富总价值估计该指标，用市场价值测算资本，这样资本价值的变化就会影响资本产出比的估计，有学者已经指出过这一点（Rowthorn and Rognlie）。[5] 可是资本价值的变化只有在能够真实反映有效资本数量的变化时，才会对产出有实际影响。皮凯蒂的估算公式，即公式（7），用生产中利用的资本数量与资本增进型技术（A^K）的乘积，作为反映有效资本数量的正确指标。

皮凯蒂描述的很多经济冲击会在不改变生产中使用的资本数量的情况下，影响资本的市场价值。例如，如果某个工厂在未来被国有化的可能性增大，由于该工厂的资本市值取决于其未来的收入流，市值就可能下跌。但生产其实没有任何改变：这家工厂使用的生产资本和生产工艺仍与以前相同。

消除估值变化影响的实证模拟办法，是从资本产出比的指标中减去资本利得。或者说，用资本的账面价值测算资本数量。这一办法虽然消除了资本产出比中的估值变化影响，但也消除了专利权和商标价值等无形资本的影响。

从账面价值看，资本产出比并没有表现出与资本收入份额类似的U形变化轨迹。图4.2显示了与图4.1相同的四个国家的资本产出比增长率：浅灰色柱体包含了资本收益，深灰色柱体不包含。在包含资本收

第4章 《21世纪资本论》的经济学模型错在哪里？　　79

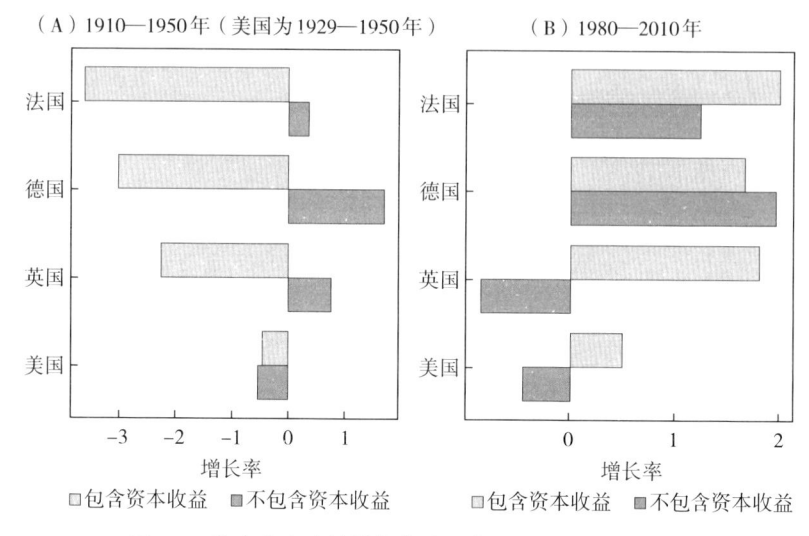

图4.2 资本产出比的增长率（包含和不包含资本利得）

注：根据如下数据测算：Thomas Piketty and Gabriel Zucman, "Capital Is Back: Wealth-Income Ratios in Rich Countries 1700–2010," *Quarterly Journal of Economics* 129, no. 3（2014）: 1255–1310。

益时，四个国家都呈现出清晰的 U 形轨迹，1910—1950 年下降，1980—2010 年上升。如果剔除资本收益，则所有国家都没有表现出 U 形轨迹。三个欧洲国家的资本产出比在 1910—1950 年上升，只有美国下降。1980—2010 年，美国和英国的该指标下降。

其他学者的研究强调了住房资本和住房价格上涨对近期资本产出比的影响。[6] 伯耐特等人（Bonnet et al.）认为，租金指标能更准确地反映住房资本的实际涨幅。他们发现如果采用基于租金的指标，那么法国、英国和美国的资本产出比目前都更为稳定，或只有轻微上升，这不同于与皮凯蒂采用基于资产价格指标估算得出的结果，只有德国的资本产出比确实在上升。这些发现再次表明，资本产出比的变化在剔除估值影响后出现了较大差异。某些政策变化会导致住房价格提高，如某些监管规定增加了新建住房的难度，住房服务就不可能有任何改善。

资本与劳动的替代关系

皮凯蒂对资本和劳动替代弹性（σ）的估算结果远远高于现有文献对该弹性的通常估计值。为进行比较，我把皮凯蒂的估计值转换成了包含折旧的生产函数的弹性。从包含折旧的总资本看，皮凯蒂估计的资本和劳动替代弹性为1.7~2.1。[7] 图4.3显示了其他研究文献的估计值，包含几份文献综述（Chirinko and Leon-Ledesma；McAdam；Willman）及之后几篇论文中的44个估计数据。[8] 皮凯蒂的估计值用灰色表示，各研究文献的中位估计值为0.54，只有少数几个超过1，几乎所有人的估计值都低于皮凯蒂的数字。

当然，研究文献中的估计值因受若干因素影响而不同，包括时期和国别选择、对技术进步的假设、统计综合水平，以及采用的计量方法。那么皮凯蒂得出的估计值为什么与其他研究有如此大的区别呢？我们到底应该如何估算资本与劳动的替代弹性？换句话说，针对皮凯蒂的估计值的有效性，我们能得出何种结论？

识别问题

为了回答上述疑问，我们首先要转向识别问题。如果观测数据只与某个经济参数的单一数值保持一致，我们就说这个参数得到了识别。

皮凯蒂采用的识别方法是资本收入份额（α）与资本产出比（β）在历史上表现出的联动，如果不针对技术做更多假设，这一方法将不足以识别出弹性。戴蒙德等人的研究证明，对弹性的任何取值，都有特定的技术变化路径（生产率A^K和A^L）可以解释α和β的变动。[9] 从直观上看，资本收入份额的变化既可能来自相对要素供给，也可能来自相对要素需求。为识别出弹性，需要对哪方在变动做出假设，例如限制技术变化的方式，或者限制要素价格或数量的外生变化等。

皮凯蒂的识别方法隐含了一个假设，即资本增进型生产率（A^K）要么保持不变，要么与β的变化无关。如何检验这些假设是否成立，并

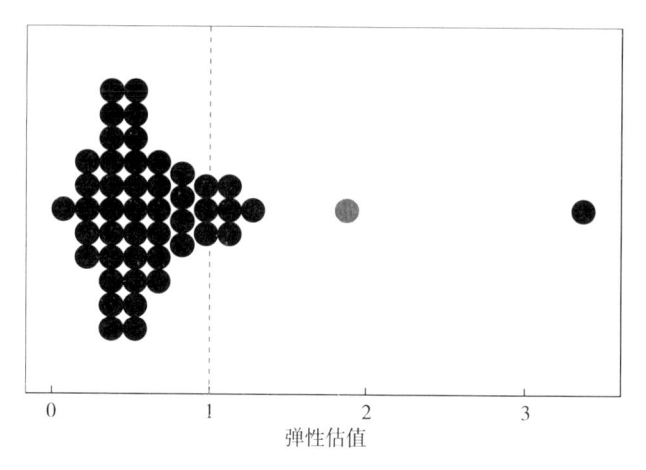

图4.3 各研究文献得到的弹性估计值

（皮凯蒂的估计值中位数用灰色圆形表示，各研究文献的中位估计值为0.54）

注：图中散点代表了各项研究的弹性估计结果，包含几项文献综述：Chirinko and Leon-Ledesma；McAdam；Willman。以及之后发表的若干篇论文：Oberfield and Raval；Raval；Karabarbounis and Neiman；Herrendorf, Herrington, and Valentinyi；Alvarez-Cuadrado, Long, and Poschke；Leon-Ledesma, McAdam, and Willman；Chen；and Lawrence｛Ezra Oberfield and Devesh Raval, "Micro Data and Macro Technology," NBER Working Paper No. 20452（September 2014）; Devesh Raval, "The Micro Elasticity of Substitution and Non-Neutral Technology," http：//www.devesh-raval.com/MicroElasticity.pdf; Loukas Karabarbounis and Brent Neiman, "The Global Decline of the Labor Share," *Quarterly Journal of Economics* 129, no. 1 [2014]：61–103; Berthold Herrendorf, Christopher Herrington, and Akos Valentinyi, "Sectoral Technology and Structural Transformation," *American Economic Journal：Macroeconomics* 7 no. 4（2015）：104–133; Francisco Alvarez-Cuadrado, Ngo Van Long, and Markus Poschke, *Capital-Labor Substitution, Structural Change and the Labor Income Share*, technical report [Munich：CESifo, 2014]; Miguel A Leon-Ledesma, Peter McAdam, and Alpo Willman, "Production Technology Estimates and Balanced Growth," *Oxford Bulletin of Economics and Statistics* 77, no. 1 [2015]：40–65; Xi Chen, "Biased Technical Change, Scale, and Factor Substitution in US Manufacturing Industries," *Macroeconomic Dynamics* [2016]; Robert Z. Lawrence, "Recent Declines in Labor's Share in US Income：A Preliminary Neoclassical Account," NBER Working Paper No. 21296｝。图中的灰色圆点代表皮凯蒂采用的估计值的中位数，垂直的虚线代表弹性为1的位置。

不是一目了然的事。A^K 保持不变符合长期平衡增长的模式，但阿西莫格鲁曾证明过，A^K 在中期可能有较大的变动。[10] 允许 A^K 发生变动的计量经济学研究通常发现，A^K 的确并非固定不变。例如安特拉斯（Antras）估算，二战后时期 A^K 平均每年下降 1.3～1.6 个百分点。[11] A^K 和 β 的中期或长期趋势之间的相关关系，可能导致对替代弹性的任何估计出现相当大的偏差。

宏观估计

对弹性进行估计必然面临的一个关键任务是，如何解决戴蒙德等人强调的识别问题，也就是对技术变化应该做出什么假设。与皮凯蒂的做法类似，大多数对资本和劳动替代弹性的估计都是基于总体的时间序列数据，但会考虑要素价格的变化对要素成本的影响。例如，用边际产出的表达式代入公式（5）后，可以得出资本成本与劳动成本比率的公式：

$$\ln \frac{rK}{wL} = \sigma \ln \frac{a}{1-a} + (\sigma-1)\ln \frac{w}{r} + (\sigma-1)\ln \frac{A^L}{A^K} \quad (8)$$

在该公式中，必须对 $\frac{A^K}{A^L}$ 的变化做出假设，我称之为技术变革偏向。相对要素价格 $\frac{w}{r}$ 如果没有与技术变革偏向混淆，就能帮助识别出弹性。一种可能性是假设 $\frac{A^K}{A^L}$ 随时间保持不变，所有技术变革均为中性，没有偏向，这正是皮凯蒂隐含的假设。在此情形下，相对要素价格 $\frac{w}{r}$ 的变化将能识别出弹性。另一种可能的假设是 $\frac{A^K}{A^L}$ 随时间指数增长，在此情形下，上述公式（8）将包含时间趋势，从相对要素价格对长期趋势值的偏离中可以识别出弹性。第三种可能性是有偏向的技术变革的速率会随时间发生改变。

下面我将介绍如何在有关技术变革偏向的三个不同假设下对公式（8）进行测算，以估算弹性的变化。这三个假设分别为：中性的技术变革；有偏向的技术变革在某一时间趋势下保持不变的变化速率；以及有偏向的技术变革的速率，在克兰普等人使用的博克斯—考克斯转换（Box-Cox transformation）下随时间变化。[12] 测算采用的是美国制造业在1970—2010年的数据。

图4.4左侧的图包含了估计值及其95%的置信区间。在不控制有偏向的技术变革时，弹性估计值恰好为1.9，处于皮凯蒂的估计值区间之内。但在允许有偏向的技术变革时，保持稳定变化速率的弹性估计值下降至0.56，随时间变化的速率的弹性估计值为0.69。与没有偏向的技

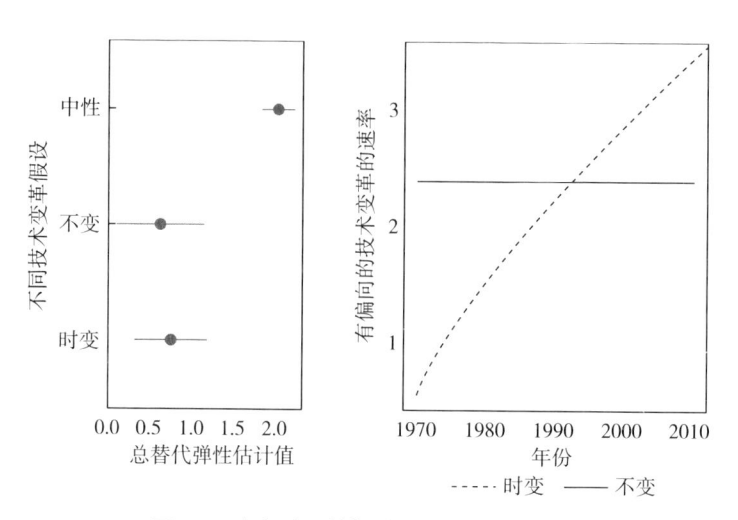

图4.4 来自总量数据轨迹的弹性和偏向性

注：左图显示，在不同的技术变革假设之下，弹性估计值会有什么变化。右图显示，在技术变革速度不变和随时间变化的不同假设下，前者的年速率为2.3%，后者从0提升至3.5%左右。左图展示了基于公式（8）的总替代弹性回归的估计值，以及95%的置信区间。模型对技术变革偏向做了不同的假设，分别为：技术变革不存在时间趋势；存在线性时间趋势；存在博克斯—考克斯转换的时间趋势。右图展示的是，在线性时间趋势和博克斯—考克斯时间趋势下，技术变革偏向的百分比水平。

术变革的情形相比，后面这些估计值的准确度要差得多。保持稳定变化速率和随时间变化速率的技术变革的置信区间都包含弹性为1的值，保持稳定变化速率的置信区间为0.05~1.07。直观上看，当存在有偏向技术变革的时候，从要素价格变化中不足以识别出弹性变化。

图4.4右侧的图显示的是有偏向的技术变革在每种假设下的变化速率，单位为每年的百分点。保持稳定变化速率的回归模型估计，有偏向的技术变革的速率为每年2.3%。而在随时间变化速率的博克斯—考克斯模型下，有偏向的技术变革的速率从1970年的接近于0提升到2010年的超过每年3.5%。

以上对美国制造业数据的分析结果表明，一旦在计量细节中对有偏向的技术变革做某些控制，弹性估计值就会小于1。与此类似，近期包含了有偏向的技术变革的研究文献得出的弹性估计值确实普遍小于1。例如，安特拉斯对美国总体时间序列数据的估计，在假设中性技术变革时弹性为1；在假设 A^K 和 A^L 存在指数增长时，则显著小于1（为0.6~0.9）。[13]

估计总弹性的计量经济学方法必须面对两个关键问题。第一，总体时间序列可能没有足够多的识别变化，以便在控制了有偏向的技术变革后估算出弹性。有学者采用蒙特卡洛方法来分析该问题（Leon-Ledesma、McAdam and Willman），发现虽然用总体时间序列数据难以得出真实弹性，对生产函数及其边际产出的公式同时进行估计的"系统"方法，却能得到比只用公式（8）的要素边际产出信息更好的结果。[14]

第二，如上文所述，控制有偏向的技术变革可能意味着利用要素价格更多高频率的变化。如果要素的改变涉及调整成本，这些方法估计的结果可能是更为短期的弹性。对《21世纪资本论》里的问题而言，长期弹性才是合适的参考。解决办法之一是把要素价格的长期变化分离出来，有学者利用美国各产业的面板数据分析过资本租金价格的长期变化。[15] 他们对长期弹性的估计值比短期弹性估计值高很多，但依然在0.40～0.65的区间内。

近期有关替代弹性的研究中，主要例外结论是卡拉布尼斯与内曼的估计。[16] 他们利用不同国家资本价格增长率的变化估算出的总弹性为1.25。该研究方法的主要优势是，跨国比较可能有助于计算长期弹性。但他们的基本方法要求假设A^K的变化在各国相同，或者同租金价格的变化不存在相关关系。这样，他们也会受限于技术变革的识别问题，与假设无偏向的技术变革的更早研究类似。此外，另有研究指出大多数国家的资本品基本上都来自进口，因此跨国和跨时期的价格变化可能是由于各国之间贸易自由化的差异所致。[17] 然而，除资本价格外，贸易模式和贸易壁垒的变化还可能通过多种渠道影响资本收入份额，从而扭曲对弹性的估计值，后文还将涉及此话题。

微观估计

上文提到，如果不预先对技术变革做出限定，在总量数据里把要素价格变化同技术变革分离出来很困难。另一种办法则是利用企业或制造工厂的微观数据，因为这里可能有更多长期和外生的要素价格变化，可以帮助进行识别。

近期的两项研究利用微观数据对长期微观弹性做了估计。齐林科等人的研究利用美国上市公司资本租金价格的长期变化差异来识别弹性[18]，他们控制了产业层面的非中性技术变革，因此其识别假设是企业层面的租金差异必然与企业层面的A^K技术变化无关。他们估计出的弹性水平约为0.40。巴恩斯等人利用英国企业层面的面板数据和类似方法得出了类似的结果。[19]

我利用美国不同地区的工资差异做了弹性识别研究，其假设是地区间的工资差异与企业的A^L技术变化无关。[20] 由于地区间的工资差异是高度持续性的，这种变化可以帮助发现长期弹性。利用普通最小二乘法（OLS）与工资受地区需求冲击的工具变量，得出的弹性估计值均接近0.5。[21]

要了解总资本收入份额的变化，需采用宏观替代弹性，而非微观弹性。有项著名研究证明宏观和微观弹性可能差别很大，因为宏观弹性中包含各生产商内部及其相互之间的替代关系。[22] 正如皮凯蒂等人的研究所述，"总替代弹性（σ）其实应该解释为供给力量（生产商在不同资本密度的技术之间调整）和需求力量（消费者在不同资本密度的产品和服务之间调整）共同作用的结果"。[23]

基于萨托以前的研究，奥博菲尔德等人设计了一个总量理论模型，利用微观数据来描述上述供给和需求力量，以估算宏观弹性。[24] 为简化起见，假设在某个只有一种产业的经济体中，企业在垄断竞争环境下追求最大利润，并面临竞争性的要素市场。[25] 该模型显示，劳动和资本的宏观替代弹性σ^{Macro}应该是劳动和资本的微观替代弹性σ^{Micro}以及微观需求弹性ε的凸组合。

$$\sigma^{Macro} = (1-\varphi)\sigma^{Micro} + \varphi\varepsilon \quad (9)$$

随着要素价格的变化，经济体总体上的要素收入占比变化将包含各企业内部的要素替代以及企业之间的资源配置调整。公式（9）右侧的第一项反映的是企业改变自己投入组合的替代效应，取决于微观弹性σ^{Micro}。随着工资上涨，企业将减少劳动力的使用。第二项反映的是企业规模随要素价格调整的资源配置调整效应。随着工资上涨，资本密集度较高的企业将获得相对成本优势。消费者对于相对价格变化的反应则是增加对资本密集度较高的产品的消费。在需求弹性较大的时候，这种调整的效应更大，因为消费者对相对价格变化的反应更为敏感。

以上两项的权重（φ）同资本收入份额的成本加权方差成正比，取值为0~1。当各家企业都以相同的资本密度开展生产时，φ为0，不存在企业之间的资源配置调整。各家企业的边际成本对投入价格变化做出对称反应，相对产品价格也不会改变。相反，如果某些企业的生产只利用资本，其他企业只利用劳动，则全部的投入替代都发生在企业之间，φ为1。而在资本密度的方差极小时，企业内部的替代将比企业之间的资源配置调整更为重要。

这种总量研究方法让我们可以利用对微观替代弹性的估计来求解总弹性。奥博菲尔德等人对美国的制造业开展了这一研究，利用微观数据估计出企业层面的资本与劳动替代效应和需求弹性，利用制造业的跨部门数据计算出权重φ。由于这些弹性是来自跨部门的数据，该研究对技术的时间变革没有做特定假设。估计结果是宏观弹性为0.7，明显高于微观弹性0.5，但仍远低于皮凯蒂的估值区间。

对美国而言，制造业工厂之间的资本密度差异并没有大到让微观弹性和宏观弹性有明显差距。该研究估计出的较低微观弹性，意味着宏观弹性也应该小于1。但该研究却发现发展中国家的资本密集度差异大得多，若采用与美国相同的需求和供给弹性，资本密集度差异较大的印度得出的宏观弹性达到1.1。

《21世纪资本论》中的资本劳动替代关系

以上两节的论述表明，资本与劳动的替代弹性应该小于1。但皮凯蒂的观点是，替代弹性是随时间上升的。例如，他指出工业革命前的大部分资本采取土地的形式，而土地与劳动之间的弹性小于现代资本与劳动之间的弹性。那么，机器人等新技术是否会把替代弹性提高到皮凯蒂估计的水平？

有学者利用索洛增长模型回应该问题，[26]其研究表明，若其他初始条件相同，资本与劳动的替代弹性更高的经济体会实现更高的资本收入份额、人均收入水平和人均收入增长率。更高的替代弹性意味着更富裕却更不平等的社会。

如果替代弹性足够高，一个经济体甚至可以在没有技术进步的情况下实现长期增长。德拉格朗维拉的研究表明，如果σ足够高（并且大于1），只要达到某个储蓄临界水平，资本和产出就会永远增长。[27] 这一临界储蓄率会随着人口增长率而提高，随着弹性 σ 而下降。直观上看，如果弹性足够高，即使资本存量巨大，其边际产出依然能维持在较高水平，只要经济体能达到充足的储蓄率，资本的增速就能始终超过人口。

即便采用皮凯蒂估计的弹性的上限值，如果储蓄率相当高，人口增长率较低，这种永恒增长场景仍会出现。如果出现皮凯蒂担心的场景，即很高的替代弹性和较低的人口增长率，索洛增长模型意味着经济体将实现无限的增长！

资本税

皮凯蒂为控制资本导致的不平等加剧提出的主要政策建议是累进制资本税。可是，该建议的吸引力取决于他的弹性估计值的有效性。如果替代弹性小于1，资本税的提高实际上会导致资本收入份额上升。相反，降低资本税反而会通过资本产出比（β）的提高导致资本收入份额下降，以缓和不平等程度。

支持利用资本税的传统观点与皮凯蒂的看法相反，他们认为资本税的福利成本较低，恰恰是因为替代弹性较小。税收带有福利成本，因为人们为规避税收负担会改变自己的行为。面临资本税时，人们会用其他要素替代资本。有研究发现，资本税的福利成本随弹性上升，如果弹性从2下降至0.6，福利成本可以削减约2/3。[28] 因此，若采用前文提到的远低于皮凯蒂估计值的弹性水平，资本税的福利成本要低得多。

对资本收入份额提升的其他解释

如果皮凯蒂的解释不对，资本收入份额提升的原因又是什么？本节将分析两种可能的解释：全球化与劳动节约型技术变革。

全球化

对于劳动收入份额下降，另一种最主要的解释是发达国家越来越多地卷入全球贸易。这里聚焦于美国，因为大多数研究文献都对其有所涉及。美国的进口占GDP的比重在1970—2010年提升了3倍，从5%左右上升到约16%。美国与中国的贸易增长尤其迅猛，来自中国的进口占美国全部进口的比例从1985年的约1%蹿升到2010年的19%。[29]中美贸易的大幅增长是由于中国经济的快速增长，以及中国于2001年12月加入世界贸易组织（WTO）。

如果劳动密集型的美国产品转移到劳动力丰富的国家，美国的劳动收入份额可能随着贸易的扩大而下降。有学者发现，受进口影响更大的产业，其劳动收入份额确实下降了。[30]他们观察到，在1993—2010年间，某个产业面临的进口每提高1个百分点，劳动收入份额平均就会下降0.87个百分点。[31]以制造业总体为例，他们的估计意味着这段时期来自中国的进口增长使劳动收入份额下降约8个百分点。在1993—2010年的美国整体劳动收入份额下降中，有85%可以归因于进口的增长。

劳动收入份额下降可能表现为就业岗位减少，或者工资下降，或者二者兼而有之。阿西莫格鲁等人的研究发现，与中国的贸易导致美国在21世纪头10年损失了200万~240万个工作岗位。[32]奥托等人则分析了来自中国的进口增加对美国各地劳动力市场的影响，发现某些地方的制造业劳动力市场受中国进口大幅增长冲击特别大。[33]在这些地方，来自中国的进口增长既导致就业岗位减少，也使工资下降。[34]在这十年中，单位工人的中国进口额每增加1 000美元，当地劳动力市场上的制造业就业人数就会下降0.60个百分点，或者说4.2%的降幅，就业岗位与人口的比重会下降0.77个百分点。单位工人的中国进口额每增加1 000美元，当地工资会下降0.75%。对当地劳动力市场来说，在单位工人的中国进口额增幅的第90个百分位上，2000—2007年来自中国的进口增长会导致就业岗位和工资都下降约3.25个百分点。

这些学者继而单独分析了制造业和非制造业的变化，发现就业岗位出现了经济上和统计上都较为显著的减少，但制造业的工资水平未受影响，非制造业的工资甚至有相反的变化趋势。另有研究发现，低工资收入者承受了国际贸易导致的工资下降的冲击。[35] 所以进口竞争的加剧可能是通过就业岗位和工资两方面的变化来影响劳动收入份额，对不同类型的劳动者有不同的效应。

制造业工作岗位可能通过若干作用机制而减少：劳动密集型制造商可能会退出，或者增长速度放缓，或者转而生产资本密集度更高的产品。有研究分析了来自中国等低工资国家的进口份额在产业层面上的变化，找到了反映以上所有作用机制的证据。[36] 在来自低工资国家的进口份额增幅更大的产业，美国本土的制造业工厂更容易退出，就业增长速度也更慢，而这些产业中资本密集度较高的工厂受到的影响则较小。这些产业的美国工厂还更容易转向生产资本密集度较高、受进口竞争冲击较小的产品。

来自进口的竞争加剧还可能通过削弱劳动力的谈判权，或者迫使企业提高生产率，从而改变企业的经营。有学者分别分析了铁矿开采和水泥产业的现有生产商在面对突然的进口竞争加剧时，会如何改变其实际经营活动。[37] 在上述两个产业中，工会合同都具体规定了不同类型的维修工作只能由特定员工承担。水泥产业的工会合同还禁止因为采用新设备或新生产方式而解雇工人，设计了严格的资历特权，并限制把工作任务外包给其他公司。这些规定限制了劳动力替代，或特殊类型的劳动力（如资深员工、维修工）替代，本来可能起到增加就业岗位和劳动收入份额的作用。但在一轮剧烈的进口竞争冲击后，大部分规定被废除了，生产率和资本劳动比得到提高。

还有研究发现，来自中国的进口竞争促进了生产商的若干创新措施，包括全要素生产率、专利和信息技术投资等，并导致产业内的资源配置转向初始创新水平较高的生产商。[38] 这类创新如果能产生劳动节约型技术成果，会使劳动收入份额下降。该研究确实也发现，受来自中国进口的冲击影响，就业岗位有所减少，而创新水平较高的企业受到的影响更小。目前尚不清楚，创新的进步是否与就业的减少有关。

劳动节约型技术变革

研究技术进步的经济学家发现，"通用技术"（GPT，如蒸汽动力或电力）的采用对整个经济体有广泛影响。[39] 最近的通用技术的例子，是计算能力和信息技术在近几十年来的大幅提高。信息技术革命会不会带来"技术失业"，并解释资本收入份额的提高？

奥托等人提出了分析新的自动化技术如何影响生产的理论架构。[40] 他们发现，新的自动化技术替代了他们所说的"日常"劳动，即在明确的可编程任务中使用的劳动，却和"抽象"任务中使用的劳动形成了互补关系，如高层次的任务解决、创造和劝导等。而其他体力劳动，如保洁或餐饮等，受此类新技术的影响要小得多。该研究表明，新的自动化计划导致了工作的两极化，中等技能的日常任务被自动化取代，高技能的抽象任务和低技能任务的需求出现增长。[41]

这种两极化显然会影响不同类型工人的工资和就业，但对总体的劳动收入份额会产生什么后果还不是很清楚。首先在一个产业内部，从事日常工作的员工的收入份额下降，可能会被与新自动化技术互为补充的抽象劳动的收入份额增长抵消。其次，总体的劳动收入份额还将取决于某个产业面临的需求在其产品价格下降时会提升多少，工人在面对劳动力需求变化时能否有效调整自己的技能，以及经济体能否有效地把工人调整到新的工作机遇上去。

以自动柜员机（ATM）的引入为例，如其名称所示，这种机器可以完成与银行柜员相同的任务。但贝森的研究显示，在自动柜员机引入后就业岗位实际上有所增加，一方面是随着银行开设分支机构的成本下降，其数量增加了，另一方面是银行网点开始让柜员担任客户经理，而非单纯的接待员。[42] 另有研究分析了加油站从全套服务向自助服务的改变过程，相当于让顾客用自己的劳动替代加油站服务员的劳动。[43] 结果发现采用自助服务加油站的就业岗位和工资支出都减少了，节约下来的成本以降低油价的形式转移给了顾客。整个加油站产业的就业数量则有所增加，因为附属于加油站的新开便利店雇用了更多人手。

奥托等人研究了自动化和全球贸易对地方劳动力市场的影响，进而比较了这两种力量对就业的影响。[44] 他们发现，自动化技术加剧了职业岗位的两极化，但并未减少总就业量，而来自中国的贸易则确实导致了就业岗位的减少。

博德利等人针对21世纪头10年的数据检验了两极化假说，那是劳动收入份额下降最大的时期。他们发现抽象劳动的就业岗位和工资都有所下滑。[45] 他们的模型认为，抽象劳动用于生产知识资本，20世纪90年代的技术进步导致企业短期雇用了较多抽象劳动力来形成知识资本，但此后维护已建成的知识存量则不需要太多抽象劳动力，于是21世纪头10年抽象劳动的就业岗位和工资水平下降。大衰退使我们难以区分21世纪头10年之后的商业周期效应和劳动力市场的结构变化，但博德利等人的论证表明，技术因素或许是劳动收入份额下降的一个原因。

劳动收入份额在未来的变化

全球化似乎不太会导致劳动收入份额的进一步大幅下滑。贸易壁垒目前已相当低，过去30年的中国处于一个很特殊的地位：规模庞大，增长迅速，并且从完全的自给自足走向开放。此外，可能受到外国竞争冲击的美国劳动密集型制造业岗位到目前为止已经大量流失到境外。

如果近期的劳动收入份额下降归咎于劳动节约型技术进步，那么这种下降会永远持续吗？回答这一问题需要一个技术创新的生产模型。技术进步的程度和方向应该与技术进步带来的利润有关。在劳动收入份额大幅下滑、劳动较为便宜的世界中，不会有充足的激励推动劳动节约型创新。这正是阿西莫格鲁分析的替代弹性 σ 小于1、创新集中在 A^L 的情况，劳动力稀缺才会鼓励劳动节约型创新。[46] 此类模型可以帮助解释，为什么劳动力相对稀缺的美国在19世纪比英国增长更快，这被称为哈巴谷假说（Habakkuk hypothesis），以及为什么是欧洲而非劳动力更充裕的中国发生了工业革命。

阿西莫格鲁设计了一个技术进步内生化的模型，要素收入份额在长期内保持稳定。[47] 在该模型中，A^K 和 A^L 的进步是追求利润最大化的研发部门努力的结果。在平衡增长轨迹中，所有技术进步都是劳动增进型的，但 A^K 和 A^L 可以沿着转轨行径共同提高。提高 A^K 和 A^L 带来的回报取决于资本收入份额，当资本收入份额高于长期均衡值时，提高 A^K 带来的回报较高，A^K 的改进会降低资本收入份额。在均衡状态下，技术进步能起到稳定要素收入份额的作用，因此对劳动极为不利的皮凯蒂式场景不会发生。

结论

皮凯蒂在《21世纪资本论》中采用一个增长模型来解释经济增长率的下降会如何影响资本收入份额。根据他的模型，增长率下降会导致资本产出比提高，如果资本劳动替代系数大于1，资本产出比提高将导致资本收入份额提高。他还借助资本产出比和资本收入份额在历史上的联动特征，估计资本劳动的替代弹性远高于1。

皮凯蒂采用的识别策略要求对技术做一个重要假设：资本增进型技术 A^K 保持不变，或者与资本产出比的变化不相关。如果放松这一假设，允许有偏向的技术变革，利用总量时间序列数据进行估计，得出的替代弹性就小于1，远低于皮凯蒂的估计值。对微观替代弹性的估计值同样远低于1，此外，利用微观估计值来估计宏观替代弹性的总量模型得到的弹性值也低于1。所以，皮凯蒂对劳动收入份额下降的解释或许并不成立。

对劳动收入份额下降的另外两种解释是全球化和劳动节约型技术的进步。包括不同产业和不同地方劳动力市场差异对比在内的大量研究证据表明，与中国贸易的扩大导致了美国的劳动收入份额下降。这里可能有若干机制在发挥作用，如劳动密集型生产商可能会退出、收缩、改变产品类型，或者调整具体的生产工艺等。

目前对技术进步的研究证据表明，自动化技术的发展导致了劳动力市场的两极化，压缩了对可以用新技术替代日常劳动的需求，却增加了对抽象劳动的需求，前一类劳动可以用技术替代，后一类劳动则与新技术有互补关系。然而，关于自动化是否导致了总体的劳动收入份额下降则没有太多证据。在内生化技术进步的情形下，劳动收入份额下降最终可能导致技术变革方向的逆转。为理解技术对劳动收入份额的影响，还需要更深入的研究。

第5章
对财富收入比的政治经济学思考

苏雷什·奈杜

对如何用理论模型解释财富变化引起的不平等扩大,经济学家苏雷什·奈杜认为存在"驯化版皮凯蒂"与"野性版皮凯蒂"之分。与皮凯蒂不同,奈杜没有借助新古典生产理论的机制,他严肃地认为,资本存量的市场价值反映了资本拥有者对有权从国民产出中获取未来收益的信念,以及金融部门对这些未来收益给出的贴现率。与皮凯蒂的新古典模型相比,上述思考方式考虑了更多的政治因素,也就意味着除皮凯蒂主张的全球财富税之外,还有一整套控制资本收入份额与金融部门收益的政策工具可用。

理解不平等问题的不同思路

皮凯蒂离成功仅一步之遥
琼·罗宾逊在《一位凯恩斯主义者致一位马克思主义者的公开信》

中写道:"李嘉图之后出现了两位能干且训练有素的继承者:马克思和马歇尔。但此时英国历史已经绕过了拐角,地主不再是核心问题,如今要解决的是资本家的问题。马克思把李嘉图的观点引向如下思路:资本家非常像地主。马歇尔则是另外一种:地主非常像资本家。"[1] 皮凯蒂在他的巨著里试图像亨利·乔治(Henry George,19世纪美国经济学家与社会活动家)及之前的许多左翼经济学家那样,用马克思式的手法把他认为颠倒的论点纠正过来。他指出,现代社会的资本跟土地非常像,是租金的来源。资本的供给缺乏弹性,尽管没有牺牲多少机会成本,却会分走相当份额的产出,并会借助其影响力和扭曲的分配把我们带回金融化的新封建镀金时代。被现代资本统治的经济体终将成为食利者经济体:充斥着强盗大亨和特权贵族,围绕分配爆发社会冲突,政府被财富阶层俘获。

可惜,皮凯蒂的谢幕不够,他最后被自己构建的马歇尔式理论模型缠住了。他的模型更多地把资本(财富)视为积累的储蓄存量,而非对未来产出的索取权,因此并不像李嘉图所说的被寄生虫阶层拥有的土地,而接近于新古典经济学所指的资本,把利润视为有社会意义的对节俭的正当回报。

正如皮凯蒂在书中所述,资本或财富有多种表现形式,从房地产到公司股份和贷款等金融资产,甚至包括奴隶。对财富最准确的概念表述是对未来资源的索取权。它源自对机器、房屋、专利或油田等各类资产的长期财产权利的购买。这些购买要么是生产性的,在此情况下,人们会为其使用权竞价;要么是榨取性的,在此情况下,人们愿意付费是为了避免所有者利用法律程序阻止他们使用资产。财富至关重要,并取决于其索取的经济利益的大小。如果经济体的产出与资本的相对比值较大,则可以用较少的努力来满足财富所有者的索取权。而如果整体上的产出水平较低,就需要把多得多的社会资源用于满足财富所有者的索取权。皮凯蒂认为,随着全球收入增速(g)下滑,社会需要用全球层面的税收来约束资本，否则新出现的食利者阶层将吞噬社会产出中越来越大的份额。

该书是大众经济学读本的绝佳模板：有历史深度的极其重要的洞见，辅以精心构建的原始数据和启发性的理论分析架构，同时又不为学术界的复杂数学模型所累。

它不是规范的经济学研究。

但不同于左翼人士写的大量经济著作，经济学家会承认皮凯蒂的书不论好坏还是属于经济学。

即使不采用模型，该书也至少通过文字把政治带入核心的分析中。皮凯蒂记录的数据序列的重大变化是由政治和政策造成的。然而政治对他的模型而言属于外生因素，不是理论架构的内生部分。这样，皮凯蒂就必须在一条危险的峡谷中前行，一侧是资本和劳动的供给与需求的"市场基本面"，另一侧是政治和政策发挥的独立作用。

驯化版皮凯蒂

皮凯蒂的书有两个相互交织的观点。

第一个观点可称为"驯化版皮凯蒂"，是非常标准的模型。该模型有不同的随机储蓄率，有无法保险和无法分散化的资产回报率，有竞争性市场，有资本与劳动替代弹性大于1的生产函数，有平等主义和贤能主义倾向的社会福利函数。这一驯化版皮凯蒂理论是经济学家欣赏的，它以定义清晰的社会目标函数为背景，把可量化的实证经济模型与可检验的理论预测结合了起来。它源自最优政策分析，有作者及其合作者的多篇研究论文提供阐述，并得出了最优财富税公式作为政策建议。

但这个理论模型没有制度和政治上的考虑，使皮凯蒂的研究显得就像标准的宏观公共财政理论的（给人印象不错的）延伸成果。

从这个角度理解该书，令克鲁格曼叫好，却让阿西莫格鲁和罗宾逊等人对探索"资本主义基本定律"的说法大加抨击。[2] 我欣赏皮凯蒂设计的宏大模型，但我担心这一驯化版皮凯蒂对他的研究目的来说不是很适用的模型。皮凯蒂试图研究财富不平等的历史变化，试图用恰当的视角看待制度演变，从中解释经济体的财富收入比（W/Y）以及财富不平等程度的实证变化。这些制度因素包括：金融市场的作用，一般的市场结构，企业内部对收入分配的讨价还价等。可惜的是，驯化版皮凯蒂所采用的模型至少对回答这三个题目并无多少帮助。

野性版皮凯蒂

不过，他的书中还有其他思想萌芽喷薄而出——"野性版皮凯蒂"。

野性版观点采用不同的视角，认为经济体中的资本具有点金术般的魔力，把今天的收入变成对未来收入的稳固索取权，并放到资产市场上买卖。根据这种视角，公司治理制度、金融企业、劳动力市场制度以及政治影响力是决定财富收入比和财富分配的最主要因素。这一野性版皮凯蒂观点在其书中的不同地方、访谈以及各类论文中多有提及，它把资本看成由制度定义并在资产市场上进行交易的财产权利组合。在这些地方，与驯化版皮凯蒂模型不相关的一些思考成了论述主题，如关于公司治理和托宾 Q 值，关于非洲国家的外国投资与脆弱的财产权利，关于奴隶是否属于净财富的思考等。作为财产权利组合的资本，赋予了所有者控制、排外、转让和收取现金流且得到政治保护的权利。与所有财产权利一样，资本权利的界定和保护要求有政府实施的强权行动、通过立法制定的规范，以及在司法上保证的合法性等。例如，资本权利包括要求政府保护收入流，承诺不会被潜在侵犯者夺取，无论是盗贼、逃跑的奴隶、版权侵犯方、静坐示威的罢工者，还是逾期不付租金的租客等。

政治经济学视角能帮助我们补充在皮凯蒂书中缺失但对于充实野性版皮凯蒂观点极为必要的章节：有关金融、市场支配权以及内生性政策制定的内容。我们可以把支持资本积累的制度和产权视为政治体制的内生因素，是不同社会集团之间政治权力平衡的结果。

这些制度中非常重要的部分是金融产业的组织。财富是异质性资产的价格加权之和，而价格由金融市场决定，市场把所有对未来的即时预期综合到今天的价格中。众多（却未必高效的）金融中介伴随着较高的财富收入比出现。资产本身会用于生产，与劳动力结合起来生产出产品和服务，卖给消费者，资产所有者能获得的收入流同支付给劳动者的工资以及向消费者收取的价格有关。产品市场和劳动力市场的运转，针对竞争、价格、工资和就业的监管制度，都会影响财富拥有者获取的收入份额。最后，保护资产能获得的未来收入流要求政府在多个方面发挥作用，而不只是通过税收制度。由此会导致反馈闭环：由今天的收入不平等现状造就的政治体制，将支持明天的不平等。

　　最后，政治经济学视角能让我们更清楚地看到财富不平等的理论规范问题何在。皮凯蒂在多个地方提到，财富不平等与食利者社会是反民主的，但对它们之间的联系语焉不详。为什么极端的财富不平等必然意味着政治权力的不平等？而当我们把财富理解为政府政策支持的对资源的合法索取权而非资源本身时，财富不平等的非民主性质也就变得相当明白了。

分析财富收入比（W/Y）决定因素的其他方法

W/Y = s/g

　　皮凯蒂的基本模型以财富积累的运动为核心。即 $W_{t+1} = sY_t + W_t$，其中 s 为储蓄率，Y 为收入，W 为财富。等式两边除以 $Y_{t+1} = (1+g)Y_t$，其中 g 为GDP增长率，在稳定状态下，我们将得到：$W/Y=s/g$。

　　该公式凸显了家庭（和企业）的平均储蓄率与经济增长率的作用，让财富与GDP之比变成了家庭和企业的储蓄决策（去除折旧后）相对于创新、人力资本积累以及人口增长率的结果。可是，尽管这些因素无疑都很重要，它们的作用却是非常机械式的，初看上去与制度安排无关。该公式对计划经济和资本主义经济同样适用，没有突出使私人财富成为可能的特定资本主义制度的作用。

财富收入比（W/Y）与富人的相对收入

资本收入份额（α）由 α=rs/g 决定，其中 r 是利润率。假如 r 大体上随增长率 g 下降，则整个经济体的财富收入比（W/Y）也不会有大的变化。但如果在 g 下降时，r 维持相对稳定，财富收入比与财富持有者的收入占比都会提高。有某种持续上升的压力导致资本收入份额提高，这种说法马克思在《雇佣劳动与资本》一文中表述了非常清晰的观点。皮凯蒂采纳了该观点，但抛弃了马克思主义价值理论中形而上学的部分，而专注于收入和财富的内容，因为这些是有长期历史实证数据测算的，包括税收、普查以及遗嘱认证的记录等。不过，他论述的最终结论仍与马克思的类似：从长期看，大多数产出将被资本家获取。区别在于机制上：皮凯蒂的模型有着稳定的利润率和下降的生产率增速，而马克思的理论是稳定的工资和不断提高的生产率。但两者都认为资本将占据越来越多的收入份额。

按皮凯蒂的说法，马克思忽略了经济增长抵消因素的作用。新式创新、人口增长、经济活动增加都会提高产出和劳动收入。这些是技术和组织上的改进，特别是在工资品生产中，可能导致劳动力价值下降，但劳动收入份额上升。

我认为实际情况可能更为复杂。皮凯蒂认为利润率始终高于经济增长率，马克思则从产业后备军始终存在的理论出发，认为工资固定在"历史和道德"决定的基本生活水平上。因此在马克思的理论框架中，所有的生产率收益都会被资本占有，除非"历史和道德"决定的基本生活水平有所提高。而在皮凯蒂选择的竞争模型中，生产率收益会通过劳动力市场的（各企业之间为雇佣展开的）竞争转移给工人，提高工资水平。这样，需要让整体生产率增速低于利润率，才能确保资本收入份额提升。

但无论如何，他们有相同的实证预测结论：资本收入份额随时间上升。要么像马克思所说的那样，增长率不变，制度和剩余劳动力大军导致工资水平固定。要么如皮凯蒂理论阐释的那样，利润率不变，能够在竞争性劳动力市场上导致劳动收入份额增加的生产率增速下降。在马克思的理论中，劳动需求缺乏弹性，供给有弹性。在皮凯蒂的理论中，资本供给缺乏弹性，需求有弹性。在两个理论中，剩余都归属资本所有者。

皮凯蒂认为，导致经济增长的因素让一代又一代经济学家把马克思指出的资本主义基本矛盾当成实证错误。所有发达工业国家工人的生活水平提高，不正表明马克思的模型错了吗？战后的普遍繁荣让很多人对市场收入分配结果感到乐观，因为他们并未充分认识到这是特殊的经济政治环境所致。根据皮凯蒂的观点，从一战到20世纪70年代是一次宏大的历史事件，大规模战争、福利国家制度和税收政策共同压制了资本回报率，使经济增长率在这个暂时的窗口期超过了利润率。他认为自70年代以来，资本主义已回归常态。从上述历史进程中，他提出了关于资本主义基本运动规律的新观念。

利润率高于增长率（$r>g$）的结构性原因

那么，为什么利润率具有超出增长率（$r>g$）的结构性倾向呢？

皮凯蒂并未讲述其原因，他只是断言这是历史事实。

原因可能是由于外国投资的存在，让核心国家的资本家总是能在国外找到投资机会，以维持高回报率，甚至不惜损害外围国家的主权和政治稳定。可能是由于经济中的需求和生产模式导致我们能很容易用资本替代劳动，从而能在增加资本存量时不会显著降低回报率。可能是因为人们很擅长把财富转化为政治影响力和有组织的势力，以维持高回报率，这相当于采用比只关注需求和技术的模型高很多的替代弹性。这可能是因为资本供给侧的作用，即储蓄的决定因素；也可能是因为人的寿命短于资本，人们为自己储蓄，并不关注储蓄对未来资本存量的影响；

还有可能是因为资本家是谨慎的储蓄者和敢于创新的风险承担者，是商业美德的载体，回报率r是吸引他们开展投资的必要补偿。

以上解释均不能令皮凯蒂满意，尤其不满意的是来自"跨时欧拉公式"（intertemporal Euler equation）这一最优增长理论支柱之一的解释。跨时欧拉公式认为，储蓄只是人们实现未来消费的手段，包括人们自身在未来的消费，以及为子孙后代的美好生计着想带来的在今天的精神消费。看待储蓄的另一种更好的思路，则是在模型中把积累和财产作为自身的目的。皮凯蒂之前已与赛斯合作撰写过这方面的学术论文。马克思有一句描写资本的名言："积累啊，积累啊！这就是摩西和先知们！"如果这是对资本家沉迷投资和储蓄的准确写照，那么驱使富人进行积累的力量或许不只是实现未来的消费，而是企业融资的惯性，对经济安全的不懈追求，对社会身份认同的需要，对未来帝国的心理幻想，以及其他重要信念。

把利润视为一种租金

例如，阿瑟·杜因（Arthur Dewing）在20世纪中叶一本关于公司金融的经典著作中提到，"总的来说，促使人们扩张企业的动机不是经济因素，而是心理因素……是人类'掠食野性'的宝贵遗产"。此类动机包括遗赠动机，因此进行积累的一个重要力量是希望把财富传给子孙，而不管他们是否有此资格。但这一思考同样可以理解为某种人格变化：长寿（尤其是富人）会使遗产和未来消费的界限变得模糊。难道不会有人认为，75年后的你会变成另一个人，就像你的子女？

一旦以这种方式认识储蓄，对资本征税的理由就会变得清晰许多。如果资本的供给更像是房地产，而非自由支配的现金，那么经济学原理告诉我们可以对其征收重税。即使要剥夺其中的一部分，资本也不会消失。征税甚至会带来一些社会收益，如果人们储蓄是为了给子女留下遗产，那么遗产税造成的机会成本就不是老年人的消费，而是给信托基金的缴费。

这同时意味着某些经典却脆弱的理论结论，如认为最优的资本税应该为零不再成立。皮凯蒂对此提出了大有可为的研究建议：一旦摆脱消费欧拉公式的束缚，我们将需要怎样的私人部门储蓄理论来深入理解不平等和增长问题？对资本的征税将更少关注消费和储蓄之间的权衡，而更多关注如何在全球实施、以防止资本家的资金流失到海外。对全世界来说资本供给可能是缺乏弹性的，但对任何单一国家依然具有弹性。

$W/Y = \alpha/r$

以上论证有其逻辑，把我们的关注焦点都集中到总储蓄的供给和需求上，并认为这是对财富给予解释的最佳途径。然而从数据中可以清楚地看到，资本收益与估值效应对决定 W/Y 的水平有极为重要的影响。大多数动态模型认为这些因素只有短期效应或属于暂时的泡沫，但某些估值效应或许带有基本面性质。假定如此，我们可以用何种方式展开分析？

一种办法是采取"货币视角"，将收入向各类索取者流动视为基本因素。根据这种视角，原始变量包括：所有者的谈判能力 α，所有者因此获得的收入 αY，以及企业的产权价格，在金融市场上表现为贴现率或利润率 r。为简化起见，我们假设全部所有者的谈判能力相同，均为 α；全部企业的资本化率也都相同，标记为 $r^{finance}$。之所以采用 $r^{finance}$，而非 r，是为了区分资产贴现率与储蓄回报率。在完美的金融市场中，它们应该是相同的。而在有中介的不完美的金融市场中，金融部门提供的回报率为：$r^{finance} = r+\rho$。其中，r 是储蓄者得到的回报率，ρ 是金融服务的用户成本。

以资本收入份额和金融回报率作为原始变量，总财富与GDP的比率将变为：

$$\frac{W}{Y} = \frac{\alpha}{r} = \frac{\alpha}{r^{finance}-\rho}$$

与之前的 s/g 一样，这也是会计恒等式，但由此可以给出对私人财富的另外一种诠释。财富不再只是把过去的储蓄累积起来，注入有用途的资本品存量中，而是成为对未来资源的预期索取权。这个观点的新颖之处是，它把财富视为流向财产所有者的资本化未来收入，而不是固化为实物或社会存在物的储蓄。

阶级斗争、谈判能力、未来信心与资本化率

财富所有者的市场地位与谈判能力

$W/Y = α/r$，这一等式表明，除储蓄率s与经济增长率r以外，财富还可以简单理解为另外两个因素的比值。与储蓄率和增长率的视角类似，采用$α$和r也可以给数据提供很好的会计分解。第一项$α$是财产所有者获取的收入占比，如果资本生产率提高，或者制度变化导致资本所有者从企业中获得更多收入（特别是创造收入最多的那些企业），$α$就有可能提高。这一项决定或反映了有多少收入归属产权持有人，并反映了整个经济谈判能力的分布情况。第二项是$r^{finance}-ρ$，即金融业给企业等资产设定的回报率再减去金融业作为中介索取的份额。这一项反映了金融市场对产权定价的总体社会预期，由此产生了一个隐含回报率。于是，财富相对于收入的价值将取决于一个"马克思主义"项$α$，和一个"凯恩斯主义"项$r^{finance}-ρ$。

具体来说，扩大金融交易的空间能让更多的未来收入成为当前的承诺，推高当前产权的价格，从而降低隐含贴现率$r^{finance}-ρ$。虽然$r^{finance}$可能保持稳定，由各种资产的实际回报率决定，并受到"约翰牛（代指英国）能忍受很多事情，但不能忍受低于2%"之类的事实影响，然而金融资本化的程度以及金融业索取的隐含收入份额$ρ$却是可变的。

$α$反映了资本家有权获取的全部纯租金。制药业、技术产业和娱乐业等知识产权密集型产业，以及金融和能源等产业，都是属于资本价

值很高的部门。经济体向这些产业倾斜可能是财富收入比上升的部分原因。全球房地产业也属于这种情况,它把经济聚集、政策和制度的价值增长实现了资本化。

不过,由于产品市场、公司治理和工资设定制度的改变,α还可能发生补充性的变化。在竞争程度较低的市场上,企业可以从消费者和劳动者那里榨取高额利润,α可能较高。我们从产业组织研究中得知,企业数量众多并不一定意味着市场是竞争的,特别是企业在销售的产品各不相同、信息摩擦较严重的时候。在工作搜寻模型中,资本所有者与劳动者之间的收入份额由劳动力市场的条件决定,即劳动者获得工作邀请的概率与解除工作的概率之比。在效率工资模型中,收入份额由监督技术的效果和劳动力市场的松紧程度决定。在有工会的模型中,收入份额取决于工会罢工威胁的程度。这些模型都有一个共同特征:资本所有权的收入是企业的收入减去工资,降低劳动收入份额的因素必然增加资本收入份额。

财富所有者的谈判能力随时间的变化

图5.1显示了财富不平等状况与劳动谈判能力的指标变化。我们看到罢工率(劳动谈判能力不够完美的代理变量)呈现U形变化,对应着财富收入比呈现倒U形变化。罢工率尽管不是反映劳动者谈判能力的绝好代理指标,却比工会组织密度更好,因为罢工在历史上早于美国全国劳资关系委员会(National Labor Relations Board,NLRB)的组建。另外一个合理的说法是,美国的劳工实力来源于罢工的现实威胁,而不仅是工会密度本身。如果我们把罢工率当作促使α下降的一种作用力,就能看到财富收入比(W/Y)随这一谈判能力指标而产生相应变动。

除工人和雇主在企业内部的谈判外,还有产品市场支配力的作用。在一个以收益递增、高固定成本和低边际成本为特征的世界里,垄断将普遍存在。这会造成一种促使α上升的直接机制,因为垄断会把资源从消费者转移到资产所有者手里。对于过去15年来观测到的生产率增速下降，的确有一种解释认为是市场支配力的提升所致，生产率增长并未充分转化为产出增长（因为垄断厂商压缩了产量），尽管资本收入份额在增加，观测到的全要素生产率却下降了。皮凯蒂把财富不平等视为 s/g 的结果，增长率注定下跌，储蓄率曾被20世纪中期的政治剧变压制。与之相比，上述对财富不平等扩大的观点认为这一进程不是那么显著，也并非那么不可避免。

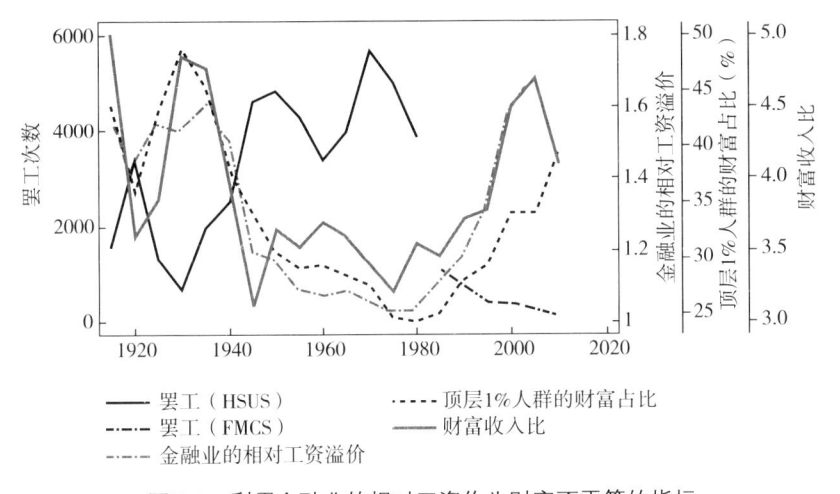

图5.1 利用金融业的相对工资作为财富不平等的指标

注：利用罢工作为劳动力谈判能力的代理变量，可以看到工人谈判能力较低的时期对应着不平等程度较高的时期。

资料来源：左轴的罢工次数来自HSUS和FMCS，财富收入比来自Piketty（2014），顶层1%人群的财富占比来自Zucman（2016），金融业的相对工资溢价来自Phillippon and Reshef（2012）。

过去15年间企业集中度的提高也起到了一定作用，监管和技术变革及其相互作用推动了企业集中度的提高。知识产权法规的经济重要性提高，以及法和经济学学术思潮推动的反垄断学说的削弱，都使企业的合谋和卡特尔化变得比过去更加容易。

此外还有颇具启发性的证据表明，金融业（尤其是通过大型机构投资者）对有效推进卡特尔联盟发挥了助力。航空业成为通过金融实现卡特尔化的典范，如少数机构投资者持有美国联合航空公司、达美航空公司、西南航空公司以及其他航空公司的多数股权。研究显示，当黑岩公司（Blackrock）收购某家航空公司股份时，其股价会跳涨3%~10%。[3] 有趣的是，海湾国家的主要航空公司阿提哈德公司与海湾航空公司都严格限制外国人所有权，由此导致美国各航空公司指责它们存在反竞争行为。带君主制背景的海湾合作委员会（Gulf Cooperation Council, GCC）这一准国有机构成为限制航空运输价格的重要竞争力量，这在某种程度上确实显得荒谬可笑。然而美国经济中重新普遍出现的托拉斯化，则让我们回想起希法亭、霍布森与列宁的理论：国家垄断势力在国际上爆发冲突是资本主义自然发展的结果。

公司控制权与无自由

我们可以用不完备合同理论从另一个政治维度来分析资本。金融家、企业家和工人（及其他人）之间的合同永远不可能完备。经济交易中的很大部分要留给市场中的一方去相机决策。像史蒂夫·乔布斯这样的CEO曾在20世纪80年代后期抱怨苹果公司股东的权力，而乔布斯的员工也肯定在抱怨他的专制权力。正如罗纳德·科斯证明的那样，权力分配并非在市场之外，而是交易的组成部分。工人会遵照指令做事，是因为他们可能被企业解雇。CEO则会受到股东组建的董事会的约束。正如企业理论认为的那样，资本在谈判共同生产的产出分配时往往包含了排斥其他方的权利，由此增加了专属于资本所有者的收入流。

这类控制权会影响在投资中普遍使用的一个指标：托宾Q值，即股票市值与资产估值之比。但皮凯蒂指出，这一普遍采用的指标并不代表控制权，平均股票价格只反映投资回报，而投资者还关心对企业决策的否决权。因此在德国和日本，由于非股东对公司决策有很大话语权（利益相关方模式），企业Q值低于美国和英国。皮凯蒂认为德国的股份被"压价"了,因为股东们没有英美国家的股东那样大的政治权力,必须与员工委员会和其他利益相关方分享控制权。美国的工会也曾有过类似的情况,工会在全国劳资关系委员会选举中的重大胜利曾导致股票价格下跌,但几乎不能改变企业基本资产的重置价值。

皮凯蒂用较短篇幅讨论了如何解释以奴隶形式存在的财富,这对区分人力资本和财富有启发作用。在奴隶制度下,占有劳动力收入的财产权利让财产所有者分得了巨大的产出份额。有估计认为,奴隶获得的报酬仅为其边际产出的48%,其中考虑了授予奴隶主的所有附加控制权。可是皮凯蒂指出,尚不清楚的是,奴隶财产是否应该被视为净财富,因为奴隶主的这种资产也可以被残忍地理解为奴隶的资本化负债。当然,最终他认同这是一种财富,因为它形成了在市场上交易的、由制度保护的收入流。真正构成"资本"的,并非实际的机器、建筑或人,而是对由此产生的收入流拥有产权和交易权。美国宪法第十三修正案严格限制了劳动合同中可以强制的内容,使人力资本的资本化不再(实际依然)出现在现代资本主义中,因此像皮凯蒂那样区分人力资本与财富是合理的。作为奴隶的人本身当然是有生产力的,能创造产出并支撑其他资产的价值。例如在南北战争后,随着奴隶们纷纷撤出,种植园主不再能维持团组体系(gang system)的生产率,原蓄奴区的土地价值暴跌,甚至明显低于俄亥俄河沿岸的非奴隶制郡县。但对于人类劳动力的可交易产权除了在生产上的即期用途外还可以有其他作用:内战之前,奴隶主把奴隶作为商业活动的抵押品,支撑了美国南部经济中庞大的信贷体系。

未来信心和资本化率

在公式 $W/Y=\alpha/r$ 中,另一个组成部分是:$r = r^{finance} - \rho$。这一项表明,资本不只是对今天产出的索取权,而且是对未来产出的索取权。由于其耐久性,决定财富收入比的另一个维度是对资产未来收入流的估值。

资本化率1/r是由金融体系决定的,涉及公司治理和债权人监督、未来收入的供给和需求,当然还有货币政策的影响(这点稍后论述)。

市场如何对未来收入流的产权进行套利,以何种预期把未来的货币折算为现值,是这种视角下的财富收入比的关键影响因素。然而在简单采用s/g的稳态公式时,这些因素往往会被忽略。其实,以该视角来看,应当高度重视社会预期在决定总财富收入比中的基础作用。如果财富确实是未来预期收入流的有效索取权,那么市场总预期将如何决定贴现率必然会对这些权利带来影响。各种制度(如政府保护产权的意愿)的作用之一,正是锚定市场预期。凯恩斯和明斯基的一些观念之所以重要,是因为它们不仅涉及商业周期波动,而且涉及社会财富存量。由于r是市场总预期的反映,或许才使财富收入比成为预测危机的一个良好指标:它包含了对未来过分乐观情绪的警示。

图5.1显示的金融业工资溢价水平紧随财富收入比发生变动。它反映了ρ,即金融服务获得的收入流。如图5.1所示,这一指标紧随金融监管和财富收入比发生变化。如果把企业的整体回报率固定为$r^{finance}$,那么随着金融业寻租水平的提高以及金融业收入份额ρ的提高,财富收入比也会上升。

总之,a/r除反映财富的规模外,还揭示了财富分布的特征。考虑到财富对数值的方差为:$var(\log w) = var(\log aY) + var(\log r) - 2Cov(\log aY, \log r)$,则回报率的离散度乃至资本收入的离散度都将随财富不平等的扩大而加剧。

很重要的一点是,财富不平等会随着上述协方差项而下降:如果占有较大资本收入份额的人面临较低的贴现率(无论是因为政府特权还是金融服务的关系),财富不平等会扩大。金融机构和市场还可能更广泛地增强富人阶层利用租金和回报离散度的能力,导致对专断式监管的政治需求,带来套利的机会。例如,最近有学者的研究认为,租金重要性的提高加剧了不平等。[4]他们认为,人为因素造成(由于监管和糟糕的交通基础设施）的生产性城市住房存量稀缺，或者企业的专利保护过强、收益递增以及劳动力市场不活跃等因素，会导致资产所有者获取的收入份额（α）提高。但他们也指出，企业股本回报和投资资本回报的离散度正在加大，这是租金造成的影响（还可以加上另一个维度：收入的空间隔离度增大）。如果给定企业或房地产所有者得到的收入离散度增大，则提供高回报资产组合的金融服务的收益也会提高。富人或许认为，为增大其股票组合的协方差——纳入能给持股人带来大部分收入的企业和地区——给金融服务多付费是划算的，而这会加剧财富不平等。

食利者与超级经理人

以这个方法看待资本还是会模糊食利者与超级经理人的界限。超级经理人是依靠劳动力市场合同，以奖金、股票或期权等延期报酬的形式在企业经营出色时分得巨额收入。与人力资本回报大不相同，这里明显涉及信息约束和法律规范等因素，如给予固定数量期权的情形。要求你穿着一身笔挺的西装去主持会议，到底是为了获取"劳动"收入，还是充当资本的代言人，这其中的界限看起来并不明确。我们或许可以将其理解为一种组织价值链上"资本型"合同的连续体：从底层员工领取固定工资，到承担风险的股东获得剩余索取权，而CEO们的位置则介乎其间。

如果高级管理者的报酬像资本收入那样被资本化，这显然会大幅扩大财富收入比。它意味着签署这些合同的高级管理者会持有其公司的大量股份，成功的大企业的高级管理者将变得极为富有。高级管理者的报酬与企业利润的高度协变性使其更加类似于资本收入，而非劳动收入，因此我们不清楚减去底薪之后的这部分收入是否还属于经济意义上的劳动收入，尽管在美国纳税时依然是采用工资收入类的W-2表格。特别是，资本所得税减免增强了把报酬组合转向资本收入的激励。如果只是把财富理解为储蓄加上资本收益，只是把财富收入比表达为储蓄率/增长率，以上关于财富积累的制度因素就会被模糊。尽管我并不反对出于某些目的使用不涉及制度因素的这一会计恒等式 s/g，但采用 α、$r^{finance}$-ρ 这种视角，能更好地反映公司治理、金融、劳动力和产品市场以及经济组织的整体变化等制度因素的作用。

作为财富收入比基本决定因素的制度建设的政治学分析

假设如上文所述，财富是由基本的社会游戏规则决定的，那么政治因素对财富收入比的影响自然随之提高。

在"驯化版皮凯蒂"理论中，政治因素只是在决定税率的时候才加入进来，在市场完成边际定价后实施再分配，使公式中 $W/Y = s/g$ 的 s 得以降低。

不过，制度、货币与政治经济学视角的思考能帮助我们解释，为什么财富所有者会竭力把新获取的财富转化为政治特权和影响力：他们深知持续的积累依赖于维持有望获得的收入流，而这项任务需要长期的政策保证，也就是制度。如果 α 和 ρ 都被制度本身内生为政治权力分配的结果，那么政治就同财富的维持和捍卫紧密捆绑在一起。确保财产权利有稳定回报的市场结构和监管，以及维持产权市场的厚度、流动性和低税收状态，并没有自然的保证，而是必须通过行政机构与法律体系来支撑。

调节财富分配的更广泛公共政策工具

如果你关心削减私人财富与收入的比率，基本的调节杠杆包括：
- 减少财产权利获得的收入份额；
- 对（给这些财产权利定价的）金融市场实施监管。

这其中包括典型的左派平等主义政策清单：强硬的反垄断承诺，

减少产业进入和社会流动性的障碍，更积极的私人部门劳工运动，在谈判中要求股东做出更大让步，削弱知识产权，中央银行政策，以及由公共资源支持的投资（如住房）和就业等。不过除影响谈判能力的手段外，对财富收入比进行调节还意味着制约通过金融合同支配未来资金的能力，例如，提高资本金要求和限制金融创新范围，以及对股票市场的微观结构加以改革，或实施金融交易税的潜在可能性等。库兹涅茨就讨论过这方面的若干选择："要对抗储蓄集中在高收入阶层引起的积累效应，可采取立法干预和'政治'决策等一系列办法。可以着眼于通过遗产税或其他显性资本税直接限制财产积累；可以通过若干措施间接发挥类似作用，如通过政府允许或引致的通货膨胀，压低固定价格证券或不能对价格变化做出充分反应的其他财产的经济价值；或者对积累财产的收益做出法律限制，如最近采取的租金管制以及由政府人为保持的长期低利率等。"[5] 这些丰富多样的政策选项与皮凯蒂对税收的独特执着形成了鲜明对比。皮凯蒂的主要政策建议是直接对资本全球性征税，其最有力的根据是，资本的大部分回报并未支付出去，而是积累和叠加到股份里，因此直接对股票征税是可以影响大部分资本收入的一个办法。与上文讨论的测算理论一致的是，资本家获得的收入份额实际上并未被观察到。很重要的一点在于，皮凯蒂的建议与红利税或资本所得税并不相同，它是对全部财富征收累进税，而不只是针对财富所有者分得的红利或资产出售收入。这种财富税将削减财富所有者的收入索取权，确实会立刻降低税后的财富收入比（α），但其最重要的含义是，实施该税收要求各国之间共享银行信息，从而取消税收天堂，产生关于全球财富持有状况的可靠信息。皮凯蒂的这一想法具有明显的福柯主义色彩：通过税收提出关于财富的公共话题，并使其可获知、可辨认和可管理。正如"巴拿马文件"事件所示，仅依靠此类数据就能改进税收体制，并揭示财富分配情况，以供公众讨论。

皮凯蒂还探讨了不同的财政体制，指出在支出方面，全民覆盖的公共产品在促进收入平等的效果上好于专项转移支付。他认为至少对欧洲而言，政府以津贴和替代收入的形式转移了25%~35%的收入，因此像20世纪中期那样再大幅扩张政府的经济规模已不太可能。原则上，我认为这是对的，福利国家的制度创新不会表现为政府支出占GDP比重的继续提高。

皮凯蒂对以宏观经济政策作为财富分配调节工具的厌恶

很重要的一点是，皮凯蒂反对两种财政工具：公共债务和通胀。他认为公共债务很大程度上是一种从纳税人向（富有的）债券持有人的转移支付，通胀则不会影响大部分以实物资产形式持有的财富。我估计有人会指出，皮凯蒂对公共债务的厌恶是因为他专注于供给侧，而忽视财富更具"凯恩斯主义"的决定因素，也就是说参数 ρ 可能发挥重要作用。按此逻辑，皮凯蒂普遍忽略了货币政策，但如果货币政策能影响实际增长，也就能影响实际不平等水平，这种作用是 α–r 公式强调的，在 s–g 公式中则不然。

例如，有研究显示在2000年以后，顶层0.1%人群的财富占比增长中，很大部分来自固定收益证券，由于美联储的利率水平较低，这些证券的资本化定价较高。[6] 因此，货币政策对解释财富持有状况或许有一定帮助。

另一面的政治经济学分析：财富对政治的影响

既然有众多的政策选项可以调节收入分配，并揭示富有人群的财富状况，这些再分配政策为什么没有付诸实施？

皮凯蒂书中的观点认为，财富不平等给社会计划者提出了问题，但不是给民主制度提出了问题。财富收入比是回报率与增长率（s/g）

的自然结果。政府需要提高增长率 g，同时以恰当的税收来约束 s。《21世纪资本论》中提到政治制度如何能改变不平等状况，却很少述及不平等对政治制度的影响。这是皮凯蒂书中缺失的重要章节。请让我在这里非常简要地尝试做些补充，以显示经济领域的不平等能通过各种机制扭曲政府的政策。

超级富豪可用于操纵政治的新工具

通过某些途径，21世纪的商业化政治给超级富豪们提供了操纵政治制度的全套新工具：

我们看到"市场无处不在"。富人可以收买教育改革方案、慈善机构、智库、立法话语权、政治影响力，以及对其观念的无休止宣传。竞选捐助是很好的出发点，有证据表明，政治捐助：①属于正常品[7]，②在顶端与财富的弹性接近于1。[8] 这意味着随着财富分配变得更加倾斜，竞选捐助的分布状况也会变得更加倾斜。有研究发现，越来越高比例的可溯源个人竞选捐助（接近25%）来自顶层"1%的1%"人群，人数大概有3万。[9] 从巴西到布鲁塞尔，从华盛顿到东京，资金和资金承诺都成为政治车轮的润滑剂，有时被揭露，有时引发一时愤怒，有时也无人在意。要欢迎市场的无处不在，却又不希望看到腐败因此泛滥，是很困难的事情。当言论和媒体自身通过市场来配置，赢得竞选的手段通过金钱纽带来配置的时候，距离金钱主宰政策也就只有一小步之遥了。

然而我们也不应该过分夸大这一渠道的影响。所有这些政治支出的作用是否在相互抵消？亿万富翁或许是在胡乱花钱，在典型的塔洛克博弈中哄抬了顾问的工资与广告公司的收入。各个党派、利益集团和竞选人为了打压彼此而消耗资源，一方的任何优势都会导致对手的投资回报增加。但这不可能是事情的全貌，对竞选资金的需求依然决定着政客听谁的意见。例如，最近的政治学研究令人信服地发现，重要捐款人有高得多的机会同政客或其高级幕僚举行会谈。[10] 竞选捐助的边际回报相当高。

在有的竞选模型中，竞选资金的供给增加（如由于不平等加剧所致）可能增加竞选双方的边际回报。还有，相关技术的进步可以把资金转化为有数据支持的、直达选票的成熟操作手段和政策影响力，从而增加对竞选捐助的需求。这是政党组织发生改变的部分原因，党派领导人的控制权增强，他们掌握的一般性资金变得更为重要。当然我们也不应忽视政治资金运转中的其他技术和组织变化，案例之一是"领袖政治行动委员会"（leadership PACs），这是国会议员发起的资助其他议员的组织，为有迫切意愿的捐款人提供了有效的竞选支持组合工具。

超级富豪们可用于操纵政治的旧工具

从其他方面看，超级富豪操纵政治体制的工具由来已久。除收买人为自己发声外，富人还可以用退出作为威胁。如皮凯蒂在对密特朗政府的简短讨论中所述，资本罢工就是一种经典的政治工具。由于财产所有者可以把资产转变为隐藏的无形海外债务，对任何小规模开放经济体而言，资本外逃的制约效果都非常现实。近期的新闻报道以及祖克曼的研究指出，税收天堂使这种威胁变得更为突出。[11] 另有论文阐述了对资本外逃的预期会如何改变选举结果。[12] 更老派的马克思主义者曾不惜时间和精力，如普兰查斯与米利班德在《新左派评论》（*New Left Review*）上的著名交锋，争论资本家如何控制名义上的民主国家：是否用自己的盟友填满政府职位？是否以资本罢工作为威胁？[13] 米利班德认为，政府被财富俘获是源于政府大多数领导人的阶级背景，例如他的孩子们在领导英国工党时不愿意公开支持平等主义的充分就业政策。普兰查斯反驳说：那些领导人是不是劳工利益的忠实捍卫者，这并不重要；政府需要私人投资使经济持续运转，这一事实已足够约束政府为资本所有者的利益服务，许许多多呼吁召唤"信心女神"的人正是基于上述立场。就像南非那样，资本外逃似乎确实妨碍了本应该伴随民主化而实施的很多再分配措施。

住房财富的兴起尤其值得深思，因为住房和土地与特定政策和地方政治有着本质联系。住房财富存量的资本化所包含的不只是生活设施与聚集经济，还包括地方政治。[14] 由于安全感对资产的未来收入前景至关重要，决定这些感受的法律和政策会成为政治需要。邻避主义的小食利者要求采用严厉打击犯罪的政策和土地使用监管规定，以提升住房和商业地产的价值。在政策分权化程度极高的美国，住房市场严重制约了可行的再分配水平。例如，事实上美国没有真正的公立学校体系，只有住房市场决定的私立学校体系。类似地，从全世界看，房地产让全球的富人把资金（及家庭）集中到有可靠产权和便利设施的国家。住房财富的积累可以理解为各国内部及国际间政治套利的一种反映。

值得深入探讨的一个领域是，财富不平等除影响选举和游说机制外，还改变了政策理念和政治意识形态。这或许是因为政府中普遍缺乏政策制定的专业人才，相应的人力资本市场让私人部门囤积了大量专家。有丰富知识负责有效监管任务的官员，也正是被监管对象急需的雇员和顾问，由此导致了著名的旋转门问题。极为复杂的金融监管在这方面或许尤其脆弱，但实际上，这种复杂性或许能成为政治操控工具：抬高加入讨论的知识门槛，使 ρ 的政治决定因素完全由资金充裕和消息灵通的内部人在幕后操纵。

另一个案例是，由于缺乏内部的政策制定专业人员，起草公示法案的任务被委托给了美国立法交流委员会（American Legislative Exchange Council，ALEC）之类由企业资助的机构。有研究发现，在议员们用于政策制定的时间较少、政府专业化程度不足的各州，采用美国立法交流委员会拟定法案的概率更高。[15] 同样，美国传统基金会、胡佛研究所和美国企业研究所等智库能够把捐助资金投入从税收、教育改革到外交事务等各类议题的政策草案中。

随之得出的一个推论是,财富不平等会对学术研究带来影响,特别是在经济学和金融学领域。一流经济学家经常受银行吸引去做报酬不菲的咨询和对话。私人部门支持行业组织的原因之一或许是它们需要利用市场设计的工具,但也可以借此控制那些在欧洲或美国的监管听证会或司法审判中能提供可信的反垄断证词的专家。商学院和金融经济学大行其道,有很大原因是经济中财富地位的上升,财富需要获得认证支持,并能提供捐助资金。大学对私人资金的依赖程度超过了公共资金,富人的利益也开始影响知识界的走向。福尔卡德及其合作者的研究表明,经济学中引用的金融学研究大量增加[16],他还指出:

> 随着经济学的学术研究向商学院靠拢而远离政府,经济学家面临新的现实、思想和政治上的纠结:更高的薪酬水平,新的人际关系和咨询合作机会,以及往往有变化的政治环境(Jelveh、Kogut and Naidu,2014)。20世纪80年代,学术界对政府行动的怀疑大增,经济学家合乎逻辑地提供了部分理由,助推了公共政策中的去监管运动,以及价格与市场机制在教育、交通、医疗、环境和其他领域的更广泛应用(Blyth,2002)。金融经济学家有力地提出,公司的目标是让股东价值最大化,并为新一代公司掠夺者青睐的管理操作,如杠杆收购、兼并收购、以股票期权来激励公司高管,提供了科学解释。在探讨企业利益对经济学家的长期控制问题时,津加莱斯(Zingales,2013)发现,在没有来自商学院的作者时,经济学论文对高管薪酬水平持正面评价态度的明显更少,并显著地趋于负面评价。[17]

财富在各种领域导致的不公正

财富不平等对几乎一切资源配置都有不那么明显却同样有害的

效应。

当我们拥有整套市场体系时（如阿罗—德布鲁一般均衡模型），有着更高价值禀赋的富人在市场采用的隐含社会福利函数中有更大的权重。[18]事实上，严重的财富不平等与市场化泛滥相结合的危害之一，就是让顶层0.1%群体的恣意妄为改变了整个社会的安排和其他所有人的选项。这在市场配置中显然如此，产品空间和定价结构都是瞄准需求曲线中富人所在的部分。

对慈善事业和公共品的私人供给来说，这种挑战将变得愈发突出。我们可能遇到比尔·盖茨那样爱做好事的技术专家，可能遇到由谢尔顿·阿德尔森（Sheldon Adelson）或乔治·索罗斯支持的政客与智库机构的组合，或者由科赫兄弟（Kochs）或桑德勒家族（Sandlers）支持的势力。但无论这些巨额捐赠者所做事情的价值如何，财富的巨大不平等使社会的优先目标由少数人的意趣左右，这一事实本身是极为反民主的，即使这好于让富人单纯囤积财富。捐赠者做这些事情是着眼于影响发展政策、优先研究项目和社会改革措施。他们的瞬间意志决定着数万亿美元的资源配置。耶鲁大学培养忠实和慷慨的校友，以不断充实其捐款。而低成本、高质量的公立大学却被资金紧张的立法机构削减投入。不平等严重的世界让过多的资源配置被富人群体主宰，21世纪的资本家维持着他们的社会权力，维持着他们与社会和私人财富管理者的纽带。

在竞争性市场上利用不完备的土地、劳动和信贷合同取得的私人权力，还可能破坏基本的平等主义规范。一个民主共和国应该经得起哲学家菲利普·佩蒂特（Philip Pettit）设计的"眼球"（eyeball）和"痛苦的输家"（sore loser）检验。平等社会的第一个检验是公民个人能否以诚相待；第二个检验是公民个人不会感觉到社会制度受到的操纵是不利于自己的。政策应该有预设的倾向性，以建立能够通过这两个检验的社会。

财富不平等与自由雇佣合同所创造的世界不能通过第一个检验。在那样的社会中，我们有太多不得不迎合老板的低工资雇员，有很多因解雇和不予晋升威胁而被迫容忍经理人占便宜的女员工。经济机会和日常福利可能因少数人的古怪嗜好而改变，这种威胁只有靠经济上的民主才会尽可能地减少。大多数人同巨额财富的日常接触并不是通过市场上的商品价格或者媒体上的社会报道，而是通过他们的雇主、房东和银行家表现出来的蔑视、操控和威胁。

封建领主是富有的，但由于缺乏某些类型的市场，他们占有的土地价值并不能直接反映他们的社会权力。忠诚的武士、有良好训练和装备的封臣是领主地位的额外保证，这些不是能随便购买到的。

这种骑士精神式的待遇在现代资本主义中不复存在。一个"充分激励"的世界同收入和财富的巨大不平等形成了一种肮脏的互补关系。如果任何行动都可以获得金钱回报，所有的幸福来源都可以用人的购买意愿来标价，那么富人社会权力的膨胀速度就很难用1920年与今天购买力的对比来描述。市场的扩大不但造成了经济不平等，还让经济不平等创造出政治不平等，而在迈克尔·沃尔泽（Micheal Walzer）主张的分配正义理论中，政治领域本来是应该不让市场力量发挥作用的。

老式的哈耶克主义认为，只有私人财富的大量积累才能保证自由。如果没有私人财富，谁会愿意参与政治行动，去对抗控制着全能国家机器的统治者？更早期的托克维尔主义认为，同阶层的广大自由民众是防止专制主义暴政以及未来潜在工业贵族暴政的关键所在，这些工业贵族会因自身的物质利益联合起来，并缺乏任何互惠义务纽带的制约，他们除了支付工资以外，并不对下属提供封建式的身份保护。或许我们正在向哈耶克的理想前进，最终却发现那原来是托克维尔的噩梦。

结论

现在我们可以阐述全面完整的政治经济学均衡：

采用"货币视角"让我们看到，财富收入比的决定因素不只是储蓄率和增长率，而更多涉及谈判能力、垄断地位和金融体系。该视角引领我们回顾了非竞争性、非综合性的分配理论，把制度因素带入最前线，以解释收入中的资本劳动之分，以及用当前的利润率对财富的未来收入加以资本化的过程。我们无须从不受时间影响的竞争市场原则和两个欧拉公式——适用于规模收益不变生产函数的欧拉定理与消费欧拉公式——之中推导财富分配的结果，而是必须探讨经济运行的细节：决定分配结果的各种特殊规则、市场结构和社会规范。

作为该观点的一个结果，我们可以重新解释和完善库兹涅茨曲线的预测。

监管、政策、社会规范和"制度"决定了资本收入份额（α）和利润率（r），继而又决定了财富收入比（W/Y）。财富的规模和分配状况可以产生政治影响力，再作用于监管、社会规范和政策。由此可以设想出有多个路径依赖的库兹涅茨式运行轨迹，都是从技术引致的某个初期财富（或许还包括人力资本）的不平等水平出发，初期不平等将产生一系列制度和政策，以维护和放大财富持有人的回报，继续复制不平等。这一运行轨迹可能进入"库兹涅茨高原"（Kuznets plateau）状态，需要巨大的冲击才能打破。

不过，可能还有其他的运行轨迹。在这些运行轨迹中，初期的不平等没有把制度导向复制不平等的方向。库兹涅茨变迁曲线会变得较短，更多出现熊彼特式赢家，而非帕累托式的永久寡头。

鉴于西方国家不平等扩大的走势，我们可能正迈向漫长而痛苦的第一种库兹涅茨变迁形式。

第6章

无所不在的奴隶资本

戴娜·拉米·贝里

奴隶和奴隶制被《21世纪资本论》总结为资本存量的一个组成部分，在解放奴隶时消失，但很快又被其他形式替代。历史学家戴娜·拉米·贝里对此提出了商榷，她认为奴隶制遍布于整个经济，而不仅是在农业种植园里。她指出，有些奴隶是由公司和市镇当局拥有的，他们参与公共基础设施的修建，并构成了大型非营利机构可继承的财产。此外，作为可交易的财产，奴隶支撑着金融体系的运行，进而让资本主义制度在其基础上发展成形。贝里认为把这些结合起来，如果没有对奴隶制的正确解释——这正是《21世纪资本论》的缺陷所在，我们就不能很好地理解19世纪、20世纪乃至21世纪的资本。

1848年春季和夏季，美国南方铁路公司（Southern Railroad Company）从弗吉尼亚州购买了82名奴隶劳动力，以建设旨在支持上南方和下南方地区贸易的运输道路（见图6.1）。当年5—7月，该公司为购买这些奴隶共支付了46 398美元，男性66人，占80.5%，女性16人，占19.5%。弗吉尼亚州里奇蒙德市的奴隶主朱丽叶·华盛顿（Juliet E. Washington）于5

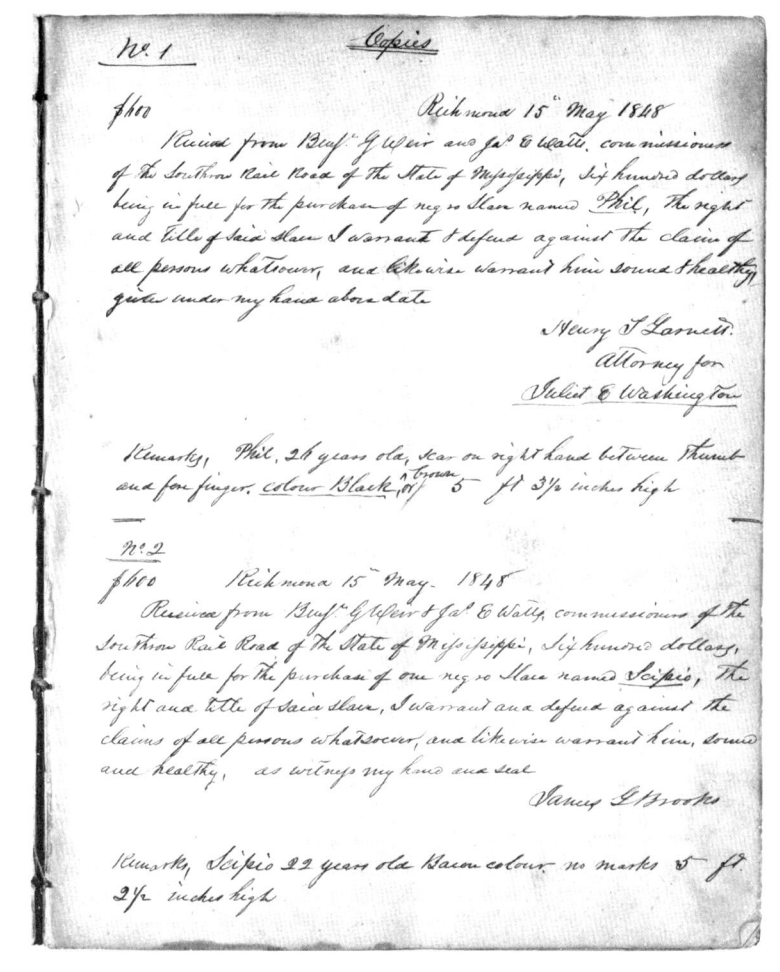

图6.1　证明购买菲尔和西皮奥等奴隶为铁路公司工作的账本中的一页

资料来源：Southern Railroad Ledger, Purchases for 1848, Natchez Trace Slaves and Slavery Collection, #2E775, Dolph Briscoe Center for American History, University of Texas at Austin。

月15日把26岁的奴隶菲尔以600美元卖给该公司，并保证菲尔身上不涉及其他债务，而且"完全健康"。除了菲尔的价值和年龄外，华盛顿还提道：他的肤色是"黑色或棕色"，身高"5英尺3又1/2英寸"*，右手的拇指和食指之间有块疤。另一位名为西皮奥的奴隶也在当天被主人以同样价格卖给南方铁路公司，略微年轻一些，22岁，没有疤痕，身高5英尺2又1/2英寸。卖给该公司的女奴隶则包括南希、阿戴琳、露西·安、简和伊莱扎等人。有些奴隶是成对出售的，如卡罗莱纳和哈里特姐妹，朱丽叶·安和亨利·安母子。[1]在那三个月时间里，弗吉尼亚州的奴隶主把这些奴隶挑选出来，卖给南方铁路公司，为新兴的铁路产业提供清扫、餐饮、铺轨等各种劳务。这样的劳动力交易一直延续到南北战争期间，战后当他们作为自由人寻找工薪工作时也依然如此。[2]

美国的各铁路公司拥有奴隶一事为何值得关注？更重要的是，这跟托马斯·皮凯蒂的《21世纪资本论》有什么关系？对这些问题的回答始于如下的定义。

对资本的定义

皮凯蒂对资本的定义既有包容性，也有排除性。他区分了实物资本、金融资本和专业资本这三种资本形式，也提到人力资本和奴隶资本，却没有对后者做明确的定义。资本的包容性定义，即"可以被拥有并在市场上交易的非人力资产的总和"则明确排除了奴隶。皮凯蒂把奴隶单列出来，告诉读者人力财产作为特殊案例将在《21世纪资本论》的后文中加以讨论。

结果，这一讨论奴隶议题的承诺在皮凯蒂的大作中被压缩到了区区7页篇幅。在他看来，奴隶资本是私人资本的一个组成部分，因此不

---

* 英制单位，1英尺约为0.3048米，1英寸约为0.0254米。——编者注

需要再做充分讨论。他也没有提到在公共领域使用奴隶劳动力的情况。

通过一系列设问，皮凯蒂给读者们提供了一套特别的定义，涉及资本的"形式"及其如何"随时间变化"。[3] 第一种形式是人力资本，定义为"个人的劳动力、技能、培训和能力"，但他明确声明，除了在该小节（《新大陆和旧大陆：奴隶制的重要性》）的简短讨论外，书中的其他分析"总是把人力资本排除在外"。[4] 皮凯蒂说的第二种资本形式是房地产，包括住房和土地。其余两种资本形式是金融资本和专业资本，包括"厂房、基础设施、机器、专利等"，由企业和政府机构使用。[5] 根据这些定义，他把奴隶或奴隶资本排除在自己的理论架构之外。然而，皮凯蒂对奴隶制度和奴隶本身的草率处理给他的论述留下了漏洞。因为受奴役的人形成了金融资本，通过使用这些劳动力的企业和政府机构在跨国市场上流转。

皮凯蒂的著作是对这个千年的资本主义的经典研究，内容厚重，但用平实的语言写成。他的主题可以用一句简短的话来概括：资本投资的增速将超过收入的增速，导致富者愈富。通过考察英国、法国和美国的收入不平等历史，他找出了重要的时间变化现象，把其中大多数情况归结于战争、技术进步、财产和投资等因素。该书在网上提供的技术性附录给出了更为细致的分析，供专业经济学家、政治学家以及对图表和详细解释感兴趣的人参考。皮凯蒂传递的信息是，顶层1%人群仍处于上升轨迹，会继续拉大这些人同之下99%人群的距离，当然他也提供了一个再分配解决方案，以缩小富裕人群、中产阶级和穷人的差距，因此追随"占领华尔街"运动的人们依然可以抱有希望。

= Ⅱ =

本章将关注受奴役的人——"名副其实"的人力资本，在被皮凯蒂排除的地方，他们其实无处不在。我认为，皮凯蒂在分析政府和私人企业时强调专业资本和金融资本这两种资本形式，却严重忽视了世界经济中的某些基础特征。或者简而言之，他撰写的这本经济著作所采用的资本定义未包含奴隶制的内容，由此忽视了奴隶贸易和奴隶劳动是15—19世纪西方经济体的重要基础这一事实。大多数主要欧洲国家都参与过奴隶买卖，殖民地时期和南北战争前的顶层1%人群是通过剥削奴隶劳动而致富的，这种动态资本积累过程与皮凯蒂描述的无痛苦模型（即储蓄和积累的增速只是消极地快于劳动收入的增速）大不相同。我们有来自私人企业和上市公司的大量证据，表明它们的成立和维系都依靠奴隶劳动，不可能在讲述这段资本历史时对其熟视无睹。但首先，我们还是必须给出关于奴隶资本（slave capital）的一个可行定义。

作为研究奴隶制的学者，我的本能是把"奴隶资本"定义为大大小小的任意蓄奴者把奴隶的人身商品化后得到的货币总价值。它可以通过多种方式反映出来，包括庄园估值中记录的金额、蓄奴者去世时的遗嘱认证、年度纳税申报单、定期计算的抵押贷款、偶尔出现的馈赠契约、投保的保单，甚至通过验尸报告给出的结果等。利用这些林林总总的文件，可以用一系列变量计算出奴隶的价值，包括他们的年龄、性别、技能、健康状况和脾气性格等。每个奴隶都有可以计算出的价值，加起来就是奴隶主在奴隶身上拥有的净资产。与此类似，奴隶资本还反映在蓄奴者从奴隶生产的产品中获取的收入，减去蓄养他们花费的成本。

奴隶资本 = 奴隶的人身价值 + 奴隶的生产性产出 − 成本（维持其生存）

在新大陆的种植园组织中，奴隶劳动力与受奴役者构成了社会精英人群的公共财富和私人财富。今天的社会运动组织与法案披露了公共和私人公司同奴隶制的历史联系，从而曝光了某些精英家族的信息。2015年夏，伦敦大学学院与英国广播公司合作播出了两集纪录片《被遗忘的英国奴隶主》（Britain's Forgotten Slave-Owners），并设立了一个开源网站"英国奴隶主的遗产"（Legacies of British Slave-Ownership），追踪到付给英国奴隶主们2 000万英镑,以弥补解放奴隶给他们造成资本损失的赔偿政策。[6] 这一信息的揭发来自"加勒比社群组织"[*]领导的仍在推进的工作,该组织试图要求以前蓄奴的欧洲国家"与加勒比国家的政府开展赔偿谈判",以解决"那些罪恶行为遗留至今的后果"。[7] 有关奴隶资本的长期经济影响的调查也在开展中,但规模较小,更注重个人。美国的某些州和市政府已开始处理对今天仍有财政影响的奴隶制时期的保险单。例如,加利福尼亚州参议院在2000年发布了SB 2199法案《奴隶制时期的保险单》(Slavery Era Insurance Policies),要求各公司披露档案中有关奴隶保单的记录。按法律规定记录这段历史,提供了"来自奴隶制的不正当利润的第一手证据,其中部分获利来自资本化的承保人,继承人一直延续至今"。[8] 正是这些工作暴露出财富分配上的差距,追踪了奴隶制对公共和私人金融活动的经济影响,并推动了可能带来改变的政策措施。

然而,当保单持有人这批精英人群因为控制着历史和现有保单而从中获益时,很难迫使他们做出变革。皮凯蒂预测,顶层1%人群会继续增加自己的财富,并没有开展再分配的强烈动力。这对于奴隶制历史同样适用,奴隶制对个人和机构的财富影响是可以追溯的。理解这段被记录的历史,可以为通过政策变革解决不平等问题提供机遇。

历史学家认为,到19世纪中叶,"南方白人中拥有奴隶的不足25%"。[9] 这些人是社会的精英成员,其中许多是能影响法案制定以维护自身地位的政治领袖、法官、医生和律师。通过对贫富差异和历史遗产的影响,这一社会结构带来的世代财富(generational wealth)让卷入奴隶贸易的各个国家饱受困扰。如果皮凯蒂的看法正确,"所有形式的资本的回报率都约为每年5%",且美国在1770—1810年的奴隶资本总

---

[*] "加勒比社群组织"(Caribbean Community),其正式名称为加勒比社群与共同市场组织(Caribbean Community and Common Market,CARICOM)。

第6章 无所不在的奴隶资本

价值约为1.5年的国民收入。由于他的资本定义忽略了机构和企业等拥有的奴隶资本，他对资本的测算可能存在严重低估。[10] 以奴隶劳动力形式存在的人力资本给公共和私人企业、公立和私立大学以及各州和市政府的财富做出了巨大贡献，其中包括南方铁路公司与巴尔的摩人寿保险公司，北卡罗来纳大学与达特茅斯学院等。这意味着皮凯蒂声称的"总是把人力资本排除在外"的说法并不准确。事实上，他在计算企业（保险公司）、产业（铁路）、专利权（轧棉机）以及市政府（堤坝、运河和桥梁）产生的公共财富时，都直接或间接地加入了人力资本因素。他对种植园和私人手里的奴隶资本的忽略同样令我感到不安，不过我在这里暂不讨论种植园的奴隶资本，而是想通过探讨产业和市政机构使用的奴隶资本的价值来提出质疑。当时，受奴役的人被视为动产，一种可以移动的实物财产。这意味着他们既是人也是产品，或者如历史学家沃尔特·约翰逊所述，属于"标了价钱的人"。[11] 奴隶资本代表着受奴役者创造的财富，而皮凯蒂所说的人力资本并不必然指作为动产的人。[12] 在他看来，奴隶资本和人力资本并非总是可以互换的概念。对该现象的理解是历史学面临的一个挑战，对希望了解奴隶制的经济特征的人则是更大的挑战。

历史编纂学

跨入20世纪以来，致力于研究奴隶制与经济问题交叉领域的学者用不同方式探讨了这一话题。某些只专注于经济上的营利性、奴隶的生产率或技术进步，另一些则更关心区域性作物分工、临时性的市场变化、奴隶贸易格局等。虽然这并未包括学者们撰写的关于奴隶经济的所有话题，但大体上反映了关注奴隶制经济学的历史学家采用的研究方法。

威廉·杜波依斯（W. E. B. Du Bois）是最早研究奴隶制与经济发

展关系的学者之一。在必须被称为非裔美国人历史低谷期的1896年，杜波依斯出版了《从非洲向美国的奴隶贸易受到的压制》一书，主要讲述经济史。19世纪90年代的非裔美国人遭受各种私人执法行为的侵犯，从普遍的私刑处决到极端的歧视。作为第一位从哈佛大学获得历史学博士学位的非裔美国人，杜波依斯研究并撰写了对奴隶贸易的压制过程，他认为这个议题"与美国的奴隶制度乃至整个殖民地政策……有着如此密切的联系"，以至于不容忽视。[13] 基于广泛的资料，包括"联邦、各州以及殖民地时期的法规、国会文档、社团报告和个人记述等"，杜波依斯对自己的发现颇有信心，但也谦逊地承认，经济方面的资料很难查找。[14] 不过他确实发现，到1700年时，奴隶资产的贸易已成为"英国的实践经济学中无可争议的公理。"[15] 通过集中考察美国从殖民地社会走向成熟国家的过程，杜波依斯发现了一个历史时期，有关此议题的辩论本可能导致废止奴隶贸易，并废除奴隶制。但他得出的结论是，美洲殖民者最终"依然愿意靠奴隶制获利致富"。[16]

大约20年后，历史学家菲利普斯出版了第一本关于美国奴隶制的专著。该书充满了反映20世纪早期种族紧张关系（包括泛滥的私刑、隔离和优生学内容）的语言，书中明确提到，"奴隶既是人，也是财产，作为动产带有投资的性质。"[17] 接下来，菲利普斯利用种植园的记录、账本、日记、普查数据以及大量其他资料，对美国的奴隶制和蓄奴历史进行了经济分析。他考察了种植园经营、奴隶价格、保险和铁路业使用的奴隶劳动力等课题，而且批评经济学家基本上忽略了奴隶制议题，这在今天已不再成立，但对皮凯蒂或许仍然适用。

随着学者对奴隶经济兴趣的增强，对话内容转移到资本主义与奴隶制的关系上。历史学家埃里克·威廉姆斯于1944年发表了对今天的奴隶制与资本主义的交叉学科依然是关键读本的研究成果。与杜波依斯相似，威廉姆斯也关注大西洋奴隶贸易、奴隶制度、英国资本主义

第6章　无所不在的奴隶资本

的兴起和奴隶解放之间的联系，而他的重心是加勒比地区。[18] 威廉姆斯利用英国的记录追踪奴隶制的历史，认为"对这段时期的大多数写作者都忽略了受奴役的人"。[19] 他把该书的最后一章献给这些人，而不是把他们从历史上抹去。他在其中探讨了英属西印度群岛对惩罚、流动性、宗教教化和劳动监管的改革。这一基础研究创立的奴隶制与资本主义关系的新兴研究课题，在今天的历史研究中仍有回响。

迄今为止，鲜有研究成果像罗伯特·福格尔和斯坦利·恩格尔曼的《苦难的时代》那样产生过太多讨论和争议。在威廉姆斯的著作发表后近30年，这两位经济学家于1974年大胆引入了计量历史学来分析奴隶制的量化影响。这一新的研究方法依靠数学和统计公式，在计算机处理技术自20世纪40年代中后期的进步以来成为主流。跟随哈佛大学学者阿尔弗雷德·康拉德和约翰·梅耶的思路，福格尔和恩格尔曼试图通过10个有争议的关键干预方法来重新解释奴隶制的历史。[20] 他们提出，蓄奴者做出了"高盈利"产业的合理决策；奴隶制在南北战争前夕十分繁荣；农场劳动者是非常辛苦的劳动力；奴隶的生育和家庭隔离被夸大了；受奴役的劳动力与世界其他地方的产业工人处境类似等。他们还认为，奴隶受到了奴隶主的较好对待，很少受到鞭打。他们分析了对奴隶的投资回报率，测算了价格和区域性的投机。他们利用图表给研究成果进行了良好的视觉阐述，同时激起了延续至今的激烈讨论。他们在研究中编制的数据库如今仍在使用，而且皮凯蒂在粗略描述奴隶制时引述了这一数据库。

与早先的学者一样，福格尔和恩格尔曼承认"奴隶参与了南方经济生活的几乎每个方面"。[21] 他们的研究开启了一个新领域。有人认为，公众对他们的研究结论表达抗议除带来其他后果外，反而导致许多学生加入罗切斯特大学以及后来的芝加哥大学（因为福格尔），跟随他们开展研究。由于他们的重要贡献，与奴隶制有关的经济史研究在过去40年发表了数以百计的论文，涉及奴隶的健康和身高、生育状况、新生儿体重、国内奴隶贸易、农作物专业化以及工业领域的奴隶劳动等各种信息。[22]

该领域接下来的重要变化是最近兴起的有关奴隶制和资本主义关系的研究。过去几年中，历史学家一直在探究奴隶制对美国经济的影响。在某些人看来，这一变化意味着转向对下密西西比河谷的棉花种植和奴隶制的扩展研究。哈佛大学的沃尔特·约翰逊是这些讨论的掌舵人。他于2013年发表的《暗梦之河》(*River of Dark Dreams*)令人信服地论述了奴隶制和受奴役人群，从托马斯·杰斐逊对"自由帝国"的愿景演化成"19世纪密西西比河谷的奴隶制、资本主义和帝国主义的历史"。[23] 约翰逊的关注点不在于美国南北方之间在当时日益对立的地方偏见，而是发现密西西比河谷的奴隶主很清楚，"奴隶制是南方经济未来的基础"，因此他们才会在19世纪50年代支持入侵古巴和尼加拉瓜，并在南北战争爆发前推动重新开放奴隶贸易等。他们的全球眼界比学者们以前的看法要广阔得多，这使杜波依斯和威廉姆斯等早期学者的成果显得更为重要。

约翰逊于20世纪90年代中期从普林斯顿大学获得博士学位，当时的奴隶制研究已扩展到对各地区和人们生活经历的微观研究。约翰逊一直是极其严谨的档案研究的倡导者，他利用已出版的奴隶记述，结合政治演讲、反抗斗争、法案、大众文化以及个人通信等各种资料，讲述棉花王国"奴隶制种族资本主义"的故事。

有少数学者关心某些与之相关的话题，如奴隶制向下密西西比河谷的扩展、棉花在世界经济中的历史以及国内奴隶贩运等，近年来也发表了与帝国主义、奴隶制和资本主义有关的研究成果。这些人包括约书亚·罗斯曼、爱德华·巴普蒂斯特、斯文·贝克特和卡尔文·谢梅霍恩等。[24] 贝克特对棉花在亚洲、中国、苏联、印度、美国和欧洲的全球发展史的描述，获得了美国历史学会的"班克罗夫奖"(Bancroft Prize)，还入围普利策奖候选名单，他尤为清晰和深刻地展示了学术界的关注有超出美国国境的趋势。该作品是2011年由贝克特和赛斯·罗克曼(Seth

Rockman）召集、布朗大学和哈佛大学主办的名为"奴隶制的资本主义"研讨会后发表的成果。以上学者均参与了研讨会，即将出版的同名文集中将收录我们当中许多人的论文。

巴普蒂斯特的著作《不为人知的那一半》(*The Half Has Never Been Told*) 激起了共鸣，特别是其中大胆的语言描述、对奴隶生活记述的引用，以及对利用暴力提高奴隶生产率的制度所做的控诉。某位匿名评论人在《经济学人》杂志刊发的一篇负面评论中，批评巴普蒂斯特没有写出"奴隶制的客观历史"，因为"书中的几乎所有黑人都是受害者，几乎所有白人都是坏蛋"。[25] 该评论的说法以及作者的匿名身份，让很多人质疑这一久负盛名的新闻杂志的职业操守。在引发广泛谴责与对巴普蒂斯特的尖锐回击后，《经济学人》的编辑发表了致歉声明。[26]

然而这本书为何让那么多人感到愤怒呢？它与其他作品有何不同？首先，巴普蒂斯特基于被奴役者发出的声音做出了大胆的断言，"强制移民和肉刑"而非种植机械和作物品种方面的技术进步才是提高"劳动集中营"（他以这个说法来指代种植园）生产率的主要手段。[27] 他参考了美国公共事业振兴署（Works Progress Administration）收集的同以前奴隶的访谈，某些人因为收集方法的关系对这些资料抱有怀疑。访谈是在20世纪30年代完成的，主要受访者是白人。批评者认为其中充满评判和有疑问的回忆，许多对话难以读懂。然而利用该资料的人（包括笔者在内）认识到来自受奴役者视角的宝贵价值，但需要结合各种背景加以利用。这不是新出现的争议，也并非可以用种族界限来划分。从奴隶主的视角出发，通过他们的信件、记述和账册等资料讲述奴隶制历史时，那些文件很少受到质疑，基本上被照单全收。相比之下，从奴隶视角用他们的语言作为证词讲述的另一半故事，则远没有前者那样多。

除借用奴隶的叙述外，巴普蒂斯特还迫使读者直面奴隶的身体。他的著作围绕人身体的各部分来组织：脚、头、右手、左手、舌头、呼吸、体液、血液、脊背和臂膀。他用叙述文总结宏大的历史，《经济史杂志》(*Journal of Economic History*)杂志为此主办了一场学者们的圆桌评论会。与会经济学家的批评比之前提到的意见要具体得多，许多人提到他对于每名奴隶的棉花采摘率提高的解释。例如阿兰·奥姆斯特德（Alan Olmstead）认为，巴普蒂斯特"对经济学和经济学家抱有敌意"。另一位参会者声称，巴普蒂斯特的数据不透明。四位评论者的总体感觉是，该书未能达成其目标。同20世纪70年代福格尔与恩格尔曼的研究引发的争议一样，巴普蒂斯特的著作将继续给奴隶制与美国资本主义成长的关系制造讨论话题。

自20世纪50年代后期以来，经济学家就在探讨奴隶制的经济问题。他们通过深入挖掘几个数据库，得以分析劳动力、产品、市场和定价等方面的具体内容。其中许多学者沿着菲利普斯的脚步考察了奴隶价格，算出了价格指数，能预测奴隶价值随时间和空间的变化。所有这些研究都是针对成年男性奴隶。[28]

尽管有历史学家的新成果与经济学家的大量文献，但在奴隶制经济与资本主义的研究中，女性的角色依然缺失，或者说基本被牺牲掉了。这是一个重要缺陷，因为殖民地法律是以女性的身体来定义奴隶的，这意味着女性奴隶的子女将继承她们的身份。非洲学家与少数经济学家注意到了进口女奴的人数变化，有位学者观察到跨大西洋奴隶贸易终结前后的奴隶价格变化，但女性的角色和经历在资本主义及人的商品化研究中依然需要更多关注。皮凯蒂只是在关于自然增长的插叙中顺便提及女性。约翰逊与巴普蒂斯特考察了她们的遭遇，但上述学者均没有分析女性在市场经济中的角色，如小商小贩、酒馆老板、蓄奴者、预言师、治疗师、洗衣工或老鸨等。我们知道女奴遭受性剥削，这来自她们自己的叙述以及众多历史学家的著作，其中包括怀特（Deborah Gray White）、海恩（Darlene Clark Hine）、斯蒂文森（Brenda E. Stevenson）、金（Wilma King）和詹宁斯（Thelma Jennings）等。可是自从被抓捕之时起，女奴也是奴隶市场的活跃参与者，其人身属性既是商品也是行为人。我们还从斯莫尔伍德等人的著作中获知，运奴船上的女俘虏领导和参与过起义、生过孩子、操纵过船员，通过谈判获得上甲板的时间，也曾以死抗争被奴役的命运。[29]

詹妮弗·摩根（Jennifer L. Morgan）出版了《奴隶制下的女性：早期英属大西洋地区的种族与数字》，这一著作不仅展示了女性的存在，还述及她们的经历和知识对奴隶制与资本主义经济的贡献。摩根从非洲西海岸开始追踪这段历史中的女性角色，并未简单地把她们降级为受害者。她叙述了从奴隶贸易到中段航程的经历，进而重写了奴隶贸易的历史，并改变了学者们对新大陆的性别和经济问题的观点。

我本人的作品《每一磅肉的价格：在一个国家创建中，从子宫到坟墓的奴隶价值》考察了美国各地从出生到死亡的不同性别的奴隶资本。与摩根和斯莫尔伍德类似，我承认女性作为"更多劳动力来源"的唯一提供者经历的商品化过程有其特殊性。与巴普蒂斯特类似，我主张把奴隶的叙述同奴隶主的记录结合起来使用。不过，以下讨论主要是我对皮凯蒂的一些看法，将仅关注公共形式的资本，不同于近期学术研究通常聚焦的单一作物经济（棉花）领域。

直到不久前，历史学家与经济学家之间似乎依然树立着一堵想象中的学科之墙。而且在我看来，双方在相互交流上做得并不好。随时间推移，我们对经济增长的方法论和原理阐释往往有不同说法。然而在过去20年左右，经济学家与历史学家在各自领域主办的研讨会上开始分享观点，我们出席另一学科的年度会议，关注对方在季刊和专著中发表的成果并做出回应。从对奴隶制经济早期历史的追踪，到如今关于奴隶制和资本主义关系的研究增加，表明我们正进入跨学科研究的新时期，这样的对话早就该开始了。

专业资本和金融资本中的奴隶制因素

在美国南方各地，当时经常能在城市中看到受奴役的男人和女人在劳动，包括巴尔的摩、新奥尔良、南卡罗来纳州的查尔斯顿、亚拉巴马州的莫比尔（Mobile）与密西西比州的纳奇兹（Natchez）等。[30]奴隶们在造船厂、制砖厂和屠宰场工作，也在城市的市场中交易货品（见图6.2）。女性担任洗衣工和酒馆服务员，并与男性奴隶清洁工一起在政府、医疗机构和大学中做内勤。奴隶劳动力还参与了“街道的平整、铺筑和清洁，桥梁的建设，垃圾收集，以及运河与排水道的挖掘”，成为市政工程建设的主要力量。[31]殖民地时期与南北战争前的报纸留下了奴隶参与城市区域工作的大量证据。女性出现在劳工招揽广告上，包括乳母、洗衣工、缝纫工和制砖工等。

皮凯蒂采用的奴隶资本定义未能反映人力资本渗透到专业资本和金融资本的情形，尤其是在城市和州支持的公共工程项目中。我们知道，正如南方铁路公司于1848年春夏所购买的82名劳动力一样，在比此早得多的时候，受奴役者就在工厂、船厂、墓地和其他公共场所参与劳动。他们的工作促进了大量公共设施的改善，尤其是桥梁、堤坝、运河，以及各类工业企业。

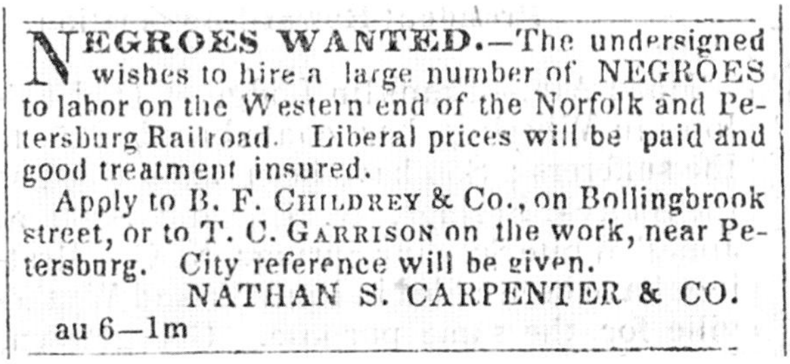
NEGROES WANTED.—The undersigned wishes to hire a large number of NEGROES to labor on the Western end of the Norfolk and Petersburg Railroad. Liberal prices will be paid and good treatment insured.

Apply to B. F. CHILDREY & Co., on Bollingbrook street, or to T. C. GARRISON on the work, near Petersburg. City reference will be given.

NATHAN S. CARPENTER & CO.

au 6—1m

图6.2 南北战争之前的报纸上刊登了招揽铁路工人和其他劳工的广告，如这份广告中宣称有不错的工资和良好的待遇

资料来源：*Petersburg Daily Express*, September 3, 1855, 第3版。

1815年3月19日，路易斯安那州康科迪亚区（Concordia Parish）的安德鲁斯法官裁决，该城市应该要求"堤防区域内的所有健康黑人"协助尽快完成堤坝建设，以应对河水的快速上涨（见图6.3）。[32] 看起来，奴隶们参与过堤坝的建设和加固工作。在危机中派他们前去提供援助，表明他们有这方面的工作经验，还意味着让健康的黑人为市政府工作并不罕见。黑人参与这项工作，证实金融资本与专业资本中包含人身动产，而皮凯蒂的计算中并未纳入这些人。这些是皮凯蒂做了归纳总结，却没有承认的资本形式。

某些市政府的记录也包含着奴隶资本。例如萨凡纳市就在若干部门中使用过奴隶，早在1790年夏天，萨凡纳市议会便有记录：要求归属或处于本市的年龄在16～60岁的所有男性奴隶"上街清除……杂草及其他障碍物"。[33] 该市的警长和警员临时充当这批劳动者的监督员。20年后的记录表明，当地有51名非洲出生的健康强壮的男性，被市长要求在某位威廉·理查德森先生的领导下工作。从时间上推测（1820

图6.3　1815年要求参与堤防工程的法院命令，路易斯安那州康科迪亚区

资料来源：Natchez Trace Slaves and Slavery Collection, MS #2E77, Dolph Briscoe Center for American History, University of Texas at Austin。

年8月），这批人很可能是非法贩运过来的非洲俘虏。虽然1808年之后跨大西洋奴隶贸易已成为非法行为，但我们有充分证据表明，直至美国内战的早期，这一非法市场仍在延续。[34] 那位理查德森先生明确向市长保证，他打算利用这批非洲人拆除墙垒，可以给城市节约近4 000美元费用。成本节约的好处压倒了使用合法与非法非洲俘虏的风险，于是市议会允许在市长监督之下给予临时批准。[35] 此类活动证明，奴隶资本经常让萨凡纳等城市的政府获益（见图6.4），尽管它们曾在定居后的将近前20年里禁止奴隶制。

除了对公共资本的贡献，受奴役者还被城市政府购买。1831年2月，一位市政委员会成员获得允许，代表萨凡纳街道委员会（Savannah Street and Lane Committee）"购买两名能干的黑人，用于城市服务"，这

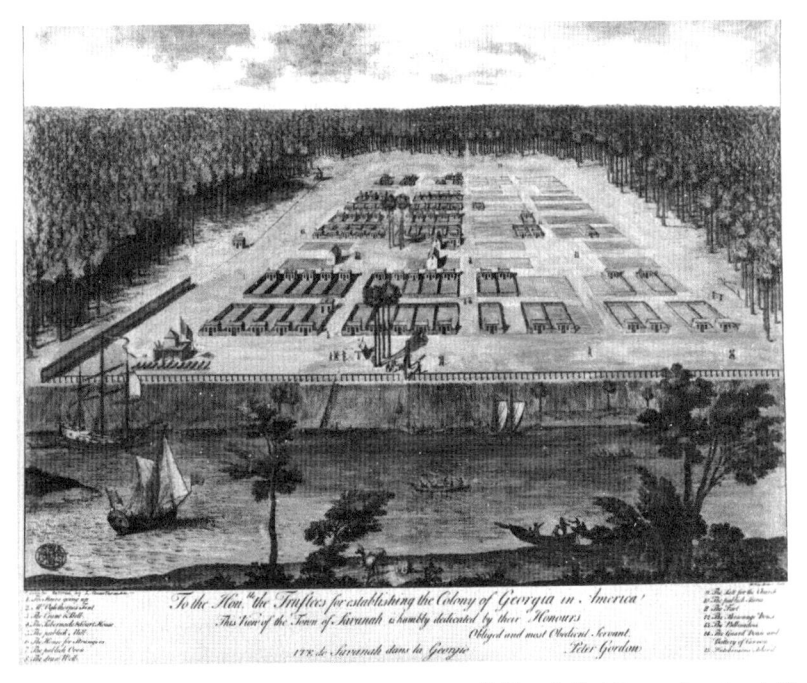

图6.4　萨凡纳市俯瞰图，1734年3月29日，彼得·戈登（Peter Gordon）绘

资料来源：Courtesy of the Georgia Historical Society，MS-1361-MP-001。

些黑人将在城市西端的道路和桥梁上干活。对采购奴隶用于城市服务的行为持怀疑态度的人，可以从保存下来的财务说明中看到确切证据，其说法"利用一切经济方式，采用所有手段"，是"符合城市利益的"。[36] 11年后，此类做法仍在延续。这次该城市同意在每名奴隶的出价不超过250美元的条件下，"采购足够数量的能干黑人"。有人好奇为何设定上述价格限制，那是因为当时的男性奴隶价格远远超过250美元，对该城市需要的年轻男性（15~30岁）尤其如此。[37]

利用奴隶劳动力服务市政工作可以节省很多成本。像新奥尔良这样的城市从蓄奴者那里租用奴隶，每天的费用不过25~50美分。许多被囚禁的奴隶在关押期间也被派来劳动。此类活动大量开展，新奥尔良每年为此类劳务花费超过3万美元。[38] 奴隶劳动机制还用于制造业，包括轧棉厂、制鞋厂、制革厂、面包房与城市报纸的印刷厂。新奥尔良的一家制砖厂拥有100名奴隶，比洛克西湾（Biloxi Bay）的一家类似工厂则有116名男性与37名女性奴隶，每年生产1 000万块砖。[39] 这些数据表明，公共部门拥有的奴隶资本的产出应该超出其成本，政府官员在确保有利可图方面做得很好。

19世纪50年代，密西西比州亚当斯县（Adams County）的议员要求男性和女性奴隶提供道路修整的劳役。例如，阿什福德一家在1850—1856年的每个夏天派遣12~64名男性和女性奴隶去帮助修路（见图6.5）。阿什福德签署了一份誓约，保证提供"合格"的奴隶："我以自己的信誉和判断庄严宣誓，如下名单是本人在J. P. 阿什福德庄园拥有与控制的、根据密西西比州亚当斯县法律应提供道路修整劳役奴隶的真实而准确的名字以及数量。"[40] 1850年5月6日，阿什福德派出了一队性别略微不平衡的奴隶，包含29名女性、35名男性。可能其中某些人是丈夫和妻子、母亲和儿子、父亲和女儿等关系，这反映在他们的姓氏上，如玛丽和约翰·杰克逊，约翰、鲍勃和玛丽·史密斯等。六年中，这同一批里的许多人为县里提供劳动，但每年的数量有波动，有时大幅减少。1855年和1856年夏天，阿什福德只派了12名奴隶修整道路，其中分别有4名和3名女性。马萨、菲利普斯、艾伦和路易斯从6月13

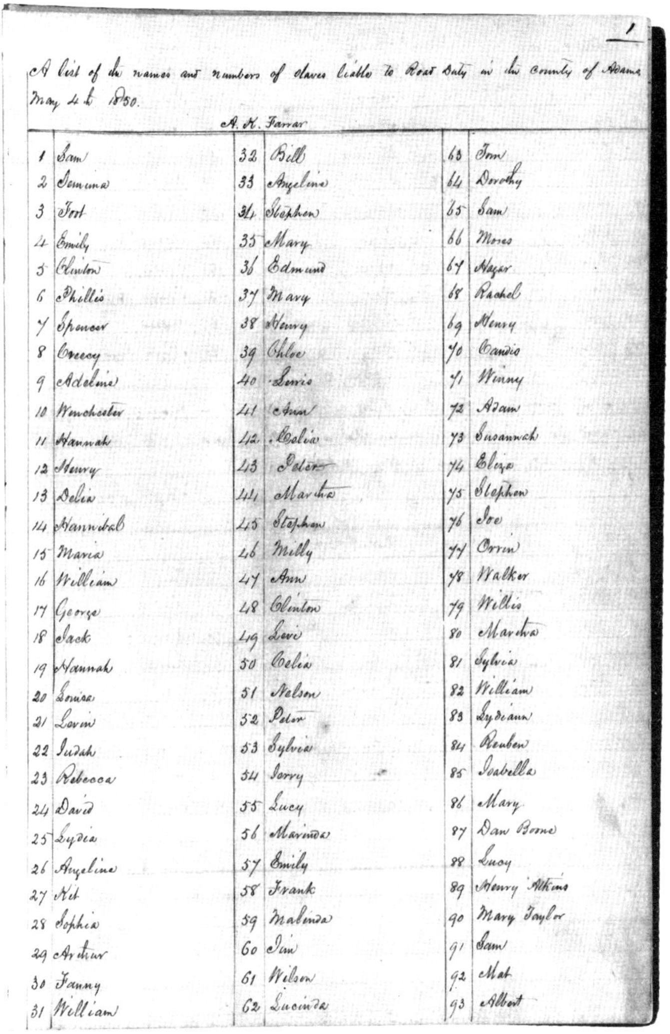
1

A list of the names and numbers of slaves liable to Road Duty in the County of Adams May 4th 1850.

A. K. Farrar

1	Sam	32	Bill	63	Tom
2	Jemima	33	Angeline	64	Dorothy
3	Tort	34	Stephen	65	Sam
4	Emily	35	Mary	66	Moses
5	Clinton	36	Edmund	67	Hagar
6	Phillis	37	Mary	68	Rachel
7	Spencer	38	Henry	69	Henry
8	Creecy	39	Chloe	70	Candis
9	Adeline	40	Lewis	71	Winny
10	Winchester	41	Ann	72	Adam
11	Hannah	42	Celia	73	Susannah
12	Henry	43	Peter	74	Eliza
13	Delia	44	Martha	75	Stephen
14	Hannibal	45	Stephen	76	Joe
15	Maria	46	Milly	77	Orrin
16	William	47	Ann	78	Walker
17	George	48	Clinton	79	Willis
18	Jack	49	Levi	80	Martha
19	Hannah	50	Celia	81	Sylvia
20	Louisa	51	Nelson	82	William
21	Levin	52	Peter	83	Lydiann
22	Judah	53	Sylvia	84	Reuben
23	Rebecca	54	Jerry	85	Isabella
24	David	55	Lucy	86	Mary
25	Lydia	56	Marinda	87	Dan Boone
26	Angeline	57	Emily	88	Lucy
27	Kit	58	Frank	89	Henry Atkins
28	Sophia	59	Malinda	90	Mary Taylor
29	Arthur	60	Jim	91	Sam
30	Fanny	61	Wilson	92	Mat
31	William	62	Lucinda	93	Albert

图6.5　账本中的一页，记录了派往密西西比州道路修整劳役的奴隶名单

资料来源：Slave and Slavery Records，MSS #2E777，Natchez Trace Collection，Dolph Briscoe Center for American History，University of Texas at Austin。

日起开始工作，后3位在一年后的7月18日才返回。这种劳动模式表明公共工程中使用奴隶有着固定的周期，也表明其不同于通常和奴隶资本有关的种植园劳动模式。地方政府临时性使用奴隶劳动，进一步证明人力资本对若干经济体的发展做出了贡献。

上文提到，市政府除了购买奴隶，还雇用（租赁的另一种说法）奴隶。雇用奴隶是在合同期限内使用其劳动力的省钱办法。[41]萨凡纳街道委员会于1842年8月雇用了11名黑人，其中3名归城市拥有，费用为"每年125美元"。但他们申请出售其中一名，因为"他在过去两周的行为极其恶劣"，让人担心他会逃走。他们把这名奴隶监禁，建议市议会"一旦能获得有人支付的购置款，就尽快将这个男孩卖掉"。这些公共官员非常关心此事的经济影响，他们向市议会成员保证，在交易这个反抗奴隶的资金能回到预算账户之前，不会推进相关行动。五天后，该市的警长报告了"出售市政当局资产——名为伦敦的黑人男性——的情况，在星期二以250.50美元售出"。[42]我们无法证实伦敦是不是之前提及的那名奴隶，但这份报告的时间说明很有可能是。

受奴役与自由身份的黑人在萨凡纳市都必须佩戴徽章，以表明其合法从事的职业，包括屠夫、木工、泥瓦匠、修桶匠和搬运工等。到19世纪中期，其他市镇也与卫生官员合作，设立"清道夫"来维护城市区域的整洁，并防止疾病传染。这类工作涉及烟囱清扫、污物清理、垃圾收集，以及对公共建筑和办公场所消毒等。清道夫相当于今天的环卫工人，他们驾驶运货马车在全城收集垃圾。例如在1830—1831年，萨凡纳市出钱雇用钱斯、蒙迪、鲍勃和本等人为此服务，由他们从事这些维护城市清洁、预防疾病的脏活。

奴隶资本还为整个美国北方和南方的大学和医学院做出了贡献。有几所大学拥有奴隶，或者从跨大西洋奴隶贸易中获利，含公立的北卡罗来纳大学和佐治亚大学，以及私立的弗吉尼亚大学、达特茅斯学院、哈佛大学和布朗大学等。按照历史学家克莱格·维尔德的说法，"美国的大学院校扎根于殖民地时期的奴隶经济中”。[43] 受奴役者有很高的价值，以至于在1829年11月，当詹姆斯从北卡罗来纳大学教堂山分校逃脱时，该校在当地报纸上发布了寻人启事（见图6.6），声称詹姆斯是在为大学做了4年服务员之后，“从该校逃走”。寻人启事描述他有5.6英尺到5.8英尺的身高，黑色皮肤，有熟练的交谈能力。或许是由于其“大学服务员”的身份，他无疑有着“得体的穿着，并拥有相当数量的衣服”。詹姆斯在离开时还带走了一匹马以帮助自己逃离。[44]

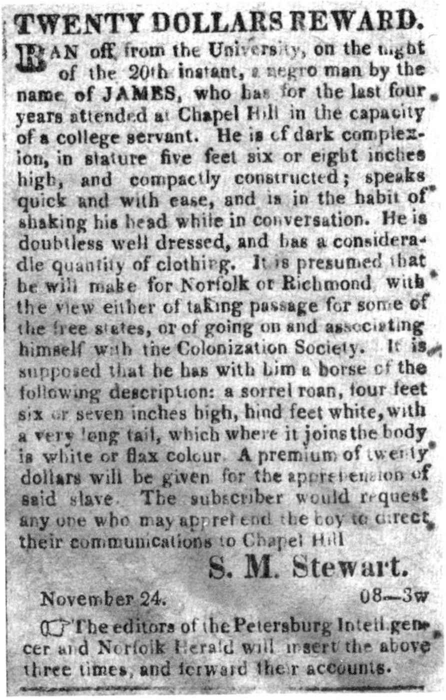

TWENTY DOLLARS REWARD.

RAN off from the University, on the night of the 20th instant, a negro man by the name of JAMES, who has for the last four years attended at Chapel Hill in the capacity of a college servant. He is of dark complexion, in stature five feet six or eight inches high, and compactly constructed; speaks quick and with ease, and is in the habit of shaking his head while in conversation. He is doubtless well dressed, and has a considerable quantity of clothing. It is presumed that he will make for Norfolk or Richmond with the view either of taking passage for some of the free states, or of going on and associating himself with the Colonization Society. It is supposed that he has with him a horse of the following description: a sorrel roan, four feet six or seven inches high, hind feet white, with a very long tail, which where it joins the body is white or flax colour. A premium of twenty dollars will be given for the apprehension of said slave. The subscriber would request any one who may apprehend the boy to direct their communications to Chapel Hill

S. M. Stewart.

November 24. 08—3w

☞The editors of the Petersburg Intelligencer and Norfolk Herald will insert the above three times, and forward their accounts.

图6.6 南北战争前的报纸上刊登的寻人启事，对找回詹姆斯这样的逃跑奴隶给予奖励，证明了奴隶资本的财务价值

资料来源：Hillsborough Reorder，Hillsborough，NC，29 November 1829，Courtesy of the University of North Carolina at Chapel Hill Image Collection Collection #P0004，North Carolina Collection Photographic Archives，The Wilson Library，University of North Carolina at Chapel Hill。

威尔逊·考德维尔（Wilson Caldwell）同样在北卡罗来纳大学教堂山分校工作，他和母亲一起为校长提供服务。他的父亲托德·考德维尔（Tod Caldwell）是北卡罗来纳州州长的贴身仆人。图6.7中的照片很好地展示了该大学服务员的衣着风格，或许类似詹姆斯在奔赴自由时带走的衣物。

图6.7 威尔逊·考德维尔（1841—1898）的形象，其奴隶主为北卡罗来纳大学教堂山分校的校长

资料来源：Courtesy of the University of North Carolina at Chapel Hill Image Collection #P0002, North Carolina Collection Photographic Archives, The Wilson Library, University of North Carolina at Chapel Hill.

在照片中，衣着正规的威尔逊身着马甲、领带、便衣外套和大礼帽，他似乎还有一块手表（腰部有表链），这是种植园里的奴隶不常拥有的。威尔逊与埃默里大学某位校董会成员拥有的女奴凯蒂的故事，在最近召开的全国专题讨论会之后，才成为有关奴隶制与资本主义历史的一部分。[45]

我之所以没有讨论种植园的奴隶制经济，而是关注公共领域，原因在于这部分符合皮凯蒂给出的金融资本和专业资本的定义。证据表明，皮凯蒂的论述在许多方面忽略或错误计算了美国的资本和奴隶状况。他的论述针对的时代结构则构成了另一种局限。皮凯蒂讲述的许多例子来自1770—1810年，他笼统地称之为美国。然而，北美殖民地是在1783年的独立战争之后才组建出美国，这个时代划分中包含了战争时期、从殖民地向各州的演变、跨大西洋奴隶贸易的终结（1808年），以及1812年战争前期等，都是美国经济史中的重大转折点，国家在飞速变化，充满各种形式的不平等。

奴隶制与美国的总统们

奴隶资本议题的含糊不清，最突出的表现莫过于美国历任总统的蓄奴历史。这里有必要对奴隶制与美国总统们的关系做些讨论。毕竟皮凯蒂的讨论也正是从托马斯·杰斐逊入手。美国的前18任总统中，有12位拥有过奴隶。皮凯蒂特意挑出杰斐逊是没错的，注意到他"不只拥有土地……还有600多名奴隶"，然而，皮凯蒂没有抓住机会测算杰斐逊掌握的人力资本的财富价值。假如他对人力资本并不关注，又为什么要把杰斐逊纳入讨论呢？如下是12位曾经蓄奴的美国总统及其拥有奴隶的状况[46]：

乔治·华盛顿，第1任，弗吉尼亚州（250～300名）

第6章 无所不在的奴隶资本

托马斯·杰斐逊,第3任,弗吉尼亚州(200名)
詹姆斯·麦迪逊,第4任,弗吉尼亚州(超过100名)
詹姆斯·门罗,第5任,弗吉尼亚州(约75名)
安德鲁·杰克逊,第7任,南卡罗来纳州/田纳西州(不足200名)
马丁·范布伦,第8任,纽约州(1名)
威廉·亨利·哈里森,第9任,弗吉尼亚州(11名)
约翰·泰勒,第10任,弗吉尼亚州(约70名)
詹姆斯·波尔克,第11任,北卡罗来纳州(约25名)
扎卡里·泰勒,第12任,弗吉尼亚州(不足150名)
安德鲁·约翰逊,第17任,北卡罗来纳州(8名)
尤利西斯·格兰特,第18任,俄亥俄州(5名)

皮凯蒂从介绍杰斐逊的蓄奴状况转向关于奴隶资本重要性的讨论,并把1808年废除奴隶贸易归功于杰斐逊。我们不完全清楚杜波依斯是否会赞同这一判断。皮凯蒂在论述中用寥寥几段概括了整个美国奴隶制经济,认为:"当内战于1861年爆发时,奴隶制经济仍在快速增长,但战争使其在1865年最终被废除。"[47]虽然论述如此粗略,他还是从三个数据库中收集了统计数据,以生成其书中的图4.10和图4.11。[48]

在这里,皮凯蒂再次错失了分析美国总统们掌握的奴隶资本的良机。美国的国父们拥有奴隶,到底意味着什么?以"生命、自由和追求幸福的权利"为基础而建立起来的国家如何能奴役一群劳动者并以此获利?这样的历史讽刺还影响到当今的经济不平等状况。人力资本是一种自由劳动力的形态,而许多国家、公司和西部的市镇在历史上却从奴隶劳工那里榨取财富。

奴隶制度带来的财富积累不只是美国南方的现象,北方也同样有罪。许多从事奴隶贸易的企业、投资者与代理人住在北方,并从南方生产的产品中获利。被奴役者的服装和鞋子由北方的工厂生产，把奴隶带到美国的船只由新英格兰的商人们拥有。同样是这些船只把奴隶们生产的产品运往世界各地的市场。[49]

当我们把上述证据纳入考虑之后，原来测算的"1.5倍的国民收入"似乎会变成一个大得多的数字，其统计显著性和重要性显然不允许被"排除在外"。如果把各个层面对奴隶制度的分析纳入，从公共部门的记录到为政府掌舵人（如总统们）服务的私人拥有的奴隶，皮凯蒂的结论会有哪些不同？我们有各种撰写奴隶制历史的现存文档，完全不需要借助昆汀·塔伦蒂诺的《被解救的姜戈》去推断奴隶的市场价格。大奴隶主们留下的记录就是更为合适的依据之一。

结论

受奴役者为整个新大陆的公共机构的资本积累做出了贡献。在美国，他们帮助修建了南部腹地的堤坝和道路，并且为北方的船坞、工厂和医学院等付出了劳动。作为人力资本，他们用自己的身体与生产的产品推动了当地、国家乃至全球经济的发展。他们没有因为工作获得报酬，市政当局利用了他们的劳动，节省下前所未有的资金。皮凯蒂错失了宝贵机会，没能加入正在开展的关于奴隶资本产生财富的讨论。此类讨论是若干当代对话的组成部分，领衔者包括历史学家希拉里·贝克尔斯爵士（Sir Hilary Beckles）与玛丽·贝里（Mary Frances Berry），以及麦克阿瑟天才奖得主、专栏作家塔−内西·科茨（Ta-Nehisi Coates），他的获奖作品就是从后奴隶制时代开始记述。[50] 皮凯蒂忽略了其研究的实物资本中渗入的奴隶资本的关键存在，他对奴隶制的取巧处理只留下了几个草率的例子。对此不妨借用杜波依斯的警句作为结尾："斯芬克斯之谜的破解可以推迟，可以暂时回避，但终有一日必须给出完整答复。"[51]

第7章

人力资本与财富

《21世纪资本论》出版前后

埃里克·尼尔森

　　经济学家埃里克·尼尔森瞄准了皮凯蒂著作中的一项核心假设：经济学家所说的"人力资本"并不是资本，也不属于不平等扩大或社会固化加剧的一部分。尼尔森认为，人力资本应该跟皮凯蒂对机器、工厂和农田的价值处理一样，被计算为资本。他还指出，经济学内部的人力资本研究传统对解释当前及未来的不平等扩大是必要的，而皮凯蒂对此明确排斥。尼尔森总结了近期的大量研究成果，分析人力资本在不同时期的重要性，尤其是对代际财富转移与社会流动性的

---

* 本章献给加里·贝克尔，他是杰出的导师，极大地深化了我对本章讨论的概念的理解。另外，感谢 Michael Palumbo、Marshall Steinbaum、Devesh Raval 及本书的其他作者对本章提供的有益反馈。本章表述的均为作者本人的观点，不代表美联储及其理事会的观点或政策。

影响。他得出的结论是，把人力资本纳入分析会产生与皮凯蒂迥然不同的政策启示。

托马斯·皮凯蒂的《21世纪资本论》为我们理解国民收入在资本和劳动之间的分配、资本所有权的不平等程度以及劳动和资本收入不平等的演化提供了精心收集的新数据。基于这些非同一般而引人深思的历史数据，皮凯蒂发展出一套理论框架，认为资本主义制度在某些条件下可能导致财富不可控地集中到少数继承人手中。该书指出，美国和法国这样的发达经济体未来可能走向由继承财富统治的极端不平等。

收入不平等状况在富裕的发达国家显然大幅恶化，可是其原因依旧不得而知。收入不平等的扩大可能来自若干种组合因素：劳动收入不平等扩大，资本收入不平等扩大，资本在国民收入中的份额增加（由于资本的持有状况不平等），以及资本收入与劳动收入的协方差扩大等。皮凯蒂在整个《21世纪资本论》中着重以资本为基础展开解释，但他关于劳动收入的理论具有相当的推测性和非正统性。尤其是，皮凯蒂明确排斥了人力资本理论，而这是经济学家用以分析个人层面劳动收入与不平等的主流理论范式。

劳动收入的不平等在过去几十年中同样大幅扩大，对于收入分配最高层之外的绝大多数居民而言，劳动收入依旧是主要收入来源。主流微观经济学研究大多利用人力资本理论来解释收入不平等的分布模式，劳动收入差异是由不同类型技能的供需状况决定的。人力资本理论的基本理念是，某个人拥有的持久技能存量及特质发挥着资本存量的作用。因此工资可以概括为人力资本存量的"回报"，使人力资本既能解释工资的差异，也能如财富储备一样运行，跟实物资本非常类似。人力资本已被证明是理解广泛经济现象的有效理论框架，其中包括劳动收入及不平等、教育决策、婚姻筛选、生育率、父母对子女的投资，以及代际经济表现的相关性等。

然而《21世纪资本论》明确否认人力资本对分析不平等问题的意义。该书将"资本"和"财富"定义为可交易商品的市场价值。这一定义先天地把人力资本排除在财富来源之外，因为它不能在禁止奴隶制的社会中实现完全的买卖。笔者将在本文中指出，忽略人力资本对皮凯蒂的数据和理论而言都是严重缺陷。人力资本历来是重要的财富源泉，并且在跨代的经济优势传递中同样扮演着关键角色。因此，《21世纪资本论》对不平等及其时间演进所做的刻画虽然新颖且重要，却不够全面。

皮凯蒂的眼光局限于从父母到子女的资本遗产，其错误既在于过高估计了富人的遗赠动机，又忽视了以人力资本形式从父母传递给子女的重要财富。此外，关于代际流动性的研究文献尽管尚未得出最终结论，但并不支持皮凯蒂对收入和财富高度不平等会降低流动性和减少机会平等的担忧。我还想指出，"机会"以及"流动性"的概念在《21世纪资本论》乃至广泛的经济学研究中没有得到很好的界定，未来对流动性问题的研究要想有意义地探讨这些内容，应该借鉴有关后代的人力资本生产技术的丰富文献。

本章剩余内容的结构安排如下：首先详细讨论人力资本和实物资本的异同点。以此为基础，第二节说明皮凯蒂反对把人力资本计入财富为何最终不成立。第三节探讨人力资本、父母遗赠和代际流动性之间的关系，因为在《21世纪资本论》中家族继承是导致财富集中的一个关键机制。此后转向皮凯蒂对劳动收入不平等的某些"非竞争性"因素的解释。我认为，无论他的具体论断最终是否被接受，经济学研究都应该更好地区分各种类型的人力资本与劳动收入来源，因为它们具有大不相同的社会影响。如果人力资本被用于从事具有社会危害性的活动，增加这些资本则未必是好事。在本章的结论中，相比《21世纪资本论》提出的财富税建议，我将探讨一种在平等主义与非平等主义视角上都更容易接受的政策主张，即改善早期儿童教育。对幼儿的人力资本投资可能带来极为显著的社会回报，同时又能缩小高收入和低收入家庭的孩子之间的财富差距。

这里对文中的术语做一点说明：在全文中，我将用"资本"代表皮凯蒂资本和财富的概念，而用"财富"作为更一般意义的词汇，既代表皮凯蒂的概念（把财富和资本等同看待），也包含人力资本（我将说明这也是一种类型的财富）。

什么是人力资本？

人力资本是经济学家用来分析个人之间在收入、财富、健康和其他很多经济表现上的不平等的主要理论框架。人力资本理论的核心理念在于，个人拥有的一系列技能和特质能在劳动力市场上获得回报。技能是可持续的，依存于特定环境，并对投资有所回报，这些正好是传统实物资本的若干关键特征。人力资本理论严谨地借用了这个类比，把某人拥有的技能定义为人力资本的存量，然后用人力资本的差异解释工资率及其他经济表现的差异。某个特定劳动者的收入可以提高，要么因为其人力资本增加（通过教育或在职培训），要么因为他已经掌握的技能在劳动力市场上变得更有价值，比如受到技术变革的推动。

"人力资本"这个说法可能令人感到困惑，因为它会让人错误地把劳动收入等同于资本收入。虽然本章会坚持采用标准的术语，但若以"掌握的持久技能"替代"人力资本"，并不会遗失任何含义。需要明确的是：人力资本与实物资本是不同的概念，根据场合，两者的区别可能非常重要。这里有必要详细介绍这些区别，因为下文将会指出它们对皮凯蒂在其著作中的论述都没有太大影响。

第一个关键区别在于，与实物资本不同，人力资本不能完全地进行买卖。这点很重要，意味着人力资本不能作为抵押品获得信贷。房主可以靠住房价值获取贷款，但依靠贷款支持自己读大学的学生却不能做出类似的承诺：在不能偿付贷款时，将其人力资本的控制权让渡给债权人。还有，因为我们能观察到的只是人力资本的租赁费率，而非价格水平，评估人力资本中包含的财富大小非常困难。[1]

第二个关键区别在于，人力资本与掌握它的特定个人密不可分，在其所有者不提供劳动服务时不可能被利用。因此除人力资本的生产能力外，劳动者的偏好也是其人力资本投入使用以及获得报酬的重要决定因素。在较为艰苦的环境下开展工作，拖拉机对此毫不在乎，劳动者却会斤斤计较。除了其他影响，这意味着只要市场上的劳动供给存在负效用，人力资本获得的收入用福利测算就不如实物资本的收入。当然相反的情形也可能出现，某些工作的非货币收益可能补偿劳动者获得的较低薪酬。

对人力资本的一般反对意见

在讨论《21世纪资本论》关于不平等议题的微观经济研究对数据和理论的影响之前，有必要评估该书在分析中拒绝纳入人力资本的主要理由。这些理由其实都不成立。人力资本是财富的重要源泉，对理解横截面与代际不平等问题都至关重要。皮凯蒂将其排斥在外是错误的。

首先，皮凯蒂把财富等同于资本，将其定义为全部并仅限于可以买卖的物品。这一定义当即取消了人力资本的财富属性，但皮凯蒂没有在任何地方清楚地解释为什么人力资本不可出售的特性与他的整体论述有关。[2] 在《21世纪资本论》中，资本的主要特征包括：耐用性，无需更多努力即可产生回报，以及可以转移给继承人。实物资本的这些特征并不依赖于其可出售性，也明显与人力资本雷同。技能虽然会随时间消退或者变得过时，但总体上仍是持久耐用的。技能的拥有者每工作一小时都能获得与该技能相关的工资加成，而无需额外努力。虽然劳动者为得到相关的人力资本溢价必须忍受提供劳动带来的负效用，关键却在于这种负效用不见得会随着劳动者人力资本存量的增加而提高。实际上，从事高工资的工作完全可能比低工资的工作更令人愉快。最后，劳动技能能够从父母转移给子女，既通过遗传，也通过有意识的教育投资。

所以从任何合理标准看，人力资本都是财富的源泉。一个人拥有的人力资本越多，其支配经济资源的机会越大。比如有这样两位年轻人：一位是价值50万美元的信托基金的继承者，另一位虽然身无分文，却是罕见的天才运动员，预计其职业生涯收入将达数亿美元。显而易见，这两人中更为富裕的是那位运动员，可惜皮凯蒂的定义却意味着相反的结论。

如上节所述，对人力资本收入和实物资本收入做比较时存在某些有意思的细微差异，因为前者必然涉及提供（可能不愉快的）劳务。无法利用人力资本作为抵押品，可能导致其价值相对而言低于实物资本。可是在其他方面都相同的两个人中，拥有更多人力资本的人按照与皮凯蒂相关的意义来说总是更为富裕。人力资本的不可交易性以及劳动力供给带来的复杂性，只是意味着人力资本财富的测算会更加困难，却不能否认人力资本的财富属性。

《21世纪资本论》的第二个普遍观点是，基于人力资本理论所做的解释是天真且不完整的，因为它们不能充分解释个人层面的差异。[3] 的确，人力资本的不同只能解释部分可观测到的经济表现的个体差异，但这其实不算什么批评意见，因为人力资本理论从来就没说过能够解释不平等的所有方面。包括皮凯蒂的学说在内，从没有任何经济理论完美贴近实际数据。人力资本可以解释个人之间在经济表现上的许多系统性差异，而经济学家仍在探讨有哪些部分是该理论不能解释的及其原因何在。在此意义上，人力资本与其他经济学理论并无区别。

《21世纪资本论》还认为，基于人力资本对工资收入不平等的解释是毫无意义的同义反复，因为它们只不过是把劳动收入重新换成了人力资本存量的回报。⁴微观经济学家经常采用经济表现的可观测差异作为人力资本差异的初步证据,以生成新的研究假设,因为这种方法在过去被证明行之有效。然而学者们并不是简单地从可观测的经济表现差异推论人力资本的差异,那样做确实是同义反复。他们其实是假设人力资本同可观测的工资之外的特征存在可估计的联系,如学校教育年限等,由此意味着人力资本与经济表现之间存在可检验、可观测的相关关系。这样的模型完全可能在解释经济表现差异时被证伪。例如,智商高的人平均而言比智商低的人收入更多,这是由实证检验得出的事实,而非同义反复。

最后,皮凯蒂认为与过去相比,人力资本在今天的重要性并未显著提高,因为劳动在国民收入中的份额在过去一个世纪左右只有略微提高,资本依然占据国民收入的重要份额。皮凯蒂正确地认识到,即使技术发展的方式有利于劳动,经济学理论却表明劳动的收入份额未必会继续提高。然而这一看法没抓住要点,因为人力资本在收入中的份额不同于劳动在收入中的份额。最近数十年来人力资本变得越来越重要,其证据在于人们对技能的投资在增加,通过此类投资获得的单位小时报酬也在增加。即使在一个国民收入份额越来越向资本倾斜的世界中,人力资本的重要性在这种意义上依然可能提高。⁵

事实上,有极强的证据表明,人力资本对劳动收入的相对重要性在最近数十年确实有所提高。例如,卡茨与墨菲的研究表明,受教育程度高的技能工人的供给尽管在增加,但其工资溢价仍有大幅提升。⁶这种态势意味着,需要投资和教育来获取的那些技能的价值变得越来越高,当然这一解释对最新的收入不平等变化趋势可能并不太有说服力。

观察人力资本重要性提升的另一种粗略办法是将劳动收入划分为两个部分:由教育和劳动力市场经验(即人力资本)带来的收入,以及"原始"劳动力获得的收入,即未受过教育、缺乏经验但身体健全的成年人可以获得的收入。利用美国数据做的简单测算表明,原始劳动力在国民收入中的份额自20世纪中期以来持续下降，人力资本的收入份额则在上升。[7]

皮凯蒂之前和之后的父母遗赠与代际流动性

继承与流动性和机会平等这一基本的社会公正追求紧密相关。假如某些人由于出身而注定陷入贫困，而其他一些人则能继承巨额财富，这对大多数人而言将非常不公平。继承与出身优势在伦理上受到质疑，这些因素导致的不平等和追求公平公正的理想存在激烈冲突。相反，由于工作努力、生产率与能力差异产生的不平等带来的争议小得多，对很多人来说也是合理的。由于这些差异悬殊的机制可能导致相似的收入和财富分配结果，我们有必要区分产生不平等的多种因素，以决定是否需要采取平等主义的政策。

经济学中有大量研究文献试图弄清楚父母的资源与子女成年后的资源之间有什么联系。部分研究着眼于父母的资源和投资对儿童培养的直接影响，也就是人力资本生产的技术。其他研究针对代际流动性，或社会中的相对经济地位会在多大程度上从一代人传给下一代人。皮凯蒂的研究较为密切地追踪了第二类文献，但我认为它们缺乏有说服力和可解释的估计结果。这一批评同样适用于皮凯蒂，他的著作没有将人力资本生产研究的重要观点纳入对代际财富转移的计算。

《21世纪资本论》对社会流动性的分析几乎完全集中在资本上，而之前的研究则大多关注教育和劳动收入的流动性，这两者皆与人力资本有更密切的联系。这两种思路本身都很有见地，但若要充分理解经济优势的代际传递，则必须将其结合起来考虑。劳动收入和教育不平等对应着资本指标无法反映的财富差异。与此同时，资本继承是非常重要的财富转移途径，尤其是对顶层富豪们而言，这是劳动收入与教育流动性指标不能反映的。

《21世纪资本论》与继承资本流：一个有意思的出发点

在皮凯蒂的书中，资本回报率通常高于经济增长率这一事实确保了资本财富的增长超过整体经济的增长。假如由此积累的资本完整地从一代人传给下一代人，极少数幸运的继承者最终可能控制一个国家的大部分资本。《21世纪资本论》认为，继承资本的这种集中将导致社会流动性降低，因为继承资本的人能获得的收入会压倒劳动能获得的收入。继承与婚姻将成为通向经济成功和安全的主要途径，而非有成效的工作。

为支持以上假说，《21世纪资本论》给出了关于继承资本流的历史数据，以国家层面的变量展示继承资本在经济体中的相对重要性。如果一个国家的资本存量较大，死亡率较高，或者死亡者比生存者拥有明显更多资本时，其继承资本流通常较大。皮凯蒂指出，法国在过去的继承资本流相当大，到20世纪中期明显减少，此后又开始增加。继承资本流重新增长的主要原因是资本收入比提高，以及死亡者与生存者的平均资本比率提高。欧洲其他国家似乎也有类似趋势，而继承资本流的重新增长在美国没有那么显著。继承资本流的增加是《21世纪资本论》的一项主要证据，以说明继承资本变得越来越重要，并可能主宰我们社会的未来。

但糟糕的是，继承资本流没有追踪父母对子女的资本遗赠。只要死亡者拥有的平均资本量较高，继承资本流总是较大，与这些财产如何在死者的后代及其他实体间分配无关。《21世纪资本论》的隐含假设是，父母的遗产基本上留给其子女。但如果富人把较大比例的财产留给慈善基金会之类的组织，总继承资本流对解释代际财富流动性的重要性就会变得模糊许多。此外，如果父母留给子女的财富比例随时间而变，则总继承资本流的时间序列数据可能会完全不同于直接从父母继承资本的时间序列数据。还有一个单独的问题是，生育率可能在这一动态财富积累中扮演何种缓和或加剧的角色。较高的生育率容易使巨额财富被更快地拆分，因为有更多继承人需要分配。《21世纪资本论》提到了生育率的作用，但没有明确说明其结论对有关生育率和财富关系不同假设的敏感性。

关于富人把遗产留给什么人及其原因，我们也知之甚少，因为经济学家对富人的储蓄率为何如此之高没有很好的解释。通常说的储蓄动机，如熨平不同时期消费水平或对风险的自我防范等，能够很好地诠释普通人的储蓄行为，但对极为富有的人则不适用。富人已经能够很好地给自己提供风险防范，因此从比例上来讲他们应该比其他人储蓄更少。但事实恰恰相反，富人的储蓄率比其他人高得多，他们在退休阶段的财富衰减速度也更为缓慢。沃伦·巴菲特这位年近九旬的勤俭持家的著名亿万富翁，本应该快速消耗掉自己的巨额财富，然而他的实际储蓄率却接近100%。[8]

对富人高储蓄率的合理解释需要把更多因素加入标准的储蓄动机列表。一种颇具解释力的方法是直接假设某些人对留下遗产有着强烈的偏好。[9]令人惊讶的是，研究发现不同家庭遗产动机强度的差异并不容易用可观察到的特征差异来解释。例如，有人或许认为遗产动机来自人们给子女留下财富的愿望，但数据表明，后代的存在并不是推测谁会在离世时留下可观资产的唯一重要因素。[10]许多没有子女的人在去世时拥有大额资产，某些有后代的人却留不下多少财富。甚至有实证数据表明，在美国的收入不平等程度开始急剧扩大的同一时期，继承对产生大额财富的影响力还有所减弱。[11]因此我们有充分理由怀疑皮凯蒂对未来继承现象的强势预测。

在未来的经济学研究中，加深对高收入家庭储蓄和遗赠行为的理解应该是优先议题之一。如果劳动收入不平等的扩大固化为资本不平等的扩大，则富有家庭相对于其他家庭的不同遗赠行为可能会成为加剧财富与收入不平等越来越重要的因素。资本遗赠在事实上是否变得更为重要，取决于富有家庭把多少财富交出来以及交给谁，而这些家庭的行为恰恰是我们了解甚少的。为深入理解收入和财富分配顶层人群的储蓄与遗赠行为，经济学家必须收集国家层面的数据，并能具体追踪财富如何在家庭后代及其他组织之间分配。如果有更好的数据，学者们应该能够设计出更贴近现实的模型并做检验，以解释不同家庭遗赠动机的差异。

人力资本与代际流动性

《21世纪资本论》并没有把人力资本作为父母可以将财富传递给子女的一种机制。然而经济学家已经认识到，人力资本其实是在跨代转移，既通过财产继承制度，也通过有意识开展的亲代投资（parental investments）。在皮凯蒂强调的资本遗赠渠道之外，人力资本的父母遗赠也形成了一条单独而重要的财富传递渠道。

从理论上讲，人力资本的父母遗赠既可能提高也可能降低社会流动性。来自所有社会经济背景的父母都对子女的人力资本大量投资，但通常只有极富有的人群能留下资本遗产。许多类型的活动与支出都可以视为对人力资本的亲代投资。例如，家长花时间帮孩子完成家庭作业，在住宅市场上花更高的价钱以定居在有优秀公立学校的安全社区。有关资本遗赠的数据明显低估了社会经济层级较低的家庭留下的实际遗赠，并可能显著高估了父母遗赠的总体不平等程度。目前对遗赠的标准测算方法完全没有包括各种背景的父母为提高子女技能而投入的时间、精力和金钱，也没有涵盖通过基因遗传以及儿童的特定生活环境特征而自动从父母传递给子女的人力资本价值。人力资本的亲代投资有可能提高社会流动性，因为父母给子女的资源和遗赠的真实内容或许不像资本继承测算指标显示的那样悬殊。但另一方面，富有的父母为子女投入的时间和金钱远远多于其他人，差距在最近几十年还有所拉大。[12]

不同收入阶层的亲代投资支出不平等，应该会降低社会流动性。

然而当共同决定父母收入的所有因素（如父母的教育水平、年龄、婚姻状况、邻里素质及其他社会经济因素）都被考虑进来后，关于父母收入水平对子女表现是否有很强的因果效应，找到的证据却较少。甄别父母收入效应面临的基本实证困难在于收入与可能影响子女表现的大多数其他变量有强烈相关性。把父母收入效应从所有其他变量中分离出来相当不容易，对父母收入直接效应的大多数估计值结果也很小。[13] 因此，父母支出在多大程度上影响子女表现，目前并不清楚。一个典型例子是，研究者们尚未找到父母的资源和支出变化同子女学习成绩变化之间的明确关系。[14] 在此类实证研究中需要克服的方法论障碍本就相当艰巨。

在研究儿童人力资本获取的最具技术含量的可靠论文中，同样基本上没有找到父母收入发挥较大独立作用的证据。此类研究倒是认为，包括父母状况在内的儿童早期生活环境对人力资本的发展至关重要。[15] 这些论文发现，有证据表明某些技能的培养存在"关键期"，错过之后投资效率会大大降低。此外还发现，掌握新技能的能力取决于过去的投资，因此存在技能产生更多技能的良性循环。[16] 似乎对人力资本发展而言，重要之处不在于父母收入本身，而是儿童成长需要有健康的母亲、稳定的家庭和学校教育环境，尤其是在早期阶段。低收入的父母或许因为资源有限而难以满足这些必要条件，但亿万富翁父母比起中产阶层父母却未必有很大优势，因为此类投入并不是特别昂贵。

简而言之，我们掌握的儿童人力资本生产的直接证据并未表明，资本和收入不平等的快速扩大将自动导致后代的人力资本不平等显著扩大。

皮凯蒂的分析与代际社会流动性的实证研究联系更密切，但此类研究文献对父母优势在多大程度上会传递给子女没有描绘出清晰或一致的图景。这方面研究最多的指标是对收入流动性的估计，根据不同的国家、时期和实证方法，得到的结果差异非常大。某些早期实证研究认为父母的优势会在一两代人内基本消失，而更近期的研究则倾向于认为，父母的优势会在五代乃至更多代人的时期内显著持续，当然近期的研究对此意见也不统一。缺乏共识并不令人意外。收入流动性的估计在实证中极具挑战，主要难度是收入难以精确测算，既是因为年收入往往带有较大的波动性，也由于不同类型的工作在收入方面有着大不相同的职业演进路径。[17] 涉及许多代人多年收入的数据非常罕见，使得关于流动性的实证研究必须依赖精妙的统计方法来处理这些测算难题。

以收入以外的业绩来评估代际流动性的研究同样缺乏可靠的结论。教育方面的代际相关性随时间和空间呈现出很大变化，对其驱动因素没有多少共识。试图在这些相关关系中区分基因遗传和其他因素的论文也往往意见不一致。消费在经济福利模型中扮演着核心角色，关于消费代际流动性的证据却很少，主要是因为数据不足。类似的是，资本财富流动性的证据也相对缺乏，因为跨代资本持有状况的高质量数据很少，本章上一节强调的正是这个问题。有意思的是，现有证据表明，资本财富的代际相关性中有很大一部分远在遗赠发生之前就已经实现。此外，现有论文通常并未发现父母的收入对流动性有较强的影响。[18]

《21世纪资本论》中强调的资本和收入不平等的急剧扩大，让某些人担忧社会流动性或许正在下降。直观上看，这一担忧有其合理性：如果财富能用来确保子女获得各种优势，那么财富不平等扩大或许就会导致社会流动性降低。但事实上，没有什么证据表明近年来的收入流动性有所下降，反而有强力的证据显示流动性在过去几十年中基本没有变化。[19] 收入流动性相对于收入不平等的变化很不敏感，这看似令人吃惊，其实符合上述的研究发现，即父母收入对子女完成学业和其他人力资本指标的效应的估计值通常很小。当然，受到不同储蓄和遗赠行为的影响，消费和财富流动性的表现或许会与收入流动性差异很大，特别是对财富分配顶端的家庭。然而并没有多少证据肯定皮凯蒂强调的对流动性和机会平等的担忧。下一节将指出，对社会流动性的估计本身难以给出有太多意义的诠释，因为看似相同的流动性水平可能来自大不相同的过程。收入流动性在时间上的相对稳定，可能掩盖了父母资源与子女表现的关系中某些重要的变化。

社会流动性研究的下一步该怎么走？

虽然把人力资本中的不同决定因素（遗传、教育质量、亲代投资以及其他）的相对重要性区分出来极具挑战，这些因素对代际流动性都有关键影响却是毋庸置疑的。相比之下，父母的收入水平对子女的表现或许没有很强的因果效应。也没有充分证据显示，经济流动性在最近数十年中随着收入不平等的扩大而下降。皮凯蒂认为财富流动性将在未来数年下降，如果他关于新富人群的储蓄和遗赠行为的隐含模型没错，那或许成立。可是并无多少证据显示，财富和收入不平等的扩大将损害劳动收入与教育流动性。与此同时，《21世纪资本论》中的数据和分析及本章的讨论表明，对不平等的微观经济研究有若干新的努力方向。本节将简要介绍几个未来研究可望取得丰富成果的领域。

用微观经济数据探究不平等的正统研究方法既没有区分对增加或减少财富总量的行为，也没有辨析继承人力资本的来源是会让大多数观察者感到公平，还是存在道德疑问。把关于不平等问题的讨论转向这类区分和辨析，是《21世纪资本论》的主要贡献之一。皮凯蒂提出了某些令微观经济学家用心思考的尖锐问题，并明确认识到"关键问题在于不平等是否合理，而非其程度大小"。并非所有市场都具有竞争性，也并非人力资本的所有竞争性使用都是好的。

例如，我们可以看看企业高管的收入份额越来越高的问题。皮凯蒂将其归结为高管在薪酬上的要价越来越狠，顶层税率下降使这样的谈判更具吸引力。还有人将其解释为"超级明星"效应，该效应使经营能力

（人力资本）上的微小差异可以得到大不相同的回报，即使在高效的竞争性劳动力市场中也是如此。为便于论述，我们姑且假定超级明星的说法更符合数据，高管的高收入反映着市场对于管理者生产率的测度。但即使在这种情形下，如果企业本身从事了破坏性活动，顶层收入份额的提高也可能招致不满。在运转良好的市场上，企业利润是企业服务的价值评估超出其生产成本的信号，因此，奖励能提高利润的高管对企业和社会都是好事。但如果企业是依靠躲避竞争或者违反保护公众的法规谋取利润，那么奖励其高管只会鼓舞有社会破坏性的行为。对收入不平等的人力资本理论解释不足以区分这两种可能性。

简单来说，问题在于犯罪有时候能得到好处。

另一个例子是经典代际模型中的人力资本继承，例如贝克尔和托姆斯采用的经典模型。[20] 在此类模型中，儿童的全部人力资本是由两部分构成的函数：从父母那里自动继承的人力资本，亲代投资和社会投资带来的更多人力资本。该问题的模型架构或许会让人误以为，人力资本的继承部分有某些基因或自然属性。但贝克尔和托姆斯非常明确地指出，继承的禀赋是指父母不需要再花费资源就可赋予的任何部分。换句话说，禀赋只是对价格没有反应的那些人力资本投资。因此继承的禀赋可能包括社会网络、文化观念，以及许多其他内容。

标准的代际模型就此忽略了与族群和经济有关的许多区别。名门望族的子女能通过家庭的人际关系获取高收入，这看起来很不公平。另外这种优势可能大幅削减总体财富，因为裙带主义会导致整个经济中的人才错配。相比之下，如果有人继承的是高智商，无论是来自基因或者家庭环境，那么在许多人看来，他获取高收入都是较为公平与可取的。

以上区别不仅涉及我们如何看待观察到的不平等，也关乎何种类型的政策可能对减少不平等更有效。如果富人利用资源和关系来操纵游戏，使其更有利于他们的子女，那么给他们的操纵制造麻烦的政策或许是明智有效的药方。反过来，如果富人通过智力、健康和行为模式的继承来确保子女的成功,则自然的解决之道将不是打击顶层人群的财富传递,而是给底层以鼓励和补贴。在后一种情形下,旨在改进学校品质、早期家庭环境,乃至产前健康和营养的政策,显然优于限制富人群体人力资本传递和积累的政策,本章下一节将讨论对早期儿童教育增加公共投资的巨大潜在收益。类似的是,如果明星经理人靠寻租获取巨额薪资,则显而易见的对策应该是通过调整产业监管缩小其寻租收入。与通常一样,政策应尽可能致力于创造使公共利益和私人利益协调一致的规则与制度。

有关代际流动性的研究文献受限于缺乏可检验的理论。若干论文提出的模型把代际流动性同基因、环境、公共和私人人力资本投资等基本经济因素挂钩。总体而言,这些理论认为大多数因素对流动性的影响与人们的通常设想一致。例如,政府对人力资本的累进投资可以抵消父母在人力资本投资上的不平等,从而提高社会流动性。[21] 在理想情况下,我们可以用数据检验这些理论,分析不同因素在决定代际流动性上的相对重要性。

但不幸的是,对此类模型的实证检验还强烈依赖于经济学理论没有很好利用的某些假设。例如,若干论文对比了收养子女和亲生子女的表现,试图区分基因与家庭环境因素的相对重要性。这些论文通常假设基因和环境互不影响,但没有任何生物学或经济学上的理由。[22] 由于技能和投资似乎是以复杂递归的形式相互作用,并不存在把"自然"和"养育"的贡献完全区分开的明确理由。此外,标准的公平与效率对立的理论认为,实现个人之间的结果平等与实现个人之间的边际回报平等存在矛盾,但这只有对某些年龄段和某些技能类型才真正适用。早期的大量投资,尤其是针对弱势的孩子,可以既促进公平又提高效率,而对于成长阶段后期的投资,其效率可能大为降低。

对于人力资本如何创造及如何在劳动力市场获得回报,如果没有深刻与详细得多的认识,就不可能对"社会流动性"与"机会"给出有效的定义。代际收入相关性下降会是好事吗？答案取决于我们对理想世界中这一相关性水平的期望。例如，假设我们的理想标准是没有低效率人力资本投资的世界，即总人力资本投资对社会的边际回报与所有人完全相同，那么预期的代际收入相关性会大于零，因为某些品质部分由基因决定，除此之外，就很难得出确定的结论。对上述问题的答案还取决于人力资本在劳动力市场如何得到回报。如果收入的代际相关性提高，这是因为高收入父母对社会游戏的操作更为厉害，还是因为主要依靠遗传的品质变得更有价值？为回答这些问题而定义有关的反事实场景是极为困难的，而如果没有明确的反事实场景，关于社会流动性的实证估计就没有太大意义。

造成群体与代际不平等的经济因素的复杂特征意味着，几乎任何解释因素组合都可能找到数据支持。如果没有更丰富得多的数据与模型，在这些可能性中筛选基本是不可能的。我相信未来的一种有希望的途径是在人力资本形成技术上将赫克曼及其多位合作者率先提出的某些新方法结合进来。他们采用的模型有动态和灵活的特点，可包含多种不同类型的技能与继承禀赋，并考察禀赋、亲代投资与社会投资之间的相互作用等。

理解如何创造人力资本，是对经济表现的代际相关性做出可信解释的必要第一步。做出可信解释还要求我们深刻认识如下问题：何种类型的技能在劳动力市场受到青睐，这些市场价值如何随时间改变，以及这些技能对社会福利有何促进或削减作用等。

早期儿童教育：平等主义者和非平等主义者都能接受的出路？

皮凯蒂给出的对抗不平等扩大的建议是征收全球财富税，这一建议看上去只是为了迎合那些相信平等是固有美德的人士。正统经济学理论认为，对财富征税会降低长期财富存量，继而降低工资水平。因此皮凯蒂的建议可能带来的效应是为了缩小不平等而使所有人更加贫困。的确，他的部分支持者也公开欢迎付出这种代价。尽管财富税事实上有可能促进收入增加（例如通过减少不利于生产的寻租），但《21世纪资本论》的基本态度和论证都强烈说明皮凯蒂愿意为了缩小收入和财富不平等而放弃其他某些好处。然而，平等是固有美德的观点远非被政策制定者、社会科学家与政治哲学家普遍接受。对于那些只从工具理性角度认可平等观念的人而言，《21世纪资本论》极其缺乏吸引力。[23]

皮凯蒂的著作强调一种充满争议、对立严重的政策计划，这令人感到沮丧，因为还有众多可行的政策更容易得到平等主义和非平等主义两方面的支持。此类政策不那么依赖争执不休的特定政治观，因此更可能被广泛的民众接受。本节将简要介绍上文讨论人力资本创造技术的文献时已提及的一种政策：发展早期儿童教育。其潜在好处巨大，而且如果能恰当实施，对公平和效率都能带来促进。

对早期儿童投资可以提高他们的长期表现，这一可能性在美国于20世纪六七十年代开展的若干干预行动中得到了证实。这些干预计划的特点是：给主要来自低收入和少数族裔背景的儿童提供集中的高品质扶持。初期干预数年后开展的后续研究通常发现，这对他们在各项成年人表现上有极大的促进效应，包括学校教育完成情况、收入水平、犯罪率和健康状况等。尽管这些干预项目花钱很多，但它们产生的改进幅度却大到足以证明值得付出。[24] 这些项目表明，如果给弱势儿童在恰当时机以恰当投入，完全可能实现巨大的改进。

国家层面的项目，像美国的先行教育计划（Head Start）产生的效果似乎更小也更难下结论。例如，该计划针对的许多学生在初期的考试成绩有提高，后来效果却逐渐消失。对学校教育完成情况、收入和犯罪率等指标影响的测算结果似乎更持久，但通常比上文介绍的早期集中干预的效果要小得多。此类更大规模干预计划的效果没那么显著，并不令人感到意外，因为它们更为节省，质量更差，儿童花在干预计划里的时间较少，得到的投入品质可能也较低。不过，即使这些规模更大、投入更少的干预项目也应该产生了可观的收益，并且如果在同一项目里把资源调整到有着最高回报率的活动中，收益还可能进一步提高。[25]

关键之处在于，即便有关政策最后难以复制最有效（也最昂贵）的那些项目的巨大成功，以较低成本获取较大收益的潜力依然表明：应该继续对面向低龄儿童的项目开展研究和投资。此外，最弱势的儿童看起来获得的收益最大，显示早期儿童教育可以兼顾公平和效率，这是其他改革措施（如补贴大学教育）未必能做到的。从几乎所有规范的观点看，早期儿童教育都是容易得到支持的政策选择。与全球财富税不同，早期儿童教育还有最后一个巨大优势：无论是扩张现有项目的规模，还是引入新项目，都完全在各国政府当前职责的范围内。

结论

《21世纪资本论》展示了发人深省的历史数据，提出了关于不平等起源与后果的大胆推测。可是该书的数据和分析因为忽略了人力资本因素而失色不少。实物资本与人力资本都是财富的重要来源。不把它们结合起来考虑，有关不平等及其演化的任何一般论述都不会完整。引入人力资本肯定会改变《21世纪资本论》基本命题的表述，但该书现有的数据和分析仍给不平等的未来微观研究指出了若干可行的道路。

顶层人群收入份额的增加，要求我们找到更好的数据和模型来探讨高财富家庭的储蓄与遗赠行为。利用寻租来解释不平等扩大的思路认为，我们需要更深刻地理解人力资本与寻租的相互作用，需要更严谨地思考哪些要素决定着代际人力资本模型及实证分析中的中性术语"禀赋"。最后，在收入不平等扩大的时期，相对的收入流动性却明显保持稳定，凸显我们需要更好的数据与更丰富的模型来分析经济流动性，使正常的估计结果获得有经济意义的解释。

第8章
技术对收入与财富不平等的影响

劳拉·泰森　迈克尔·斯宾塞

经济学家劳拉·泰森与迈克尔·斯宾塞认为，真正驱动不平等扩大（尤其是在未来数十年里）的力量应该是技术变革和全球化，这些变化使劳动者的日常工作任务越来越多由可编程的机器完成。他们由此认为，埃里克·布莱恩约弗森和安德鲁·麦卡菲的《第二次机器革命》对于不平等问题的探讨，与《21世纪资本论》有着同样重要的贡献。他们指出，在未来数十年里，越来越多的工作岗位将被智能机器取代，可能使工作生产率更高的人与工作岗位不再被需要的人之间的收入不平等持续扩大。

引子

收入与财富不平等，特别是美国及其他发达国家顶层1%人群所占份额的急剧上升，引发了有关不平等原因和恰当政策应对措施的激烈争论。不平等是资本主义制度的本质特征吗？二战之后不平等程度较小的时期是否代表着更具包容性的资本主义新时代的开始？或者不过是对长期趋势的暂时偏离，而更大可能是美好时代或镀金时代的再现，即回到发达国家"世袭资本主义"的现代形式？为缓和不平等程度及其带来的社会和政治成本，政策制定者能够在不损害创新与增长的前提下做些什么？在有关不平等以及资本主义本质的这种讨论氛围下，皮凯蒂的著作凭借丰富的历史数据、清晰的说理与深刻的经济分析，很快成为当之无愧的热门读物。

以激情结合严谨，皮凯蒂探讨了他眼中导致发达资本主义经济体在过去半个世纪收入和财富不平等扩大的主要因素。我们赞同他的许多分析，却认为存在一个严重缺陷：没有足够重视技术变革及其推动的全球化在过去几十年对不平等扩大的影响。我们相信，对于理解近期与未来的不平等状况，这些因素与皮凯蒂作为重点加以分析的因素同样重要。坦率地说，我们认为布莱恩约弗森与麦卡菲的《第二次机器革命》对探讨与预测收入和财富分配从过去几十年到未来几十年的演进趋势，与皮凯蒂的《21世纪资本论》同样至关重要。[1]

本章将聚焦于技术因素在皮凯蒂著作中的角色，既包括财富不平等理论，也涉及他对收入不平等的分析（尤其是对美国）。我们相信，技术及其推动的全球化对资本在国民收入中所占的份额——皮凯蒂财富不平等理论中的关键变量——乃至过去30年里美国劳动收入和总收入的不平等扩大都有重大影响。与皮凯蒂相反，我们认为这些强有力的结构性因素即使对顶层1%人群的收入膨胀也有显著作用。当然，对于社会规范、薪酬安排与税收政策的改变带来的影响，我们认同皮凯蒂的说法。

技术是生产率与经济增长的主要驱动力，是繁荣的源泉。但计算机和数字技术革命在许多方面同样是不平等的重要推动因素：更有利于技能劳动力而不那么有利于非技能劳动力；增加了资本所有者相对于劳动力的回报；促成或加速了全球化，削减了中等收入员工的就业岗位和工资增长，尤其是在制造业与可贸易的服务业；扩大了超级明星和幸运者的收入优势；给极不完美的市场制造了租金收入，等等。

面对机器在蓝领到白领的广泛收入分配范围内取代人类劳动者的迅速发展，即使从事机器智能开发的工程师和科学家也深感震惊。

这样的进步归因于诸多因素。在机器人领域，传感器技术的发展让机器能够感知和响应环境，从而扩展了它们可以活动的范围。增材制造技术（additive manufacturing，即3D打印）能够取代劳动力，减少原材料浪费，降低定制化成本，有利于按需生产（而非根据预测安排生产）。不过最惊人的飞跃还是在人工智能领域，如今的机器能利用学习算法和高速网络接入大数据库，主动掌握完成复杂任务的能力，而无需算法去指示它们具体该如何操作。

布莱恩约弗森与麦卡菲的著作介绍了人工智能的进步，计算机与高速网络和庞大数据库连接，远远超越了短短几年前的能力范围。机器智能的飞跃加上通过数据网络与世界各地人类的连接，将推动新技术、产品和服务的发展。

这两位作者对超级机器带来的"红利"，或者说整体经济的生产率促进作用非常乐观，但他们也警示说，利益的分配或者普及并不均衡，并且会在较长时间里不断演变。

随着智能机器的能力提高与应用普及，它们将给市场体系的基本特征带来挑战。在这个体系中，大多数人靠着出售劳动力获取收入，当劳动年龄人口中的很大一部分群体，无论其受教育水平如何，在技术上变得冗余，或者其收入不足以实现社会接受的最低体面生活标准时，会出现什么后果？

要预测15年后（更不用提50年后）人类劳动力的比较优势所在，是很冒险的尝试。但我们必须了解趋势，推测经济结构、劳动力市场特征以及收入和财富分配变化的影响。我们的政策需要预测这些变化，并缓冲由此造成的混乱，尤其要纾解这些强大的技术驱动力在转化为市场结果后造成的分配影响。

在有关皮凯蒂著作的讨论中，我们将重点分析技术变革对美国近期的财富和收入不平等变化的影响，并预测未来趋势。我们相信，为预测未来趋势并制定出相应政策以降低其经济、社会和政治代价，有必要深入认识当前的数字革命及智能机器的兴起。

皮凯蒂与技术问题

技术因素在皮凯蒂的财富不平等研究中的位置

在其畅销大作及之后的写作中，皮凯蒂强调他的工作主要是关于财富和收入分配的历史沿革，而非关于是什么推动财富和收入分配随时间变化的简单决定论。的确，他著作中的大部分内容集中在制度、社会规范、权力和政策选择对不平等的影响上。但尽管皮凯蒂发出过警示，经济学家针对该书的大量讨论与批评仍聚焦在他针对资本主义财富不平等背后因素构建的简单而不够完善的理论上。

皮凯蒂的理论基于卡尔多、库兹涅茨和索洛的传统，建立在标准生产函数的基础上，产出取决于资本、劳动和技术。以跨越了三个世纪，从工业革命至今的丰富而独有的数据库为基础，他提出了两个重要假设：第一，资本回报率（r）长期高于资本主义的经济增长率（g）；第二，资本所有权乃至资本收入的分配高度集中。在上述假设下，资本在总收入中所占的份额随经济增长而上升，导致财富和收入分配不平等加剧。另外一个同样得到多个世纪数据支持的假设，即资本所有者用于储蓄的收入比例远高于劳动者，也加剧了不平等的扩大态势。

技术因素以几种方式出现在皮凯蒂的理论中。两要素生产函数中含有技术，当技术不变时，资本或劳动的增加将伴随着收益递减。可是，从长期看，技术进步会使给定投入生产的产出增加。虽然资本存量在增加，资本回报率在多个世纪里却维持相对稳定，这表明技术进步对资本回报的积极效应抵消了收益递减的负面影响。技术通过提高生产率来推动增长，资本收益递减与技术进步之间的平衡则导致资本回报率相当稳定地维持在高于整体增长率的水平上。

资本收入份额是财富不平等的一个重要决定因素，它既取决于资本回报率，也与资本产出比有关，而后者内嵌于技术因素中。在皮凯蒂采用的标准生产函数里，只要资本与劳动的替代弹性大于1，即在相对价格发生变化时，用资本替代劳动比较容易，资本产出比提高总是对应着资本收入份额提高。皮凯蒂相信历史证据满足该条件，甚至预测21世纪的资本与劳动替代弹性将更高，因为技术进步会使资本更容易完成之前由劳动力完成的任务。另外在他看来，人口结构变化以及生产率增速的可能趋缓会导致经济增长率下降，加上资本增进型和劳动节约型技术进步，将使 r 与 g 的差距在21世纪进一步拉大，从而使不平等更趋恶化。

不过许多经济学家已经指出，实证数据表明资本与劳动的替代弹性在历史上显著小于1。假定如此，皮凯蒂的理论将不足以解释各产业与各国自1980年以来出现的资本收入份额增加和劳动收入份额减少的现象。根据最近的研究，资本增进型和技能偏向型技术进步、外包生产（本身是由计算机和数字技术支持），以及产业构成变化等因素都是资本和劳动收入份额在全球发生变化的重要驱动力。[2] 资本价格的相对下降通常归结于计算机和IT技术的进步，最多只能解释劳动收入份额降幅的一半。

总体上，经济学家关于资本与劳动替代弹性的热烈讨论确认技术进步在资本和劳动收入份额的变化中扮演着核心角色。这两个份额又是财富和收入不平等的主要决定因素。此外，随着技术的资本增进型和技能偏向型更趋明显，它对不平等的影响力也在增强。

皮凯蒂的标准生产函数只包含了一种资本形式。布莱恩约弗森与麦卡菲则把"数字资本"同实物资本区别开来，并认为两者的回报率不同，前者高于后者。利润份额提高的部分原因是数字资本所有者的收入快速增长，此类回报往往服从幂律分布（power-law distribution）的特征，少数人掌握了超出比例的部分。这与我们熟悉的网络经济特征相符，尤其是变身为具有支配地位的经济和社会"市场"的各种平台，它们在数字领域获得了巨大的市场支配力及相应的租金，即其回报高于竞争性市场条件下可获得的回报。

从本章的目的出发，我们要指出对数字资本的测算极其困难，因此研究受到很大限制。还有，数字资本的回报难以同如下回报区分开：数字技术创造者的人力资本回报，以及提供互补技能的劳动力的人力资本回报。很有可能的情况是，记录在劳动收入中的很大一部分，即顶层1%人群的工薪收入，实际上是由数字资本产生的，被若干类型的互补人力资本分享，包括发明家、创业家、风险资本家和高级管理者等。

需要指出的是，数字资本回报的幂律分布中包含着少数企业获得的极高回报。这些出类拔萃者中有很大部分是平台企业，它们创造信息数字市场、撮合产品和服务交易，并为全球的亿万个人用户提供点对点的共享经济（P2P）。成功的平台企业通过两个优势来获取巨额回报。其一是众所周知的网络效应，随着用户数量的增长，平台的价值也随之提高。其二则不那么广为人知，大多数市场的特点是存在双边信息缺口，买家和卖家都缺乏关于对方的关键信息，这种现象有时被称为"信任问题"。平台则成为重复交易的场所，已产生的信息可以促进未来的交易增长。平台企业利用买卖双方庞大而不断增长的数据，可以提供越来越成熟的双向评价体系，以缩小妨碍普通市场的信息和信任缺口，特别是对缺乏历史声誉的小型买家和卖家。双向评价体系还给激励和行为带来了正面影响。爱彼迎和优步就是很好的例子，两个平台都是连接个体的买家和卖家,让他们在交易后给对方做出评价。网络效应加上利用"大数据"缩小信息缺口和不对称性,让成功的平台企业获得了巨大的市场支配力,给企业所有者(通常是创始人、风险投资人与员工的组合)带来了巨大超额回报。

数字资本密集型企业能够也确实导致了收入和财富的高度集中,但它们也提供了能以极低成本应用的广泛数据服务。此类服务带来的消费者剩余的数据很难获得,不过有充分理由相信,消费者剩余同此类服务的收入或成本的比值会高得不同寻常。由此意味着,相比数字资本所有者获得的财富分配,此类服务带来的社会"收益"分配要平均得多。

数字平台的好处越来越全球化。全世界移动互联网的接入率在2015年已超过50%,到2020年提升至65%。由波士顿咨询集团和其他机构开展的针对消费者,特别是年轻消费者的调查显示,互联网服务的价值不仅大幅超出其成本,而且消费者愿意付出自身收入的15%~20%来维持此类服务。[3]

总之,数字资本密集型企业正导致财富大量集中,同时又以极低的成本提供有广泛收益的服务,因此其整体收益的分配要平均得多。数字资本在使效用分配更加平等的同时,可能导致财富和收入分配更加不平等。

技术因素在皮凯蒂的收入不平等研究中的位置

皮凯蒂关于财富不平等的理论集中在资本收入的分配和变化及其占国民收入中的份额上。然而资本收入仅占国民收入的30%左右,劳动收入不平等的扩大也是美国和其他发达国家收入不平等恶化的主要原因。

皮凯蒂明确指出,影响财富不平等和收入不平等的因素有所不同,他认为对财富不平等变化至关重要的因素,即 r 与 g 的关系,对理解劳动收入不平等的变化没有帮助。[4] 那么，他如何解释劳动收入不平等的扩大，技术又在其中发挥着什么作用？

同许多经济学家一样，皮凯蒂相信技术和教育之间的竞赛是美国和其他发达国家在过去30年劳动收入不平等的主要影响因素，至少对工资分配底层99%的人群是如此。皮凯蒂引用戈尔丁与卡茨的研究，以及戴维·奥托和其他人关于技能偏向型技术进步的研究为这一观点提供了令人信服的实证证据。[5] 由于算力的成本大幅下降，计算机控制的机器改变了工作岗位构成和劳动收入分配。这些机器正在数量越来越多、范围越来越广的岗位上取代劳动力，通常是可编程的日常任务，包括蓝领和白领、体力和脑力岗位，同时提升了以下两类岗位劳动力的生产率和市场需求：专注于抽象任务的岗位，要求问题解决技能、适应力和创造力；需要密集使用人类劳动的体力和服务类岗位。

结果带来了劳动力市场的两极分化：一端是高教育、高工资岗位的增长，一端是低教育、低工资岗位的增长，都以中间教育和工资水平的岗位为代价。大量研究证据表明，在过去二三十年间，各产业、地区和国家的劳动力市场确实出现了这种就业极端化现象。[6]

近期的研究发现，美国劳动力市场的极端化在2007—2008年衰退后的复苏期继续发展。[7] 根据麦肯锡全球研究所的研究，美国经济在2000—2014年创造了800万个新的全职岗位，其中2/3是低技能工作，同时有250万个生产和交易岗位消失，因为有关的日常任务通过生产线机器人和办公软件实现了自动化。[8]

在过去几十年中，美国和若干发达国家的劳动力教育未能跟上技术进步对技能的要求。结果导致收入的教育溢价快速提高，显著加剧了劳动收入不平等。例如，在美国1980—2005年劳动收入差距的大幅提升中，大约2/3源自与学校教育有关的溢价增加，特别是高等教育的部分。[9] 大学教育的收入溢价在1980年开始显著增加。正当技术推动了对大学教育相关技能的需求扩大时，大学毕业生的供给增长放缓，这是教育与技术进步之间存在竞赛的有力证据。过去30年，对美国受过大学教育的员工和受过高中教育的员工来说，其收入差距翻了一倍以上。

虽然皮凯蒂认为劳动力市场的制度性规则，如最低工资水平、集体谈判和高管薪酬惯例等，影响着劳动收入水平和分配的时间变化，他也承认技术和教育之间的竞赛是劳动收入不平等扩大的主要解释因素，至少对底层99%的人群是如此。皮凯蒂的分析基于标准的边际生产率方法，工资由技能的供需决定，受技能偏向型和资本增进型技术进步以及教育机会不平等的影响。与此观点相符，他指出"减少劳动收入不平等以及提高劳动力平均生产率和整体经济增长率的最佳办法，是投资教育"。大多数研究美国过去30年劳动收入扩大的原因和对策的经济学家也得出了类似结论。但是，如果数字化和智能机器把受过高等教育的员工也替代了，缩小了其就业机遇，压制了工资水平，改进教育在未来还是可行之策吗？在智能化和机器人时代，劳动力将何去何从，对这样一个令人关注的核心问题，皮凯蒂没有回应。

皮凯蒂聚焦于他所说的教育或技术因素在解释劳动收入不平等扩大时的"最惊人失败"：无法充分解释为什么美国极高水平的劳动收入剧烈增长，不同于面临类似结构和技术因素的其他国家。在皮凯蒂看来，这是用教育和技术因素进行解释的重大缺陷，因为过去30年顶层1%人群的劳动收入份额增长在其国民收入份额增幅约占2/3，只有小部分来自资本收入增长。

在某些发达国家（尤其是美国），顶层1%人群的工资飞速上涨，而另一些发达国家没有类似现象，如果教育和技术因素及其依据的边际生产率分析方法对此无法解释，又该如何理解呢？为什么美国（英国、加拿大和澳大利亚的程度略轻）的金融和非金融部门的高管薪酬出现爆炸式增长，他们构成了收入分配中顶层1%和0.1%中的大部分，即皮凯蒂所说的"超级经理人"？皮凯蒂认为答案在于经理人薪酬、公司治理、社会规范和税收政策等制度性操作领域。

皮凯蒂著作的一个优点在于覆盖了很多国家和经济体，可以开展比较研究，从而有助于评估收入不平等的多个解释因素。尽管所有发达国家在过去30年都显示出收入不平等扩大的趋势，其中仍然有显著差异。这些差异不仅体现在顶层1%和0.1%人群所占的收入份额上，还涉及收入不平等的其他指标。例如，美国顶层20%人群与底层20%人群的平均收入之比约为8.4，而德国的这一数字仅为4.3，几乎只有美国的一半。此外，美国的工资分配状况是发达国家中最不平等的一类，既因为底层的收入较低，又因为顶层的收入极高。[10] 所有发达国家都是开放的经济体，面临同样的全球市场和技术变革的影响，因此难以相信这些共同因素如何能解释收入不平等方面的巨大国别差异。更有可能是其他制度和政策因素，如工会谈判权、税收政策、社会规范和治理结构等对分配结果产生了巨大影响。

皮凯蒂令人信服地论证了这些因素对美国的影响。他指出，虽然教育和技术竞赛是美国工资分配底层99%人群收入不平等扩大的重要因素，却无法解释顶层1%人群同底层99%人群乃至顶层1%人群内部工资增长的"不连续性"。顶层10%人群的收入比中位数或平均值收入快得多，却远不及顶层1%人群；而在顶层0.1%人群的收入中占60%~70%的超级经理人收入，相比第99百分位人群的收入也在飞速提高。其他工资不平等的指标，如受过大学和高中教育的劳动力的工资比率，工资分配中第90百分位与第50或第10百分位的工资比率等，也在提高，但远不及顶层1%人群和顶层0.1%人群的收入同底层99%人群和中位数或平均收入之比的提高幅度。[11]

皮凯蒂指出，顶层人群的收入增长呈现如此显著的非连续性，无法用受教育年限、教育机构选择或履职年限等因素的非连续性来解释。或许公司高管有着未测算出的独特技能，得到了技术因素的促进，使其生产率和报酬飞涨，但皮凯蒂并不这样认为。

他声称，这些人的报酬与个人的边际生产率无关，因为不可能把用销售额或利润增长等传统指标衡量的企业业绩归因于经理人的决策。在皮凯蒂看来，对美国超级经理人收入大幅提高的最可信解释是，决定其薪酬的操作办法是由这些经理人自己和薪酬委员会掌控，而委员会的多数成员也是其他大公司的高管，拿着类似的薪酬。皮凯蒂认为这种决策办法是"相当随意的"，既反映着相关人士的等级关系与谈判权大小，也来自有关高级经理人对企业业绩贡献的通行社会规范与信念。

在上市公司中，此类决策原则上是由代表股东的董事会引进监督，但皮凯蒂认为对高管薪酬的公司治理制衡机制显得模糊而薄弱。为表明美国的高管薪酬缺乏公司治理方面的监督和生产率依据，他举证说决定高管薪酬水平的销售额和利润等变量其实部分源自外部宏观环境，而他们对此是无能为力的。

最后，皮凯蒂提到美国、英国和其他英语系发达国家自1980年以来显著削减顶层边际所得税率强化了高管寻求大幅涨薪的动力，使这些国家的高管薪酬水平几乎同时出现飞涨。对此现象的一个说法是，边际税率下调促进了经理人的努力程度，从而带来薪酬的提高。这符合标准的应税收入弹性理论：当边际所得税率下降时，人们会更加努力地工作。但皮凯蒂并不接受，他的推测是税率下降强化了高管的寻租行为激励，从而把企业收入从股东、员工及其他利益相关方那里转移到自己手中。

美国的高管薪酬自1994年以来猛烈上涨，这还反映了另一个税收调整的影响，即允许企业把与业绩挂钩的、超过100万美元的高管薪酬列入抵扣。[12] 为顺应美国的主流看法，即企业高管是股东利益的代表，股东追求财务回报，各家公司都选择主要用利润率指标（如每股收益或股东总回报等）来衡量业绩。近期对美国CEO薪酬方案变化的一项调查凸显了税收政策（包括1994年的规则调整）的影响，显示税收政策是20世纪CEO薪酬走向的重要推动力。[13]

尽管有明确证据显示企业高管薪酬的绝对值以及同底层99%人群的相对值都显著增长,但其背后的原因依然存在激烈争论。包括约瑟夫·斯蒂格利茨、保罗·克鲁格曼、罗伯特·赖克(Robert Reich)、劳伦斯·米舍尔(Lawrance Mishel)与卢西恩·别布丘克(Lucian Bebchuk)等人在内的学者认同皮凯蒂的观点,即高管薪酬水平和涨幅反映着公司治理方式的缺陷和社会规范的变化,纵容了这些人的寻租行为。

凯文·墨菲(Kevin Murphy)与斯蒂芬·卡普兰(Steven Kaplan)等人则认为,高管薪酬的变化趋势反映了必要的效率报酬水平,以确保同股东的激励相容。从股东的角度看,根据股票的表现给高管提供奖励能解决代理人问题,因此高管薪酬同股价有强烈的相关关系,尤其是大公司。根据这一理论,是公司价值的大幅提高(部分源于技术革新与全球化减少了劳动成本、扩大了市场规模)导致了高管薪酬的剧烈上涨。

近期由布莱恩约弗森等人撰写的一篇论文从另外一个途径探讨了高管薪酬提高与技术进步的关系。基于2 500多家上市公司超过15年的数据,并在控制了公司规模、市值、平均工资水平和产业部门等因素的影响后,他们发现企业的"信息技术密度"(由企业的IT资本存量与总资本存量的比率测算)能够强烈预测其高管薪酬的时间变化趋势,并解释不同产业的高管薪酬差异。这篇文章表明,在其样本中信息技术密度基本上是CEO薪酬水平最有力的解释变量。他们推测,信息技术改进了高管对公司战略决策的监督和执行能力,提高了这些公司的"有效规模"与市场价值,从而提高了高管的"边际生产率"。在经理人能力的"有效市场"中,更高的边际生产率自然会使经理人薪酬水平水涨船高。[14]

布莱恩约弗森等人的研究聚焦于网络化信息和通信技术系统等

形式的数字资本对高管的监督和执行能力的影响。很有可能的情形是，信息系统给整个企业的数据提供了实时接入和分析，从而扩大了高管和CEO的掌控范围。这些系统带来了去中间化：削减了从事监督的中层管理者的垂直层级，却提升了监督的效率和质量。去中间化的效果在银行业、零售业以及许多企业内部的自动化信息系统中有明显体现，甚至反映在学术界对秘书和行政服务的需求上。信息技术带来的监督效率提高与中间层级削减的收益或租金必定会归属某些人，按照布莱恩约弗森等人的研究，这些收益和租金变成了高管的薪酬。但为什么会出现这种情况？我们还必须借助更多研究，以判断去中间化和效率改进的收益是否以及在何种条件下归属消费者（以产品和服务价格降低或品质改进的形式）、企业CEO及其他高管、员工，还是股东。

　　信息技术对生产率的促进效应，也造成美国金融服务业顶层专业人士的薪酬大幅上涨，以及这部分人士在顶层1%和0.1%人群中所占份额的提高。信息技术带来的金融创新让金融服务业的规模出现爆炸式增长，如信用违约掉期（CDS）、抵押债务凭证（CDO）和高频交易（high-speed trading）等新产品。此类创新极大地促进了金融服务业的生产率，表现在交易数量、交易额以及新产品和服务的引入等指标上。这些指标并不评价金融业的生产率和产出是不是整体经济的增加值来源，但该产业的经理人和交易员却以此为基础获取奖励。对他们的奖励还要根据金融市场上的资产价格，他们对此并无直接影响力，而更多取决于基本的宏观经济环境，包括中央银行的政策。如前文所述，皮凯蒂认为高管薪酬不应该取决于这些"外部"市场因素。

　　最后有必要指出，皮凯蒂的论述集中在对美国大企业适用的薪酬安排和公司治理规则上，而非小型股份公司与合伙制企业，包括私募股权基金、对冲基金与风险资本基金等，但这些领域获得的企业收入所占份额较大并仍在增长，而且包含相当部分位居收入顶层1%和0.1%

的超级经理人。信息技术或许是金融服务业以及为之服务的法律和其他专业服务公司收入增加的一个主要因素。

技术、赢家通吃效应与租金：皮凯蒂理论的空白点

在分析超级经理人薪酬的影响因素时，皮凯蒂没有讨论技术可能带来的赢家通吃或者说超级明星效应。根据赢家通吃理论，技术进步增加了"最佳选手"相对于其他人的报酬优势，使任何领域的最优秀竞争者能逐渐在更广阔的市场上出售技能，夺取劣势对手的需求份额。赢家通吃效应既来自生产上的规模经济（某个领域的最强者能够服务于数量庞大的消费者），也来自消费上的规模经济（很大一部分消费者只愿意选择最好的商家，而不是次优者）。数字通信以及平台和社交网络技术能带来这两种规模经济效应。在技术革新的推动下，全球化进一步强化了赢家通吃效应。

超级明星理论最常用于描述艺术界、娱乐界和体育界人士。在2005年的美国顶层1%纳税人群体中，他们的占比不到2%，在顶层0.1%纳税人群体中占比3%左右。此概念其实也能更广泛地适用于在各种职业中获得"最佳"声誉的人，如法律、医疗、房地产、管理咨询和学术研究等。加在一起，这些专业人士在美国2005年顶层1%人群中的占比超35%，在顶层0.1%人群中的占比约为25%。[15]皮凯蒂在分析高管薪酬时重点关注的公司治理规则并不适用于这些职业，当然市场环境、社会规范与边际所得税率的变化会产生类似影响。近期的一项研究利用超级明星理论分析了"超级CEO"群体，他们凭借自己领导的公司的杰出表现赢得了世界级的声誉。[16]

超级明星的收入有部分应该来自他们出售的东西（姑且称之为服务）与众不同，或者说被认为与众不同。这种差异化的本质以及如何产生取决于具体情况，没有简单的答案。体育明星通过某种竞争机制产生，竞赛给"最佳表现"提供了定义和标准。在娱乐业，已经走红

的明星各有特点，但发现明星的过程及其是否有随机性则不太确定。对于知名的CEO来说，可以用企业经营业绩数据做参照，但成为明星经理人的过程或许无法通过"可控实验"，其中肯定包含随机或者说幸运的成分。[17]

与之相连的一个问题是，与超级明星报酬有关的"租金"为什么不会消失，或者更严格地说没有更快地消失？在某些情况下，或许是因为某些非凡才能的供给太有限。在信息完全对称的世界中，这应该是标准理由。但有人怀疑事实并非总是如此，而是存在与时间有关的进入壁垒、与差异化过程相联系的并行信息扩散过程等。信息技术可能会逐步降低其中的某些壁垒，并缩小发现超级明星的成本。可是这些议题远远超出了现有经济学理论的研究范围。

顶层收入的超级明星理论同教科书上的经济租金概念密切相关，即把某种生产要素投入生产用途获得的报酬高于其所需的最低报酬。在全球化与数字技术帮助下，赢家通吃者可以获得巨大的经济租金，这是技术和全球化导致顶层收入剧增与收入不平等扩大的另一渠道，却被皮凯蒂忽视了。

如果把租金定义为生产要素的回报高于其在完全竞争市场条件下的回报，技术也会带来影响。皮凯蒂回避了这种定义，而是把租金视为资本获得的所有形式的收入。他断言自己关于资本收入的理论同不完全竞争"绝对无关"。我们则采用了不同方法，认为技术和全球化往往会造成市场的不完美，从而形成大量租金。这些租金在资本所有者同劳动力之间以及不同类型的劳动力之间如何分配取决于政策、制度实践和社会规范。

我们认为，最好把资本回报理解为一种剩余项，或者包含有剩余项。金融资本的供给者在把资金注入企业之前，会要求风险调整后的资本回报。在完全竞争的市场条件下，劳动力市场将为不同类型的劳动力设立工薪标准，资本所有者会得到其要求的风险调整后的回报，政府将通过税收获得其收入份额，技术革新的其他好处将通过产品价格的竞争效应流向消费者。然而这些条件很少能被满足。

技术变革会从许多方面创造租金。当进入壁垒较高时，规模经济和范围经济带来的经济支配力以及先行者优势都会制造租金。熊彼特式的竞争会形成市场权力与租金，流向创新者和企业家，而这些人或许同时是大资本拥有者。此类租金从长期看可能是暂时性的，但往往足以补偿创新者在时间和精力上的投入以及承担的巨大风险。数字技术的网络效应与先行者效应及其受到的知识产权保护，能够在较长时间里创造大量租金。此类效应有助于解释数字资本及其所有者的回报表现出高度集中的幂律分布特征。区分租金带来的回报与数字资本创始人的回报及技能因此得到促进的人的回报，会非常困难。为解决公司治理中的代理人问题，资本所有者可能会把数字资本带来的租金与高管和顶级人才分享。

越来越多的研究表明，至少在美国，在强大的专利和知识产权保护及先行者品牌的支持下，市场支配力产生的租金规模巨大，并主要流向高管、资本（包括数字资本）所有者以及发挥互补作用的人力资本。[18]超级经理人的收入通常记录为劳动收入，但实际上是资本收入与不完全竞争市场带来的租金的结合。诺贝尔经济学奖得主罗伯特·索洛在对皮凯蒂著作的评论中提出，美国顶层1%人群中记录的劳动收入有很大一部分其实是资本收入，这里的资本定义包括无形资产。[19]我们对此表示赞同，并推测这些资本收入的相当大部分反映了技术回报。

在下一节中，我们将聚焦技术因素和技术推动的全球化，因为我们相信这些力量可能在未来成为影响收入不平等的更关键因素。为更好地理解技术与收入的相互作用，我们区分了不同类型的资本与劳动。有些劳动是技术的互补品，有些则是技术的替代品。随着数字化的深入，智能机器人与人工智能的普及，不同类型的资本与劳动之间的区别在未来将更趋重要。

技术、全球化与收入分配

我们认为,发达经济体在过去30年的收入与财富分配趋势同这些经济体及其劳动力市场结构的剧烈变动有关,原因是技术和全球市场力量发挥了强大的共同作用。技术因素同劳动节约型和技能偏向型数字技术及资本密集型技术的扩展密切相连,全球市场则源自供应链的全球化,源自技术进步及新兴经济体(尤其是中国)作为重要参与者加入日益联系紧密和竞争激烈的世界经济。这两个因素彼此独立,但又互相关联、互相强化。网络信息技术与经营创新给复杂的全球供应链管理增添了新工具,让企业可以迅速而低成本地安排、监控和协调距离遥远的生产流程。这使世界范围的劳动力和人力资本更容易得到利用,继而加大了发达国家的企业及其员工面临的竞争压力。

全球供应链扩展的一项关键组织原则是劳动力套利:通过把工作外包给劳动力成本低的地方来降低生产成本。技术进步与新兴市场经济体扩大贸易和资本的开放都促进了复杂供应链的扩展,也通过这些经济体的廉价劳动力进一步压低了美国及其他发达国家的工资水平。

作为皮凯蒂著作基础的宏观增长模型没有反映上述结构变化和转型,而我们认为这些因素对深入理解过去30年的财富与收入不平等变动趋势极为重要,并可能在未来继续发挥决定性作用。

皮凯蒂的宏观模型没有区分不同类型的劳动,但这对于理解工资不平等背后的影响力不可或缺。劳动节约型和技能偏向型技术变革的效应在工作岗位构成的变化趋势上有明显体现。劳动经济学家从两个维度区分了工作类型:体力工作和脑力工作,常规工作和非常规工作。体力和脑力工作的区分很直观,以肢体和头脑任务的程度差别为标志。常规工作的定义则是,相关任务能概括为可以根据明确的指示和程序完成的一组特定活动。体力工作（主要是蓝领）和脑力工作（主要是白领）都有属于常规性质的，往往都是中等技能要求的工作。非常规的脑力工作通常属于高技能工作，非常规的体力工作则通常属于低技能工作。[20]

劳动节约型和技能偏向型技术变革会取代从事常规白领和蓝领工作的劳动力，这些任务是"可编程"的，能够由机器完成。[21]相反，非常规脑力劳动涉及不可编程的"抽象任务"，因此难以由机器代劳，至少目前如此。技能偏向型技术变革给这些技能提供了互补，会增加对此类岗位的劳动力需求。

前文提到，在美国及其他发达国家，常规工作被技能偏向型和劳动节约型技术取代，导致了劳动力市场的两极分化：高技能、高工资的非常规工作与低技能、低工资的非常规工作同时增长，而中等技能、中等工资水平的常规工作减少。这种极端化在产业、地区乃至国家层面的劳动力市场的实证研究中均得到明确的证明。美国的中等收入岗位占比从1979年的60%下降至2012年的46%。[22]其他发达国家也有明显的类似趋势。

与以上的两极化说法相符，美国的非常规体力工作岗位和非常规脑力工作岗位在1967—2000年间快速增长，常规工作岗位数量则在初期减少，到20世纪90年代陷入停滞。2000年后，常规工作岗位快速减少，非常规体力工作继续增长，而非常规脑力工作出现停滞。[23]

两次衰退、复苏缓慢以及总需求屡弱等宏观经济因素是2000年以来包括最高端技能群体在内的就业和工资增长乏力的重要原因。中国在2001年加入世界贸易组织后崛起为全球出口大国，也加剧了劳动力需求和工资增长的弱势，尤其是对美国制造业的中等技能和收入岗位。宏观需求疲弱与全球竞争的影响显著表现在2001年后常规工作岗位的急剧减少上。[24]

另外，技术进步似乎也导致了上个10年非常规脑力工作的增速放缓。随着机器完成抽象非常规任务的能力提高，资本对高技能、高教育水平劳动力的替代弹性或许也在提升。根据麦肯锡全球研究所近期的一项成果，人们目前从事的45%的工作已经能用现有的技术实现自动化。即便是技能要求与工资水平最高的那些职业，包括医生、律师、CEO和金融市场高管，都有相当比例的工作可以实现自动化。由于下文将解释的原因，我们相信随着机器智能水平的提高，这一趋势可能在未来加速。按照麦肯锡全球研究所的研究，在下个10年将有近1 100万个不同技能的岗位被自动化替代，几乎是历史替代率的两倍。[25]

技术导致的劳动力就业市场两极分化，是不同岗位和技能的工资增长状况的潜在影响因素。总体上，与技术相互补充或者因技术而得到改进的技能的拥有者总是收获了最大的工资涨幅，哪怕是在整体工资增速很低的时期。过去30年，美国受过大学教育的中位数劳动力与受过高中教育的中位数劳动力的实际收入差距在全年全职工作的男性中几乎翻倍。同一时期，顶层工资水平的收入增速远远超过底层，而中间层次的工资水平停滞不前。1980—2013年，顶层1%人群的年工资增长了约138%，底层90%人群仅增长了15%。[26] 同一时段，高中或更低教育水平的男性的实际收入显著下降，高中辍学者下降了22%，高中毕业者的降幅为11%，以男性全职工作中第90百分位收入同第10百分位收入之比测算的收入不平等比率攀升了超过100个百分点。[27]

技能偏向型与劳动节约型技术变革用计算机为内核的机器来替代人工完成蓝领和白领的常规工作任务，是美国普通劳动力实际工资水平停滞以及非大学教育水平劳动力出现实际收入显著下降的重要原因。工会的渗透率和谈判能力下滑也对此有所影响：私人部门中加入工会的员工比例从1973年的24%左右减少至2016年的不足7%。工会员工有着明显的工资溢价，这对低技能劳动力更为突出，并对未加入工会的员工有积极的外溢效应。[28] 例如国际货币基金组织近期的一项研究发现，工会组织的衰退与美国及其他发达国家顶层10%人群的收入份额上升存在密切关联。[29] 该研究还发现，最低工资的实际价值下降是工资与收入不平等扩大的另一重要根源。例如在美国，2015年的实际最低工资比1968年时的峰值下降了约24%。[30]

除导致极端化的技术变革、衰落的工会组织与贬值的最低工资外，技术推动的全球化及其对产业结构的影响也是收入不平等扩大的背后推动力。[31] 这里的结构是指各产业和部门的规模与增速，以附加值和就业人数衡量。通过这一视角我们可以更准确地看到技术与全球供应链的结合对美国经济的产出构成、就业及生产率的影响。

由于我们讨论的是开放经济体，面对外来竞争，很重要的一点就是弄清楚哪些产业部门或细分部门易受贸易影响，哪些不受影响。我们把受贸易影响的称为可贸易部门，其他称为非贸易部门。一个经济体中的可贸易部门包括若干产业或其中的某些部分，它们生产的产品和服务可以在一个或多个国家生产，并送到其他国家消费。这方面的例子包括大多数制造品、咨询服务、大量金融服务、计算机等产品的设计、各种市场营销活动、对信息系统的远程管理和软件开发等服务。与可贸易的产品和服务相反，非贸易的产品和服务是在消费地所在的国家生产。非贸易部门包括政府、教育、建筑、旅店、餐厅、饮食、传统零售、国内物流、大量的维修保养服务、医院、养老院以及各种当地服务等。

可贸易部门在逐渐扩张，主要受到运输、通信和数字化等技术进步的推动，让美国及其他发达国家越来越多地暴露在外来竞争之下，同时它们也能更充分地利用外来需求。

可贸易部门在发达国家的经济总量中占35%～40%，在就业量中的占比略低。如图8.1和图8.2所示，美国的非贸易部门比例很大，以增加值计约占1/3，以就业量计比例更高，目前超过70%，并向着80%持续攀升。

各发达国家的可贸易部门与非贸易部门占比的相似性表明，它们的最终需求结构存在着相似性。根据定义，非贸易部门的供给必须由

第8章 技术对收入与财富不平等的影响

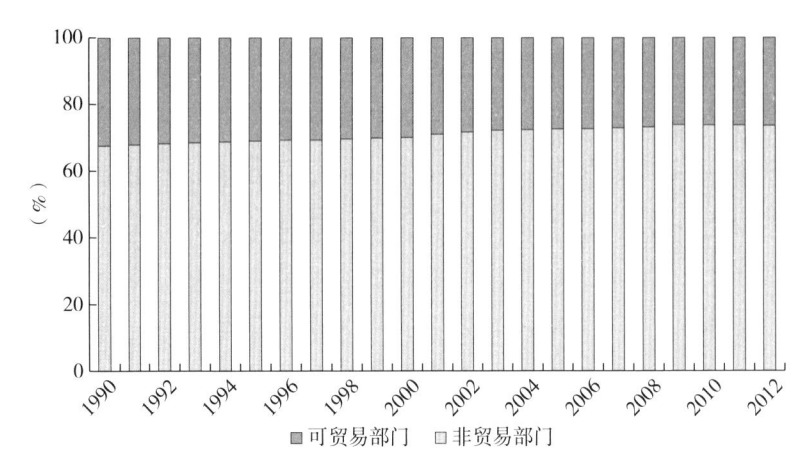

图8.1 美国非贸易/可贸易部门的增加值占比（1990—2012年）

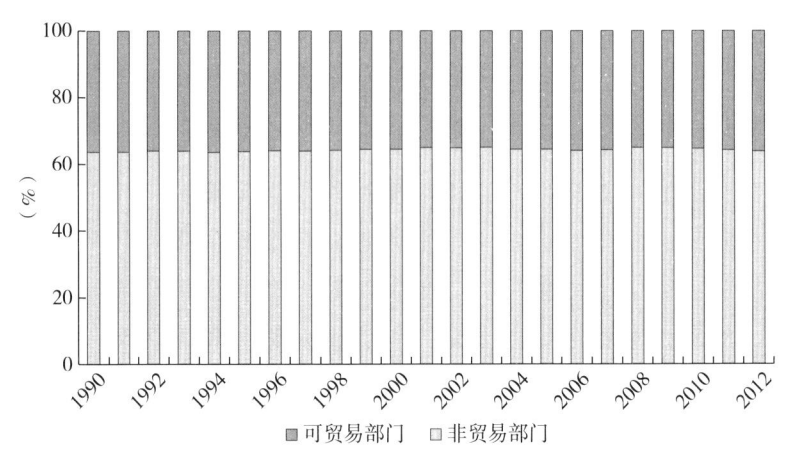

图8.2 美国非贸易/可贸易部门的就业量占比（1990—2012年）

国内需求匹配。因此如果各发达国家对非贸易产品和服务的国内需求相似，则供给侧的非贸易部门规模与结构也将大体相当。有关数据证实了这一点。

发达国家的可贸易部门需求侧同样有相似性，所以根据贸易顺差或逆差调整后的可贸易部门的规模也差不多。但各国之间在可贸易部门供给侧的结构上存在显著差异。例如，为追求效率和竞争力，规模较小的国家更多依赖于可贸易部门。它们往往出口更多可贸易部门的产出，以进口更多的可贸易产品和服务来满足国内需求。像美国这样更大的经济体在可贸易部门上的国际分工程度则更低，有更多可贸易部门的产出用于国内消费。因此，根据通常的标准测算，美国的贸易依赖度较低。

但这对制造业领域而言有可能造成误导。更好的做法是从供应链角度来思考，可贸易部门的供应链正变得日益全球化，包含多个组成部分。在世界经济中（或者更准确地说是其中的可贸易部分）实现跨国转移的是供应链的组成部分，而非整个产业或部门。全球供应链正越来越远离"在A国生产，在B国消费"的模式。从这一视角看，像美国那样的大经济体会比更加专业化的小经济体有着更广泛的可贸易产业类型。制造业的增加值是美国经济中的重要部分，但其中有很大且日益增加的部分来自制造业供应链中的高增加值服务环节。其结果导致可贸易部门中的增加值与就业占比出现了很大差异。

图8.3表明，在2008年之前20年的美国经济中，可贸易部门与非

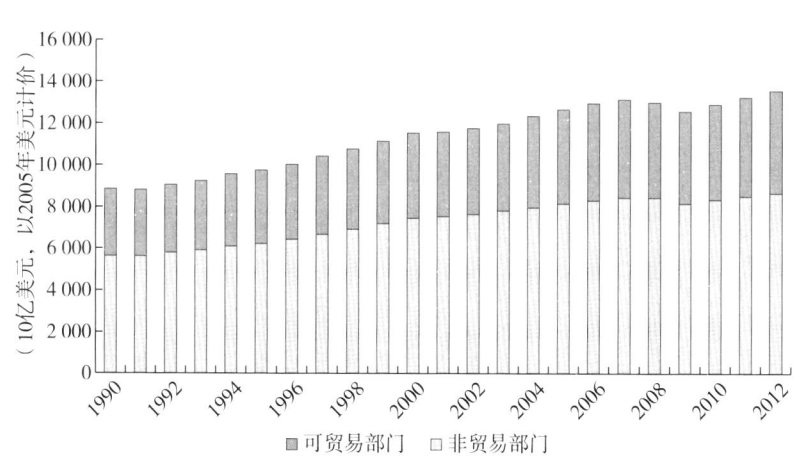

图8.3 美国非贸易/可贸易部门的增加值（1990—2012年）

第8章 技术对收入与财富不平等的影响

贸易部门的增加值增长率相近。规模较小的可贸易部门增速略高，但并不很突出。

然而图8.4和图8.5表明，就业数量上呈现出迥然不同的图景。美国可贸易部门的净增就业量可以忽略不计，几乎所有（约98%）的就业增长都发生在非贸易部门。

图8.6则显示，医疗和政府在美国这段时期非贸易部门的就业数量

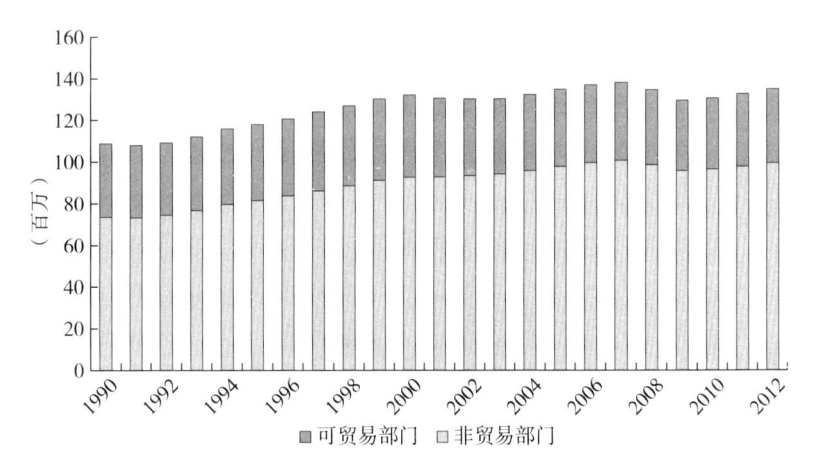

图8.4 美国非贸易/可贸易部门的就业人数（1990—2012年）

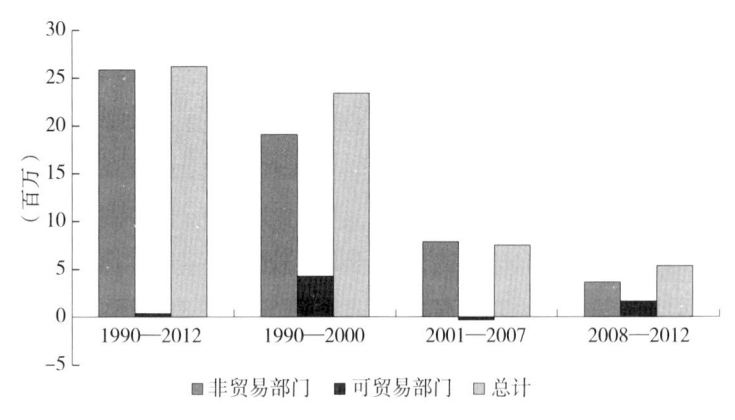

图8.5 美国非贸易/可贸易部门的就业人数变化（1990—2012年）

增长中约占37%，如果把住宿和餐饮服务、零售业和建筑业加上，其占比将超过60%。

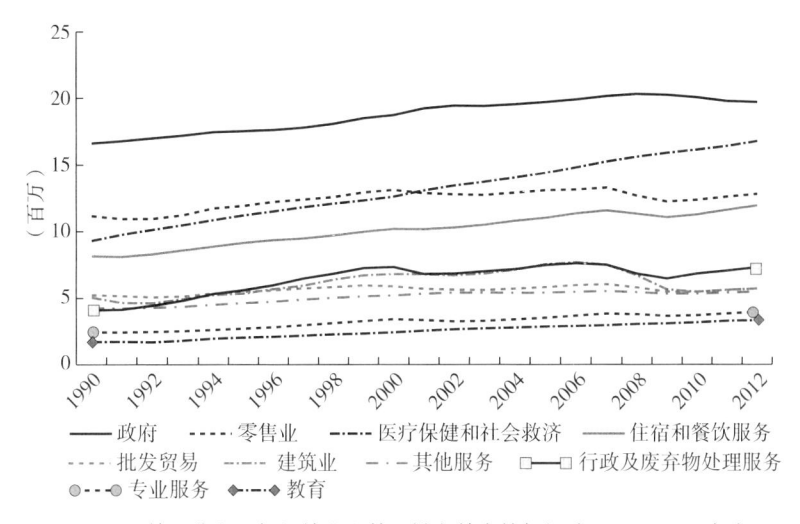

图8.6　美国非贸易部门就业人数，排名前十的部门（1990—2012年）

如果用单位员工（或单位工作小时）的增加值来计算生产率，则美国的整体生产率增速受累于非贸易部门生产率增速较低及其在就业中的占比提高。[32]

制造业约占可贸易部门增加值的一半，其余为服务业。在可贸易部门内部，过去20年的就业减少主要发生在制造业，有一个明显的拐点出现在中国于2001年加入世界贸易组织前后。可贸易服务产业的就业人数有所增加，其中许多是为可贸易制造业的供应链提供相关服务。[33]总体上，可贸易部门对就业的贡献净值基本接近于零。

人均增加值指标在可贸易部门与非贸易部门的表现极为悬殊。如图8.7所示，美国非贸易部门（贡献了几乎所有的就业增长）人均增加值的增速在整个时段都很低，而可贸易部门人均增加值的增速快得多，并在2000年左右出现明显的向上拐点。可贸易部门与非贸易部门在

1990年的人均增加值水平接近，可是到2008年，可贸易部门已比非贸易部门高出50%。

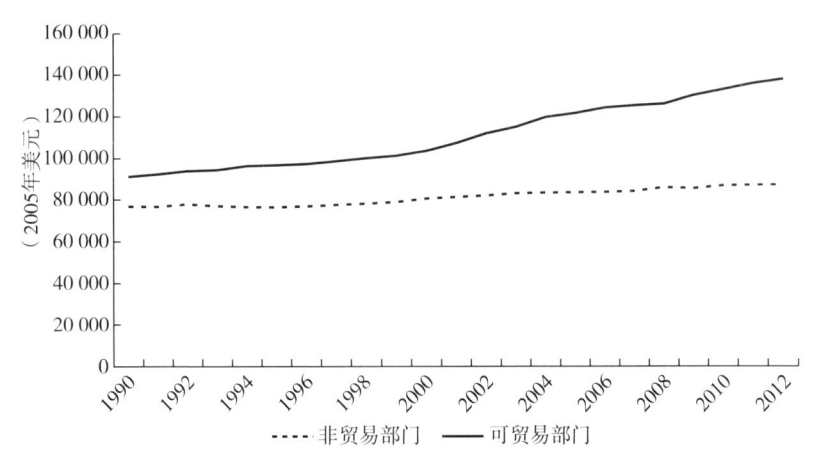

图8.7　1990—2012年美国非贸易部门/可贸易部门的单位员工实际增加值
（以2005年美元价值做加权平均）

不仅劳动力的人均增加值，大多数制造业在这段时期的总增加值也出现快速提升。尽管这些产业的就业人数减少，但其规模并未缩减，也没有停止扩张。制造业的增加值并未下降，由于常规工作被技术进步取代，以及制造业价值链中低增加值的部分向海外转移，就业人数反而在减少。虽然制造环节创造的总国内增加值可能因为生产外包而减少，但随着技术进步取代劳动力，制造业全球供应链中的国内服务部分，包括设计、品牌、营销和物流等高增加值服务，超出了生产外包造成的损失，总量依然在增长。

对制造业供应链中留在美国的服务与非服务组成部分，这种向技能偏向型数字技术的转移减少了就业，但提高了劳动生产率与产出。技术造成的这些岗位与就业的变化，因为技术进步推动低增加值工作与供应链的某些部分迁往中国及其他发展中国家而被进一步强化。

虽然现有数据还难以证实，但很有可能的情形是，就业从贸易部门向非贸易部门转移加剧了人们从中等技能和收入的制造业岗位，转向技能、收入和生产率更低的非贸易服务类岗位。

劳动节约型和技能偏向型技术对贸易部门与非贸易部门都有影响。有人或许会质疑：美国经济如何能够在2008年之前的19年中为非贸易部门创造了近2 700万个工作岗位？部分答案源于经济杠杆带来的不可持续的需求增长。但如前文以及图8.6所示，主要原因应该是庞大的劳动密集型低工资非贸易产业的扩张：医疗、政府、住宿、餐饮和零售业等。其中某些产业，如工资相对较高的建筑业与政府部门等，显然不可能无限扩张。最后，由于大量劳动力从可贸易部门转向非贸易部门带来的工资下行压力，非贸易服务业部门产生大量新增就业的能力毫无疑问被放大了。

上述所有现象与收入不平等的扩大有何必然联系？我们认为关系重大。人均增加值会转化为许多人的收入：员工、资本所有者以及政府。经济体中净就业人数很少增长的贸易部门的人均增加值更高，增速更快，而就业人数的绝对量和相对比重都在上升的非贸易部门的人均增加值更低，增速更慢。

没有证据表明政府在经济体总增加值中的份额有所提升。同时，我们从数据上看到资本在国民收入中所占的份额在20世纪90年代逐步提高，在2000年后更是快速增加，而劳动所占份额下跌至1950年以来的最低谷。这些趋势在可贸易部门表现得尤其突出，特别是传统制造业和信息技术产业。[34]

总体来看，这些证据显示可贸易部门的工作岗位从制造生产转向了增加值更高的服务，包括制造供应链中的服务部分。这样的结构变化引起制造业就业人数的急剧下降，直接造成中等收入工作岗位的流失，同时为提供更高增加值的服务，对高教育和高技能劳动力的需求则在增加。

教育的工资溢价上涨还反映出如下趋势：工作任务更多转向数字资本密集型的非常规白领和蓝领类型（教育在这些领域同技能偏向型技术变革存在互补关系），以及可贸易部门的构成更多转向增加值较高的服务环节。

就业向非贸易部门转移加剧了有利于雇主、不利于员工的劳动力供需形势。加上实际最低工资较低并持续下降，以及工会参与率降低，使中低等技能与工资的劳动力难以应对上述技术变革和全球化。就业岗位从工会参与率较高的生产制造业流向可贸易部门和非贸易部门中工会参与率较低的服务业，进一步削弱了工会的覆盖面与影响力。

总之，由于上述结构性因素，技术变革和全球化带来的租金收益过多地流向了资本所有者，包括高端人力资本的所有者。收益分配不平等显著表现为劳动生产率增速同中位数工资和平均实际工资增速的差距拉大。[35]

在可贸易部门，技术变革与全球化在过去和现在的影响趋势都是：在中低等技能的常规工作上表现为劳动节约，在高增加值的非常规脑力工作上表现为技能增进。因此高教育、高工资人群的境遇要好得多。总体上看，可贸易部门与非贸易部门的大多数非常规工作都被保留下来。

技术变革和全球化力量及其带来的上述部门调整在各个发达国家的表现并不完全相同，但对产业结构、劳动力市场结构与收入不平等具有相似的影响。不过很难说这些因素能给收入分配顶层的变化趋势提供足够的解释，如皮凯蒂所述，各国之间存在显著差异，美国更是一个特例。公司治理结构和薪酬惯例、工会组织、最低工资水平和劳动力市场的其他制度、税收以及支撑非竞争性市场的政府政策等因素，产生大量的寻租空间，并诱发了寻租行为。它们是各国间显著差异的背后影响因素，也是合理的政策关注议题。当然这些解释并不相互排斥，而是可以互为补充，以反映过去30年里困扰美国及其他发达国家收入不平等扩大的多种因素的共同作用。

未来的数字技术与全球化走向

布莱恩约弗森与麦卡菲分析了数字技术的几个加速趋势，很可能在未来继续影响工作岗位和就业的结构、不同类型人力资本的回报以及收入分配状况。[36]

机器人在扩展机器能够完成任务的边界，包括需要成熟的情境感知以及较为复杂的判断做出响应的能力。传感器技术的进步是其中一部分原因。

智能数字机器如今能完成的许多操作，在不久之前还难以想象。其结果将是不断扩展可以用机器取代人力的任务和工作范围，或者说，可以被归入常规类型的工作任务（包括体力、脑力以及两者的结合）正在快速增加。例如，在加入新开发的灵巧操作与"可视力"之后，现在的机器已可以组装某些电子产品。

第二个令人惊讶的进步领域是人工智能。现在的问题在于有数字"大脑"的机器能学会做哪些事情以及学习的速度如何。短短几年前，专家们认为可以通过软件的具体指导让机器按程序完成若干任务，包括复杂的智能任务。或者说，由科学家与程序员描述人类如何完成某些功能，然后对其编程，写入计算机代码，使机器能复制人类的行为。

通过这种模式，在我们知道规则和程序并能够将其编入软件的领域，机器可以完成特定的任务与工作。简而言之，机器能够胜任可以编程的常规工作，其效率和准确性有时候还能远远超越它们取代的人工。

但这种模式有其局限性，因为还有许多事情我们并不清楚人类是如何完成的：例如，识别一把椅子，听懂一个带口音的句子，理解并翻译不同的语言等。在软件开发中通过新的更复杂的规则和逻辑应对此类挑战的尝试没有得到理想结果。事实上在几年前，人工智能似乎走入了死胡同。

科学家与技术员们于是转向他们所说的"暴力解决"（brute force）和机器学习方法。网络生成了庞大数据，包括可以利用的图像、记录、影片及其他资料。网络变得更快，存储量变得更大、更容易接入。然后让机器通过对难以想象的庞大信息和数据的接入与整理开展学习。这一方法似乎正在以超出预想的进度取得成效，它被称为机器学习，其中很多是通过案例，更准确地说是大量案例来学习。机器学习中的一个重要组成部分是模式识别，受益于网络及其构成部分（包括大数据库）的范围、速度与功率的迅速提高。

结果是今天的机器已开始学习人类知道如何去做但还不知道如何完全编写程序的事情。机器能力的进步令人工智能领域的资深技术人员和科学家都感到吃惊。

常规与可编程工作的概念能帮助我们理解过去30年劳动力市场和经济结构的变化及部分分配效应。人工智能的进步意味着人与机器的关系可能远远超出"可编程"的范围，迈向"可学习"的工作任务，其影响将难以估测。早期的加速趋势表明智能机器或许可以很快胜任较为复杂的非常规脑力工作。

与之相关的另一个进步是"大数据（分析）"的成长。大数据是指现有数据处理过程或平台运转附带产生的庞大数据库，例如谷歌、脸书、亚马逊或爱彼迎等公司积累的信息。大数据分析需要在合理时间内以较低成本完成数据处理和模式识别的能力。在我们看来，大数据技术可能部分取代某些人工操作，但更有可能给需要人类参与分析和判断的工作提供补充。

第三个值得关注的技术进步是3D打印或增材制造，意思很直观：类似3D的喷墨打印机，利用塑料到钛金属等类型广泛的"墨水"为材料。3D打印机按照数据文件基于的描述来制造产品。这种技术之所以成为焦点，是因为它可以高度定制化，并极少造成浪费。3D打印的成本在快速下降，可利用的材料范围则在扩展。对于供应链及其管理者而言，3D打印技术能让生产充分针对现实需求，而不再是预测的需求。这对供应链和零售渠道的长度、效率和选址来说有着巨大的潜在好处。3D打印有高度的灵活性，而且与本章的议题相关，具有数字资本密集型、技能偏向型与劳动节约型的特点。

机器人和3D打印看起来正在拓展数字技术在劳动密集型活动和产业中的应用范围，这对发达国家的人力资本投资及其他政策有重大意义，对早期发展中国家的"增长"模式也颇有启示。发展中国家从历史上看，在劳动密集型制造业拥有比较优势，是一段时期内的重要增长引擎。但如果数字技术在组装加工为主的制造过程中从成本和质量上超越了劳动密集型技术，以往的发展道路就将变窄甚至最终消失。

在过去半个世纪取得成功的早期阶段的发展中国家，尤其是没有"得天独厚"地掌握大量自然资源财富的国家，依靠同世界经济的联系和劳动密集型制造业的比较优势启动了增长进程，跻身中等收入行列。数字与人工智能、机器人和3D打印等新技术可能在成本和质量上超越劳动密集型技术，使劳动力成本变得不再重要，并且在不远的将来就会发生。虽然不见得每个产业都会以相同的速度被改变，但有证据显示趋势已经起步并在迅速推进。

由此给发展进程中后进国家的增长模式提出了疑问。它们的潜在比较优势将出现在哪些领域？为此需要在固定资产、基础设施与人力资本上采取怎样的投资模式予以匹配？

在过去几十年的多数时期，全球经济的组织思路是：经济活动（将其理解为全球供应链的组成部分）向有利可图、有价格优势的劳动力基地转移，因为相对于资本和知识而言，劳动力的流动性更差。可如今，数字资本密集型技术正在制造业供应链的常规劳动力密集型环节取代人力，而该环节在世界各地雇用的员工非常多。随着这一进程的推进，以及数字技术使制造过程的迁移成本大大降低，实际生产活动将转移到有市场需求的地方，而非劳动力密集的地方，因为靠近市场将带来更高的效率。

事实上已经有迹象表明，在技术变革对全球供应链的影响下，相比之前的工业化国家，现有的很多发展中国家正在更早得多的阶段更快地丧失工业化机遇。[37] 近期的一项研究发现，相比于发达国家，发展中国家由于自动化可能损失的工作占比高得多，因为技术突破侵蚀了发展中国家在可贸易部门的传统劳动力成本优势，鼓励可贸易生产活动迁回发达国家。[38] 在快速技术进步的推动下，原来的全球化模式可能会走到尽头，尽管我们在政治对话中听不到这些，特别是在发达国家的保护主义和孤立主义倾向的讨论中。当前的政策挑战在于，如何顺应能够在发展中国家和发达国家替代常规工作与非常规工作的劳动节约型和技能偏向型新技术。我们的应对效果将取决于正确认识这些挑战并制定出相应的政策措施。

技术、不平等与政策应对

劳动节约型和技能偏向型技术变革及其推动的全球化，是美国及其他发达国家在过去30年财富与收入不平等扩大背后的强大作用力，并可能在未来变得更为重要。技术正沿着出乎意料的快速轨道取代人力，表现出技能偏向型的不平等特点。市场造成的财富与收入不平等可能会在今后几十年继续扩大，这并非源于资本主义制度的本质特征，而是由于数字技术革命的深刻影响：工作岗位的数量和构成、知识与无形资本的回报、不完全竞争带来的租金、先行者优势、网络体系的市场支配力，以及工作和任务更容易被机器以较低成本取代的劳动者工资与生计来源等各方面的变化。

总而言之，技术变革的客观因素成为市场导致不平等扩大的主要驱动力，这并不意味着公共政策对更平等地分享技术进步的收益无能为力。当然令人不悦的是，美国及其他某些发达国家采纳的许多政策在过去几十年对上述影响不仅没有起到缓和作用，反而推波助澜。皮凯蒂在他的整部著作里，分析了不同政策选择及其反映的不同社会价值观的影响如何导致面临类似技术变革趋势的各发达国家表现出各不相同的不平等水平。

即使在前所未有的技术变革时期，各国仍可以采用多种政策杠杆，使可支配收入（在税收和转移支付之后）的分配状况比市场力量本身导致的结果更平等，从而追求其理想的平等水平。至于税收和转移支付政策在多大程度上有效缩减了可支配收入相对于市场收入的不平等，各发达国家确实存在显著差异。挑战在于精巧的政策设计，既能鼓励技术进步——像勒德分子（Luddite，第一次工业革命时期捣毁机器的英国工人）那样试图阻碍发展注定会失败——又能按照社会规范更平等地分配红利或者收益。

已有大量文章和著作讨论抑制收入与财富不平等的政策措施。由于本文的焦点是分析技术及其对不平等的影响，我们不会提出详细的政策建议，但我们将简要探讨皮凯蒂的著作及布莱恩约弗森和麦卡菲的著作提及的三个政策领域：教育、累进所得税、社会福利与收入扶持项目。

教育

这是皮凯蒂、布莱恩约弗森和麦卡菲，以及研究不平等问题的大多数经济学家拥有共识的一个政策领域。皮凯蒂承认，教育和技能的竞赛是劳动收入差距扩大的主要因素，劳动收入差距扩大又是总体收入不平等扩大的关键因素，甚至包括顶层1%人群。他还指出，北欧国家的收入不平等问题较为缓和，部分原因在于其高质量、平等化和包容性的教育体系。相反，美国的收入不平等扩大导致相应收入阶层的教育机会和教育水平的差距进一步拉大。[39]

至少在可预见的未来，对缩小长期不平等（同时也能促进整体繁荣）最有效的政策将依然是：通过给任何收入水平的所有人提供教育和培训机会，增进后代人的技能。

专家们达成的一个广泛共识是，此类政策必须从早期幼儿教育开始，并延续到高等教育、终身学习，以及提高人们职业转换灵活性的再培训机会。然而就未来需要哪些类型的教育和技能（认知和非认知能力）却分歧严重。这些分歧反映了不确定性：技术将如何改变职业岗位与所需技能以及改变速度如何。在数字技术的突飞猛进面前，难以预测劳动力市场的需求侧在10年或15年之后会是怎样的情形。

很少人怀疑需要加强科技领域的教育（STEM fields，意指科学、技术、工程和数学领域）。数字技术将继续补充这些领域对劳动力的需求，增加此类人才的供给可以抑制其技能溢价，缩小不平等。或许如戴维·奥托预测的那样，未来几十年的持续技术进步将产生大量的中等技能工作岗位，把"特殊职业技能同文学、计算、适应、问题解决及常识方面的基础性中等技能"结合起来。[40]

按照这一乐观看法，许多中等技能的工作将依然存在，把可以利用智能机器帮助完成的常规技术任务同人力依然拥有比较优势的非常规任务结合起来。例如医疗辅助类的工作，许多此类工作要求两年的高等职业培训，某些情况下还需要四年的大学学历。若干需要技能的交易、文秘或维修工作同样如此，人力资本投资应该成为长期战略的核心，以促进与智能机器互补的人力技能供给，同时减少机器能替代的人力技能供给。

历史经验显示，技术带动人类生产率提高的结果是工作岗位的净创造，而不是净毁灭。在过去，技术进步促进了对新产品和服务的需求，导致对劳动力的需求增加，超过技术进步对劳动力的替代效应，当然对那些被替代的员工而言，存在时滞与调整的痛苦成本。然而未来的景象并不明确：或许如布莱恩约弗森和麦卡菲认为的那样，尽管劳动节约型技术在飞速进步，医疗和安全等领域对工作岗位的需求依然会增长。但也有理由担心，未来情景将不同于历史经验。近期研究发现，发达国家约有一半的工作岗位可能在今后几十年被劳动节约型技术取代，发展中国家甚至更多，而且变化的速度超出预期。马丁·福特在其最近的获奖书籍中提出，机器人、机器算法和其他类型的自动化技术已经在吞噬很大比例的中低端技能工作岗位，并随时准备替代更多的高技能任务和职业，包括那些目前需要大学或更高学历的工作。[41]

累进所得税

在对抗收入不平等的政策建议清单上，对顶层收入实行高税率的累进所得税排在前列。包括美国在内的大多数发达国家已经有现成体制，如皮凯蒂所述，累进所得税体制的创建确实是20世纪的一项重大税收创新，并在平抑收入不平等方面起到了关键作用。目前的政策讨论集中在顶层收入的边际税率是否应该提高及提高幅度上。皮凯蒂及布莱恩约弗森、麦卡菲均建议大幅提高美国顶层人群税率，但理由存在差异。布莱恩约弗森与麦卡菲认为，数字技术进步造成的市场环境，如网络效应、收益递增和赢家通吃效应等，导致了幂律分配的格局，收益流向数字资本及与之互补的人力资本所有者。他们还提出，资本和劳动在这种情形下高度集中地获得的收入里，很大部分是经济租金。因此，他们认为，在美国提高对这些收入的边际税率（相比处于历史较低水平的现状而言）并不会削弱高收入者在资本和劳动上的供给激励，所以不会损害增长。

皮凯蒂则认为，对美国及其他发达国家层1%人群适用的最优所得税率"或许应高于80%"，并断言这样高的税率不仅不会降低经济增长率，而且能促使增长成果被更广泛地分享，降低滑向寡头社会和另一个镀金时代的风险。在皮凯蒂看来，顶层收入群体的资本和劳动收入不是来自技术进步收益的幂律分配，以及他们从不完全市场环境中攫取的租金。根据他的研究，顶层收入阶层的资本收入增加是资本主义制度无法逃脱的必然规律，即资本回报率高于经济增长率。顶层收入阶层的劳动收入则源于社会规范、公司治理实践、工会势力削弱，以及这部分人群借助政治游说使政策走向服务于他们的利益等。

我们相信，皮凯蒂剖析的制度因素及相关的各类寻租行为对收入不平等扩大有推波助澜的作用，但我们认为，布莱恩约弗森与麦卡菲指出的技术力量及市场缺陷同样发挥了重要作用。尽管还需要更多研究来评估与量化这些制度和技术因素的相对重要性，但皮凯蒂及布莱恩约弗森和麦卡菲的论述都给出了很充分的逻辑：应该提高对顶层收入群体的边际所得税率，以缓和收入不平等。

社会福利与收入扶持

除累进所得税体制外，发达国家还提供了社会转移支付和社会保险计划来缩小可支配收入的不平等，并给国民提供医疗、教育和养老等不依赖其市场收入的关键社会服务，而非采用把收入从富人直接转移给穷人的办法。在美国，此类社会计划的福利水平和再分配力度尽管远不如欧洲大陆，尤其是北欧国家，但税后和转移后的收入分配状况相比市场收入分配也平等得多。

皮凯蒂认为他所说的"社会国家"（social state）计划对解决资本主义经济体的收入不平等问题有重要作用，并建议通过改革对这些计划进行重组、巩固和现代化。布莱恩约弗森与麦卡菲赞同他对这些计划的支持，不过担心其资金来源主要是对劳动的税收。这种担心有其合理性。机器在取代人力方面做得越是出色，此类税收对就业和劳动收入的负面影响就越强。因此他们主张，考虑在未来用碳税和增值税来取代对劳动的税收，给社会福利计划提供资金。皮凯蒂还建议推出新的累进制全球资本税来缩小财富不平等，其中的部分收入可以替代对劳动的税收，以支持社会福利计划。

今天的劳动力市场正在经历剧烈变化，数字平台将改变劳动力市场的运行，使工作性质发生革命性变化。通过布莱恩约弗森与麦卡菲描述的许多方式，这些变化可能增进劳动力市场的效率，增加灵活就业的机会。然而劳动力市场的深度数字化以及按需生产型经济的兴起也有严重缺陷：它将取代传统的雇主—雇员关系，而这一关系是美国及其他发达国家为国民提供社会福利和保障的主要渠道。随着越来越多的员工发现自己落入非正规就业状态，社会福利的传统筹资和提供体制必须做出相应调整。[42]

随着智能机器变得更加强大和逐渐普及，市场经济的一个关键特征，即大多数人是依靠出售劳动来获取收入将面临日益严峻的挑战。如果智能机器取代了很大一部分处于劳动年龄段的劳动力，使各种教育和技能水平的人无法获取能够过上体面生活的收入，会出现什么后果？布莱恩约弗森与麦卡菲提出了这一疑问，并呼吁评估"开箱即用"式的各种解决方案，包括用负所得税或基本收入给国民提供最低生活保障，无论其就业状况或劳动收入水平如何。

归根结底，技术进步的收益是被广泛分享，还是集中到极少数人群手中，并不取决于智能机器如何设计，而是取决于如何制定适应新机器时代的明智政策。

第9章

收入不平等、工资水平决定与裂变的职场

戴维·韦尔

曾担任美国劳工部工资与工时局负责人的经济学家戴维·韦尔将在本章介绍他提出的"裂变的职场"（fissured workplace）概念，意指企业之外的劳动力市场出现层次化增多的现象。在原有模式中，大公司雇用各种层次的劳动力，让高技能专业人士、中层管理人员、体力劳动者等在同一企业中开展合作。但后来，越来越多的工作被外包出去，过去作为雇员享有法定与事实特权的劳动力，如今被迫加入恶性竞争。本章将分析这一现象的程度和动机，及其对现有不平等状况和未来研究劳动力市场运转的影响，结论是经济学家应该回到关于工资决定的传统概念来分析这一值得研究的独特现象。这些议题同《21世纪资本论》的联系在于，它们将使直接来自劳资对立的未来不平等场景变得更加复杂。

---

* 本章的观点并不代表美国劳工部，本章的写作与研究没有使用任何政府资金。

二战后是一个非凡的时代，在长期的经济扩张中，收入不平等得以缩小。在大型企业内部（如通用汽车、希尔顿、通用电气、西屋电气等公司）受雇的劳动力工资和福利同生产率基本保持了同向增长。1947—1979年，生产率提高了119%，平均小时工资提高了约72%，平均小时薪酬（工资加福利）提高了约110%。[1] 在作为战后时代样板的汽车工业，消费需求的扩张带来了利润与公司高管薪酬的增加，自动组装线工人的报酬也在提高。汽车公司雇用的门卫、维护人员、文秘以及草坪护理员的报酬同样如此。

这种平行增长从20世纪70年代起开始有了变化。生产率自20世纪70年代后期开始的30多年中依然在增长，总增幅约为80%。可是在同一时期，平均小时工资仅提高了约7%，平均小时薪酬的增幅仅有8%。不平等的扩大很自然成为学术研究和政策制定者关心的核心问题，当然也是托马斯·皮凯蒂的《21世纪资本论》引起社会浓烈兴趣的核心原因。

有大量理论和实证研究文献试图解释美国及其他工业化国家的经济增长成果分享模式何以发生剧烈改变。这些研究探讨了国民收入中劳动份额下跌而资本份额上升的原因，分析不平等扩大是来自劳动力的可观察特征（工作的回报）还是来自企业构成的变化。某些研究深入考察了技能偏向型技术变革、全球化和工会力量长期弱化的影响，以及其他加剧不平等的因素。[2]

本章将为不平等的分析设立另外一种视角。笔者认为，过去30年变化背后的一个重要因素是企业组织的演化，它从根本上改变了雇佣关系以及越来越多产业的工资设定方式。这里的焦点是，"裂变的职场"改变了就业边界，使特定的工资设定方式发生演变。

随着生产活动从许多产业中的领先企业转移给其他实体，工资设定的方式发生了根本变化。与就业剥离（如外包、分包，或者把员工错误归类为独立承包人等）相关的各类经营活动调整的动机，经常被误认为只是为规避法律义务而采取的策略，或者现代的灵活企业组织

第9章　收入不平等、工资水平决定与裂变的职场

进行的必要调整。但这两个说法均不足以解释整个经济中很多部门如今极为常见的更根本性的就业调整现象。

这种调整的后果就是，在越来越多的劳动力市场上，过去曾经导致较大比例租金被工会和非工会员工分享的工资设定程序，如今将工资设定在越来越靠近被主导企业（lead businesses）剥离的那些工作的边际劳动生产率。主导企业依然直接雇用员工，提供消费者认可的产品和服务，它们的利润水平仍较高，并能继续给员工提供较高报酬，但业务被剥离到从属企业的劳动者面临的市场竞争形势则严酷得多。这些从属市场，往往还会进一步裂变给其他市场网络，它们的利润水平较低，导致工资设定更贴近竞争性劳动力市场模型，工资水平向边际生产率趋近。

裂变的职场假说可以解释当劳动力从领先企业剥离给外围企业后，工资设定的规范如何改变，工资设定问题被有效转化为一个定价问题。该假说不仅涉及收入不平等的扩大，还指出为什么不平等可能与企业间（而非企业内部）的收入差距增大有关。由此笔者认为，未来的研究必须重新瞄准"工资决定"（wage determination，这是劳动经济学的早期提法）这个老问题，及其对劳动收入份额的影响。

裂变的职场假说

跨进一家知名连锁酒店时，我们会以为在前台迎接客户、每天打扫房间及提供客房服务的人都是该酒店的员工，就像他们的制服和名牌暗示的那样。然而这并非21世纪的职场现实。许多酒店工作人员其实是由不同的管理、保洁、餐饮和劳务派遣公司雇用。在某些情况下，员工由酒店和上述企业联合雇用，往往连他们自己也不清楚到底在为谁工作。

在《裂变的职场》一书中，我指出是资本市场推动了职场的裂变演化。[3] 在过去几十年里，大公司面临着为私人和公共投资人提高财务业绩的压力，至今依然如此。它们采取的应对策略是专注于有核心竞争力的业务，即为消费者和投资人带来最大价值的部分。对此策略的一个自然补充，便是将对核心竞争力无关紧要的经营活动"剥离"出去，通常是从发放薪酬、宣传、会计和人力资源等职能开始，然后扩大到设备管理维护和保安，再进一步深化。在很多时候，剥离甚至会涉及曾被视为公司核心业务的那些活动。

由此导致雇佣关系发生了"裂变"。在地质学上，裂隙一旦产生，就会深化：当保洁和客房服务被剥离后，承担这些业务的企业会进一步发生裂变，把工作继续剥离给其他企业。随着业务裂变的继续，利润空间越来越薄，投机取巧的动力就越来越强。劳动力成本往往是雇主为保持竞争力而首先打算节省的，哪怕会带来劳动纠纷。通常而言，劳动者距离其工作的最终受益人越远，遭遇违规或剥削的可能性就越大。经常是在利润最薄的地方，违规最为严重。

不过，主导企业必须监督和约束承担关键业务的从属企业的行为，使其不会损害如品牌识别或新产品开发等核心竞争力。所以业务的裂变要通过各种商业架构来完成：有明确和详细业绩标准的分包合同与劳务派遣合同，有类似的广泛业绩要求的特许经营、许可证与第三方管理体系。[4] 尽管裂变只有部分原因是为了规避劳动规范，但从以上论述可以看出为什么它会被误解为唯一动力，尤其是对于主导企业而言。无论职场的裂变是否涉及合法或非法的操作，雇佣关系总之是变得更为薄弱，合规责任被转移到其他企业，因此变得更为模糊，职场上最基本的法律保护也容易被违反。

工资设定的影响因素

几乎在任何市场环境下，企业都有压缩成本的激励。竞争越激烈，压力越强。资本市场的变化会令压力加剧,但实际上压力普遍存在,企业寻求节约劳动成本的办法是天经地义的事情。单位劳动力成本受两个因素的影响:劳动力的价格,即工资和福利;单位劳动力投入产生的产量,即生产率。如果通过外包等操作把就业转移给其他企业,可以降低劳动成本,而无需损害产品或服务的完整性,那么这种变化就会继续。

关于职场裂变的内容,如增加分包和外包、临时性工作安排等,许多讨论集中在削减劳动成本的动机上。一个重要案例是企业长期以来对工会运动的抗拒。工会将提高工资和福利水平,削弱管理层单方面解雇员工的权威,强化对执行劳动规范的合规监督。美国的《国家劳动关系法案》(National Labor Relations Act)禁止雇主单纯由于工会的存在而关闭工作场所,或以此作为对工会选举的威胁。可是,就业剥离能够提供更巧妙的办法,把岗位从工会组织程度高的场所转移到(至少在历史上)从法律和策略上更难组织工会的地方。

第二个解释是,企业希望把员工福利负担转移给其他实体,如失业保险和工伤补偿等各类社会保险福利,以及保险金和退休金等私人福利计划。社会强制福利与私人提供福利让雇主的雇佣成本远远超出给员工的工资奖金。对美国的全体员工而言,工资薪金约占雇主单位工时人力成本的69.4%;另有7.8%的雇主成本同联邦要求的福利计划(社会保障计划、医疗保险计划和联邦失业保险计划)及州福利计划(失业保险和工伤保险)有关;还有13.5%属于私人提供的保险福利(医疗、人寿和残疾)及退休金。[5]

如果为主导企业提供分包业务的劳务派遣机构或小公司能合规经营,有关的社会福利支出将包含在劳务分包方的报价中。但有大量证据表明,在分包业务链、劳务派遣机构和裂变出来的其他企业中存在广泛的违规现象,从员工身份的错误划分到计件工资等支付方式,都可能导致违反最低工资和加班薪酬的规定等。

即使按法规要求支付福利项目，裂变架构中的企业仍可以在保险金或退休金领域提供更少的福利，甚至完全不提供，从而降低依靠它们的主导企业的成本。例如规范员工福利的联邦法律要求，如果给一名员工提供医疗保险等福利，则必须对全体员工都提供。而通过把工作岗位剥离到其他企业，如不给员工提供医疗福利的临时性机构，某家公司就能降低雇用更多员工的实际成本。

剥离业务的第三个激励来自责任最小化。雇用员工会带来相关责任，包括员工的工伤、疾病和死亡，以及出现歧视、骚扰和不正当解雇导致的负担。通过剥离把这些责任转移给其他机构，主导企业可以降低自己的成本。

以上所有说法都能让劳动力成本以及与雇佣有关的风险降低。但把业务剥离的急剧增加都归因于它们，仍不足以解释主导企业如何在剥离带来的成本节约与继续录用本企业员工的好处之间权衡，以及为什么职场的裂变在扩大和深化。应该还有某些更微妙的原因，需要我们思考大公司的工资设定机制。

垄断权和工资设定

> 最专制和不受约束的雇主自然会对工人阶级采取标准定价，正如大型零售商采用的固定价格策略，并不针对特定顾客的议价能力做调整，而是根据成本确定一个百分比加成。
>
> ——韦伯夫妇（Sidney and Beatrice Webb）[6]

在20世纪的多数时期，统治商界的大企业与传统劳动力市场模型中的企业处于不同的地位。极端情形发生在"企业城"中，即某家公司是当地劳动力市场上的唯一雇主。作为唯一的劳动力购买方，该雇主（或垄断者）面临全部劳动力供给，如果希望增加雇佣的人数，必须支付更高的工资。[7] 唯一的雇主要给从事相似工作的员工支付相同的工资,一个新增员工的成本不仅反映了给这名员工的工资,还包含给已经在从事此类工作的所有员工的新增成本,因为企业要按照新雇员的标准给所有老员工支付相同的工资。因此,相比有更多雇主的竞争性劳动力市场,"企业城"雇主会招募更少的员工,支付更低的工资。

"企业城"的情况很少出现,但雇主并不需要完全控制一座煤炭城市才能获得某种程度的垄断权。雇主在劳动力市场上的支配权经常源自信息问题,市场通过匹配员工的工作偏好与雇主的需求发挥作用,这使信息成为关键的润滑剂。纯粹的劳动力市场模型(假设市场像惯性滑行的交易所那样)认为,上述信息成本非常小,招人的雇主会很快招到相匹配的对象。

可是信息并非没有成本,也不是由劳动力市场上的各方同等掌握。在现实中,某个人寻找工作会受到时间、知识与位置偏好的限制。大企业依靠自己的规模、经验和规模经济,拥有较为丰富的信息。而劳动者面临较大的"搜寻摩擦力",因为他们掌握的就业机会信息较少,再加上家庭、社会和其他地理因素制约了自己的迁移意愿。

信息不对称和搜寻摩擦导致了某种程度的买方垄断,意味着大企业会设定工资水平,而非简单接受劳动力市场上的价格。这给予它们在薪酬政策上更大的操作空间,尽管此类政策仍必须反映劳动力的供给以及劳动力对企业生产的贡献。[8]

一定程度的买方垄断与工资设定权力是大企业制定薪酬和人力资源政策的基础。正如社会学家韦伯夫妇在20世纪之初指出的那样,在整个经济和劳动力市场中位居支配地位的大企业要求采取统一的人事与薪酬政策以及内部劳动力市场,这出于若干理由:提高行政管理效率,维持公司政策的一致性,并减少违法风险。

同韦伯夫妇一样,早期的美国劳动经济学家也认为企业内部的工资设定是特定匹配谈判的结果,但他们更关注员工面临的外部选择较少以及谈判权较弱带来的影响。理查德·伊利及其在劳动经济学的"制度学派"传人强调了工会组织和集体行动在工资设定中的作用,具体来说,他们认为在工会缺位时,企业拥有更占优势的谈判地位,因为劳动者面临流动障碍,以及养家糊口的生活压力等,使其供给缺乏弹性。[9]

后起的一代制度经济学家,如萨姆纳·斯里克特、约翰·邓乐普、詹姆斯·希利等人,研究了二战后的集体谈判现象,发现关键部门的大企业在工资设定和定价政策上有类似的经营行为。[10] 通过复杂的内部劳动力市场体系设定工资政策,让不同群体员工有一致的工资水平,不只发生在有工会组织的企业中。例如,弗雷德·福克斯就详细记录了无工会组织的大企业的类似薪酬设定办法。[11]

当代的研究则试图把理论解释统一起来:调和精心设计的内部劳动力市场及大企业工资溢价的普遍存在与竞争性劳动力市场的运行。一种观点认为,以上现象同竞争性劳动力市场的运行并不矛盾,只是反映了劳动作为生产投入的复杂性,其生产率在就业过程中会发生改变。[12] 另一种观点用"不完备合同"理论来解释内部劳动力市场,认为风险中性的雇主与风险规避的员工达成的合同在时间上熨平了工资,能适应双方的需要。这种合同安排具有内部劳动力市场的某些特征,却由基本的供需因素所致。第三种观点把内部劳动力市场理解为企业克服日常扯皮问题的办法,因为员工与雇主的劳动合同本质上是不完备的,不可能用文字完全描述雇主希望员工所做工作的复杂和多变特征。因此需要结合明示合同和隐含合同,以防止任何一方的欺骗行为。[13]

然而,上述解释都没有注意到职场的一个重要方面:把大量人群聚集起来,以及人类在本质上具有强烈的社会属性。在同一屋檐下工作的劳动者相互交流,很快会了解自己同事的许多背景,包括在隔间工位从事相同工作的人拿到的薪酬更高。给从事类似工作的人不同待遇，可能导致生产率受损、离职率提高，乃至激发工会组织行动。而对不同生产率水平的员工实行统一人事政策和简化薪酬结构，可以发挥减少员工间摩擦的重要作用。

公平与工资设定

公平很重要。传统经济学假定，个人只是为自己争取利益最大化，但来自心理学、决策科学以及更近期的行为经济学的大量实证研究发现，人们不仅关注自己的收益，也在乎其他人的所得。事实上，人们经常把自己的收益与其他人比较，并往往愿意为同样重要的公平信念而牺牲自己的部分利益。

为证明公平在人际关系中的重要性，"最后通牒博弈"是一个绝佳案例，在实验和现实中得到了广泛检验。这种博弈的设计很简单：要求两个人分享一笔钱（例如10美元），第一个人有权决定如何划分，第二个人则有权决定是接受还是拒绝第一个人的决定。如果第二个人拒绝，则双方都得不到钱。假如人们是完全自私的，博弈结果将非常明确：第一个人会把绝大部分钱分给自己，只留下几个零头给下家。第二个人就算只得到零头（比如0.5美元），也好于什么都没有，他理应接受任何大于零的报价。

但实际的博弈结果并非如此。第二个人通常会拒绝报价较低的方案，哪怕自己受损也在所不惜。在不同研究案例中，低于总数20%的方案一般会被拒绝。同样重要的是，第一个人似乎会提前认识到这一点，因为他们往往会给下家提供总金额40%～50%的分享份额。[14] 这样的结果以不同形式反复出现了很多次，足以证明公平的重要性，因为它是基于非重复的单次博弈，提议方占有尽可能多的份额与应答方接受任何报价的动力都理应较高。如果最后通牒博弈采用多次博弈的形式，双方的分享激励只会变得更强。

公平性影响着现实世界中的各种人际交往和关系。人际关系是职场的内在组成部分，公平感对于职场中的决策如何制定自然有着核心作用。影响工资设定的因素不只来自雇主对员工新增工资可能带来的新增产出的计算，还与员工对工资水平的公平感有关。例如行为经济学的先驱之一丹尼尔·卡尼曼指出，人们对削减工资的公平感取决于其执行方式：因失业率提高（于是有更多人在找工作）而削减工资被视为不公平，而因为企业处于破产边缘被迫削减工资则更容易被接受。与最后通牒博弈中的提议方一样，经理人看起来很懂这一套，在现实中很少降低名义工资。

与之类似，关于薪酬的公平考虑不仅取决于我认为自己（根据经验、教育和技能等）应该拿到多少绝对收入，还与其他人的相对数有关。哪些人属于可比的群体呢？这要依据在评价时所处的环境。如果我在找工作，我的评价将基于自己在劳动力市场看到的情形，这符合传统经济学理论的预测。我的信息来源可能不完整，但我会在找寻过程中观察类似的工作岗位。对工资报价的接受与否将随着劳动力市场的总体情况上下起伏。

然而，一旦我进入某个组织内部，就会关注本企业其他员工的工资水平，将之作为参考对象。正如在实验中，人们在乎两个人之间的共同收益如何分配，胜于关心自己的绝对所得。一旦进入企业组织内部，人们也会更在乎隔壁工位的同事得到多少薪酬，胜过关心马路对面其他企业从事相同工作的人收入几何。[15] 所以"参考工资"不仅涉及与自己从事类似工作的人，还包括那些在组织里处于自己上级或下级的人。[16]

大企业在过去几十年采用内部劳动力市场的工资设定办法，是出于两种公平方面的考虑。横向公平涉及人们对类似工作的不同工资水平的看法，纵向公平涉及人们对不同工作的不同工资水平的看法。

大企业在历史上对相同级别的员工给予相近的待遇，而忽略他们的业绩可能存在差异,以含糊处理横向比较的问题。在特鲁曼·比利开展的薪酬政策调查中,大多数受访企业(78%)把"内部和谐与员工士气"作为内部薪酬公平的主要原因。[17] 对劳动力市场的多项研究显示,企业内部的工资差异比员工之间本来应有的巨大生产率差异小得多。企业对类似技能的员工采取单一工资政策,因为对各方面看似差不多的员工实行不同工资率会造成负面影响。

员工对工资的满意度还受到纵向公平感和社会规范的影响。具体来说,实验和实证研究表明,人们在评判自己的待遇时会"向上看",询问与同机构上级职位待遇的相对水平。[18] 若机构中高于某一员工层级的待遇太高,或差距在逐步扩大,则不管该员工的绝对待遇水平如何,他都可能对其待遇越来越不满意。

在大企业中,类似这样的纵向公平问题可能尤其令人烦恼。传统制造业的工会组织通过与级别相关的集体谈判交易来解决此问题,往往要求整个工资体系随时间上涨,而相对工资水平不变。集体谈判协议透明地展示了对公平的预期,部分是因为它反映了员工的偏好,至少反映了工会谈判委员会所代表群体的偏好。较大的无工会组织的企业职场没有集体谈判的约束,但同样必须在薪酬政策制定中考虑纵向公平的要求。较高的工资水平设定部分反映了企业希望避免成立工会组织,也是为了减少上述内部摩擦。有关工资设定的研究发现,无工会组织的大企业高管经常以公平作为内部薪酬结构设计的理由。[19]

主导企业为什么要剥离员工

将横向公平和纵向公平结合起来,可以预见大企业为了解决此类问题,会给内部不同层级的岗位付出比市场上更高的待遇。工资设定的这个特点可以解释20世纪后半叶普遍存在的工资溢价现象。许多研究文献试图根据基本生产率差异与员工和雇主间的匹配行为来解释企业规模效应。[20] 裂变的职场假说则把企业的工资设定行为作为这一问题的中心。二战后，拥有一定市场支配力却需要照顾内部公平感的主导企业选择了溢价工资政策，对大企业内部的各个部门统一实施。不过过去几十年来，企业通过把业务剥离给其他实体改变了雇佣的边界，工资设定公平感带来的束缚因此减弱。

　　基本的买方垄断模型假设，雇主给特定类型（技能或职业）的员工设定单一的工资率，而非遵从垄断条件下的价格歧视政策（如对不同客户收取不同价格）。为职场设定单一工资水平的要求，会导致雇用某类员工较多的企业出现成本增加，因为新增一位员工的附加成本要求提高对他的待遇，并提高已经受雇从事类似工作的所有员工的待遇。[21]

　　从原则上讲，有买方垄断权的雇主可以根据员工对产出的个人贡献（或每名员工带来的增加产出，即"边际产出"）来确定待遇，采用差异化工资政策。但如上文所述，这有违公平感，从来不是普遍的工资操作办法。虽然工资歧视（以类似价格歧视的方式）有它的好处，大企业却极少采用。因为只要员工们聚集到一个场所，就会带来横向公平和纵向公平的问题。

　　如果大企业能通过改变自身的边界来实施工资歧视呢？如果不是针对庞大而多样的员工队伍的工资设定问题，而是确定企业外的实体承包的那些工作的价格，情况又会如何？假如有多家企业为了该大企业的业务展开激烈竞争，每家小企业给自己的员工发放工资，以完成大企业剥离的业务，在此情形下，大企业要考虑的是外包产品和服务的价格，而不需要为实际从事这些工作的员工设定并支付相应的工资。

　　于是，大企业制造了不同承包商之间的业务竞争，通过评估它们的贡献来支付报酬，给低效率厂商的报酬可以低于高效率厂商。借助这种方式，主导企业只需要考虑外包服务的价格表，而把劳动补偿的问题留给各种服务或产品的具体供应商。实际上，主导企业把自己的雇佣活动转移给了由小型供应商组成的网络，由此创造了一种机制：

以竞争性市场，即服务供应商组成的网络来提供在过去（通过直接雇佣）由企业内部提供的服务。

主导企业把就业转移给竞争性市场中的外部附属机构，由此形成的机制让员工得到的工资更加接近于他们创造的增加值，同时避免了工资差异悬殊的员工挤在同一工作场所的公平感问题。每名员工的边际生产率同可能设定的单一工资率之间的差额，将被主导企业占有。

其结果是，同一项目的两名员工最后得到的工资可能差别极大，相比由大企业直接雇佣的情形，外包机制能更好地反映员工各自的边际生产率。相比企业给工作职位接近但生产率不同的员工设定单一工资率，或一家企业的工资政策会影响整个市场的情形，这种机制对雇主更有利。另一个与此有关的把工作外包的理由来自内部劳动力市场的纵向公平期望带来的问题。即使员工们在技能与工作分配上存在差异，企业内部的纵向公平感仍可能导致较大的企业给低技能员工支付较高工资，因为高工资员工的存在成了内部劳动力市场的参考工资水平。[22] 若把这些低技能工作外包出去，此类问题便不复存在。

通过设定价格来设定工资水平

我们设想，有一家宾馆的所有员工，包括园艺设计师、女服务员、男服务员、前台接待等，都采取直接雇佣方式。横向公平要求给同一级别的员工支付差不多的薪水，甚至在同一都市区的多个物业之间也要保持平衡，尤其是当员工们在这些物业之间有所流动时。纵向公平则要求在设定园艺师的工资时要考虑服务员的待遇，在设定前台接待的工资时要参考经理的待遇。该宾馆因此需要创立和执行一套综合的薪酬与人力资源政策。

如果该宾馆只把注意力集中在自己的品牌声誉上（其核心竞争力），而不再把宾馆的日常管理作为企业战略的核心，情况又会如何？这可以让该企业把繁杂的日常运营程序交给其他机构，特别是那些为争取这些业务可以相互竞价的机构。于是该宾馆就能把宾馆服务的生产转移到市场上，让不同机构为不同的业务模块开展竞争。每家供应商将按照某个价格提供服务，宾馆自身则不再需要直接从事这些工作。

这样的结果是，该宾馆让多家供应商参与竞争，并通过评估它们的贡献支付一个价格。效率较低的供应商的报酬可能低于高效率的供应商。这家宾馆于是将面对各种服务（如对员工队伍的管理）的价格表，而不再直接面对劳动力的工资设定，从而把薪酬难题甩给服务或产品的具体供应商。实质上，主导企业把自己的雇佣行为转移给了大量较小的供应商，以此创造出一种机制：把以往通过直接雇佣由企业内部提供的服务，交给以服务供应商网络为形式的竞争市场。

通过把工作转移给竞争市场上的较小机构，大企业创造出了一种机制，通过该机制支付给劳动力的报酬更加接近于他们创造的增加值，同时避免了让不同工资水平的员工在同一场所工作的公平难题。企业由此获取了每个员工的个人边际生产率同可能设置的单一工资水平之间的差额。[23]

处于供应链顶端的企业将就业剥离，使自己专注于同损益表收入栏有关的更具营利性的业务，让产品生产和服务提供发生裂变。这对此类企业的利润如何在各方之间分享有重要影响。在之前的综合性大企业模式中，企业需要把部分所得以较高工资的方式同员工分享，以解决内部公平感的问题。于是，以较低价格同消费者分享和以较高回报同投资人分享的部分就随之减少。

在职场裂变后，公平问题将会缓和，工资水平可以被压低。这意味着将有更多收益以低价形式转移给消费者，或者以提高回报的方式转移给投资人。在发生裂变的环境下，如果企业的核心竞争力能通过特有品牌或者不断推出炫酷新产品来吸引极为忠诚的客户群体，则工资成本削减带来的收益将主要流向投资人。[24] 工作业务外包让收益分配向上倾斜。

不平等扩大与裂变的职场假说

裂变的职场假说显示出收入不平等的一个重要源头。该假说推测，当企业内部从事的同类型工作被转移给承包商或企业外的其他机构时，劳动力的收入会减少。对于从企业内部转移到外部的特定职业的实证研究证实了这一推测。

清洁和安保在业务裂变中首当其冲。到2000年，约有45%的清洁工是以外包形式从事工作，超过70%的安保员是被承包商雇用。[25] 正如上述理论的推测，主导企业把清洁和安保业务从内部转移到外部，确实显著影响了从事这些职业的工人的报酬。[26] 柏林斯基的一项研究发现，承包方的清洁工比公司内清洁工的收入少15%，作为承包方的安保员比公司内安保员的收入少17%。[27] 类似地，杜比和卡普兰的研究发现，作为承包方的清洁工和安保员，其"工资折扣"损失分别达到4%~7%和8%~24%。[28]

更近期的一项研究为德国工资结构受到的影响提供了充分证据。该研究表明，自20世纪90年代开始，各种国内服务活动的外包显著加速。研究者利用精心构建的样本，比较餐饮、清洁、安保和物流员工的工资水平，分析把同样的工作从企业内部转移给国内承包机构造成的影响。利用事件分析研究架构得出的结论表明，相对而言，外包业务导致工资水平下降了10%~15%。此外，由于可以匹配到曾经历过外包的员工，以控制不可观测的人力资本特征，该研究认为，工资下降源自员工从企业内部转移到外部机构时损失了之前的工资溢价。[29]

此外，裂变的职场假说对收入离散度和不平等随时间增大的驱动力还有更广泛的启示。收入不平等扩大可能来自企业内部的不平等加剧（内部员工之间的差距拉大），也可能来自企业之间的不平等加剧（给定企业与外部的差距拉大）。裂变的职场假说认为，不平等扩大来自后一种效应，即不同企业之间的收入差距拉大。主导企业将继续获取来自其核心竞争力的租金。出于上述的公平考虑，它们会继续与留在内部的员工分享部分收益。与此同时，为主导企业剥离的业务开展竞争的其他企业获得的租金较低（竞争性劳动力市场所致），同自己员工分享的利益也更少。在裂变职场的最底部，企业竞相为主导企业提供更同质性的产品与服务，竞争性市场的进入壁垒更低，其盈利水平也更低，支付的工资就更接近劳动力的边际生产率。

裂变的职场假说还尝试描述发生大量外包的制造业生产过程，位居供应链最下游的公司（如苹果公司这样开发、包装和推广数码产品的企业）是经济体中盈利最为丰厚的部分，而在供应链更远端负责特定制造业环节的供应商，其回报率就要低得多。

裂变的职场假说与近期的有关证据相符，表明在日益依赖特许经营权作为企业组织形式的产业，收入差别拉大。在酒店和餐饮等产业，对消费者的品牌推广是关键的核心竞争力。对品牌企业员工收入的比较研究发现，平均而言，他们的收入高于同一产业的非品牌企业员工。[30] 特许经营使企业可以区分品牌开发和推广的收益同实际产品的交付，在品牌带来的租金中，授权方占据很大部分，剩余部分归购买品牌使用权的加盟商所有。[31] 在20世纪80年代，快餐和酒店产业的许多品牌连锁企业把很大比例的快餐店与酒店物业出售给了加盟商，由此改变了产业内部的原有工资结构，使更多企业（加盟商）的工资结构低于依然由授权方直接经营的机构。在加盟商与授权方的收入差距不断拉大后，特许经营现象将变得更普遍，导致产业内部的整体工资收入差距继续扩大。[32]

近期的若干研究关注了收入不平等扩大的原因，给裂变的职场假说提供了坚实的证据。巴斯等人的研究发现，1992—2007年收入差距扩大的绝大部分来自企业之间而非企业内部的差距扩大。在其匹配的数据库中，这批学者发现对于从头一年到次年留在同一企业的员工，收入不平等扩大中有80%来自不同企业之间的收入差距拉大，而非自己所在企业内部工资结构的差距拉大。[33]

还有研究者认为，收入差距扩大基本上不是源于CEO薪酬与员工收入差距的增加，对于员工人数少于1万人的企业，1978—2012年的收入差距扩大几乎都表现为企业间的差距拉大，而非企业内部的差距拉大。在这些样本中，公司CEO和其他高管与其普通员工的收入差距在研究期间仅略有扩大。对于超大型企业（员工人数多于1万人），则更多地表现为内部各层级员工之间的收入差距扩大，其原因将在下文探讨。[34]

戴维·卡德等人发现，有证据表明德国的工资不平等扩大有"内部"和"之间"两方面的推动因素。他们的研究认为，收入差距的几个解释因素的作用大小基本相当：员工的异质性增加（企业内部），企业的异质性增加（企业之间），以及员工和企业的匹配度提高等。[35]

这些研究表明，相对于以前的说法，员工与本企业的同事之间的收入差距变化并不大。收入差距离散度增大其实可以理解为企业界的"大爆炸"，也就是说，企业彼此互相远离，使主导企业及其员工向上运动，附属企业及其收入分配向下运动。这与裂变的职场假说相符，主导企业的分配不再包括工作和职位被剥离到外围雇主的那些员工。

可是，裂变的职场假说并不排除当企业内部的公平规范有所变化时，企业内部的差距也会扩大。例如，有超强核心竞争力的主导企业的高管们可以抽取更多租金，进一步提高自己的薪酬水平，即皮凯蒂说得活灵活现的"超级经理人的起飞"。对金融和数据行业的高盈利企业薪酬安排的相关报道，显然可以为此观点提供佐证。而对身处裂变宇宙中的附属企业的高管来说，抽取此类租金的能力或许会弱得多，当然很多证据表明他们的收入依然比普通员工高出数倍。这些因素进一步加剧了整体的不平等,尽管高管的待遇过分提高还源于规范的变化、被操纵的公司治理以及其他因素等。

总之,近期研究为裂变的职场假说提供了充分的支持证据。裂变的职场导致主导企业与支持它们的附属企业网络在生产活动上分离,让主导企业能够解决韦伯夫妇提出的薪酬决定的公平难题,将其转化为传统的市场定价问题。许多工作不再能受益于工资设定中的公平半影效应(penumbral effects),相关员工因此受到巨大冲击。

前沿研究:工资决定、职场裂变与不平等

> 边际生产率理论的主要问题在于,它无法解释我们看到的不同国家在不同时期工资分配的巨大差异。为理解工资不平等的动态变化,我们必须引入其他因素,例如决定每个社会劳动力市场运转的制度与规则。
>
> ——皮凯蒂,《21世纪资本论》

在二战之后领导美国劳动力市场研究的那一代学者,其中最著名的包括约翰·邓乐普、弗雷德里克·迈耶斯(Frederick Meyers)、克拉克·科尔(Clark Kerr)及劳埃德·雷诺兹(Lloyd Reynolds)深受他们自己在工资决定方面亲身经历的影响,许多人在新兴的集体谈判活动中担任过调解人或仲裁人。例如,效力于负责工资和价格控制的政府专家小组,包括美国国家战时劳工委员会(National War Labor Board);或参与煤炭、钢铁和建筑等主要产业的纠纷解决等。他们的研究关注影响工资、福利和工作条件的制度。[36]

20世纪60年代的新一代劳动经济学家,利用保罗·萨缪尔森开创的以新古典经济理论结合数学手段的问题解决方法,开始放弃过去

的制度研究思路，把对工资和职场的研究置于作为生产要素的劳动力的供需分析框架中。[37] 该领域的众多学者，如加里·贝克尔（Gary Becker）、格雷格·刘易斯（H. Gregg Lewis）、雅克布·明塞尔（Jacob Mincer）与舍温·罗森等人都基于理论化的模型与数学推导，利用劳动力市场相对丰富的数据资料，借助计算机与早期统计软件发展带来的低廉分析成本研究职场的运行。随着数据统计工具和数学模型的不断完善，制度在工资设定中的作用被逐渐理解为最终劳动力市场结果的随机影响因素。[38] 后来的各代领头经济学家，20世纪80—90年代的戴维·卡德、理查德·弗里曼（Richard Freeman）、丹尼尔·海默梅什（Daniel Hamermesh）、拉里·卡茨与艾伦·克鲁格等则把制度分析重新引入现代劳动经济学。不过，对工资设定过程的关注还停留在稍早时代的传统上。

之前引述的皮凯蒂的观点说得很清楚，有关不平等结构的考察给学者们提出了挑战：把制度与工资设定过程再次放到更尖锐、更核心的位置。对于从工资的角度理解租金如何在劳动和资本之间分享的本质变化，上述挑战显得尤为重要。就裂变的职场假说以及皮凯蒂著作提出的更广泛的不平等问题，我在这里简要总结出四类有待深入研究的课题：

1.我们需要更深入地理解：有关公平的社会规范在不同类型的企业和经济部门中如何发挥作用。例如，对于那些在整体收入阶梯上快速提高的企业和陷于中下层收入水平的企业，CEO与普通员工的薪酬比例有何不同？我们是否观察到顶层企业内部的收入分配差距拉大，从而可以将皮凯蒂及其他人看到的超级经理人效应，与之前提到的巴斯等人（Barth、Bryson、Davis and Freeman；2016, Song et. al., 2015）的发现统一起来？例如，宋杰等人（Song et al., 2015）估计，对超过1万人的大企业，顶层0.2%经理人的收入增速高于同企业的普通员工，这或许是双重效应的结果：企业间收入分配的大爆炸效应，加上部分企业内部收入分配的大爆炸效应。

上一节讨论的对工资设定规范的研究,要求采用更广泛的数学工具。虽然公平感与行为动机已进入主流经济学研究,继续拓宽分析视角依然重要。正如皮凯蒂所言:"目前的问题是解释这些社会规范从何而来及如何演变,对于社会学、心理学、文化和政治史研究以及有关信仰和感知的研究而言,此类问题的重要性显然并不弱于经济学领域。"[39]

2. 与前一条类似,社会规范对于裂变产业中较低层级(包括地理层面)的工资设定有何影响?与依然受到社会规范影响的企业和劳动力市场相比,这些被剥离企业面临的竞争更为激烈,其工资设定在多大程度上与传统经济学理论的预测更为接近?例如,有越来越多的实证研究文献关注社会网络对预期报酬的影响。[40] 社会网络如何影响低工资企业的薪酬实践?工资及相关劳动安排如何在本地和区域性劳动力市场上产生扩散效应?如何受关键的参考工资水平(如法定最低工资或社会上形成的工资参考标准,包括"为15美元而斗争"运动)的影响?这些问题的答案既有学术意义(涉及劳动力市场运转),又有政策启示(涉及劳动标准设定以及如何采用相应的政策工具等问题)。

3. 按照类似思路,生产活动的裂变决策正逐渐向越来越高技能的工作转移,包括人力资源管理、法务、工程和新闻报道等。这些领域的员工过去在主导企业内部有一定谈判权,因为其人力资源带来的技能提供了更多外部选择,如今他们的工资设定会如何变化?职场裂变给这些员工造成了更具渗透性的劳动力市场,这会如何改变他们的工资结构与工资决定方式?

4. 如果裂变的职场假说确实成立,我们就需要建立更清晰的理论模型,并对其机制开展深入研究。理查德·弗里曼曾写道:"对裂变的经济分析是很困难的……基本市场模型认为,竞争会缩小员工之间由于所处机构不同造成的收入差异。要么是我们的模型错误描述了较为自由的劳动力市场的实际运行，要么是我们在应用该模型的时候遗漏了某些关键的市场影响因素。无论如何，裂变的现实给劳动经济学乃至更广泛的社会科学研究都提出了难题。我们需要超越标准分析框架的新的裂变市场模型，或者需要在现有分析框架下对工资决定因素采用新的测算方法，或者对两者做恰当的综合。"[41]

上一节介绍的实证研究表明，经济学家正在探讨导致美国和全球经济体不平等扩大的核心问题。[42] 对于本章讨论的各种因素的作用以及不同的理论解释，显然需要做进一步分析。有鉴于此，针对弗里曼的上述建议和皮凯蒂所说的"不平等问题是社会科学普遍面临的问题，不只涉及其中一门学科"，我希望做出响应。[43]

作为多年埋头研究不平等问题的学者，并作为负责执行基本劳动标准的最主要联邦机构的负责人，我有独特的机会来思考收入不平等问题。这两个角色的经历让我切身感受到，由于不平等扩大对民主国家政治经济机制产生的深远影响，它的确是我们必须面对的最基本问题之一。

第三篇

不平等的多个维度

第10章
资本收入份额增加及其对个人收入不平等的影响

布兰科·米兰诺维奇

我们通常认为资本收入较高的群体也是总体上最富有的群体,即资本较为富裕与总体收入较为富裕的群体之间的联系非常紧密。这也隐含在皮凯蒂的分析中。他指出,随着国民收入中资本所占份额的提升,个人之间的不平等将会扩大。在从不同维度探讨不平等的头一章里,经济学家布兰科·米兰诺维奇将探讨上述假说在哪些情况下可能成立。

米兰诺维奇设想存在三种类型的社会:社会主义社会,资本资产实行人均分配;传统资本主义社会,劳动者的全部收入来自

---

* 笔者感谢如下人士的评论意见:Healther Boushey、Brad DeLong、Christoph Lakner、Salvatore Morelli、Eric Nielsen、Marshall Steinbaum,以及2015年12月贝拉吉奥(Bellagio)研讨会的其他参会者。

劳动，资本家的全部收入来自资本；"新"资本主义社会，每个人的收入都来自劳动和资本两方面。他利用这些不同类型加以分析，随着皮凯蒂所说的系数 α（即资本收入份额）提升，以基尼系数测算的收入不平等程度会发生怎样的变化。不出所料，他发现制度环境对其有重要影响。资本收入份额提升传递到个人不平等的方式是基本资产分配状况的函数，在不同社会制度下大相径庭。在"新"资本主义社会，资本收入份额提升几乎会直接转化成更高的基尼系数，而在传统资本主义社会，只有在资本收入份额足够高之后才会发生。至于社会主义社会，资本收入份额提升并不意味着个人之间基尼系数的提高。

皮凯蒂《21世纪资本论》的方法论贡献

在讨论《21世纪资本论》时，我们需要把其中的分析、方法、建议与预测区分出来。我们可以赞同书中的分析，却不认可其建议，或者反之。该书引入的研究方法或许是其中最杰出的贡献，因为它看起来非常贴近发达国家在未来数十年的演变，更重要的是为看待经济现象提供了一条新的思路。该方法不仅会影响我们如何思考未来的收入分配与资本主义，也关系到我们对于从古罗马到大革命之前的漫长法国经济史的认知。

皮凯蒂著作中最关键的方法论贡献在于，他试图把经济增长、功能性收入分配与个人收入分配等若干领域统一起来。[1] 在标准的瓦尔拉斯一般均衡理论体系中，这三者存在形式上的联系，但在实际研究工作中通常是被分别处理，甚至被简单忽略掉。马克思主义经济学家对功能性收入分配的研究更为深入。新古典主义经济学家则通常假定资本和劳动的占比大致保持稳定，这一观点直到最近才改变，并且我们看到对此主题的兴趣正在高涨。[2] 皮凯蒂对资本收入份额提升的强调对此也起到了促进作用。

对个人收入分配的研究往往在很大程度上与经济学的其他部分脱节，这是因为在瓦尔拉斯均衡模型中，经济行为人来到市场时已带有给定的资本和劳动禀赋。由于这些禀赋的初始分配不属于（狭义的）经济学的研究对象，个人收入分配就被假定为市场运行产生的最终结果。然而在《21世纪资本论》中，由"根本不平等"或"资本主义的核心矛盾"（即 $r > g$，资本回报率高于整体收入增长率）的推动，会导致净产出中的资本占比提升。这反过来又会带来更大的个人之间的不平等。

本章将聚焦于通常被隐含地视为理所当然的最后一环：资本收入份额的提升与个人之间的不平等扩大有关。这一观点很容易理解，因为在经济史上的大部分时间里，有着较高资本收入的人群往往也是总收入较高的人群。于是资本家在净产出中所占份额的提升，自然会导致个人之间不平等的恶化。

在近期的一篇论文中，本特森与沃登斯特罗姆探究了资本收入份额与收入不平等在长时期（某些情况下追溯到19世纪中期）内的关系，发现在控制国家环境因素后，该相关关系通常表现为正向，且相当强烈。该研究发现，对15个发达经济体的全样本而言，资本收入份额每提升1个百分点平均对应顶层1%人群的（对数）收入份额提升0.89个百分点。在引入其他控制后，该系数的值有所减少，但依然表现为正向且统计显著相关。[3] 雅各布森与奥吉诺的研究同样发现，美国的资本收入份额每提升1%，会使基尼系数升高0.15%～0.33%。[4]

弗朗赛斯与木拉斯-格拉纳多斯利用43个国家在更近期的20世纪70年代至2010年的卢森堡收入研究项目的微观数据，把可支配收入基尼系数的总变化分解到如下几个部分：劳动和资本的集中度系数，劳动收入份额与资本收入份额，税收与社会转移支付的改变等。[5] 与本特森等人的结论不同，他们发现资本收入份额提高的影响可以忽略，并认为可支配收入基尼系数的提高大多是由于工资的集中度加强所致。

作为补充，他们还对93个国家的样本做了回归分析，以研究20世纪70年代至2013年资本或劳动收入份额同基尼系数的关系。在引入控制后，发现资本或劳动收入份额的影响并不显著。[6]

可见，资本收入份额提升与个人之间不平等扩大的关系并不像看上去那样简单和无可争议。即使二者存在正向相关，相关的强度也存在差异。

本章的结构安排如下：下一节将探讨净收入中的资本收入份额（皮凯蒂所说的α）提升同个人收入不平等的基尼系数的一般关系。之后将分析这一关系在三种社会类型中的不同表现：社会主义、传统资本主义与"新"资本主义（会分别给出定义）。然后利用17个发达经济体的138组家庭调查数据对该关系做实证检验。最后探讨相关的政策启示。

在正式探讨α与基尼系数的关系之前，需要介绍一下这一问题极为重要的原因。资本收入份额提升本身不构成不平等的"问题"，它并不必然带来个人收入差距的扩大。例如，当基本的资本分配实行平均主义时，α的提升可能引起个人之间不平等的下降，或者不产生影响。因此，即使对高度平均主义的倡导者而言，资本收入份额提升也不应该是大问题。它之所以成为"问题"，只是因为在大多数现实情形下，基本的资本资产分配状况是极度倾斜的。对这一事实的认识，促使我在政策建议的部分积极主张推动个人之间的资产所有权平等化。这为对抗不平等提供了现实方案，对富裕国家尤其重要，它们不断提高的财富收入比意味着，国民净产出中更大的份额将归属资产所有者，除非资本回报能显著下降。我们将面临如下选择：允许个人不平等扩大，还是通过税收来约束它，又或者使资产所有权的集中度下降。

在我看来，聚焦于资产分配是比皮凯蒂关注的资本税更有前途的政策选项。但不管这些政策工具孰优孰劣，它们都是解决日益富裕的社会中（即K/Y不断上升的社会）不平等恶化问题的互补方法。

从功能性收入分配到个人收入分配

功能性收入分配与个人收入分配之间的主要关系由 $r > g$ 决定。但要导致个人之间收入差距扩大,还需满足如下三个条件。[7]

第一,r(资本回报率)的范围必须主要用于投资,而非消费。显然,如果所有的 r 都被资本家消费掉了,则下一个周期的资本产出比(K/Y)将维持不变,$\beta = K/Y$ 或者资本在总收入中的占比(α)也不会提升。这点是德布拉吉·瑞在批评《21世纪资本论》时特别强调的。[8] 黄有光也提出了相同意见。[9] 这个看法在逻辑上确实成立,但没有反映资本主义和资本家的总体特征。如果资本家只关心消费,把大部分收入用于亚当·斯密所说的"华而不实的小玩意儿",这个过程就会像瑞设想的那样运转。然而资本家之所以成为资本家,恰恰是因为他们不会把所有剩余都消费掉,而是致力于扩大自己的业务规模,会把全部或大部分资本回报用于投资。资本回报的储蓄率接近1的假设,不仅在理论经济学的研究中由来已久,包括当代的经济学家卡莱茨基、索洛和卡尔多,显然还可以追溯到李嘉图和马克思,而且在关于富人群体的行为和资本主义体制核心特征的实证研究中获得了有力支持。[10]

不过,资本产出比的提高乃至资本收入份额的提高本身并不必然带来个人之间不平等的扩大。要使之发生,资本收入的集中度必须达到非常高的水平。当只有劳动和资本这两种要素收入时,要使个人收入的总体不平等扩大,就要求分配更加不平等的收入来源比分配更为平等的收入来源在增速上更快,此为第二个条件。例如在美国,资本收入(根据不同家庭的人均收入计算)的基尼系数超过80%,而劳动收入的基尼系数仅为40%。其他国家也呈现出类似的情况。这只是众所周知的资本资产严重集中的表现,大约1/3美国人的净资本资产为零,即完全没有财产性收入。

第三个条件是,资本较为充裕人群与总体收入较高人群的关联度很高。某种给定收入来源的高集中度本身未必是不平等的缘由。例如失业补贴的分配，其基尼系数通常超过90%，因为绝大多数人在任何给定年份都不会领取失业补贴，但由于这一补贴的受益人通常较为贫穷，失业补贴在总收入中的占比提升会使整体收入不平等得以改善。严格意义上讲，针对我们讨论的基尼系数，第三个条件可描述为资本收入排名与总收入排名之间高度相关。简单来说，这意味着资本收入较多的人也应该是较富裕的人。从实证结果看，该条件在大多数国家都容易得到满足。

我们往往把资本收入份额提升导致个人之间不平等扩大视作既定结论，恰恰是因为我们通常认为这三个条件都能满足：

（1）资本收入对应的储蓄率较高；

（2）资产分配高度集中；

（3）资本收入较高的人与较为富裕的人存在高度相关性。

但这些条件并不总是能得到满足，或者至少传递的力度会有所变化。下面我们将对这一关系做更正式的推导。

我们知道，总收入的基尼系数可以分解为不同收入来源的不平等之和，在这里涉及资本（c）和劳动（l）两个要素：

$$G = s_l R_l G_l + s_c R_c G_c \tag{1}$$

在上式中，s_i 为给定收入来源（c 或 l）的占比；R_i 为给定收入来源与总收入的相关比率；G_i 为该收入来源的基尼系数；G 为总收入的基尼系数。R_i 又等于两个相关系数（ρ's）之比，其中一个是收入来源与收益人总收入的排名（从最穷到最富）之间的相关系数，另一个是收入来源与收益人的收入来源排名之间的相关系数。对于资本收入，该相关比率可以表述如下：

$$R_c = \frac{covar(r(y),c)}{covar(r(c),c)} = \frac{\rho(r(y),c)\sigma_{r(y)}\sigma_c}{\rho(r(c),c)\sigma_{r(c)}\sigma_c} = \frac{\rho(r(y),c)}{\rho(r(c),c)} \tag{2}$$

请注意，如果人们的总收入排名与资本收入排名重合，则 $R_c=1$。在其他情况下，则有：$\rho(r(y),c) < \rho(r(c),c)$，$R_c<1$。对上文提到的失业补贴，$R_i<0$。

因此，资本收入份额（s_c）提升若要导致总体收入的基尼系数提高[11]，需要有两个"传递"工具：资本收入的基尼系数（G_c）与相关比率R_c均为正值且较高。[12]

本章余下部分将对这两个"传递"工具展开讨论。公式（2）给出了R_c的定义，我称之为资本收入份额变化与个人收入不平等变化之间的"传递弹性"。资本收入的基尼系数G_c属于标准定义：基尼系数在总群体中计算，但个人排名按照资本收入（而非测算总体收入的基尼系数时采用的总收入）计算。需要注意，资本收入集中度的基尼系数每提高1个点，都会转化为总收入的基尼系数提高$R_c s_c$个点。类似地，随着总收入中的资本份额每提高1个百分点，基尼系数会提高$R_c G_c - R_l G_l$个点。

从资本收入份额提高到个人收入不平等的传递：三种社会制度

我们可以考察三种理想类型的社会制度，以观察资本收入份额变化在每种社会中如何"传递"给个人收入不平等。

社会主义社会

我们假设在社会主义制度下，资本回报按人头平均分配。这可以通过两种途径实现：全部资本实行国有，其回报在社会成员之间平均分配；或者每个成员拥有相同数量的资本（私人所有），由此获得同等回报。[13] 另一种变体是詹姆斯·米德于20世纪70—80年代提出的"社会分红"（social dividend），以及更近期由安东尼·阿特金森建议的"最低继承财富"（minimum inheritance）的观念。[14] 不过，他们的设想与这里的理想类型的社会主义制度有差异。不同于全部资本收入按人头平均分配，按照米德与阿特金森的建议，仅有一部分来自资本的国民收入用于这种平均分配。

在社会主义制度下，$r > g$不会"传递"为个人之间收入差距的扩大，因为 $G_c = 0$。在这样的社会里，我们可以把个人的收入 i（y_i）表述为：$y_i = l_i + \bar{c}$。其中的劳动收入（或者更现实地说是其对数值）l 服从正态分布，即 $\sigma_l l : N(\bar{l}, \sigma_l)$，其中 $\bar{c}$ 为均值，R_c 为标准差，资本收入则为常数 $\bar{c}$。R_c 将等于零，因为总收入排名与资本收入排名的相关系数将等于 0，公式（2）中的分子项 $\rho(r(y), c)$ 也就等于零。

如果我们把资本收入在个人之间做随机分配，不考虑劳动收入，会得到相同的结果。在此情形下，G_c 将为正，个人收入变成：$y_i = l_i + c_i$，此时劳动收入（对数值）与资本收入都服从正态分布，$l : N(\bar{l}, \sigma_l)$，$c : N(\bar{c}, \sigma_c)$，但两者基本不相关。传递机制将再次失灵，因为成为资本家与获得较高总收入之间没有明显的相关关系。R_c 或许为正或许为负，这取决于资本收入的偶然分布与劳动收入分布的相关性，但在绝对数值上会非常小。[15]

在任何情况下，从资本收入份额提高到个人收入分配的传递性都会很弱：对无论正负的 s_c 而言，绝对值皆为零或接近于零。这在图 10.1 中由标示为社会主义的实线表示，对任何取值的 s_c，都基本等同于

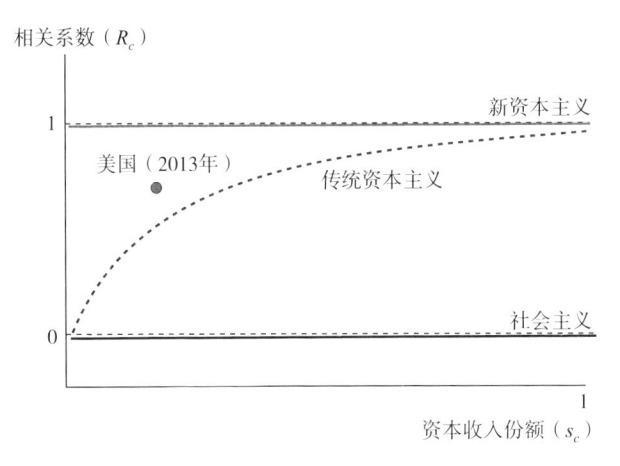

图 10.1 资本收入份额提升传递给个人收入不平等

注：三种理想类型的社会制度，及其如何把资本收入份额提升传递给个人收入不平等。

$R_c = 0$的情形。从理论上讲，个人收入分配同净产出中的资本收入份额提升无关，前者对后者"绝缘"，这是关键所在。

传统资本主义社会

在传统资本主义社会，资本的所有权与劳动的所有权完全分开，使得劳动者的全部收入来自劳动，没有收入来自资产所有权，而资本家的情况则相反。此外，我们还假设全体劳动者比全体资本家更贫穷。这是个重要的简化假设，让我们能得到如图10.2所示的在收入水平上不存在重叠的两个社会群体。此时，基尼系数在收益人中是完全可分解的，见公式（3）。而且这还简化了通过不同收入来源计算的基尼系数与通过不同收益人计算的基尼系数之间的关系。

总体上，针对属于群体 i（1，2，…，r）的收益人计算的基尼系数等于：

$$G = \frac{1}{\mu} \sum_{i=1}^{r} \sum_{j>i}^{r} \left(\overline{y}_j - \overline{y}_i \right) p_i p_j + \sum_{i=1}^{r} p_i s_i G_i + L$$

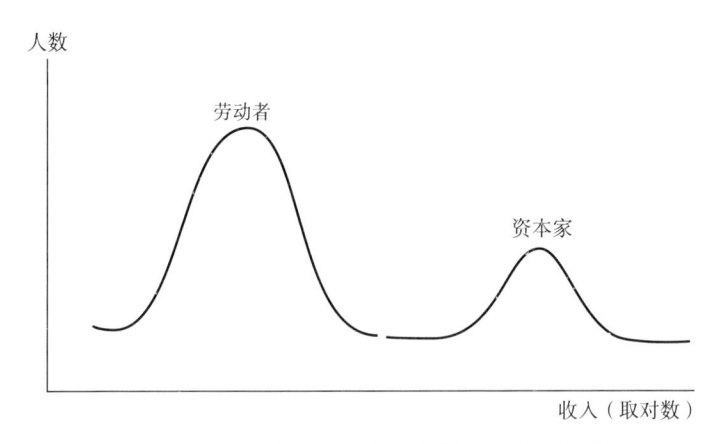

图10.2 传统资本主义社会的结构（简化情形）

注：资本主义社会的结构可以描述为在人口规模与收入水平上有显著差异的两个社会群体。

其中，μ = 总收入均值，$\bar{y}_i$ = 群体 i 的收入均值，p_i = 群体 i 的人口占比，s_i = 群体 i 的收入占比，L = 重叠项（通常计算为残值，当平均收入较低群体的某些收益人比平均收入较高群体的某些收益人富有，即存在重叠交叉时，其值为正）。由于在这一情形下，全体劳动者都比资本家更贫穷，L 项将为零，基尼系数的表达式可简化为：

$$G = \frac{1}{\mu}(\bar{y}_k - \bar{y}_w) p_k p_w + p_k s_k G_k + p_w s_w G_w$$
$$= s_k p_w - s_w p_k + p_k s_k G_k + p_w s_w G_w = s_k(p_w + p_k G_k) + s_w(-p_k + p_w G_w) \tag{3}$$

其中，下标 w 代表劳动者，k 代表资本家。

无论是以跨收入来源还是跨收益人群计算，总收入不平等都必然相同。因此公式（3）必然等于公式（1），于是有：

$$s_c(p_w + p_k G_c) + s_l(-p_k + p_w G_l) = s_l R_l G_l + s_c R_c G_c$$
$$s_c(p_w + p_k G_c - R_c G_c) + s_l(-p_k + p_w G_l - R_l G_l) = 0 \tag{4}$$

在这里，我们利用了如下事实：劳动收入份额（s_l）正好等于劳动者获得的收入占比（s_w），资本收入份额等于资本家获得的收入占比，即 $s_c = s_k$。类似的还有：$G_k = G_c$，$G_l = G_w$。本章的附录1描述了对这些关系的进一步推导。最终我们得到的结果是 s_c 与 R_c 之间存在正向凹性关系，在图10.1中由标示为"传统资本主义"的曲线表示。从资本占比提升到个人不平等扩大的传递力度随着 s_c 而提高，但提高的速率递减。当 s_c 趋近于1时，传递力度也趋近于1。

我们可以直观地解释上述结果。假设在传统资本主义社会中，资本家的人数极少（极端情况下仅有1人），其他所有人都是劳动者，这会使 s_k 和 s_c 的数值都较低。[16] 假设仅有1名资本家，同时也假设此人是社会中最富有的人，但其富裕程度不足以把 s_c 推到极高水平。于是 R_c 分子中的相关系数 $\text{cov}(r(y), c)$ 会很低，因为总收入排名（从1到100）与资本收入的多少无关。我们将有两个向量，一个是总收入排名：

[1 2 3 ··· n]，另一个是资本收入排名：[0 0 0 0 ··· K]，其中 K 为总资本收入（全部归 1 个人所有）。这样，R_c 的分母将来自如下两个向量的关联：一个向量中的所有收益人（除最多的 1 个人外）的排名均相同，即：[$\frac{n}{2}\ \frac{n}{2}\ \frac{n}{2}\ \cdots n$]；另一个向量为：[0 0 0 ··· K]。这一相关性会高得多（实际上等于 1），而两个相关系数之比会较低。我们可以用一个案例形象地说明，令 n = 100，K 为任意随机数，若我们选取 100，于是分子中的相关系数为 0.17，分母中的相关系数为 1，则 R_c = cov（r（y），c）= 0.17。

接下来考虑另一种极端情形，在传统资本主义社会里，大多数人是资本家，极少数人是劳动者，于是 s_c 接近于 1。显然所有人按照资本收入的排名将完全（或近乎完全）等同于其按照总收入的排名，并有 cov（r（y），c）≈ cov（r（c），c），因此 R_c ≈ 1。或者说，总收入与资本收入实际上没有区别，因为在极限条件下二者是等同的。这使得两个相关系数几乎相等，其比率 R_c ≈ 1。

新资本主义社会

我们假设新资本主义社会与传统资本主义社会的区别在于，所有人都同时获取资本收入与劳动收入。与之前的情形——存在两个截然不同的社会群体：劳动者的收入为（l_i, 0），资本家的收入为（0, c_i）——不同，新资本主义社会中的所有人都拥有正的劳动收入与资本收入：（l_i, c_i）。我们再假设，随着总收入的增加，人们的劳动收入与资本收入均单调增加。例如，一个穷人的收入为（2，1），一个中等收入者的收入为（7，3），而一个富人的收入会达到（24，53）。

劳动收入、资本收入与总收入的单调增加，也就是说，如 $y_j > y_i$，则必然有 $l_j > l_i$，以及 $k_j > k_i$，将确保劳动收入排名、资本收入排名与总收入排名完全一致。于是我们得到：$R_c = R_l = 1$。正因为如此，我们在图 10.1 中把新资本主义的"传递"函数描述在 R_c = 1 的位置上，即标记为新资本主义的曲线。

对此类情形可以做两种详细阐述。在图10.3中,一种情形用劳动收入与资本收入2的直线来描述,劳动收入份额与资本收入份额在整个分配中维持不变,无论是较为贫穷的人还是较为富裕的人,其资本收入份额与劳动收入份额的数额同比例增长。一个人的收入可描述为:$y_i = \zeta_i(\bar{l} + \bar{c})$,其中,$\zeta_i$ 随着 i 递增,表明每个人都从总劳动收入与总资本收入中获得特定的份额。或者说,随收入分配排名提高,个人收入会从(2,1)提高到(10,5)、(200,100)……每个人的劳动收入均为其资本收入的两倍,但绝对数量各不相同。显然,较为富裕的人在两种收入上的所得均更多。在此情形下(我们称之为"第二类新资本主义"),劳动收入和资本收入的基尼系数均等于总收入的基尼系数,可表述为:

$$G = s_l \bar{G} + s_c \bar{G} = \bar{G} \tag{5}$$

当 $r > g$,且资本收入份额提升时,总体不平等状况将不受影响。因此在"第二类新资本主义"的情形下,所有人的总收入都有着相同

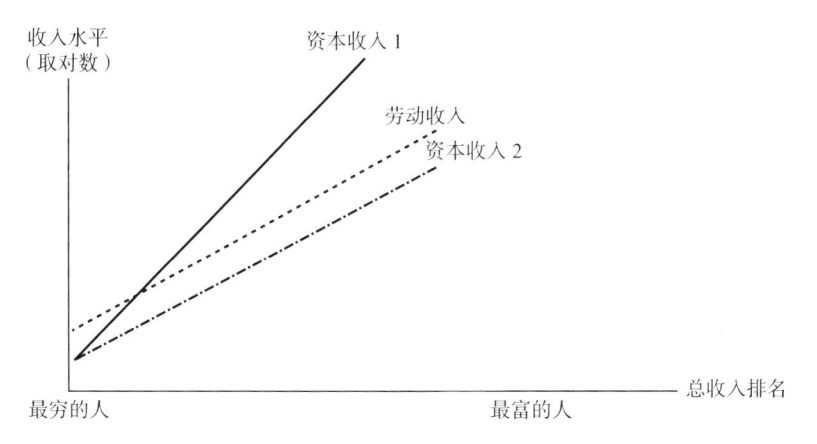

图10.3 新资本主义社会的劳动和资本收入(简化情形)

注:存在两种可能性,劳动收入份额和资本收入份额在整个分配中保持不变,或者资本收入份额随总收入增加而上升。

第10章 资本收入份额增加及其对个人收入不平等的影响

的比例构成（例如，70%为劳动收入，30%为资本收入），资本收入份额提升也就不会转化为个人之间的不平等扩大。请注意，该现象的原因在于，资本收入份额提升并不会改变资本收入的基尼系数，且资本收入与劳动收入的基尼系数相同。而在社会主义社会，该现象的原因在于资本收入的基尼系数 $G_c = 0$。

在更贴近现实的新资本主义模式中，随着一个人的富裕程度（总收入）提高，其资本收入份额也递增，我们称之为"第一类新资本主义"。这可以用连续函数的形式表述为：$\dfrac{d\left(\dfrac{c}{l}\right)}{dy} > 0$，并有 $\dfrac{dc}{dy} > 0$，$\dfrac{dl}{dy} > 0$，以确保对于更为富裕的个人，其资本收入和劳动收入的绝对值均更高。[17] 等式 $\text{cov}(r(y), c) = \text{cov}(r(c), c)$ 将依然成立，因为总收入排名与资本收入排名相符，使 $R_c = 1$。不过，现在资本收入份额的提升会推高总体的基尼系数。这是因为资本收入（在图10.3中以"资本收入1"的直线表示）的基尼系数高于劳动收入，随着分配更为不均的收入来源占比提升，总收入的基尼系数也将提高。基尼系数的实际提高幅度为 $G_c - G_l$。

新资本主义与传统资本主义的模式有显著差别。[18] 每个人都获得资本收入与劳动收入，而且从原则上讲（假如所有人的收入来源占比相同），可以获得同社会主义社会相同的结果，即个人收入分配与资本收入份额提升呈完全正交关系。当然这种情形实际上不太容易发生，因为如今的富裕国家更接近"第一类新资本主义"，富裕家庭的资本收入份额更大。

在"第一类新资本主义"模式下，从资本收入份额提升向个人间不平等扩大的传递可能与传统资本主义同样显著。假设 $s_c = 0.3$，然后提升至0.35。在传统资本主义社会中，若 R_c 为0.6左右，则资本家在净收入中的占比增加5个百分点，会导致总体收入的基尼系数提高3个点。

而在"第一类新资本主义"社会中,其导致的升幅等于(G_c-G_l)×5。G_c-G_l的缺口实际上约为0.3~0.5(即0.8~0.9减去0.4~0.5),所以总体收入基尼系数的增幅可能为1.5~2.5个点。从制约资本收入份额提升转化为更大的个人间不平等的角度看,这一类型的新资本主义可能比传统资本主义略为成功一些。

从资本收入份额提升到个人收入不平等的传递:实证结果

用弹性参数代表的从资本收入份额提升向个人收入不平等的传递,在发达资本主义经济体的实证结果如何?我利用卢森堡收入研究项目提供的138组标准化家庭调查,覆盖17个资本主义经济体在1969—2013年的数据,以计算各种相关统计结果:基尼系数、集中度系数、资本收入与劳动收入的相关比率等。每个经济体的调查次数从加拿大的12次、美国的11次到瑞士和希腊的5次不等。对几乎所有经济体而言,最近的调查都是在2010年或2013年进行的。调查清单见本章附录2。

我们必须牢记,尽管卢森堡收入研究项目尽了最大努力去整合处理,资本收入的数额在许多情况下仍可能被低估。该项目数据采用的初始调查本身就低估了资本收入,一是因为资本收入份额较高的富人不愿意参与调查,二是因为富人在参与时容易低估自己的资本收入。例如,卢森堡收入研究项目的美国数据显示资本收入(不包括资本收益)平均占全部市场收入的7%,这大约是按财政来源数据估计的2/3。[19] 即便如此,把卢森堡收入研究项目的美国数据与财政数据加以对比,仍显示资本收入的基尼系数与相关比率(R_c)——决定传递力度的两个要素——之间存在非常密切的一致性。因此,无论是利用家庭调查还是财政数据计算,得到的估计结果可能都非常接近(见表10.1)。

表10.1　卢森堡收入研究项目的家庭调查与美国财政来源数据的对比

	2000		2004	
	家庭调查	财政数据	家庭调查	财政数据
不包含资本收益的市场收入的不平等程度（基尼系数，%）	53	55	54	55
市场收入中的资本占比（%）	7	11	6	10
资本收入的基尼系数	90	92	92	94
资本相关比率，R_c	0.63	0.76	0.64	0.78

注：家庭调查测算是基于家庭人均收入，财政来源数据测算是基于财政单位（与家庭非常接近）。财政数据截至2005年。为便于比较，我选取了家庭调查和财政数据都能获得的最近两个年份。

资料来源：LIS household surveys based on U.S. Current Population Surveys: my own calculations. Fiscal data: personal communication by Christoph Lakner。

图10.4显示了传递弹性（R_c）在四个发达经济体的时间变化。除美国外，我选择德国作为大陆社团主义福利国家的代表，瑞典作为北欧福利国家的代表，西班牙作为发达地中海福利国家的代表。结果表明，美国的传递弹性始终很高，并保持稳健提升，从20世纪70年代后期的0.54到2013年的0.64。最有意思的案例当属瑞典，传递弹性在20世纪70年代中期低至0.2，到2000年已提升至0.5。这伴随着广为人知的瑞典收入不平等的扩大（财富不平等恶化更是突出）。[20] 德国的传递弹性也明显提高，从20世纪70年代中期的0.4提升至30年后0.65的峰值。最后，西班牙的弹性同样有所提高，从20世纪80年代不足0.3到2010年接近0.5。这四个国家都在过去30年出现了传递弹性显著上升的趋势。此外，各国传递弹性的差距在21世纪10年代早期小于20世纪70年代。我们在17个国家的全样本中也发现了非常类似的结果。

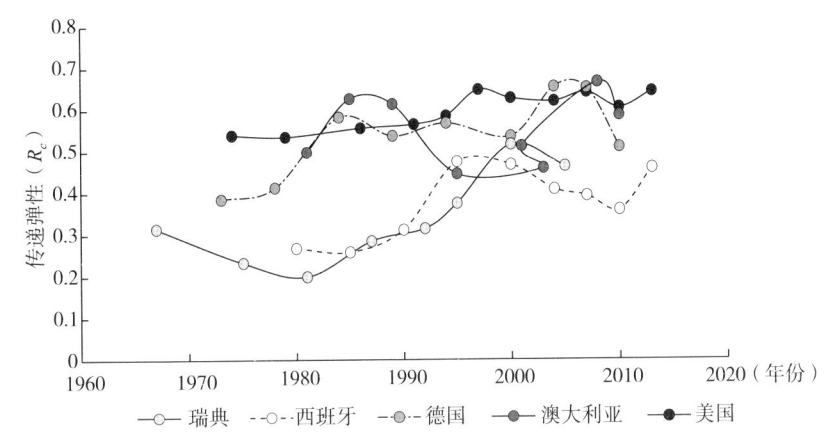

图10.4 资本收入份额变化到个人收入基尼系数的传递弹性（五个发达经济体，1967—2013年）

注：除澳大利亚外，其他经济体的传递弹性均在过去30年里显著走高，各国之间的差异变小。

资料来源：根据卢森堡收入研究项目的家庭层面数据测算（见本章附录2），所有基础变量以家庭规模做了标准化处理，反映为人均指标。

图10.5显示了各国的平均传递弹性，按递增排序。意大利、美国和芬兰的弹性最高，约为0.6；另一个极端是比利时、瑞典和瑞士，平均传递弹性不及0.35。需要注意各国的弹性计算时期并不一致，美国的最早数据可追溯到1979年，而希腊是1995年。各国的观测值数量也不相同。

图10.6显示了138个调查中获得的传递弹性与资本收入份额形成的散点图。如上节的推导所示，资本收入份额提升与传递弹性提高有关，但散点图表明，这一关系呈凹性，当资本收入份额达到0.12之后，传递弹性上升很小或保持稳定。这意味着资本收入份额的任何提升（例如1个百分点）伴随着个人间收入基尼系数的更大幅度提高，可是当其达到足够高的水平后，资本收入份额提升给个人间不平等带来的效应将基本维持不变。

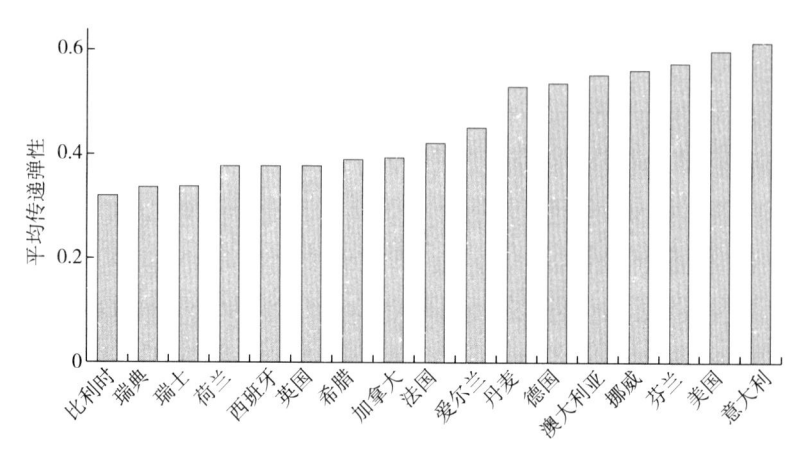

图10.5 各国在过去40年的平均传递弹性

资料来源：见本章附录2。

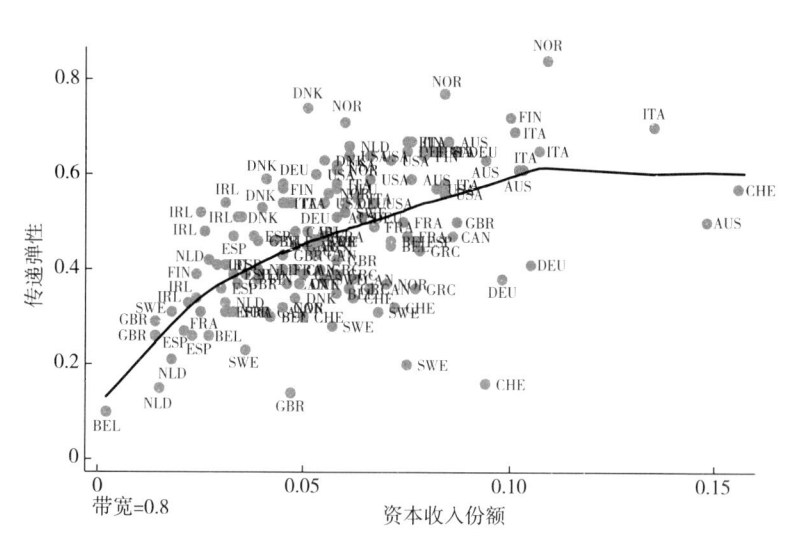

图10.6 资本收入份额提升向个人收入不平等扩大的传递弹性

（17个发达经济体，1967—2013年）

注：所有基础变量以家庭规模做了标准化处理，反映为人均指标。资本占比用比率表示（0.05 = 5%）。以多个点表示每个国家拥有家庭调查数据的多个年份。

资料来源：基于卢森堡收入研究项目的数据测算（见本章附录2）。

大多数的传递弹性值在0.3~0.6之间,中位数和平均传递弹性均值为0.46,表明其分布相当对称。传递弹性的分布状况如图10.7所示。

传递弹性与资本收入份额之间是什么关系?或者说,我们能否为图10.6显示的关系估计出参数值?表10.2展示了几种情形的回归结果。在弹性为因变量,资本收入份额和时间为自变量的简单线性回归中,我们发现资本收入份额对弹性的回归系数高达3左右,时间的回归系数在统计上显著为正。前者意味着,平均而言资本收入份额每提升1个百分点对应着传递弹性提高近3个点。例如,如果资本收入份额从0.05提升至0.06(即从5%提升至6%),弹性将从0.4提高至0.43。在时间变量上,正系数值意味着传递效应在近期变强了。根据图10.6的形态,或许更为现实的函数描述方式是采用二次方程,而我们也的确在回归2中发现了一个显著的二次项。另一种选择是固定国家效应的回归,允许国家之间存在异质性(反映在不同国家的截距中)。资本收入份额的系数回归结果为2.68,非常接近于之前简单全样本回归的数据。时间回归

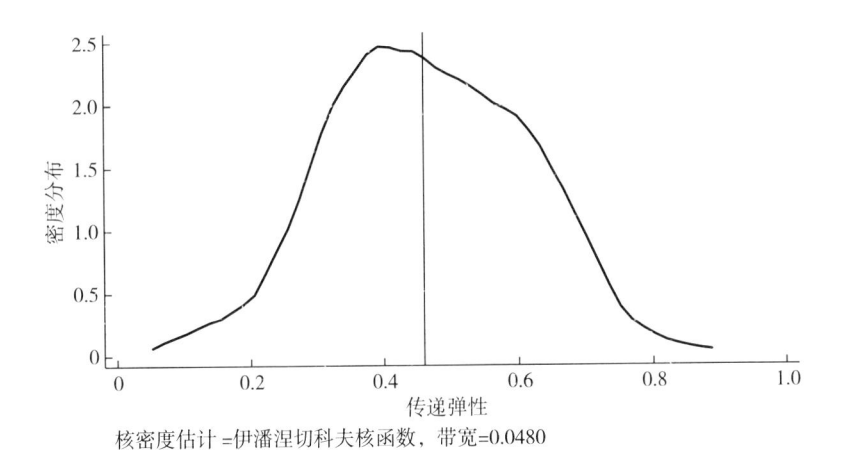

核密度估计=伊潘涅切科夫核函数,带宽=0.0480

图10.7 发达资本主义经济体的传递弹性(R_c)分布情况

注:大多数的传递弹性值在0.3~0.6之间。垂直线代表传递弹性的中位数和平均值0.46(表明传递弹性的分布相当对称)。

资料来源:基于卢森堡收入研究项目的数据测算(见本章附录2)。

系数依然显著为正。最后的回归（4）重复了资本收入份额平方的函数模式，也采用国家固定效应，结果基本未变。我们从这些回归分析能得出两个结论：首先，资本收入份额提升会导致向个人间不平等的传递力度增强（但呈凹性）；其次，这一关系在近期变强了。

表10.2 回归结果：传递弹性与资本收入份额，以传递弹性为自变量

	总体回归		国家固定效应（不平衡的面板数据）	
	1	2	3	4
资本收入份额	2.95 （0.00）	5.18 （0.00）	2.68 （0.00）	4.99 （0.00）
资本收入份额的平方		−20.69 （0.01）		−15.81 （0.03）
时间	0.005 （0.00）	0.004 （0.00）	0.004 （0.00）	0.004 （0.00）
常数	−9.19 （0.00）	−8.45 （0.00）	−7.84 （0.00）	−7.17 （0.00）
调整后 R^2（F值）	0.41 （48）	0.43 （36）	0.43 （45）	0.45 （32）
观测值数量	138	138	138	138
国家数量			17	17

注：括号中为P值。时间以家庭调查开展的年份测算（见本章附录2）。

现在我们可以把现实中得到的传递弹性数据与之前探讨的四个理想型社会制度加以对比（表10.3），从而可以更清晰地看到，与不同的理想型社会制度相比，现代资本主义经济体所处的实际位置在哪里。1969年的英国、1987年的荷兰、1982年的瑞士与1981年的瑞典，其传递弹性小于或等于0.2，非常接近社会主义模式。全部样本观测值中有一半位于0.36~0.57区间（中位值为0.46），在理想型社会制度中，这对应着社会主义与传统资本主义或第一类新资本主义之间的某个位置。

传递弹性最高的国家则包括2000年后的北欧国家以及1998年和2000年的意大利,其数值超过0.7,最接近传统资本主义或第一类新资本主义,距离社会主义制度最远。[21] 美国与这些国家比较类似,传递弹性值在1997年达到0.65的峰值,最新的2013年数据为0.64,仅略低于历史峰值。

基尼系数会如何提高不仅取决于传递弹性,还与劳动收入和资本收入各自的基尼系数及劳动相关比率(R_l)有关。然而这些参数(尤其是劳动收入和资本收入的基尼系数)在各国之间区别不大,而且我们比较容易做近似测算:我们样本中的劳动收入基尼系数平均值为0.5,资本收入基尼系数平均值为0.9。采用这些数据以及劳动相关比率的平均值,结果表明资本收入份额每提升1个百分点,基尼系数大约会提高0.16个点(见表10.3)。在资产分配状况不变的情况下,美国的资本收入份额在1975—2012年提高了5个百分点(Karabarbounis and Neiman),可能使个人收入不平等的基尼系数提高约0.8个点。[22]

表10.3 资本收入份额提高到个人收入不平等的传递弹性

经济制度	弹性	基尼系数
第一类新资本主义($G_c>G_l$)	约为1	G_c-G_l
传统资本主义	<1	$R_cG_c-R_lG_l$
第二类新资本主义($G_c=G_l$)	1	0
今天的富裕国家	0.46	$R_cG_c-R_lG_l=(0.51)(0.9)-(0.6)(0.5)=0.16$*
社会主义	约为0	约为0或为负值**

注:* 2000年之后的R_c平均值为0.51,对其他变量也选取了平均值。** 因为劳动收入的基尼系数被假设为正值($G_l>G_c=0$)。

政策启示

以上讨论带来的启示在于，资本收入份额的提升转化为个人间收入不平等扩大的方式在不同社会制度下各不相同，受基本的资产分配状况的影响。我们习惯默认资本收入高度集中，资本占有较多与总收入较高的关系非常紧密。这两个假设从实证数据来看都有其合理性。在我们看到的理想型新资本主义社会中，S_c的提升基本上会直接转化为更高的基尼系数，因为资本收入的基尼系数远远高于劳动收入的基尼系数。在传统资本主义社会，一旦资本家的收入占比足够高，上述结论同样成立。可是在社会主义社会，S_c的提升并不意味着个人间基尼系数也会提高，事实上，根据资本资产按人头平均分配的假设，反而会导致总收入的不平等缩小。与之类似的是在第二类新资本主义社会中，每个人的收入中来自资产所有权的部分有着相同占比，资本收入份额的提升并不影响个人间的收入分配状况。

在我看来，这尤其能给富裕国家带来明确启发。富裕社会的定义是，它们的资本产出比（即K/Y或β）较高。随着当前发达社会变得更加富裕，$r > g$带来的作用会导致β和α提高。要确保这种作用不会导致收入不平等扩大，一种办法是采用皮凯蒂推崇的税收，另一种或许更有前途至少能作为补充的办法，即削弱资本所有权的集中度，从而缩小资本收入的差距。

根据本文介绍的理论架构，G_c的减小会导致（高）资本收入与（高）总收入之间的联系削弱。因此，如果G_c（资本收入基尼系数）与R_c（传递弹性）都被减小，资本收入份额提高对个人间收入分配的影响会较小甚至极低。最终，如果$G_c = G_l$，对总收入的基尼系数可能将完全没有影响。

反过来，这意味着我们应该大大增加对如下政策的关注：可带来资本所有权的再分配，使其集中度降低。从原则上讲，这样的政策有两种类型。

一种政策是更加重视员工股权计划及类似计划，把股份分配给目前没有资本的员工。例如，瑞典最近"恢复"了一个著名的工会计划，让各家公司向一家负责员工养老金的基金发行特殊股份。[23] 当然，这种办法面临众所周知的风险不够分散的难题，个人收入完全取决于在哪家公司工作。实际上，这也是如今大多数仅依靠劳动收入的人面临的情形。因此有人认为，如果劳动收入和资本收入均来自同一家公司，并不会让他们承担比目前更多的风险。这样的说法或许成立，但问题在于如果不能显著改善目前没有资本资产的人的境遇，为什么还要引入这种员工所有权计划？在我看来，这种政策即使值得做，也会很快走到尽头。

更有希望的一种政策或许是增加与个人工作场所无关的更广泛的所有权，可以通过多种激励机制来实现鼓励小股权，惩罚资产高度集中。实际上，皮凯蒂关于累进制财产税的建议就可以结合对小额财富持有人的明补或暗补。[24]

在资本产出比将继续提高的富裕社会，资本收入在净收入中的占比或许也会继续提高。[25] 假设如此，我们应该努力确保这一不可避免的资本产出比提升不会使收入不平等达到不可持续的高水平。一个措施是让人们在初始分配阶段的地位尽可能均等，或者用本章介绍的术语来说，尽可能远离在许多方面同现行资本主义社会类似的"第一类新资本主义"，而向"第二类新资本主义"靠拢。这主要靠降低资本资产的集中度，当然也关系到（本章没有论及的）提供更公平的教育机会和降低技能回报的集中度等。

附录1 传统资本主义社会的传递函数的推导（有两个互不重叠的收入群体）

$$s_c(p_w + p_k G_c - R_c G_c) = -s_l(-p_k + p_w G_l - R_l G_l)$$

$$s_c(p_w + p_k G_c - R_c G_c) = -(1-s_c)(-p_k + p_w G_l - R_l G_l)$$

$$s_c(p_w + p_k G_c - R_c G_c) = -(1-s_c)(A)$$

$$s_c(p_w + p_k G_c - R_c G_c - A) = -A$$

$$-s_c R_c G_c = -s_c(p_w + p_k G_c - A) - A$$

$$s_c R_c G_c = s_c(p_w + p_k G_c - A) + A$$

$$R_c G_c = (p_w + p_k G_c - A) + \frac{A}{s_c}$$

$$R_c = \left(\frac{p_w - A}{G_c} + p_k\right) + \frac{A}{s_c G_c}$$

$$\frac{dR_c}{ds_c} = -\frac{A}{s_c} \frac{1}{G_c^2} > 0$$

因为 $A = -p_k + p_w G_l - R_l G_l = -(1-p_w) + p_w G_l - R_l G_l = p_w(1+G_l) - 1 - R_l G_l$，通常为负值。在极端情形下，也即当 $p_k \to 1$ 时，这将非常明显。在另一极端情形下，也即当 $p_k \to 0$ 时，则 $A = G_l(1-R_l) \to 0$。最后这种情况显然没有意义，因为它的含义是完全不存在资本家。所以对于满足 $0 < p_k < 1$ 的情形而言，有 $A < 0$。

二阶推导结果为：

$$\frac{d^2 R_c}{ds_c^2} = \frac{2A}{s_c} \frac{1}{G_c^3} < 0$$

正文中对所有符号有解释。

附录2 本文采用的卢森堡收入研究项目的调查列表

国家	年份
澳大利亚	1981 1985 1989 1995 2001 2003 2006 2010
比利时	1985 1988 1992 1995 1997 2000
加拿大	1971 1975 1981 1987 1991 1994 1997 1998 2000 2004 2007 2010
瑞士	1982 1992 2000 2002 2005
德国	1973 1978 1984 1989 1994 2000 2004 2007 2010
丹麦	1987 1992 1995 2000 2004 2007 2010
西班牙	1980 1985 1990 1995 2000 2004 2007 2010 2013
芬兰	1987 1991 1995 2000 2004 2007 2010
法国	1978 1984 1989 1994 2000 2005 2010
英国	1969 1974 1979 1986 1991 1994 1999 2004 2007 2010
希腊	1995 2000 2004 2007 2010
爱尔兰	1987 1994 1995 1996 2000 2004 2007 2010
意大利	1986 1987 1989 1991 1993 1995 1998 2000 2004 2008 2010
荷兰	1983 1987 1990 1993 1999 2004 2007 2010
挪威	1979 1986 1991 1995 2000 2004 2007 2010
瑞典	1967 1975 1981 1987 1992 1995 2000 2005
美国	1974 1979 1988 1991 1997 2000 2004 2007 2010 2013

第11章

全球不平等

克里斯托弗·拉克纳

托马斯·皮凯蒂的《21世纪资本论》考察了发达国家内部的不平等。但随着全球化的推进，另一种思考不平等的方式是分析全球不同国家和不同民众之间的不平等状况。在本章中，克里斯托弗·拉克纳指出我们正经历着全球不平等下降的时期。他通过对全球民众之间不平等的测算，发现在21世纪初，全球不平等程度自工业革命以来首次出现了下降。有些现象与皮凯蒂发现的各国内部的变化同步：将有数据的全部个人信息汇总后，拉克纳发现全球顶层1%人群的收入增长

---

* 作者为世界银行发展经济学研究团队（Development Economics Research Group）的经济学家。感谢 Espen Prydz 与 Matthew Wai-Poi 在研究数据方面的协助，感谢如下人士的有益评论：Heather Boushey、Francisco Ferreira、La-Bhus Fah Jirasavetakul、Branko Milanovic 与 Carmen Ye。本章中的发现、解释和结论完全出自笔者本人，不代表世界银行及其附属机构、执行理事及其代表的各国政府的观点。

最快。各国内部的不平等按人口加权计算在扩大，但发展中国家内部的不平等增速平均而言在20世纪头10年的后半期趋缓。拉克纳指出，其分析受到现有数据的限制，可能缺乏顶层收入的信息，并且在探讨全球不平等变化时需要关注各国之间的数据一致性问题。

本章的目标是通过看待全球不平等的双层视角，为皮凯蒂在《21世纪资本论》中的分析提供补充。[1] 首先，我将回顾全球不平等的变化趋势，这种不平等被定义为全球所有人之间的不平等状况，无论其身处哪个国家。与大多数不平等的分析视角一样，皮凯蒂的研究集中在一个国家内部的不平等上。采用全球（或世界性）视角观察不平等可以看到我们所在世界的另外一面。尽管不存在世界政府，国际组织发挥的作用却日益显著，只有世界性视角能匹配它们的使命。全球化伴随着某些最贫穷国家的快速增长以及其中许多国家内部不平等的恶化。全球不平等反映了这些力量对人们的总体影响，不管他们在哪里生活。

其次，我将总结发展中国家内部不平等的演变。这是全球收入不平等研究的自然延伸，将其分解为国家之间与国家内部的不平等。对全球不平等的分析需要区分现象识别及其缓解能力，后者主要还是国家层面的议题。[2]《21世纪资本论》记述了北美和西欧发达国家内部不平等的急剧恶化。新兴经济体在这一实证研究中显得并不重要，也未在皮凯蒂的理论模型中扮演突出角色。米兰诺维奇则指出，在皮凯蒂的模型中，如今发达国家的景象对应着如今发展中国家在未来的景象。[3] 例如，目前的中国是非常年轻的经济体，类似于19世纪的美国，而鉴于其人口结构的快速变化，50年后它将非常接近今天的法国。因此变化路径颇为相似，只是速度快得多而已。

另外，米兰诺维奇注意到，新兴经济体也在影响着《21世纪资本论》探讨的不平等机制：$r > g$。[4] 一方面，新兴经济体的资本存量较少，会继续产生更高的资本回报，推高回报率r，而这是皮凯蒂认为的使r保持基本稳定的机制之一。另一方面，新兴经济体的较高增长率也会推高g，从而推迟使$r > g$变成现实的时点。

虽然皮凯蒂的模型几乎只针对西方发达国家，却没有阻止该著作在全球范围获得热捧。这本书被广泛翻译成各国语言，包括中文、日文和韩文等，并被各地媒体竞相报道。[5] 更一般地说，对不平等问题的关心不限于发达国家。在对15个发展中国家开展的一项调查中，有77%的政策制定者承认目前的不平等水平已威胁到长期发展，只有7%认为不平等状况对长期发展有利。[6] 类似的是，在一项针对500多位亚洲政策制定者的调查中，70%的受访者认为对收入不平等的关注在过去10年有所增加；略超过半数的受访者不赞成如下说法：只要贫困减少，更大的收入不平等也可以接受。[7]

从一开始我们就需要特别提醒：把不平等研究扩展到全球层面将面临严重的数据约束。由于发展中国家的官方数据不足，本章的分析将主要利用居民家庭调查的信息。众所周知，家庭调查在反映高收入群体方面做得不好，没有理由认为这个问题在发展中国家会有所缓和。

另外，下文还将详细谈到，贫穷国家的家庭调查往往采用消费支出的数据（而不是收入），这会低估顶层群体的生活水平，从而低估不平等程度（可能还包括其变化趋势）。最后，开展收入调查的那些新兴经济体通常没有很好地记录资本收入，而且缺乏有关财富分配的信息，这恰恰是《21世纪资本论》的主题。借用阿特金森与布吉尼翁的观点，我们必须弄清楚数据能说明哪些问题以及不能说明哪些问题，同时又不能以测算不够完善为由拒绝采用所有信息。[8]

现有的证据表明，全球收入分配的基尼系数自工业革命以来首次出现了下降，且这种趋势可能会持续。下降来源于国家之间的不平等减弱，即各国的平均收入出现趋同，这可能还将继续，使全球不平等进一步下降。然而该趋势又被（按人口加权计算的）各国内部不平等的恶化抵消，使得民众生活在一个不平等日益严重的国家之中。如果只看发展中国家，平均的国内不平等水平在20世纪80—90年代恶化，到21世纪初则有所缓和。近期的下降是受到拉美的推动，并且中国的不平等水平似乎已趋于稳定。全球与各国内部不平等的变化伴随着20世纪80年代后期以来的快速全球化，背后是技术革新的作用。全球化进程应该产生了重要的分配效应，包括对各国内部和国家间，既涉及技能劳动力与非技能劳动力的分配，也关系到资本与劳动的分配。

本章分为六个主要部分。笔者首先将介绍全球分配状况与全球不平等的变化趋势，主要参考我与米兰诺维奇的联合研究。[9] 第二节的讨论从全球不平等转向国内不平等，特别是针对发展中国家。第三节分析全球化与技术的作用，以解释某些现象。[10] 第四节探讨政策含义。第五节对全球不平等的未来走向提出某些预测。第六节就有关发展中国家不平等的未来研究提出一个计划纲要，最后加以简短总结。

全球分配状况与全球不平等的变化趋势

本节对全球分配状况的讨论，是基于我与布兰科·米兰诺维奇合作开展的学术研究成果。[11] 我们的研究重点关注对世界全体民众的可支配收入不平等状况的测算。收入是在家庭层面测算，每个家庭成员被分配相同的收入份额。各国之间则采用购买力平价（PPP），即考虑到价格差异之后的汇率进行比较。我们的数据所依靠的家庭调查信息，直到20世纪80年代后期之后才在发展中国家普遍可以获得。因此，我们的分析从1988年开始，比《21世纪资本论》考察的时间跨度短得多。

鉴于数据来源的关系，我们需要再做两个近似处理。第一，由于某些数据是来自群组形式（特别是中国），我们对每个国家的年度数据均采用十分位分组。[12] 也就是说，每个人的收入都是其所在国家收入分配的十分位组的均值。第二，由于在自给性消费较为普遍的经济体中难以测算收入水平，发展中国家往往采用消费支出来替代收入。[13] 尽管这是一个严重的缺陷，但正如阿南德与西格尔所述，"我们只能接受非可比性，因为没有可靠方法从支出分配中推导出收入分配的状况"。[14]

这里有一个重要提示，我们可能因为若干显而易见的原因低估顶层收入水平。首先，我们采用的家庭调查在反映最富裕群体上做得不好。[15] 其次，即使家庭调查采访到了最富裕群体，他们的收入仍可能被低估，尤其是发展中国家的调查经常未纳入企业主收入和资本收入。从有限数据来源看，这些收入仍是发展中国家富人群体的主要收入来源。[16] 再次，消费调查在拉丁美洲之外的大多数发展中国家被普遍采用，它可能低估顶层群体的真实生活水平，因为富人的储蓄率高于穷人。由于支出调查对耐用品消费的统计做得不好，也可能导致顶层群体的实际消费支出被低估。[17]

以上陈述说明，家庭调查容易低估不平等水平。如果顶层群体的收入增长快于其他群体，家庭调查还会低估不平等的变化幅度。有证据表明的确存在这种倾向。第一，虽然来自官方数据的资料极为有限，但某些国家（如哥伦比亚和马来西亚）的信息仍表明顶层群体的收入份额在扩大，与基于家庭调查测算的不平等变化趋势相反。[18] 第二，有大量研究注意到全球许多国家出现了劳动收入份额下降的现象。[19] 例如，在国民账户中统计的家庭储蓄增速快于同一时期的GDP，中国的劳动收入份额在下跌[20]，这意味着收入不平等的恶化速度快于消费支出的不平等，而我们在测算中国的不平等程度时采用的是后一指标。第三，若干替代性数据来源同样表明顶层收入在扩张。在全世界许多发展中地区，亿万富豪的财富——按照《福布斯》杂志刊登的富豪榜——增速快于国民收入。[21] 例如在2012—2015年这短短三年中，中国的亿万富豪人数翻了一番，从251人增加到513人。[22] 最后，若干税收天堂泄露的账户信息显示,有相当多的财富来自发展中国家。[23]

根据我们的分析,以基尼系数测算的全球不平等在1988—2008年有轻微下降。如图11.1中下方的线所示,全球基尼系数从1988年的72.2%降至2008年的70.5%,降幅接近2个百分点,自2003年以来特别突出。不出所料,全球不平等程度比单一国家内部的情况要严重得多。作为不平等最严重的国家之一,南非在2008年的基尼系数为63%。如图11.1中间的线所示,如果始终采用相同国家的样本会得到稳健的相似结果。[24] 但考虑到这些计算中涉及的若干误差的幅度,包括样本和非样本误差(如购买力平价汇率等),断言全球不平等出现稳定下降还为时过早。[25] 另外,若我们把顶层收入的影响考虑进来(图11.1上方的线),则全球不平等水平在这20年中整体上维持不变,只是在最近5年有所下降。[26]

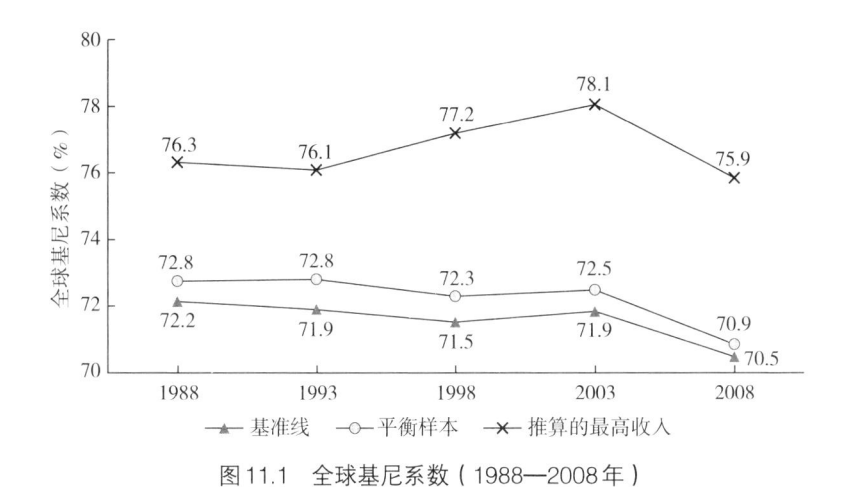

图11.1 全球基尼系数(1988—2008年)

注:下方的线显示基准情况的结果。中间的线采用了同一组国家的全时期数据。上方的线为解决顶层收入数据缺乏的问题,利用家庭调查与国民账户数据的缺口和帕累托分布推算而成,详细解释参见:Lakner and Milanovic, "Global Income Distribution"。

资料来源:Lakner and Milanovic, "Global Income Distribution: From the Fall of the Berlin Wall to the Great Recession."

总体而言,这表明在全球层面上至少没有证据表明不平等在恶化。虽然对不平等的不同研究方法和测量手段在其下降时间和幅度上结论不一,但21世纪头10年中期以来的下降从若干参考来源看是稳健的。[27]从长期看,这是个出色的进步。布吉尼翁与莫里森发现,全球不平等在1820年至20世纪90年代持续扩大,幅度约为15个百分点。[28]因此,正如布吉尼翁和米兰诺维奇指出的那样,全球不平等趋势自工业革命以来首次保持稳定,甚至有所下降。[29]来自2011年和2013年更新的数据表明,这一下降趋势正在加速。[30]

全球不平等下降由国家之间的不平等下降推动。图11.2把全球不平等拆分为国家之间与各国内部的不平等。柱体总高度是以GE(o)不平等指数(或表示平均对数偏差的泰尔L指数)测算的全球不平等程度。[31]其中的灰色柱体代表总体不平等中由各国内部不平等造成的部分,白色柱体代表由各国之间的平均收入差距造成的部分。显然,各

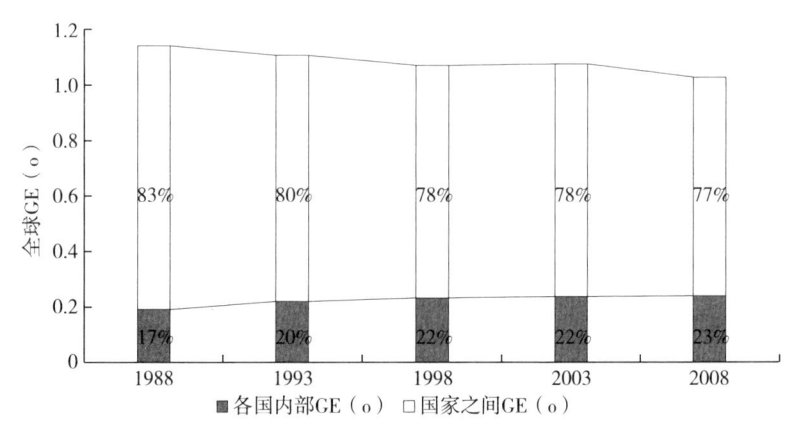

图11.2 对全球不平等的分解:各国内部与国家之间

注:柱状高度为不平等的水平(以泰尔L指数测算)。各国内部的不平等反映国内收入差距,国家间不平等反映各国平均收入的差距。柱状中的数字代表国内和国际不平等在全球不平等中所占的比重。

资料来源:Lakner and Milanovic, "Global Income Distribution"。

国之间平均收入差距在缩小，各国内部不平等则扩大到一个较有限的范围内。当然这一结论在针对各区域内部时将不再成立。[32] 在全球层面，各国之间差距缩小显然是受中国的平均收入快速增长推动。除中国、印度和美国之外的其他国家对各国之间不平等产生的影响，几乎会使不平等翻番。[33] 对全球不平等的分解还表明，在世界上大多数人口居住的国家，不平等状况有所恶化。当然不是说所有地方的不平等都在扩大，这将在下一节展开讨论。

各国之间的不平等还能帮助解释全球不平等的长期趋势。在19世纪，全球不平等主要由国家之间的差距造成。[34] 在工业革命时期，如今的发达国家从全球平均水平上起飞，从而拉大了国家之间的不平等和全球不平等。而在过去二三十年里，国家之间的差距首次缩小。[35] 但与此同时，各国内部不平等的扩大抵消了国家之间差距缩小的部分效应。正如布吉尼翁与米兰诺维奇所述，这两种变化可能导致以各国内部的差距取代国家之间的差距，或者全球不平等"内部化"，使未来更接近于19世纪的情形。[36] 还需要指出，各国之间的收入差距目前仍是全球不平等的主要成因（见图11.2），因此上述改变还需要一定的时间。

除分析总体不平等水平外，我们或许还应该关注全球收入分配中的不同群体随时间发生的变化如何发展。图11.3显示了全球增长发生曲线（global growth incidence curve）的轨迹，反映收入分配中的不同分位数群体各自的增长率。[37] 该图描述了全球收入分配的几个发展趋势：首先，中国的快速增长，尤其是其较高收入阶层，使全球的中位数部分出现增长峰值。[38] 其次，富裕国家底部人群的收入出现停滞，在全球百分位的第85分位左右。再次，极富裕人群的快速增长，导致全球收入分配的顶部出现了第二个增长峰值。这看起来符合对全球化与技术变革带来的收入分配效应的有关说法：发达国家的低收入工人受到挤压，中国的城市人群受益于出口导向型增长，发达国家的富豪们的收入份额扩大等。下文还将详细讨论。

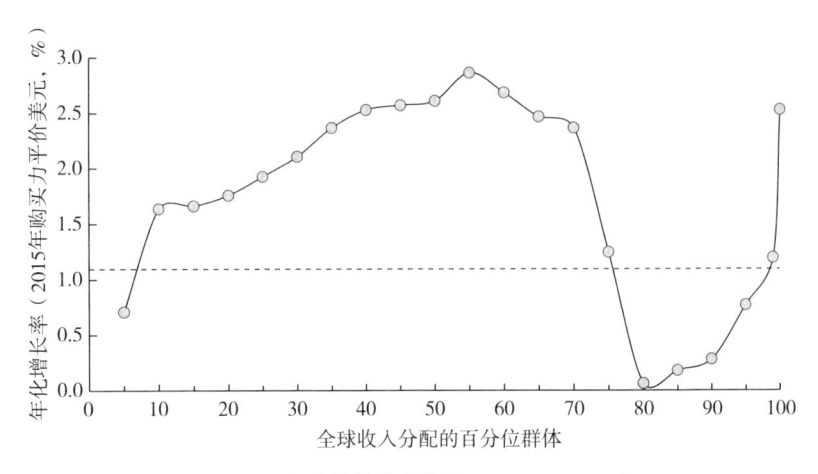

图 11.3 全球增长发生曲线，1988—2008 年

注：纵轴显示的是百分位群体的平均收入（2005 年购买力平价美元）的年化增长率。增长发生值的测算以 20 分位群体为单位（如底层 5%）；顶部群体又被划分为顶层 1% 群体和第 95~99 分位的 4% 群体。图中的水平线显示的是增长率的平均值，每年 1.1%。

资料来源：Lakner and Milanovic, "Global Income Distribution"。

从目前呈现的证据看，我们得出的结论是全球不平等在总体上已停止扩大，甚至可能已经回落，全球收入中位数附近的人群与顶层人群的获益最大。但需要牢记的是，这种评价是基于相对收益的比较。当所有的收入水平以同等速率增长时，基尼系数会维持不变，即图 11.3 会变成一条水平线。但这意味着人与人的绝对收益会相差悬殊，因为初始的全球收入分配状况是高度不平等的。虽然全球中位数人群与顶层 1% 人群的增长率较为接近，可是，前者的收入在这 20 年中只增加了 400 美元（2005 年购买力平价），后者却增加了 25 000 美元，而且两者的初始人均收入分别为 600 美元和 39 000 美元。或者说，全球顶层 5% 人群在此时期占有了全球收入增量的 44%。所以，尽管标准的不平等测量方法显示差距在 1988—2008 年有小幅下降，富人与穷人的绝对差距却大幅增加。[39]

世界各国内部的不平等

之前的分析是把全球作为一个整体。与之相反,大多数关于不平等的研究是关注国内的不平等,应对不平等的绝大多数政策依然是在国家层面发挥作用。强调各国内部的不平等还有一个理由:有些评论家已开始利用全球不平等水平下降作为证据,弱化对国内不平等恶化的担忧,例如美国。然而,对于不平等的主要担忧依旧是国家层面的问题。事实上有研究发现,哪怕是非常小范围的本地不平等也会影响人们的福利感受。[40]

如图11.2中的不平等构成所示,1988—2008年,世界大多数人口所在国家内部的不平等有所扩大。在此分析中,根据各国的人口数量做了加权处理,因此以上结论不能简单推论说,一般而言各国内部的不平等都在扩大。澄清这一点很重要,因为是否采用人口加权平均可能得出不同的趋势性结论。笔者下面将简要回顾全球所有国家的国内不平等发展趋势,然后更详细地讨论拉丁美洲、东亚与撒哈拉以南非洲的情况,最后介绍自大衰退爆发以来的最新数据。本节从头至尾将聚焦于未采用人口加权的国内不平等状况(通常用基尼系数测算),主要借鉴阿尔瓦雷多与加斯帕里尼及莫雷利等人的研究成果,还有基于世界银行数据的最新测算等。[41]

发展中国家平均而言,国内不平等状况在20世纪80—90年代恶化,到21世纪头10年缩小,主要是由拉丁美洲国家推动的。相反,对发展中国家的民众平均而言(即采用人口加权之后),他们所在国家的不平等水平从20世纪80年代中期到2010年持续扩大,主要是源于中国的不平等扩大以及印度在近期的变化。尽管近期有所缓和,发展中国家内部的不平等程度仍高于20世纪80年代的水平,并显著高于发达国家的水平。绝大多数发达国家的不平等状况自20世纪70年代以来均有所扩大。

平均而言,发展中国家的不平等状况在21世纪头10年有所下降,主要是因为拉丁美洲出现了令人鼓舞的变化,这方面已有广泛的研究成果。[42] 很多因素可以提供解释，其中自然包括更加稳定的宏观经济形势、低技能工资的上涨，以及更普遍地采用有针对性的政策干预等，例如有条件的现金转移（往往通过大宗商品收入的增加实现）。[43] 可是为避免过分乐观地描绘拉丁美洲的不平等状况，还需要考虑两方面的因素。其一，不平等呈现倒U形轨迹，21世纪头10年的不平等下降是在20世纪80—90年代的漫长提升之后发生的。到2012年，平均基尼系数已回落到20世纪80年代早期的水平，但从长期来看这一进步的幅度有限。[44] 其二，即使在这样显著的不平等下降之后，拉丁美洲在全球依然是不平等最严重的区域之一，另一个突出区域是撒哈拉以南非洲。

东亚表现出同拉丁美洲截然不同的面貌，平均而言不平等在21世纪头10年扩大，当然国家层面存在很强的异质性。该地区人口最多的两个国家，即中国和印度尼西亚的不平等程度有所扩大，但发生在不同时期。中国的不平等在20世纪90年代恶化，到21世纪头10年稳定下来；印尼的不平等则在21世纪头10年扩大。20世纪80年代，韩国与中国台湾地区完成了走向工业化经济体的结构性变革，但没有造成不平等的显著提升。[45] 与之相比，中国大陆的不平等则随着其转轨而明显恶化，与许多东欧国家在柏林墙倒塌之后的不平等迅速扩大并无太大差异。[46] 虽然数据非常有限，现有的资料仍表明中国的不平等状况在21世纪头10年的早中期以来趋于稳定，或许已度过其峰值状态。[47] 这与东欧国家的情况也有相似之处，那里的不平等近期也正在缩小。

数据获取在许多发展中国家面临挑战，撒哈拉以南非洲国家尤其严重。在过去20年，数据获取及其质量有了明显改进，然而研究者们在考察长期趋势时仍始终受到制约。这一区域的不平等程度很高，尤其是在非洲南部国家。世界上最不平等的10个国家中有7个位于非洲。[48] 特别值得注意的是，其他最不平等国家采用的是收入调查数据测算的，而撒哈拉以南非洲国家则采用支出调查数据，后者对不平等程度的估计通常偏低。此外，该区域的土地所有权分配相对而言其实较为分散，但不平等程度依然突出。[49] 从趋势上看，对于近期两次严格可比的调查发现，撒哈拉以南非洲国家可以较为平衡地划分为不平等扩大与不平等缩小两个组。[50] 不平等扩大组别的国家规模稍大一些，有大约57%的人口居住在不平等扩大的国家。

我们此前考察的各国内部不平等的水平和趋势涉及一系列不同时期。本节末尾来看看最近发生的情况，其中包括2007—2009年的大衰退。这个时期非常特殊，因此对趋势变化的解读需要保持谨慎。图11.4描绘了各国基尼系数在2007年前后同2012年前后的对应坐标点图，图中包含的国家在这两个年份均有可比的调查数据。图中大多数国家位于斜线的下方，表明不平等程度有所下降。平均而言，基尼系数下降了约1个百分点，从38.1到37.1。约2/3的国家（93个国家中的59个）的不平等程度有所下降。不平等的缓和趋势有两方面的影响：中国和发达国家的不平等程度在之前的显著扩大后，近期似乎趋于稳定[51]；与之相反，拉丁美洲的不平等程度在之前的显著下降后，到近期趋于稳定。[52]

这对全球不平等意味着什么？对于规模较大的国家，图11.4中反映的不平等下降的幅度较小。因此，以人口加权测算的基尼系数仅从2007年的39.4轻微下降到2012年的39.2，全球不平等中的国内不平等部分依旧保持了稳定。[53] 与此同时，较贫困国家的平均收入增速仍较快，经济趋同的作用力仍然活跃。总体来看，这表明全球整体不平等程度在2008年后继续下降。米兰诺维奇在2011年的研究结果也证实了此观点。[54]

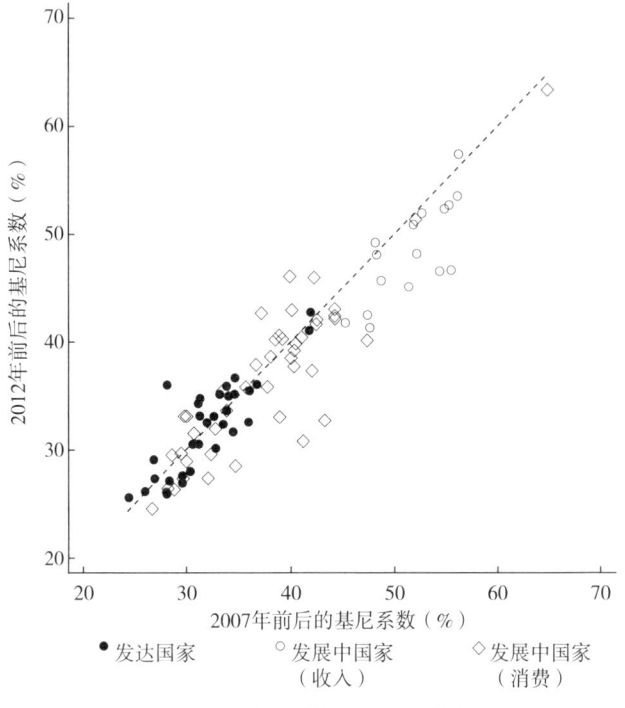

图 11.4　大衰退时期的基尼系数变化

注：图中显示了各国在 2007 年前后和 2012 年前后的基尼系数，它们在这两个时期均有可比的调查数据（"Global Database of Shared Prosperity," World Bank Brief, October 6, 2015, http://www.worldbank.org/en/topic/poverty/brief/global-database-of-shared-prosperity）。起始年份：2003—2011 年，截止年份：2009—2014 年；跨越时期：3~8 年，平均为 5 年。位于图中 45°虚线部分的国家的不平等程度没发生改变，位于虚线以下（上）的国家，不平等程度有所下降（提升）。

资料来源："Indonesia's Rising Divide: Why Inequality Is Rising, Why It Matters and What Can Be Done," World Bank Working Paper 106070（2016）; "ECAPOV: Expost Harmonized Dataset Created by ECA Team for Statistical Development. Countries: Romania/2008, Romania/2013. As of April, 27 2016," World Bank（2016）; "PovcalNet: the On-Line Tool for Poverty Measurement Developed by the Development Research Group," http://iresearch.worldbank.org/PovcalNet。

全球化与技术进步的作用

全球不平等与各国内部不平等的变化伴随着全球化在这一时期的迅速推进,其主要特征是国际贸易增长、资本和人员流动加剧以及技术变革,这些变化促进了全球一体化的深入与生产过程的地理延伸。上文提到的数据基本上与如下的故事线索保持一致:中国和亚洲其他地区在这一时期快速增长,抓住了全球一体化加强的宝贵机遇,缩小了国家之间的不平等。与此同时,发达国家与发展中国家内部的不平等均有所扩大。综合来看,全球化的主要赢家应该是中国的中上层群体,而发达国家的较低收入阶层则落伍了(见图11.3)。

本节将概要介绍一个技术变革模型,以解释这期间的某些变化:发生在技能劳动力与非技能劳动力之间、劳动与资本之间等。不过,要在全球化或技术变革同不平等之间找到严格的因果关系依然很困难,因为收入分配是多种因素共同作用的结果,于是最好还是把这里的讨论作为"消息灵通人士的推测"。[55] 我想表述的要点是:贸易对收入分配的影响比简单的斯托尔珀—萨缪尔森效应更为复杂,尽管全球化带来了巨大收益,人们得到的好处却各不相同。[56]

巴苏在近期的一篇论文中把技术变革区分为两类:劳动节约型和劳动连接型。[57] 劳动节约型技术还包括技能偏向型技术变革,它造成对技能劳动力的需求增长快于其供给,从而使受教育劳动力的工资溢价提高,劳动收入内部的不平等拉大,这符合最初的丁伯根模型。[58] 当然我们还需要看到资本的作用,它是劳动节约型技术变革理论的核心。正如阿特金森与布吉尼翁所述,资本可以成为高技能劳动力的互补品,低技能劳动力的替代品。[59] 该观点其实并不新奇,米德就曾指出,自动化会加剧不平等。[60]

劳动连接型技术变革反映的是如何把劳动力与遥远地方的需求连接起来。这可以通过几种渠道实现,例如贸易、外包或外国直接投资等。马斯金提出，通信技术的进步带来了生产过程的国际化，使今天的企业能雇用远在地球另一端的员工，从而创造出全球劳动力市场。[61] 劳动连接型技术变革以不同方式影响了收入分配的不同部分。在发达国家，处于工资收入底层的低技能员工受到来自海外竞争的冲击，借用弗里曼文章的标题来说，他们的"工资水平由北京决定"。[62] 同时，这种技术进步扩大了顶层薪资人群在全球发挥影响的范围，让赢家通吃市场里的超级明星收入大涨。[63] 布吉尼翁指出，发展中国家亦有同样的现象，印度的板球明星与中国的亿万富豪都因为其全球触角的延伸而获益。[64] 还有，某些发展中国家的员工为发达国家的顾客提供服务，他们的工资要求远远超出了本地水平，似乎带来了"顶层工资由纽约决定"的结果。[65]

上述一系列现象对富裕国家与贫困国家的不平等总体上有何影响？富裕国家的低技能员工正受到技术变革的挤压，工作被替代，同时面临来自海外低工资员工的竞争。亚洲贫困国家的中低技能员工的工资有所提高，但进一步改善受制于被资本替代的威胁。举个典型案例：全球最大的制造商富士康科技集团正计划在近期增加100万台机器人。[66] 富裕国家与贫困国家的顶层收入群体则从两方面获益：一方面，他们的工资随着全球市场的规模扩大而提高，由于高技能劳动力的国际可贸易性，其工资水平正在趋同。[67] 这种规模效应看上去对贫困国家的顶层收入群体尤为突出，因为当地的一般工资水平要低得多。另一方面，富裕国家与贫困国家的顶层收入群体还拥有资本，而资本收入份额在这一全球技术进步时期持续提升。[68]

总之，尽管讨论的话题经常聚焦于贫困国家和富裕国家的非技能劳动力之间的冲突，或者这些国家内部的技能劳动力与非技能劳动力之间的冲突，但问题同样也存在于股东与员工之间的冲突。实际情况或许是，"在过去20年来……资本成为贸易自由化及其带来的经济加速增长的主要受益方"。[69]

政策启示

在探讨政策建议时,很重要的一点是应该强调反对全球化是不可取的。正如布吉尼翁所述,这未必能改善富国民众的境遇,因为加高贸易壁垒会导致价格上涨,削弱人们的购买力。[70] 不过更为重要的是,贸易紧缩会影响到世界上的最贫困人群。资本和劳动在全球一体化的经济中更便于流动,这加剧了政策制定的复杂性,因为容易导致恶性竞争,是必须严肃对待的政策难题。当然我们也非常清楚,国家并非软弱无力,政策制定依然是国家层面的事务。前文提到,虽然所有国家都经历了相同的技术变革(至少大致上看是如此),但并非所有国家的不平等都在扩大。此外,尽管存在高技能员工的全球化市场,但美国薪酬最高的公司高管的待遇却几乎达到德国同行的4倍。[71]

有关全球不平等的方兴未艾的研究文献中,不乏针对性的政策建议。这里不做全面的回顾,而是概述几个在发展研究中受关注相对不足的要点。发展中经济体的财政政策不够发达,主要依赖间接税以及对正规部门的工资征税。按照阿特金森与布吉尼翁的说法,"没有哪个发达经济体能靠较低的社会支出水平……实现较低的不平等,无论该国在应对贫困的其他方面做得如何,包括就业"。[72] 发展中国家的社会支出受到财政收入水平较低的制约。最贫困国家的政府能力目前依然羸弱,但中等收入或新兴国家扩大财政收入的能力则在提升。在这些国家,居民家庭拥有银行账户与信用卡,从中产生的信息流可以通过新技术来帮助征税。在东亚尤其如此,那里税收体系的累进性不足。[73] 在整个东亚地区,过高的税收起征点限制了有效的累进制,几乎没有人适用于最高税率。[74]

我希望强调的另一个方面是对资本收入征税。首先,资本收入的税率通常低于劳动收入(这不限于发展中国家)从而导致横向不平等。[75] 或者说,有相同收入和资产的人面临的税率并不相同。[76] 其次,来自房产税的收入少到几乎可以忽略，尽管这可能是个相对公平、有效率与可实施的税收来源。[77] 再次，税收天堂造成的问题需要引起重视。我在撰写本章时，正值"巴拿马文件"的首批细节被曝光，表明有众多国家的领导人在利用离岸账户。打击税收天堂是可以做到的，但需要各国的联合行动，包括占避税存款主要部分的富裕国家。[78] 发展中国家因为税收天堂损失了相当份额的财富，许多非洲和拉丁美洲国家有20%～30%的金融资产是在税收天堂的存款。[79] 发展中国家每年约有1 000亿美元的公司税收流失到税收天堂。[80]

福利国家在全球经济中正面临压力，因此仅依靠财政体制来实现再分配目标或许是不现实的。[81] 市场收入分配或者说税前收入分配同样需要受到重视。米兰诺维奇提到，虽然西欧与东亚发达经济体（日本、韩国和中国台湾）在可支配收入的不平等程度上接近，后者通过财政体系完成的再分配规模却小得多，因为作为起点的市场收入不平等程度本来就较低。同样值得引起关注的是，在贸易自由化中成功做到了"平等增长"的东亚经济体在起飞时就有相对平均的土地分配和广泛的基础教育。[82] 市场收入则是由个人的资产禀赋（这里的定义为劳动和资本）及这些资产的回报（工资和租金）决定的，后文还将展开讨论。

在缩小不平等水平上做得较为突出的拉丁美洲地区，则广泛采用了再分配性质的有条件的现金转移支付，试图通过这些条件约束来培养人力资本。[83] 教育一直是主流发展经济学工具箱中的核心部分，资本禀赋则未受到充分重视。在上文概述的简化全球化模型中，劳动节约型技术之所以会带来不利的分配影响，恰恰是因为资本分配不平等。如果布吉尼翁关于"资本是全球化的主要受益方"的说法成立，则更为平均的资本分配将可以削弱全球化的某些负面效应。[84]

这方面的政策建议可分为三类。第一，让员工（乃至更广泛的国民）通过利润分享制度或主权财富基金自动获得某些福利。[85] 第二，让穷人和中产阶层能积累金融资产的政策，包括发展中国家的所有权正规化措施。第三，最重要的一点在于对财富继承和生者之间的财富转移征税，这在当前的财政收入中基本上不存在。除了克服代际优势转移带来的不公平，此类资本获取税（capital-receipt taxes）比其他财富税造成的扭曲影响也更小，因为它不是对个人的努力征税。为直接解决资本禀赋造成的问题，阿特金森还建议利用部分这类税收收入给所有成年人提供最低继承财富，无论其出身家庭的背景如何。[86]

影响资源禀赋的回报则更为困难，因为回报是市场运行的直接成果。但我们需要认识到，政府可以通过若干途径干预市场运转过程，这里谈一谈与此相关的两个途径。其一，政府直接影响新技术的开发，例如，利用研发税收优惠或者给大学及其他研究机构提供直接拨款等。[87] 政府因此可以左右技术变革的走向，比如劳动节约型技术的应用状况，以及技能劳动力、非技能劳动力和资本获得的相对回报等。其二，东亚经济体（如韩国）的快速发展经常被归功于成功的产业政策。虽然在许多国家并未奏效，只让少数精英群体得利，但产业政策依旧是政策工具箱中的备选方案，特别是在最贫困国家。[88] 弗洛因德总结了成功产业政策的若干要素，包括保持多家国内企业的竞争，以及密切监督出口表现等。[89]

全球不平等的未来走向

鉴于《21世纪资本论》分析的是影响收入分配的长期因素，我们也需要对全球不平等的长期演变做出推测。按照米兰诺维奇的观点，全球不平等的未来趋势取决于三个因素：各国之间的平均收入差距（国际不平等）；各国内部的收入差距（国内不平等）；各国人口增长率的差距。[90] 任何预测都有误差范围，但人口增长率比前两个因素要准确得多。人口结构的改变将带来恶化全球不平等的压力，因为最贫困国家（尤其是非洲）的人口增长快于世界其他地方。[91]而即便最新的数据似乎也显示国内不平等已到达一个高原期，特别是中国等世界大国，可是要把这一现象解释为趋势改变还为时过早，因为该时期跨越了大衰退，并且始终存在测算方面的疑问。米兰诺维奇建议采用库兹涅茨的长波理论，以反映国内不平等在长期的起伏。[92]最后的结论是，国内不平等并非一成不变，但取决于有意识的政策选择。另外，虽然大衰退和全球化造成了某些束缚，但国内政策依然颇有效果。

全球不平等的最大改变应该是来自国家之间的变化。各国之间的不平等尽管有所下降，却仍是全球不平等的主要来源。还有，根据跨国数据，国家平均收入的改变幅度通常大于国内收入分配的变化幅度。[93]从长期看，经济趋同的强大力量，即较贫困国家增长较快的趋势，可能会延续。[94]当然也有至少三方面的理由值得人们警惕：第一，撒哈拉以南非洲国家增长不稳定，是在缺乏结构性改革的情况下受益于贸易条件的改善[95]；第二，中国之外（尤其是印度）的增长对全球不平等持续下降的重要性将大大提升[96]；第三，气候变化给任何增长预测都带来了极大的不确定性。

就全球不平等的总体水平而言，海尔布兰特与莫罗的预计是，全球基尼系数到2035年将下降近4个百分点，这个幅度很大，但总体不平等水平依然会较高。[97]他们的研究还显示，增长的影响很重要（用人均GDP作为调查收入的代理指标）：在贫困国家增长慢于基准预测的情景下，基尼系数的降幅只有1个百分点。与之相比，若要逆转全球不平等的下降趋势，需要所有国家的国内不平等提高约6个百分点，这个改变幅度非常大。[98]

研究规划

针对发展中国家不平等的未来研究工作，最迫切需要的是更多更好的数据。这首先是因为若干国家目前仍缺乏居民生活水平的高质量数据，尤其是中东地区、非洲大陆、加勒比地区和太平洋地区。世界银行近期承诺要提供援助，例如帮助所有贫困国家至少每三年开展一次调查。[99] 其次，在中等收入国家，由于农业和自给性消费的重要性正在下降，应该把更多精力放在收入数据而非消费支出上。用收入还是消费支出来测算，可能显示出不同的不平等水平与趋势，特别是当增长成果集中在顶层人群时，支出对他们而言不是很好的测算指标。[100] 再次，发展中国家的资本收入信息很少，因为许多收入调查甚至根本没打算收集此类信息。

最后，与上一点密切相关的一点在于，发展中国家需要改进对顶层收入的测算。发达国家已普遍采用的行政部门数据记录在发展中国家并不存在。而最具创新性的不平等测算方法是把行政部门记录的收入信息同针对其他目的开展的家庭调查结合起来。[101] 有广泛基础的所得税可以产生此类行政记录，非常类似于皮凯蒂建议的引入哪怕税率极为有限的财富税，但还需要更多的努力来利用好这些数据资源。例如，世界银行与其他国际组织就经常给发展中国家的税收改革提供贷款和技术支持，此时可能比较容易要求这些国家的政府把收入分配统计表发放给国民，当然最好采用匿名方式。

如果拥有更好的数据，若干重要的研究问题可望得到解答，包括某些非常基本的问题：不平等的"真实"程度及其趋势如何？在考虑到资本收入与顶层收入群体的影响后，微观数据与国民账户各自显示的趋势是否相符？[102] 企业税收数据显示的经济集中度的真实程度如何，是否需要引起竞争监管部门重视？资本收入的变动与（研究更为透彻的）劳动收入的变动有何异同？目前的税收和转移支付体制对收入分配有何影响？财政体制是不是最优状态？不同收入和技能阶层的居民与全球经济的相互关系如何（包括作为消费者、劳动力供给者和资本所有者），以及在贫困国家与富裕国家有何不同？

结论

　　本章试图为皮凯蒂的《21世纪资本论》做些补充，给不平等议题提供一个全球视角的分析。与皮凯蒂及其合作者观察到的英美系国家顶层收入迅速增长的趋势相反，全球视角看到的不平等水平似乎已趋于稳定，甚至略有下降，主要是源自各国之间的平均收入趋同。多数发展中国家内部的不平等在20世纪80—90年代显著提升，但到21世纪头10年有所下降。上述结论是基于居民家庭调查，当然我们清楚这会低估顶层收入，尤其是资本收入。此外，有关的调查通常采用消费支出的信息，可能没有充分反映顶层人群的生活水平提升。所以，虽然贫困国家的数据资料已经大为丰富，上述结论依然带有很大的不确定性。要继续推进发展中国家不平等议题的未来研究，改进数据信息仍然是一项首要任务。

第12章

《21世纪资本论》中的地理学

不平等、政治经济学与空间因素

加雷斯·琼斯

地理学家加雷斯·琼斯批评《21世纪资本论》缺乏"空间"视角：地理因素在其中只是作为"数据容器"，而非不平等和剥削发生的背景条件。琼斯探讨了资本的流动性和隐秘性、各个城市为迎合游荡无根的资本精英开展的国际竞争，以及使不平等形成和扩散的地理作用机制。其结论是，对不平等地理学的理解应该关注事前的作用，而非只是作为事后的结果。

当皮凯蒂的《21世纪资本论》英文版于2014年出版时，其核心理念，即收入和财富不平等自20世纪70年代早期以来持续扩大，对很多人来说并不新鲜，包括经济学家、银行家、对冲基金经理、政策研究者，以及众多关心此话题的社会科学家、媒体作家、智库学者及活动家等。[1] 有些人认为不平等是件"好事"，反映了对创业的奖赏，只要民众的生活水平基本能够维持或提高,在政治上也应该可以接受。[2] 另一些人则多年来担忧不平等的恶化程度,及其对经济效率、社会流动性和民主制度的影响。[3]

无论如何,皮凯蒂把握住了"时代精神",赢得了大量荣誉,并受邀同各种类型的政府机构、国际发展和金融组织、反资本主义运动组织及大众媒体对话。[4] 不可避免的是,也有多方面的批评意见(包括本书收录的某些作者在内)指出他研究中的缺点,尤其集中于他对资本的定义[5]、他在数学公式中隐含的假设[6]、他对性别与工作岗位的忽视[7],以及他那保守的政治分析[8]。本章作者希望扩展自己早前对有关讨论的些许贡献,从地理学视角对《21世纪资本论》加以审视。[9]

本章的出发点是,在这本自称推崇跨学科研究的著作中,对地理因素的思考为何几乎缺位?若搜索"空间"一词,显示在英文版第246页才首次出现。相比之下,许多人观察到,皮凯蒂对收入和财富分配的时间变化做了精彩的长篇论述。正如埃里克·谢泼德所言,皮凯蒂之所以能这样做是依靠把地理因素简化为数据容器。[10] 皮凯蒂本人也明确指出,根据他的定义,资本是指"国民"财富和资本,也就是"某个国家在给定时点的居民和政府拥有的全部财物的市场总价值,只要能在某个市场上交易即可"。[11]

简单来说,这些变量是在民族国家层面做的测算,因为国民账户核算和(收入和继承财富等的)税收记录正是在此层面展开。[12] 这一现实决策符合经济学研究的惯例,但把空间处理成被动因素,意味着我们对经济活动的测算同经济活动本身的组织与运行方式是一致的。由此导致皮凯蒂对不平等的分析成了一个测算练习,可是针对他多次提到的"基本事实"——可以由民族国家层面的收入排序位置表示,基本上能以这些国家的经济表现来解释,并没有考虑它们同全球经济的关系。[13]

更重要的一点在于，对空间因素的忽视反映了皮凯蒂的政治经济学和政策研究中的一个基本缺陷。戴维·索斯凯斯指出，皮凯蒂在其整部著作里强调应开展政治经济学分析，但他本人却完全没有采用该方法，并且在试图解释20世纪70年代以来的不平等扩大时"严重缺乏比较政治经济学的清晰基础"。[14] 索斯凯斯提到的"小家子气的数学论证"，即支撑皮凯蒂"资本主义核心矛盾"的著名公式 $r > g$，需要一系列假设条件，特别是储蓄等于投资，储蓄者（而非企业）即使面临低增长仍要投资。诚如索斯凯斯所述，皮凯蒂的分析"几乎完全忽略了政治、历史与技术变革之间的相互作用"，或者说从福特制经济时代到由互联网和通信技术、金融服务和消费驱动的"无重量经济"的变化。如今，资本利益在发达民主国家牢牢左右着决策方向，导致若干有利可图的公共服务被私有化或者被放松管制。

在以上批评意见之外，我还要补充：皮凯蒂忽略了当代政治经济关系的文化变迁，尤其是金融自由化，这些变迁改变了对薪酬的思考方式及其实现方式。[15] 奇怪之处在于，皮凯蒂的论述招致争议的部分原因是在资本定义中纳入了财产（不动产），并把累进税作为其自称的矫正不平等的"乌托邦式"政策之一，然而他的著作却很少（无论是否从跨学科角度）关注金融、财产和避税手段对当前不平等产生的复杂作用。

因此本章的观点是，对21世纪不平等的理解需要关注空间上的政治经济学。关于政治经济和空间的关系，从我决定撰写本章之后60分钟内的行动花絮中可窥一斑。为了寻找灵感，我踏进一家星巴克咖啡厅，点了杯意式咖啡，打开平板电脑，用谷歌搜索有关不平等研究的文献，并通过亚马逊网站订购了加布里埃尔·祖克曼的著作《国家的隐秘财富》(*The Hidden Wealth of Nations*)，我同时订购了纸制版和电子版。[16] 于是一份电子版文件进入了我的Kindle阅读器，一封确认邮件进入了我的手机。另外手机告知我：发生了一笔电子支付，还有位友人更新了她在脸书网站上的页面。喝完咖啡，我往家走，希望在孩子们回去前抓紧看看祖克曼的书。为节约时间，我骑上一辆由桑坦德银行（Santander Bank）赞助的"鲍里斯自行车"（Boris Bike）去车站，用"智能"交通卡刷机进站，搭上列车来到距自己家几百码的地方下车，到面包房买了一根法棒，几分钟后走入家门。我从门垫上拾起一本免费的《生活方式》杂志，里面是各种关于房屋翻新、私立学校、艺术展览以及房产出售的文章与广告，然后我走到厨房的宜家沙发上，开始阅读。

自步入星巴克咖啡厅后的一小时内，我的行程不到5英里，却在此过程中同若干知名企业完成了交易，它们主要是服务供应商，其地理位置非常模糊。例如，购买祖克曼的著作是通过亚马逊英国网站（Amazon.co.uk）完成的，但后来的发票却显示卖方是Amazon SVS Europe公司，一家位于卢森堡的分支机构，图书本身是从位于英国斯旺西的运营中心寄来。由此我可以推断，以上花絮中提到的若干交易涉及为税收管理和监管合规目的而在卢森堡、瑞士、英属维尔京群岛、库克群岛及巴哈马注册的许多公司。我提到或暗指的企业中可能仅有少数在英国缴纳公司税，尽管其销售额可能达到数十亿美元。桑坦德银行应该是例外，当然还有那家面包房。[17]

丹尼·罗德里克指出，公司和资本拥有者的避税能力把公共服务及债务的财政负担转移给劳动者（工资收入），从而加剧了不平等。[18]经合组织发现，到低税收管辖地注册公司使G20国家每年的财政损失达到2 400亿美元，相当于全球公司税的4%～10%。[19]经济活动与公共义务的地理分布发生显著调整是过去40年的持续趋势。

本章旨在揭示，对不平等的政治经济学分析必须考虑资本的地理因素。全球资本主义在过去40年的经济地理特征表明，资本会对积累不足或积累过剩的危机寻求空间上的调整。[20]因此资本的一个基本力量在于其地理流动性，从固定的物品变身为一种流体。这种变形的典范便是金融资本。

不过，正如何柔宛在其对《21世纪资本论》的批评中所述，皮凯蒂为保留资本与劳动的传统定义而淡化处理了经济活动的金融化。[21] 因此，尽管他描述了"超级经理人"获得巨额报酬的趋势，并把这批新贵同金融业联系起来，却未能顾及何柔宛阐述的"企业的本质和目标转向金融价值、模式及操作的深远变革"。[22] 换句话说，《21世纪资本论》缺乏对当代不平等过程的分析，包括使这种新型不平等扩大成为可能的资本积累的空间过程。

本章希望展示的是：这一新政治经济关系的基础在于，资本能够以书面文件的形式出现在远离实物资产的其他地方，或者出现在从政府边界和国际治理协议角度看较为模糊的法外之地。此类地方的最典型例子是税收天堂，还可以加上其他离岸和在岸的司法管辖地，包括特区、走廊，以及大量的新科技园区、知识园区与博览城等。[23] 这些地方以法外管辖（extra-legality）的形式保持运转，使经济活动同民主政治脱钩，赋予企业和财阀们特权，让他们的道德和税收义务最小化，以确保资本回报的能力最大化。法外管辖和秘密操作尤其加剧了不平衡的世界经济，尼尔斯·吉尔曼指出，"新自由主义的高度开放和市场导向的规则本可以约束全球化，但游戏是在极为不公平的场地上开展的"。[24] 要想用皮凯蒂式的方法来概括这一新政治经济关系的特征，我建议参考作家巴拉德对21世纪资本主义的文学描述。[25]

资本的力量：法外管辖与秘密操作

对于高收入者与财富持有人能够扩大对中低收入群体的支配力，皮凯蒂明确和正当地表达了愤怒。可是就一种纯粹的统计关系看，我们对不平衡的权力分配如何导致经济不平等的过程仍知之甚少。正如马克思所述，资本主义依赖于社会关系。他的阶级理论揭示了资本统治劳动的能力，或者所谓阶级权力的概念。不平等或许可以用十分位或五分位群体持有的收入或资本的相对百分比来测算，然而这样的分配结果是源于资本掌握的从劳动那里榨取价值的相对权力。

资本权力具体的运作机制随时间和空间而不同。在简·奥斯汀的时代，不平等来源于延长和控制劳动者的工作时间、把公共财产重新分配给私人、早期的机械化以及奴隶制。自20世纪70年代起，相应的机制是把之前对资本主义的政治矫正做深刻回调。[26] 从地理视角看，当代全球政治经济关系在空间维度上发生了重构，造成的结果是民族国家尽管还远远谈不上消亡，但按照萨斯基亚·萨森的说法，主权国家已变得去中心化，疆域变得非民族化。[27]

从空间维度上看，当代的政治组织结构包含越来越多超国家组织和国际协议，使各类企业、信托、基金、公私合作机构与民间组织能在其中运转，类似于对民族国家做出的谈判承诺一样。[28] 简而言之，跨越不同地域的劳资关系通过贸易规则、工作条件、公司治理和税收等各种规则的约束，相互交织在一起。我将这样的制度安排称为法外空间（extra-legal spaces），以反映其中的经济活动因为特定司法制度而存在，资本权力通过私人规则与准公共协议发挥作用。这些地方也存在大量的监管规则、法律和标准，但其整个架构是优先服务私人利益，而非公共福利或权利，并且对监管机构、媒体、工会乃至股东的透明度极低。

法外空间最广为人知的例子是特区，被尼尔森视为当代全球经济中的"典范空间"（paradigmatic space）。[29] 据凯勒·伊斯特林统计，特区从20世纪60年代的区区几个，增加到2006年的约4 000个，类型多种多样，从出口加工和自由贸易区，到经济走廊、飞地、综合园区与新兴城市等，就业人数超过 6 600 万。[30] 尼尔森指出，特区形成了"一种新的政治疆域地形图"：特区中的例外法规往往与国内民法并存，选择性地适用国际法以及各家企业带来的不同规范和标准。特区可以既是例外地区，也是各种规范与算计之间相互争斗的地区。[31] 但只有在极少数情况下，特区才是"非政府"性质的区域。斯蒂芬·克拉斯纳认为，特区主要是由"虚伪的主权国家"创建和运营，许多基础设施只有在特区里才能获得，到外面则无法获得。[32]

然而，政府虽然对特区的建立至关重要，但并不掌控特区。[33] 伊斯特林认为特区是"松散"形式的特别国家机制，治理工作被转交给托管方或代理机构（经常由驻区企业自身组成），造成特区里的事项可以由数千英里之外的地区或全球办公室的意见来决定，而较少反映所在国或本地政治组织的期望，乃至国际法的要求等。在没有国内监督的情况下，特区中的规则制定与遵守可能根据资本的需要而定。劳动、环保、健康、安全和人权等方面的法律可以修改或制定特例。[34] 实际上，管理特区的正是伊斯特林所说的"空间、信息和权力的动态系统，它们可以产生事实上的政治组织，其行动比规范它们的准官方治理组织更为迅捷"。[35]

特区的把戏是将自己装饰成开展经济活动的规范区域，即开发区。[36] 为此强调具有专家治理的特色，是能够实现成功运转的地区，是巴赫概括的"有着现代性梦想与抱负"的典范。[37] 特区的管理者与营销部门把那里的基础条件提升到国家整体水平之上：厂房地面清洁有序，工人们训练有素，报酬通常高于最低标准，还有企业提供的托儿所、医疗机构，乃至合适的住房等生活设施。新一代的特区甚至包含休闲、娱乐以及高尚文化机构等。[38]

尽管特区可能外表好似城市，治理如同国家，其运转模式却是立足于秘密操作，缺乏民主制度的支持。批评人士指出，这种基础设施良好的城市生活是"自由和开放的假面舞会，非常容易走向逃避、封闭与隔离"。[39] 在那里，自由言论受到监视，集体代表组织（特别是工会）被禁止，往往由移民组成的劳动者只能订立缺乏完全公民权利的合同，被隔离在营地里，接受长时间、有害的工作条件，乃至性剥削。[40] 特区的法规由私人保安执行，这种组织本身也是连接各个特区（飞地、综合园区、博览城和微型国家）的全球网络的组成部分，该网络为资本提供质量控制和确定性，并限制政府的参与。[41] 按照戴维斯与蒙克的说法，特区是"罪恶天堂"，号称无关政治，其实恰恰相反，是竭力取得法外地位的蓄意制造的非民主地带。[42]

在低增长条件下（如皮凯蒂所述，这对其实证观点非常重要，尤其是与紧缩结合的时候），特区会强化资本的权力。特区制造了一个界限分明的领地，远没有民族国家那样复杂纷乱，资本可以"落地"，并依然保持流动能力。地产是租赁性质的，建筑和机器也是租借而来，服务按合同提供，与供应商、中介机构和市场的联系不受监管规定和政治要求的束缚。皮凯蒂通过"事实"测算观察到不平等在20世纪70年代以来趋于扩大，几乎同一时期，全球有数以千计的特区出现，成为生产和再生产不平等的空间设备。

当代资本主义的第二种法外空间形式是离岸。无论特区看起来有多么超然，但至少它是个实在的地方，必然有所在地。相反，如尼古拉斯·萨克斯森所言，"离岸基本上是属于'别的地方'"，因为它所处的空间只是虚拟存在。[43] 某个人、某家企业或某个信托投资工具可以在70多个税收天堂（典型的离岸空间）中的任何一个做离岸注册，却基本上与那里没有任何实质联系，或许一个邮寄地址（通俗说法为"信箱"）就能为数百位个人、企业或信托共用。

离岸注册的巨大成功无可置疑。萨克斯森指出，"离岸就是权力世界在今天的运转方式"。约翰·厄里甚至认为，离岸是超越法规的。[44] 厄里的观点似乎得到了祖克曼的详细实证分析的支持，表明美国公司在海外取得的利润约有55%记录在区区6个税收天堂，而那些公司从生产或销售来看与当地的经济联系极其有限。[45] 尤其重要的是，祖克曼继续指出美国公司与离岸税收天堂的这些联系从规模和性质上看，如今已严重到足以"显著影响对财富不平等的测算"。[46]

所谓"巴拿马文件"的曝光表明，减少或规避税收并非离岸业务的唯一动机。[47] 正如吉尔曼等人所述并得到巴拿马文件佐证的那样，离岸业务中既有合法商业，也包含他们所说的"非正常全球化"，如艺术品、能源、环境废料、武器、毒品、人员、动物和金融产品的非正规及非法交易。[48] 尽管如此，税收天堂依然是一个特别犀利的透视镜，借此可以观察当代政治经济体系同不平等之间的关系，看到世界上最重要的企业和富人如何通过财务规划把超出比例的业务放到低税收管辖地，有关数据参见图12.1。[49] 此外，整体趋势是走向更多的离岸业务，削弱民族国家从企业利润和高收入者那里征税的能力。祖克曼认为，

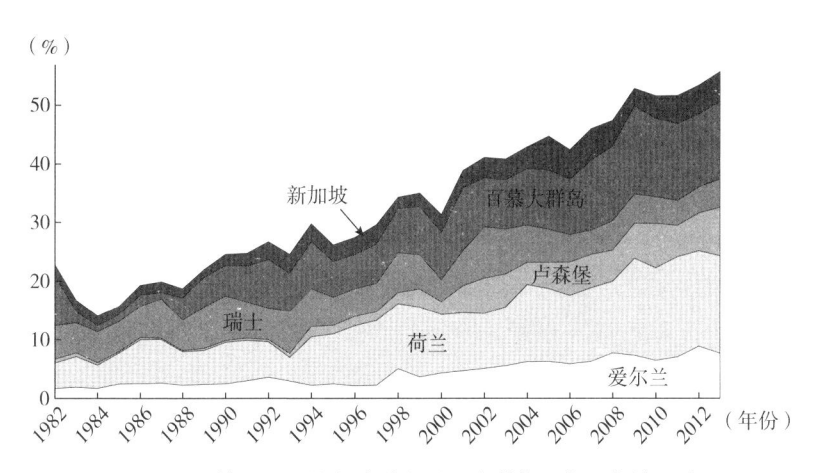

图12.1 美国公司的海外利润登记在税收天堂所占的比重

注：本图描述了美国在海外直接投资的收入中，主要税收天堂所占的比重。美国在2013年的海外直接投资的总收入约为5 000亿美元，其中17%来自荷兰，8%来自卢森堡等。

资料来源：作者利用国际收支数据测算，具体见线上附录。

美国公司在税收天堂登记的企业利润占比相比20世纪80年代增长了10倍，到21世纪10年代达到20%左右。结果导致美国公司缴纳的有效税率在15年间从30%下降至20%。[50]

离岸税收天堂采用某些观察家所说的当代政治经济体系的运转模式，即企业的商业事务对竞争者和监管方保密的能力。这再次表明，它们的优势不只体现在财务方面。正如祖克曼指出的那样："在现实世界中，避税方可以把若干税收天堂的无数控股机构联系起来，产生法律意义上的无主资产，或有效地把自己同资产分隔开。"[51] 实现秘密运作需要结合空间和组织上的复杂性，从而把业务活动放到透明度要求不高的司法管辖地，并采取极其繁复的方式，使外人难以快速乃至完全无法查清。某一个投资工具可以被数百个登记在不同地域的人持有，在账面上拥有多达2 000个特殊目的工具的某家投资公司那里，主要投资工具可能只会出现一次。要弄清楚那些投资工具的构成及其投资人的身份，尤其是假如它们采用"无记名股票"这种模式，会远远超出

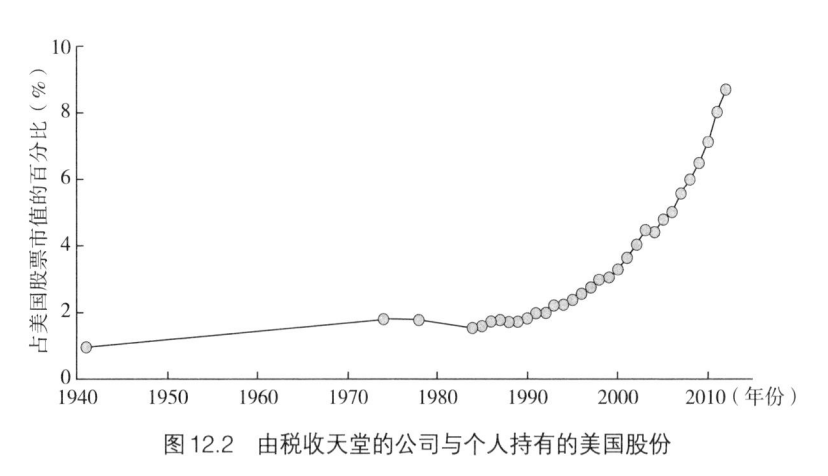

图12.2　由税收天堂的公司与个人持有的美国股份

注：2012年，有大约9%的美国上市（资本化）股份，具体被来自税收天堂的投资人持有，如开曼群岛的对冲基金、瑞士的银行、卢森堡的共同基金、摩纳哥的自然人等。

资料来源：作者根据美国财政部的国际资本数据测算，具体见线上附录。

单一监管机构的管辖权。[52]

把资产和交易名义上转移到离岸的一个典型做法是倒置（inversion）。例如，母公司先在税率和监管透明度要求较低的某个地方设立离岸分支机构，该机构再注册为母公司的官方总部（见图12.2）。而实际上，该机构只是一个空壳，符合召开董事会的最低要求，并没有公司经营活动在那里开展。这种操作的结果却使众多公司和个人能隐藏起来，在某个地方发生大量投资与开支，但在该司法管辖地表面上登记的资产却远少于真实情况。企业账目与税收记录中的财富、销售和收入在某个地区会大大低于实际发生水平，在另一个地区却明显高出很多。这里的关键秘诀源自他们的操控力量——对资本、交易和收入如何做空间配置，以及如何做注册记录等。

从秘密操作的角度看，当代政治经济体系不是透明的在岸与昏暗的离岸这种简单二元状态。如科巴姆等人所述，这种秘密操作应该理解为由不同地区不同组合提供的一个渐变范围。[53] 他们主张用"财务保密指数"（Financial Secrecy Index，FSI）度量某个司法管辖地对保密（或透明度）的承诺度。最秘密的地点既有传统的税收天堂，如瑞士、卢森堡、中国香港、开曼群岛和新加坡等，也包括美国（排名第6）和德国（第8）等，参见表12.1。或许同样令人深思的是，伦敦城如果被视为独立于英国的实体，会成为全世界最重要的财务保密提供地，但英国总体来说则较为透明，见图12.3。

伦敦在最近几十年的成功发展部分归因于为大量高技能和高收入的会计师、投资顾问及律师提供服务的能力。沃伊齐克谈到，在使全球资本的地理分布尽可能丧失透明方面，这些人都是共谋。[54] 矛盾的是，伦敦城擅长提供此类服务并因之繁荣，乃是众所周知的事实。[55] 英国议会的公共会计委员会（Public Accounts Committee）曾指出，四大会计师事务所的税收管理部门雇用了9 000名员工，从企业收取的费用达20亿英镑。[56] 该委员会主席玛格丽特·霍奇（Margaret Hodge）议员在提交报告时如此评论毕马威公司的经营活动：完全是"从产业层面上帮助逃避税收"。

表 12.1　以财务保密指数及其构成和其他指数排名的十大司法管辖地

排名标准	FSI	保密评分	GSW	BAMLI	CPI
1	瑞士	萨摩亚	美国	索马里	阿富汗
2	卢森堡	瓦努阿图	英国	阿富汗	朝鲜
3	中国香港	塞舌尔	卢森堡	伊朗	索马里
4	开曼群岛	圣卢西亚	瑞士	柬埔寨	苏丹
5	新加坡	文莱	开曼群岛	塔吉克斯坦	缅甸
6	美国	利比里亚	德国	伊拉克	土库曼斯坦
7	黎巴嫩	马歇尔群岛	新加坡	几内亚比绍	乌兹别克斯坦
8	德国	巴巴多斯	中国香港	海地	伊拉克
9	泽西岛	伯利兹	爱尔兰	厄立特里亚	委内瑞拉
10	日本	圣马力诺	法国	缅甸	布隆迪
平均保密评分	69.0	83.4	59.3	不详	不详
GSW 总分	58.9%	0.07%	80.4%	0.023%	0.014%

注：FSI 与 BAMLI 的结果为 2013 年，CPI 的结果为 2012 年。对 BAMLI 或 CPI 排名前 10 的国家均没有计算保密评分。

资料来源：Cobham et al.。

图 12.3　希望你把钱放在这里

注：网络组织"规则"（The Rules）发布的一张讽刺旅游宣传画。该组织以"帮助激进派和进步派的文化元素进入主流"作为自己的核心使命之一。

资料来源：AlJazeera。

把实物资产与交易在表面上转移到离岸地区（这是许多特区发生的情形），加上玛格丽特·霍奇上面提到的会计师事务所的收费服务，对我们理解当代的政治经济空间体系具有深远影响。最突出的是，这表明通过官方税收记录（在任何情况下都变得不再可靠）与民族国家管辖范围来认识经济活动的构成，同当代经济的实际运转已经南辕北辙。伦敦各会计师事务所的税收管理服务部门每年能收费20亿英镑，不是因为它们在按照实际经济活动发生地来为公司和个人记录交易和资产，以及相应的税收义务。祖克曼估计，仅离岸税收天堂就占全球居民金融资产的至少8%，而且没有计入艺术品、珠宝和房地产等非金融财富。如果将这些考虑进去，上述比例将提升至11%，这些财富几乎都能获得避税。[57]

受到审计的公司财务报表也不太可能成为更可靠与更稳健的数据来源。财务报表反映着各公司的"失重"程度，它们能够安排内部转移，通过对无形服务（其价格不用市场标准来决定），尤其是知识产权（商标、形象标识或技术等）与营销活动的支付，把净收入和利润转移到特定的司法管辖地。[58] 在最极端的案例中，一家高度知名品牌、看似无所不在的公司，你可能找不到它到底在什么地方开展实际业务。[59]

这里的典型之一是苹果运营国际公司（Apple Operations International），其报告的三年净收入达300亿美元，但通过几乎完全保密和极为复杂的附属机构与流程网络，该公司能够避免在全球任何地方纳税。因此，秘密操作不是属于某个特定地方（如税收天堂）的工具，而存在于网络化的法外空间，同时利用了跨越多个司法管辖地的不透明司法制度与监督缺陷。[60]

21世纪的不平等、阶层与公民权

从地理视角看，当代政治经济体系及其与空间的关系破坏了《21世纪资本论》描述的过于简洁的阶层概念。虽然皮凯蒂对阶层的提法很积极，也应该认可阶层斗争的意义（当然从未明确提及"剥削"），他却把阶层同收入分配联系起来，把收入分配最低端的50%作为工薪阶层，最顶端的10%作为上层阶层，居中的则为中产阶层。他承认这种划分是武断、刻板和有待商榷的，但又声称由此可以开展严谨客观的比较研究。[61]

把收入作为阶层划分的主要指标符合经济学惯例，并使皮凯蒂能够表明：不平等扩大是由于顶层1%人群乃至0.1%人群的份额增加。皮凯蒂确实偶尔会提到"精英"的说法，但未采用金融业和生活服务业以及很多政府机构经常采用的某些概念，如高净值个人（High Net Worth Individuals，HNWIs）或极高净值个人（Ultra-High Net Worth Individuals，U-HNWIs）等。[62] 依靠收入百分位作为阶层划分的指标意味着此概念缺乏研究内涵。顶层1%或10%的上层阶层在做什么样的事情？过着怎样的生活？他们对不属于自己阶层群体的人是什么态度，与之关系如何？属于精英阶层的百分位人群如何把自己的国民身份（甚至地域认同）与金融资本的流动性统一起来？

21世纪的阶层地理学和社会学研究表明，精英们通过流动的生活（迁移或者有能力迁移），既可以追求舒适惬意，也能够避免政治对手的侵袭，防范把商业安排和政治关系网泄露给政府、媒体和民间组织，显然还包括逃避税收和法律诉讼。[63] 随着精英们的迁移能力变得超强，他们得以同民族国家脱钩，并开始挑战昂格所说的"传统公民身份要求的庄重承诺"。[64] 与他们的资本或其外观形式一样，精英们似乎越来越走向非地域化。

按照弗里兰的论述，这些精英们"正在形成跨越全球的同类社群，他们相互之间的共同点超过同自己本国民众之间的共同点……无论他们的主要居住地是在纽约还是香港，莫斯科还是孟买，如今的超级富豪们正在日益组成属于他们自己的国家"。[65] 在简·奥斯汀的作品中，大多数角色的社交世界限于农村庄园,偶尔会涉足伦敦和朴次茅斯,并同加勒比群岛的种植园有着看不见也没有讲的经济联系。如今的新贵们则经常迁移,有着全球化的网络组织,却又居无定所。21世纪资本主义的标志性赢家是"非常住者"(non dom),或者说看上去属于边界空间或想象空间的居民。[66]

这些精英在很大程度上好像不在乎他们在任何时刻所处的特定地点,并在经济上与之无关。艾略特与厄里认为,这种气质是故意培养出来的全球化身份的标志,以及防范被算计感的策略。[67] 昂格则将他们称为"临时居所"类型的国民,"通过在全球体系中的关键城市节点设立居所,形成一种社会交往模式,让全球资本由此进入民族国家的社会环境"。[68] 我由此得到的启示是,为深入了解精英阶层或许能为不平等做些什么,我们需要抛弃从国民收入份额中无法总结出"资本权力"的传统经济地理学思维。

如前文所述,资本拥有者的一个关键力量是同特定地方开展制度谈判的能力。他们试图对这些制度安排保密,然后在企业决策中构建或利用法外特权。这些精英可以把很大部分金融资产登记在多个地点(包括离岸方式),但他们本人却必须现身于某个地方,在那里工作、休闲、获取医疗服务和安排子女教育等。为响应此类需求,出现了当代国家治理的核心要素以及为资本积累服务的新型政治经济体系,试图尽可能长期地在某个地点留住精英人群。然而,能最有效地留住精英的空间网络并非民族国家,而是城市,乃至拥有某些比较优势的特定区镇和邮编区域。正是在此意义上,康宁汉姆与萨维奇将伦敦描绘成汇聚了上层人群要求的各种社会与文化资源的"精英大都市漩涡",这些资源对他们以及伦敦市的资本积累都至关重要。[69]

各个城市为吸引精英的资本和消费竭尽全力。市长们是过去30年中实力大增的政治角色,他们纷纷宣扬自己的城市既宜业又宜居。大量宜居指标表格反映着他们的成就,有各种综合指数排名描述居住空间、教育和娱乐活动的品质与成本,从米其林星级餐厅、艺术节、画廊、芭蕾舞剧、夜总会,到汽车大奖赛等顶级运动赛事等,还有明星建筑师的设计作品等。[70] 当我急匆匆跑回家阅读祖克曼的《国家的隐秘财富》时,从门垫上拾起的生活杂志显示财富就隐藏在伦敦!那本杂志的广告和文章介绍的精品酒店、直接送到家的有机食品以及时尚设计师传记,都确凿无疑地证明伦敦是个有着精英气质的城市;认真工作和值得享受的城市;能够用业绩获取特权的城市;能够把社交和文化资本完美融合起来的城市;也是能够把同低薪劳动者的必要共处"遮蔽"起来,无需与之密切接触的城市。[71]

为了吸引和培育精英,市长与城市管理者们(特别是在伦敦这样的大都市)的一项主要权力是在规划和建设方面的裁量权。若干服务供应商会与城市主管部门展开谈判,或提出合法动议,使精英们的建筑能够超越容积率规定,在公共街道下方建造地下延伸空间[72],封闭公共路权,设置带电护栏与私人安保,规避环保方面的限制,以及设立自治制度等。[73] 韦伯与伯罗斯近期指出,重新吸引全球精英回到伦敦的努力引发了争议。[74] 在历史上与传统精英联系密切的周边群体为顺应新阶层的口味而做出了改变。作为炫耀性消费象征的建筑风格受到批评,大众舆论经常提到建筑装饰从原本田园牧歌式的伦敦村走向"俄罗斯化",影响了整个地区的身份认同感。[75]

其结果便是:总体而言,世界性城市内部的不平等程度不仅从数据统计上高于民族国家,而且从直观和感受上更为严重,或许还挑战了关于当代城市中阶级如何动作的观点。[76] 例如,阿特金森在论及伦敦时质疑:我们在城市内部拥有的紧密社会联系是否已让位于更远距离的社交活动,使"世界主义"氛围其实更接近于事实上与世界大同无关的"富豪之云"。[77]

精英们与各地方谈判的一个重要部分关系到公民身份的内容。昂格观察到，作为她所说的新兴公民身份等级的一部分，"曾经属于全体公民的权利和福利正在同新自由主义的标准挂钩，让侨居国外的创业者能回来分享原本只有公民方可享受的好处"。[78] 富豪精英们即使出于避税的考虑而持有非常住身份，也能够获得国民福利。更为重要的是，精英们还大可主张萨森所说的后国民身份（post-national citizenship），即超越民族国家要求的公民权利，例如对国际人权准则的尊重等。其实对他们而言，理想的情形是拥有多地公民权，双重或多重国籍，由此可以根据自身情况与环境要求，计算出什么才是跨越多个地区的权利、福利和保护的最佳组合。[79]

与之类似，我曾于2015年底前往意大利贝拉吉奥，参加华盛顿公平增长研究中心为本书作者召开的启动研讨会，一路看到航班杂志的众多广告也证明了上述论点。广告之一概述了多米尼加公民身份的优势，展示那里的茂盛森林和跌宕瀑布对探险者的吸引力，包括可能对高素质劳动力以及公民身份好处感兴趣的"商业冒险者"。该国的公民身份可带来如下优势：有权居住在多米尼加与任何加勒比共同体国家，到110个其他国家和地区的免签旅游便利，英联邦共同体的成员身份，在申请后三个月内即可获得公民身份，"无面试、居住、教育或从业经历等方面的要求"，以及"在宜商环境下的生活"等。

继而，杂志报道中介绍了获取多米尼加共和国公民身份（可服务于个人或整个家庭）的两条途径及相应报价。第一条途径是为当地的经济多元化基金（Economic Diversification Fund）捐款，个人申请需要10万美元捐赠以及1.05万美元的"尽职调查与手续费"。第二条途径是购买房地产，要求20万美元的投资以及6.05万美元的"尽职调查费、手续费和政府收费"。花几分钟时间从互联网上查找所谓投资移民计划，即可找到多家加勒比和中美洲地区的房地产开发商，它们把提供公民身份作为销售豪华公寓或超级游艇设施的产品组合内容之一，内容还包括税收天堂系列服务，以及提供定制化的双重或多重公民身份的司法中介服务等。按照某些网站的介绍，这样做的一个突出优势是那些国家都采用英国法律，某些地方还提供"受英国保护的公民身份"。

　　此类制度安排是多方合作的成果，让精英们持有多重公民身份，把财富登记在离岸地区，本人则被吸引到特定地区（尤其是某些城市）居住、投资和消费。大量特殊投资工具为此提供着连线，同样把保密作为关键组成部分。一家名为伦敦中心投资组合（London Central Portfolio）的资产管理公司的市场分析报告称，英格兰和威尔士约有 4 000 所自有住房（其实基本上都位于伦敦）是登记在公司名义下的，允许房产被匿名购买。[80] 甚至在"巴拿马文件"曝光前，人们已经很清楚这些数字明显被低估了。在伦敦高档住所集中的所谓"阿尔法地区"，价值不低于 500 万英镑的房产中有超过 85% 被海外买家购入。在 2011—2013 年，价值 500 万英镑以上住房的销售额达到 52 亿英镑。《卫报》的文章援引房地产公司的报告称，阿尔法物业的海外买家中约有 50% 并不在英国居住。

　　对于高度流动的精英们来说，"海外"到底意味着什么？有何办法可以阻止这种被戏称为"往返投资旅行"的操作？他们工作在伦敦，把金融资产登记在离岸地区，通过投资获取海外公民身份，然后去那里设立一家公司，再回到伦敦买房子。该公司会给英国财政部缴纳印花税，给伦敦地方政府缴纳房产税，但可以减少公司所得税，个人投资者的实际身份能够得到保密。

　　从《21世纪资本论》中，我们不清楚皮凯蒂是否认为不平等恶化导致了这种新型阶层关系，但这是关于当代政治经济体系的大多数社会学研究得出的启示。在过去的阶层研究词汇中，不平等通常是作为阶层差别来讨论的。特别是从 20 世纪 60 年代以来，社会学研究关注到一大群从工薪阶层中被抛离的民众，他们并不是失业流浪的无产者，而是被委婉地称为"下层阶级"（underclass）。到 20 世纪 90 年代，研究者认为这个群体也许应该理解为"被排斥者"(outcasts),被排除在经济、福利制度以及政治生活之外,更糟糕的说法是与主流社会失去联系。尤其在美国,阶层对立更鲜明地和种族问题结合在一起。由此得到的启示是,精英们的经济成就与其他人群的贫困和苦难加剧存在联系。把不平等的地理因素考虑进来,可以揭示这种阶层对立关系为何在21世纪变得更加尖锐。

2007—2008年金融危机凸显了萨斯基亚·萨森所说的"对赢家和输家的野蛮分类"。[81] 萨森通过令人信服的分析,证明危机的起源可以至少追溯到从20世纪80年代开始的金融深化,其目标是为发达资本主义创造新的疆域或运转空间。这一深化的关键部分是把抵押贷款扩大至低收入人群。在有良好监管和透明度的体制下,这不应该是坏事。正如皮凯蒂所言,"在任何时代,最贫困的一半人群基本上一无所有,在总财富中的占比不超过5%"。[82] 萨森也认为,最发达国家的金融体系不容易受传统抵押贷款问题的冲击,即使像美国那样在2006年次级贷款的占比达到20%的情况下。但不太引人注意的是,萨森提到的"影子银行体系"对抵押贷款保险单等简单地重组金融工具、捆绑、编制与连接,将其纳入(无保险的)衍生产品,通过这些基本合法的操作形成了极为复杂且缺乏透明的产物。在抵押贷款市场垮塌时,对信用掉期违约产品的冲击演变成几乎整个金融系统的崩溃。

我想对萨森的上述观点提出一些补充看法,即住房抵押支持证券(RMBSs)等金融工具作为影子银行复杂操作手段的组成部分,把精英与穷人跨越空间连接起来。金融业由此利用离岸和在岸操作来降低税负、保护资产、提高资本收益率,并支付较高的薪酬与奖金(有时以股份的形式),进一步从股价和全球主要城市房地产价格上涨中获益。[83] 金融业精英人士的业绩在某种程度上与开拓新的"经营空间"有关,例如次级市场,并可以通过其资本的流动性来躲避市场暴跌风险。与精英们的流动性相对应，凸显21世纪不平等特点的一个现象是失意者陷入的困境十分严重。曾长期受贫困与歧视压制的群体又回到"几乎一无所有"（借用皮凯蒂的说法）的状况，但这次的部分原因来自金融包容性，而非金融排斥性。[84] 在经济增长回归后，这些群体最难恢复元气，深陷于种族、收入与财富不平等的泥潭。[85]

结论

对于21世纪的资本拥有者如何能够比1913年以来的任何时期更为发达，尤其是富豪人群的表现，皮凯蒂做了重要论述。资本高度集中，让拥有最多资本的人比其他群体从中获得了超出比例的更高回报（租金）。[86] 如果不加以约束，劳动市场与资本市场将不会实现新的均衡，这促使皮凯蒂在其著作的结尾处提出了若干防止不平等继续恶化的方法，即通过一整套完善的报告体系，构建全球资本数据库，在全球对财富（资本）实施累进制税收。

皮凯蒂承认，这是"乌托邦式的建议"。其他经济学家提出的建议其实与之大致相似，也基本上无人问津。[87] 近期有篇由法国《世界报》（*Le Mond*）刊发、并由英国《观察家报》（*The Observer*）转载的文章，标题为"为何各国政府自2008年以来对增强金融透明度如此懒散无为"。[88] 我们还可以追问：为什么各国政府对解决不平等问题如此无所作为？我本人并不供职于白厅、达沃斯、伦敦金融城等权力中心，因此我的结论只是反映作为外部人士能观察到的方面。尽管如此，基于本文已经介绍的资料、以英国为中心的视角，加上来自"蒙蒂·派森"剧团（Monty Python）的几点启发，我还是得出了几个值得一提的结论，当然其中有些同样很乌托邦。

第一，皮凯蒂的建议是事后解决方案，是对资本主义制度运转结果的调节，而非对其本身着手改革。他对金融证券的全球登记与编制财富交易和持有状况的庞大数据库做了有限讨论，主要集中在自愿申报上。对于市场在有限监管下如何实现最佳运作，大多数国际金融机构与政府部门的共同立场并没有很大改变，也没有增强税收累进程度的行动。缴纳所得税的门槛有所提高，养老金的税收减免有所改革，可是累退性质更强的销售税被提高，所得税的最高边际税率下降，物业税的增速未能与房价保持同步，遗产税的门槛也有所提升。另外，至少在英国，对高价值物业的附加税动议被束之高阁。与之相比，提高实际工资水平、社会转移支付和增加工会扶持等其他措施仍没有得到强烈的政治支持。[89]

第二，这一惯性或许是对现实的反映：各国和国际组织在测算21世纪的收入和财富时都能力有限。[90]在初次读到皮凯蒂的政策建议时，我想起蒙蒂·派森剧团的一出小品，讽刺想象中的英国政府会议：为平衡预算，公务员们打算对性行为征税，然后场景切换到来自公众的建议，其中之一是对"住在海外的外国人"征税。[91]皮凯蒂的建议似乎是针对现实，而在上述小品播出后的40年里，海外或者说离岸的概念已经变成越来越大的法外空间，成为资本主义制度运行中更为基础的组成部分。

空间视角的政治经济学分析表明，个人和企业能够把实际生产和金融服务在名义上转移到实施法外管辖的地区，并且以极快的速度、极高的复杂性和保密性来实现。制定信息分享协议以及对税收天堂加强审查是件好事，但明显较为笨拙和缓慢。英国税务与海关总署的一则广告罗列了"将很快与我们分享金融信息的90个司法管辖地……这将帮助我们获得英国居民在海外的资金、信托和资产数据"。然而媒体上仍充斥着各种报道，关于某些知名英国人如何因为税收考虑而不被视为"居民"，许多房产和金融资产如何包装在隐藏身份信息的机构中。在从伦敦到米兰的90分钟航班里，我读到了若干加勒比岛国的双重国籍宣传广告：无需面试和实际居住，所需花费的投资不及在伦敦的非核心地区买套一居室公寓。[92]

第三点是对其他选项的考虑，即有哪些行动可以按照现有国际惯例和监管规定来执行，或帮助揭示出资本在哪些地方注册登记。"巴拿马文件"的泄露已经凸显了这点的重要性。正如伊斯特林指出的那样，税收天堂以网络化结构来组织，特区的存在使资本主义制度很容易被绑架。她的表述是，"这提供了可以操控的空间"。[93] 我们并不清楚这些空间是如何被操控或绑架的，以及由此可能给离岸经济体或精英们的策略产生何种影响。不过，已经有若干倡议组织站出来采取行动，其中包括税收正义网络（Tax Justice Network）与国际调查记者联合会（International Consortium of Investigative Journalists），还有"匿名者"黑客组织（Anonymous）和其他爆料人，他们通过维基解密（WikiLeaks）、瑞士解密（SwissLeaks）与卢森堡解密（LuxLeaks）等渠道揭露暗池交易（dark-pool trading）和避税等操作的路径和严重程度，及其同政治家、银行与犯罪组织的联系等（见图12.4）。

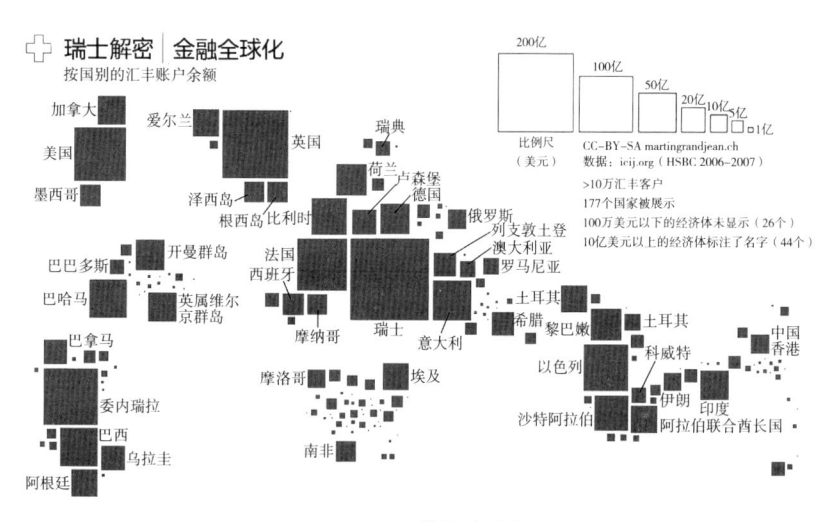

图12.4　避税的全球化

资料来源：由如下网站改编，www.martingrandjean.ch/swissleaks-map/。

对此，伦敦金融城与华尔街或许会设计出更复杂的影子银行业务模式，但在金融业受到救助、财政紧缩导致许多国家的公共服务受损的时期，上述揭发行动已经带来了政治和道德上的拷问，另外还暴露出司法体制的不公：对揭发者审讯定罪，却无人处理被揭发对象的罪行。赫尔夫·法西亚尼（Hervé Falciani）因为向阿根廷、印度、法国、德国和英国政府泄露了通过汇丰银行的瑞士私人银行避税的13万人的私人信息，而于2015年被判处6年监禁，罪名是商业间谍、数据盗窃以及违犯银行保密法律。[94] 举报伴随着严重的人身风险，所以应该通过司法改革，为那些曝光违法违规活动信息的人提供保护。

第四点是想探讨，为什么处于收入分配下层50%或99%的人群不能更加积极和有创造性地组织起来，改变资本积累的地理特征？"占领华尔街"等运动依靠民粹主义政治群体，他们反对紧缩，试图推动社会公平。但按照伊斯特林的观点，并借鉴蒙蒂·派森剧团的荒诞精神，还有其他可以操作的办法。假如每个人或者说相当多的人把自己的经济活动转移到离岸地区，各国政府与国际组织将如何应对？这是否符合市场至上主义的说法？还是有可能挑战各国财政部长和经济学家对经济仍然相对受限的看法？

英国有许多人已经参与离岸业务（例如通过他们的养老基金），自己却不知晓。如果出现更大规模的为减税而涌向离岸的运动呢？用互联网搜索可立刻看到，律师事务所只需几周就可以在恰如那份多米尼加广告所言的"宜商司法管辖地"帮你设立公司。上述设想看似有些荒诞，可是在2015年11月10日，南威尔士的克里克豪厄尔市（Crickhowell）向英国税务与海关总署提交了一份建议书，要求将其税收事务转移到海外。该建议书以谷歌公司和星巴克公司为先例，并采用了尼禄咖啡（Caffè Nero）把企业注册地转移到马恩岛的申请文件作为模板。正如该市的一位商人所述，他的小家族企业给英国缴纳的税收是脸书公司的7倍。那里的商会于是发起了一场运动，以争取其他市镇也向英国税务与海关总署提交类似申请。

即使克里克豪厄尔市的店主们能够将注册地转移到离岸地区，他们也不太可能很快加入皮凯蒂说的顶层0.1%人群，然而这给税收公平提供了道德上的理由，并提出了令人尴尬的疑问：假如各国政府真想解决社会与经济不平等问题，它们该如何看待如今的新型政治经济空间？

第13章
《21世纪资本论》之后的研究规划

伊曼纽尔·赛斯

经济学家伊曼纽尔·赛斯在本书中扮演着独特的角色。他经常与托马斯·皮凯蒂联合写作,并同他一起分析了《21世纪资本论》中的大量数据。赛斯同时是存储这些数据的"世界顶层收入数据库"(World Top Incomes Database)的联合管理者之一,与安东尼·阿特金森、法昆多·阿尔瓦雷多和加布里埃尔·祖克曼共事。在本章中,赛斯列出了值得毕生探究的若干研究课题,其中许多旨在对收入和财富不平等的扩大开展实证评估,并分析其对经济运行的影响,凸显了未来研究的三个主题:第一,他认为研究人员在测算上还有许多工作要做,下一步是对我们的国民收入账户体系做分解,将分配指标纳入其中,并把更多资源投入对财富不平等的测算中。第二,赛斯指向公平问题,他提出为判断当前的分配结果是否公平,我们需要了解它们的产生过程:今天的财富主要是自己创造的还是继承得来的?收入是生产率还是租金的反映？第三，赛斯敦促我们思考政策的作用，是缓和还是加剧不平等？他特别强调需要认清监管和税收带来的效果，对于20世纪中叶出现的独特却短暂的较为平等的高增长时期，这两者似乎正是关键所在。

托马斯·皮凯蒂的《21世纪资本论》的现象级成功表明，公众总体上对不平等议题抱有浓厚兴趣。不平等之所以重要，源自人们拥有的公平感。他们不仅在乎自身的绝对经济状况，也关心同社群里其他人相比较时的水平。这种感受远远超出"嫉妒"，而是代表人类社会的构成基础。在现代民主社会，民众联合起来通过政府分享大部分经济资源。在发达经济体，政府税收占国民总收入的1/3~1/2，用于转移支付和提供公共产品。因此，不平等是民众共同面临的议题，我们必须将有关不平等的成因及后果的研究结果呈献给广大公众，这正是皮凯蒂著作取得的辉煌成就。接下来，经济学与更广泛的社会科学该如何借助该书的成功，继续探究依然困扰公众的那些悬而未决的难题呢？

为做出回答，首先需要了解为什么这部冗长的学术著作可以作为畅销书受到热捧。虽然从未有人预料到其受众面会如此之广，但有三方面的因素能帮助我们理解其原因，尤其是就美国的情况而言。

首先，美国自20世纪70年代以来出现了收入不平等的大幅度恶化，越来越大的收入份额流向顶层收入群体。事实上，皮凯蒂本人构建的历史数据系列正是基于在美国公众讨论中曾广泛采用的顶层收入占比资料。[1] 另外，21世纪的缓慢经济增长，特别是在2007年大衰退爆发后，加上收入不平等的继续扩大，意味着除顶层收入群体外，增速更为缓慢。在不平等恶化且缓慢增长的经济中，顶层收入群体占有了经济增长成果中的过大份额。长期的不平等扩大引发了人们对美国经济体系公平与否的深刻焦虑，这在公众看来正日益变得难以为继。

其次，皮凯蒂的著作警告我们，如果不做任何政策调整，我们将看到美国和其他发达民主国家的财富集中度继续加剧，富有的继承者将占据更多经济阶层的顶部位置。这种"世袭经济"曾经在第一次世界大战前盛行于西欧各国，为此我们要感谢皮凯蒂及其同事开展的耐心的数据收集工作。当然在美国，贤能主义是其立国原则之一，所以皮凯蒂的预测很自然地触动了大众的神经。

再次，皮凯蒂的著作提出了解决思路。大萧条与二战之间采纳的激烈进步主义政策缩小了财富和收入不平等，并持续影响战后时代的几乎所有发达经济体。与之类似，以现代方式重建进步主义政策同样可能再次防止皮凯蒂警示的"世袭经济"的复辟。

皮凯蒂著作的以上三个内容植根于能够加以研究、分析和理解的经济现象。该书之所以能写成，是依靠大量研究人员在过去20年开展的缓慢但系统性的不平等数据采集工作，以皮凯蒂本人对法国的数据梳理为先导。虽然这一研究领域已取得长足进步，却仍有关键的空白之处。我们需要改进对不平等的测算，升华对不平等机制及有关政策处方的理解。过去两年围绕皮凯蒂著作的大量反响、讨论和批评意见给我们提供了良机，去发现尚待解答的重要议题。我们在认识上的进步应该来自数据与研究的结合。各国政府在收集数据并将其提供给研究人员方面发挥着核心作用。对于不平等应对政策的实施来说，政府是关键所在。对于帮助构建数据基础、为前期的不平等研究服务而言，亦是如此。

本章将追踪皮凯蒂著作引发的评论中最具重要意义的问题和争议。首先，我将探讨不平等测算涉及的问题，其次，将分析不平等背后的作用机制，继而考察可能应对不平等的政策选项。在这三个领域，本章都将强调未来研究中最有希望的前进道路，特别是针对美国，这里有最好的证据资料，也是重新造成不平等恶化的震中所在。

对不平等的测算

《21世纪资本论》的主干是对不平等和经济增长引进长期而系统的统计数据收集。通过他之前关于法国问题的长篇学术专著[2]，皮凯蒂重新引领了对顶层收入份额的研究，在过去这方面的著名先驱则是库兹涅茨的长篇学术研究著作。[3] 两部学术著作均没有引发广泛关注，而是充满冗长的方法论细节以及更长的统计表格，然而它们有着非凡的长期影响力。库兹涅茨荣获诺贝尔奖，有很大部分是因为他依据自己的统计数据提出了著名的库兹涅茨不平等曲线理论。[4] 皮凯蒂的书则复兴了对顶层收入份额的系统研究。自那之后，大量学者共同参与，汇集起一个"世界顶层收入数据库"，包含三十多个国家，时间跨度极长，许多国家的数据可追溯到一个世纪以前甚至更早。[5] 正如皮凯蒂著作的精彩雄辩所示，这一数据库告诉了我们有关不平等的许多内容。[6] 但它仍有若干缺陷和空白，需要研究者们继续填补。

收入不平等与经济增长

对经济增长的研究利用只关注经济总量的国民账户数据，而对不平等的研究主要关注以微观数据描述的分配状况，没有试图与宏观总量数据相统一。两者之间存在缺口。经济学家缺乏恰当的测算工具，以便在统一的理论框架中将不平等、经济增长及政府作用结合起来分析。历史上，库兹涅茨对国民收入及其分配状况都很感兴趣，并在两个领域都利用政府部门编制的数据表格取得了惊人的研究突破。[7] 可是随着战后微观调查数据的进步，不平等研究自20世纪60年代起却失去了同国民账户与经济增长研究的联系。

这造成了两类问题。第一，目前不可能对经济增长与不平等开展联合分析，并回答诸如此类的简单问题：宏观经济增长如何在不同收入群体之间分享？第二，这导致了以不同数据库或不同国家测算的不平等统计数据之间的可比性问题。例如，调查数据通常没有很好地反映高度集中的资本收入的信息，而个人税收数据则做得不错。个人税收数据中缺乏某些不纳税的收入类型，如额外福利等，也不提供关于转移支付的系统性信息。不平等的跨国比较同样非常困难，因为不同国家有不同税基或者在调查数据中有反映收入水平的不同方式。[8]

国民账户体系发展出了一套国际指南，可以对不同时期和不同国家做标准化、可比较的测算。[9] 以同样的思路，经济学家需要设计出利用共同的国民收入基础来研究不平等问题的"分配国民账户"（distributional national accounts，DINAs）。此类工具能够将经济增长与不平等的研究综合起来，并开展有意义的跨国比较。

这个方向上的工作已有初步进展。世界顶层收入数据库正在被改造为世界财富与收入数据库（World Wealth and Income Database，WID），以提供收入和财富两方面的分配信息，并覆盖全体人口（不再只是顶层群体），而且与国民账户总量数据保持完全一致。阿尔瓦雷多等人正在编制初步的指导意见。[10] 国别研究项目当前正在针对美国[11]、法国[12]和英国[13]开展。这些研究的目标是从现有的微观个人收入纳税数据和调查数据出发，构建年度综合微观数据库，对各国的全体人口具有代表性，并与国民账户核算保持一致性。

这种研究方法包含了劳动收入和资本收入两方面的数据。在劳动收入方面，工资薪酬之外的附加福利和雇主工资税也被纳入其中，以对应国民账户中全部雇员所得的数据。在资本收入方面，企业利润留存被计算到个人股东手里，养老基金回报被计算到个人养老金持有者手里，租金归住房所有者，与国民账户在测算国民收入总量指标时的做法完全相同。这样做的目标是让国民账户中全部关键的（劳动和资本）收入构成、财富构成、税收以及转移支付指标，都能从微观数据库里测算得出。

目前正在致力开展的工作还包括，在政府机构的国民账户核算中引入分配测算的内容。例如美国经济分析局制定了把分配信息纳入国民账户核算的长期计划。菲克斯勒等人介绍过这项工作,并率先尝试从当期人口调查(Current Population Survey)中汇总收入数据,与国民账户里的个人收入做匹配。[14] 经合组织同样开始把国民收入做五分位分解。[15] 由此可见,学术界与政府联合推动创立分配国民账户数据的时机已走向成熟。

利用分配国民账户数据库,我们有可能针对税前收入与税后收入,并针对特定人群(如工作年龄段人群、男性或女性等)测算不平等及收入增长状况。皮凯蒂等人做的初期估算显示,1946—1980年,成年人平均税前收入实际年均增长率与全体人口和底层90%收入者是相同的,均为2.1%。[16] 可是到1980—2014年,底层90%收入者的增长率仅为0.8%,约为全体成年人收入增长率(1.4%)的一半。底层90%人群在全部经济增长中获取的份额在1946—1980年为62%,在1980—2014年下降至32%。这表明,总体宏观经济增长统计数据在诠释大多数人的经济增长体验时可能有极大的误导性,同时还意味着,宏观经济学的代表性行为人模型可能不适用来分析与经济增长有关的许多问题。

税前收入(未发生任何税收或政府转移支付)与税后收入(减去所有税收,再加上所有政府转移收入,包括公共产品支出中包含的部分)之间的对比,可以给政府的直接再分配效应做首次全面而系统的展示。[17] 我们的初步研究发现,税后不平等程度确实低于税前不平等,但税前不平等与税后不平等的时间变化趋势非常相似。对低收入家庭的转移支付,如食品券、医疗保险计划(Medicare)与医疗救助计划(Medicaid)逐渐增加,减少了税后不平等的程度。然而税收的累进性却在逐渐减弱,加剧了税后不平等。总体而言,以上两个因素的作用大致相互抵消。

当然,政府还通过其他政策措施影响税前收入,包括监管规范(如最低工资)和税负归宿等,如公司税从长期影响着全体资本所有者，而不仅仅是公司的股东。因此对税前收入的恰当定义本身就要求有合适的理论框架。这不仅是纯粹的会计或测算操作，还需要经济学理论的思考，并借鉴有关税收及转移支付效应的现有研究文献。

在更长的时间里，我们可以设想分配国民账户将包含完善的全体人口的信息，包括工资、收入、财富乃至消费等。事实上，政府的税收和转移支付管理机构已经产生了覆盖全体人口的工资和收入数据，并长期被用于研究。[18] 传统的国民账户核算也依靠此类数据，但通常是以汇总的形式，如特定产业部门的统计。从理论上讲，随着计算能力的进步，未来有可能建立完全一体化的数据库，把所有个人、企业与政府实体纳入其中，在微观层面追踪所有的收入和支出，并且在新的数据出现时做实时更新。此类工具对经济学分析将有着不可估量的价值。

财富不平等

皮凯蒂的著作主要聚焦于资本不平等，他把资本定义为净财富，或者说任何人持有的资产总和减去负债。不幸的是，有关财富不平等的统计资料比收入匮乏得多。几乎所有发达经济体都有累进制个人所得税，能提供收入不平等的详细信息，但极少实施累进制的综合个人财富税。结果导致财富数据的质量和广度远远不及收入收据。此问题在美国尤其突出，衡量财富不平等最广泛采用的两种资料是自1916年以来的房产税数据，以及自1989年以来每三年开展一次的消费者财务调查数据（Survey of Consumer Finances，SCF），这两种资料汇报的结果大相径庭。按照房产税数据，美国的财富不平等自1980年以来并不严重且较稳定，顶层1%人群在总财富中持有的份额略低于20%，以历史和国际标准来看均属于很低的水平。[19] 与之完全相反，按照消费者财务调查数据，美国的财富集中度相当高，顶层1%人群在总财富中的份额达到36%，并且自20世纪80年代后期以来持续攀升。[20]

皮凯蒂给美国财富集中度整理了时间序列数据，把这两个有冲突的资料来源拼接到一起（只因当时仅有这些资料可用），对20世纪80年代之前采用房产税数据，自20世纪80年代起采用消费者财务调查数据。[21] 由此引来了《金融时报》的质疑，人们担心美国的财富集中度加剧部分源于人为选择的数据来源发生了变化。[22] 在更早之前，爱德华·沃尔夫的名著《顶层之重：美国的财富不平等恶化及其对策》也采取了类似做法：把房产税数据和消费者财务调查数据结合起来，并同样得出了美国财富集中度增强的结论。[23] 这里涉及的深层问题在于，美国官方没有收集系统性的财富数据，鉴于公众对这一话题的广泛关注，留下了一个巨大的缺口。改进美国的财富统计是当务之急，这要求对如何利用其他数据来源开展更多的研究，同时改善财富数据的官方收集工作。

在研究领域，自皮凯蒂的著作出版后，赛斯与祖克曼利用系统性的资本收入数据（这在个人税收数据中有良好测算）来推算财富的数额（借助所谓资本化计算方法）。[24] 他们发现，财富不平等程度自20世纪70年代后期以来大幅提升，顶层1%人群占有的财富份额从1978年的23%增加到2012年的42%。自1989年以来的增幅甚至比消费者财务调查得出的结果更大。这表明新的估计结果非常接近于沃尔夫与皮凯蒂在各自的著作中采用拼接数据得出的结论。[25] 如果有什么区别的话，只能说赛斯与祖克曼估算的财富不平等恶化程度比皮凯蒂的判断更严峻。[26]

考虑到这些估算结果的差异以及美国财富不平等仍将扩大的现实可能性，我们确实需要在财富数据收集上取得重大进步，以解决有关争议。首先，应该有可能充分挖掘现有的丰富税收数据，以继续改进赛斯与祖克曼的财富估计，特别是仅限于美国税务部门内部使用的国内税收数据，目前已可以通过专门协议供外部研究人员使用。[27] 例如，国内税收数据中的个人住址可以同第三方房地产价格数据（如Zillow平台）结合起来，精确估算房主的房产价值。与之类似，可以利用个人退休账户（Individual Retirement Account，IRA）的余额（在美国国税局有系统报告）加上过去养老金缴费的长期信息［如401（k）计划］，更精确地估算养老金财富等。

其次，信息报告的改进可以极大地提高美国财富数据的质量。最重要的步骤是让金融机构在目前递交给美国国税局以报告资本收入的信息申报表格里加入年底财富余额，这一要求还可以扩大到学生贷款等相关事务上。有关利息与分红的信息申报也可以报告账户余额。美国国税局现有的一般账户申报要求可以扩展到401（k）等所有缴费确定型养老金计划。收集所有这些额外信息的成本可能不高，因为金融机构为管理客户账目已经产生了相关信息。在许多情况下，增加申报信息可以改进现有的税收征管，因此未必需要国会采取行动。

以上讨论表明，政府政策的实施、对不平等问题的研究以及公众给予的关注都彼此相关。如果离开政府政策（尤其是税收政策），就没有测算收入不平等的系统方法，特别是对顶层收入群体。实际上，皮凯蒂著作中探讨的几乎所有顶层收入占比序列数据都始于各个国家最早推行累进制个人所得税的时候。此前，基本上不可能准确地测算收入集中度。反过来，利用系统性官方数据得到的收入不平等统计能够有力地唤醒民众对此问题的觉悟，正如皮凯蒂著作带来的巨大反响那样。很自然，即使没有系统性的统计资料，各个社会依然存在不平等，这在政治问题讨论和文学作品中屡见不鲜。众所周知，皮凯蒂就援引过巴尔扎克与简·奥斯汀作品中描写的不平等和阶层差异。现代统计数据固然能够为这一问题带来参考，但远不足以消除与之有关的所有误解。

对不平等作用机制的理解：不平等的现实合理吗？

皮凯蒂的著作不只提供了有关的统计数据，还构建了理解不平等作用机制的理论框架。这点非常关键,因为并非所有不平等都是相同的。某些不平等给人们的感受较为公平,例如,几乎所有人都赞同,与有着相似技能却不够努力、喜欢享受的人相比,勤奋工作的人应该获得更多的收入和消费。其他某些类型的不平等则让人感觉有失公平正义,例如,对社会生产毫无贡献的行为(如寻租)带来的高收入就被视为不公平。许多人会认为,懒惰而富有的信托基金投资者配不上其继承的财富。很自然,对不合理的不平等的此类感受会通过政治活动程序转化为政治呼声,要求政府采取相应行动。

资本收入:继承财富与自创财富

财富在数量上非常重要,近年来在美国的规模为4~5年的国民收入,产生的资本收入约占国民收入的30%。[28] 财富高度集中使资本收入对顶层收入群体而言至关重要。财富出自两个来源:自创财富(过去的储蓄)与继承财富。两者的区别很关键,因为现代的英才主义社会强烈厌恶由继承(而非本人的业绩)带来的特权。

皮凯蒂著作的核心预测是,如果没有政策调整,财富将变得日益集中并主要来自继承,导致德不配位的继承者支配顶层收入群体。为检验这一预测,我们必须测算继承财富在全部财富中的份额及其变化趋势。如《21世纪资本论》中详细介绍的那样,皮凯蒂及其合作者基于深入分析,通过把历史上的房产税资料加以数字化,并利用当前的官方房产税数据,已在法国针对这一重大问题取得了显著研究进展。[29]

糟糕的是,美国针对这一问题的研究尤其薄弱,部分原因在于缺乏足够的官方数据来测算储蓄和遗产(还有生前赠与)。此问题曾引来若干学者的争论,如莫迪格里亚尼、科特利科夫与萨默斯等。[30] 莫迪格里亚尼认为继承财富相对不太重要,而科特利科夫与萨默斯认为继承财富极为重要。不幸的是,由于缺乏系统性的官方数据,自这场争论爆发以来，美国对此问题的解答几乎毫无进展。所以，更好地测算继承财富在美国的实际情况应该是一项优先任务。

美国的国内个人税收数据追踪了全体人口各自的收入、信托、赠与和大额继承的信息，提供了不可多得的估测美国情况的机会。但有关研究依然充满挑战，因为人们经常通过信托进行提前低价赠与，以此逃避遗产税。美国的国内个人税收数据还追踪了子女上大学的信息与父母们实际支付的大学学费，这是重要的补充信息，因为大学学费显然已成为父母对成年子女的财富转移中非常关键的组成部分。[31]

为准确测算自创财富，我们有必要精确计算储蓄。糟糕的是，这又是一个数据贫乏的关键领域，特别是在美国。美国的储蓄数据在微观层面极其有限，只有消费者支出调查（Consumer Expenditure Survey，CEX）包含了对测算储蓄必不可少的收入与消费两方面的微观信息。消费者支出调查不能很好地反映顶层收入群体的情况，这之所以成为一个问题，是因为储蓄同样高度集中在这部分群体。因此，即便是储蓄率（储蓄相对于收入的比率）随着收入和财富而增加这一基本事实，在美国也很难被精确测定。戴南等人的研究做了目前最好的尝试，发现储蓄率随收入增加急剧提升。[32]

在总量层面，可以从资金流与国民账户核算中推导出非常精确的总储蓄与总投资数据。赛斯与祖克曼构建了按财富群体划分的综合储蓄率，其含义是，在给定顶层财富群体的收入变化与资产价格效应（这两者均可准确测算）之后，该储蓄率可以解释顶层财富占比的变化机制。[33] 他们还发现，储蓄率随财富规模快速提升，而中产阶层的储蓄率自20世纪80年代以来大幅下跌。也就是说，他们看到财富集中度的爆发式提高既来自收入不平等的恶化，也源于储蓄不平等的加剧。储蓄不平等放大了最初的收入不平等，导致巨大财富不平等的结果：如果中产阶层完全没有储蓄，则他们在总财富中所占的份额最终将下降至0。对财富不平等来自储蓄率不平等的这种担心其实由来已久，早先曾引起库兹涅茨的关注。[34]

在数据收集方面，系统性地收集储蓄数据应该是优先任务。如果能像上文建议的那样通过税收征管在财富数据收集上获得改进，再加上一小步就能测算出储蓄的水平。如果我们能观察到年底的金融账户余额，则只需要找到其间的资产买卖信息，就能计算出储蓄。在资产销售上，已经产生了为已实现的资本收益纳税的信息申报表格；在资产购买（以及通过赠与或继承而获得资产）方面，也可以产生类似的信息申报表格。

此类涉及资产购买的信息如今已被金融企业掌握，因为这是已实现的资本收益的税收管理要求申报的信息。北欧国家在微观层面收集了覆盖各种资产类型的全面的财富信息，使其可以准确计算出微观储蓄率。所以，最具创新性的储蓄与财富研究目前正在这些国家开展。[35]

劳动收入：公平与不公平的劳动收入

在若干国家（尤其是英国和美国），劳动收入的不平等自20世纪70年代以来也显著扩大。导致这种趋势的因素是什么？对此主要有两类观点。

在市场派观点看来，劳动是一种在劳动力市场做竞争性交易的标准产品。因此劳动报酬是由不同劳动力技能的供需决定的，反映了边际生产率。例如，技术进步会增加对受过大学教育的劳动力的需求，导致受教育工人的工资溢价提高。相反，大学毕业生的增加则会压低受教育工人的工资溢价。按照市场派的观点，报酬是生产率的反映，工资不平等可以视为生产率的差异，因此与贤能主义的理想公平模式是一致的。

在制度派观点看来，劳动不是标准产品，报酬的决定是谈判过程的产物，可能受若干制度因素的影响，包括劳动力市场监管、工会、税收和转移支付政策，以及与工资不平等有关的更广泛的社会规范等。结果导致报酬可能明显偏离生产率水平。在此情形下，报酬部分取决于谈判能力，某些群体（如高级经理人）的收益可能来自其他群体（如普通工人）的损失。所以，无法保证部分受谈判能力影响的工资不平等总具有公平性。

经济学研究该如何证实以上哪种观点更接近实际情况，特别是对顶层收入群体来说？

皮凯蒂与赛斯的研究表明，顶层收入群体的收入份额增幅中有很大部分来自工资薪酬以及商业收入（business income）的显著增长，其中商业收入包括合伙企业的利润或封闭式S类公司（closely held S-corporation）的利润。[36] 另有学者利用美国国内税收数据发现，在1979—2005年的顶层0.1%群体的收入增长中，企业高管、经理人、监事以及金融专业人士占据了大约2/3的份额。[37]

工资薪酬的暴涨是由于高管薪酬的增加，这在公司治理领域的研究文献中已有过广泛讨论。关键的问题在于，高管薪酬的这一增长是像市场派认为的那样反映了顶级人才的真实价值提高[38]，还是像制度派认为的那样反映了高管索取更多报酬的能力增强？[39]

另外，我们对顶层收入群体的商业收入增加所知要少得多，而在美国顶层收入群体中，这部分收入从数量看比工资薪酬收入更大。[40] 若干高盈利的大型封闭式公司采用合伙制或S类公司的组织形式。有限责任公司同样能以合伙制形式来组织。此类企业的规模有时可以很大并极具营利性，但通常只有少数所有者，因此能给每位所有者带来极高的利润。传统上，医生和律师是以合伙制来组织的。在金融领域，对冲基金与私人股权公司通常也采用合伙制。大多数初创企业在公开上市或被其他更大型企业收购前通常是有限责任公司，其中某些规模可能已相当大，例如上市前的脸书公司或如今的优步公司等。

此类企业获得的利润是否公平既取决于业务的具体性质,也同监管环境有关。一方面,几乎所有人都认为专业从事高频交易的对冲基金没有产生增加值,而是从其他速度更慢的交易者那里夺走收益。另一方面,人们又都同意发明出得到广泛应用的新产品(如智能手机或互联网搜索引擎)或能够显著改进现有服务(如优步公司在出租车业或爱彼迎公司在房屋租赁业)的高技术企业给经济生活创造了真正的价值。然而,许多靠新产品开发获得成功的高技术企业后来成为准垄断租金的榨取者。从理论上讲,垄断租金应该会吸引竞争对手加入。但许多最成功的高技术公司通过网络效应成了自然垄断者,例如微软、谷歌与脸书等。脸书的高价值,正是因为其难以匹敌的广大用户基础让它占据了相对于新企业的决定性优势。过分漫长的专利权期限也能够保护垄断租金。显然,垄断企业还有着为巩固地位而游说政府的强烈动机。众所周知,镀金时代的许多财富就源自石油或铁路行业的垄断地位。

更深入地了解美国顶层收入群体中商业收入的产业构成,并分析占据主导的是信息技术产业的利润还是S类或有限责任类金融企业,是生物医药类研发企业还是传统类型的律师事务所,自然非常有价值。从原则上讲,把个人税收数据同企业税收数据相结合,有可能追踪顶层商业收入的产业构成,并分析此类利润是否来自准垄断情形、专利或封闭式企业。对于顶层商业利润的监管和税收议题而言,这些信息至关重要。

政策处方:对于不平等应该做些什么?

上文探讨的公平与不平等的问题很自然会引发下一个疑问:社会应该如何解决缺乏公平的不平等现象?

皮凯蒂著作的一个重要启示是,政府政策从历史记录来看,对决定不平等起着关键作用。一战之前,几乎所有西方国家的政府规模都很小（税收通常只占国民收入的10%或更少），收入和财富集中度都很高，这是一个令人震惊的发现。到20世纪70年代，政府规模有了巨大扩张，在几乎所有发达经济体都占据国民收入的1/3～1/2，表明发达社会决定把更大部分的收入用于福利国家政策，如提供公共教育、公共养老金和残障福利、公共医疗保险，以及若干规模较小的收入保障计划（基于家计调查的福利和失业保险）等。

这一新型福利国家制度的扩大，既是依靠广泛而相对平均的税收（如社保缴费和增值税），也有赖于累进制税收（如累进制个人所得税、主要由资本承担的公司税、累进制遗产税）。有意思的是，美国和英国曾实行累进程度最高的税收体制，个人所得税和遗产税的顶层税率极高。[41] 随着政府规模（以税收和支出计算）的扩大，监管政策也相应发生了剧烈改变，如反垄断政策、金融监管、消费者保护，以及各类劳动和工会监管规范等。大规模福利国家、累进制税收与监管进步带来的净效应，使几乎所有发达经济体的收入与财富集中度在20世纪早期到二战之后的数十年里大幅降低。尤为重要的是，各国的税前不平等与计算税收和转移支付之后的不平等均大幅降低。

可是在最近几十年里，我们看到至少在某些国家，高度不平等现象卷土重来。不平等的恶化程度在美国和英国最为严重，里根与撒切尔夫人的改革导致了最剧烈的政策逆转，特别是在累进制税收、金融监管和劳动监管等方面。不平等重新恶化发生在某些（但非全部）国家，并与政策转向高度相关，充分表明政策扮演着关键角色。如果是纯粹由技术和全球化导致的现象，应该给所有发达经济体带来相似的影响。阿特金森讨论过这一议题，并结合多方面思考提出了遏制英国不平等恶化的大胆政策建议。[42]

有很多研究文献分别考察过各种政策领域，但对于政策工具箱中的每个部分会如何影响不平等和经济增长，我们尚未看到出色的全面描述。

解决收入不平等的对策

近期的研究成果对影响收入集中度的政策作用有何见解？皮凯蒂等人的研究表明，顶层1%人群所占的收入份额在各国和不同时期都与顶层个人所得税税率高度相关，对增长率则没有显著影响。[43]自20世纪60年代以来，经历过顶层边际税率最大幅度削减的国家（包括美国和英国），也正是顶层群体的收入占比涨幅最大的国家。不过没有确切证据显示，顶层边际税率降幅最大、收入集中度增幅最大的国家自20世纪60年代来有更高的经济增长率。这说明高收入者对降低顶层税率的反应并不是像标准的供给侧理论预测的那样，增加生产性劳动，而是想方设法占据更大份额的经济成果，以其他人的损失为代价。

菲利蓬与雷谢夫的研究发现，美国经济中的金融业规模和金融业员工的相对报酬水平同金融监管程度有着极为紧密的负向关系：当监管弱化时，金融业规模膨胀，报酬水平高涨。[44]根据美国的历史记录，1933—1980年的严密金融监管时期其实有着更强劲的经济增长，表明约束金融业似乎对经济增长并无有害影响。

而在公司高管薪酬问题上，则显示对薪酬透明度和业绩报酬的监管基本失败，或者说实际起到了反效果。1993年的美国税法把高管薪酬的税收抵扣额限定为100万美元（为公司税抵扣），但与业绩挂钩的部分除外。上述规定反而刺激了股权报酬模式的大爆发。股票期权把待遇同公司股价挂钩，实际上是非常粗糙的奖励工具。由于股票价格的波动包含与高管业绩无关的许多其他因素，期权或许是非常缺乏效率的薪酬工具。期权的大行其道或许正是因为它在表面上与业绩挂钩，实际上却不像普通薪酬那样透明可见。[45]

尽管产业组织领域有大量研究文献关注反垄断和专利监管，以及它们对非正常利润和垄断租金的影响，这些研究却没有把不平等问题联系起来。此类利润是否来自准垄断租金，从而加剧了收入和财富的集中度？假定如此，则反垄断和专利监管政策不应只考虑传统上的效率影响，还需要把收入效应也纳入进来。

关于监管政策、税收和转移支付在解决不平等问题上各自的相对优势，如果能开展更多的专题研究，那将更具有价值。

解决财富不平等的对策

在不损害对长期经济增长至关重要的总储蓄和资本积累的前提下，如何缓和财富不平等？作为皮凯蒂著作中引人注目的一条建议，累进制财富税或许是约束巨额财富积累的最直接的工具。累进制财富税的优势（相比累进制所得税）在于它是专门针对积累财富，而非当期收入。从原则上讲，如果担忧点是继承财富，那么遗产税应该是防止自创财富变成继承财富的最佳手段。[46] 不过在实践中，遗产税可能通过税收规划以及生前的低价赠与和转移来规避。相比之下，因为需要对财富做年度评估，所以规避年度财富税会困难得多。

由于美国的储蓄高度集中在顶层财富持有人手里，某些人担心，通过累进制财富税或遗产税削减顶层群体的财富可能给总储蓄乃至资本积累造成负面冲击。上文提到，美国中产阶层的储蓄率自20世纪80年代以来大幅下降，所以为维持总储蓄水平，需要把累进制税收同鼓励中产阶层储蓄结合起来。

哪些政策最适合鼓励中产阶层的储蓄，这取决于我们找出的中产阶层储蓄率下降的原因。中产阶层储蓄率大跌或许是因为他们的收入增长相对于顶层群体来说微不足道，促使他们更多通过借贷来维持相对消费水平。[47] 在此情形下，提振中产阶层收入的政策应该也能够促进其储蓄。金融监管的放松可能带来更多的借款机会（包括消费者信贷、抵押贷款再融资、住房股权贷款和次级抵押贷款等），在某些时候可能让消费者更难抵御某些类型的掠夺式借贷。假设如此，改善消费者保护与金融监管或许也有助于增加中产阶层的储蓄。

抑制中产阶层储蓄的另一个因素是大学学费的飙升，这可能导致学生贷款增加。这意味着公共部门扶持的高等教育以及限制大学学费标准或许可以发挥作用。近期的行为经济学研究表明，相比于税收补贴，个人储蓄决策对于制度设计和助推措施〔如401（k）雇主养老金计划中的默认选项〕的反应会强烈得多。[48] 我们可以利用行为金融学中更多更新的研究成果，来设计能从长期促进中产阶层储蓄和减缓财富不平等的策略。[49]

第14章

财富不平等的宏观模型

玛莉亚克里斯蒂娜·德纳尔蒂　朱利奥·费拉　杨方

经济学家玛莉亚克里斯蒂娜·德纳尔蒂、朱利奥·费拉和杨方探究了财富不平等问题，也即《21世纪资本论》预测的最终结果。即便在该书出版后，人们依旧不太了解导致总财富不平等与个人财富分配结果的机制。这三位学者主要关注两类事实及两种传统理论思路：一种强调财富持有在某个时点的极度倾斜（即很大比例财富被最富有的极少数人占有）及其随时间加剧的趋势；另一种试图解释为什么某些富人能保持富有并变得更富，而另一些人却变得更穷。近期的一些研究开始把上述两类理论统一起来。总体上，财富方面的数据对经济学中的原有观念提出了重大质疑。这三位学者的研究则率先给出了答复。

借用皮凯蒂自己的话来讲，《21世纪资本论》"主要是关于收入与财富分配历史的著作"。该书描述了收入与财富分配自工业革命以来在若干国家的演变历程，并提出了一个理论框架来解释若干发达经济体内部财富不平等长期变化的一般模式。

本章借助皮凯蒂著作阐述的事实与思想，梳理现有研究文献中关于财富不平等的理论模型并说明，为了更准确地理解影响财富集中度的机制，我们已经掌握了哪些知识，还需要做哪些深入探讨。德维什·拉瓦尔在本书第4章中分析了与在总收入中资本和劳动收入份额有关的不平等的决定因素，而本章将关注财富分配的问题，即财富占有的不平等。

我们将首先介绍与财富分配有关的某些重要的典型化事实：

（1）财富高度集中，其分配向右侧的长尾部分高度倾斜。

（2）总体而言，财富分配本身有较大的流动性，既包括个人寿命期限中的流动性，也包括代际流动性。不过在分配阶梯的顶层和底层群体，财富的流动性要低得多。

（3）财富集中度，即最富有人群掌握的财富份额，表现出U形变化，在20世纪大多数时候呈下降趋势，到20世纪80年代后逐渐抬升。

本章接下来将探讨皮凯蒂著作提到的影响财富不平等的主要机制。特别是，该书强调税后资本收益率与总产出增长率的差距是影响财富集中度变化的关键力量。[1] 该书还讨论了税收累进程度、顶层收入占比，以及储蓄率和继承的异质性在较低程度上发挥的影响。

之后，我们将提出一个简单的理论框架，以更好地理解和归类（可能导致财富不平等的）影响个人财富积累的各种机制。继而回顾有关财富不平等的现有宏观经济学研究，特别是最有可能导致观察数据中显示的极高财富集中度的因素。具体而言，我们讨论了一些文献（以理论分析为主），旨在解释财富分布的右侧长尾非常接近帕累托分布的现象。这类研究文献为皮凯蒂著作中强调的影响机制，即财富集中度随着财富平均净收益率（r）与总产出的趋势增长率（g）的差距扩大而提高，奠定了关键的理论基础。在此类理论模型中，对财富积累过程乘数式随机冲击（multiplicatvie random shocks）是导致财富集中的主要作用机制。皮凯蒂认为总产出增长率毫无疑问会降低财富集中度，然而根据上述某些理论模型，全要素生产率（TFP）提高带来的产出增长既可能降低也可能提高财富集中度，具体要取决于不同的环境。

为了便于做数学上的处理，对那些带有乘数式冲击的模型进行研究的文献通常未考虑储蓄率的内生异质性，并把企业家收入形式的内生回报率作为储蓄率维持稳定的一个来源。[2] 此外，此类文献没有考虑生命周期因素以及遗赠行为的非位似性（nonhomotheticity），这些因素会影响代际财富积累，对解释为什么富人在工作期间和退休后都有更高的储蓄率也非常重要。[3]

为防范收入和支出冲击（可能包括退休后的医疗和养老院支出等）而进行储蓄的内生异质性，是我们之后要介绍的另一类量化模型的核心。此类研究文献的比较优势在于，强调影响储蓄行为和收益率差异的因素，并在量化模型中测算导致财富不平等的异质性作用的大小。我们认为，之前的研究有力地证明了创业行为、自愿遗赠、不同家庭的偏好异质性以及顶层收入者面临的薪酬风险，可以帮助解释极高的财富集中度。然而我们并不清楚，这些因素对财富不平等各自起到多大程度的作用。因为至少到目前为止，大多数因素是单独加以研究的。要判断这些量化模型能在多大程度上拟合各国和不同时期观察到的财富不平等的巨大差异，还有大量工作要做。

为了从静态角度研究某个时点的不平等的决定因素转向从动态角度研究不平等状况随时间发生的变化，接下来，我们将介绍数量较少的一类研究文献，它们分析了财富分配的动态传递机制。

皮凯蒂推测，税后财富收益率与产出增长率之差的变化可能导致了财富集中度的演变。为定量评估皮凯蒂的推测，我们将利用能产生可观测的财富与收入不平等的量化模型，开展某些量化模拟。结果表明，回报率对财富集中度的影响较小，另外在考察产出增长率的影响时，把全要素生产率同人口增长率区分开很关键。然而，全要素生产率增速的效应与回报率的影响是对称的，二者对财富不平等的影响都较小，而人口增长率对财富集中度有非常大的影响。可见，当产出增长主要来自人口增长时，对于财富集中度的影响而言，资本回报率同产出增长率不是完美的替代变量。

本章结尾将总结未来研究有哪些可为的领域。

若干典型化事实

有充分证据表明，与正态分布不同，横截面财富分布是向右侧倾斜的，其右侧尾部非常接近于帕累托分布。这种分布意味着财富水平 w 的对数值与高于该财富水平的人口比例 $P(w)$ 的对数值之间存在线性关系。[4] 图14.1描述了部分国家财富分配顶层10%群体的这一数量关系，

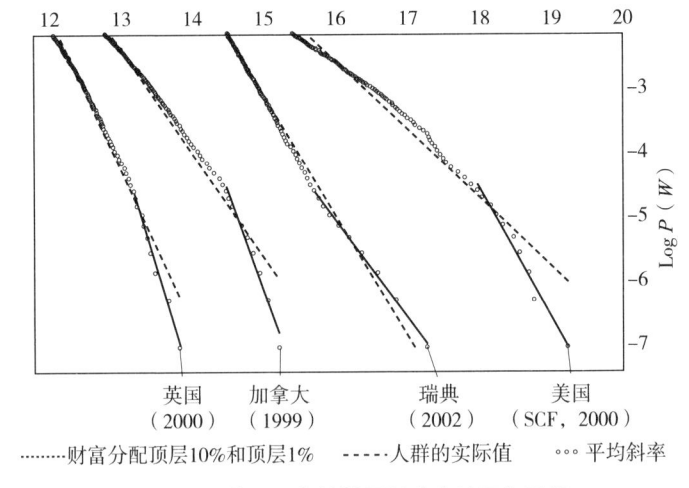

图14.1 若干国家的帕累托分布的尾部形状

资料来源：Frank K. Cowell, "Inequality among the wealthy," CASE Working Paper No. 150(2011)。

其中的圆圈代表实际观测值，虚线和实线分别代表顶层10%和顶层1%群体的帕累托模型预测值。

很多证据显示，财富的集中度远高于工资和收入的集中度。沃尔德与维特尔在研究中引用美国的早期资料，近期其他学者的文章也指出了这一事实。[5]

某个时点的财富分配状况很重要，同样重要的是这一分配状况的"扰动"程度，其中既包括个人与家庭层面，也涉及代际变化。对于个人层面，有学者利用1984—1994年的收入动态面板研究（Panel Study of Income Dynamics，PSID）发现，美国第20百分位至第80百分位的人群存在较大的流动性，而顶层和底层群体有较强的持续性。[6] 对顶层和底层群体，维持在相同十分位的概率根据不同时期划分为40%~60%。[7]后一发现意味着，总财富的60%，即在该研究中由顶层10%人群掌握的份额是相当稳定的。

在代际财富流动性方面，马利根测算出美国的子女财富同父母财富的弹性为0.32~0.43。[8] 查尔斯等人从收入动态面板研究中发现该弹性值为0.37，如果控制子女的年龄、教育和收入，则会降至0.17。[9] 由于数据的局限性，这些估计值只是针对父母依然在世（即在发生遗产转移之前）的子女同父母配对组合的代际财富弹性。[10] 因此，他们可能会低估代际财富持续性的整体水平。其他学者的研究注意到了上述缺陷，试图用时间跨度超过一代人的财富数据予以弥补，其中包括艾德蒙等人关于瑞典的研究、博塞拉普等人关于丹麦的研究，以及克拉克与康明斯关于英格兰和威尔士的研究等。前两项研究采用了财富税数据，艾德蒙等人发现父母财富同子女财富的排名相关性为0.3~0.4，博塞拉普等人估计的财富弹性值为0.4~0.5。克拉克与康明斯则追踪了一批家庭的长期数据（1858—2012年），这批研究对象拥有罕见的姓氏，他们在去世时的财富水平能被观察到。结果发现，对于能够把父母和子女匹配起来的子样本，代际弹性值为0.4~0.5，若对整个姓氏群体合并测算则达到0.7左右。[11]

总体而言，存在显著财富流动性的实际证据表明，经济环境受到的冲击是财富发生动态变化的重要决定因素。大量研究文献把这一特征放在核心位置，强调财富积累是收入受到特殊冲击时平滑消费的手段之一，我们将在后面的小节对此再做综合考察。

财富分配的第三个重要特征是其随时间的演变。直到最近，才开始有更多的研究关注财富不平等的时间演变，覆盖的时间跨度也较短。[12] 皮凯蒂著作的杰出贡献之一是把近期的若干研究结合起来，描述了相当数量的国家自工业革命以来的财富分配变化。他得出的对各国普遍适用的一个主要发现是，最富有群体控制的总财富份额呈现出U形轨迹，从20世纪初期的极高水平，到两次世界大战间的急剧下降，在二战到20世纪70年代普遍降到最低水平，20世纪80年代后重新抬升（见图14.2）。

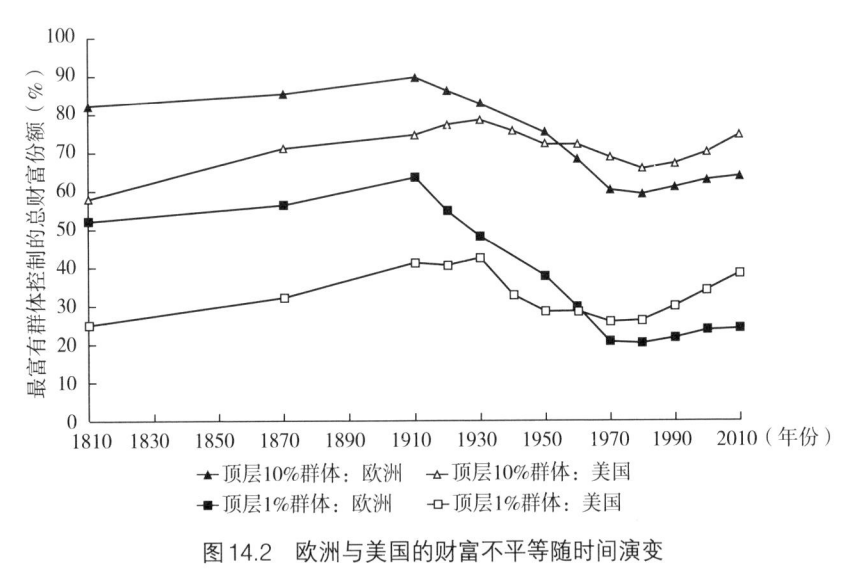

图14.2 欧洲与美国的财富不平等随时间演变

资料来源：Thomas Piketty and Gabriel Zucman, "Wealth and Inheritance in the Long Run," Vol. 2B, chapter 15: 1303-1368, ed. A. J. Atkinson and F. *Bourguignon Handbook of Income Distribution* (Elsevier B.V., 2014)。

关于顶层1%群体持有的财富份额自20世纪80年代以来的实际增幅，还存在某些争议。图14.2描绘了皮凯蒂与祖克曼从税收数据中得出的估计，认为该份额提升了约13个百分点，使其完全回到了1930年的峰值。[13] 来自消费者财务调查的估计则认为增幅要小得多，约为5个百分点。[14] 尽管实际增幅还不能很确定，对其成因及未来可能演变的探讨却已经成为重要的研究课题。在之后的小节中，我们将介绍其他有关财富不平等的模型能够在多大程度上解释顶层财富集中度的变化。

皮凯蒂理解的机制

皮凯蒂的著作提供了一个植根于帕累托长尾模型的理论框架，以解释财富不平等在20世纪的演变历程。根据该理论，财富不平等随着r（税后平均财富回报率）与g（总产出的趋势增长率）的差额而递增。这一机制符合财富集中度与$r-g$在20世纪同步下降的情形。在1914年到20世纪80年代，税后资本回报率下降，既因为大萧条和两次世界大战导致的资本损毁，也是1914—1945年历次冲击带来的累进制税收政策的结果。与此同时，20世纪下半叶的产出增长率又显著高于20世纪初期。

这一机制背后的直观感受是，更高的回报率r会提高现有财富的资本化倍数，从而放大财富分配中的初始差异。另一方面，更高的增长率g会提高通过劳动收入储蓄来实现"新"财富的积累速率，这通常有助于降低不平等。无论现有财富是由当前世代的人储蓄而来，还是从前人那里继承得到，回报率的提高都会增强财富相对当前劳动收入的重要性。

虽然上述机制在皮凯蒂著作中扮演着核心角色并受到广泛关注，书里其实还提到了其他重要因素。第一个因素是继承财富（包含金融财富与人力财富）及其与人口变化的相互作用，这个因素与上述机制相关，因为它影响着财富积累的代际比率。

第二个因素是回报率差异及如下事实：有大量资本投资的富人通常能获得较高的回报率，因为他们能参与风险较高、流动性较低的投资，或者有更强的激励雇用财务管理人，以及更一般地，他们愿意为争取更高回报而投入时间和金钱。此外，储蓄率也存在差异，有较多初始财富的人会更多地储蓄。

皮凯蒂的著作还讨论了一个重要因素，即"超级经理人"的崛起，高级管理者占有的利润份额增速超出了其他任何人，特别是在美国。皮凯蒂认为，这是我们观察到的总收入不平等扩大背后的一个主要原因。还需要注意，美国也是同一时期财富不平等扩大速度最快的国家。

最后，《21世纪资本论》强调了政府税收、转移支付、监管措施（如针对最低工资）和市场结构对导致不同国家以及同一国家在不同时期的收入与财富不平等出现差异的重要性。

对财富集中度的解释

下面我们将介绍一个源自米德的简单核算理论，以更好地进行后续的讨论，既针对皮凯蒂关注的（r-g）机制，也包括探讨财富不平等决定因素的其他文献。[15] 为此，我们设想一个经济体的总资本存量以 g 的外生速率增长。每个人出生时，在同时期的总资本存量中被赋予一个可能各不相同的比率。该经济体中的唯一收入来源是个人财富特有的回报率。

在给定时期，（以平均资本存量标准化的）个人财富以如下指数比率增长：$r_{it}-g + s_{it}$。其中，r_{it} 是当时年龄为 t 的个人 i 的已实现回报率，s_{it} 是时期开始时的个人储蓄同其财富的比率。[16] 于是在这个经济体中，有三个主要因素决定（以平均资本存量标准化的）个人财富的分配状况：

（1）个人的历史储蓄率s_{it}，或者个人一生中的平均储蓄率。若其他条件不变，有更高的毕生平均储蓄率的人会以更快的速率积累财富。

（2）个人的（考虑增长率调整后的）历史回报率$r_{it}-g$，或者个人一生中的平均回报率。若其他条件不变，有着更高的毕生平均回报率（即各时期有较高的历史回报率）的人会比回报率较低的人有更快的财富增长。与之相应，给定个人回报率的横截面分布状况r_{it}，更高的增长率g会导致个人财富增长同经济总量增长的相对速率降低，从而压低标准化的个人财富增长率。

（3）出生时的财富分配状况。即使不考虑回报率与储蓄率的个体差异，对于同一批出生的有着不同财富禀赋的两个人，以相同的速率积累，其财富差异也会随着年龄增长而扩大。若共同回报率r与增长率g之间的差距扩大，其财富分化的速度也会增大。

最后一个效应反映了皮凯蒂（$r-g$）观点的本质。给定储蓄率以后，指数化复利增长的威力意味着（$r-g$）的差距若出现持续性改变，将会极大地加剧财富分配中的分化速度。因此，对于解释为何少数人在总财富中持有超比例的份额，"增长还是乘数"效应至关重要。这一基本机制是财富积累乘数模型的大多数理论文献关注的核心，我们将在之后的小节加以综述。

能够产生财富分配的帕累托长尾的理论模型

自帕累托之后，财富分配的这一特征得到了更深入的阐述，并激发了若干研究去探讨导致财富分配有帕累托长尾的经济机制。

此类机制要求财富积累过程面临乘数式随机冲击，主要有两种类型。第一种类型让个人财富以某个正平均指数比率增长，直至某个服从指数分布的终止点（如死亡）。在没有代际财富转移时，此类模型的反事实结论是，各年龄段群体之间（而非其内部）都存在财富异质性。[17] 有着较多财富的人是年龄较大群体中的存活者，他们的财富积累经历了更长时间。如果引入随机的代际财富转移，如本哈比等人的论文，则会带来更多异质性，在同一年龄段群体内部，一个人如果出生在有更长遗产历史的家族，他就更为富有。[18] 总之，整体的机制说明，代表财富分配右侧长尾厚度（相对于经济规模而言）的帕累托系数随着个人财富相对于整体财富的增长率而递增，随着死亡概率和压低出生时财富分配差异的其他因素（如具有再分配性质的房产税）而递减。

产生帕累托长尾的第二类机制在某种程度上与前一类模型相反，它要求个人财富的增长指数服从某种平均值为负的随机过程。负平均增长率意味着，平均而言，个人财富向分配均值收敛。不过极少数幸运者有高于平均值的长期正财富增长率，从而逃脱这种均值收敛力量，积累起大量财富。对此必须有某些流量机制（如转移支付、正向叠加收入冲击、预防性储蓄以及借贷约束等）提供反射壁垒，以确保财富分配的均值在零水平附近的某个范围内。此类模型会得出各年龄段群体内部及之间存在不平等的结果。[19] 其特点是，当出现下列情况时，帕累托系数会增大：（1）冲击的方差越大，会提高发生长时间正向冲击的概率；（2）起抵消作用的流量机制越微弱，静态分配的均值水平越高。

与第一类模型相同，第二类模型意味着以帕累托系数测算的财富集中度随财富均值收敛速率而递减，随着个人财富相对于总财富的平均增长率而递增。该速率为如下两个因素之和：一是平均税后回报率 r 与总增长率 g 的差额，即 $r-g$；二是非资本收入中的储蓄同财富的平均比率 sw。指数增长的逻辑表明，对于有乘数式冲击的所有模型而言，（$r-g$）或 sw 的较小波动可能导致帕累托系数出现较大改变。

本哈比等人构建了一个局部均衡的代际模型，有类似的遗产动机，每个人在出生时有独立相同分布的收入水平与财富回报率，并且在其一生中保持稳定。这个模型发现，影响静态财富分配右侧长尾形状的因素是个人遇到的不同回报率冲击，而非收入冲击。如果人们有着对数式偏好，财富遗产等于出生时财富的某个共同比例，但以各自的回报率做资本化计算，上述结论很容易理解。富有的家族有着长时间的高于平均水平的收益率。这一机制其实跟皮凯蒂与祖克曼文章中的模型类似，他们设想每代人都获得一个遗赠比例，富有家族的遗赠比例则在长时间里高于平均水平。因此，资本税和遗产税可能显著缩小财富的不平等，前者通过对净收益率的影响，后者通过对一代代向下转移的财富份额的影响。人们对遗赠的偏好程度也有类似的效应。[20]

另有两篇文章表明，有类似机制能在比利模型（Bewley Model）的一般均衡中产生渐进式的帕累托右侧长尾。在此类模型中，除通常的叠加收入风险（additive earnings risk）外，个人还面临非系统性的乘数回报率风险，即对其后院生产（backyard production）技术的冲击，但能够通过一定数额之内的借贷（利用无风险资产）做自我保险。[21]引入个人面临的非系统性风险，会产生上文介绍的各种模型都忽略掉的预防性储蓄动机。然而当财富数量变得足够多之后，预防性储蓄动机将趋于零，因为个人可以完全抵御有限的收入风险，且储蓄与财富呈线性关系。因此，乘数式回报率冲击会在较高的财富水平上主导财富分配状况。

借贷约束使我们难以用闭合形式（closed form）来描述帕累托系数，有研究者采用了数据模拟，在此类模型中证实了本哈比等人提出的部分观点，还获得了一些新的发现。[22]首先他们表明，预防性储蓄动机的存在意味着叠加收入风险的增加，会提升低财富者相对于高财富者的预防性储蓄水平，从而减小财富分配右侧长尾的厚度。他们还发现，与局部均衡模型的直观感受相反，全要素生产率增速（在本哈比等人的文章中设定为零）的提升对财富不平等有扩大（而非缩小）效应。[23]在一般均衡中，全要素生产率增速提高会增加稳态资本存量，从而降低剔除趋势后的平均资本回报率，缩小不平等。但另一方面，全要素生产率增速提高会扩大后院生产技术的特质性回报率的差异，从而加剧不平等。后一个效应占据主导地位，并意味着全要素生产率增速提高会导致以帕累托系数测算的不平等扩大。

琼斯采用布兰查德—雅利模型，在对数偏好和新生儿统一分布的偶然遗产水平的条件下，就全要素生产率对财富不平等的影响得出了与局部均衡观点相左的结论。[24] 该模型通过确定的个人财富正增长率得出了跨不同年龄段群体的帕累托财富分配结果。在一般均衡下，帕累托系数独立于全要素生产率增速，完全由人口变化的参数决定。

上述研究表明，增长率同财富集中度之间的负向关系，并不是含有乘数式冲击的模型在一般均衡状态下的稳健特征。[25]

比利模型

在这一理论框架下，对收入风险的预防性储蓄是导致财富集中度提高的关键力量。不过预防性储蓄动机随着财富相对于劳动收入的比例提高而减弱，也随着人们对收入风险的自我保险能力的提高而减弱。由此推断：如果行为人缺乏耐心（确保财富分配稳定性的一个必要条件），净财富相对于劳动收入的目标值将等于预防性储蓄动机正好与耐心缺失相互抵消的水平，储蓄率在该水平之下为正，超出该水平则为负。于是，此类模型里的储蓄率随财富水平而下降。

相反，赛斯与祖克曼以及其他人的研究发现，储蓄率随财富增加而提高，底层90%财富持有人的储蓄平均仅为其收入的3%，更高层9%人群为15%，顶层1%人群则为20%~25%。[26] 因此，上述比利模型的基础版本没有推导出财富高度集中在最富有的少数人手里的结果，没有得出这些人的巨额财富出现和维持的现象，是因为违背了富人有着较高储蓄率的事实。

储蓄行为高度依赖于回报率、耐心和收入风险。高回报率会推高储蓄率，但回报率不是外生的，这带来了回报率如何决定的问题，特别是对财富分配顶层群体而言。在企业家看来，回报率是内生的，取决于如何创办企业以及把多大比例的财富投资到有风险活动的决策。在投资人看来，回报率也是投资组合选择的内生结果。

耐心的好坏不仅取决于人们对未来消费效用的贴现率，也源自家庭成员是否关心在死后留下遗产，以及对自己预期寿命的判断。

综合来看，以上两点意味着如果人们的耐心和风险容忍度有差异，他们可能会选择不同的职业与投资组合，从而有不同的回报率，这与他们的耐心和风险态度存在相关关系。结果会让更具耐心与更少风险厌恶的人做出风险更高的选择。其中某些人可能失败，另外一些人则会成功并取得相当高额的回报。这说明在富人中间有着比例较高的更具耐心和更少风险厌恶的人，部分源于他们代表着那些较为幸运的人，部分是因为他们有不同的偏好，他们得到的实际回报取决于过去的职业、储蓄决策及其偏好。

我们名单中的第三个因素是较高的、异质性的收入风险。较为持续和倾斜的收入冲击有可能导致不同的储蓄率。例如卡斯塔涅达等人的研究发现，顶层收入群体的一个特定类型的收入风险可能导致大量财富集中到极少数人手里。这让人联想到皮凯蒂讨论的超级经理人的重要性上升现象（尤其是在美国），以及他们总薪酬的波动性。[27]

在本节以下部分，我们将探讨最有可能抵消标准比利模型中作为财富函数的储蓄率下降的作用机制，以便更好地解释实际观测到的顶层财富群体的高份额现象。

回报率的内生性

能带来内生回报率的一个重要选择是创业行为。卡德洛尼很好地总结了做出创业决策的各种因素，还有创业精神对于储蓄和投资的总体影响及对分配方面的影响。[28] 此外,另有若干研究令人信服地指出,创业精神是理解财富集中在最富有家庭的一个关键因素。[29]

卡杰蒂与德纳尔蒂指出,数据表明企业家在富有人群中占较大比例。例如,1989年的消费者财务调查发现,在净财富水平最高的1%人群中,63%是企业家,他们持有的总财富在这批人群中占68%。这两位学者还建立了一个创业模型,其中的利他主义行为人关心自己子女的福祉,当面临自己死亡时间的不确定性时,会留下意外的遗产与主动的遗产。在每个时期,行为人将决定是运营企业还是从事有薪酬的工作,其借贷约束会带来对抵押品的需要,因此只要创业活动遇到资金约束,就会推高储蓄率。[30]

在他们的模型校准中,最优的企业规模较大,企业家面临借贷约束。于是,即使很富裕的企业家也希望继续储蓄,以增加其抵押品,从而扩大企业规模,收获更高的资本回报。在该理论框架中,正是这一机制维持了富人的高储蓄率,并引致很高的财富集中度。他们的模型得到的财富集中度结论与数据拟合得很好,包括财富分配的右侧长尾部分。另外,该模型得到的资本回报率处于其他学者发现的实测范围内(Moskowitz and Vissing-Jørgensen; Kartashova)。最后,该模型推算出开展创业活动的概率为个人财富的函数,符合赫斯特与卢萨尔迪利用微观数据测算的结果,同时意味着继承遗产的多少是从事商业活动的强有力的预测因素。[31]

另外,有学者利用有多重创业能力水平的理论模型,分析了税收对创业选择的影响。[32]

在分析投资组合选择与财富不平等关系的模型中,卡斯帕斯祖克等人量化评估了在内生信息获取、投资者专业程度和资产风险水平异质性条件下的投资组合决策的影响。[33] 该研究显示,总体上的信息技术进步有助于解释投资人中的实际财富集中度自1990年以来的上升现象。

收入风险与超级经理人的崛起

有大量研究文献分析了预防性储蓄作为应对收入冲击的自我保险机制。卡罗尔的研究表明，在包含暂时性和永久性收入冲击的预防性储蓄模型中，永久性收入冲击导致的边际消费倾向接近（但低于）1。[34] 这意味着来自财富的储蓄率难以受永久性收入冲击的影响。相反在纯粹暂时性的收入冲击下，消费平滑意味着人们可以用储蓄应对大多数收入变化。另一方面，冲击的暂时性以及相应的储蓄调整会使平均效应被抵消。因此，这些因素不会给储蓄带来根本的永久性增长效应，也不能产生明显的财富集中现象。

然而，如果劳动收入的随机过程有适度的倾斜和持续性，作为防范收入风险的自我保险机制的预防性储蓄行为就可以产生顶层财富集中现象（右侧倾斜）。卡斯塔涅达等人的研究率先量化得出了这一结论，在他们的模型中，完全利他主义的行为人会经历一个包含工作年龄段、退休和死亡的随机生命过程。[35] 该论文通过对收入过程的参数校对来匹配美国数据的某些特征，包括对收入和财富不平等的测算等。导致大量财富集中到最富有人群手中的核心因素是校准后的生产率冲击过程，使最高生产率水平比次高水平高出100倍以上，因此最高生产率水平同其他所有人之间产生了巨大差距。另外，有着最高生产率水平的行为人在下一期的生产率有大约20%的概率会下降100倍以上。直观上看，高收入家庭将有极高的预防性储蓄率，这背后有两个原因：第一个原因是他们面临很高的收入下降风险，所以要积累大量财富作为缓冲，为收入的大幅下滑做自我保险。于是，他们会有很高的财富相对于收入的目标比率。第二个原因是，对于高收入家庭来说，很高的财富收入目标比率对应着非常高的财富目标。

有必要指出，在卡斯塔涅达等人的研究中，使顶层财富份额上升的稳态的高收入者比例极小，约为0.04%。这一特征与赛斯和祖克曼的以下发现相符：首先，美国在过去30年的财富不平等显著扩大主要来自顶层0.1%的财富持有人所占的份额增加了3倍；其次，顶层财富快速增长的主要驱动力是顶层财富持有人在收入中所占份额的大幅提升。[36]

从理论上看，"超级明星经济学"解释了出现少数获得极高报酬的个人以及收入分配向顶层群体高度倾斜的合理性。加贝克斯与兰迪尔提出的模型可以解释CEO薪酬在1980—2003年间的增长，另有研究者提出的模型可以解释工人、企业家和经理人的不同职业选择，并内生推导出经理人获得极高工资的结果。[37]

皮凯蒂与赛斯以及若干合作者撰写的系列论文分析了工资与收入分配的倾斜状况。[38]近来，加弗宁等人分析了美国官方记录的大量历史收入面板数据，发现收入冲击导致了显著的负倾斜（negative skewness），另外对极高收入者(处于收入分配顶层5%的群体)而言，整个生命周期倾斜度的绝对值增加完全来自负面冲击风险的增强，而非正面冲击风险的减弱。[39]帕克等人的研究则为这一模型假设与数据校准提供了实证支持，表明顶层群体的收入有高度周期性，原因是其中的劳动收入波动，尤其是奖金。[40]

代际财富转移的重要性

皮凯蒂的著作还强调了继承财富的重要性。代际转移在美国的全部财富积累中占50%~60%，这或许是代际财富不平等的一个重要传递渠道。另外，奢侈品类型的遗赠动机也有助于解释为什么富裕家庭的储蓄率比其他群体高很多，为什么富人的投资组合向风险高的资产倾斜，以及在考虑医疗支出后，为什么富有老年人的储蓄动用率较低。[41]

德纳尔蒂在哈格特的代际重叠生命周期模型中引入了两类代际联系：自愿遗赠与人力资本转移。她的模型把来自遗赠的效用视为提供一种"暖心支持"，即父母与子女通过主动或意外遗赠以及创收能力的传递联系在一起。家庭通过储蓄自我防范劳动收入冲击和生命周期风险，为退休养老做准备，或许还包括为子女留下遗产。因此在德纳尔蒂的模型中，自愿和意外的遗赠同时存在，它们的相对规模和重要性通过数据校准决定。她采用的校准方法认为，遗赠是一种奢侈品，会导致现实的资产分配，并且在数据上符合阿尔通吉等人从微观数据中估算的老年人的储蓄相对于永久收入的弹性。[42]

德纳尔蒂的研究表明，自愿遗赠可以解释大额财产的成因，这些财产通常需要超过一代人的积累，形成了财富分配数据中右侧长尾的特征。数据校准意味着，最富裕家庭在储蓄中的遗赠动机要强得多，这部分人群即使在年龄很大时，依然持有某些资产，以留给子女。富人把更多的财富留给后人，并代代效仿。正是通过自愿遗赠，此类行为产生了某些代际相传的庞大财产。父母和子女之间的能力转移同样导致财富分配的集中。生产率更高的父母积累下更多财产，给子女留下更多的遗产，其后人在工作中也有着高于平均水平的生产率。遗赠动机的存在还影响毕生的储蓄，使富人在老年时期的财富消耗速率更慢，这符合德纳尔蒂等人从健康与退休调查（Health and Retirement Survey）的微观数据中记录的事实。[43] 尽管明确包含代际联系的模型能帮助解释最富裕人群的储蓄行为，但如果不考虑导致财富高度向富人集中的其他因素，德纳尔蒂的模型依然难以拟合最富裕1%群体的财富集中度。[44]

于是，德纳尔蒂与杨方设计了一个新的模型，把代际联系同卡斯塔涅达等人提出的顶层收入群体的高收入风险机制（将在后续小节介绍）结合起来，发现两方面因素的联合能很好地匹配实际数据的重要特征。[45] 有趣的是，她们区分了财富不平等中来自随机收入过程与来自遗赠的影响，表明在顶层20%群体持有的财富份额里，遗赠因素约占10个百分点。

正如皮凯蒂的《21世纪资本论》所述，财富不平等在不同年龄和人口群组内部同样巨大。有若干研究表明，即便对有着类似毕生收入水平的人们而言，退休时的财富数额也高度离散，而这样的差异不能仅靠家庭状况、健康、遗产或投资组合的选择来解释；亨德里克斯重点分析了基本代际模型解释退休时横截面财富不平等状况的能力，发现该模型夸大了收入较高者与收入较低者在退休时的财富差异，却低估了有类似毕生收入水平的人的财富不平等水平；与之相对，德纳尔蒂与杨方的研究则表明，包含自愿遗赠与代际收入传递的跨代模型能够很好地拟合我们观测到的退休时的横截面财富水平差异及其同毕生收入水平的相关性。[46]

偏好异质性

有助于解释个人财富水平巨大差异的另一个可能途径是储蓄行为中的外生异质性，此类异质性的来源是一个重要课题。关于偏好异质性，有充足的微观实证证据表明，这或许是解释人们持有的财富数量差异巨大的一条途径，如劳伦斯与卡杰蒂的研究就发现人们的偏好存在很强的异质性。[47]

克鲁塞尔与史密斯研究了偏好异质性的影响，在有着特殊的暂时性收入冲击的无限期模型中，存在对时间偏好率的持续冲击（平均的持续期为一代人）。[48] 结果发现，少量的偏好异质性就能显著提升模型对横截面财富分配差异的匹配能力。[49] 当然，他们的模型和校准方法尽管反映了财富分配的差异，却未能拟合顶层1%财富持有人手中极高水平的财富集中度。

亨德里克斯利用有持续性收入冲击与仅包含意外遗赠的生命周期模型，分析了偏好异质性的影响。[50] 他发现，如果通过贴现因子的异质性选择能得出按年龄段划分的消费和财富不平等的结果，则时间偏好异质性对高财富集中度能具有一定程度的解释力。

总之，之前的研究显示，偏好异质性（尤其是耐心的异质性）能得出差异更大的财富分配结果。通过研究更丰富的耐心分布过程，以及采用更丰富的效用函数构造，如使风险规避与跨期替代不必完全一致，对于深化之前的分析或许会很有意义（这方面的一些有趣发现可参考 Wang、Wang and Yang 的研究）。[51]

财富分配的转移动态

皮凯蒂著作的一个重要贡献是阐述了财富不平等在很长时间段内的演化。

在没有严重冲击时,我们或许认为稳态的概念能作为有效工具来描述经济在长期固化下来的情形。事实上,上文介绍的整个研究思路都是分析不同机制对财富分配稳态的影响,大多数忽略了经济基本面中随机与确定的总量变化在推动随机稳态或者经济转型方面的作用,因为像政府政策等因素会随时间发生变化。

不过,当我们观察像图14.2描述的欧洲与美国顶层群体的财富份额变化轨迹时,很自然会提出一个疑问:在该图显示的漫长时期里,不平等在多大程度上没受到重大冲击或基本面的其他确定性变化的影响?例如该图显示,顶层1%群体与10%群体的财富份额在1910年前的欧洲与1930年前的美国均呈上升趋势,两个地区在1970年之后又再度出现上升趋势。此外,在1910年前,转移动态的发生似乎非常缓慢,然而在1970年后的美国,财富分配右侧长尾的集中度却出现了迅速变化。针对现有模型能否解释1970年后美国顶层群体财富不平等快速扩大的现象,近期有两项成果做出了回应。

加贝克斯等人利用局部均衡模型做了尝试,其中考虑了能带来帕累托右侧长尾型财富分配的乘数式与非系统性收益率冲击(后续小节将对此予以介绍)。他们发现,如果没有附加放大机制,该模型的财富不平等会由于一次性冲击发生转移动态。例如,相比消费者财务调查中记录的1980年后美国顶层群体财富份额增长而言,资本税率的变化过于缓慢,更不用说同赛斯和祖克曼得出的快得更多的财富增速相比。基于他们的发现,加贝克斯等人推测,要从税后回报率提高或总增长率下降的角度解释财富不平等的实际变化速度,财富与储蓄率或投资率之间必须存在正相关性。而前文已经提到,包含创业活动与不同遗赠动机的模型可以得出这种相关性。[52]

凯马克与波什克分析了与过去50年美国税收和转移支付体制变化有关的转移动态，采用比利模型以及卡斯塔涅达等人描述的收入过程，通过校准来拟合20世纪60年代的收入和财富分配状况（包括顶层群体）。结果发现，那个时期的财富不平等扩大可以归结为工资不平等扩大、税收体制改变及社会保障计划和医疗保险计划的扩展。更具体地说，工资不平等拉大对顶层财富不平等扩大的贡献超过一半，顶层收入水平的劳动者的收入下滑风险增加极大地刺激了他们的预防性储蓄。导致顶层财富不平等扩大的其他因素是税收下调（提高了储蓄的净回报）与社会保障计划和医疗保险计划的扩展（减少了较为贫困家庭的预防性储蓄）。后一效应导致均衡利率水平与富人的财富积累率提高。该研究还显示，假设在2010年后没有新的冲击，顶层1%群体的财富份额将需要大约50年的时间再提升约10个百分点，达到50%左右的新稳态水平。[53]

把凯马克与波什克的结论同加贝克斯等人和我们之前的发现加以对比，会得到量化模型的主要优势之一是能够更贴近现实地描述财富不平等的关键决定因素的演变。例如在财政方面，相比前文介绍的我们的典型实验以及加贝克斯等人的研究，凯马克与波什克认为税收累进程度和社会保障计划的整体变化给财富不平等造成的影响要大得多。[54]

一个模拟实验

本节将用德纳尔蒂与杨方的财富不平等量化模型来检验《21世纪资本论》中的某些预测。该模型针对美国经济做了参数校准（有关模型描述与校准选项的讨论参见本章附录），使其能匹配美国财富分配状况的关键特征是自愿遗赠动机，并结合卡斯塔涅达等人采用的类似随机收入过程。[55]

表14.1显示了部分百分位群体的收入分配占比，来自卡斯塔涅达

等人引用的消费者财务调查数据，以及由该模型测算出的数据。[56] 表中两行数据的对比说明，基准校准结果在收入分配上拟合得非常好。

表 14.1　顶层群体所占的收入份额（%）

	基尼系数	百分位（%）					
		1	5	20	40	60	80
消费者财务调查数据（1998年）	0.63	14.8	31.1	61.4	84.7	97.2	100.00
基准测试结果	0.62	14.7	31.3	63.0	85.0	93.4	100.00

在之后的表14.3里，我们将看到消费者财务调查数据与不同版本模型得出的财富分配水平的对比。该表的前两行对比说明，基准校准对消费者财务调查的财富分配拟合得很好，尤其是对顶层1%群体的财富份额。该模型还拟合了遗赠数额与GDP之比为2.8%[57]，以及第90百分位遗赠分布（以收入做标准化处理）的情形。可见，该模型有能力解释若干数据矩（data moments），这有助于理解各种储蓄动机对个人财富积累和横截面财富分配状况的影响。

我们利用该模型开展了两项实验，以探讨《21世纪资本论》中强调的（r-g）机制，也就是说，对财富不平等真正重要的只是财富的平均净回报率与GDP增长率之差。需要注意，GDP的稳态增长率是全要素生产率增速同人口增长率之和。可以很直观地证明，全要素生产率增速的变化完全等于财富回报率的反向变化，至少在局部均衡中是如此。但人口增长率的变化并非如此，因为后者改变着人口的构成。为了理解这一区别在数量上的重要性，我们对相同幅度的税后资本回报率r提高与人口增长率n降低的效应做了对比。

为简化起见，我们的实验在局部均衡中开展，令要素价格固定。如果实现一般均衡，只会让财富分配的均衡结果有较小数量的差异。

第14章　财富不平等的宏观模型

在所有实验中，社会保障计划的缴费比率都调整到实现该计划的预算平衡，劳动所得税比率则调整到实现政府预算其余部分的平衡。相对风险规避系数的校准值为1.5，主观贴现因子为 $\beta = 0.945$。表14.2显示了如下几个变量的值：社会保障税率 τ_{SS}，比例劳动税率 τ_P，产出 Y，总资产存量 A 与总产出的比率，遗赠流量 B 与总产出的比率，以及要素价格——均包含基准场景与实验场景。在下文中，r 代表毛资本回报率（税前），$r = (1-\tau_a)r$ 代表减去比例资本所得税率 $\tau_a = 0.2$ 之后的净回报率，基准校准场景中的税率取值为0.2。

表14.2 总效应（根据劳动所得税做了调整），总劳动和总产出表述为基准水平的一个比例

	τ_{SS}	τ_t	Y	A/Y	B/Y	$r-g$	r
基准水平	0.12	0.19	1.0	3.1	2.8%	3.3	4.5
（1）$\Delta n=-1.2\%$	0.17	0.18	—	4.1	4.5%	4.5	4.5
（2）$\Delta r=1.2\%$	0.12	0.14	—	4.7	5.1%	4.5	5.7

人口增长率下降

在实验（1）中，我们分析人口增长率 n 从每年1.2%降低至0带来的影响。

对比表14.3中的前两行，表明人口增长率下降会略微提升基尼系数测算的总体财富不平等程度，并大幅提升财富分配前20百分位群体占有的总财富比重。最高百分位的群体获益最大，其财富占比提升约5个百分点。人口增长率下降会提升劳动力的平均年龄，并由于超级富豪的人口占比随年龄增加，顶层群体的收入占比以及财富与GDP比率也会提高。此外，死亡与出生的比率上升会提高总遗赠流量与GDP的比率（同表14.2的前两行对比）以及平均遗赠水平。数据校准表明遗赠有着奢侈品性质，因此最后一个效应会提升顶层人群的财富集中度。

表 14.3　顶层居民家庭在总财富中的份额（%）

	基尼系数	百分位（%）					
		1	5	20	40	60	80
消费者财务调查数据（1998年）	0.80	34.7	57.8	69.1	81.7	93.9	98.9
基准水平	0.80	35.7	52.0	65.9	82.8	95.4	99.5
（1）$\Delta n=-1.2\%$	0.81	40.3	54.8	67.4	83.3	95.7	99.4
（2）$\Delta r=1.2\%$	0.79	35.9	51.2	64.1	80.2	94.1	98.9

财富回报率提高

在实验（2）中，我们把年度税后财富回报率提高1.2个百分点，使年度税后资本回报率与人口增长率之差的提高幅度与实验（1）相同。在局部均衡假设下，利率提升会造成财富收入比提高以及资本收入相对于劳动收入的提高。这恰好符合《21世纪资本论》中讨论的情形。

比较表14.2中的第2行与第3行，会发现相比人口增长率下降，资本回报率提升对财富总量和遗产流量的影响更大。与不平等程度只受两个比率之差影响的推测相反，利率提升只会略微增加顶层1%群体的财富占比，并会使顶层20百分位的财富集中度下降。

直观上看，资本回报率提升会通过提高$\beta(1+r)$来增加耐心水平，从而提高财富收入比较低的个人的预防性储蓄。未来收入贴现率提高带来的负财富效应同样会促进这些人的储蓄。这将增加平均的财富持有水平，并减少不平等。与之相反，对于资本是主要收入来源的较为富裕的储蓄者而言，上述预防性储蓄和财富效应较小，收入和替代效应大致相互抵消。于是，消费与财富的比率将不会受到很大影响，利率提高会转化为资本积累率的提高。

我们得到的启示

总之，我们的发现肯定了皮凯蒂的如下观点，即从定性上看，由于人口结构变化引起的资本回报率提高或产出增长率降低都会增加财富集中度。但与他的推测相反，我们发现财富回报率与人口增长率对财富集中度的影响并不是完美的替代关系。对于这两个比率之差发生的同等幅度的变化，回报率提升对财富集中度的效应要远小于同等幅度的人口增长率降低的效应。对此的直观解释是，人口增长率下降来自死亡率大于出生率，使得平均遗赠规模增加。因为遗赠具有奢侈品性质，后一效应会对顶层财富集中度产生显著影响。

理论模型将走向何方，需要什么样的数据？

皮凯蒂的著作在阐述了许多重要事实与理念之外，还重新激发了人们对不平等问题，尤其是财富不平等的兴趣，促使大家探讨什么因素决定了不同财富和收入水平人群的储蓄行为。由此带来的问题是，对于理论建模以及相关的支持数据来说，我们未来将走向何方？

上文已经提到，量化比利模型可以得出稳态与转移路径中现实财富分配不平等的结果，可以量化分析各种不同机制对个人财富积累动态过程的影响，并把制度环境的具体特征纳入模型。在该理论框架中，创业精神、代际联系、收入风险、医疗费用以及偏好异质性都对储蓄行为和财富不平等发挥重要影响。我们还应该对此类因素做更为细致的研究，从而能对其作用过程有更深刻的认识，若将其综合起来，还能让我们了解它们的相互影响及相对重要性。

在模型中更深入地考虑创业行为的异质性特征，具有实证上的合理性和潜在的重要性。例如，坎贝尔等人发现，人们愿意经营的企业规模大小对男性和女性存在差异，许多人在尝试创业的同时又在给雇主打工，因此他们的总工作时间非常长。[58] 所以，一个有趣的尝试是在一般化模型中，允许存在企业家全要素生产率和最优企业规模（或规模收益递减参数）的异质性，并通过数据来估算这些新加入的参数，对模型做数据验证。如果有时间配置方面的数据，则可以深入考察不同行为选择的时间配置决策：为雇主工作，开创和经营自己的企业，从事家庭生产，还是享受闲暇。[59]

另外，还需要更多的研究来评估代际联系的作用。我们该如何对遗赠行为建模？生前财产转移的重要性如何，是否给人生早期阶段的财富异质性带来了重要影响，并因为冲击与后来的个人储蓄行为而被放大？

德纳尔蒂等人的研究显示，医疗支出对收入分配各层次的老年人的储蓄均有较大影响。[60] 全寿命周期风险与自付医疗费用如何相互作用，在退休之后随年龄和收入快速增长的自付医疗费用的异质性，和全寿命周期风险的异质性在多大程度上影响了财富不平等的状况？

对于我们观测到的顶层财富集中度水平，是否必须基于符合微观实证收入数据的预防行为用顶层收入风险的类型来解释？众所周知，要回答该问题非常困难，因为通常的个人收入调查数据库要么未包含顶层数据，要么不会对富人进行充分采样。近期可以得到的综合官方收入数据为解决该问题提供了一种思路。德纳尔蒂等人首先做了尝试，利用其他学者基于美国社会保障官方数据的近期研究成果发现的倾斜与峰态特征（kurtosis），来分析收入过程对财富不平等的影响。[61]

最后，偏好异质性在多大程度上放大了上述各种机制并与之产生了相互作用？在其他可观测要素（如创业选项）已纳入模型，并被恰当校准或估计之后，还需要多大的偏好异质性来解释观测数据？

附录：之前小节的模拟测算所使用的模型

本模型是针对离散时间、不完全市场、代际重合的经济体，另外有着无限存续的政府。

政府

政府以税率 τ_a 对资本征税，以税率 τ_l 对劳动收入和社会保障福利征税，以税率 τ_b 对高于免征额 x_b 的房地产征税，以满足政府支出 G。社会保障福利 $P(\tilde{y})$，与个人的实际平均年收入 $\tilde{y}$ 挂钩，上限为社会保障封顶水平 $\tilde{y}_c$，由劳动所得税 τ_s 支持。政府预算的两个约束，即社会保障约束和政府支出约束在每个时期都保持平衡。

企业和技术

一家代表性企业根据总生产函数 $F(K;L)=K^\alpha L^{1-\alpha}$ 来生产产品，其中，K 是总资本存量，L 是总劳动投入。最终产品要么被消费，要么被投资到实物资本中，实物资本的折旧率为 δ。

人口与劳动收入

每个模型周期为 5 年，行为人在年龄为 20 岁时开始经济生活（$t=1$），到 35 岁时（$t=4$），行为人的子女出生。行为人在 65 岁退休（$t=10$）。从这个时期之后，每个家庭将面临正的死亡概率（$1-p_t$），只取决于年龄。[62] 最大的寿命期限为 90 岁（$T=14$）。总人口以固定比率 n 保持增长。

劳动者 i 在年龄 t 的劳动生产率为：$y_t^i = e^{z_t^i + \varepsilon t}$，其中，$\varepsilon_t$ 是确定的年龄-效率状态，随机收入冲击过程为 z_t^i，$z_t^i = \rho_z z_{t-1}^i + \mu_t^i, \mu_t^i \sim N(0,\sigma_u^2)$。

为反映代际收入相关性，我们假设劳动者 i 的生产率在 55 岁时转移给他 20 岁的子女：$z_1^j = \rho_b z_8^i + v^j, v^j \sim N(0,\sigma_b^2)$，因为父母的年龄比子女大 35 岁，即 7 个时段。

偏好

偏好具有时间可分性质，固定的贴现率为 β。来自消费的时期效用函数为 $U(c) = (c^{1-\gamma}-1)/(1-\gamma)$。

人们从掌握资产中获得效用，因为资产会在死亡时变成遗产。这一"不纯洁"的遗赠动机意味着人们关心给子女留下的遗产总额,而非子女的消费。

遗产b产生的效用为:$\varphi(b)=\varphi_1[(b+\varphi_2)^{1-\gamma}-1]$。

其中,φ_1代表遗赠动机的强度,φ_2代表遗产属于奢侈品的程度。若$\varphi_2>0$,则小额遗产的边际效用有限度,而大额遗产的边际效用比消费的边际效用下降更缓慢。在基准模型中,我们设定b是遗产减去房产税b_n。我们还考虑了毛遗产b_g进入效用函数的情形,此时设定$b=b_g$。因此,我们的模型设计比德纳尔蒂等人之前的文献更为灵活,因为包含了两类遗赠动机。[63]在第一种里,父母关心税后遗产水平。在第二种里,包含税收的总遗产水平。更具利他精神的父母会考虑到部分房地产被征税,但他们或许只是在乎自己留下什么资产,而非子女们拿到手的有多少。

居民家庭的递归问题

我们假设,子女有关于父母的各种状态变量的完整信息,可以基于这些信息推测出自己可能获得的遗产规模。一个家庭的状态变量的可能集合为:$x=(t,a,z,\tilde{y},S_p)$,其中t为家庭的年龄(注意由于年龄差是固定的,知道一个人的年龄,也就知道其父母的年龄),a代表行为人从前一时期带来的金融资产水平,z是当期的收入冲击,$\tilde{y}$是年度累积收入,上限为社会保障封顶水平y_c(用于计算社会保障支付金额),S_p代表除年龄外的父母状态变量,且$S_p=(a_p,z_p,y_p)$。因此这里包括了父母的资产、当期收入和累积收入。当某人的父母退休时,当期父母收入z_p将不再起作用,可以设置为0,并不影响其一般性。

在20~60岁之间(从$t=1$到$t=9$),行为人肯定会工作并存活到下一时期。我们以$V_w(t,a,z,\tilde{y},S_p)$和$V_w^I(t,a,z,\tilde{y})$分别代表父母健在和去世的工作年龄段的人的价值函数,对父母去世的人,继承已经完成。对前者,父母依然健在,死亡的概率为p_{t+7},此时其价值函数将适用父母去世的情形，人均资产将通过继承得到增加。因此有：

$$V_w(t,a,z,\tilde{y},Sp) = \max_{c,a'}\{U(c) + \beta p_{t+7}E[V_w(t+1,a',z',\tilde{y}',S_p')] \\ + \beta(1-p_{t+7})E[V_w^I(t+1,a'+b_n/N,z',\tilde{y}')]\} \quad (1)$$

服从于：

$$c + a' = (1-t_l)wy = t_s \min(wy, 5\tilde{y}_c) + [1+r(1=t_a)]a \quad (2)$$

$$a' \geq 0, \quad (3)$$

$$\tilde{y}' = [(t-1)\tilde{y} + \min(wy/5, \tilde{y}_c)]/t \quad (4)$$

$$\tilde{y}_p' = \begin{cases} [(t+6)\tilde{y}_p + \min((wy_p/5, \tilde{y}_c)]/(t+7) & \text{若 } t<3 \\ \tilde{y}_p & \text{其他情况} \end{cases} \quad (5)$$

$$b_n = b_n(S_p) \quad (6)$$

其中，N是由人口增长率决定的子女的平均数量。以上价值函数的预期值由条件（z, z_p）上的（z', z_p'）给定，行为人的资源取决于劳动禀赋y与资产持有水平a。

子女与父母的平均年收入分别根据公式（4）和（5）演变。由于当期收入y代表5年的时段，在更新终生年度劳动收入$\tilde{y}$时，应除以5。公式（6）是父母的遗赠意向规律，利用他们的最优决策规则。

父母已经去世，自己仍在工作的行为人的价值函数为：

$$V_w^I(t,a,z,\tilde{y}) = \max_{c,a'}\{U(c) + \beta E[V_w^I(t+1,a'z'\tilde{y}')]\} \quad (7)$$

服从公式（2）、（3）、（4）的条件。

在65～85岁（从$t=10$到$t=14$），行为人已退休，获得社会保障福利，其父母已经去世，本人面临正的死亡概率，把剩余资产遗赠给子女会给他带来效用。

$$V_r(t,a,\tilde{y}) = \max_{c,a'}\{U(c) + \beta p_t V_r(t+1,a',\tilde{y}) + (1-p_t)\varphi(b)\} \quad (8)$$

服从于公式（3）：
$$c+a'=\left[1+r(1-\tau_a)\right]a+(1-\tau_l)P(\tilde{y}) \qquad (9)$$

$$b_n = \begin{cases} a' & 若 a' < x_b \\ (1-\tau_b)(a'-x_b)+x_b & 其他情况 \end{cases} \qquad (10)$$

在净遗赠动机下，有：
$$b = b_n \qquad (11)$$

在总遗赠动机下，有：
$$b = b_g = a' \qquad (12)$$

这与房产税的结构无关。

我们聚焦于静态均衡概念，要素价格与年龄-财富分布随时间保持不变。由于版面的考虑，对这一静态均衡的定义参见我们在网上提供的附录。[64]

校准

表14.4总结了有关的模型参与，要么取自其他研究，要么能独立于本模型的内生结果而解出。对具体数据选择的讨论可参见德纳尔蒂和杨方的研究。[65]

表 14.4 基准模型中采用的外生参数

	参数		数值
人口	n	年人口增长率	1.2%
	p_t	存活概率	见文中介绍
偏好	γ	风险规避系数	1.5
劳动收入	ε_t	年龄效率分布	见文中介绍
	ψ	劳动收入水平	见文中介绍
	Q_y	劳动收入转化矩阵	见文中介绍

续表

	参数		数值
	ρ_b	生产率继承过程转移系数	0.50
	σ_h^2	生产率继承过程创新	0.37
生产	α	资本收入份额	0.36
	δ	折旧率	6.0%
政府政策	τ_a	资本收入税收	20%
	$P(\tilde{y})$	社会保障福利	见文中介绍
	τ_s	社会保障税收	12.0%

我们对劳动收入过程的校准是基于PSID提供的出色数据，覆盖了大部分人群的收入状况，但没有包括最富裕的家庭。[66] 为匹配全体人口的收入动态，我们采取了如下做法。

（1）我们假设4种可能的收入状态：低、中、高、极高。我们借用了有关研究中对收入冲击的分析，[67] 得出的ψ的格点值为[1, 3.15, 9.78, 1061]。

（2）我们对收入继承过程的持续性概率值采用0.5，方差为σ_b^{12}，均来自德纳尔蒂的论文成果，然后参考陶臣（音译）建议的做法对收入继承过程做离散处理。[68]

（3）根据德纳尔蒂文章中附录A的表A.1，我们对五年期PSID的持续性系数估计为0.92，方差为0.38。然后利用陶臣文章中的方法，采用最低的3个格点值对这一过程做离散处理，以确保我们得到的收入过程能准确反映大多数人的估计收入动态。由此得到了3×3的转换矩阵。[69]

（4）我们选取4×4的转换矩阵中的剩余6个元素去匹配收入分布的如下若干方面：基尼系数与顶层1、5、20、40和60百分位人群在总收入中所占的份额，以及顶层80%群体收入的持续性。后者与之前的有关研究结论一致，德纳尔蒂等人发现，顶层劳动与商业收入群体的劳动收入与商业收入的持续性都较高，尤其是在1年和5年后仍留在原位置的概率约为80%。[70]我们还加上了附加条件。

Q_y的转换矩阵为：

$$\begin{bmatrix} 0.8239 & 0.1733 & 0.0027 & 0.000112 \\ 0.2171 & 0.6399 & 0.1428 & 0.000200 \\ 0.0067 & 0.2599 & 0.7334 & 0.000000 \\ 0.0720 & 0.0000 & 0.1252 & 0.802779 \end{bmatrix}$$

在基准模型中，Q_{yb}的转换矩阵为：

$$\begin{bmatrix} 0.8272 & 0.1704 & 0.0024 & 0.0000000000 \\ 0.5000 & 0.4696 & 0.0304 & 0.0000000000 \\ 0.1759 & 0.6513 & 0.1728 & 0.0000000051 \\ 0.0000 & 0.0018 & 0.9678 & 0.0304357264 \end{bmatrix}$$

该转换矩阵推导出初始收入分布，其概率值对应相应的收入水平为：[59.89%, 35.88%, 4.24%, 0.00154845%]。

表14.5展示了我们用以校准模型使用的参数，目标值和参数值的有关讨论参见德纳尔蒂和杨方的研究。[71]

表14.5 基准模型以及没有自愿遗赠模型的参数校准

矩	数据	基准	无遗赠动机
财富产出比	3.10%	3.10%	3.10%
遗赠财富比	0.88% ~ 1.18%	0.87%	0.56%
第90百分位遗赠分布	4.34	4.36	4.53
缴纳税款的房产比例	2.0%	1.85%	1.89%
房产税收入产出比	0.33%	0.44%	0.11%
政府支出产出比	18%	17.99%	17.76%

续表

参数		
β，折现率	0.9453	0.9513
φ_1，遗赠效用	−5.3225	0.0000
φ_2，遗赠效用转化（2000 美元，千）	1116	0.0000
τ_b，房产税	21.52%	21.52%
x_b，房产税免征水平（2000 美元，千）	782	782
τ_l，劳动收入税	19.19%	19.19%

第15章
对世袭资本主义的女性主义解释

希瑟·布西

经济学家希瑟·布西把我们带到思考不平等问题的另一个维度。针对皮凯蒂提出的我们正处在"世袭资本主义"新时代的论点,布西希望探讨女性主义经济学能告诉我们这样的时代会是什么样子,前方会有怎样的运行轨迹?较为乐观的看法是包容性能促进经济增长,而且鉴于女性对经济的重要贡献以及如今的继承模式具有平等性,即便不平等状况恶化,也未必会导致女性的经济或政治权利被削弱。而更悲观的估计是:随着不平等回升到19世纪的水平,会出现某些力量,使得女性的经济选择与政治影响力遭到打压。

---

* 本章内容曾提交给2015年12月1—4日于洛克菲勒基金会贝拉吉奥疗养中心(Rockefeller Bellagio Retreat Center)召开的研讨会。作者感谢该研讨会的所有参加者给予的极有帮助的评论,尤其是Todd Tucker、Arthur Goldhammer、Bradford DeLong与Branko Milanovic。文责自负。

近来，经济学界开始认识到制度对解释经济成就的重要意义。托马斯·皮凯蒂亦不例外。他在2015年写道："我们对于财富与收入不平等问题上的任何经济决定论都应保持警惕……财富分配历史一直深受政治因素的影响，不能归结为纯粹的经济机制……各种经济、社会和政治行为人对于什么是正义、什么不是正义的看法，这些行为人的相对力量对比以及由此导致的集体选择，都在影响财富分配的历史，使其成为所有相关行为人共同导致的结果……这一历史如何演进，取决于各个社会如何看待不平等，以及采用哪些类型的政策和制度来测算和改变不平等状况。"[1]

在《21世纪资本论》中，皮凯蒂挑出了需要特别关注的一个领域：继承。在该书的第一部分，他指出对最高收入群体而言，目前的大部分收入来自劳动。但他认为随着时间推进，情形将逐渐转变为他所说的"世袭资本主义"，如19世纪乃至更早时期那样，最富裕人群的大部分收入将来自资本，而非劳动。皮凯蒂在该书第11章开头谈道，"这几乎不可避免地会导致过去形成的不平等（也就是继承财富）具有持久的、超出比例的重要影响"。[2]接下来他用了一整章的篇幅来论述继承财富的地位如何重新崛起。

然而对继承而言，哪些制度因素在发挥关键作用？与经济学中的其他许多研究类似，许多有意思的制度因素被锁到了黑箱子里，其边界是由研究者较为主观地决定。是哪些微观制度构成了继承的宏观环境？继承如何与更广泛的社会制度架构相联系？今天的制度如何影响继承模式？皮凯蒂认为，仅仅因为继承的地位卷土重来，并不意味着情形会变得同19世纪完全一样，"部分原因在于财富集中度没有那么极端（至少就短期而言，可能会有较多的中小食利者，极为富裕的食利者人数较少），另外部分原因是劳动收入的等级阶梯在扩大（随着超级经理人的崛起），最后还由于财富和收入的相关程度相比过去更为强烈。到21世纪，人们有可能同时成为超级经理人与'中等食利者'：新的贤能主义社会秩序鼓励此类现象，或许会损害拿中低层工资的劳动者的利益，尤其是那些财产数额很少或没有财产的人"。[3]皮凯蒂还认为，如今超级经理人的地位正在从上一代向下一代传递。财富的继承依然重要，同时当今的精英阶层还把子女送到优质学校、给他们建立人脉关系，以便让下一代继承自己的高薪职位。通过这种途径，即使在我们认为任人唯贤的劳动力市场，父母也能确保其子女作为过去成就的继承人而被妥善安排到精英圈层里。

正是在这个地方，女性主义经济学能为皮凯蒂的研究提供有益的补充。自开创以来，这一研究领域便聚焦社会与经济体制的性别化（和种族化）特质。[4] 女性主义经济学分析对于更完整地理解皮凯蒂的中心论点在描述和预测上的准确性至关重要，能让我们看清制度与社会规范的性别化特质如何影响继承模式，以及顶层人群更多从劳动收入转向资本收入会如何严重阻碍走向性别平等的近期趋势。19世纪的继承规则是男性长嗣继承制[5]，在婚姻中，女性拥有寡妇财产权（dower rights），此外对其财产并无合法权利。如今我们对于金融和实物资产有了公平得多的继承法律以及社会规范，但父母遗留下来的更多是人力资本和社会资本。通向超级经理人的道路则有单独的一套性别作用规律，并影响着当前的继承状况。

本章从女性主义视角探讨皮凯蒂论点的合理性。第一节介绍与包容性经济增长联系起来的乐观派新古典主义的观点，继而分析皮凯蒂对此提出的挑战，即资本主义制度的结构特征会导致社会群体之间的福利出现永久性分化，而关键在于继承。在阐述中，我将指出皮凯蒂对此的关注点与女性主义经济学的关注点存在怎样的重合，然后自然延伸到皮凯蒂对继承制度在21世纪的资本主义社会所起作用的预测。接下来，我将通过标准新古典理论更为乐观的观点来评价皮凯蒂的预测，表明他讲述的趋势对女性而言不会比男性更为糟糕；之后再用女性主义经济学更悲观的观点加以评价，表明会走向一个由男性主导的反乌托邦世界。在结论部分，我将探讨如何可以缓解这些紧张关系，以及未来有哪些研究方向等。

乐观派看法：增长具有包容的天然本质

20世纪中叶，经济学家普遍乐观地认为增长会减少不平等，对所有人都有好处。西蒙·库兹涅茨在1955年美国经济学会的主席演讲中，基于严谨的数据分析对"库兹涅茨曲线"做了著名的阐述，认为不平等程度会随着经济发达程度的提高而下降。但结果表明，教育机遇和婚姻模式对收入分配结果造成了库兹涅茨未能预见的重大影响。尽管库兹涅茨提道，"本文或许只有5%的实证支持，却包含了95%的推测，其中某些还可能被主观愿望所扭曲"，该结论仍被广泛接受。[6] 托马斯·皮凯蒂就把经济学研究中的这一库兹涅茨时刻及其带来的关于增长与不平等关系的看法，作为《21世纪资本论》的理论背景。他在该书概论中讲道，"这一时刻的哲学观可以一言以蔽之：'增长就像涨潮一样，会把所有的船都抬起来'"。[7]

那个时代的乐观主义根深蒂固。20世纪的经济学研究是基于一套原理，认为市场力量依靠自身作用产生的结果在一定意义上是最优的，在一定程度上是基本公平的。20世纪初，约翰·贝茨·克拉克（John Bates Clark）——经济学领域最具魅力的奖项后来以他命名——发展出了关于分配的边际生产率理论。该理论给学者们提供了一个精致的数学模型，认为在竞争经济中（即任何个体参与者都不拥有对其他买方或卖方的支配权），个人的工资将是其生产率的函数。正如克拉克所言，"在自然规律作用下，一个社会阶级得到的回报正好等于它给产业的总产出做出的贡献"。[8] 在如今的主流经济学理论中，个人的生产率及其合法持有财产的生产率依然占据核心地位。该理论认为，个人的人力资本，即他带到生产过程中的教育和技能，是在类似职业和产业中工作的人出现工资差异的主要原因。另外，投资于实物资本而非人力资本的人，也因为其资产给生产过程带来的贡献而获得类似的回报。

正统经济学在价格、分配和增长的统一理论方面达到了辉煌的乐观巅峰。正如皮凯蒂所述,索洛—斯旺增长模型展示的"运动轨迹表明,所有变量,包括产出、收入、利润、工资、资本、资产价格等,都会以同等速率变化,使每个社会群体都能从增长中获得同等幅度的收益,与正常水平没有显著偏离"。[9] 该理论把人力资本、人口增长同技术变革一起作为经济产出增长的主要驱动因素。按照教科书里描述的索洛—斯旺增长模型,当人口增加或者生产率提高时,经济就会增长。

自20世纪50年代以来的实证研究支持上述理论:增加劳动力供给和确保教育普及对增长有益。在如今非常著名的于1992年发表的一篇论文中,格里高利·曼昆等人发现,人力资本投资对经济增长率的影响大致等于甚至高于实物资本投资的效应。[10] 因此,知识与技能的改进会促进生产率提高。这意味着社会的教育投资对增长极为关键,因为教育的改进会促进创新与经济活力。[11] 这一延续数十年的研究思路认为,创造能广泛参与的教育和培训机遇对经济发展有利无害。

保罗·罗默提出和拓展的内生增长理论进一步扩展了正统增长模型,表明教育投资产生的收益不限于改进更高技能人群的业绩。按此理论,增长的关键决定因素不仅是个人人力资本提高带来的生产率改进,还包括个人的创新和创意使其他人的人力资本得以增加的外溢效应。罗默的理解由此远远超出了克拉克,认为产生创意和创新的少数人从市场中获取的财富,与他们带来的人类知识存量增长促进的生产率进步相比,只是一小部分。他们创造的收入和生产率收益大部分转移给了生产率增长过程中的搭便车者,即初级劳动力。[12]

微观经济学理论还给如下观念提供了坚实基础:"机会平等"和经济繁荣是相辅相成的,因为技能与工作的匹配和奖励优秀业绩在经济上是最优结果。类似工作岗位之间的报酬差异是由于人力资本的不同。雅各布·明塞尔的工资模型把工资对教育和经验做回归分析,在控制岗位和人口特征因素后,发现包含正规教育与在职经验的人力资本水平足以解释不同个体之间的工资差异。该模型至今依然是经济学家用得最多的工具之一。其含义是，通过良好的教育和认真工作，任何人在有生之年都可能接近收入阶梯的最高层。[13]

明塞尔模型的第二个启示是，歧视在经济上缺乏效率，因此在完全竞争市场中不会长期存在。个人的收入来自其生产的边际贡献，与生产率无关的因素导致的报酬扭曲将被市场消灭。当雇主、客户或其他劳动者根据与个人或群体的经济贡献无关的特征而优待某些个人或群体，歧视另一些人的时候，会使他们的生产率或利润率降低。成功的雇主会在工作中雇用最优秀、生产率最高的人。[14] 采取歧视策略的企业则会被淘汰出局，因为它们没有做出理性的经济决策。歧视能够延续的唯一方式是通过政府的行动，阻拦受歧视者与不赞成主流偏见者之间的共赢交易。诺贝尔经济学奖得主肯尼斯·阿罗更是宣称，随着鼓励歧视的法律架构被打破，按种族与性别界限实施的排斥行为最终会消失。[15]

以上全部论述带来的结论是，促进增长意味着不平等的减少，尤其是当我们相信人们的才华基本符合正态分布的时候。如果技能与工作能实现更高效的匹配，经济就会增长，所以很自然地应该鼓励政策制定者与企业界不要基于非生产性因素排斥个人，而应该设法增进人力资本及其发挥空间，使它们能在全社会自由寻找经济机遇。对女性和有色人种开放工作机遇理所应当地会促进宏观层面的经济业绩。谢长泰等人的研究发现，在1960—2008年，单位劳动力产出增长中有16%～20%来自公开歧视的减少以及由此带来的女性和有色人种对人力资本投资的意愿增强，这也是他们获得能更好发挥自身才干的职业岗位所必需的投入。[16] 这一发展过程应该还远没有走到尽头。

尽管对包容性发展有上述强大的理论支持，尽管有发挥促进作用的法规和对经济增长的好处，性别平等迄今依然是一个未决的问题。在美国，女性的收入仍然只有男性的79%。对女性及其经济贡献的贬低依然广泛存在，并造成了经常被低估的严重后果。例子之一是美国目前对"教师质量"感到惊恐，却没有提高教师待遇的相应承诺。在过去的社会，女性没有多少机会进入专业技能岗位，许多非常优秀和聪慧的女性把才华用在做母亲上面，或者从事教师或护士等工作。由于缺乏其他选择，整个阶层的劳动者只能这样为我们的经济做贡献。当然，如今女性有了更多选择，但教师待遇仍可悲地落后于其他可比职业。学校里成绩最好的学生不会因为待遇或社会地位而选择做教师，除非是出于某种使命感。多数人会选择能带来更高收入和社会尊重的其他职业。

即使不考虑人力资本改进的重要性，增加某些因为非生产因素而被排斥的群体的劳动力供给也理应会促进经济增长，这方面有大量经济研究证据。例如在1948—2000年，美国的女性劳动力参与率显著提高，从32%上升至60.3%，直至最近几年才略微下降，到2016年4月为56.8%。[17] 在分析女性劳动力供给对增长的影响时，国际货币基金组织指出，如果女性的劳动参与率能达到男性的水平，美国的总经济产出可望提高5个百分点。[18] 在我与艾琳·阿佩尔鲍姆和约翰·施密特合作的一篇论文中，我们估算了女性就业的经济收益，发现如果女性的工作小时数没有增加，2012年的GDP会降低约11%。以今天的美元价值计算，意味着总产出减少约1.7万亿美元，几乎等于美国2012年在社会保障计划、医疗保险计划与医疗救助计划这些福利项目上的总花费。[19] 而且，这只是对标准GDP的一个测算，并未考虑时间和压力的价值，因为女性经常在承担大约一半家庭外有偿工作的同时，还要负责大部分家务劳动。根据本杰明·布里奇曼等人的研究，若将家务劳动纳入考虑，1965年的GDP应提高37%，2014年应提高23%。[20]

因此，正统经济学理论讲述的乐观故事是包容性为什么应该对经济增长有益，而事实也的确如此。随着经济发展更多重视劳动，而非土地和其他固定资本，给扩大包容性带来了更强的经济动力。结合人力资本推动经济增长的实证证据，经济学理论支持为所有人提供平等的教育、培训和就业机会的理念，这些机会的提供将根据人们的天赋和技能，而不仅是他们的姓氏、性别或长幼顺序。在一个由人力资本推动的经济体中，让才能白白浪费是没有效益的。因此，如果你问大多数经济学家什么是改善生活的最好策略，他们都会谈到提高技能。[21]这种经济观念还非常契合女性主义关注的话题。某些正统经济学家逐渐认识到女性在家庭外创造的价值，如加里·贝克尔写于1956年的《家庭论》，但从其逻辑中得出的必然结论是，如果女性或有色人种拥有在经济上有用的天赋或才能，就会出现将其利用起来的激励。此逻辑同样还支持能力至上的观点，如果你能改进技能、勤奋工作并遵守规则，你就可以获得一份待遇不错的工作。

这套关于经济如何运行的理念有着明确的含义：只要政策制定者专心促进经济增长，消除妨碍包容性的法律障碍，歧视造成的种族与性别不平等就会下降，并进一步增强经济活力。当时的经济学理论让20世纪中叶的思想家和行动家相信这样的观念：经济增长将轻松、直接并自然地解决很多社会与政治问题。它与我们有能力根除贫困以及性别和族群排斥现象的乐观态度不谋而合，对此我们也不应该令人感到意外。如果增长可以缓解不平等，而减少经济排斥又能促进增长，那么政策制定者就可以消除贫困，并应该对那些传统上受排挤的人群——女性、非洲裔美国人和新近移民——敞开经济发展机会。

正是在这一时代，罗伯特·肯尼迪推动了"向贫困宣战"，林登·约翰逊总统试图建立"伟大社会"，马丁·路德·金呼吁追求"工作与自由"，第二波女性主义浪潮为妇女们争取平等的公民和经济权利。当这些行动口号涌现时，经济学理论也认为扩大包容性不仅有可能实现，而且符合最优选择，将会促进生产率与经济增长。

然而，正统经济学在主张扩大经济机会的同时，也鼓励和肯定提高收入分配顶层群体的薪资。如果依然维持不平等，那必然是因为符合最优经济规律。如果薪酬取决于个人对生产过程的贡献，那么我们每个人得到的数额都必然是自己应得的部分，对吗？

悲观派观点：经济增长并不（必然）是包容性的

经济增长将平滑地带来社会和经济不平等下降的乐观主义观点，后来并没有成为现实。这正是《21世纪资本论》的写作立意：皮凯蒂想让我们认识到，经济运行不会自然地推动更大的经济平等。通过对数据的分析，他提醒我们不要将解决不平等的社会和政治问题寄希望于市场力量。

对市场的乐观主义信念放错了地方，皮凯蒂的这一观点来自其不同于传统的研究方法。他在三个地方同正统经济学方法有所分歧，而我们会看到，这些都与女性经济学主张的观念相契合。首先，皮凯蒂创建的理论是根据对数据的直接实证回归分析做调整的，而非削足适履式地为了符合理论需要而对数据做删减拉伸；其次，皮凯蒂放弃了排斥直面历史和真实世界中的数据与问题的狭隘模型化研究思路；再次，皮凯蒂把制度与实践的相互作用纳入研究，拒绝将市场背后的产权和谈判能力视为外生因素。另外，相比经济学家的通行做法，他还非常广泛地借鉴了其他社会科学的视角。[22]

至少在经济学界内部，《21世纪资本论》背后的支撑数据已广为人知。皮凯蒂与伊曼纽尔·赛斯于2003年在《经济学季刊》上发表了一篇开拓性论文，指出收入不平等超出了我们之前认识到的程度，顶层1%人群的收入份额已高于20世纪早期"镀金时代"以来的任何时期。[23]在《21世纪资本论》中，皮凯蒂从这些数据中得出了他眼里的合乎逻辑的结论：随着收入积累成资本并凝固为继承财产，死者的财富在重要性上将压倒生者的财富。只要经济增长率低于富人财富通过利润率实现的自我增值率，我们就会看到不平等状况的不断恶化。

皮凯蒂预测这将长期持续，因为该过程会自我强化，"当资本回报率超出产出和收入增长率时，也就是19世纪发生过以及21世纪很可能将再次出现的情况，那么资本主义就会自动产生严重与不可持续的不平等,严重侵蚀作为民主社会根基的贤能主义价值观"。[24]

皮凯蒂否认高度发达的经济体可以显著改善增长率,而且认为即使能够改善,也只有在增长率高于资本回报率时,才能开始降低(而不只是减缓)不平等恶化的程度。[25] 他在《21世纪资本论》结尾处提出了自以为唯一合理的政策主张:决策者应该实施全球财富税,以降低资本回报率。为描述这一社会制度,皮凯蒂发明了一个新说法,"我们目睹的现象是富裕国家的私人资本自1970年以来的强势回归,或者换个说法,是新的世袭资本主义的崛起"。[26] 他认为该制度的基础是继承财富,其主要特征与20世纪之前的西北欧经济体类似。

不过,我们的经济正走向继承为主导的说法并不符合数据展示的有关趋势:如今富人群体的大部分收入来自劳动,而非资本。乐观派人士能够以此为据,希望皮凯蒂推测的景象不会成为现实。图15.1和

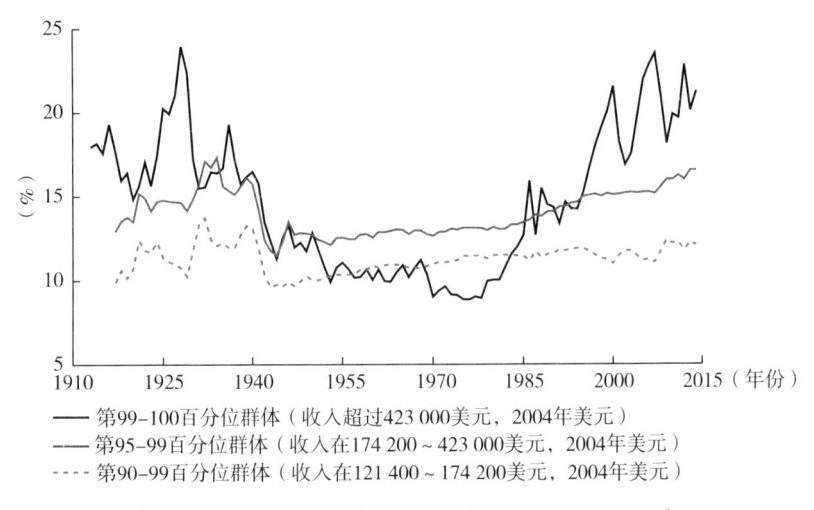

图15.1 把顶层收入分解为三个部分,1913—2014年

—— 第99-100百分位群体(收入超过423 000美元,2004年美元)
—— 第95-99百分位群体(收入在174 200~423 000美元,2004年美元)
---- 第90-99百分位群体(收入在121 400~174 200美元,2004年美元)

资料来源:Thomas Piketty and Emmanuel Saez, "Income Inequality in the United States, 1913-1998," *The Quarterly Journal of Economics* 118, no. 1 (February 1, 2003): fig. 2. Updated to 2014。

图15.2复制了皮凯蒂及其合作者的论述成果（都只包含美国的情况），表明收入不平等程度自20世纪80年代以来显著提高。在今天的美国，不平等水平已高于20世纪30年代大萧条爆发以来的任何时期（见图15.1）。可是，如今顶层群体的收入构成与20世纪早期存在差异，资本收入在当时是顶层0.1%群体的最大收入来源，而目前的顶层0.1%群体约有一半的收入是来自劳动。尽管财富收入自1980年以来快速增长，劳动收入所占的比重仍然在提高（见图15.2）。

只有把考察范围缩小到顶层0.01%的极高层之后，如今来自资本的收入才与劳动收入相当。图15.3A与图15.3B显示了顶层10%群体在1929—2007年（全球金融危机爆发前一年）的工薪收入、商业收入与资本收入各自所占的比重。图15.3A表明，1929年，工资收入在顶层10%群体的全部收入中占据较小的份额。而图15.3B表明，到2007年，顶层群体的收入来源有了显著变化。顶层10%纳税人有85%的收入来

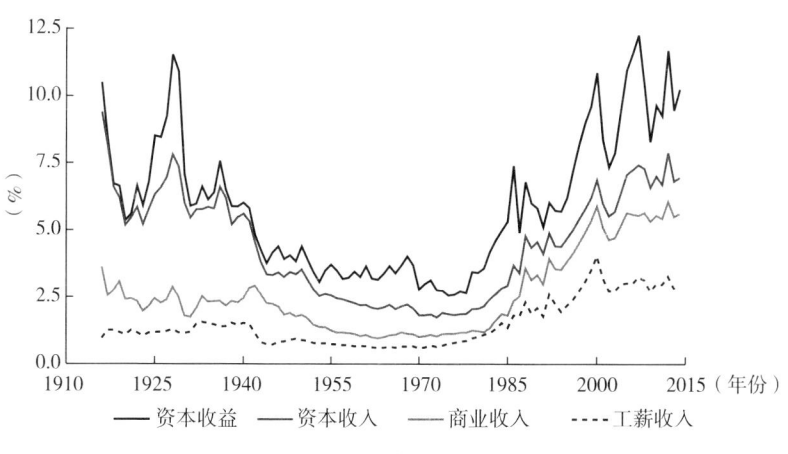

图15.2 顶层0.1%人群的收入占比与收入来源

资料来源：Thomas Piketty and Emmanuel Saez, "Income Inequality in the United States, 1913-1998," *The Quarterly Journal of Economics* 118, no. 1（February 1, 2003）. Tables A3, A7, and A8, col. P99.9–100. Updated to 2014。

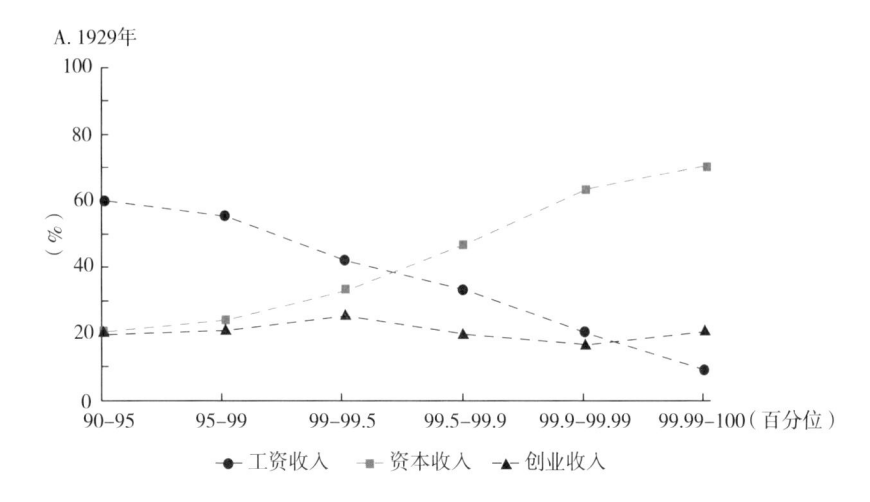

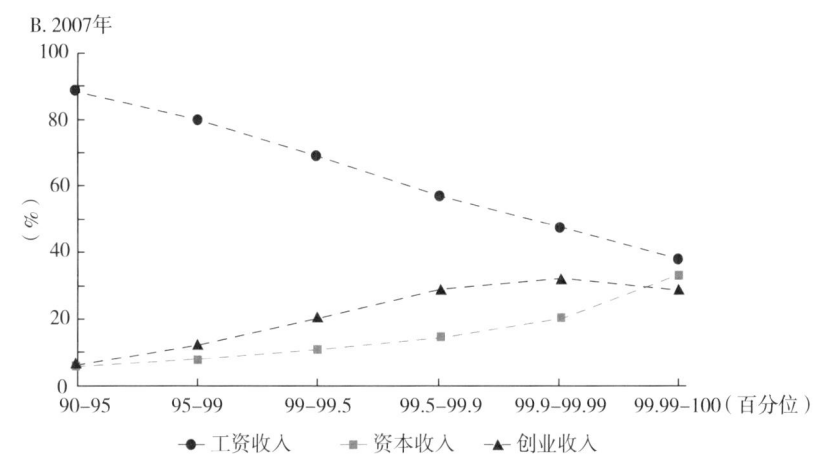

图 15.3　在如今的超级富豪中，薪酬在收入中所占的份额要高得多：顶层 10% 群体的收入构成

资料来源：Table A4, rows 1929 and 2007, Thomas Piketty and Emmanuel Saez, "Income Inequality in the United States, 1913–1998," *The Quarterly Journal of Economics* 118, no. 1 (February 2003): 1–39. Tables and Figures updated to 2013 in Excel format, January 2015，参见 http://eml.berkeley.edu/~saez/TabFig2013prel.xls。

自雇佣薪酬，其中包括股票期权和其他类型的与雇佣直接相关的非工资报酬。这意味着对如今的高收入者而言，工作是其最重要的收入来源，甚至对顶层人群也是如此。而且即使对收入来自资本的高收入者而言，其资本也主要是因为之前的工作或各人的幸运所得。只有在山姆·沃尔顿（Sam Walton）*把财富传递给继承人这类事件中，我们才开始看到顶层人群出现皮凯蒂所说的世袭资本主义复辟的情况。

当然，这与一两个世纪之前的情形截然不同。在过去，如果你生长于一个西北欧国家的超级富有家庭，你很可能会是地产业主家的孩子（比如属于有土地的乡绅群体），或者是托了先祖商业投资的荫庇。

把图15.1、图15.2、图15.3A和图15.3B结合起来，假如皮凯蒂所谓的"过去吞噬将来"的悲观主义预言成立，那么我们应该会看到顶层人群的收入来源从劳动重新回到资本。皮凯蒂认为，这将通过继承逐渐实现。[27] 当今的高收入者将比低收入者有更多储蓄，因此随着时间和世代的积累，高收入家庭将积累起更大数额的财富并转交给子女，使不断增加的财富存量带来的资本收入最终超越劳动收入。所以即便正统模型正确无误，所有报酬（包括极顶层群体）都是基于业绩贡献的，遗产制度依然会慢慢把我们带入一个资本收入（而非劳动收入）重新成为顶层群体主要收入来源的世界。

皮凯蒂指出，要理解这一不可避免的回归世袭资本主义的经济作用过程，制度因素的加入至关重要。他敦促经济学家超越正统模型的理论预测，并致力于设计一个把劳动力市场和资本市场的动态相互作用纳入体系的理论模型，而经济学家传统上是将这两个市场作为不同议题来处理。皮凯蒂把制度因素纳入他所说的"资本主义体制"中，意味着不考虑制度背景的任何增长理论最终将被证明是不完备的。他

---

* 山姆·沃尔顿，沃尔玛的创始人，山姆会员店创始人，1985年成为美国首富，已于1992年逝世。——编者注

似乎很反感别人认为其分析带有"决定论"色彩的说法，即认为 $r > g$ 这个不等式是先天注定的，而非理解为在长期影响资本积累的制度、社会实践、家庭结构和规范等因素保持不变的条件下，对当前现实和未来趋势的客观描述。他于2015年在《经济学展望》期刊上发表了一篇文章，就经济学界对《21世纪资本论》的接纳做出回应："归根结底，真正重要的是经济理论同制度反应之间的相互作用，尤其是在教育、劳动力和财政制度等方面。"[28] 该文章的结论部分称："更普遍地说，我从这本书中得到的一个教训是，对不平等状况的研究与对制度变化的研究有着极为紧密的联系。"[29]

虽然皮凯蒂对正统经济学理论有若干明显突破，并强调了制度因素的重要性，却没有完全放弃标准理论模型。本书的若干章节也已指出过这点，尤其是苏雷什·奈杜的第5章。这很大程度上是因为在皮凯蒂的分析中，借用达龙·阿西莫格鲁与詹姆斯·罗宾逊的说法，制度的作用是"权宜之计"。[30] 我们可以从关于劳动力市场的分析中看到，皮凯蒂发现边际理论无法解释顶层人群的工资水平，却承认技能需求取决于产品和服务生产中可用的技术状况，技能供给取决于教育获得，而没有提到有大量研究文献显示制度因素对不同收入层级的工资设定有重要影响。[31] 可见，皮凯蒂一方面认为正统模型不能解释顶层收入群体的工资水平设定，另一方面又不承认该模型对其他工资收入层级的解释存在缺陷，这种逻辑上的不一致性令人感到困惑。

幸运的是，女性主义经济学至少给一部分难题提供了可行的思路。下面我们将转入该领域的内容。

女性主义观点

我们先看看女性主义经济学研究能为我们分析 r 和 g 相互作用增加哪些思考。

这一研究领域相当年轻。国际女性主义经济学会及其刊物《女性主义经济学》(*Feminist Economics*)都是在1993年才发起的。该学会和刊物的主要目标之一是"促进对经济问题的女性主义研究"。学会的创始学者之一朱莉·纳尔逊在近期的百科全书条目中概括了其核心理念："女性主义经济学这一领域，既包含从解放视角来分析性别因素在经济活动中的作用，也涉及批判性地研究经济学科中的偏见。"[32]

与皮凯蒂类似，女性主义经济学通常把数据和量化放在理论构造之前。一个主要关注点是女性在家庭中无报酬劳动的价值，以及更普遍的家庭生产在经济活动中的作用。沿着这样的线索，女性主义经济学的一项早期重要成果是玛丽莲·华林1988年的里程碑式著作：《如果算上女性》。该书反思了国民收入核算的问题，由著名女权主义者格洛丽亚·斯泰纳姆撰写引言。华林详细描述了女性的无报酬贡献如何被国民经济数据忽视，及其对于我们理解女性在家庭乃至更广泛经济生活中的贡献造成的影响，而且提供了把无报酬劳动纳入统计的数据修订工具。[33] 将无报酬劳动纳入国民账户核算的努力仍在继续，2016年，美国经济分析局提供的数据显示，把"非市场家庭生产"纳入计算，会使1965年的美国GDP提高37%，2014年的GDP提高23%。[34] 需要注意的是，这一研究在原理上类似于皮凯蒂同赛斯及祖克曼合作开展的工作，他们希望将分配数据纳入国民账户核算中。[35]

同样与皮凯蒂类似，女性主义经济学试图超越正统理论模型的限制，把注意力放在制度因素和跨学科研究上。女性主义经济学接纳了市场在社会架构内运转的观念，因此，揭示市场在这些架构内如何运转的特征变得非常关键。正如纳尔逊所述："承认社会信念和权力结构对性别化经济结果的重要影响，依然是女性主义经济学的标志之一。"[36] 早期的一项主要成果是对"理性经济人"的反思，加上更普遍地强调行为经济学的视角。作为该研究领域的开创性作品之一，朱莉·纳尔逊与玛丽莲·费伯于1993年汇编的《超越经济人》汇集了诸多学者关于社会信念与权力结构对经济生活重要性的讨论。[37]女性主义经济学的大量研究发现，制度和社会规范影响着雇佣劳动的结果，而且比皮凯蒂想探究的议题走得更远。特别是，女性主义经济学长期以来聚焦于持续给不同性别和种族群体造成经济结果差异且同生产率无关的制度因素。

皮凯蒂对人口结构的差异缺乏关注，或许是因为其数据选择所致。虽然他的数据库独一无二，为收入和财富研究提供了历史视角，但也存在与任何数据库一样的局限性，并影响到其核心理念的推导。皮凯蒂及其合作者最倚重的对美国的数据分析单位是"纳税单位"（tax unit），通常是指家庭，而家庭中的成员也可以分别申报。这一官方数据本身并不能提供人口结构（尤其是种族和民族）或家庭关系的详细信息。研究者或许可以借助个人身份信息将其同其他数据进行匹配，但很少有人能触及如此细节的数据层级。于是，皮凯蒂采用的数据隐藏了家庭内部的情况以及不同族裔的财富积累情况，所以即便存在可能，也非常难以仅从这些数据观察到隐含的社会制度的影响。

在皮凯蒂与赛斯的突破性研究之前，学者们对不平等问题的思考并不像这样忽略人口结构因素，因此将两者结合起来或许能有所帮助。20世纪80—90年代的不平等研究通常聚焦于人力资本对个人或家庭之间差别的影响，并很注意种族和性别因素。本章的研究将试图做出调和，一方面是正统理论模型的乐观结论，另一方面是生产率差异无法解释的经济业绩差异新发现的事实。本研究将更多利用算力，并关注大规模的全国调查结果，对美国而言，主要是指人口普查局的当前人口调查以及其他全国层面的调查。[38]

更深层的一个担忧是，皮凯蒂没有考虑制度和社会规范中的性别因素，而这些对他认为至关重要的经济作用过程有直接影响。尽管皮凯蒂本人认为不平等与制度有关，却没有考察婚姻和家庭对现代经济中的财富传递有何影响。这一思考缺失的迹象之一是他选择用（其母语法语中的）"世袭资本主义"（patrimonial capitalism）来标注当前的社会制度。皮凯蒂借助该术语来描述基于继承关系的经济体，但对英语世界的人来说，"patrimony"一词不单单代表继承，以"pater"开头的词汇在英语里暗指父亲，因此"patrimony"意味着男性继承关系，"世袭资本主义"也就意味着将女性排除在财产转移之外的一整套制度和实务操作。[39]

这当然不是皮凯蒂的本意，但背后有没有什么潜在的启示呢？尽管皮凯蒂没有说继承只能通过父系（pater）进行，但正如简·汉弗莱斯在《女性主义经济学》期刊中的评论所言，他从未分析过继承中的性别问题。例如，皮凯蒂书中提到了19世纪早期的许多小花絮，以强调制度或文化规范对婚姻和继承模式的作用，但他没有谈到其中的性别差异特征。《21世纪资本论》中唯一提到"性别"一词之处，是用于讨论劳动力市场底层半数人群的劳动收入不平等。[40]

可以理解，某些概念在翻译为不同语言时难免伴随着含义的流失，然而性别因素对当前和历史上继承的影响与皮凯蒂的核心论点高度相关。在美国，我们依然看到不同性别与种族之间存在高度不平等，因此，认为我们正走向新的世袭资本主义的观点不能忽略在性别方面的含义。在涉及财富存量、财富继承，尤其是劳动力市场的议题上，不同性别面临的经济处境不容忽视。

这方面的探讨相当重要，因为迄今为止，还很少有女性主义学者明确参与《21世纪资本论》的相关讨论。2014年春，当本书的联合编著者准备罗列可能加入的学者名单时，我们搜寻了所有可以找到的关于该书的评述。我们发现了700多个在线页面，但只有屈指可数的极少数女性学者在当时发出过回应。当年8月，凯瑟琳·盖尔提到她只知道有一篇由齐拉·爱因斯坦（Zillah Eisenstein）所著的女性主义视角的评论得到发表。为改变这一形势，她邀请了5位女性学者（包括我在内）来回应该书提出的相关议题。[41]很快我们看到，黛安·佩龙斯在《英国社会学季刊》发表了论文,强调性别因素在不平等演变的过程中扮演的关键角色。[42]

把性别问题的视角加入皮凯蒂的研究

我们已经看到对性别问题的关注会如何影响正统经济学理论。这对皮凯蒂的研究而言又意味着什么？具体来说,皮凯蒂对21世纪的进程预测从女性主义视角来看会是何种景象？皮凯蒂认为,我们正在步入世袭资本主义的新时代,假以时日,超级富豪的主要收入来源将从劳动转向资本,并把我们带回曾在19世纪乃至更早时期占据主导的基于继承体制的经济模式。皮凯蒂也承认,当今世界已不同以往。其中一个关键的制度变革是女性拥有了与男性同等的法律和经济权利。如今的简·奥斯汀有可能获得高薪职位,也可以与其兄长分享继承财产。长子继承制的转变意味着有闲暇的女性会同有闲暇的男性并存。我将首先讨论增加性别视角会给数据带来的变化,继而分析这会如何影响皮凯蒂悲观主义预测的有效性。

数据：性别因素关系重大

与皮凯蒂类似,我的讨论从数据起步。皮凯蒂的描述性分析集中在纳税记录数据反映的不平等变化趋势上,不过这一分析没有考虑贤能主义经济及相应的婚姻如何影响分配阶梯中顶层人群和其他人群的不平等状况。皮凯蒂在其著作第11章"业绩与继承的长期影响"中并未讨论女性就业率提高或相应婚配关系对继承模式的作用,也没有涉及性别或种族对谁能成为超级经理人的影响。可是,如果不了解婚姻、两性关系与家庭方面的社会、经济和文化制度,就不可能弄清楚继承的状况。

从历史上看,婚姻市场的创建是为了使家族不仅能传承财富,还可以确保自己的社会地位。皮凯蒂经常提到简·奥斯汀的小说，书中的许多杰出女性在春天造访伦敦或巴斯市，以参加英国社会的婚配聚会。劳伦斯·斯通如此介绍过英格兰的婚姻史："19世纪下半叶在伦敦和巴斯发展出全国性的婚姻市场，从上层阶级父母角度看，这极大地拓展了选出满意婚配对象的空间，因为增加了可能满足必要的财务和社会地位标准的潜在对象的人数。"[43]

不仅是对上层阶级，下层阶级的家庭同样用婚姻作为维持家族地位的手段。农民让儿子迎娶带着土地或牲畜作为嫁妆的邻家女儿，可以增加其占有的土地数量。皮凯蒂当然承认这样的作用机制，因此他才会大量引用巴尔扎克、奥斯汀及18世纪和19世纪其他作家的作品。这些作品讲述了婚姻市场如何在过去的世袭资本主义下运转：没有继承财富的人受到鼓励，尽力同可以改善其生活状况的家族联姻，这通常意味着跟比自己富裕一些的人结婚。[44]

皮凯蒂借用了古老小说中的段落，但他没有关注到这些故事在性别或种族方面的含义。此类故事还凸显了家族对于决定某人社会地位及其能否加入精英阶层的重要性。例如，皮凯蒂提到过巴尔扎克塑造的角色尤金·德·拉斯蒂涅，在《高老头》中，一位名为沃特兰的阴损人物告诉拉斯蒂涅，要真正变得富有，他绝不能埋头学习法律然后执业，而是必须娶一位阔太太。沃特兰推荐了一位既不漂亮也不迷人，却有意愿的女子。但后来发现沃特兰介绍的这位继承人不是其有钱父亲的婚生子女，因此为获得继承权，拉斯蒂涅还必须杀害其兄弟，一位合法的婚生子且有先见之明的人物。[45] 这个例子揭示了婚姻和财富制度的三个要点：第一，在小说创作的时代，未来财富的主要来源是资本，而非劳动；第二，财富积累影响着婚配对象的选择；第三，它与决定性别关系的特定约束密切相关。如果高收入来自大额资本财富的继承，那关键就在于弄清楚谁是合法继承人。皮凯蒂关注到了第一点，却没有考虑后面两点。

皮凯蒂借助文化典籍来说明古老的世袭资本主义如何植根于具体社会场景，可是在描述现在的社会背景时，他却变身为老套的经济学家。他对如今的文化或社会规范言之甚少，也没有充分利用现代小说或电视直播秀来讨论个人的种族、民族或性别会如何影响其财富的获得与积累。与过去一样，找到合适的配偶依然是财富积累以及确保子女社会地位的关键所在。如今这类婚配社交活动的面貌已大不相同，人们关心的不仅是通过教育和培训来获得收入阶梯顶层的工作职位，还考察潜在婚配对象是否拥有"合适的"职位或能够在将来谋得该职位的教育资历。除最富裕家庭外，女性的收入对家庭收入的重要性越来越高。另外，家庭的社会地位传承主要是确保其子女（很多时候不论性别）积累起恰当的人力资本，以及有着获得顶级工作岗位的人脉。[46]

人们和谁结婚，对决定其经济状况依旧重要。不同之处在于各个家庭如何合并其收入，而皮凯蒂的数据对此没有贡献。关于选型婚配（assortative mating）的研究文献告诉我们，高收入男性和高收入女性越来越多地互相结合。这与关于人们求偶要求的研究结论相一致，即对高收入潜力的偏好在提高，而且对男性和女性均是如此。男性依然比女性更看重外貌，不过男性和女性都越来越看重有高收入潜力的对象。此类偏好变化，加上女性整体上的教育和收入水平提高，带来了选型婚配的增加，在双方的创收能力上更多出现门当户对的现象。[47]

这里也涉及地理因素的作用。婚配市场通常是地区性的，人们与自己同一城镇的人结婚，而随着收入不平等在地区间扩大，也可能加剧选型婚配。美国的最高收入工作岗位集中在少数城市，如纽约、旧金山、波士顿、华盛顿特区等，这些地方吸引了胸怀大志、颇有教养的人才。[48] 好工作在地理上的集中刺激了婚配市场聚集到这些地方。当然还有大学，年轻人在那里为争取好工作做准备。这些地方已成为21世纪美国婚配市场的要塞。例如，普林斯顿大学1977届校友苏珊·巴顿最近给母校毕业生写了封公开信，鼓励她们"于毕业之前在校园里找个丈夫"。她指出，毕业生的同学很可能会是她们能遇到的最为出色的婚配对象之一。她还提到，在今天的经济生活中，你跟谁结婚对人生前景的影响同你的职业选择一样重大。但与一个世纪乃至更早之前的社会上层人士所做的类似选择相比，则是出于完全不同的原因。[49]

婚姻状况往往会强化一个人在经济阶梯中的地位，对不平等状况与经济流动性产生影响。研究表明，丈夫和妻子的个人收入同他们自己父母的收入以及配偶父母的收入均高度相关。劳拉·查德威克与加里·索伦发现，子女配偶的收入与子女自身的收入相对于父母收入的弹性水平相当。[50] 在美国，女儿组建的家庭收入相对于父母收入的弹性约为0.4。[51] 另有学者根据对德国和英国的研究发现，父母与自己的永久家庭收入的协方差中有40%~50%可以归因于婚配对象。这一效应是因为配偶的人力资本之间存在强相关性。[52] 皮凯蒂并不认为经济流动性是减小不平等的有效方式，但他的数据无法显示婚姻模式发挥的作用。

家庭成员之间的收入高度相关，听起来非常类似于简·奥斯汀小说中描述的婚配市场。我们今天仍可以看到同类型文化作用的现象。例如，脸书公司首席运营官谢丽尔·桑德伯格就在其著作《向前一步》中提到，找到合适的对象会如何让人生截然不同。她以自己同戴夫·戈德伯格（Dave Goldberg，婚后不幸去世）的婚姻为例，说明拥有一位支持你事业发展的伴侣会如何帮助你在职场上取得成功。桑德伯格讲这番话是特别送给年轻女性的，但其建议显然对男女双方皆可适用。[53]

另外还有证据表明，女性就业水平的提高缩小了家庭之间的不平等程度，减缓了走向以继承为基础的社会进程。布伦登·杜克在最近的一项研究中借用玛莉亚·康西安与黛博拉·里德开创的方法来测算已婚女性的收入变化如何影响不平等的变化。[54] 康西安与里德估算出，如果已婚女性的收入自1979年以来没有变化，那么1989年的不平等水平会是多少。杜克将这一分析扩展到1963—2013年，发现"若已婚女性的收入没有变化（实际增幅为25%），不平等程度在1963—2013年会提高38.1%，如果这50年里没有女性收入的变化，不平等恶化的速度会提高52.6%"。[55]

婚姻模式同样会影响遗赠。同样的还有，许多家庭给子女提供的是得到良好工作岗位的通道，而非（或不仅是）金融及实物资本，在21世纪更是如此。美国经济在最近数十年最令人惊讶的一个情况是，不同收入水平的家庭模式出现巨大差异。过去的普遍情况是，大多数（当然并非全部）儿童由双亲家庭抚养，对所有收入水平均是如此。[56] 根据菲利普·科恩的研究，1960年，在位于收入分配底层1/3的家庭中，14岁及以下儿童仅有1/5与单身母亲共同生活，而这个数字到2012年已超过2/5。[57] 如今，尽管收入阶层顶部的家庭仍在婚姻状态下抚养孩子，通常是母亲和父亲都有待遇不错的工作，收入分配底层家庭的孩子乃至很多中层收入家庭的孩子却有很多同在职的单身父母生活在一起，其中大多数是单身母亲。[58]

家庭模式的这些变化，以及对孩子的人力资本做大力投资的需要，已导致家庭之间出现分化。萨拉·麦克拉纳罕描述说，专业人士的家庭会推迟结婚和生育，离婚与婚外生育子女的概率较低，母亲就业率较高。相对于40年前的同类人群，做母亲时的年龄更大，拥有高薪职位的比率更高。她们对子女抚养的投资也毫不吝惜。[59] 安妮特·拉赫指出，其研究中的中产阶层以上家庭关注所谓的"协作培养"（concerted cultivation），即强调开发孩子的天赋，而这要求付出大量时间，对双职工家庭可能颇有挑战。因此，除了自己投入时间帮助孩子发展外，有支付能力的家庭通常会把这些任务外包给家教，或者让孩子参加昂贵的课外班和暑期补课活动。[60] 所有这些现象都意味着相比低收入乃至中等阶层家庭的子女，最强势家庭的孩子不但拥有多得多的经济资源，其父母还会深度关注他们的情感需求与未来发展。

预测：性别因素重要吗？

与任何出色的经济学理论一样，性别关系的变化对皮凯蒂的预测而言有两种可能的影响，它们作用的方向相反。第一种，尽管我们可能正走向以继承为基础的社会,遗赠的资本规模却会小于19世纪。当时大多数的继承财富都归长子,当然他也对寡居的母亲和兄弟姐妹负有一定的社会(而非法定)义务。这种情形对如今的年轻继承人而言已不复存在,现在父母们通常会给子女平均分配遗产,即使某个孩子所得较多,他也没有法定或其他义务供养其他家庭成员。家庭财富在子女之间的分配将放缓资本集中速率,但假以时日,仍可能如皮凯蒂所言"回到19世纪"。第二种影响是关于富人的行动。皮凯蒂指出,经济精英拥有政治权势,超级经理人拥有经济大权,但他并未明确阐述能否以及如何利用这些权势来重新确立他们在经济阶梯上占据有利位置的规则。

表15.1总结了19世纪、20世纪和21世纪以继承为基础的经济体制的基本特征,以及这对女性的公民和经济权利在今天乃至将来的影响。在我看来,存在两种可能的情形。第一种,性别身份并不重要。富有的父母会把财产平均遗赠给所有的儿子和女儿,相比只有一个孩子继承财产的经济制度,每个孩子得到的继承财富更少。这一新做法,加上维持高生产率以及在职场上充分利用男性和女性天赋的持续经济压力,会促进顶层群体持续的性别平等。第二种,属于反乌托邦式的情形,女性将丧失公民和经济权利。在此情形下,以男性为主体的富人将利用扩大的经济和政治权势来瓦解性别平等的保护措施。这有可能出现吗?是的,因为获取继承权比获取人力资本更容易。讽刺的是,这是把我们带回奥斯汀时代的一种性别因素驱动机制,虽然皮凯蒂没有在他对19世纪或20世纪的分析中提到性别因素的作用。

表15.1 以继承制度为基础的经济和性别方面的社会规范

	19世纪	20世纪	21世纪
顶层10%人群的收入来源	资本	劳动	资本
富人的继承模式	简·奥斯汀	谢丽尔·桑德伯格	？？？
女性的公民和经济权利	有限公民权,没有财产权利	平等公民权利,完全财产权利	？？？

这对我们关于经济增长率（g）的预测可能有重大启示，有必要在此阐明。如皮凯蒂在《21世纪资本论》第2章所述（正统经济学理论中对此也有充分讨论），除人力资本与技术创新外，增长率还取决于人口特征，尤其是人口增长率。反乌托邦式情形不仅削弱了经济和政治公平性，还会拖累经济增长率，使皮凯蒂关于不平等不断扩大的预言加速实现。

首先，我们来看看人口增长。关于女性的经济与政治权利状况对生育率的影响已有充分研究，在女性的公民权利与经济机遇更好的地方，她们的子女数量更少而寿命更长。背后的部分原因是当女性获得更大经济权利时，她们也会获得医疗服务及其他服务，从而提升其子女顺利长大成人的概率。此外，获得经济和政治权利的女性将有更强的能力决定自己的生育，并推动更普遍地赋予女性这些权利的相关政策。

其次，同样重要的一点是，女性对生育权的控制力以及经济贡献能力增强，将直接影响未来的人力资本投资类型（包括未来的创新）。随着家庭子女数量的减少，每个孩子得到的投资会增加。随着将来的经济回报提高，女孩也将有机会接受教育，即使女性最后没有加入劳动力大军，也会促进孩子的成长。在性别更平等的社会里，女性是经济活动的充分参与者，她们有能力要求政府和社会提供支持，以解决工作和生活的冲突，并促进对下一代的人力资本投资，而这些都会如上所述提升经济增长率的水平。

皮凯蒂强调了通过子女教育投资进行资本转移的重要性，但他没有考虑到公式中的家庭一侧，只提到养育子女的决策"受到文化、经济、心理及与个人选择的生活目标有关的个体因素的影响。这些决策或许还取决于不同国家决定提供或不提供的物质条件，即为了让家庭生活与职业生活相协调而开展的学校教育、托儿所服务、性别平等措施等。此类事务无疑将在21世纪的政治议题与公共政策中占据更突出的地位"。[61] 我们是否会开展这方面的政策对话，将取决于未来是继续坚持性别平等的发展道路，还是走向反乌托邦的困境。

乐观情形：继续推进性别平等

在18—19世纪的世袭资本主义巅峰时期，根据法律规定，继承具有父系性质。在历史上，美国（以及受英国普通法制度管辖）的女性受所谓"依从丈夫保护的妻子身份"（coverture）的约束，意味着她们一旦结婚，就会丧失所有财产权利。美国的部分此类法律被《已婚妇女财产法案》（Married Women's Property Acts）取缔，这是从1839年开始到随后数十年通过的一系列各州法律。然而直至20世纪60年代，此类剥夺女性权利的法规才被完全废除。在此之前，美国已婚女性如果没有得到丈夫的许可，均无权开立银行账户。到1974年通过《公平信贷机会法案》（Equal Credit Opportunity Act）之后，在信贷获取方面歧视女性才成为非法行为。[62] 与继承相关的法律改变缓慢不仅是美国遇到的问题，英联邦国家直至2015年实施《珀斯条约》（Perth Agreement）后，长子继承制法律才从偏向男性转向纯粹的长嗣继承制。[63] 在此之后，假如威廉王子与凯特王妃生育的第一个孩子是女儿，即使后来她有了弟弟，她依然会是英国王位的优先合法继承人。

有人可能认为，如今的继承法律和继承模式的平等性质可能带有强烈的路径依赖性质。显然在家庭内部，我们并未看到父母有选择地把更多遗产留给儿子而非女儿。经济学研究发现，至少在美国，父母对男性和女性后代的遗赠是相当公平的。根据保罗·门契克的研究，这一模式即使对极高价值的资产依然适用，"男性继承的份额并未随遗赠财产规模的扩大而显著上升，男性所获遗赠的财富弹性等于1，长嗣或较早出生的子女所获遗产并不多于其弟弟和妹妹"。[64]

皮凯蒂认识到，如今的继承模式有更大的分散性。在对法国的分析中，他发现尽管继承财富总量已提升至很高水平，但由于分散到更多人头上，单个人得到的继承财富数量变得更少。这给个人加大了压力，除了可能获得的继承财富，他们还要专注于从劳动力市场获取收入。这进而会鼓励上述对人力资本的大量投资以及选型婚配，令皮凯蒂的悲观结论得到缓和，值得在未来深入研究。男性和女性之间的遗产分配模式越平等，总财富分配就越平均，这会使财富回报率（r）的长期提高速度慢于之前的预测。[65]

然而也有证据显示，父母给子女留下不同类型的财富，某些少量证据表明女儿得到的人力资本投资少于儿子。尽管女性与男性从父母那里继承财富的机会相当，男性继承家族企业的机会却更大。保罗·门契克在一篇旧文里指出，"企业资产转移模式的证据显示，对于由业主经营的企业，儿子更有希望继承家族企业，虽然财富继承本身具有性别平等性质"。[66]社会学研究文献则称，即使在当代的美国，父母对儿子的教育也会投入更多资金。有学者利用新方法去分析谷歌的搜索记录，发现利用谷歌网站的美国父母搜索"我的儿子是不是天才"的次数是搜索"我的女儿是不是天才"的2.5倍，而查询"如何让女儿减重"的次数则是查询"如何让儿子减重"的2倍。[67]看起来，父母依然更加关心女儿的外在形象，而非她是不是班级里最聪明的学生。

令人担心的一点是，如果像简·奥斯汀时代那样，女性的价值再次更加紧密地与能否钓到金龟婿联系起来，这是否会对女性的政治和经济权利带来负面影响？女性的政治影响力存在路径依赖性质，因此这不太会发生。随着女性获得的大学学位乃至研究生学位的数量超过男性，她们正在逐渐加入专业人士的行列，不会轻易回到主要从事家务劳动的状况。[68]但鉴于这一路径依赖对半数人口的重要意义，其稳固性还需要放到资本收入相对于劳动收入提升的背景下加以考察。如皮凯蒂指出的，"法国今天的继承模式更难以精确描述以及用政治手段来纠正，因为它是广大人口之间的普遍不平等，而非少数精英与社会其他群体之间的对立"。[69]女性主义声音当然并存于皮凯蒂所称的"少数精英"与"社会其他群体"两个部分，对女性的经济和政治力量具有现实影响。如果有女性主义方面的理由鼓励广泛的遗赠，这或许是另一个有待探究的重大议题。

反乌托邦情景：父系社会的回归

当然我们也必须考虑到，性别身份可能对政治产生影响。当前，男性依然占据着商界和政界的最高权力职位。皮凯蒂指出，这些人制定的规则是为他们自己量身打造的。超级经理人的报酬可以不基于"每个经理人对企业产出的贡献评估"，而是通过"较为武断、基于层级关系及相关人员相对谈判力"的程序。[70] 他们可能利用这种权势更多地排斥女性，以及反对实施鼓励包容女性的政策，有什么力量能够阻止这种排斥行为呢？

首先是一些事实因素。在最高收入者行列中，性别或种族平等的进步有限。根据若干学者利用美国社会保障总署数据的研究，在1970年，顶层1%收入群体中仅有2.5%是女性，顶层0.1%收入群体中仅有1%是女性。到2004年，顶层1%收入群体中的女性占比已提升至13%，顶层0.1%收入群体中为7.8%。因此进步是存在的，但相当缓慢而小幅。此外，收入最高的职位主要由白人男性占据。[71]

财富公平方面的情况也未见乐观。克普祖克与艾德龙德的研究发现，从20世纪60年代后期到2000年，在美国顶层0.1%和0.01%的财富持有人中，女性所占比重大约从1/2下降至1/3。另有研究发现，截至2014年，美国的492名亿万富翁（10亿美元以上）中仅有58名为女性。此外，相对男性而言，富有女性的财富更有可能是来自继承而非收入。该研究还指出，自我奋斗型女性的财富在这一群体的财富中所占的比重仅为3.1%。尽管随着对应财富规模的不断增大，这个数字确实可能走低，但该研究表明，如果测算自我奋斗型女性人数占最富有群体的比重，依然会得到上述结论。2003年，最富有的400位美国人中仅有22位是自我奋斗型女性，另外30位女性上榜者是依靠继承财富。对男性而言，全部348位富豪中则有312名是自我奋斗型。因此，今天的富有女性更多是像帕里斯·希尔顿那样从父亲手里获得财富，而非奥普拉·温弗瑞式的白手起家类型。[72]

现实情况是，经济、社会和政治权力彼此密不可分。皮凯蒂鼓励读者把对资本征税作为降低财富回报率（r）的出发点，因为他认为提升经济增长率（g）的办法有限。然而，确保女性和男性、有看护责任和无看护责任的人拥有平等的参与机会以及经济和政治权利，应该可以提升 g 的水平。在过去的父权体制中，女性拥有的政治权利少得多。经济决定论者可能宣称，这是因为需要以特定的财富积累和转移方式来保留资本存量。在精英家族内部，鼓励分享的规则会削弱资本的存量，而维持总量的一个轻松办法就是排斥女性的精巧规则，除非采用嫁妆的形式。

正统经济学理论给支持包容性政治和经济权利提供了一个强有力的理由，但这在多大程度上取决于劳动成为财富创造的主要来源？有权势的男性是否会设法限制把高薪职位分享给女性，是否会争取在政治和经济领导层中包容女性，这些对女性的其他各种权利又意味着什么？在美国，我们依然在讨论女性是否有权决定保留或不保留胎儿，以及采取避孕手段是不是女性健康的重要组成部分。

结论

在《21世纪资本论》出版一年后，皮凯蒂写道："所有经济学概念，无论它们假装多么'科学'，都是由社会和历史决定的知识构造，并经常被人们用来推进某种观点、价值观或利益。"[73] 在本章中，我试图展示女性主义经济学能给皮凯蒂模型中的关键机制带来某些启示，以及可以从这一分析中得出重要的政策建议。皮凯蒂关于全球财富税是最重要的政策工具的结论依然成立，但其中是否考虑到了继承模式运行中的性别特征？如果政策制定者现在更多地关注支持女性经济独立方面的政策，是否可以既提高经济增长率（g），又降低积累速度，减缓财富回报率（r）的抬升？皮凯蒂在其巨著中仅偶然一次提及的政策，即"学校教育、日托服务、性别平等之类使家庭生活与职业生活更为协调的措施"，或许真是能减缓不平等不断恶化的又一支筒中利箭。[74]

第16章

不平等扩大对宏观经济意味着什么?

马克·赞迪

作为全球最优秀的宏观经济预测者之一,经济学家马克·赞迪将分析不平等对宏观经济增长与稳定的影响。他通过自己设计的模型介绍收入与财富不平等发挥作用的关键渠道,并利用1980年以来的不平等情况进行反事实分析。其结论是,不平等影响宏观经济的主要渠道是它对经济稳定而非经济增长带来的威胁。

最近数十年来,美国的收入和财富集中度大为提高。尽管许多美国人对此感到不安,大多数宏观经济学家却视而不见,至少对那些思考经济未来表现的群体而言是如此。

宏观经济学家的轻慢主要源于:把收入与财富分配的倾斜同经济表现联系起来很有难度,尤其是必须在这些学者通常用来预测分析的

---

* 笔者感谢 Adam Ozimek 为本章的研究和撰写所贡献的洞见、专业技能与辛勤工作。

模型里加入量化证明的时候。

本章将介绍利用穆迪分析公司的美国经济计量模型来解释收入与财富分配变化的研究。该模型被用于若干目的，包括预测、场景构造、银行压力测试以及政策分析等。[1] 决定收入分配的各种因素以及分配变化对经济活动的作用机制都被识别出来并纳入该模型。随后，该模型被用于预测收入分配的发展前景及其对未来经济表现的影响。

最可能出现的前景基本上是乐观的。与目前相比，未来的收入与财富分配状况不会严重恶化，富人与穷人之间的差距不会继续扩大。此外，即使收入与财富分配会变得更加倾斜，在大多数情况下，这也不太会显著影响经济的长期潜在增长率。

然而，更为倾斜的收入与财富分配将增大这一乐观预期的负面风险，因为它可能导致更加不稳定的金融体系与更加周期化的经济运行。鉴于美国经济的长期潜在增长率在下降，问题会更加严峻，意味着未来遭受衰退的概率将更大，美联储及财政政策制定者对未来衰退采取应对措施的能力也会更受制约。

不平等程度有多大？

美国经济馅饼分配的不平等程度比过去严重了许多，对此没有什么争议。远超过1/2的收入被顶层1/5群体占有，超过1/5的收入归属顶层5%群体。还有，顶层群体的收入份额在过去30年里大为提高，顶层1/5群体所占份额提升了7个百分点，其他群体的份额都在下降。基于市场收入测算的基尼系数是普遍采用的（不包括政府转移支付的）税前收入分配指标，它在同一时期也显著提高（见图16.1）。

财富分配的倾斜程度更甚。大约3/4的家庭净财富是由收入水平最高的1/5群体持有。[2] 这一份额仅在过去20年里就提高了10个百分点，表明财富存量越来越集中到最富有家庭，而低收入和中等收入家庭的

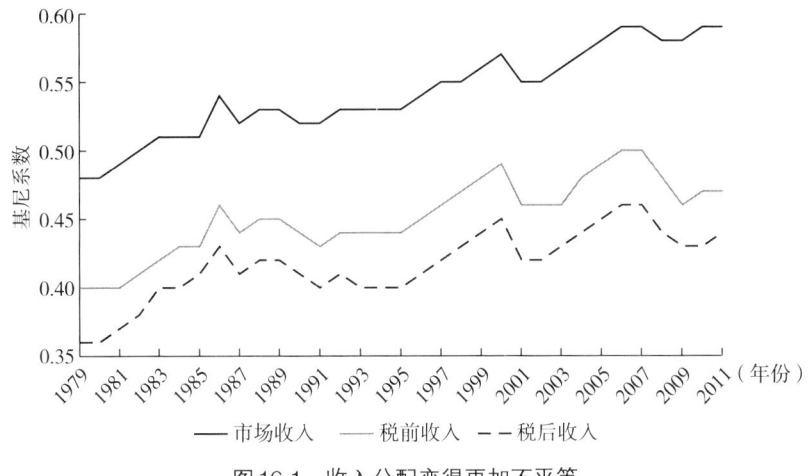

图 16.1 收入分配变得更加不平等

资料来源：Congressional Budget Office，Moody's Analytics。

债务负担加剧。

同样需要注意到，当收入与财富分配更趋倾斜时，政府政策显著缓和了不平等恶化的程度。基于包含政府转移支付在内的税前收入计算的基尼系数，在过去15年内并没有太大变化；而基于税后收入计算的基尼系数，在过去20年内也大体保持稳定。近期的税收政策调整加重了高收入和高财富家庭的税负，可能进一步缓和不平等的倾斜程度，当然还可能需要一些时间才能在数据上表现出来。

还有一个要点是，虽然以个人支出测算的居民家庭消费存在严重倾斜，即顶层1/5群体占超过1/2的支出，顶层5%群体占近1/3的支出，但在过去15年里并没有更趋恶化。[3] 低收入与中等收入家庭的杠杆增加导致其支出在金融危机前扩大，尽管有随后的去杠杆调整，危机后这部分居民在支出中的份额并未下降。

第16章 不平等扩大对宏观经济意味着什么？

对不平等的解释

导致收入分配不平等扩大的因素很复杂,难以从数量上识别。为了在穆迪分析的模型里对国民收入分配做建模处理,研究者在美国各州层面做了不同的经济计量分析。各州的收入不平等随时间推移发生的变化使我们可以开展更细致的研究。

研究者对州基尼系数与平均家庭收入同中位数收入之比,即平均数—中位数不平等水平(mean-to-median inequality),都做了建模分析。结果表明,州基尼系数更稳定,不同年代(1980—1990年,1990—2000年,2000—2010年)之间的平均相关系数为0.91,平均数—中位数不平等水平则为0.66。

用于解释以上两个收入不平等指标的简单横截面模型没有得出很多统计上显著的因素,失业属于例外,对基尼系数有强烈影响。这符合直观感受,在图示上也表现得很明确,见图16.2。

解释两个不平等指标更长期变化的一阶差分模型,能够更好地识别影响不平等的其他因素。这些模型是基于50个州加上哥伦比亚特区

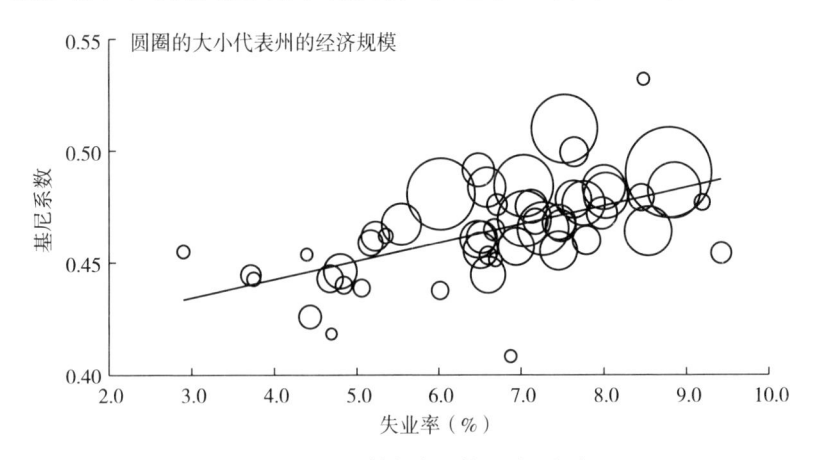

图16.2 不平等与失业状况联系紧密

资料来源:BLS, Moody's Analytics。

的面板数据，包含从1980年到2010年的年代变化值，以及总计153个观测值。模型中包括年度固定效应，因此聚焦于各州在10年内的相对变化。回归模型利用各州人口做了加权处理。

制造业就业占比是州模型中收入不平等的一致决定因素。制造业是较为理想的中等薪酬工作岗位的主要来源，丢掉工作的工厂工人为找回类似职位需要度过一段艰难时期，尤其是因为他们的年龄往往偏大，也不太愿意为了新工作而搬家。制造业就业占比还是全球化普遍效应的代理变量，最近几十年来对美国的制造商有深刻影响。

外国移民的技能水平也对不平等有显著影响，其测算指标是针对外国出生人口教育水平的美国社区调查（American Community Survey）的微观数据。低技能移民人口占比（高中学历以下）尤其重要，占比越高，对收入分配下层的本国人口的冲击越大。

对不平等有影响但取决于模型中的不平等测算方式的因素包括：高技术产业在就业中的占比、工会员工的占比、大学学历以上人口的占比，以及大学学历以上高技能移民的占比等（见表16.1）。劳动年龄人口占比也对不平等有影响，并可能反映了人口老龄化的因素，因为退休人员的收入较低，会消耗其资产，从而加剧不平等。该指标还反映了抚养比的变化，抚养比降低会促进经济增长和普遍的富足。

州模型中的因果关系或许是双向的，但对某些变量而言很可能是单向的。严重不平等不太可能导致制造业就业占比或工会势力的下降，或导致高技术产业及劳动年龄人口的增加，很大的可能是后面这些因素导致不平等扩大。然而，不平等同外国移民数量和教育水平之间的因果效应可能具有双向性质。

表 16.1 对美国州层面收入不平等的解释

因变量	平均数——中位数不平等	基尼系数
模型	一阶差分	一阶差分
固定效应	年	年
年份	80,' 90,' 00,' 10	80,' 90,' 00,' 11
样本数	153	153
解释变量：		
高技术产业在就业中的占比		
相关系数	0.0526	ns
P 值	0.0005	ns
制造业在就业中的占比		
相关系数	−0.0098	−0.001
P 值	0.0281	0.0085
劳动年龄人口占比		
相关系数	ns	−0.0046
P 值	ns	0.0005
大学学历人口占比		
相关系数	ns	0.0013
P 值	ns	0.0341
低技能移民占比		
相关系数	0.0189	0.0016
P 值	0.067	0.0013
高技能移民占比		
相关系数	0.0486	ns
P 值	0.0332	ns
城市化率		
相关系数	ns	−0.0012
P 值	ns	0
调整后的 R^2 值	0.191	0.753

注：ns 表示统计上不显著。
资料来源：Census, BEA, BLS, Moody's Analytics。

不同因素有可能是对同一事物的测算。高技能移民增加会提高平均数—中位数不平等水平，教育水平提升也会推高基尼系数。有可能这两个现象都反映了人口技能提高对不平等的影响，它们都与技术变革（可以由高技术产业在就业中的占比测算）密切相关。

总之，州模型的回归结果表明，最近数十年的收入分配倾斜受如下因素影响：人口结构因素、技术变革与全球化进程，以及劳动力市场状况等。

对美国不平等状况的建模分析

州模型能帮助识别收入不平等的某些影响因素，但对预测能起到的作用有限。许多因素在州层面难以做预测，而且技术变革与全球化等因素在州层面只能做有限的替代测算。因此还需要在穆迪分析的模型中对全美收入分配建模，这一模型与州模型在逻辑上一致，但由于州模型的局限和其他建模约束，又与州模型有所不同。

穆迪分析的全国模型中的收入不平等是以平均数—中位数不平等指标测算的，人口结构对不平等的影响来自劳动年龄人口占比（见表16.2）。在模型中，这是统计上最为显著的影响因素，凸显了对不平等未来变化的重要性。

技术变革在模型中表现为信息处理设备的价格平减指数变化。该平减指数的增长部分反映了这一关键技术的质量变化。[4] 在20世纪90年代后期到21世纪头10年早期的技术产业繁荣期，技术迅速进步伴随着该平减指数的快速下降。而在更近的时期，该平减指数已经停止下降，表明技术进步的步伐有所放缓，当然或许还有其他因素的作用。

表 16.2　对美国全国层面收入不平等的解释

因变量	平均数到中位数不平等	
估计时期	1967 年第 1 季度—2014 年第 4 季度	
估计方法	最小二乘法	
解释变量	相关系数	T 统计值
常量	5.296	29.97
劳动年龄人口占比	−0.061	−17.49
信息处理设备的平减指数增长	−0.025	−9.11
净出口在 GDP 中的占比	−0.026	−7.19
制造业在就业中的占比	−0.011	−2.25
城市化率	−0.051	−8.48
失业缺口	0.006	1.91
调整后的 R^2	0.98	
德宾—沃森统计量	0.365	

注：该模型中的各变量具有协整性。由于这是关于收入不平等的长期模型，可以采用最小二乘法估计。采用了 Newey-west 标准差。

资料来源：Census, BEA, BLS, Moody's Analytics。

技术进步的步伐越快（表现为平减指数的更快下滑），收入分配将变得愈加倾斜。与此相符的证据是，对于那些在收入分配中游职业中就业的人来说，技术进步的影响尤其猛烈。即使尚未成为现实，但理论上已可以认为，此类工作能够用计算机程序来取代，因此失去工作的人们因为缺乏必要的技能和教育，通常会在收入分配阶梯上向下滑。当然，编写计算机程序的人则会赶上大好时机。[5]

全球化对收入分配的影响在模型中表现为净出口在 GDP 中的比重以及制造业在就业中的比重。美国经济的全球化倾向自 20 世纪 80 年代早期开始大为增强，也就是美国最后出现贸易顺差的时候。物流与交通技术的进步，加上一系列贸易协定的达成，促进了美国经济对世界其他地方的开放。贸易逆差与 GDP 的比值在大衰退发生前达到创纪录水平。不过在衰退爆发及政策制定者无力达成更多新的重大贸易协定之后,美国经济的全球化步伐停滞了。此外,在美国的制造业基础已深入融进全球经济之后,信息及其他服务产业需要进一步全球化。

该模型还反映了劳动力市场条件通过失业缺口(实际失业率与自然失业率之间的差额)与工会成员占全部劳动力的比重影响收入分配。不出所料,失业缺口在20世纪70年代中期到21世纪头10年中期的近30年时间里具有一定的正向影响,这期间的收入不平等在恶化(见图16.3)。

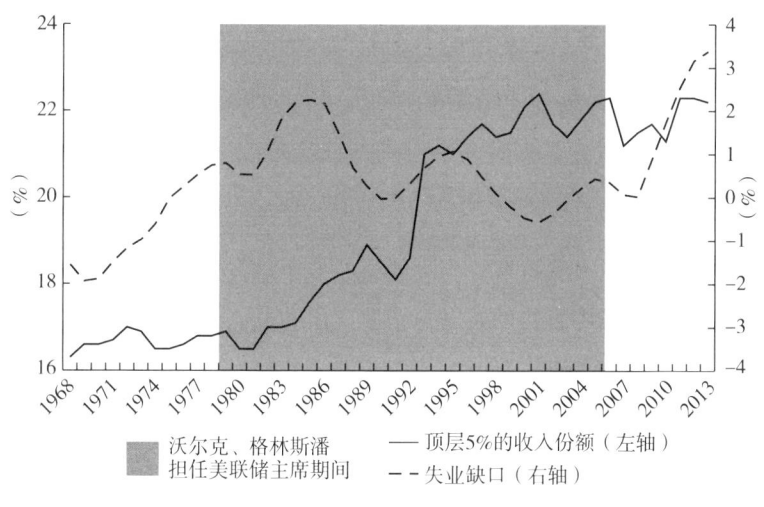

图16.3 失业缺口越大,不平等越严重

资料来源:Census, BLS, Moody's Analytics。

这在很大程度上是源于货币政策,它的重点是控制那段时期令人不安的高通货膨胀。美联储主席保罗·沃尔克在20世纪80年代早期为阻止通胀失控采取的措施带来了严重衰退。继任者艾伦·格林斯潘则公开采用了"机会主义式的反通胀"政策(opportunistic disinflation),在该政策指导下，为了打压通胀预期和涨薪要求，美联储对经济走低和失业走高的响应较慢。该政策对降低通胀较为成功，但明显损害了低收入与中等收入劳动者的工资。

工会运动在这几十年中的溃败，也让工资和其他待遇的谈判主导权从员工向雇主一侧倾斜。工会员工在20世纪60年代大约占全部工薪员工的1/4，到1980年里根总统解散航空管理员工会，这是对工会运动的标志性打击，此时，该比例已下降至约1/5。如今，仅有约1/10的员工归属工会，尽管该比例在过去十年大致维持了稳定。

因为难以做预测，低技能和高技能外国移民没有纳入全国不平等模型，尽管他们在州模型中是影响收入不平等的关键因素。此外，他们对未来的不平等恶化可能会有某些抵消作用，因为流入的移民预计是高技能人员。

消费者支出行为

更倾斜的收入和财富分配可能通过多个潜在渠道对经济运行造成影响。其中，较为直接的是对总消费支出和总储蓄的影响，但其程度很难分辨，因为低收入家庭的支出主要来自收入，高收入家庭的支出主要来自财富。所以我们并不清楚不平等的恶化会如何影响总体的支出和储蓄行为。

为此，我们可以通过表16.3来思考一个假设情况。基于穆迪分析模型中关于不同收入分配1/5群体的消费者支出公式（下文将有详细介绍），把1980年（不平等状况恶化之前）和2015年的消费支出分解为顶层1/5群体和其他群体由家庭收入和财富支持的消费支出。来自收入与财富（财富效应）的边际消费倾向在不同收入群体中存在差异：低收入群体的边际消费倾向要大得多，而高收入群体的财富效应要大得多。模型假设边际消费倾向在1980—2015年维持不变，但后文将会谈到，有证据表明财富效应随时间发生了较大变化，并且自金融危机以来显著提高。

表 16.3　不平等与消费

	1980 年	2015 年
总消费者支出（万亿美元）	1.7	12.4
来自家庭收入的消费者支出（万亿美元）		
顶层 20%	0.42	3.30
下层 80%	0.84	4.96
来自收入的边际消费倾向	0.63	0.61
顶层 20%	0.48	0.48
下层 80%	0.75	0.75
家庭收入（万亿美元）	2.0	13.5
顶层 20%	0.9	6.9
下层 80%	1.1	6.6
来自家庭财富的消费者支出（万亿美元）		
顶层 20%	0.41	4.09
下层 80%	0.00	0.00
来自财富的边际消费倾向	0.041	0.048
顶层 20%	0.065	0.065
下层 80%	0.000	0.000
家庭财富（万亿美元）	10	85
顶层 20%	6	63
下层 80%	4	22

资料来源：BEA，Federal Reserve，Moody's Analytics。

把顶层1/5群体和下层4/5群体各自的收入与财富边际消费倾向乘以对应的收入与财富，将得到这些人群的消费支出。各种收入群体的支出总和为总消费支出，在1980年为1.7万亿美元，2015年达到12.4万亿美元。

现在我们假设，不同收入群体在收入与财富中所占份额在1980—2015年间保持不变，也就是说收入与财富分配没有变得更为倾斜，然后看这将带来什么结果。它对总支出的影响将非常温和，使2015年的总消费支出略减为12万亿美元，同时也意味着1980—2015年的收入与财富分配恶化对总消费支出和储蓄行为的影响极为有限。

还有，即使不平等造成的消费支出减少幅度大于上述分析结果，它也意味着总储蓄将会更多。从长期看，对于充分就业的经济体，储蓄增加理应会推动更多的投资，促进长期经济增长。

作为上述研究的一项重要提示，致力于结束衰退的政策制定者或许应该关注提升低收入家庭税后收入与富有家庭净财富的政策。而这的确是财政政策制定者在大衰退期间通过各种刺激措施所做的事情，包括提高失业保险福利和延长工资税减免期等。美联储的量化宽松政策也是通过扶持股票与住房价格来提振经济，使较为富裕的居民直接受益。

对支出与收入关系建模

不平等同总消费支出和总储蓄的联系可能较弱，但仍被纳入穆迪分析的模型中。收入分配中各五分位层级的消费支出，在该模型中是基于美国劳工统计局的消费者支出调查，到2014年有超过1/4世纪的数据（参见表16.4）。[6]

表 16.4　对收入各五分位消费者支出的解释

因变量	人均消费者支出	
估计时期	1987—2014 年	
估计方法	一步加权矩阵后的线性估计	
解释变量	相关系数	T 统计值
常量	3.044	19.370
第 1 五分位，人均收入	0.861	21.840
第 2 五分位，人均收入	0.759	24.710
第 3 五分位，人均收入	0.743	30.210
第 4 五分位，人均收入	0.622	9.350
第 5 五分位，人均收入	0.485	8.080
股票财富，第 5 五分位	0.094	4.600
偿债负担，第 1 五分位	−0.023	−1.890
住房财富，第 4 和第 5 五分位	0.072	1.650
固定效应，第 1 五分位	−0.733	
固定效应，第 2 五分位	−0.412	
固定效应，第 3 五分位	−0.349	
固定效应，第 4 五分位	0.252	
固定效应，第 5 五分位	1.250	
调整后的 R^2	0.995	
杜宾—沃森统计量	0.733	

注：该模型中的变量是协整。由于这是对收入不平等的长期模型，可以采用最小二乘法估计。采用了 Newey-west 标准差。

资料来源：Census, BEA, BLS, Moody's Analytics。

各 1/5 收入群体的人均消费支出的决定因素包括：该群体的人均收入、股票财富、房地产以及家庭债务负担等。该模型是对数线性的，对每个收入群体都有固定效应。在模型中，收入与财富分配同消费支出的关系体现为：每个群体的收入与财富是由总收入与总财富及平均数—中位数不平等水平决定的。

不出所料，税后收入的边际消费倾向对低收入群体而言远大于高收入群体。对于收入分配底层 1/5 群体，收入的边际消费倾向测算值约为 0.86，而顶层 1/5 群体的这一数字仅为 0.48。

股票价格仅对顶层 1/5 群体的支出有影响，财富效应约为 9.4 美分，即股票财富每增加 1 美元，顶层群体的消费支出增长不到 10 美分。对全体消费者的隐含股票财富效应则接近 2 美分，与这一指标的其他经济计量测算得到的结果大体相当。[7]

住房财富效应对收入分配顶层 2/5 群体的消费支出有影响，测算结果约为 7 美分。对全体消费者的隐含住房财富效应约为 3 美分，低于有关住房财富效应的大多数其他测算结果，当然那些测算是基于住房泡沫崩溃和金融危机爆发前的数据。

债务负担，即居民家庭必须用于偿付债务、以避免违约的支出在税后收入中的占比，同样对消费支出有影响，但仅对底层 1/5 群体显著。考虑到上轮金融危机爆发前后居民家庭加杠杆和去杠杆的巨大规模，有些令人吃惊的是，债务负担并不太影响其他收入群体的支出。对穆迪分析模型中关于家庭金融压力的其他测算指标也做了检验，试图将其纳入消费支出模型，但并不成功。

公共支出

更倾斜的收入与财富分配如果制约了教育和基础设施的公共支出，同样会影响经济增长。全民教育水平对生产率和经济体的长期增长潜力极为重要，所有企业和居民所需的基础设施的质量也非常关键，从高速公路、水务系统到电信网络和空中交通管理等。

然而，要识别收入不平等、公共基础设施同生产率及经济潜力之间的相关性非常困难。或许富人会扭曲政治决策程序，以减轻税负，导致政府缺乏财力来支持各种公共产品和服务的支出？毕竟许多富人的子女就读于私立学校，他们的生活也更少受路面坑洼、机场拥堵这些问题的困扰。但由于政府收入占GDP的比重接近其长期正常水平，以上说法很难得到证实，而且即使属实，也基本上不可能做准确的量化。[8]

或者说，不平等格局可以通过各州内部的房产税再分配不平衡而导致公共教育支出的不足吗？房产税是公共教育的主要资金来源，而不同社区的收入与财富水平正变得越来越不平衡。全美最富裕县（位居第95分位）的人均收入同中位数县的人均收入之比自20世纪70年代后期以来持续走高，表明最富裕社区越来越脱离其他群体（见图16.4）。尽管中位数县的人均收入同第5分位县的人均收入之比在1990年之前有所下降，表明低收入县的收入增长形成了收敛趋势，这一趋势在过去20年里却止步不前。在处于收入分配底层的各县，持续不平等使最穷的群体难以赶上其他群体。加上高收入分配顶层各县不平等程度的扩大趋势，共同反映了全国收入不平等的发展走向。

美国各县之间的教育水平同样在走向离散。高收入的县有着更高的教育水平，并且在逐步提升。借助1990年和2000年10年一度的人口普查，与2010年的美国社区调查，通过县级的人均收入数据和大学教育数据，可以从图16.5中清晰地看到这种情形。回归模型也提供了支持，表明2000年时人均收入水平较高的县在随后的10年间，25～34岁的人口中拥有大学学历的占比提高幅度更大。

图16.4 较富裕的县在偏离其他群体

资料来源：BEA，Moody's Analytics。

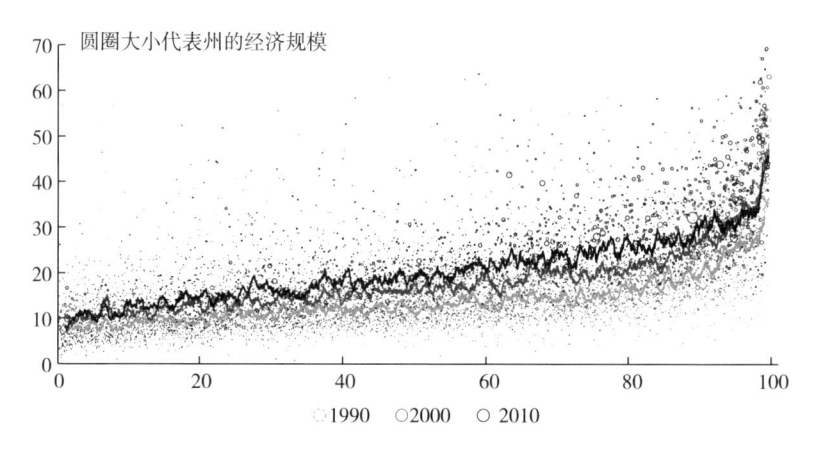

图16.5 高收入县的教育水平也较高

资料来源：Census Bureau，Moody's Analytics。

不过，各县之间的不平等状况与教育水平之间可能存在双向因果关系。收入最高社区的居民会有更多子女上大学，而这些社区也会吸引更多受过大学教育的人口，从而实现更强劲的经济增长。要把这一关系做清晰分解存在困难，量化其对生产率和经济潜力的影响程度则更具挑战。

虽然存在这一经济计量的技术困难，穆迪分析模型中的教育水平仍然部分受到平均数—中位数不平等指标的影响。教育水平又会对模型中的生产率增速和经济长期潜在增长率发挥作用。平均数—中位数不平等程度的扩大，将减缓教育水平的进步，从而拖累生产率和长期潜在增长率水平。

金融稳定

不平等与经济表现之间的关系还可能通过金融体系发挥作用。低收入家庭的杠杆率在住房泡沫期间急剧扩大，是近期爆发金融危机与大衰退的一个重要原因，对此并无太多争议。

杠杆率扩张明显表现为金融崩溃发生前数年个人储蓄的大幅下滑上。结合美联储的消费者金融调查（Survey of Consumer Finances）与美国金融账户（Financial Accounts of the United States）的数据，通过测算不同收入分配群体居民家庭的个人储蓄率，可以看到所有收入群体的储蓄率在21世纪头10年的早期均有下跌（见表16.5）。不过，收入分配底层4/5群体事实上根本没有储蓄，居中的1/5群体甚至是负储蓄，也就是通过扩大借款或出售资产花掉了超出其收入水平的钱。鉴于该时期债务的迅速增长，更大的可能应该是扩大了借款。

表 16.5 高收入家庭的储蓄存在巨大摆动

	个人储蓄率					个人储蓄率的变化			
	泡沫前 1990—1994	股市泡沫 1995—1999	住房泡沫 2000—2007	大衰退 2008—2009Q2	复苏 2009Q2—2015Q3	1995—1999 Vs 1990—1994	2000—2007 Vs 1995—1999	2008—2009Q2 Vs 2000—2007	2009Q2—2015Q3 Vs 2008—2009Q2
总人口	10.2	7.1	3.0	9.9	8.7	−3.0	−4.2	7.0	−1.2
收入分配群体									
0%~39.9%	5.7	6.7	3.0	3.8	4.8	1.0	−3.8	0.8	1.0
40%~59.9%	4.6	3.0	−0.3	2.5	5.6	−1.6	−3.3	2.8	3.1
60%~79.9%	6.1	3.3	0.0	2.9	6.5	−2.8	−3.3	2.8	3.1
80%~94.9%	10.1	6.4	1.7	7.3	9.9	−3.7	−4.7	5.6	2.6
95%~100%	17.5	12.4	6.7	19.2	11.0	−5.2	−5.6	12.4	−8.2
	总储蓄（10亿美元）					总储蓄的变化（10亿美元）			
0%~39.9%	27.6	43.2	20.7	40.8	58.0	15.6	−22.5	20.1	17.2
40%~59.9%	27.5	24.0	−8.3	33.1	76.3	−3.6	−32.3	41.4	43.2
60%~79.9%	59.7	40.3	−2.9	61.0	143.6	−19.4	−43.2	63.9	82.9
80%~94.9%	126.1	100.4	34.8	190.6	303.2	−25.6	−65.6	155.8	112.6
95%~100%	242.0	227.4	224.7	802.1	479.7	−14.7	−2.7	577.4	−322.4

注：可以向作者咨询估计个人收入储蓄率所采用的方法。Q2、Q3分别表示第二季度、第三季度。

资料来源：BEA, Federal Reserve, Moody's Analytics。

这样的储蓄与借款行为是否同收入与财富不平等有关，则很难判断。有人认为存在"跟邻居比阔"的攀比心理，低收入家庭不惜赔上身家，也要保持跟富邻相当的支出水平。不过有关的实证研究表明，在这一时期并没有此类机制的明显作用。[9]

另一种可能是，20世纪80—90年代的收入与财富不平等恶化制造了更多受信贷约束的居民家庭。当信贷约束在20世纪初放松时，抵押贷款和其他消费信贷机构在危机前大幅降低了发放标准，使居民杠杆率出现剧烈而不可持续的提高，最终引起金融不稳定系数的灾难性攀升。

大衰退导致的经济破坏再怎么夸大也不过分。冲击过后，美国经济用了近10年时间才恢复充分就业，经济总量仍一直小于之前的规模。衰退会打压生产率和劳动力水平，严重的衰退会大幅削弱经济体的增长潜力。

在未来爆发类似金融危机，从而导致居民杠杆率剧烈提升和下降的风险，由于应对上轮危机引入的对金融体系的监管改革，至少在短期内已被大大降低。多德－弗兰克监管改革要求各国银行持有更多资本，保持更大流动性，发放贷款时也应大大提高谨慎度。相比危机前，收入与财富水平较低的家庭在今后获得贷款依然会困难许多。

当然，发展较快、监管较宽松的影子金融体系正在想方设法为这些居民家庭提供更多贷款。加上收入与财富分配更趋倾斜，信贷饥渴的家庭数量增加，这可能最终给下一轮金融危机埋下种子。

利用单个家庭的住房抵押贷款存量、周转贷款存量与非周转贷款存量的公式，穆迪分析模型描述了上述的可能场景。在该公式中，平均数—中位数不平等程度与贷款发放标准——以美联储的高级信贷员调查（Senior Loan Officer Survey）的结果测算——存在相互作用，不平等扩大加上贷款标准放松会导致家庭债务的更快增长。由此会带来更高的债务偿付负担，最终在金融体系中发生更多的违约和亏损现象。

在大多数情况下，不平等程度不会对信贷增长、金融体系健康状况及经济体的增长表现出显著影响。但它可能加剧信贷扩张，提升居民家庭杠杆率，特别是在不平等恶化伴随着贷款发放标准降低的情景下。假如经济由于任何原因陷入衰退，其结果是更严重的下滑。

更剧烈的商业周期

随着收入与财富分配更趋倾斜，经济体的周期表现也可能变得更显著，衰退的发生将更频繁。背后的作用因素是高收入、高净值家庭的储蓄行为更具顺周期性质，也就是说，他们的储蓄率在衰退期提升更多（消费相应削弱），在经济复苏期下降幅度更大（消费相应增强）。

上述行为明显地体现在表16.5的储蓄率数据中。收入分配顶层5%的居民家庭占据个人储蓄的很大部分，其储蓄率在20世纪90年代的高科技股票泡沫期以及后来的住房泡沫期均显著下降，在20世纪90年代早期到21世纪头10年早期，该群体的储蓄率下降了10个百分点以上。

随着大衰退的冲击，惊慌失措的高收入居民能很快做出反应，大幅削减开支，迅速把储蓄水平提升至收入的近20%。其支出水平的急剧变化，正是经济下滑如此严重的背后原因之一。

之后的经济复苏同样在很大程度上源于高收入居民的预算更为放松。他们的储蓄率已回归正常，而相比之下，其他所有收入群体的储蓄率仍在提高，表明那些人群自衰退以来一直处于去杠杆状态。包含全部收入群体的总储蓄率则从衰退以来有轻微下降。

富人群体储蓄行为的周期性同财富效应大体相符，随着这些人拥有的资产价值上升或下降，其支出和储蓄也相应涨落，在当前情况下尤其如此。随着婴儿潮世代进入或接近退休，以历史标准看，股票财富效应显得尤其大。该群体的支出和消费对股票价格变化特别敏感，或许是因为其股票投资组合的价值对退休后的财务状况关系重大。

计量经济分析也证明了金融危机后股票财富效应的增强。我利用美国零售业调查（Census of Retail Trade）构建的都市区零售额数据与零售业就业数据，估算了都市区的消费函数。另外利用 IXI Service（Equifax 征信公司的一个部门）从全国各家大型金融机构收集的数据，得到了都市区的金融财富状况，包括股票、固定收入资产和存款等。还利用 Equifax 征信公司的住房价格、住房存量与抵押贷款数据，测算了都市区住房业主的资产状况。[10]

基于金融危机前的数据，并根据模型的不同设定，我测算出股票财富效应约为 1.6~3.6 美分（见表 16.6）。再利用零售额（约占全部消费支出的一半）做调整以后，该结果接近前文提到过的穆迪分析模型中的财富效应水平。危机后的股票财富效应则大得多，为 11.7~14 美分。不出所料，住房财富效应从金融危机前到危机后下降了一半左右，住房业主显然学到了泡沫破灭的教训，不太愿意利用住房资产为支出融资。鉴于住房资产抵押借款与变现再融资的条件变得严格了许多，他们的融资能力也大打折扣。

表 16.6 财富效应的变化

	简化模型		都市区的时间趋势	
	2008 年前	2007 年后	2008 年前	2007 年后
滞后消费				
股票财富	0.016	0.117	0.036	0.140
	（4.26）	（22.46）	（10.90）	（53.20）
住房资产价值	0.092	0.051	0.126	0.053
	（9.91）	（6.08）	（14.79）	（6.52）
收入	0.523	0.591	0.619	0.603
	（14.03）	（7.41）	（3.07）	（12.76）
常量	8.851	7.341	12.704	7.023
	（24.68）	（8.13）	（28.34）	（14.03）
N	12448	10500	12448	10500
都市区内部的 R^2	48.8%	60.2%	84.0%	77.5%

注：2008 年前的样本是从 2000 年第 1 季度到 2007 年第 4 季度。2007 年后的样本是从 2008 年第 1 季度到 2014 年第 4 季度。所有都市区的样本都包含 389 个都市区域的面板数据。T 统计值在括号中标出，对州内的回归具有稳健性。所有变量均为每家庭单位的实际对数值。

资料来源：BEA, IXI, Census, Moody's Analytics。

对上述分析的一个合理质疑是，把2007年底作为危机前与危机后时期的数据分界线过于主观武断。住房价格在2006年早期到达顶峰，而金融危机的全部压力要到2008年中期才释放。为解决这一问题，我们对跨越28个季度的消费函数做了滚动回归，这是当前的经济扩张期的时间长度，并接近本研究关注时期的平均时长。

在大衰退之前，住房财富效应始终大于股票财富效应，唯一例外是20世纪90年代后期极为短暂的高技术股票泡沫巅峰期（见图16.6）。近年来，股票财富效应仍与过去的水平相当，却显著大于住房财富效应。相比之下，当前的住房财富效应同20世纪90年代早期的低点大致相当。

通过居民家庭的股票和住房财富规模对股票财富效应与住房财富效应做加权处理后，得到的总财富效应自大衰退以来有显著波动。在2010年后期的顶峰，基于零售额测算的总财富效应达到18美分（参见图16.7）。研究中包含了自2004年早期开始的28个季度，有住房泡沫期，以及住房与股票价格的崩溃期。总财富效应自顶峰后已经下降，目前略低于8美分，同住房泡沫发生前的10年大致相当。

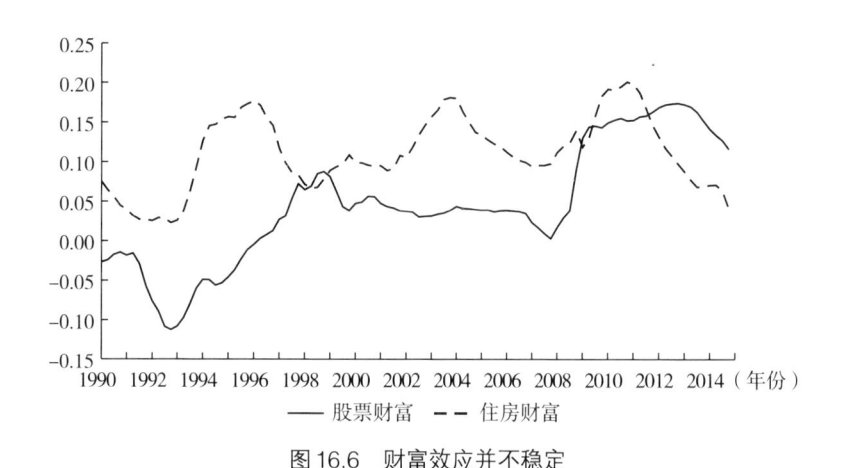

图16.6 财富效应并不稳定

资料来源：IXI, Federal Reserve, Census, Moody's Analytics。

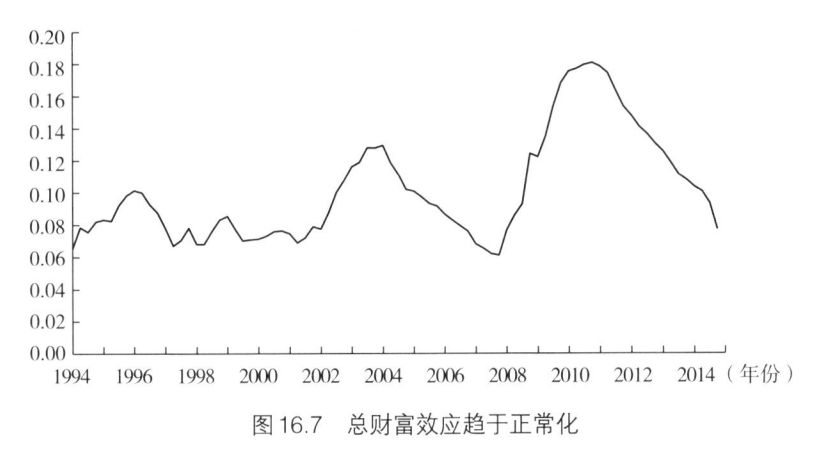

图16.7 总财富效应趋于正常化

资料来源：IXI, Federal Reserve, Census, Moody's Analytics。

富人群体支出水平的顺周期性也可能因为危机后资产价格的波动性提高而加剧。由于估值较高，与高度变化的全球经济和货币交易挂钩，股票市场波动性的提升似乎显得尤其突出。资产市场还似乎受到流动性较低的交易影响。由于监管加强，资本与流动性要求更加严格，系统重要性大银行的经纪自营业务自危机以来规模缩减，这在固定收益市场尤其明显。因此，经济基本面的任何变动都容易造成股票、债券、外汇与商品市场的更大波动。

鉴于当前美国经济潜在增长率大为降低，周期性增强意味着经济体更容易遭遇衰退。考虑到退休潮的到来及其导致的劳动力增速减慢，潜在增长率下降在一定程度上并不奇怪，然而生产率增速持续走弱仍令人吃惊。

衰退概率增大的另一因素是利率水平依然距离零下限不远，给利用货币政策应对经济疲软造成了困难。量化宽松和负利率等其他货币政策工具的效力则要弱很多。美国联邦政府的高负债水平与华盛顿特区的糟糕政治气氛，同样压缩了利用财政政策解决经济困局的空间。

更具周期性、更容易陷入衰退的经济只会加剧收入与财富分配的不平等。低收入乃至中等收入家庭的收入水平更容易下滑，进一步影响这些群体的教育水平，甚至动摇其财务稳定，因为他们可能借入更多无法持续的贷款，导致自我强化的负向作用机制。

要把上述所有现象反映到穆迪分析的模型中是非常棘手的。该模型的设计并不是为了处理随时间变化的复杂关系（如股票与住房财富效应）或更具波动性的资产价格的影响。要评估美联储及财政政策制定者对未来的衰退该如何行动，同样极为困难。因此，为测算上述作用机制的影响，我利用模型做了不同场景下的模拟，这样可以针对不同场景调整模型。

不平等峰值场景

对于收入与财富不平等的持续恶化及其对经济表现的影响，确实有充分理由令人感到绝望。从过去30年的趋势线推断，并结合美国经济自大衰退以来的艰难历程，很容易对未来得出悲观结论。的确，对人们如何看待其财务状况的调查以及美国的分裂政治局势中表现出来的严重忧虑，至少部分反映了这种悲观主义。

当然这样的忧虑也可能是误判，较乐观的前景是不平等水平已经达到了峰值，也就是说，收入与财富不平等在今后10年乃至1/4世纪内不会再恶化。这不代表穷人与富人之间的鸿沟将有显著缩小，只是说不会再继续扩大。

基于最有可能出现的假设集合，即基本场景，穆迪分析模型的模拟表明，平均数—中位数收入不平等预计将在未来维持不变（见图16.8）。而全体人口中劳动年龄人口所占比重将在未来15年持续下降，在其他条件相同时，由于需要抚养的老年人口大幅增加，这本身应该会加剧不平等。

图 16.8 不平等达到巅峰

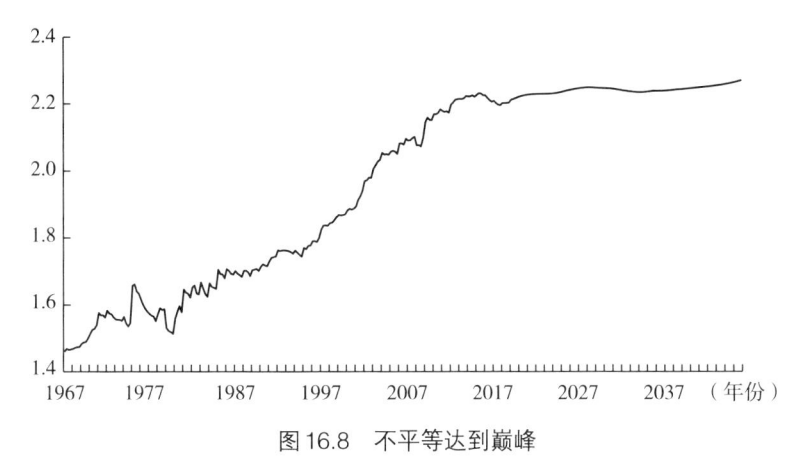

资料来源：BLS，Moody's Analytics。

技术的无情进步也会加剧不平等，因为更多按部就班式的中等收入职位会消失，大多数被取代的员工会降级到收入阶梯的更下层。的确，以信息处理设备平减指数增速测算的技术变革速度在未来应该大大快于现在。该平减指数近年来基本没有变化，但预计将在未来30年里每年下降近5%。这个速度不及20世纪90年代后期高技术繁荣期出现时10%~15%的年降幅，然而以任何其他历史标准衡量，仍算得上极为迅猛的技术变革。

相对于人口结构与技术变革对不平等的消极影响，全球化预期带来的积极影响可能有所抵消，它反映在美国贸易赤字占GDP的比重缩小以及制造业在全部就业中的占比趋于稳定上。

这个乐观态度背后的判断是，在全球竞争中陷入挣扎的美国产业和公司已没有太多可损失的了，它们早已把业务转移到海外，或缩减规模，或因失败退出。维持经营的企业则极具竞争力，拥有全球市场的细分定位、超级技术或其他知识产权优势，或极低的成本结构优势等。

美国经济在全球服务贸易的预期强劲增长中也居于极其有利的位

置，这包括媒体和娱乐、教育和金融服务、管理咨询以及其他专业服务等。美国企业长期以来在这些领域极为活跃，而快速发展的新兴经济体的企业和居民最终将变得足够富裕，对此类服务产生需求与购买力。把此类服务销售到世界其他国家，将成为新兴的大量高薪美国工作岗位的源泉。

充分兑现全球化的好处取决于政策制定者达成新贸易协定的能力，如《跨太平洋伙伴关系协定》（TPP）与《跨大西洋贸易与投资伙伴关系协定》（TTIP）等。这些协定目前仍在美国的政治流程中拖延，它们对保护美国公司在海外的销量和与日俱增的知识产权至关重要。

劳动力市场普遍趋于紧张的前景也应该有助于减缓不平等程度。随着大衰退以来持续的弱通货膨胀、反通货膨胀，乃至通货紧缩的局势，美联储采取了高度宽松的货币政策。尽管美联储目前已开始让货币政策正常化，决策者仍表示他们会谨慎地提升利率，只有在经济确实实现充分就业后才会让利率完全正常化。对可预测的未来而言，失业缺口很可能为负，即实际失业率将低于自然失业率。

婴儿潮世代走向退休也意味着美国的劳动力总量在今后15年的增长将极为缓慢，可能导致劳动力市场的长期紧张。劳动力短缺可能成为问题，尤其是如果移民法规不能深入修订，以大量增加移民进入。制造业、建筑业和交通运输业的劳动力短缺会特别严重，表明工会化比率将趋于稳定。在过去30年严重倒向企业一边的劳资权力对比，未来有望变得平衡许多。收入与财富分配的长期不平等走势已经终结。

并非宏观经济大事件？

有证据显示，在世界上某些区域普遍存在的极端不平等不利于经济发展，但美国的不平等程度似乎并未给整体经济的表现造成显著影响。或者说，尽管最近数十年来收入与财富分配不平等加剧，看起来却没有严重拖累美国的经济增长率，预计未来也是如此。

当然，这个估计是来自不平等程度已经见顶的预期。但即使事实表明这样的预期过于乐观，不平等将继续恶化，它对美国经济长期潜在增长率的影响应该也不会过于严重。对此，可以假设平均数—中位数收入不平等程度在未来30年保持与过去30年类似的提升状态，利用穆迪分析模型做模拟测算，只是该模拟没有探讨不平等恶化背后的因素。

模拟的结果是，2045年的实际GDP会比基本场景的GDP水平减少约3 000亿美元。考虑到美国的实际GDP从目前到2045年会增加近13万亿美元，如果不平等在未来继续保持过去的恶化趋势，则30年后的实际GDP会减少不到1%。这大体上是源于总人口的教育水平偏低，及其对生产率和经济增长潜力的影响。另外，GDP的减少主要表现在低收入家庭的消费支出下降上。

悲观场景

在上述较为乐观的结果之外，我们也不难构造出美国经济发展远为悲观的其他场景。假设平均数—中位数不平等程度在未来10年的恶化趋势类似于20世纪80年代的情形，先不论其具体原因，看看结果会如何。在这一场景下，美国经济在未来10年的早期会遭遇一次衰退。该场景还假设，股票财富效应大于穆迪分析模型的结果，与前文介绍的后金融危机时期的水平接近。

下一个10年的早期可能发生的衰退将符合现代商业周期中常见的运动规律。由于当前的宽松货币政策，美国经济的热度很快将超出充分就业水平，工资和价格压力将增大。随着资本市场逐渐活跃，借款人将放松贷款标准，资产价格会强劲抬升，信贷快速增长。美联储将担忧通胀率和通胀预期失控，最终以加速上调利率做出响应。随着这个10年期趋于尾声，国债收益率曲线会反转。此后必然带来经济衰退，通常是在遭遇某种看似外生的冲击，给过高的资产价格和信心造成打压之后。

在此场景下，收入不平等恶化将显著加剧衰退的严重程度。富有家庭在资产价格下跌时会急剧缩减其支出，低收入家庭则会受制于债务水平的提升。

利率水平将快速下降，短期利率会跌回零利率下限。穆迪的分析模型允许在短期利率达到零下限时采取量化宽松措施，从而降低长期利率水平，然而货币政策将很快失去效力。另外，我们假定财政政策受限于由政府支出政策和税收政策构成的自动稳定机制。鉴于大衰退期间采用的财政刺激政策仍存在激烈的政治争议，该场景假设政策制定者不会再实施刺激措施。

在此场景下，美国经济最终仍会复苏，但受创极为严重。距今10年之后，美国达到的实际GDP水平将比基本场景减少约2.6%。这是个非常惨淡却符合逻辑的场景。

结论

对许多美国人而言，富人与穷人之间的裂隙扩大是最近数十年来美国经济表现中最令人不安的特征之一。这种不安关系到经济制度的公平性，以及穷人是否有能力改善自己的经济命运。

然而相对于上述担忧，大多数宏观经济学家在思考中基本忽略了不平等议题，至少对关注美国经济增长前景的人是如此。他们的公开或隐含假设是：在测算宏观经济前景时，不平等的影响没有那么重要。

本章的大部分内容指出，宏观经济学家的这种看法大致是正确的。也就是说，不平等同经济增长之间的联系较为微弱，至少对美国来说是如此。即便不平等恶化会拖累长期增长率，其影响幅度也非常有限。考虑到开展长期经济预测时存在的固有误差，未将不平等恶化因素考虑进来也关系不大。

话虽如此，却没有很大把握。不平等恶化可能使金融体系更加不稳定，因为信贷紧张的低收入家庭可能成为潜在的重大风险。经济运行可能变得更具周期性，因为占据消费支出主体的富有家庭对资产市场的加剧波动非常敏感。假如金融市场与经济的运行能够大致维持平稳，这或许不会构成大问题，但假如不稳定，则后果严重。

鉴于美国经济的潜在增长率在未来会大大低于过去的水平，问题将尤其突出，衰退更可能发生。由于货币政策与财政政策受到零利率下限与政治约束潜在收紧的影响，其效力会大打折扣，未来的衰退可能变得愈加痛苦。

大衰退留下的一个主要教训是，衰退会给经济运行造成永久性伤害，降低增长潜力。极少有宏观经济学家的模型在做长期预测时将这点考虑进来。关于不平等对我们经济前景的影响仍缺乏很好的认识，宏观经济学家对此应心存警惕。

第17章
不平等扩大与经济稳定

萨尔瓦多·莫雷利

很久以来,收入与财富分配没有被当作理解整体经济表现的关键因素,部分原因在于经济学研究对公平议题和效率议题做了概念性的区分处理。然而需要关注的一个关键问题是不平等扩大带来的影响,尤其是在金融危机和波及全球范围的衰退发生后。不平等是否影响了经济稳定?如果答案是肯定的,又是以怎样的方式?为了在这方面给政策制定者提供建议,我们已了解哪些情况,还需要增加哪些认识?

这些正是经济学家萨尔瓦多·莫雷利提出的疑问。在本

---

* 本章内容引用了笔者在牛津大学博士论文的部分内容:"The Long Run Evolution of Economic Inequality and Macroeconomic Shocks"(2013)。另外参考了早前由 Anthony B. Atkinson 和 Paolo Lucchino 开展的得到广泛认可的联合研究。作者感谢如下人士为本章初稿提出的讨论建议:Heather Boushey、Giulio Fella、Ian Malcolm 与 Stefan Thewissen。最后特别感谢 Joe Hasell,他的评论和贡献大大改善了本章的内容。

章中，莫雷利批判性地总结了有关不平等与宏观经济稳定之间关系的一系列现有证据和假说，以探究这方面的研究文献能给我们提供怎样的指导。尤其是他将挖掘经济不稳定的议题，关注新出现（或者说重新出现）的一个假说：过度不平等能带来宏观层面的负面影响。同时他警告我们，这一假说如果缺乏限制条件将无法给出稳健证明，还有许多实证和理论上的悬疑留给未来的研究。

莫雷利有三方面的贡献。首先他展示了定义的重要性，对不平等议题有许多思考方式，不同的定义常常导致相左的结论。不平等的水平还是变化程度？个人的收入还是财富？要素收入？机会不平等？其他资源的不平等？顶层还是底层的不平等？中产阶级？此类议题的重要性可能还会上升，因为今天的研究者可以接触到的分配数据在不断增加。接下来，针对不平等是否以及如何影响宏观经济运行，莫雷利分析了有关的理论与实证研究成果。最后的总结部分则探讨了未来的研究路径。

各国内部财富不平等在目前和未来的扩大，源自资本平均回报率超出整体经济增长率的宏观经济环境，从最一般的层面上讲，这正是皮凯蒂《21世纪资本论》的主要论点之一。[1]

本章从另一个角度看待问题，分析不平等水平的变化可能在过去或将来带来怎样的宏观后果。具体来说，本章将聚焦于不平等在导致经济不稳定方面的作用，从而在关于分配公平与正义的传统议题之外，为经济资源趋于集中的现象提供一个强有力的关注理由。[2]

在宏观经济学基本上忽略不平等议题一段时期之后，一个新的假说在2008年金融危机后已经出现或者说重新出现，即过度不平等可能给宏观层面带来负面影响。用诺贝尔经济学奖得主约瑟夫·斯蒂格利茨的话讲："多年来，宏观经济学的主流范式……无视不平等问题，无论是不平等对引发危机的作用，还是普遍的经济波动或特定危机对不平等的影响。可是，最近的金融危机凸显了这一思路的错误，这些观点终于开始受到了质疑。"[3]

假如不平等的确对经济运行有负面影响，那显然会强化利用综合性干预措施减轻不平等的主张，而此类主张目前经常只是在道德层面被提及。为促进这方面的努力，皮凯蒂的著作讨论了"重新掌控资本积累运动"以及"对21世纪的全球化世袭资本主义加以监管"的重要性。[4] 为制约不平等加剧的压力，皮凯蒂主张对财富征收全球累进税，并认为社会国家与累进所得税"必须在未来继续扮演核心角色"。[5]

本章旨在介绍关于不平等同宏观经济不稳定之间关系的现有证据和假说，并对此进行批判性总结，以确认这些研究成果能给我们提供哪些指导建议。我希望由此做出三方面的贡献：首先，试图评估有哪些理论和实证证据支持不平等对宏观经济具有负面影响的观点；其次，关注我们对此类议题的认识同相关实证证据之间的差距，以便找出未来开展研究的潜在路径；再次，澄清关于不平等的概念，指出研究者采用的概念多种多样，而这种概念不一致可能对上述问题得出彼此冲突的结论。实证研究如今可以借助不断扩展的分配方面的数据，识别出影响经济资源分配的相关机制。皮凯蒂的著作则分析了国民收入如何在各种生产要素之间分配（功能性收入分配）。功能性收入分配同个人收入分配之间的关系，以及财富在个人与家庭之间的分配状况，也在该书中占据显要位置。

尽管人类福利在概念上明显是多维度的，但本章关注的仍是经济和货币的维度。在非货币维度上（健康、教育、营养……），政治权力和影响力显然可以发挥重要作用，不可忽略。还有，人们可能担忧社会中不同群体之间存在的持续性差异，无论这些群体是基于种族、民族、性别、宗教或地理位置来划分的。此类横向不平等或许是系统性歧视和排斥的结果，通常会联系到政治稳定与社会分裂等议题来加以研究。很自然，这样会把我们带向创建"公平竞争环境"之类的议题，凸显事前机会不平等的影响。不过一般而言，结果不平等和机会不平等并非两个彼此独立的现象。这一研究领域的带头人安东尼·阿特金森教授就明确指出："今天的事后结果左右着明天的起跑线，不平等结果的受益者可以把不公平的优势传递给他们的子女。"[6]

关于经济不平等可能"动摇"宏观经济的一般论点，通常可以分解为两个相互联系却彼此独立的分论点和探索思路。第一，不平等可以通过多种渠道，如消费、投资或寻租行为，影响经济在多方面的表现和增长。的确，我们提到的经济不稳定有很大部分与经济的整体表现相关。在经济学领域，对不平等与增长关系的研究历史悠久，如今重新成为活跃议题。虽然增长乏力通常不会与人们所说的"不稳定"联系起来，但它有可能严重削弱宏观经济的基本面，从而成为金融动荡的根源。[7]

通过这种方式，不平等可能成为破坏稳定的因素。其他方面的宏观经济表现构成了广义的宏观经济不稳定的更直接表征：增长率波动幅度，增长的持久度和可持续性，衰退出现的概率及其程度和持续时间，经济体在受创后恢复正常增长的能力等。所有这些方面都很少与过度的经济不平等联系起来，得到系统性的分析和讨论。

第二条探索思路涉及不平等同金融不稳定的关系，尤其是过度不平等可能导致宏观经济失衡，使金融体系更加脆弱，以至于任何微小扰动都可能造成崩溃。例如，近期有研究讨论了如下假说：不平等可能是居民家庭债务过度积累的驱动因素之一，导致很多家庭陷入不安（因此不够稳定）的境地。实际上，这些群体的个人经济状况或外在经济状况（如利率和住房价格）一旦发生很微小的变化，都可能触发违约，导致银行资产损失和财务损失。经济体的杠杆率过高，还可能加速或加深因为其他因素或外部冲击引发的危机，拖累复苏的步伐。

第17章 不平等扩大与经济稳定

不平等与整体经济表现

如前所述,经济学家通常关注的是不平等通过哪些渠道影响经济活动的水平或增长率(以GDP为衡量指标)。这些内容将在后文详细介绍,不过现有研究文献还没有充分重视经济表现和增长的某些其他维度,如增长率的波动幅度,增长率的持久性与可持续性,衰退的持续程度与严重程度等。鉴于这些问题相对而言受到忽视,却与宏观经济稳定更直接相系,本节将优先展开分析,然后再总结关于不平等对经济活动与增长造成负面影响的其他常见机制。

不平等与整体经济表现的不稳定

本节将探讨如下三个问题:不平等是否会导致整体经济表现的波动?在不平等程度更严重的国家,经济衰退的幅度是否更大,持续时间是否更长?不平等是否会导致无法持续的、更短暂的增长?

不平等、周期与波动性

经济不平等可能与增长周期有关,例如在阿吉翁等人的经济动态变化理论中[8],投资机会不平等、财富不平等和信贷市场不完全等,都是造成内生商业周期波动和短期宏观经济不稳定的核心因素。[9]当然根据他们的理论模型,经济不稳定最终来自投资者与非投资者的二元运动,而非传统上穷人与富人之间的不平等。

从收入不平等角度所做的区分,更适合解释总需求而非经济增长率的波动和周期性。这一理念来自加尔布雷思对1929年大崩盘的描述,他指出,个人收入与财富分配的高度不平等使总需求强烈依赖高水平的投资或奢侈品支出(或二者兼而有之),因此更具脆弱性和波动性。[10]在现代经济背景下,这一论点显然成立,对大多数国家而言,最富有人群在整体经济资源中所占的比重正在增长,并且变得更具波动性,对商业周期也更敏感。[11]罗伯特·弗兰克很好地总结了美国的情况,他观察到:"美国对富人的依赖,加上富人的波动性较大,结果造成了更具波动性的美国。"[12] 国际货币基金组织近期的一份论文支持这一假说,该研究估算出,在2003—2013年间,美国70%的消费支出变化来自最富有的顶层10%人群的行为。[13]

换句话说,是富人在驱动消费和储蓄的总体动态,这与把2008年后美国总需求下降归咎于中低收入阶层住房财富损失的通常说法背道而驰。事实上,迈恩与苏非的重要研究表明,较贫困的美国家庭在2007年前的杠杆率水平极高,因此在住房价格下跌中受到的冲击最大。[14] 这进而导致了总消费的大幅下挫及随后的就业减少,因为较贫困家庭的边际消费倾向相对较高。[15]

不平等、持续增长与经济衰退的深度和长度

在不平等程度较为严重的国家,经济衰退是否程度更深、持续时间更长?不平等是否会导致经济增长转瞬即逝、难以持久?近期的实证研究似乎对此给出了肯定的回答。一方面,国际货币基金组织近期的实证研究发现,收入不平等较为严重(以基尼系数测算)的国家无法长期维持GDP的增长,一旦开始增长,就很快会被资源分配不平等释放的不稳定力量破坏。[16] 另一方面,以美国为例的研究发现,收入不平等会阻碍经济衰退后的全面复苏。[17]

为理解不平等影响经济衰退的严重性和持续程度的原因,经济学家丹尼·罗德里克建议将重点放在不平等造成的国内社会冲突同制度缺陷之间的相互作用上。[18] 最关键的是,他认为由于高度的社会分裂(按照财富、族裔身份、地理区域或其他维度划分)和薄弱的冲突管理制度,经济增长在面临外部冲击时的受创程度可能更大,经济体应对外来冲击的韧性可能被破坏。具体来说,罗德里克发现,社会分裂程度较高、冲突管理制度较弱的国家在1975年后经历的GDP增长下滑幅度最严重。从宏观经济学视角看,那是高度动荡的一段时期。

另外，潜在的社会冲突（以收入不平等测算）和"糟糕的制度"（以社会保障方面的公共支出、公民自由和政治权利指标、政府机构的素质、法治水平、政治参与竞争度等指标测算）可以解释1960—1975年和1975—1989年大部分国别增长表现的差异，甚至在控制了危机爆发时的政府政策因素的情况下，也是如此。的确，为应对外部冲击而必须实施的政策通常对分配有着巨大影响，而经济体中无处不在的潜在社会冲突可能推迟此类政策的实施，导致"宏观经济调控不当"，因为每个单独的社会群体都要求减轻负面冲击的负担，反生产性的寻租行为消耗的资源份额也会上升。[19]

此外，正如斯蒂格利茨所述，不平等可能制约标准的反周期财政政策的实施效果。不平等加剧还可能导致精英群体的政治影响力增大，继而阻碍政府支出的扩张，如对教育和公共基础设施的投资等。[20]因此，严重衰退之后的经济复苏可能会被阻滞。

不平等、经济活动与增长

皮凯蒂的著作明确指出了不平等造成的社会负担，尤其是继承财富在经济中的地位，可能在低增长的背景下加剧。[21] 不过该书并未详细剖析经济增长对收入与财富不平等恶化的内生反应。事实上，尽管新古典经济学家对此议题相对缺乏兴趣，但对不平等与经济增长之间关系的探讨在经济学研究中有悠久的历史[22]，从长期的研究文献中，我们可以看到立场各异的诸多理论观点。[23]

现代理论通常认可的共识是，不平等与经济增长的关系本质上是复杂的，不同形式的不平等可能对经济增长产生不同影响。一方面，不同努力程度、生产率与风险态度带来的收入与财富差异被明确视为投资和创新激励的先决条件；另一方面，过度不平等可能助长寻租行为，阻碍经济增长。[24]

类似地，个人的经济表现在多大程度上取决于自己不能控制的环境因素，如家庭背景、种族和性别等，也被认为对增长和激励尤其不利。[25] 例如盖勒与莫阿夫认为，在不同发展阶段，收入不平等对经济增长的影响，随着经济体从实物资本积累模式内生地走向人力资本积累模式而有所变化。[26] 在早期发展阶段，不平等的收入分配导致更高的总储蓄倾向，进而刺激资本积累与经济增长，这一思路可以追溯到卡尔多与帕西内蒂的相关研究。[27] 但随着经济体的富裕程度提高，资本与技能的互补性会促进人力资本积累，后者将成为经济增长的主要决定因素。人力资本则会受到信贷约束的制约，因此收入再分配政策可能既有利于提升效率，也可以增进公平。

关于经济不平等是否会影响经济增长的实证分析一直是不平等研究文献的核心议题，正如世界银行近期的研究报告总结的那样，自20世纪90年代初以来经历了三波浪潮，在不同方向上得出了差异较大的结论。[28] 在第一波浪潮中，某些不平等指标被证明与经济增长存在负向相关。而第二波研究浪潮则发现了正向相关。结论的矛盾部分反映了可利用数据集的演变，也与采用的实证研究方法有关。[29] 不足为奇的是，随着学者们得到越来越一致的数据，这一领域再度受到关注，并可能持续活跃下去（另外可参阅本书第13章，赛斯对于分配性国民账户项目的讨论）。值得一提的是，第三波实证研究浪潮非常强调不平等与经济增长之间关系的复杂性。实际上，这一关系可能随时间发生改变，并呈现出非线性特征。此外，把增长与不平等的所有方面合并到单一指数中可能模糊两个变量之间的真实关系。

首先，在考察不平等与经济增长的非线性关系之外，我们还可以探讨增长过程的不同维度。[30] 例如上一小节提到，近期研究已经发现，在不平等程度较高的国家，GDP增长更加不稳定，并容易陷入更漫长的经济衰退。

其次，通过探讨不同维度的不平等，可以加入一个复杂性要素。例如，收入不平等状况在沃伊绍夫斯基的研究中非常关键，他发现只有顶层群体的不平等与经济增长正相关，而底层人群的不平等会妨碍增长。[31] 这与辛加诺近期在经合组织的研究结论一致，他认为估算出的不平等与经济增长的负相关主要源自"低收入家庭同其他人群的差距，相反，没有证据表明超越其他人群的高收入者损害了经济增长"。[32]

以类似的思路，世界银行研究部前任主管马丁·拉瓦利恩认为，贫困率是未来是否会出现负增长的有效预测指标。[33] 马雷罗与罗德里格兹则采用另一种方法，利用美国的微观收入数据把不平等部分归因于机遇，部分归因于努力。他们得出的结果同上文阐述的直观结论相符，即机会不平等会损害经济增长，而根据努力和业绩给予的不同回报则有利于增长过程。[34]

虽然在把上述理论架构应用于更多国家时，这些研究结果并非全都具有统计稳健性，但客观地说，第三波浪潮中的实证发现，包括提出这一术语的费雷拉及其他人的研究成果表明，特定维度的不平等可能损害经济增长，或者更准确地说，严重不平等的社会对经济增长不利。[35]

由于这一议题可能在未来吸引广泛的关注，笔者接下来将更深入地探讨最关键的相关机制，以揭示不平等为何会对经济活动与经济增长产生破坏作用。

不平等、经济活动与增长：政治经济方面的作用机制

收入与财富不平等是把经济机制同政治机制联系起来的关键变量，政治经济学研究文献充分证明了这一点。通常认为，收入与财富的过度不平等可能带来政治和社会的不稳定，继而削弱经济体的增长前景。皮凯蒂在《21世纪资本论》的第1章提出了这一基本议题，他写道："产出中有多大份额应归属工资，多大份额应归属利润，这一问题始终居于分配冲突的核心。"具体来说，正是"资本所有权的高度集中"以要素分配不平等的形式造成了分配冲突。[36]

在各种政治经济学模型里，不平等状况可能鼓励实施没收充公等政策，打击生产性资本投资和风险活动，从而阻碍经济增长。有意思的是，这种征收行动的实施者既可能是政府，也可能是穷人，甚至是富人，这取决于研究者采用的具体模型。例如佩尔松等人在20世纪90年代的研究认为，过度不平等会导致政府偏重再分配政策和充公性财政政策[37]，从而使富人更少投资于实物资本以及风险和回报较大的经济活动。[38] 该结论来自收入的不平等分配同法定选举权的平等分配之间的矛盾。另外，再分配偏好随着收入水平下降而提升这一事实，即假设收入水平越高，给政府的净缴纳越多，意味着民主投票的结果将反映中位数投票人的偏好。对任何平均收入水平而言，不平等程度的提高都意味着中位数收入下降，因此社会理想的税率水平将提高。当然该预测并无充分的实证支持，如皮凯蒂著作所示，顶层人群所占的收入份额与最高边际税率实际上表现为强烈的负相关。[39] 这一现象需要另做解释。

例如，不平等程度恶化意味着越来越多的人深陷贫困，被排除在更美好的未来经济前景之外，这将强化仇富情绪，助长通过革命或盗窃剥夺富人财富的激励。[40] 而在实施充公性财政政策时，财产被剥夺的风险将打击富人的生产性投资活动，把资源配置扭曲到保护财产权利的方向上。[41]

最关键的一点是，人们越来越认识到财富不平等会导致事实上的政治权力的不平等，而这可能鼓励寻租行为，让富人也可以通过"颠覆法律、政治和监管制度"来实施剥夺行为，为自己的利益服务。[42] 由此可能造成资源配置缺乏效率，并威胁小企业主的财产权利，削弱其投资动力，从而妨碍经济增长。[43]

以上分析提出了当前广受关注并有待深入探讨的若干核心问题：财富不平等是否会（通过游说活动）加剧寻租行为？经济租金（相对于纯粹的竞争性市场而言，生产要素所获得的超额回报）是不是财富不平等的主要原因？

第一个问题的答案看似很简单，但量化实证分析依旧非常重要。

近期的一项研究发现，"福布斯400强"的富豪们在1982—2012年对美国竞选活动捐赠的财富弹性为0.6~1.0。[44] 这相当于美国超级富豪的财富每增加100万美元，平均而言就会给政治竞选多捐赠1万美元。裴基等人的有趣研究同样显示出美国富人阶层高度的政治活跃。[45] 虽然对超级富豪人群的实证调查研究面临重重障碍，这三位学者仍利用芝加哥都市区部分社区的代表性富有家庭样本（大多数属于美国顶层1%的财富持有者）发现，约一半的富有受访者在受访前的6个月里至少同一位国会议员在办公室有过一次接触。最令人惊讶的是，他们表示大约一半的此类接触"是为了相当狭隘的私人经济利益"。因此，巴格奇与斯威纳尔的研究发现，财富不平等同经济增长之间负相关的主要驱动因素是财富不平等中可归因于有政治关系的部分，也就不足为奇了。[46]

斯蒂格利茨最近的研究更进一步提出，经济租金也是最近数十年财富不平等变化的主要驱动力量之一。[47] 尤其是，他认为美国的经济租金在过去几十年一直在增长。另外，经济租金从劳动转向资本，土地租金、知识产权租金与垄断权力租金的增长同样导致了租金规模的扩大，这可以部分解释同时期的收入与财富不平等恶化和生产率停滞的现象。斯蒂格利茨指出，"结果导致，能够给财富持有者提供租金的资产价值在同比例提高，如土地、住房和某些金融财产等。因此财富总量在增加，但并未带来经济体的产能扩张"。[48]

不平等、经济活动与增长：不完美信贷市场机制

初始财富禀赋的分配状况如果加上信贷市场的不完美（不是每个人都能借到钱）也可能导致短期和长期经济表现陷入次优状态。例如，盖勒与泽拉的一项知名研究认为，这种情形的出现是因为只有获得足够多继承财富的人才能够负担得起教育的固定成本，成为生产率较高、掌握高回报技能的劳动者。[49] 具体来说，在这一"叠代"模型中，财富分配同继承财富的分配相一致，本质上代表着原本有着类似天赋和品质的个人面临的教育机会不平等。此外，初始财富不平等还影响收入不平等（通过人力资本投资差异引起的工资差异），进而影响继承与将来的财富分配。随着不够富裕的人无法得到高生产率的教育投资，其经济与社会流动性将受到永久性伤害，由此会滑向继承财富与继承优势占据统治地位的贫困社会。假如高技能劳动力数量的减少会导致技术创新率下降，则经济增长同样会受到永久性伤害。总体来讲，更庞大的中产阶级群体可以保证更大的经济产出与更理想的经济表现。

另外，不完美的信贷市场与投资的固定成本假说也适用于教育和人力资本之外的投资技术。例如，班纳吉与纽曼证实，如果较贫困的个人被系统性地排斥在创业活动投资之外，则不平等的财富分配会对经济活动有类似的负面影响。[50]

正如皮凯蒂书中所述，鉴于继承财富在现代社会中的重要性增强，不平等可能影响经济发展的这些机制已再度引起关注。并且如本书前些章节指出的那样，由于人力资本已成为经济优势代际转移的关键内在组成部分，上述问题变得更加突出。此外杰森·福尔曼与斯蒂格利茨认为，必须强调缺乏特定的保险市场可能放大信贷约束带来的问题。[51] 其实即便能够借到必要的资金，但考虑到未来投资回报的风险，穷人可能依然对教育和创业活动投资不足。结果，不平等的加剧将损害经济效率与增长潜力。

不平等、经济活动与增长：消费不足？

从长期看，在不平等对经济表现造成负面影响的各种机制中，最广受关注的或许将是其对总消费的影响，即"消费不足"假说。收入不平等恶化——以均值保留展开式（mean-preserving spread）表示——可能导致总消费减少，这一理念由布林德提出，他的假设条件是消费函数对收入呈凹性（边际消费倾向随收入增加而递减）。[52] 鉴于该假说在研究文献中的地位，以及总需求和财政政策对经济稳定的重要性，下面将做较为细致的探讨。[53]

消费函数的凹性得到了各种消费决策理论模型的有力支持，至少每种模型都能选出适当的版本。[54] 此外，该假设还有强大的实证支持。例如图 17.1 展示了英国家庭按十分位排列（以家庭均等化可支配收入为定义）的中位数储蓄率，从中可以明确看到储蓄率随着收入增长而提高。[55] 其他研究也以美国和意大利为例得出了类似的估计结果。[56]

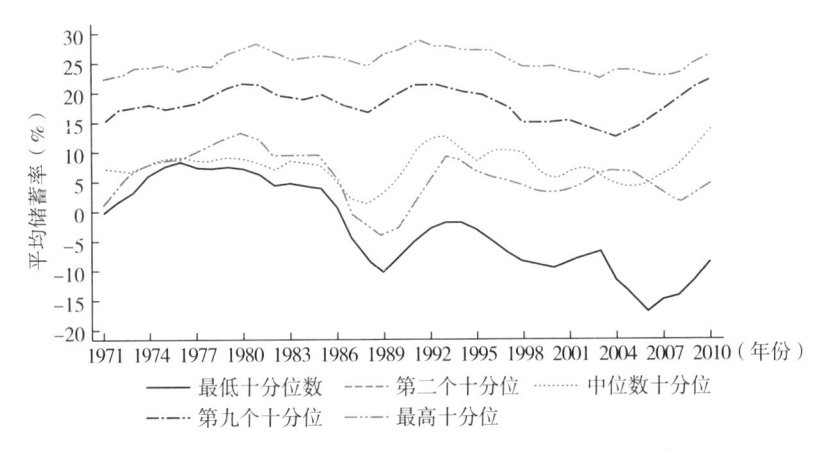

图 17.1 英国家庭的中位数储蓄率，以收入十分位排序

注：储蓄率明显随收入水平而提高。

数据来源：Family Expenditure Survey for years 1984 to 2000–2001；Expenditure and Food Survey for years 2000–2001 to 2007；Living Costs and Food Survey for years after 2007。

所以，看来的确有初步理由认为不平等恶化会导致总消费减少。斯蒂格利茨在其著作《不平等的代价》中按照这一思路讨论了美国的情况："钱财从底层转移到顶层人群会减少消费，因为高收入者的消费占其收入之比低于低收入者，顶层人群的储蓄占收入的15%～25%，底层人群则要花掉所有收入。"[57]

但必须指出，要把不平等恶化会降低消费这一普遍假说与现有的实证证据结合起来并不容易。以英国的情况为例，图 17.2 利用国民账户数据展示了全体英国居民家庭的可支配收入中用于消费的比例在 1963—2010 年的变化趋势。该图表明，在过去数十年里，排除与经济周期有关的短期波动影响后，英国家庭的总消费率似乎同顶层1%人

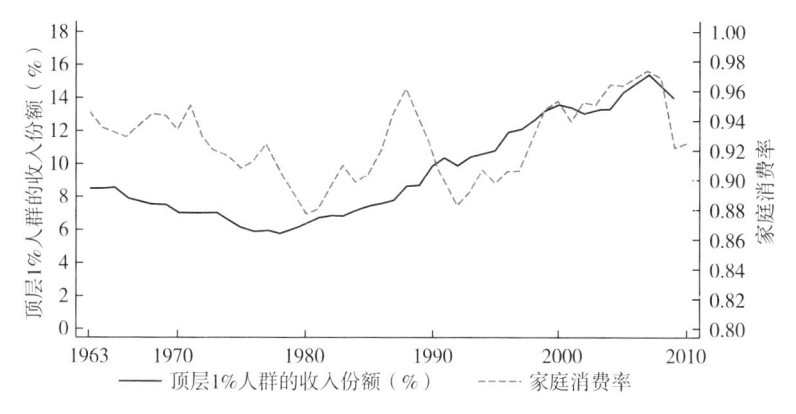

图 17.2　家庭消费率同不平等程度相关

注：利用英国的数据，顶层1%人群在总收入中所占份额的变化，同全国家庭消费率变化的相关性。

资料来源：国民账户数据。

群在总收入中的占比（测算收入不平等的一个指标）呈正相关。这点对图17.1中展示的不同收入分配人群似乎也成立，在20世纪80年代以及从20世纪90年代早期到金融危机前（收入不平等程度较高或严重恶化的时期），每个十分位收入群体的平均储蓄率都有下降。[58] 此外还应看到，从更多国家的数据中，并未发现收入不平等（以基尼系数测算）同平均储蓄率或平均消费倾向之间存在显著关系。[59]

那么，针对消费不足假说，我们能从实证研究中得出怎样的结论？这里存在若干可能性。第一，该假说有可能完全是错误的，即不平等恶化导致消费减少的倾向并不存在。然而，既然有充分证据支持消费函数凹性的假设，我们有理由排除这种可能性。其结论是，不平等导致消费减少的倾向确实普遍存在，但必然还有其他因素也在发挥作用，并可以在同时带来相反的影响。

确实，继续上文引用的斯蒂格利茨的论述，我们能看到他也有着根深蒂固的"其他条件不变"的思维模式：随着不平等程度提高，"经济体的总需求将低于供给能力……除非出现其他情况，例如投资或出口增加等"。从消费函数的凹性中，我们可以推测出当其他条件不变时，不平等恶化对消费产生负面影响。但显然，一般而言其他条件并非固定不变。例如，为抵消总需求下降的压力，中央银行可以下调利率，政府也可以放松对金融部门的监管，以增加居民家庭的信贷可利用水平，从而促进消费。[60]

先撇开债务不谈（下节将详细讨论），不平等程度提高可能同时伴随着其他若干因素的变化，会共同影响最优消费决策。尤其是，从消费选择的生命周期和永久收入模型中得出的传统解释能够拟合上文详细介绍的实证证据。例如，在理论上，不平等程度提高的时期可能同时伴随着收入增长渗透到低收入家庭，或者人们对未来的收入预期较为乐观，由此导致储蓄率下降。[61] 与之类似，财富遗赠意愿下降或者贴现率提高（消费者的耐心程度减弱或表现出"短视"特征）也可能削弱居民的储蓄动力。若财富资产价值增加或信贷条件改善，例如金融的整合与发展提高了可用信贷的价格与数量，同样会带来似的效应。[62]

把不平等对消费的直接影响与以上介绍的同时发生的其他因素区分开，将是未来研究中极富挑战性的课题。贝特朗与摩尔斯已经为解答此类问题迈出了关键一步，他们考察了美国中产阶层（第20百分位到第80百分位）的消费份额与上层收入占比的变化（收入离散度的一个粗糙指标）自20世纪80年代早期以来表现出正相关的原因。[63] 针对不平等恶化恰好伴随着消费增长的上述若干传统解释，他们没有找到任何支持性证据。因此，他们的研究结果表明，相对于上层收入的变化，消费者存在直接的行为反应，而传统消费者理论通常没有考虑到这一点。[64]

特别是，他们为两个假说找到了强有力的支持证据。第一个假说是，收入分配顶层的收入增长会促进经济体中的"富裕型"产品供给，这会自动提升较贫困人群对此类产品的需求。第二个是"相对收入假说"，认为较富裕家庭的消费增长会给其他人群设定消费标准，促使他们把更大份额的收入用于消费，以追随富裕群体，形成攀比之风。他们认为，这是由于不同个人的消费是相互依赖的，某人的个人福利不仅反映着他本人的消费，也取决于其消费和同类人群的相对水平。按照该假说的解释，"不平等加剧完全可能导致消费的增加，而非减少"，从而证明了不平等与总消费之间存在正相关。[65]

最重要的一点是，这两位学者认为，"消费的这种相互依赖关系可以理解为一种外部效应，促使人们更多地工作和消费，以跟上邻居前进的步伐，这对个人是理性行为，但从集体视角看则属于次优行为"。[66]此外，增长与稳定同样会受到影响，大体而言带来了如下两个主要启示。一方面，当不平等伴随着底层人群的收入水平停滞时，这一现象可能导致过度负债，因为需要更多的贷款支持理想的消费增长，从而造成整体经济的不稳定（下节还将深入介绍）。另一方面，不平等可能导致经济体中的资源配置效率下降，因为人们把更多支出用于浪费型消费，牺牲了不容易看到收益的其他重要投资，如教育等。[67]

不平等与金融不稳定

上一节的焦点是收入与财富不平等同宏观经济表现及经济稳定的关系，接下来将探讨不平等同广义金融稳定的关系。这一区分尽管不那么明显，却具有理论意义。具体来说，我将首先简要分析不平等同银行危机的联系，然后探讨不平等同债务水平的关系。

不平等恶化与银行危机

严重的收入不平等，大致来说指中低阶层的平均收入停滞不前和顶层群体的平均收入增加，被视为近期金融危机的结构性原因之一，特别是对美国来说。

近期的实证研究针对大量的国家、年份和各种不平等测算指标，分析了这一假说,却并未发现不平等与危机之间相关的有力证据。[68] 具体而言,莫雷利与阿特金森的研究指出,不平等的水平较高与恶化都与银行危机的爆发没有系统性关联。[69] 该研究尽可能地收集了1900—2012年的数据,对26个国家的五种不同经济不平等指标进行分析,包括相对贫困指标、顶层财富指标、家庭平均可支配收入的基尼系数等。[70] 不过研究者也提道:"该结论在统计上不显著并不能排除我们要探讨的经济联系,因为从较为严重的危机以及美国和英国等国家来看,该假说并没有被否定。"[71] 此外,过度不平等还可能造成宏观经济失衡,却未必会导致危机。

在近期的金融崩溃之前,宏观经济稳定的概念通常与价格稳定和产出缺口稳定挂钩。然而危机后的反思表明,崩溃之前表面的宏观经济稳定掩盖了经济失衡的积聚,如家庭负债的显著增长以及金融和房地产市场出现泡沫等。[72] 有意思的是,近期有研究文献指出,收入与财富分配的严重不平等可能是上述失衡现象的结构性决定因素之一,会使整体经济更加动荡和脆弱。[73]

不平等与债务

还有观点认为,危机爆发前观察到的经济不平等恶化还存在一个明显关联,尤其是在美国。这种理论指出,不平等造成了信贷需求与供给的增加,导致债务水平提升不稳定的状态。

经济不平等加剧给总需求和整体经济表现造成的打压可能刺激了政府放松金融市场监管,并促使中央银行下调利率。理论上,此类行动增加了对居民家庭的信贷供给,有助于提振疲弱的经济表现。接下来,富裕人群可能直接施加进一步放松金融市场监管的压力,通过对监管机构的俘获与游说来增进其财务收益。与之类似,高储蓄率、渴求新财务投资机会的富裕人群的收入占比提升,还可能增加经济体中可利用的资金供给规模,为其他人群提供更多信贷,从而助长资产泡沫。[74] 在信贷供给之外,收入不平等加剧还可能直接带来信贷需求的增长。如上节介绍的相对收入假说认为，较贫困的人可能为了跟上生活水平的提高、满足消费欲望的膨胀而借入更多债务。另外，在收入波动性扩大时，人们还可能为了平滑消费而提升信贷需求，从而加剧收入不平等恶化的趋势。

无论居民家庭债务积累的主要驱动因素是什么（我们在这方面的认识仍然非常有限），不平衡的过度杠杆率可能会让相当一部分人陷入不稳定的境地，使得个人经济状况或外在经济形势（如利率或住房价格）的微小变动也会触发违约，并给银行资产带来财务损失。[75]

上一节介绍的类似阿吉翁等人提出的模型可以模拟收入分配、债务与经济增长的内生周期运动，并特别适用于不平等对宏观经济稳定和金融稳定的影响这一问题。[76] 不过此类模型没有考虑消费引致的借贷的作用，而这是近期危机的一个重要特征。雅科维耶洛等人的研究是为数不多的将收入或劳动收入分配同居民家庭债务的供给或需求增长联系起来的研究之一。[77]

在雅科维耶洛构建的模型中，经济行为人的寿命无限，在经典的永久性收入假设理论架构下选择最优的消费和债务水平。此时，面对不平等加剧（以逐渐变得不稳定的收入分布模式来测算），人们将利用信贷市场来平滑消费，如此会增加其债务存量。该模型的最终实践意义将取决于相关的实证证据：发生短期冲击与不同行为人的永久性收入差异的效应对比。事实上，近期的实证研究表明，收入不平等加剧主要来自不同居民家庭的永久性收入差距扩大。例如，克普祖克与赛斯针对美国的情况发现，"自20世纪70年代以来几乎所有的年度（对数）收入方差扩大都源于永久性收入（而非暂时性收入）的方差扩大"。[78] 对英国的研究也得出了类似结论。[79]

与雅科维耶洛不同，库姆霍夫等人的模型中的关键异质性因素是经济体中的两个群体——劳动者与投资人——以及劳动者的谈判能力（由于不平等扩大而）下降，同时伴随着来自投资人的借款增加（为维持消费水平)。此外,两个群体之间的收入分配对该模型影响重大,而不仅仅是收入波动性的时间变化。

那么,数据是否支持不平等与居民家庭债务共同上升的假说?图17.3总结了英国家庭的债务收入比自20世纪60年代早期以来的总体情况。两次债务周期分别发生在1980年至1990—1992年的经济衰退,以及20世纪90年代末至2007年金融危机爆发前。有趣的是,债务积累时期通常发生在不平等(测算标准是居民均等化可支配收入的基尼系数和顶层1%人群的收入占比)程度较高或加剧的时期。[80] 佩鲁基尼等人的研究也支持了这些发现,他们分析了18个国家在1970—2007年的顶层收入占比的面板数据。[81] 斯科纳米洛等人的类似研究则认为,以可支配家庭收入的基尼系数测算的收入不平等加剧,同总量层面的家庭债务提高有系统性联系。[82]

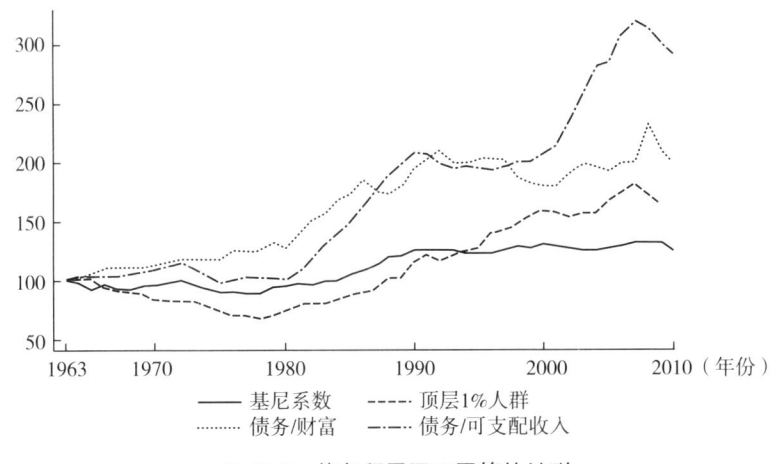

图17.3 债务积累同不平等的关联

注:英国的债务积累期(从1980年至1990—1992年的经济衰退,以及20世纪90年代末至2007年金融危机爆发前)同不平等恶化时期重合(以居民均等化可支配收入的基尼系数和顶层1%人群的占比测算)。债务与不平等指标之间的相关系数大于0.8,在1%的统计水平上显著。

资料来源:债务数据由阿特金森和莫雷利根据若干历史资料汇集(T. Atkinson and S. Morelli)。

不过有若干理由认为，这些证明并非如初步印象那样确定无误。首先，从债务/净财富的杠杆率测算指标看，过去数十年的过度负债趋势并不是很明显。研究中很少利用财富作为总家庭债务的比例因子（scaling factor），但它能够凸显家庭资产的关键作用，特别是住房资产。事实上，这种测算方法能给债务的总体可持续性提供更多有用信息，因为它能够反映资产清算（要求资产能在市场上变现）可以在多大程度上给债务提供支撑。

其次，微观数据分析没有明确显示不平等与负债之间存在正相关关系，更不用说因果关系。例如，科伊比昂等人的研究表明，严重不平等地区的低收入家庭在2001—2012年积累的债务同收入之比并不高于不平等程度较低地区的同类家庭（以邮政编码区域和州划分）。[83] 另一方面，卡尔与贾亚德夫借助收入动态面板研究数据发现，低收入和相对低收入家庭在教育程度类似的种族群体内，债务杠杆率较高。[84] 此类研究结论的分歧凸显了对相关同类人群做正确识别的重要性，因为导致不平等与债务正相关的有关机制离不开特定社会圈层里的相对地位。例如，乔加拉格斯等人的研究利用了DNB家庭调查（DNB Household Survey）中收集的荷兰民众代表性样本的一个重要特征，其中包含"受访者对于其社会圈层的平均收入及同类人群支出能力的感受"，由此避免了对相关社会圈层特征的主观假设，让研究者可以估算出，人们对同类人群的收入感知水平越高，借贷就越多。[85] 更关键的是，对于那些感觉自己比同一社会圈层的平均水平更穷的人，这种效应更为强烈。

结论

本章针对不平等具有负面宏观经济影响的观点，分析评估了相关理论和实证基础。此类议题的讨论没有在皮凯蒂的《21世纪资本论》中明确展开，对他得出的所谓资本主义基本定律必然导致收入与财富

第17章　不平等扩大与经济稳定　　419

集中化的论点，本章试图在这方面提供某些补充。

越来越多的证据表明，以不同维度衡量的经济不平等可能会对整体经济表现和增长的多个方面产生负面影响。不平等可能导致经济缺乏韧性，而且当经济体遭受外部冲击时，衰退持续的时间会延长。与之类似，近期研究还发现，在收入不平等程度较严重的国家，GDP增长更不稳定。

应该强调的是，直到最近之前，还很少有人关注此类重要议题，而且需要更多实证研究来印证上述结论在美国之外是否成立。已有研究表明，不平等还能通过政治经济的相互作用机制、信贷市场缺陷或消费等渠道对经济活动与增长造成负面影响。当然仍需要更多努力，以分离出经济不平等的各种真正的决定因素。如果财富不平等更多源于继承优势，或富人阶层的寻租和监管俘获行为，则不平等更容易表现出对经济增长的负面影响。

类似地，如果我们观察到的收入不平等主要源自个人之间的机会不平等，从而限制了人们的潜力和梦想，扭曲了整个经济的资源有效配置，同样可能不利于增长。若干独立的研究者与机构正在努力，以整理出收入与财富不平等变化更为综合和更高质量的数据，这显然将为解答上述关键议题提供有力支持。

其次，与经济学中标准的教科书式假设相反，近期研究强调了相对收入和支出攀比会如何影响人们把钱花在哪些地方，留下多少储蓄，乃至积累下多少债务。这些思考说明，不平等程度可能对总储蓄、债务存量以及经济活动水平有着直接影响。由于最近的金融危机很大程度上源于私人经济部门中由负债支撑的住房泡沫和消费泡沫的破灭，对不平等与私人债务之间关系的探讨变得尤其重要。主要基于总量数据和跨国分析的研究结果，凸显了不平等与家庭过度消费和负债之间的正相关关系。可是，基于微观数据得出的研究结论却不太一致，仍需更多的实证分析来检验对该假说的有效性。

还需要强调的是，关于个人的相对收入会影响其经济行为的假说在理论和实证上仍存在一系列疑问，有待未来的研究给予解答。例如，一个紧要问题就是做相对比较时需要准确识别恰当的社会圈层环境。要识别某人的同类参照组，最佳方法是直接询问他，但家庭调查中极少包含受访者社会影响网络的信息。[86]利用行政机构的微观数据，可以对同事或邻居等同类群体给出巧妙而精确的其他定义。[87]此外，基于相对收入假说的现有理论并不总是把收入离散度指标同最优消费和负债决策联系起来，而是通常假设受人均消费或个人消费与参照组中同类人群平均消费的差距会影响个人效用和福利。

最后，已经有某些理论模型试图解决上述议题，但关于消费的社会属性与效用函数的相互关联性的思考往往未能很好地解释消费决策的前瞻性。而这是消费决策中的重要组成部分，必须给出恰当的诠释。

到目前为止的证据表明，以不同维度衡量的不平等可能对导致宏观经济和金融不稳定有重要作用，但是没有提示出无条件的强相关关系。另外如丹尼·罗德里克回顾的那样，应该强调"不平等同整体经济表现的关系可能有前提条件，跟不平等的深层原因和许多间接因素有关，而非固定不变"，所以我们必须非常谨慎，不要草率得出不平等对经济稳定有破坏性影响的新"共识"，它"可能跟过去的认识一样容易产生误导"。[88]

尽管有这一重要提醒，对于不平等同整体经济表现和波动的关系，近期研究依然取得了初步的关键进展。这些研究成果给各国政府为缩小收入与财富不平等开展有效的联合行动提供了理由，也为促进社会公平和包容性找到了直接理论支持。从现有成果中得出更具一般性的结论，并解决剩下的矛盾之处，或许是未来研究中最有意义的领域。

第四篇

资本与资本主义的政治经济学

第18章

不平等与社会民主主义的崛起
一部意识形态史

马歇尔·斯坦鲍姆

　　皮凯蒂历史观的一个核心论点是，当主要西欧国家和美国的不平等在19世纪后期至20世纪早期达到巅峰时，民众获得选举权不足以改变社会和经济的等级制度。他认为，是大

---

* 感谢 Branko Milanovic、Arthur Goldhammer、John Schmitt、Steven Durlauf，以及合作编辑 Heather Boushey 和 Brad Delong 的建设性评论，还有 John Taylor Hebden 为 "The Persistence of the Old Regime" 提供的意见。

** 参考文献说明：本章内容大量引用了对各国政治的第二手资料和记述，包括 Eric Foner, *America's Unfinished Revolution*, *1863–1877*（New York: Harper and Row, 1988）; Arno Mayer, *The Persistence of the Old Regime*: *Europe to the Great War*, 2nd ed.（London: Verso, 2010）; George Dangerfield, *The Strange Death of Liberal England*（1935; Stanford, CA: Stanford University Press, 1997）; Eric Weitz, *Weimar Germany*: *Promise and Tragedy*（Princeton, NJ: Princeton University Press, 2007），等等。

规模的资本毁坏与战争带来的税制实现了该目标。

在本章中，经济学家马歇尔·斯坦鲍姆描述了更复杂的历史画卷：两次世界大战与大萧条确实至关重要，但这正是源于它们用民众普选权未能实现的方式摧毁了资本主义意识形态。主要国家发生的一系列政治事件最终推动了左翼运动，恰恰是由于战争与大萧条让政治当权派的继续执政和政策走向破产，而这些政策本就是为了对抗国内左翼势力的政治威胁。

皮凯蒂的《21世纪资本论》读起来像本历史专著，清晰描述了不平等的沿革。普选权没有制止资本主义内在的分化趋势，相反是战争以及为支持战争所需的税收做到了这一点。[1]

第一次世界大战或许摧毁了财富，但与大萧条相结合，它还摧毁了一种意识形态，那就是直到全民普选权时代仍能为不平等现象提供支持的自由市场经济学。这种意识形态主张，放任不管的自由市场能运行得最好，因此，源于市场的既有财富和权力就不应该受到政治上的挑战。正是这种自由市场意识形态在整个19世纪支撑着保守主义政治，因为它促成了旧贵族同企业家和专业人士等有产阶级的联盟，前者的政治权力延续受到肯定，后者的财富在新兴工业经济中发展壮大。两次世界大战与大萧条则源自这批有产阶级在政治活动中的代理人的有意识策略，他们试图通过操纵外交和国内政策防止左翼势力崛起，以维护自身的利益。

因此，给镀金时代画上句号的不是世界大战本身，而是从推广男子普选权到纳粹占领欧洲这一期间，世界大战与大萧条的现实灾难最终令资本主义意识形态及其相关的政策和政治运动破产。社会民主主义运动源自民众普选权，但要等到精英阶层身败名裂，关于工业化经济中的财富起源和正当分配的资本主义理由遭到否定后，才最终获得胜利。

第18章　不平等与社会民主主义的崛起

我认为，正是这一意识形态的衰落促成了20世纪中期的平等主义时代。本章的论述结构主要针对当时世界上的发达经济体：美国、英国、法国和德国。每个国家都有着并不连续的政治史，各国的政治运转都有自己的制度和社会背景。这意味着基于不同政党及其联盟面对的外部和内部威胁，当权者会做出或好或坏的决策，于是，各不相同的一系列政治事件会极大地影响每个国家的历史。不过，西欧国家和美国在那段时期都采取了越来越具平等主义色彩的经济政策，表现为以下若干方面：

- 收入和财富税成为公共预算和经济政策的永久性要素，既要为战争和扩大的社会责任提供资金，又公开鼓励税前和税后的平等主义收入分配。[2]
- 政府承认集体谈判权，并采取社会保险等其他措施干预在过去被视为资方和劳方"契约自由"的领域。[3]
- 公共部门提供普遍的医疗和教育服务，还包括公共基础设施。此类社会事务取代了战争，成为政府的最主要义务。[4]
- 金本位不再是国家货币政策的常规选项。[5]

以上每个议题在最初被左翼政治运动提起时都充满争议，被视为对现有政治和经济秩序的威胁。它们共同构成了一个激进的背离，旨在推翻既有的财富与权力秩序。在推进或抵制这些主张的过程中，各国的政治体制几乎被拉伸到了断裂点，德国更是突破了极限。

意识形态崩溃过程中出现的关键政治现象在四个国家各不相同，但可以归类。第一种是普选权本身；第二种是成立工人阶级的全国性政党，通常是同原来的政治团体联合，然后取而代之，或加入其中并带来激进变革[6]；第三种属于事实上的宪政改革，解除了非民主产生的政府机构的经济政策权力；第四种是工人阶级和左翼联盟通过选举上台执政，启动上述四个改革议题。

回顾自由市场意识形态走向失败的历史,尤其是当涉及多个国家的时候,我们或许容易将其视为不可避免的进程,将其中的每个步骤看作命中注定的更宏大事件的组成部分,但这是大错特错。幸运的是,至少就寻求合理的历史解释而言,借助后见之明,我们可以了解后来发生的实际情况:正如《21世纪资本论》中极其详尽地叙述的那样,历史又出现了几乎完全的逆转。自由市场意识形态的破产绝非不可避免,因为我们已看到另一套历史和逻辑条件把它重新树立起来。用数学语言来讲,这一破产并非渐进或单调的变化过程,而是混乱无章有着重要而突出的逆转,并且未必会被再度反转。尤其是,随着徒有其表的民主政府及其依赖的精英群体试图压制大萧条期间兴起的左翼政治威胁,并为此同右翼的非民主势力结盟,当时的许多左翼观察家认为自己毕生的伟大意识形态斗争业已失败,未来已被极权主义者掌控。第二次世界大战完全可能成为终极的灾难,而非左翼取得最后胜利的原因。

《21世纪资本论》认为,由于宏观经济的结构,资本主义经济中的收入与财富分配趋于分化,除非被暴力事件打断。与之相反,我认为分化的原因在于资本主义的意识形态主张限制了原本可以制衡这种分化的政策,除非这一意识形态给它所依靠的精英群体、政治派系和社会团体带来政治失败与污名,从而使其偏离原有的路线。[7]

美国

美国的历史与另外三个旧大陆的国家在某些方面颇为不同。美国的收入与财富分配不平等程度从未达到其他几个国家在镀金时代的高水平,也从未在那个时期实现男性的广泛普选权,因为有相当大比例的无产工人阶级(南方黑人)在1877年被事实上剥夺了公民权利,直至20世纪60年代。

埃里克·福纳与其他许多人曾指出,这一白人至上主义的历史遗产除压迫少数族裔群体外，还对美国政治的发展产生了深远影响。当其他发达国家推行平等主义政策时，美国的类似政策相对缺乏这种色彩，因为其设计目的就是要排斥最贫困的群体。艾拉·卡茨内尔逊的著作《恐惧本身》以新政和罗斯福政府的劳动力市场监管为例凸显了这一特点。[8] 不过另一方面，美国取消对无产阶层的公民权限制则早于其他国家，19世纪的移民在到达美国后几乎马上就能获得投票权，由此可以解释爱尔兰土豆饥荒及1848年革命导致欧洲政治难民大量涌入后，于19世纪50年代中期兴起的本土主义（nativism）运动。

谈到美国社会民主主义的兴起，内战后的重建时期是合理的起点，尽管1877年群体间冲突的谈判结果导致了男性普选权倒退。美国内战前出现了早期的劳工反抗，不过在1873—1896年，尤其是1886—1896年，才是激进的工会运动快速发展的时期，人们普遍感到社会秩序受到了大工业群体的威胁。同样是在这一时期，知识精英聚集起来为后来所称的资本主义意识形态站队，而这种思潮来自内战中形成的自由劳动力（Free Labor）观念。

自由劳动力起初指代一种理想：身为雇员的人可以通过努力工作和勤俭持家，沿着社会阶梯向上攀登，最终成为其他人的雇主。内战前，在工会支持者看来，依靠自由劳动力的北方经济的未来受到了奴隶制向西部扩张的威胁，白人的有偿工作会被取代。因此，通过确保自由劳动力制度扩大范围，并主导美国经济，把奴隶制限制在南方对确保自由劳动力制度的未来是必需的。正是这种性质的群体间冲突导致了战争，虽然废奴主义运动确实也让公众认识到应该为奴隶的利益实施人道主义干预，但那并非北方走向战争的根本原因。不过在战争真正打响后，特别是随着黑奴的解放以及招募黑人士兵加入联邦军队，自由劳动力的观念逐渐扩展，把获得自由的奴隶也纳入其中。

1866—1877年"激进重建"（Radical Reconstruction）的目标是确保南方黑人的经济与政治自由。完成该任务的主要工具则是美国宪法第十四修正案，它保证每个人在法律面前的程序正义和平等，并授权联邦政府为此目的干预南方的经济和政治体制。强制实施该修正案的《民权法案》（Civil Rights Acts）则给南方的立法和行政机构增加了约束，以防止其损害黑人自愿提供或收回劳动力服务的权利。

但随后，重建运动以及联邦权威延伸到南方地区在北方和全国政坛中引发了越来越多的争议，尤其是在1873年金融恐慌后，共和党的自由劳动力联盟解体，对格兰特政府不满的精英退回到自由贸易、金本位、小政府等传统经济政策，并最终认为政府不应该卷入他们所说的"阶级立法"，以图改变市场运行建立的"自然"社会等级秩序。由于金融危机带来的衰退延续到19世纪70年代的大多数时候，工业劳动者与小农受到铁路公司、银行及其他势力激增的"托拉斯"压迫的问题在全国政治讨论中愈发凸显，到1877年达到高潮，由于资方合谋削减工资引发了铁路大罢工，致使大多数铁路瘫痪。

亨利·乔治的《进步与贫困》于1879年出版，其中已关注到如下悖论，即快速的经济增长和工业化却伴随着所有为谋生而工作的人的苦难。亨利·乔治提出的解决办法是按土地价值征税，以实现自然资源禀赋的社会化，这一提议在劳工运动内外赢得了数百万计的拥趸，也招致了主流职业经济学家的极端敌视，他们感觉乔治是在贩卖江湖土方，并窃取了自己的专业地位。[9]

1877年的最高法院判例"芒恩诉伊利诺伊州"（Munn v. Illinois）是关于第十四修正案是否包含经济程序正义权利的首次审讯。一方主张立法不能"干预"自由市场的运行，这不同于最初对修正案的解释，即保护自由人免受劳动力市场的剥削。在此案件的判决中，最高法院支持了伊利诺伊州，该州应原始民粹主义农民组织格兰奇（Grange）的要求，通过立法来规制谷物的储存和运输价格。但在之后的30年里，最高法院逐渐扩大了公司和其他类型雇主对州和联邦法案的免责范围，同时限制了宪法第十四修正案对南方黑人和美国海外领地扩展中的当地居民的保护。纽约州上诉法院于1885年否决了一项限制利用出租房屋开展雪茄生产的监管规定，理由是这损害了契约自由。由此引来一份劳工组织出版物的强烈警告："竟然把奴役宣告为自由！"

1886年的甘草市广场骚乱（Haymarket Square Riot）使公众对移民主导工会的态度发生逆转，到1894年的普尔曼罢工（Pullman strike）这段时间，好战的工会主义的威胁达到巅峰。在后一事件中，克利夫兰总统命令联邦军队镇压导致全国铁路系统关闭的声援罢工，并因此牺牲了他获得民主党连任提名的机会。而在克利夫兰大力扶持金钱和企业的政策（特别是废除《谢尔曼购银法案》）加剧了1893年恐慌后，民主党越来越同情产业工人的政治路线。甘草市广场骚乱与普尔曼罢工事件还代表着工会运动出现重大分歧，温和派工会美国劳工联合会（American Federation of Labor）反对此类做法，主张将罢工作为工资谈判的最后手段，而非推动社会变革的工具。尤金·德布斯（Eugene Debs）的美国铁路工会（American Railway Union）作为普尔曼罢工的煽动者，则远为激进，也更富有野心。

在城市工人开展罢工运动的同时，美国农民联盟（Farmers' Alliance）及作为其继承者的平民党（Populist Party）席卷了农村地区，因为农民们苦于产量过剩和运输成本高企，以及令他们深陷债务的作物留置制度（crop-lien system），名义债务还由于美元走强变得日益繁重。自19世纪90年代早期开始，他们成功地挑战了自重建时期结束以来主导南方各州的"救赎"政府，并最终同西部地区的平民主义者结成联盟，后者在1892—1894年掌控了许多州层级的职位。平民党关心的焦点包括铁路业和银行业对农业的支配，过紧的货币政策，以及推高投入品成本的压迫性关税。

美国经济学会在1893年的一次会议上就平民主义问题展开了著名辩论，由富有争议的知名左翼经济学家爱德华·罗斯（Edward A. Ross）对阵保守主义领军者富兰克林·吉丁斯（Franklin Giddings）。罗斯提出：

"农民的困境很大程度上源自其产品以竞争性价格出售，而购买的包括运输在内的许多物品却要支付垄断价格。"吉丁斯回击说："在多年的痛苦中，为什么农民的境遇在竞争中越来越糟糕？他们自己身上肯定有某些问题……他们掌握的选票数量超过其他任何群体……失败是自己造成的。如果你希望追究农民困难的根源，你就必须从农民的思想来考虑问题。"[10]

吉丁斯声称，任何人或者任何阶层如果在足够长的时期陷于贫困，责任只能在他们自己。这种观点正是自由市场意识形态的核心信念之一，促成了19世纪的皮凯蒂式社会分化。在经济思想史上，类似观点也曾以不同的坦率程度被多次表达。例如，加里·贝克尔认为以人力资本积累为基础的贤能主义在20世纪中期取代了世袭资本主义，就是对吉丁斯观点的继承，因为这意味着群体之间的不平等如果在所谓贤能主义环境下也跨越多代人长期存在，那必然是内在品质的差异而非不公平的权力架构导致的。[11]

由于克利夫兰政府造成的灾难，民主党的主导势力从支持金本位和企业界的"波旁"派系转向约翰·奥尔特盖尔德（John Peter Altgeld），他是伊利诺伊州移民州长，赞成普尔曼罢工并赦免了甘草市广场爆炸案中受指控的无政府主义者。奥尔特盖尔德策划了民主党同克利夫兰政府的割裂，并支持同平民党在1896年总统选举中结成暂时的政治联盟。于是，民主党将平民主义候选人威廉·布莱恩（William Jennings Bryan）提名为候选人。然而这一权宜之计的联盟面临两大难题。首先，布莱恩没有兴趣为民主党的候选人身份而调整其政策策略或立场，他是旗帜鲜明的农村、农业和新教徒代言人，而民主党的北方地区选民以城市、工业和天主教为主要背景特征。布莱恩在1896年民主党大会上的知名"黄金十字架"演讲（Cross of Gold），公开贬斥了工业经济的道德品质，也波及了在其中就业的好斗工人群体。当他在城市民众中开展竞选活动时，共和党人又很轻松地引诱他表现出了排外的、反天主教的偏执。其次,民主党和平民党联盟在南方缺乏政治意识。在之前两次选举中,结束了南方重建并确保州政府为本地经济精英服务的民主党救赎派政府终于受到挑战,平民党人得以上台。以改革的名义要求同情平民主义的选民分割他们的投票,这对构筑持久的政治运动来说不是可靠的基础。

布莱恩的竞选失利以及民主党和平民党联盟的失败,让美国的左翼政治势力消沉了数十年,两大政党的资本主义核心意识形态学说完好无损。劳工组织中的激进势力仍然在边缘地带活动,最终形成了世界产业工人联盟,而美国劳工联合会依旧不愿意组织低技能工人群体的活动。德布斯在1896年后建立了若干欧洲式的社会民主党,并依靠社会主义者的支持不断参选总统。最关键的变化是,左翼政治在1886—1896年高调让位于较为温和的进步主义,该主义对两大政党与激进的工人阶级都有吸引力。在南方,当救赎派的政治继承人转而用种族主义讨好贫困白人群体时,平民主义运动迅速遭遇反弹,被分化瓦解。由于采用识字和财产作为衡量标准,南方黑人的投票权和政治影响力到19世纪90年代后期最终走向消失,当然该衡量标准也限制了贫困白人的公民权。法定的种族隔离制度也起源于这一收缩时期。

从西奥多·罗斯福于1901年出任总统到伍德罗·威尔逊政府于1920年任期结束,美国政治的特征依然是温和的进步主义与激进的反抗相伴。联邦政府积极采取行动,拆解了在19世纪90年代令政治气氛走向激化的某些垄断势力,但也保留了另外一些。1907年金融恐慌促使联邦储备体系于1913年创建,可以说这一金融机构部分采纳了平民党对货币过紧的批评意见。尽管新成立的中央银行没有偏离金本位制,其目标仍然是建立解决当时信贷紧张问题的金融体系,避免在19世纪后期使经济运行动荡不安的一系列灾难性恐慌再现。也是在这一时期,对公共基础设施的大规模投资开始出现,以改进城市贫民的公共卫生和健康状况,以及破除垄断组织在交通和住房领域的压榨。最重要的是，在最高法院以资本收入不属于国会直接征税范围为由，于19世纪90年代否决了早期立法尝试后，美国宪法得以修订，并于1913年通过了一部联邦所得税法案。

最终形成联邦所得税的政治进程依赖于进步主义者和禁酒主义者结成的联盟，因为后者的诉求面临的主要障碍始终在于酒类消费税是联邦政府的第二大收入来源（仅次于关税）。因此，所得税法案的通过成为美国政治体制史上因为需要妥协而结盟的最伟大案例之一。在政界之外，世界产业工人联盟和其他较为激进的独立派别不断发起劳工运动，然而美国劳工联合会支持威尔逊政府，劳工组织中的激进势力受到1919—1920年"帕尔默大搜捕"（Palmer Raids）的残酷打击，许多著名劳工领袖遭到流放。

同样在这一时期，各州政府开始采纳进步主义的部分政策，以加强劳动力市场监管和提供社会保险。在所谓的"洛克纳时代"（Lochner Era，以1905年法院阻止纽约为面包师制定的最高工时法律的案件命名），最高法院越来越主动地利用宪法第十四修正案中对"自由"的保护来打击此类监管，理由是这干涉了个人的契约自由。该学说在"哈默诉达根哈特案"（Hammer v. Dagenhart）中被用来否决联邦禁止使用童工的1916年《基廷－欧文法案》（Keating-Owen Act），在1923年的"阿德金斯诉儿童医院案"（Adkins v. Children's Hospital）中被用来否决哥伦比亚特区的最低工资法。虽然各州维持了一些新的监管措施，最高法院却在联邦层面坚持阻止有利于工人的劳动力市场监管。

美国加入第一次世界大战导致民主党和进步运动大致沿着阶级界线分裂，因为参战意味着精英群体不切实际的对外冒险，而忽略了国内政策的优先点。当《凡尔赛和约》决定性地偏离了威尔逊总统在《十四点计划》中宣称的战争目标后，问题变得更加突出。这种局势加上俄国革命带来的政治反冲，使20世纪20年代成为收缩时期，同时伴随着去工会化，因为非技能工人的残余工会势力减弱，美国劳工联合会又缺乏兴趣通过扩张填补其空间。大多数农村地区在经济繁荣期被排除在外，自由放任学说则被继续利用，以反对给农民提供帮助，这里最著名的例子是卡尔文·柯立芝总统否决了《麦克纳利－豪根农田救济法案》（McNary-Haugen Farm Relief Bill）。安德鲁·梅隆在几乎整个20世纪20年代担任美国财政部长，其主导的正统经济政策在1929年股票市场崩盘后最终失败，信贷紧缩的后续影响还在不断导致银行倒闭与黄金挤兑。

股市崩溃及随后的大萧条让梅隆主义在国家层面原形毕露。与19世纪通过明智货币操纵和老练银行家的国家经济政策来制止经济动荡不同，这场危机的终结只能靠放弃金本位制度，开启新的经济政策时代，包括凯恩斯主义的财政扩张和其他防止通缩的政策，以减轻家庭、企业、农场和金融机构的债务负担，以及高度累进性质的税收等。罗斯福于1933年就任总统，因此被经济史学家彼得·特明与巴里·威格摩尔视为"体制变革"的标志。[12]虽然这些政策成功扭转了紧缩，却没有缓解失业与贫困带来的大多数人的苦难，所以1935年的"第二轮新政"又推出了社会保障计划和失业保险，并大幅增加了公共就业。

可是，美国最高法院依然在妖魔化左翼经济政策，否决设立新政机构和推行监管措施的法律。最终在1936年赢得压倒性的连任选举后，罗斯福威胁说，要采取所谓法院改组计划，任命足够多的新任大法官来支持其政策路线。这一威胁或多或少促使最高法院在"西岸宾馆诉帕里什案"（West Coast Hotel v. Parrish）中做出让步，承认了最低工资法，推翻了阿德金斯案的判决。由此也给1938年的《公平劳动标准法案》（Fair Labor Standards Act，FLSA）铺平了道路，开始执行之前最多只能在州层面存在的全国性劳动监管。然而，该法案把农业部门和家政部门列入豁免范围，通过依然具有种族隔离色彩的新政联盟把南方的大多数黑人劳工排除在外。种族之间经济鸿沟的缩小，仍要等到军工联合体的兴起以及二战后的经济繁荣。

随着对自由放任传统路线的抛弃，罗斯福政府实现了美国在20世纪的意识形态转型，只是黑人依旧被排斥在国家经济政策和国民主体之外，没有基本公民权利。美国的传统意识形态破产源于大萧条，而非两次世界大战。尽管美国卷入一战在国内充满争议，却不像欧洲列强那样，是因为保守派对国内左翼运动的默许压制引发了动摇制度的灾难性事件。相反，这更像是一个过于理想主义的中左翼政府因为不了解旧大陆的国际政治而犯下的外交政策错误。至于二战，则进一步强化了右翼的污名，因为罗斯福最主要的政敌背上了孤立主义的包袱，始终认为苏联是比法西斯主义更严重的威胁。善于利用战时发财机遇的商业领袖则接受了妥协条件，至少暂时承认了新政措施在政治上的优势地位。战争本身促使美国内部的民权革命拉开了序幕，劳动力短缺让罗斯福政府正视在军事供应链中实现种族融合的必要性。在其继任者杜鲁门治下，美国军队也完成了自身的种族融合。从战争中走出来的美国进一步抑制了保守势力，大权在握、理想主义色彩愈加浓厚的左翼民主党政府试图利用联邦权力降低不平等的程度。

英国

通过1832年、1867年和1884年的《改革法案》（Reform Acts），英国逐步推进男性普选权，分别向中产阶级、城市工人阶级和乡村农民赋予选举权。[13] 这一政治进程引人注目，但在当时也有些虎头蛇尾。关于每次法案的通过（以及中间的失败尝试）都会带来社会灾难的预言，结果证明都夸大其词。不过，这些法案最终确实令法国大革命战争以来盛行的政党体制走向衰败，被植根于第二次工业革命的阶级体系的新体制取而代之。

在经济政策方面，老的政党体制坚持自由派共识。从1846年取消《谷物法》（Corn Laws），到工团主义者于1903年采纳保护主义色彩的

"帝国特惠制"(imperial preference)之前,两党都拥抱自由贸易理念。在这一时期,金本位制度从未受到严肃的质疑,财政部奉行的信条是,每年都应该实现足够多的盈余,把拿破仑时期积累的巨额债务限制在稳定的名义价值之内。1834年出台的《济贫法修正案》(the Poor Law Amendment Act)要求,只能给济贫院收容的人提供帮助,其目的是按照马尔萨斯的人口学理论与李嘉图的"工资铁律",利用刑罚来防止懒惰。这些理论是古典自由主义的核心思想,强烈反对用政治手段解决不平等和贫困问题。

英国的激进运动在整个19世纪风起云涌,其中最著名的是宪章派(Chartists),但他们无法撼动既有政治体制。工会尽管受到迫害,仍在19世纪下半叶成长起来,并且在1871年《工会法》(Trade Union Act)中实现合法化。少数同工会结盟的成员被选入议会,并于1899年形成了多个工会的政治联盟,即劳工代表委员会(Labor Representation Committee, LRC)。不过真正使劳工进入国家政治体制的闪耀时刻还是1901年"塔甫河谷"(Taff Vale)案件的判决,当地的铁路工会在成功组织罢工后,被要求赔偿相应的经济损失。

该案件的判决威胁到劳工运动的整个理念,因此之前普遍通过支持自由党候选人来参与政治生活的工会走上了独立自主的道路。随着更多工会的加入,劳工代表委员会的会员人数激增,到1903年同自由党达成了战略性非竞争协议,以获得下届议会的30个席位为条件,换取劳工代表委员会在其他选区支持自由党的候选人。在之后的1906年选举中,执政十年的保守党政府被自由派的压倒性胜利击垮,之后由亨利·坎贝尔-班纳曼(Henry Campbell-Bannerman)以及赫伯特·阿斯奎斯(H. H. Asquith)相继领导的内阁比之前的历任政府都更为左倾。下议院几乎立刻通过了推翻塔甫河谷判决的法案,确认工会资金免受雇主法律诉讼的追讨,并肯定了罢工的权利。

资方势力在1908年反扑,对联合铁路工会(Amalgamated Railway

Union）提起另一项诉讼，目标是阻止工会的资金用于政治活动，即资助劳工代表委员会。上议院做出了有利于一位由雇主支持的工会会员的判决。自由党政府这次没有采取直接推翻判决的行动，严重得罪了议会中来自劳工代表委员会的支持者以及广大普通工人。这些工人甚至把该委员会也视作叛徒。

不过，针对不断利用其传统权威阻挠自由派议程的上议院，自由党政府也发起了自己的挑战。1909年，时任财政部长劳合·乔治提出了被称作"人民的预算"（People's Budget）的建议，首次对大土地资产征税：在所有权转手时，按评估价值的20%计征。这对贵族阶层的财富来源及其通过持续出售继承资产来保证地位平缓下滑的计划，构成了直接威胁。该建议还使所得税对顶层分配群体的累进程度得以大大增强，也提高了遗产税。乔治的预算建议设计展现出鲜明的再分配主义色彩，同时也是因为需要给几年前开始的同德国的海军军备竞赛筹措资金。

上议院于1909年否决了政府预算，打破了英国宪政中由下议院独立掌握预算权的不成文传统，由此引发了长期的政治僵局。通过剥夺上议院权力、以预算作为政纲，自由党赢得了1910年的两场选举，从而说服国王发出威胁，考虑任命大量上议院新成员来支持政府。于是上议院接受了1911年的《国会法案》（Parliament Act），大幅削减了自身的立法权。该法案在英国的作用，等同于在美国终结了洛克纳时代最高法院对"西岸宾馆诉帕里什案"的判决：取消了非选举产生的政府部门对进步主义议案的阻挠权限。另外，推动的过程也有类似之处，如在面对扩充其成员人数、使其传统社会权威遭到打击的政治威胁时，相关机构主动选择削弱自身权力。可以比喻说，看到命丧他人之手的必然前景后，美国最高法院和英国上议院都选择了自我了结。

还有，通过有条件的投降，自裁行动在这两次事件中都发挥了作用，给对手制造了极大的政治杀伤力，相比让对方直接获胜的结果好得多。因为向美国最高法院发出的威胁，罗斯福对其所在政党乃至国家的威信受到损害。而在英国的《国会法案》通过后，自由党政府在1914年之前实际上失去了对国家的掌控，陷入女性普选权抗议、广泛的劳工运动与爱尔兰自治运动的重重漩涡，部分原因正在于自由党发现它已无法收回曾用来打压上议院的政治资本。最终，自由党政府乐见一战于1914年爆发，并将其作为自己的政治救星。

战争没有直接针对英国，于是政府将保卫比利时领土主权的国际条约义务作为宣战理由。让英国卷入战争，也不能说只是外交政策领域的糟糕操作，因为捍卫与扩张利益所系的帝国疆域是1906年之后的自由党政府从保守党前任那里基本沿用下来的政策，尽管双方对布尔战争存在分歧。随着俄国对中东和南亚的蚕食威胁被德国的扩张威胁取代，英国加入了协约国，并调整其军事部署，以巨大的军费开支来遏制膨胀的德国舰队对其海外领地的威胁。不过，一战也有其国内政治的根源：它为自1911年以来造成国家和政治瘫痪的危机提供了缓解的机遇。战争一经爆发，三大国内反抗集团——工会、女性普选权争取者与爱尔兰统一派——都停止了对政府的公开挑战。

女性普选权运动的后续影响在这里尤其值得强调：该运动以保守派的上中产阶级为领导，有强大的工人阶级支持，而这两者均受打击于自由党政府在1911—1914年实施的压制政策。此类政策带有粗鄙乃至暴力的性别歧视色彩，加上政府对女性普选权问题的不作为态度，让这两个群体总是背离了自由党，几乎被保守党和工党平分，导致自由党的支持率在平等普选权最终通过后走低。战前的罢工斗争也没有随着战争到来而完全消失，对政府的不满在草根阶层积聚，最终迫使内阁中的工党成员在1917年变成反对派。

一战的结果对所有各方都是巨大的灾难。首先，战争开销所需的所得税和财富税远远超出1909年"人民的预算"水平。金本位制度在战争中被放弃，由此带来的严重通胀进一步侵蚀了财富的真实价值。

战争本身损害了传统精英阶层的声誉：在宏观层面，既没有在战前通过外交手段避免每个人都预见到的巨大灾难，也没能在战时有效配置国家资源；在微观层面，贵族采用代价高昂的军事战术让平民士兵大量送死。战后安置的政治要务就是让那些对战争爆发和战争进程负有责任的领导人躲过选举的惩罚，这在1918年大选中基本实现，以保守党为主的全国联盟（National Coalition）继1916年执政后再度当选，工党和反对劳合·乔治的自由党则被边缘化。1919年的《凡尔赛和约》要求德国做出重大让步，远远超出了伍德罗·威尔逊的《十四点计划》的范围，而该建议是在1918年秋天结束战争状态的基本条件。德国赔款的大部分归属法国，少数归属波兰，英国表面上得到的好处是干掉了战前的主要工业竞争对手，因为德国的资本存量和制造业基础将被拆除。

尽管劳合·乔治的战后政府在初期取得了胜利，一战却消灭了自由党在选举中的影响力，使英国政治走向工党与保守党的两极对立。该结果实际上使英国政治大幅走向右翼，一改其战前数年的政治风向，原因在于战争以及阿斯奎斯政府（在当时是有史以来最左倾的英国政府）在战前的失败令19世纪的古典自由主义（包括其原始的福利国家主义倾向）不再能成为工人阶级的竞选工具。然而，这并不意味着它对整个国家而言不再能作为政府的意识形态。毕竟英国赢得了战争，同时俄国革命带来了暴力和激进动乱的威胁，右翼媒体在二战之前始终在渲染这种威胁。一战令英国资本主义的意识形态基础出现了破裂，但直到20世纪30年代末才彻底坍塌。

1925年，保守党财政大臣温斯顿·丘吉尔按战前汇率的水平重启金本位制度，这大幅提高了积累财富的估值，同时推高了英国对外国的出口成本和英国的战争债务偿还成本。如丘吉尔后来承认的那样，这样做的动机主要是出于政治考虑。通过恢复战前的货币政策，他多少希望恢复过去的政治格局。通货紧缩造成了英国独有的衰退，失业大量增加，国内价格水平却没有像预期的那样下降。凯恩斯在《丘吉尔先生的经济后果》(The Economic Consequences of Mr. Churchill)中指出，有关的作用机制是裁员和失业，而非"干净的转移"。而当煤矿工人在1926年遭遇名义工资下调时，他们选择了罢工。所有工会随即跟进，加入总罢工，虽然斗争并不成功，但不必要的紧缩货币政策带来的这场危机却因为大萧条而雪上加霜。1929年，工党领导的政府上台，由于担心被贴上激进的标签，执政者认为必须不惜代价延续前任政府的货币政策，在全球经济持续收缩时还采取紧缩财政政策，并在此过程中导致了工党的分裂。依靠保守党支持组建的全国政府最终退出了金本位制度，但拒绝了大多数进一步的左翼改革政策，尤其是公共就业和产业国有化，而这两项建议的目标都是消除失业这个资本主义固有的浪费性质的副产品。

在整个20世纪30年代，激烈的政治和社会冲突让中产阶级作为传统经济政策的捍卫者同工人阶级对立起来，后者主张产业国有化，以消灭失业，并通过全面的福利国家政策以应对其他各种贫困问题。与此同时，在20世纪20年代作为保守党外交政策特征的反对惩罚德国的倾向，到20世纪30年代变成对法西斯主义的姑息，这主要是基于如下假设：对欧洲大陆和平的更大威胁来自苏联，而法西斯主义至少可以作为一道防线。不同于传统的自由派政党，这种势力在德国、意大利和西班牙获得了民众的支持；也不同于社会民主党派，他们并没有威胁用民主乃至暴力的手段来终结私人资本所有制。绥靖外交政策的命运众所周知。在战争中，实施妥协外交与"明智"经济政策的保守党政府被丘吉尔领导的联盟取代，他是在20世纪30年代反对绥靖政策的叛逆保守党人，其内阁部长们则大多是长期主张计划经济的工党成员。他们在战争时期实施的政策证实其关键主张具有可行性，计划经济可以发挥巨大的生产力，并完全消除之前的普遍失业现象。因此，二战完成了由一战开启的历史进程：摧毁英国传统统治者的声誉，因为选民亲眼看到，是工人阶级把国家从传统统治者在外交和经济政策的无能中拯救了出来。

长期的高失业和物质贫乏是工业化现代经济难以摆脱的现象已成为19世纪英国古典自由主义共识，战争的爆发与推进使这一共识寿终正寝。在普选权时代到来后仍维护过去意识形态的精英阶层，因为战前数十年的政策失败而名誉扫地。因此，战争刚一结束，工党就凭借普选多数票上台执政，并推行其长期主张的和平时期产业国有化、福利国家政策、没收性所得税与财产税计划，这些正是不平等在20世纪中期最终走向缓和的核心原因。

法国

法国在1848年革命中实现了男性普选权，建立了第二共和国，通过第一次选举，推翻了七月王朝的激进派政治家被国民议会取代，农村温和派与君主制支持者形成了权力平衡。在当年的总统选举中，路易·拿破仑战胜了分裂的共和派左翼。而巴黎工人阶级中的社会主义者形成了独特的少数派，他们在巴黎市政厅的短命政权中始终威胁着国民议会。总统在等待时机，于1851年利用对政治动荡的广泛不满发动政变，以压倒性全民公决宣布恢复君主制，终结了第二共和国，并作为拿破仑三世皇帝在之后20年里执掌法兰西第二帝国。因此，就法国而言，普选权非但没有推翻自由放任式的资本主义制度，甚至不足以保证民主政府的持续。[14]

法兰西第二帝国在晚期面临着越来越多的劳工运动，并因为普鲁士在1870—1871年的入侵而土崩瓦解。其直接后果之一是导致了巴黎公社运动（Paris Commune），在之后几十年里，它成了激进主义威胁的国际代名词。于是，诞生于政治极端化也死于政治极端化的第二帝国，给第三共和国留下从未真正消解的极端环境。另一方面，第三共和国的政治逐渐向左翼靠拢，多届联合政府都主张妥协方案，而不像英国那样出现剧烈的新转向（法国迟至1936年才最终发生）。另一区别在于，教权主义（clericalism）始终是法兰西第三共和国的重大政治议题，给政治角逐增加了新的维度，令精英资本主义的破产过程更加复杂。德国也出现了政府同教会之间争夺权力的类似"文化斗争"（Kulturkampf）。

第三共和国的共和派（民主）政府获得胜利，是在君主派的第一任总统帕特里斯·麦克马洪输掉1877年的众议院（第三共和国的法国下议院）选举之后，当时他发起选举的核心议题是政府应该对议会还是对总统负责。1879年，共和派各政党又控制了参议院，该机构本来是君主派的政治堡垒，作为保皇主义者同意接受制定第三共和国宪法的条件而设立。到19世纪80年代早期，教育部长朱尔·费里通过了以其命名的系列国有化公共教育法案，沉重打击了天主教会的影响力。由莱昂·甘必大领导的同一届政府则于1884年实现了工会的合法化，但要求工会组织不能正式依附于任何政党。这些年的左派政治势力分裂为若干社会主义派系，他们分别就推翻资本主义的不恰当方式提出各种主张，以甘必大、费里及其继任者率领的所谓机会主义共和派最终让位于激进党（Radical Party），后者更明确地反对教会，并开始讨论征收所得税的可能性。右派阵营的分裂则是因为同保皇派的长期关系，以及后来成为独裁者的布朗热将军（General Boulanger）率领的中产阶级民粹主义和复仇民族主义，他于19世纪80年代后期在保皇派支持下进入政坛，但在共和派势力的联手持续讨伐下逐渐偃旗息鼓。

法兰西第三共和国在一战前最臭名昭著的政治事件，即德雷福斯案件（Dreyfus Affair），将当时的所有激化冲突暴露了出来。保皇主义、教权主义和好战民族主义均再次卷入政治纷争，而支持德雷福斯的派系则团结在共和派的政治家和各政党旗帜下。在这场更大的危机中，左派爆发了一场广泛辩论，议题是关于社会主义者亚历山大·米勒兰（Alexandre Millerand）是否应该在1899年加入支持德雷福斯的皮埃尔·瓦尔德克-卢梭（Pierre Waldeck-Rousseau）共和派政府，因为该政府中还包含一位曾参与镇压巴黎公社的贵族。1902—1905年，法国的社会主义阵营成立了工人国际法国支部（SFIO）作为政治实体，这是由让·饶勒斯（Jean Jaures）领导的非暴力革命社会主义者的民主斗争组织。1905年，法国通过了《世俗主义法》（Law of Secularism），把教会完全排除在公共教育及其他政府职能之外。后续的各届政府开展了某些劳工改革，包括社会保险与最多工作时长立法等。所得税法经历了关于现行反公平的累退性税收体制的冗长辩论之后，于1909年在众议院获得通过，却在参议院受阻，直至1914年7月大战爆发前夕，才因为担忧冲突可能导致的沉重代价而获得通过。历史学家阿尔诺·梅耶把这一时期的法国参议院描述为"让稚嫩的各届政府不断吃苦头的绊脚石"。[15]

法国的外交政策让共和派左翼的激进党同工人国际法国支部产生了分歧，后者反对扩张军备以及同德国对抗。大战前夕，主张以国际大罢工来反战的饶勒斯在巴黎一家咖啡厅被保皇党人士刺杀，温和的左翼共和派旋即把国家拖入战争，直至他们于1917年被极端民族主义者克莱蒙梭取代。一战对法国的破坏程度更甚于英国，因此挽救在之前数十年里极力挑动战争的政治精英阶层的声誉便成为凡尔赛会议的主要任务，也就是要求德国的魏玛共和国付出惩罚性赔偿。与英国的情形一样，战争之初执政的温和派左翼受到削弱，战后政治被工人阶级左翼与中产阶级右翼势力主导。

然而在法国，左翼几乎立刻面临俄国革命对国内政治的影响。饶勒斯之前关于是否应该加入资产阶级政府的争论，让位于他的信徒同主张听命于苏维埃共产主义并与之公开结盟的团体之间的拉锯战。工人国际法国支部在1920年的图尔会议上被彻底颠覆，大多数共产主义者加入了苏联的"第三国际"，然后控制了该党的宣传媒体和很大部分工会附属组织。残余的社会主义者则集结到利昂·布鲁姆（Leon Blum）麾下。该派系在20世纪20—30年代支持左翼激进党领导的政府，即同国民阵线（National Front）竞争的所谓左翼联盟（Lefts Cartel）政府。由于德国的赔款未能如数兑现，法国在整个这一时期或多或少地陷入了经济危机，财政危机持续到20世纪20年代末，接着是1929—1936年的大萧条。正如皮凯蒂所述，这两次危机有截然不同的原因和特点，也产生了迥异的分配特征和政治影响。最终，众议院派系斗争的弱点给1934年的暴乱制造了条件，第三共和国的政府被唯一一次街头抗议推翻。这一事件，加上苏联的外交政策在德国、意大利和西班牙被法西斯主义控制后转向，给法国人民阵线（Popular Front）的出场搭好了舞台。

人民阵线把1921年后在法国政坛多少靠边站的共产党纳入了政府，将其控制的工会与较为温和派别的工会联合起来，帮助达成了《马提尼翁协议》（Matignon Agreements），最终采纳了工人国际法国支部始终倡导的全套劳工制度改革，包括每周40小时工作制、集体谈判合法化、立即提升工资水平和法定带薪休假制度等。这些改革都是政府为调停1936年5月人民阵线胜选后立刻掀起的大罢工而促成的劳资双方和解协议的一部分。新政府还终于放弃了金本位制度，这是大萧条时期最后弃守金本位制的主要经济体。上述所有措施都是在高度紧张的政治气氛中完成的，街头暴力仍在持续，现任政府乃至整个第三共和国的政治合法性也正受到广泛的质疑。

因此，人民阵线在20世纪30年代中后期的两届政府并不意味着法国左派势力的最终胜利，而是远未实现。由于莫斯科的算计，共产主义者同资产阶级政党的合作并未持续下去。同时，法国安全局势在德国的重新武装下趋于恶化，这让保守派复苏，他们声称法国被人从内部出卖了。与英国一样，法国多少采取了纵容德国的态度，尽管知道这不起作用，但在缺乏任何政治共识的情况下，并无可行的替代方案。

当纳粹入侵并占领法国，维希傀儡政府最终到来时，侵略军发现合作者来自战前的右翼势力，而这些派系在之前几十年一直警告说左翼势力在出卖法国，这一最终的丑行为二战后福利国家制度的建立创造了条件。部分中右翼建制派人士加入了自由法国组织（Free French），但在法国本土开展抵抗运动的是左翼势力，尤其是共产主义者。结果使得人民阵线的继承势力掌握了第四共和国的政治议程主导权，建立了更全面的福利国家制度。

德国

现代德国作为政治实体直到1871年才正式诞生，这一年普鲁士统一战争达到高潮，把维也纳会议建立的分散式政治秩序彻底整合。维护之前秩序的政治动机是确保欧洲的权力平衡，随着普法战争取得胜利和德意志第二帝国的建立，天平已倒向普鲁士一边。革命政治运动在推动国家统一上发挥了作用，这曾是"维也纳体系"（Congress System）的进步目标之一。然而在1848年革命后，德国的自由主义同民族主义分道扬镳，许多自由派人士流亡海外。从这个意义上讲，德国甚至在成为统一政治实体之前就有着深厚的左翼政治活动史，是欧洲左翼活动最发达的地区。德国每个州内部的政治生活中都有自由派的改革主义派系，以及日益壮大的工人阶级运动，尽管这些地区都还没有推行男性普选权。

到19世纪60年代，德国的统一进程把传统贵族阶级同现代资产阶级联合起来，结成了在英国和法国同样盛行的19世纪古典政治联盟。各州的自由派基本上支持普鲁士的接管，以抗衡其内部的传统贵族政治对手，原因是普鲁士政府采用的君主立宪制在当时被视为自由派政治的终极理想形态。同法国类似，宗教在政治中仍然占有重要地位，天主教会是反对统一的重要据点之一。因此，俾斯麦的反天主教"文化斗争"成为统一后最具争议的政治议题。自由派大多拥护统一,普鲁士的君主立宪制给了他们对国内政策的超强影响力,相当于美国自由派于数十年后在西奥多·罗斯福和伍德罗·威尔逊政府获得的地位。1891年,普鲁士通过立法率先推出所得税,自然垄断部门在这一时期始终受到监管,在某些情形下甚至被直接移交给政府管理。中央政府还推行了首批社会保险项目,包括医疗、退休和工伤保险等,另外还对中产阶级储蓄实行税收优惠,其目标明显是在自下而上的政治威胁面前确保有产者对现有体制的忠诚。[16]

另一方面,尽管1871年宪法规定国会由普选产生,传统贵族及其盟友依然在州和全国层面保有强大影响力,甚至扼杀力。帝国政府对皇帝而非对国会负责,尽管其预算需要国会的批准。联邦参议院(Bundesrat)是由各州政府(而非民众)委派的代表组成,普鲁士对其中大多数政策领域握有事实上的否决权。普鲁士内部的公民权利也远远谈不上普及:下议院的席位是根据总税收收入(而非人口)的比重按三分制分配的,意味着对大多数选民来说,少数精英群体掌控1/3的选票,人数更多的中产阶级掌控1/3,广大下层民众也只掌控1/3。上议院则充斥着世袭贵族与国王任命的成员。总体而言,虽然左翼政治势力在建立组织与争取民众支持上有所进步,但1871年宪法表面上支持的大众政治仍受到打压。

当时形成的德国社会民主党(SPD,至今依然存在)起源于19世纪60年代的各州工会与工人阶级政治运动组织。随着德国的统一,该党也联合起来。在1875年的政党大会上,德国社会民主党制定了《哥达纲领》(Gotha Program),呼吁建立民主政府,保证言论自由,推行普遍的社会保险、医疗服务和教育,这些服务均由累进制的所得税和财富税来提供资金。值得注意的是,这一纲领没有倡导产业国有化,由此引发了马克思的著名批判,指责社会民主党采取渐进主义路线以及依附资产阶级民主政治。由于该党的反君权主义者多次(相互独立的)

试图刺杀皇帝，俾斯麦于1878年通过国会宣布其为非法组织，该禁令一直持续到1890年。即使在社会民主党重新获得合法地位后，为压制该党不断上升的影响力，有几个州恢复了过去以阶级划分的投票制度，强化有产者的政治权利。

国会禁令于1890年到期，这引发了左翼的意识形态斗争，蔓延至整个欧洲，并持续到20世纪30年代中期的人民阵线政策。起初，受社会主义者影响的工会组织发起了一波罢工运动。而社会民主党实质上接受了马克思对之前《哥达纲领》的批判意见，在1991年的《埃尔福特计划》（Erfurt Program）中承诺要开展产业国有化，其部分原因是为掌控罢工行动，迎接即将到来的更有利的政治形势。不过在19世纪90年代，社会民主党分裂为修正主义派和正统派，前者开始从理论与实践两个角度对推翻资本主义制度的必要性提出质疑。爱德华·伯恩施坦（Eduard Bernstein）撰写了一系列名为《社会主义问题》（Problems of Socialism）的小册子，主张在民主的资本主义制度下开展渐进式的工人解放运动。尽管社会民主党名义上仍维持着政治团结，伯恩施坦的修正主义却在20世纪大多数时期成为该党的主导意识形态，当该党当政时始终默认维持现有的政治和社会秩序，以承担执政责任的意愿来争取民众的支持，并收拾传统政党留下的混乱局面。

在此期间，德国及其各州的政策变化均受到社会民主党成员及其势力扩张的影响。国会在20世纪头10年的早期采纳了劳工保护政策，包括社会保险、工时限制以及对工厂的监督等。但随着左翼势力的增长，敌对的政治势力支持以军国主义来改变国家政治走向，于是，官僚机构、军队与高级幕僚中的传统势力把注意力转向挑起同协约国的一系列危机，尽管他们也普遍认识到这一全面冲突可能导致彻底失败。另一方面，德国领导层中的某些成员，包括帝国首相霍尔维格（Theobald von Bethmann-Hollweg）与军事统帅毛奇（Helmuth von Moltke），认为打造足以依次击败法国和俄国、世人公认的压倒性战争机器，可以实现一石二鸟之计：在国内政治中强化保守派的地位，同时令外国敌对方不愿意真正发动战争。结果导致了一系列或多或少自动发生的事件，到1914年德国彻底陷入灾难。

第一次世界大战爆发立刻造成了德国社会民主党的分裂。之前的左翼派系独立组建了斯巴达克同盟（Spartacists）。余下的社会民主党起先在德国国会默许战争预算，但其国会议员逐渐走向反对立场。因此到1916年时，内阁在国会已失去了对战争预算的多数票支持。此刻，德国皇帝发动了事实上的政变，把国家权力移交给最高军事指挥部，执行其全面战争的策略。这一战略目标差点在1918年春季实现，但为此让后方民众的忍耐突破了极限承受点。因此当协约国从巴黎附近的西线战场扭转战争势头后，德意志第二帝国事实上已走向覆灭。当年9月，最高统帅部的兴登堡与鲁登道夫恳求皇帝组建平民政府，寻求同美国停战，因为他们清楚这是德国避免内部崩溃的唯一希望。而威尔逊政府也需要德国国内出现政治改革的迹象，来证明美国背离其他协约国政策的合法性。作为改革措施的一部分，不平等的普鲁士普选权法律最终得到修订。这不是得益于德国社会民主党已在过去20年成为最大党派，却被排斥在帝国政府之外，而是为了讨好一个外国政权。尤其是鲁登道夫已经在谋划战后的政治格局，看到必须掩盖战争即将失败的责任，让保守势力得以苟全，择日再起。

在这方面，急于证明自己是可信赖执政党的社会民主党成了鲁登道夫最好的盟友。社会民主党领袖弗里德里希·艾伯特（Friedrich Ebert）欣然接过了最高统帅部试探着递交的权杖，作为回报，给其政治盟友提供了开展重组所需的修整期。鲁登道夫为此甚至命令前线的军事指挥官不得参加停战仪式，以避免军方形象出现在文件和照片上。1918年11月停战后组建的德国政府马上实施了包括女性在内的普选制度，以及在战争时期被严重剥夺的言论和新闻自由，还对集体谈判提供法律保护，并废除了上议院对联邦法律的否决权。从这个角度看，所谓的1919年德国革命和《魏玛宪法》显然是在战前和战时的历届政府名誉扫地后达成的政治进步。然而，新体制面临着国家解体的威胁。为挽救国家，它需要军事和专业精英阶层残余势力的合作，以压制斯巴达克同盟煽动的起义。该党的工人委员会成员在许多主要城市通过选举加入市政府，与上一年苏维埃革命的早期阶段如出一辙。这些工人委员会从雇主那里争取到工资、工作条件和工会地位的多项重大让步，作为维持工厂开工的条件。不过新组建的平民政府与其军队同盟，加上主要由前线复员士兵组成的非正规武装，轻松挫败了左翼激进势力。这一反民主行动的污点始终困扰着魏玛共和国政坛，尽管它在15年后最终被同样一批因素颠覆，但此命运在1919年时并非不可避免。

1919年夏最终达成的《凡尔赛和约》对德国政府来说是一场彻底的灾难，国内把即将到来的经济崩溃完全归咎于魏玛政府。当然为迫使德国政府签字，协约国持续的食品封锁或多或少发挥了作用。这一事件强化了德国政府随后没有义务履行该条约的论点。此外，在谈判前，艾伯特曾向公众保证，德国因为战时经济崩溃而面临的经济困局反而有助于增强其谈判地位，因为它显然无力偿还赔款。[17] 但这一策略和说辞没有考虑到法国和英国同样遭受了重创，其领导层急需德国"出血"。而威尔逊由于争议性的参战选择在政治上被削弱，不足以劝阻那些受战争伤害重得多的盟友。于是，协约国在凡尔赛提出的条款从一开始就难以被德国接受，并至少在言辞上受到整个政治体制的反对。然而协约国公开威胁，如果德国政府拒绝，它们将再度动员，至少占领德国的西部地区。德国政府征求军队统帅部的意见，看到军方已无力抵抗，最终默许了和约。

魏玛共和国的政治体制中包含如下各种势力：共产党，即最终成为苏联密切盟友的斯巴达克同盟的继承者；社会民主党；左翼温和派的民主资产阶级政党；内部有左翼和右翼各派系的天主教中央党（Catholic Center）；两个右翼政党，民主派和贵族派；最后还有纳粹党。

1919—1923年，共产党先后三次从左翼对共和国发起挑战，每次的结果都变得更加糟糕。反民主派的右翼势力同样试图推翻政府，第一次是1920年的卡普政变（Kapp Putsch），第二次则是1923年的啤酒馆暴动（Beer Hall Putsch）。另外在1919年，其准军事成员还刺杀了斯巴达克同盟的领袖罗莎·卢森堡（Rosa Luxemburg）与卡尔·李卜克内西（Karl Liebknecht）。此类事件没有获得政治体制内的充分支持，但官僚与司法机构中的保守势力保护了右翼准军事成员免受惩罚，并劝告政府说，过分镇压只会加剧不稳定局势。不过，魏玛共和国天生的政治动荡，以及由当权派纵容的右翼极端势力的持续威胁，造成了一种不幸的传统历史观，即德国堕入纳粹主义是不可避免的宿命。这种观点为一种反直觉的目的辩解：掩饰导致最终结果的各方势力本应承担的责任，也就是说，主流政治体制中的右翼倒向独裁主义而抛弃了民主，以及把准军事暴力组织作为工具来打击自身社会与经济地位受到的政治威胁。

魏玛共和国的编年史做得最糟糕的地方，是分析其第一阶段的标志性危机——恶性通货膨胀。[18] 这轮恶性通胀的根源在于《凡尔赛和约》中荒谬的赔款计划，以及虽有政治必要性却明显错误的信念，以为可以让德国工人永远从事苦役，挽救那些被自己发动的惨痛战争将声誉摧毁的外国政治家的职业生涯。恶性通货膨胀的发生过程同协约国确保赔款的行动完全对应：当法国占领鲁尔区，胁迫德国工厂提高生产率时，危机进入高潮；当结果表明该策略无力诱使德国工人恢复生产时，危机趋于缓和。魏玛共和国的工人是否拒绝在确保战争赔款上给予配合，这方面存在争议，尤其是他们的抵制行动有没有来自柏林的协调组织，以及政府的各种策略有没有发挥作用。但不管怎样，德国政府初步同意停止公开的不合作，以及法国在1923年后期撤出军队，给后来的一系列谈判搭好了舞台，终于结束了恶性通货膨胀，引入了由美国贷款支持的新"土地马克"（Rentenmark），以及最重要的由道威斯计划和杨格计划规定的更具可持续性的赔款方案。

恶性通货膨胀极大地破坏了德国资本存量的价值，但也让劳工组织损失了自1919年革命以来艰苦奋斗得到的部分利益，作为赔款重新谈判的部分条件，德国政府对私人部门采取了紧缩措施，对劳动而非资本征收更多的税收。埃里克·魏茨描述说："魏玛共和国在通胀中失去了中产阶级，在稳定化中失去了工人阶级。"[19] 由此，社会民主党在1924年后的魏玛共和国第二阶段面对政治光谱的中间派系节节后退。当然社会民主党仍在1927年重新掌权，并推行了更优厚的社会保险计划（包括对怀孕女工的无薪休假和职位保留），取代了自俾斯麦时代以来逐步建立的零碎式保险体系。[20] 然而，正是社会保险制度的扩张触发了魏玛共和国最后的政治危机。

德国经济从恶性通货膨胀中复苏依赖于美国的金融支持，当美国资本市场于1929年崩溃后，美国的银行开始恐慌性地收回贷款，把金融危机传染给德国，这是第一个美国海外的受害者。纳粹党自1920年以来在边缘地带活动，大萧条使其人数激增，并让它在政治体制内的扶持者相信，发动他们自共和国第一阶段起就在煽动的反革命行动的时机已经成熟。他们的第一步是要求以紧缩措施来处理危机，而支持社会保险扩张的社会民主党政府在大萧条后试图通过提高企业税收来挽救社保计划，便注定走向失败。接下来，时任总统兴登堡于1930年委任中央党（Center Party）的海因里希·布鲁宁（Heinrich Bruning）担任总理，当布鲁宁也未能在议会获得多数票时，便根据宪法第48条的规定执政。事实上，魏玛共和国已就此终结，尽管当时的残余支持者以为那只是临时措施。

在两年的执政期间，布鲁宁实施了一项又一项紧缩计划，削减失业保险和其他社会福利、公务员工资乃至农业补贴，最后一项终于导致代表普鲁士农村贵族阶层的右翼诸党派收回了对他的支持。与此同时，几次选举都没有让他获得议会的多数票，反而增强了共产党和纳粹党的两极化趋势。现有的政府体制破产了，因为该体制的唯一支持者来自日渐萎缩的社会民主党，而他们还反对政府的政策。以非民主方式实施统治且长期以来试图推翻魏玛共和国的右翼势力看到，可以借助纳粹党来实现其目标，因为纳粹党有能力发动右翼精英阶层在历史上无能为力的大众政治运动，使极右势力在严峻的政治和意识形态危机中成为其关键盟友。实际上，纳粹党在1932年的两次选举中差点就成功了，首先是希特勒同兴登堡竞选总统，然后是他在布鲁宁被迫下野后试图出任总理。两次尝试均未能如愿，让纳粹党的势头在1932年的第三次选举中开始退潮。直到此时，兴登堡周围的骨干幕僚才劝说他提名希特勒担任总理，并利用次年的国会纵火案及后续的政治恐怖气氛，通过了《授权法》(Enabling Act)，将大多数席位授予选举中获得简单多数的胜选党，最终确保了希特勒对国会的控制。

纳粹党掌权是对一战结束及随后1918—1919年德国革命中发生的一系列事件的政治反动。1918—1919年革命不足以最终推翻旧精英阶层的权势，而魏玛共和国的动荡与政策失败，尤其是左翼民主派未能乘机彻底摧毁其老对手，使得旧精英阶层东山再起。诚然，社会民主党始终在背后受到共产主义者的攻击，后者受命于苏联，极力破坏德国左翼民主政府的合法地位，而德国是当时世界上唯一能够建立此类政府的国家。同时在反对魏玛体制的右翼、旧制度的继承者与新兴的纳粹党则从未接受民主政府的基本合法性。由此导致，德国在本章探讨的四个国家中原本有着最强大的左翼政治势力，旧统治阶级原本由于发动和输掉一战（不像英国和法国那样至少获得了代价惨重、缺乏意义的胜利）而最终声名扫地，结果却是社会民主党及其选民，乃至整个德国陷入了最悲惨的结局。这或许是因为他们想实现的政治理想在当时尚无国际先例，只有苏联可以作为警示。社会民主党在1919年缺乏意愿或能力以民主方式让资本主义意识形态与政权获得史无前例的最终胜利，到1933年及之后的纳粹掌权初期，却在这些敌对势力的攻击下，背上了搞垮国家的污名。德国资本主义政治最终是由纳粹摧毁的，而二战中的同盟国则成为左翼民主革命的代理人，赢得了战争胜利，制定了现代德国宪法，重塑了德国的政治和经济架构，使其不再带来扩张主义军事威胁。当现代德国从盟军占领下浴火重生的时候，它已经拥有了发达的民主经济体的政策和政治格局，以及有强大力量的工人阶级。

结论

本章试图回溯资本主义的意识形态发展史，从普选制引入到最后成功约束镀金时代不平等状况的国家政策的实施。当然在某些方面，这一历史叙事并未完全回答下列疑问："为什么普选权不是充分条件？"或者换句话说"资本主义意识形态得以延续的根源何在？"乔治·奥威尔著于1937年的《通往维根码头之路》是对大萧条导致英格兰北部煤矿地区持续苦难的调查与反思，他同样提出了上述问题。[21] 在当时，广义的社会主义已登上政治舞台达50年甚至更久了，在男性普选权几乎普及的同时，作为其打击对象的经济掠夺却愈演愈烈，特别是在奥威尔时期。在此期间，法西斯主义在国际上扩张，挣扎中的西班牙保皇派政府被国际盟友抛弃，眼见将被苏联势力的代理人推翻，后者希望以西班牙的覆灭来打击民主社会主义改革路线。可以说，奥威尔看到的局势正在恶化，那个时代的伟大斗争处于彻底失败的边缘。

奥威尔责怪社会主义者自身，以及他们在左翼知识界的天然盟友。考虑到社会主义承受的各种怀疑，奥威尔推测，没有任何保持自尊的工人愿意自认为是社会主义者。另一方面，许多能从平等主义政策中受益良多的人又自视甚高，不肯将自己归入工人阶级。但无论如何，奥威尔的解释均过于强调个人的意识形态，因此显得极不充分。该解释在某些层面取决于如下假设：政治结局反映了人们的愿望，政治平等主义的失败意味着未能说服足够多的人站出来表示支持。然而政治结局不只是个人偏好之和的反映，还受到历史造成的诸多行动、事件、运动及意识形态的影响。

  本章的叙述深化了奥威尔对政治变革的直观理解。减少不平等要求社会运动同政治环境的相互作用，而个人的意识形态不足以为此做出充分解释。发挥关键作用的是资本主义整个体制的意识形态，因为是它在串联和组织多方面的利益集团和政治参与者。在奥威尔的著作出版八年后，一个社会民主主义政府便以压倒性优势当选，随即实施了福利国家和产业国有化政策，推翻了此前与英国的古老阶级体系密不可分的等级式福利制度。但也是在此八年中，欧洲的文明体系被摧毁，全球5 000万人死于战争。解释这一历史转折的关键因素并非物质财富的毁坏，亦非为此而征收的税赋，而是意识形态的革命。可惜，其实现的具体过程尚未得到令人满意的诠释。

第19章
资本主义的法律架构

戴维·格雷瓦尔

法律学者戴维·格雷瓦尔把皮凯蒂提出的资本主义定律追溯到17—18世纪的政治哲学,当时首次在理论上把资本主义经济作为人类社会的自然状态。格雷瓦尔将展示这一概念如何成为新法律秩序的基础,并带来皮凯蒂关注的财富积累的历史进程。

托马斯·皮凯蒂的《21世纪资本论》激发了关于几个世纪资本主义发展后果的极其丰富而又重要的讨论,居功至伟。[1]在总结其观点时,皮凯蒂及其评述者都聚焦于资本回报率同平均增长率的差距,即

---

* 笔者感谢如下人士的评论:Heather Boushey、Ian Malcolm、Marshall Steinbaum,尤其是Brad DeLong。本章内容参考了笔者之前发表的评论:"The Laws of Capitalism," *Harvard Law Review* 128(December 2014):626–667,以及即将出版的专著:*The Invention of the Economy:A History of Economic Thought*(Harvard University Press)。

$r > g$这一不等式，作为其广泛论述的浓缩。皮凯蒂认为，除第二次世界大战之后的社会民主时期外，资本回报率在多个世纪中始终高于整体经济的平均增长率。[2] 由此产生了诸多后果：资本的不断积累及其所有权的集中化；资本在国民收入中所占份额的提高；由于资本收入份额提高，财富不平等乃至收入不平等均趋于恶化；资本资产的管理人有可能获得"超级薪酬"等。归根结底，$r > g$代表着资本压倒劳动的优势："资本的增值速度快于产出的增长"。[3]

然而$r > g$背后的因素是什么？皮凯蒂的资本主义理论将其理解为有着自发的宏观经济动态变化的社会经济体制，这一不等式则被当作该理论的缩写。相关学术讨论也相应集中在该不等式得以产生与维持的机制上。对$r > g$的另一种思考方法是将它理解为实证发现，即一般而言，对于各种社会形态，资本回报率均高于平均增长率，然后再通过制度分析探讨出现这一事实的历史原因。

正统经济学理论认为，随着经济体的资本产出比提高，利润率将更大幅度地下跌，从而削弱资本所有者获得的收入份额。这在标准的新古典经济学中属于必然现象，生产要素的回报等于其边际产出，并服从收益递减规律。同样，凯恩斯预测，随着资本因为维持充分就业而实施的货币政策变得充裕，会出现"食利者安乐死"，这一预测也有着边际收益递减的作用规律。[4] 最后，马克思在《资本论》第三卷中讨论过"利润率下跌"的问题，尽管其作用机制不同，但我们看到了类似的分析预测结果：资本主义自身的发展轨迹预示着利润率下降。[5]

可是皮凯蒂通过实证分析发现，虽然资本相对于劳动的丰裕程度在数个世纪里有很大变化，利润率仍顽强地维持在年均5%左右。这一结果与上述经济学理论的推测截然相反。对此规律，皮凯蒂本人并未试图给出制度化的详细历史解释。但要弄清楚他发现的资本主义扩张的基本动态，这种方法显然是必要的。

本章将采用历史与制度的研究方法，但重点并非针对宏观经济的动态变化，而是导致 $r > g$ 的资本长期支配整体经济的法律基础。我把皮凯蒂的主要论点，即资本主义社会表现出不平等扩大的趋势作为提示线索，以考察这一社会赖以存在的法律与制度基础。

本章的论述将把资本主义概括为一套法律秩序，从所谓的"资本主义宪法"中产生的一套法律体制，它存在于皮凯蒂分析过的每一个社会国度，始于大革命时代的法国，持续到19世纪的镀金时代、二战后的特殊时期，直至 $r > g$ 现象被重新确立的当下。我在分析中针对的资本主义"规则"（laws），是指其底层的法律基础，而不是统计规律意义上的"定律"。

我们应该看到，皮凯蒂所说的资本主义两大"定律"都没有法律方面的含义。他提出的"第一定律"[6]和"第二定律"[7]很好地归纳了经济统计数据，可惜都未能解释在经历了二战后的特殊时期（当时的库兹涅茨曲线显得极为可信）之后，不平等状况为何会再度恶化。在这一问题的探讨中，皮凯蒂得出了 $r > g$ 的不等式，它被该书的许多评论人称为资本主义的"定律"，或许可以美其名曰"皮凯蒂定律"（Piketty's law），尽管他本人并未如此表述。对于该不等式是否代表着定律式的必然性，皮凯蒂其实显得模棱两可。他有时将其描述为准自然性质的事实，有时又强调只是在特殊政治条件下才能实现。[8]

有意思的是，他使用各种称呼来描述该不等式：

- "基础不等式"
- "基础的分化作用力"
- "导致财富分化的机制"
- "历史事实"
- "视条件而定的历史命题"
- "资本主义的核心矛盾"
- "资本主义的基本结构性矛盾"[9]

虽然该不等式包含上述全部含义，但它既不像皮凯蒂"第一定律"那样是个精确的特征，也不像"第二定律"那样是一个长期条件，而是对其实证分析历史性的一般概括，是解释其数据的概念架构。

那么，为什么 $r > g$ 在各个时期都能成立？在追踪这一不等式之后，皮凯蒂探讨了它如何导致收入与财富的高度不平等[10]，但其终极原因仍不清晰。我们必须将皮凯蒂的书作为催化剂，推动人们从资本主义的法律、社会、政治与经济维度深入研究不平等，这也符合他本人的愿望。[11] 本章试图从历史角度，用法律来理解资本主义的规律，回应资本在如今的自由民主社会持续占统治地位之谜。

现代不平等与商业社会

皮凯蒂的《21世纪资本论》是对"现代"不平等的探讨：有平等法律地位的人之间的收入与财富差距。对现代市场经济导致的这种惊人的不平等，古典政治经济学家却视之为理所当然。例如，亚当·斯密的《国富论》开篇即提到欧洲的穷人和富人同古代社会不平等的对比："一个欧洲君主的生活用品在数量上大大超过一个勤劳节俭的农民的生活用品，但是其超过程度却也比不上这农民的生活用品超过许多非洲国王的程度，这些国王可是数以万计赤裸野蛮人的生命与自由的绝对主宰。"[12]

从未有人怀疑，对市场的新依赖会带来新型不平等。然而早期的市场拥护者简单地认为，哪怕是现代劳动分工带来的产出增长的极小份额，也足以补偿原始自然平等状态的损失。[13] 进一步说，这些早期市场拥护者还注意到，人类的习俗，例如奴隶制和其他等级制度早已破坏了原始的自然平等。他们希望，对市场的依赖度提高会带来法律上的平等，因为市场交换应该基于并会增强交易参与者之间特定形式的相互尊重。[14] 可是，尽管走向法律平等和市场互惠或许有助于打破残余的封建束缚关系，却未能解决法律上平等的国民之间在经济上的不平等问题。

亨利·梅因将这一社会解放进程描述为"从身份到契约"[15]，因为身份导致的不平等缩小，完全不能抵销通过自愿契约关系产生的经济不平等的急剧扩大。所需的背景条件只是财产和其他资源初始分配的不平等。正是这种类型的"现代"不平等引起了后来批判者的担忧，包括约翰·穆勒与卡尔·马克思等人。他们指出，生产组织与财富分配必须理解为政治议题，并主张在已经被商业改造的社会内部推行更为平等的社会与经济制度。[16]

《21世纪资本论》的主要价值之一，是把我们带回关于资本主义与不平等问题的此类经典讨论。当然，皮凯蒂选择的主要参照对象并非亚当·斯密或马克思，而是20世纪的经济学家西蒙·库兹涅茨。[17] 在皮凯蒂分析的漫长历史跨度中，库兹涅茨曲线表现为一种暂时的例外现象：二战后的经济不平等缓和，后来证明这属于偏离，而非趋势。正如皮凯蒂所述，在库兹涅茨曲线被否定后，有关经济不平等的研究再度打开了19世纪古典政治经济学与更早的18世纪道德哲学曾关注的深层理论议题。《21世纪资本论》指出，20世纪中期的不平等下降属于反常现象，从而揭示了重新开展此类讨论的思路及其必要性。

为回顾早前的论述，并理解它们对国家政策的影响与成为法律惯例（而非仅停留在理论观点上）的过程，我们必须首先意识到，"资本主义"这一术语由马克思及其后继的马克思主义者普遍采用（虽然并非他首先命名），用以描述如下类型的现代社会：通过商业交换决定的复杂劳动分工和专业化生产来满足大多数人的需求。[18] 当然在马克思的研究中，资本主义还代表着资本这一生产要素的所有者统治着为工资而劳动的工人。马克思的深刻洞见在于，法律地位的平等和表面上自愿接受的工资水平并不能防止资本所有者榨取工人的剩余价值，其手段是利用未被满足的需求来胁迫，而不像早期社会阶段那样，采用直接的强取豪夺。因此，马克思对资本主义的分析既属于描述，也带有批判，其对象是当时北大西洋两岸的主要国家已很好地建立的社会经济秩序。

在"资本主义"这一术语流行之前，描绘大多数人通过市场满足物质需求的社会经济秩序的更普遍术语是"商业社会"。[19] 正如亚当·斯密所述，标志着商业社会不同于早期社会的根本转变是发达的劳动分工在经济上的普遍相互依赖。他解释说："于是每个人都靠交换谋生，并成为一种商人，整个社会也成为真正的商业社会。"[20] 商业社会的利弊是18世纪多地展开持续讨论的主题，尤其是在法国和苏格兰，即后来被视为古典政治经济学基础理论诞生的地方。[21]

这些学术讨论聚焦于从私人财产和商业交换中自然发展出来的一种新型社会领域。[22] 私人财产和商业活动的制度本身被视为反映了人类本性的深层特征。事实上，有人认为它们的发展与规范化早于政治意义上的国家。这点不同于亚里士多德或霍布斯等人在过去的论述，他们从各自角度强调政治在组织人类社会活动中的作用。当然，这里有一个复杂情况，理论设想中的商业社会需要有脱离了政府的法律秩序作为前提条件。具体来说，18世纪的商业社会理论家从霍布斯所说的"自然状态"出发，但又将社会设想为"自然自由状态"（state of natural liberty）。在这种社会状态下，财产并不安全，人们并没有过着像霍布斯所说的"丑陋、残酷而短命"的生活。

这一理论探索的起源见于德国法学家塞缪尔·普芬道夫的著作，他认为"前政治状态"（pre-political state）的社会存在丰富的"自然法则"（natural law），并以罗马私法中的许多内容为例来说明。[23] 普芬道夫这一创见影响了约翰·洛克关于前政治时代商业活动的著名论述，乃至把17世纪的契约理论同18世纪政治经济学连接起来的一系列人物，包括安东尼·沙夫茨伯里伯爵、弗兰西斯·哈奇森与大卫·休谟等。[24]

就这样，商业社会被理论化为通过事实上起源于成熟政治社会（古罗马）的法律构建起来，而这些法律在当时正被有意识地复兴，成为早期现代欧洲国家巩固措施的一部分。[25] 不过，此类法律被广泛吹捧为国家产生前或无国家社会的产物，一种完全自然而神圣的秩序。这种理论主张让普芬道夫认为，私人经济地位可以通过自利的商业交换来实现，而不是非契约性质的家族等级制度和类似于古代家庭的奴隶制，从后者衍生出来的"经济"一词被现代欧洲语言广为采用。[26]

关于市场如何运行的新观点，是当时对经济活动进行理论总结的核心。实际上，尽管市场和商业的出现远早于这一时代，但直至17世纪后期，我们才看到对市场作用明确做出这样的理论概括：互惠交换的制度，由个人的自利动机驱使，却有些神奇地带来了集体收益。[27]这一理念因为伯纳德·曼德维尔在其著作《蜜蜂的寓言中》提出的"私人恶德即公众利益"的说法而声名远扬。不过最早应该出现在法国詹森派（Jansenist）的皮埃尔·尼古拉（Pierre Nicole）与皮埃尔·布阿吉尔贝尔（Pierre de Boisguilbert）的著作中，他们把市场机制总结为一套慈爱而神圣的体系，能够将个人利己主义的罪孽转化为物质丰腴的集体福利。[28]操纵市场体系的"看不见的手"的比喻也是源自这套理论，它最早是用来描述自由放任政策，主张不干涉是政府面对市场时的理想选择，以反对路易十四治下的法国政府采取的整合措施。[29]

法律权力与商业社会

自由放任理想最早是为反抗国家权力而提出的。然而到18世纪中叶，建制派知识分子与皇家顾问都主张利用新的中央集权国家的力量来改造法国社会，以推动自由化的进步。米歇尔·福柯在谈及经济自由主义起源时曾指出，由财产特权和道德支持的对政府权力的限制，给不受约束的国家扩展利益施加内在的自我制约找到了合适的理由。[30]尤其突出的是，以王室官员维桑·古尔内（Vincent de Gournay）为核心的18世纪中叶法国经济学家群体"重农学派"主张充分利用君主的权势来建设和保卫市场，以抵御下层民众与精英阶层等各方的反抗。[31]

经过18世纪后期的这些论述之后，已经被商业化的"自然自由状态"在斯密那里变成了"自然自由体系"。[32] 该体系的内在一致性来自起初认为有些自相矛盾的机制（效用的互惠交换），而交换机制又依靠早期现代国家的成套财产与合同法律来维护。世人熟知的从亚当·斯密到约翰·穆勒的古典政治经济学发展史，显示出其世俗社会的源头（英国），并依附于较为稳健的民选政府。不过，更深刻的理解则可以将其发端定位于斯密之前至少两代人，来自法国的神学学派，并依附于较为"温和"类型的君主制政府。

更重要的是，这些理念不仅仅属于启蒙哲学家的讨论对象。新兴的政治经济学不仅成为日益文明化和城市化社会的热门话题，而且在推动法律改革方面发挥了作用。事实上，商业社会的法律基础本就是早期观察家的核心关注点之一。从诺曼底行政长官布阿吉尔贝尔的著述，重农学派向法国国王的顾问发出的税收和谷物政策呼吁[33]，到斯密于18世纪60年代早期完成的《法理学讲义》，以及马克思对劳动力市场监管的分析，其宗旨都不是研究抽象的市场，而是揭示新型社会经济制度的法律基础。[34] 在上述探索历程中，经济学家不仅是观察者，也是各种改革的倡导人。借用一个有些落伍和稍显局限的说法，"规范"与"实证"在他们的研究中密不可分，部分原因在于这两个方向上从未有过清晰的理论分野[35]，也是由于作为上述学者研究对象的"经济"在当时仍处于活跃的构造期。[36]

在此构造过程中，有两个市场尤其吸引着早期理论家的目光：谷物市场与劳动力市场。对市场的改革要求取消谷物的价格控制与供给数量要求，这构成了食品领域的所谓"道德经济"。政府与地方社区基本上就此卸下了提供最低水平生存物资的责任，将其交给自我监督的市场机制。放松劳动力市场监管则意味着取消行会对产业进入的限制，以及农村的封建依附和相关义务。[37] 人们相信劳动力市场和谷物市场彼此关联，一个市场的调整既要求另一个市场的相应调整，也因之相互受益。按这些倡导者的说法，随着劳动关系的商业化以及农地的自由出租和买卖，谷物市场和劳动力市场的自由化将带来若干好处：穷人的境遇得到改善，农业生产率提高，政府的权力和财富增长（由于税基扩大），以及残余的封建依附关系解体等。[38]

这一论述的核心是如下观点：谷物价格提高将刺激农业生产并提高工资水平，最终让穷人受益。道德经济的捍卫者则反对该结论。他们中的某些人认为，与政治经济学提出的其他许多观点一样，这一命题似是而非，过于关注社会体制的意外突发特征。其他人则认为，谷物价格提高或许可以促进农民增加生产，但食物的长期供给增长无助于缓解作为政府监管政策目标的短期粮食匮乏。[39] 对谷物市场和劳动力市场自由化的关注，从政治经济学诞生时的布阿吉尔贝尔的著作延续到亚当·斯密的《国富论》，并在后续多个世纪中给欧洲社会留下了深远影响。[40]

事实上，其中一个较为直接的影响路线是从布阿吉尔贝尔到重农学派政治经济学的魁奈与杜尔阁，然后又被休谟与斯密大量继承。[41] 但令这一影响渊源变得纷繁复杂的是，布阿吉尔贝尔与詹森派用于反对法国集权君主的自由放任主张，到了18世纪却成为王室顾问和行政长官急于追捧的自上而下的经济自由化策略，以利用中央权威来促进和维护市场交换关系。[42]

对谷物市场和劳动力市场的改革要求重新制定财产与合同法律，并发展出新的政府监管制度和公共基础设施。[43] 这两个市场的"放开"并不像经常描述的那样，是简单的井喷过程，仿佛政府监管的负荷一旦被取消，商业交往的源泉就会自动喷发出来。其实新的市场体制从一开始就被理解为积极的法律架构，需要集中的权威来制定并实施。因此，它要求建立新的法律秩序，我们可以称之为资本主义的法律编纂过程。

此类法律的基础是源于契约自由和私人产权这一新的法律平等观念，不对当事人做形式上的任何特殊对待。与法律面前人人平等相对应的，是把生产活动通过市场委派给私人参与者，也就是说，依靠私人能力来开展活动的人。[44] 历届英国政府、法国君主政府与后来的革命派，以及随着法国的征服扩张而接受了《拿破仑法典》的欧洲大陆各国，都以不同节奏和方式推行了上述路线的法律变革。[45] 新的私法领域在此过程中得以建立，它采纳了古代罗马的财产与合同法，并利用新兴的中央集权国家的力量来维护私人权利，这被17世纪后期的自然法学（natural jurisprudence）及之后的政治经济学理论化为恰当行使的政府权力。

以上过程最鲜明地体现在法国《民法典》的创建中。法国重农学派改革计划的很大部分，正是通过詹森派影响下的法律编纂行动而得以实现。法律编纂始于法国君主的中央集权过程，其间颁布了统一的全国性法律，并在大革命后随着《拿破仑法典》的颁布达到顶点。虽然早期的王国法典大量借鉴了罗马法的内容，其起草者却是与詹森派联系密切的法学家：第一位是路易十四时代的詹森派法学家让·多玛（Jean Domat）[46]，第二位是被誉为"民法典之父"的18世纪中期的波塔利斯。只是由于詹森派于18世纪早期遭到封禁，提及的时候必须小心翼翼，波塔利斯同该派的关系才变得有些模糊。[47]

这些早期编纂工作给法国大革命中的重大修法计划奠定了良好基础，集大成于《拿破仑法典》。[48] 依靠该法典与拿破仑的权势，法国督政府及其后继者实现了重农学派长期追求的目标：经济自由主义的法律基础以及有能力将其付诸实施的中央权威。[49]《拿破仑法典》巩固了推翻封建主义的革命成果，这是18世纪后期的集权君主未竟的事业。取得这些成就的基础是法国国民议会以著名的《八月法令》带来的变革，包括废除人身依附和封建义务、废除贵族的领主权利、废除教会的什一税，以及把法律体制从分散的地方议会中整合起来。[50] 随着任职、诉讼和税收方面的各种身份歧视被取缔，正式的法律平等地位得到了保证。

然而，大革命早期对旧秩序的否定在法律上依然悬而未决，直至把后封建时代秩序作为明确基础的《拿破仑法典》在正式颁布中予以明文例示。因此，正是拿破仑而非法国君主或早期革命者最终实现了重农学派在理论上主张的"法律专政"（legal despotism），即有足够能力为商业社会的利益扫除封建主义残余影响的中央集权政府。[51]

此类政策变革或许在法国表现得最为明显，但在英国和其他国家也有类似的更长期演变，其结果是创建了现代产业经济。在这样的社会中，城市工人在竞争性市场中出售劳动力，以获取工资，然后利用资金购买由人数少得多的农民生产的食品。此类工薪职业在18—19世纪普及，使欧洲国家及后来的殖民地迈入了"资本主义"社会，市场与劳动分工对分配基本产品和服务至关重要。当时的人们已经认识到，相比于市场在基本资源的生产和分配中扮演次要角色的旧体制，这一新型社会经济秩序截然不同。

资本主义宪法

皮凯蒂的论述正是从这一历史节点开始的，因为自法国大革命之后积累下来的数据让他可以追踪商业社会的经济影响，从革命之初延续至今。皮凯蒂发现，尽管国别之间存在较大差异，但由于资本所有者在各自社会中的特权地位，资本主义始终在制造经济不平等。那么，资本的特权地位是如何得以维持的？

首先，我们应该注意到，提出上述问题相当于预先承认资本属于一种"社会关系"，它不像新古典主义观点中那样只是单纯的资产存量，其均衡租金价格可以通过寻常的供需关系决定。[52] 皮凯蒂在分析中采纳了新古典主义的资本概念，即能带来资金流量的可量化的资产存量，但他同时也视资本为通过政治斗争而形成的一种社会关系。因此在关于资本的理论争议中，他似乎采取了一种模棱两可的立场。[53]

在新古典主义观点的批判者看来，资本不是同质性的事物，而是包含了人们用于生产过程的各类资源。此外，这种异质性资本存量的市场价值离不开资本回报的分配,后者必然取决于各种政治和经济因素,而非通过某种严格的技术性过程。[54] 某些批评者还认为,由于皮凯蒂采用了标准的新古典主义理论构造,他错过了这场争论的关键。当然,皮凯蒂依然有可能系统阐述其结论。他估算的实物资本存量涉及各类资产,从住房到机器到软件程序等,但这与其说是实物的堆积,不如说是资本家特权程度在市场价值上的表现。皮凯蒂承认,名为"资本"的资产类别远远超出新古典经济学理论中的生产机器,并且由于政府政策的变化,在不同历史时期也有不同的含义。[55]

那么,有没有哪种法律制度给资产所有者的这种特权地位提供保护,并赋予其合法地位?

除英国依然维持了中世纪的代议制结构和习惯法以外,大多数欧洲国家及其后殖民地国家都是通过成文宪法组织起来,往往是通过某种大众参与或革命式的批准过程,并伴随着对习惯法进行整理的法律编纂工程。皮凯蒂所在的法国为此提供了典型例证,它有着革命性的宪法与民法。从法国和其他国家中,我们能够看到一种普遍的法律架构,也就是为商业社会奠定和巩固了法律基础的国家权威的组织形式。[56] 这种"资本主义宪法"可以从双重意义上理解:它既是大多数资本主义国家在历史上采纳的宪法秩序,又是包含资本主义经济体制在内的社会运行过程依赖的法律基础。[57]

资本主义宪法有着显著的国别和历史差异,但都从制度上做了两个关键区分。第一个区分是"公共"与"私人"之分,以确保据称存在显著差异的政治领域和经济领域在操作中被分开。[58] 第二个区分,则是现代的宪法立法架构把"主权"(sovereignty)与"政府"(government)分开。

第一个公私之分是如今自由民主制国家及其前身长期存在的特征。它借鉴了罗马法与自然法中的概念区分,财产与契约的"自然"属性不同于政府掌握的公共权力。正是从这个区分中产生了我们熟悉的各种反抗观念,要求将"政治"或"政府"从"市民社会"或"经济生活"中分离出来。对公众负责的权力与分散化商业活动的区分,其核心理念是个人财产权利应该相对独立于直接的政治控制。当然这种独立地位的取得,首先必须要有精心布局负责的政治权威去执行财产权利。

主权国家与政府之分则不太为世人熟知,但它对现代宪政体制的界定显然更为关键。在法国和美国,然后是其他国家,商业社会的法律建设最终通过新的宪法秩序获得了公众认可。这样的宪法秩序被阐述为"主权国家"与"政府"之间的革命性区别,以解决如何从商业社会的法律上平等的分散个人中创造一个政治共同体的难题。[59] 由此带来的效果是,实现了人与人之间在形式上的平等,同时给契约与财产权利提供了特定的保护。

虽然主权国家与政府的区分对现代宪政体制的民主合法性极为重要,但它的首次出现是在16世纪法国法学家让·博丹关于君主统治权的著作中。[60] 在表述主权这一基本概念时,博丹将它与"政府"或"行政"进行了区分。君主的意志被视为所有世俗法律的根源,然而它在功能上可以有别于君主授权的日常行政事务。只有根本法才必须由君主颁布,对于次要的法规,君主可以授权其他人(政府或行政部门)代表自己制定。

正如理查德·塔克所述,至少在主权国家层面,这一区分使民主制在现代社会重新成为可能选项。它允许在根本法中采取直接民主式的立法,哪怕只是间歇性采用。同时把日常行政权力(包括对经济事务的规范)交给受宪法授权约束的政府,以维护商业社会的法律基础。[61]

区分主权层面的直接民主与政府层面的授权代表,意味着人民作为现代民主社会宪法权力的最终来源将经常处于长期的"沉睡"之中(借用霍布斯提出的一个比喻)。当然,主权的这种沉睡可能被短暂的制宪立法行动唤醒。[62] 在过渡期，由宪法授权的政府活动依然进行。人民的主权通过各种机制对这样的政府实现掌控，其中最显著的是选举和实现问责的其他措施。

在现实中，把主权与政府分开，让民众可以通过直接批准根本法来定期确认其统治权，包括立宪活动、正式的宪法修订程序，以及各种"宪法时刻"（constitutional moments）。同样，宪法也给民众的权力设置了限制，使之不能轻易改变作为商业社会基础的既定法律规则与政府日常运转的既有效力，因为宪法中往往包含各类防范多数主义的机制，以制约某个时期的多数派。要克服此类限制，只能通过由大众参与宪政立法的特殊时刻。[63]

那么，现代宪政主义的上述两个特征又如何巩固了资本的特权地位，导致了持续的不平等结果（$r > g$）？

公域和私域的区分在让经济脱离政治控制方面有显而易见的作用，它依赖于对个人财产和契约权利的充分保护，这一点也很直观。然而经济从来不是完全独立于政治的。如今的各国政府掌握着重要的税收权和监管权，属于其正常职能的一部分。更普遍地说，公私之分（作为公共事务而受到监管的活动相对于委托给私人参与者的活动）本身在历史上也是多样而变迁的。以此方式构造的"经济"，实际上是公共权力及其制约策略的多变产物。

由此，我们可以看到主权与政府之分发挥的一个重要作用就是实现政府对经济的建构。人民主权层面的民主制度复兴，给民众参与宪政制度的立法提供了机遇，但也意味着民众的直接统治仅限于特殊时刻。于是，限制或支持资本特权的大多数公共行动是通过政府的日常行动来操作的，政府处理不平等问题的权力和意愿则会因为多方面的原因而受到限制，其中包括国际竞争压力、公务员和军人群体的阶级利益，等等。[64] 更为重要的是，由人民主权最初批准的对财产与契约更高层级的宪法保护，在之后极难做出改变。这些宪法规定被理所当然地视为开启了新的后封建平等时代,成为现代法治的基础,此后却基本上不会出现民众参与的修订。

从这一视角看,资本主义并不是(或者说不仅仅是)一种社会经济体制,而是一种法律体制。它是现代"法治"的一种形式,得到了最终极的人民主权立宪行动的批准。而此后,人民主权只在理论上继续维持统治,在实践中则没有让政府运转始终受民众直接控制。这种体制的效果就是充分解放了如今所说的"经济"活动的商业社会联系,即宪政秩序给财产所有者提供特殊保护的法律权利和义务的产物。民众偶尔会被组织起来,形成团结的人民主权,但在大多数情况下仍是政府日常监督的不同对象。

我们可以认为,皮凯蒂的数据揭示了这种制度的基本倾向:加速走向现代类型的不平等,这一不平等产生于享有法律平等地位的人们之间达成的形式上协商一致的关系。若采用这种分析思路,则令人惊讶的就不再是皮凯蒂关于资本回报率超过平均增长率的发现,而是库兹涅茨早先的推测(以为他追踪到的不是暂时的偏离现象)。由于作为资本主义基础的法律制度在二战后时期没有被根本改变,合理的推测应该是资本主义不平等最终会回归。的确,近期的社会科学研究表明,在皮凯蒂认为不平等状况向镀金时代水平复归的时代,美国政府的运转越来越呈现出"寡头"特征,这或许并不出人意料。[65]

对资本主义的法学分析

要理解 $r > g$ 为什么在多数时候成立,以及为什么有短暂的偏离,我们需要把资本主义看作通过法律构建起来的社会经济体制。这样的要求应该并不稀奇,因为资本主义毫无疑问是一种法律秩序,其核心交易正是法律的产物。然而,二战后的经济形势除了造成库兹涅茨曲线,还导致对资本主义经济体制的法律与制度基础展开的研究被边缘化，人们以为经济活动构成的社会子系统可以由专家根据知情选民的政治选择来管理。[66] 类似条件为什么已经不复存在，是出于偶然原因还是深层原因，这正是皮凯蒂的研究指引我们思考的一个中心问题。

资本主义不只是一种经济体制，也是一套法律制度，这种观念对商业社会的早期思想家来说是自然而然的。当时最深刻的探讨或许来自马克思主义阵营，他们采用了理论推导加历史制度分析的方法来考察资本主义。在马克思的早期研究中，资本主义被描述为有自身逻辑的制度，既可以成为演绎分析的对象，又表现为一种"阶级统治"的形式，一种由某些人对其他人（通过私有财产和雇佣劳动等法律制度）实行统治的特定历史社会形态。这两套论述，即作为经济体制的资本主义与作为法律制度的资本主义之间的准确联系，迄今依然是马克思主义学派内外的讨论话题。将其协调起来的尝试需要回答如下疑问：作为"逻辑"的资本主义与作为"统治"形式的资本主义，哪个才是最基础的本质？[67]

同样的说法也基本可以用在皮凯蒂关于 $r > g$ 的观点上：它是资本主义逻辑得以成立的一个体制要件？还是以阶级斗争形式（即资本对劳动的统治）呈现的资本主义历史发展的自然结果？有可能二者皆是。不过要同时描述成这二者，则需要把资本主义的历史谱系与经济结构结合起来论述，而这样的论述要求在分析中对"结构"与"斗争"有一定程度的调和。[68]

如何实现这种理论调和已超出了本章的讨论范围，但是就法学研究能为此提供哪些参考，可以讲些初步意见。在最广泛的框架下，法学研究应该完成如下四方面的任务：说明旨在维护商业社会的法律制度安排如何在共同经济生活的条件方面引发各种日常社会争端；说明法律制度安排如何影响社会争端事件的解决；说明在给定的法律制度下，社会争端事件如何得到解决；说明法律制度安排如何为经济活动重新塑造架构基础，给争端的下一轮上演搭建舞台。

法学研究与制度政治经济学研究或许都很适合承担以上任务。[69] 例如，沃尔夫冈·施特雷克于近期指出，社会科学中的"制度主义转折"得出的普遍观点加上少数"参数设定"，即可用于对资本主义的"特定社会秩序类型"（以独特的法律制度作为支持）视角的研究。[70] 施特雷克补充了马克思关于雇佣劳动者组织的洞见，他认为资本主义还带有其他若干实证特征，包括：第一，假设对私人利益的追求具有正当性，在多数情况下，不受传统主义中"超级规范"的限制，例如对社会团结的期望、对竞争的限制，或精英群体确保"体制存续"的义务；第二，预期规则遵守者具有"理性自利"的倾向，不会为了规则的目标而把规范内生化，对金融监管的操纵行为即是明证；第三，各个阶级的资源禀赋差异导致各阶级拥有不同的有效行动能力，包括动员政治联盟捍卫自身利益的不同能力等。[71] 不难看到，资本主义社会的这些特征皆有其法律基础，而法律基础帮助设定了相关背景条件，导致"资本主义的基本不平等"在过去几个世纪的多数时期得以维持。

皮凯蒂的研究提示我们关注的谜题是理解二战后的特殊时期。如果皮凯蒂所说的"资本主义中心矛盾"曾被克服（虽然只是短期），那段时期的混合经济是否仍属于资本主义性质？我们应注意到，$r > g$ 在 20 世纪中期的逆转让当时的某些观察家，如工党理论家安东尼·克罗斯兰，也对其所处的社会是否仍为资本主义提出了疑问。[72] 更普遍地说，资本家集团的利益是否不可避免地会重新成功塑造"资本主义"？在上述资本主义宪法固有的分散化与私有化特性下，民众如何能够捍卫社会民主类型的混合经济？

要理解皮凯蒂所讲的从世袭资本主义到二战后"混合经济"的演变及其反复的过程，需要深刻解读约翰·康芒斯很早之前分析的"资本主义法律基础"。较早时代的实用主义法律学者，从罗伯特·哈勒到卡尔·卢埃林以及杰罗姆·弗兰克，把这一法律基础作为研究的核心。[73] 在公共制度与私法研究中回归哈勒式法律现实主义将令人期待，可以推动从历史制度的角度对资本主义开展法律经济学分析。对于把市场理解为抽象社会选择机制的正统法律经济学方法而言，这是一种补充。

未来研究中尤其重要的课题包括：后封建时代财产法律重建的原因及后果；劳动力、公共利益和公司法律如何共同发挥作用，使现代劳动力市场成为"竞争交易"的竞技场；"经济支配力"通过特定的契约机制而兴起的方式等。[74] 对此类相关课题的探讨可以帮助我们认识：在哪些条件下，形式上的契约平等可以伴随着不断扩大的经济不平等。我们还必须考虑到，法律不仅影响着资本主义社会中的具体交易（其中最重要的是为获得工资而出售劳动力），也涉及市场所处的更广泛的社会与政治背景。公共债务与私人债务的演变、金融化时代的金融监管，以及国际经济一体化对国内经济控制力的制约等，或许是其中尤其突出的某些方面。[75]

在考察上述议题时，皮凯蒂的著作引来了如下思考：资本主义的法律基础对资本回报率水平及其持续超出经济增长率产生了怎样的作用？不同法律领域与不等式 $r > g$ 之间的相互作用或许较为复杂，例如，皮凯蒂在分析人口对不平等的影响时，强调继承财富的因素。继承财富在低人口增长社会的集中度更高，而在人口增长较快的环境下，劳动回报相对于继承的重要性更为突出。[76] 不过在某些法律条件下，较慢的人口增长同样可能提高劳动力的谈判能力，因为可用工人的人数较少，意味着他们能向雇主索要更高的工资，约翰·穆勒在其社会改革计划中就强调过这种机制。[77] 事实上，"辉煌三十年"之所以能取得异常高的 g/r 值以及对增长成果的相对平均主义分配，至少应部分归功于发达工业化国家的劳动力相对短缺。对于这种可能性，我们还应该意识到不仅欧洲在二战后实现了快速而共享的增长，美国同样如此，且后者当时居于技术前沿地位，并不在追赶或重建阶段。[78] 根据类似的逻辑，不同寻常的战后阶段的终结适逢全球化的起点，通过业务外包或外包的威胁，跨国公司获得了抵制工资上涨要求的底气。[79]

对此类动态的深入研究或许表明，皮凯蒂发现的资本对劳动的统治至少部分源于他没有展开分析的人口结构先决条件。过去数十年全球化带来的一个效应是，在各国重建了马克思所说的"产业后备军"，由此产生了工资下行压力，有组织劳工的政治影响力锐减，并导致加速这种趋势的寡头政策复兴。[80] 库兹涅茨与皮凯蒂得出的不同结论，很大程度上或许可以归因于这一人口背景的改变：资本主义核心国家在战后经历了劳动力的相对稀缺，以及随之而来的不平等的缓和，而这一形势随着国外的新劳动力融入而被逆转。

同样，对人口结构的这些思考还能让我们对21世纪的资本主义发展趋势得出不同的预测。皮凯蒂认为未来依旧是 $r > g$ 的场景，而我们可以把这一不等式诠释为资本同劳动的相对谈判能力的反映，它只是在某些人口条件下才成立。正如资本不再受制于国境，$r > g$ 中的人口决定因素同样如此。展望未来，可命名为"资本主义的人口矛盾"这一作用机制会日益突显，资本主义及其相伴的生育率稳定趋势正在全球范围内成为主流。[81] 因此不难设想，50年之后某位继续沿着皮凯蒂观点探讨的经济学家（类似于皮凯蒂跟随库兹涅茨的脚步）将把焦点集中在之前被忽略的人口背景因素上。《21世纪资本论》的出现，或许正赶上资本主义已真正走向全球，但其扩张对人口结构的影响尚未充分显现的时刻。不过，为了更全面地了解人口变化对经济不平等的影响，还需要探究广泛的法律和制度环境，包括劳动法、生育权、公司战略以及国际经济一体化等。分析 $r > g$ 的其他潜在决定因素（如技术变革的影响）恐怕也同样复杂，同样与法律结构有关。

在对资本主义的法律基础加强研究的同时，还需要深入理解民主国家的制度架构，皮凯蒂视之为资本主义的对立因素。简而言之，问题在于理解：在现代自由民主制国家，为什么体现人民主权的间歇式宪法公投（constitutional referenda）与代议制选举制度都没能约束不平等的恶化，只有二战后的繁荣时期属于例外？在19世纪，各国的普选权受到严格限制，政府官僚机构的寡头政治色彩突出，不难解释它们无力缓和经济不平等水平。马克思在1871年对巴黎公社的分析或许非常准确，"工人阶级不能简单地掌握现成的国家机器，并运用它来达到自己的目的"。[82] 可是在有着大众普选权的现代国家，这种现象为何依然存在，则需要更深入的探讨。在皮凯蒂名著的促进下，相关研究工作可谓方兴未艾。[83]

第20章
全球不平等的历史起源

艾罗拉·德农古

经济学家艾罗拉·德农古探讨了财富不平等深刻的历史与制度起源。她认为这或许关系到达龙·阿西莫格鲁与詹姆斯·罗宾逊区分的"掠夺性"制度与"包容性"制度。德农古的核心观点是,尽管支持财富积累的制度对"公民"(或政治实体中获得权利的个人)而言可能具有包容性,但同时对"臣民"(包括奴隶、历史上被边缘化的种族或民族群体,以及未获得平等法律地位的其他人)而言却属于"掠夺性"。她介绍了出现这种二元状态的几个案例,以及对今天财富分配格局的广泛影响。

历史影响了并在继续影响着全球不平等状况,世界不同群体的激烈冲突在历史上绝非罕见。从16世纪初到20世纪60年代,全球一体化的特征是严重的力量失衡和剥削现象:跨大西洋奴隶贸易,欧洲国家对美洲、非洲和亚洲直接或间接的殖民统治等。这些经济掠夺活动当然也促进了现代经济增长，或者至少以其他人付出的代价实现了某些人的疯狂致富，因此在对当代全球不平等的研究中，它们依然应受到重视。

本章提出的理论框架将把历史因素对全球不平等的影响分解为：对资源禀赋的影响，即某个社会的初始财富分配；对制度的影响，所谓制度即通常所说的规范经济、政治和社会活动的规则。[1] 禀赋与制度都与上述的掠夺性冲突关系密切，这正是本章聚焦的主题。北大西洋奴隶贸易与欧洲殖民扩张各自产生了两类截然不同的经济行为人，借用政治学家马哈茂德·马姆达尼的说法，我分别称他们为"公民"（citizens）与"臣民"（subjects）。[2] 冒着犯时代错误的风险，我把公民与臣民简单定义为历史上掠夺性冲突的赢家和输家。至少平均而言，全球公民群体享有更多的资源禀赋，有长期民主制度保证的经济和政治权利，以及由此带来的财富积累机遇。相比之下，全球臣民群体只有极少的初始禀赋，经济和政治生活受到压迫式的非民主制度的限制，没有合法的诉讼权利，容易从事胁迫劳动，也极度缺乏财富积累机遇。

在本书第14章里，德纳尔蒂等人已经对影响财富积累动机的因素做了理论分析，把遗赠动机与异质性偏好加入皮凯蒂关于产出增长和资本回报的动态模型中。他们的研究扩展了奈杜在本书第5章的描述：对《21世纪资本论》的"驯化版皮凯蒂"的解读，也即利用宏观经济学与公共财政学来理解财富积累状况。[3] 本章的解读将采用奈杜提出的另一个"野性版皮凯蒂"视角，把权力和政治因素置于中心。事实上，鉴于这里分析的很大部分经济活动是发生在竞争性市场或法治环境之外，本章确实是把历史决定的制度和禀赋作为长期不平等的决定因素来考察。

我首先将描述一个有集体层面异质性的代际财富传递的简化模型。在这一模型中，过去的禀赋与制度会影响个人财富状况，进而影响公民和臣民这两个群体内部及之间的不平等状况。该模型显示，禀赋差异的影响会在多个世纪中消减。相比之下，制度不仅决定着财富积累的动机，还关系到再分配的能力。在初始禀赋差异的影响消失很久之后，制度依然存在并对不平等持续产生作用。我还将借用这一思路对比相关研究文献，尤其是关于奴隶制和殖民主义对大分流与工业革命时代有重要影响的内容。过去的研究强调资源禀赋因素，而忽略了制度方面更恶劣的影响。

我借助美国的奴隶制历史来探讨上述问题。南北战争与解放宣言据称是给奴隶这类财富形式敲响了丧钟，然而，这一财富冲击远不足以改变奴隶主在南方社会的优势地位及其对南方政治的操控。制度惯性开辟了新的路径，让奴隶主家族在内战后的几十年里重新占据了统治地位。证据显示，战前的许多南方家族后来重新崛起，其势力的主要存续渠道之一，正是通过精英阶层对政治制度的把控。

接下来，我将考察欧洲殖民统治制度对不平等的持续影响，并在研究的地理和时间范围上加以扩展。阿西莫格鲁等人提出的方法借助疾病环境的外生差异作为殖民制度的工具变量，识别制度与经济发展表现之间的因果关系。[4] 这种外生差异影响了欧洲人在殖民地定居的能力，由此决定了他们随后建立的制度类型。制度惯性通过多种渠道作用于不平等，而我把关注点集中于税收基础设施，以及全球不平等数据库在数据记录中对此的反映，如皮凯蒂及其合作者维护的世界财富与收入数据库。一般来说，在有掠夺性制度传统的国家，其税收基础设施发展更晚、更不稳定，这对于如今前殖民地社会内部的不平等状况关系重大。

在最后一节中，我将探讨历史对全球不平等的持续影响如何启发未来的研究和政策工作。针对历史上的掠夺行为，最显著的政策建议是给予赔偿。对于那些关注禀赋因素的研究文献提出或暗示的这种政策工具，我将简单谈谈其缺陷所在。我的结论是采用另外一种补偿办法，即关注制度隔离（institutional segregation）问题，而不仅仅是初始的禀赋差异。

历史形成的群体不平等模型

我借鉴米尔德等人为小规模社会建立的代际财富传递模型，以描述不同群体在历史上面临的不同制度组合。[5] 米尔德等人关注的是，在制度类型从高度平等主义到高度等级化的各种小规模社会中，不同的经济生产体制各自会带来怎样的不平等水平。他们对各种社会代际财富传递的估算表明：首先，群体之间的不平等较为显著，而且大于群体内部围绕长期不平等波动的幅度；其次，不同社会之间的差异主要来自与每种生产技术相伴的制度因素。我对他们的模型做了修订，纳入了上节描述的由历史冲突带来的公民制度与臣民制度的相互作用，并集中分析禀赋与制度各自对两个群体内部及之间的不平等影响。

上文提到，对于历史上拥有包容性政治和经济制度的群体，命名为"公民"，对于历史上拥有掠夺性制度的群体，命名为"臣民"。在模型中，个人财富由三个部分决定：制度，决定了从父母那里继承的财富多寡；禀赋（或个人所在群体的平均财富水平），也取决于制度；特殊冲击，反映个人财富的意外波动。对公民群体而言，较强的包容性制度限制了由父母决定的可继承财富的多寡。对臣民群体而言，掠夺性制度能确保一个人的地位主要继承自上一代人。另外，由于历史冲突导致的两大群体之间的财富转移，包括大西洋奴隶贸易、美洲奴隶制种植园农业以及对非洲和亚洲殖民地的资源掠夺，公民享有的禀赋较多，臣民的禀赋较少。财富方程式的最后一项反映意外经济冲击，不在个人的控制范围之内，包括宏观经济层面的冲击（如战争或经济下滑等）与个人层面的冲击（如家人的疾病或死亡等）。

在这种设定下，全球不平等表现为公民与臣民共同形成的混合人群的个人财富差异。该模型的主要发现是（下文将在做技术处理后展开论述），初始禀赋在短期和中期对全球不平等的影响较大，但长期看只剩下制度因素的作用。原因在于，特殊冲击会消减逐代继承禀赋的影响，最终使其同全球不平等无关。一旦代际财富稳定下来（进入所谓的稳态均衡），就只有制度继续决定全球不平等的水平。

在数学表达式中，假设公民与臣民群体的人口比率分别为 ρ 和 $1-\rho$，分别面临如下的群体财富积累过程：

$$W_{it+1}^C = \beta^C W_{it}^C + (1-\beta^C)\bar{W}_t^C(\beta^C, \beta^S) + \varepsilon_{it}^C$$

$$W_{it+1}^S = \beta^S W_{it}^S + (1-\beta^S)\bar{W}_t^S(\beta^S, \beta^C) + \varepsilon_{it}^S$$

其中，β^G 反映历史决定的群体 G 的制度；$\bar{W}_t^C$ 是群体 G 在 t 时期的平均财富水平，因而代表禀赋；$\bar{W}_{is}^G$ 是群体 G 中的个人 i 在 s 时期的财富水平；ε_{is}^G 是群体 G 中的个人 i 在 s 时期的财富受到的特殊冲击，其均值为 0，方差为 $\sigma_{\varepsilon G}^2$。于是，个人在明天的财富水平是如下变量的函数：前一时期的个人财富水平，前一时期的群体财富平均水平，每个时期对个人层面的特殊冲击。初始禀赋则可以理解为 0 时期的群体平均财富水平。

以上公式中的第二项代表向均值的回归，或者前一时期的群体层面的平均禀赋水平，以 $(1-\beta^G)$ 为权重。如果 β^G 代表制度，则较低的 β^G 意味着包容性的经济和政治制度，例如，对精英人群的制约、充足的公共产品提供以及社会安全网等，这些制度会提升机会平等，压缩群体内部的分配状况。较高的 β^G 则代表在殖民主义和奴隶制下形成的掠夺性制度，即照顾精英人群的政治制度、冲突以及压迫性的劳动力市场等。过去的掠夺性制度会通过制度惯性造成较低的代际流动性，导致同时期较高的不平等水平。值得一提的是，我让群体层面的禀赋取决于其他群体的制度,从而反映了公民群体与臣民群体的历史冲突留下的后果。

在实行包容性制度的地方,由于对海外殖民地实施的资源掠夺或奴隶制,禀赋或许变得更高。在这一模型中,资源的差异与制度的差异都完全由此类历史冲突决定。这样做相当于抽象掉了影响制度与初始禀赋的其他因素,其目的是突出禀赋与制度对当代全球不平等的相对重要性。该模型提供了一个便利的方法,把全球不平等同禀赋与制度分化联系起来,而这种分化源于掠夺性的历史冲突。历史冲突创造了作为公民与臣民的不同群体,既存在于全球层面,也在某个国家或地区的内部并立。

对任意群体 G,另一群体标记为 $-G$,在独立同分布(i.i.d., independently and identically distributed)性质的冲击下,财富的稳态方差可以用下列等式得出:

$$\text{Var}\left(W_{it+1}^G\right) = \text{Var}\left(\beta^G W_{it}^G + (1-\beta^G)\bar{W}_t^G\left(\beta^G, \beta^{-G}\right) + \varepsilon_{it}^G\right)$$
$$= \beta^{G^2}\text{Var}(W_{it}^G) + \sigma_{\varepsilon^G}^2$$

在这一稳态下, $W_{it+1}^G = W_{it}^G$, $\text{Var}\left(W_{it+1}^G\right) = \text{Var}\left(W_{it}^G\right) = \sigma_{W^G}^2$

$$\sigma_{W^G}^2 = \beta^{G^2}\sigma_{W^G}^2 + \sigma_{\varepsilon^G}^2 \Rightarrow \sigma_{W^G}^2 = \sigma_{\varepsilon^G}^2 / \left(1-\beta^{G^2}\right)$$

因此在稳态下,初始禀赋对群体 G 的对数财富方差没有影响。相反,稳态的方差完全是群体 G 的制度以及个人层面特殊冲击的方差的函数。

制度影响公民群体与臣民群体内部及之间的不平等,其具体含义是什么?全球财富积累是公民与臣民的两个财富积累过程之和,以人口比率作为权重:

$$W_{it+1}^{WORLD} = \rho W_{it+1}^C + (1-\rho)W_{it+1}^S = \rho\left(\beta^C W_{it}^C + (1-\beta^C)\bar{W}_t^C\left(\beta^C, \beta^S\right) + \varepsilon_{it}^C\right)$$
$$+ (1-\rho)\left(\beta^S W_{it}^S + (1-\beta^S)\bar{W}_t^S\left(\beta^S, \beta^C\right) + \varepsilon_{it}^S\right)$$

上式可以改写为：

$$W_{it+1}^{WORLD} = \rho\beta^C W_{it}^C + \bar{W}^{WORLD} + (1-\rho)\beta^S W_{it}^S + \varepsilon_{it}^{WORLD}$$

其中，$\bar{W}^{WORLD}$是两个群体层面禀赋的恰当加权平均值，并做了跨期标准化。

于是，全球不平等可以定义为W_{it+1}^{WORLD}的方差：

$$\begin{aligned}\mathrm{Var}(W_{it+1}^{WORLD}) &= \mathrm{Var}\left(\rho\beta^C W_{it}^C + \bar{W}^{WORLD} + (1-\rho)\beta^S W_{it}^S + \varepsilon_{it}^{WORLD}\right) \\ &= \rho^2\beta^{C2}\mathrm{Var}(W_{it}^C) + (1-\rho)^2\beta^{S2}\mathrm{Var}(W_{it}^S) + 2\rho(1-\rho) \\ &\quad \mathrm{Cov}(W_{it}^C, W_{it}^S) + \sigma_{\varepsilon WORLD}^2\end{aligned}$$

由于冲击是独立同分布性质的，则W_{it}^C与W_{it}^S的协方差为0。于是，t时期的全球不平等水平为：

$$\mathrm{Var}(W_{it+1}^{WORLD}) = \rho^2\beta^{C2}\mathrm{Var}(W_{it}^C) + ((1-\rho)^2\beta^{S2}\mathrm{Var}(W_{it}^S))$$

在稳态中，全球不平等水平可以改写为：

$$\mathrm{Var}(W_i^{WORLD}) = \rho^2\beta^{C2}\sigma_{\varepsilon C}^2/(1-\beta^{C2}) + (1-\rho)^2\beta^{S2}\sigma_{\varepsilon S}^2/(1-\beta^{S2})$$

由此得出的结论是，在长期中，全球不平等是每个群体的制度、人口比率及各群体的个人层面冲击方差的函数。关键之处在于，初始禀赋在长期对全球不平等没有作用。

由此，我们可以认为历史通过两种途径发挥作用：制度既影响一个群体内部财富分配的流动性水平，又通过两个群体的掠夺性历史冲突影响两个群体层面的禀赋水平。如果我们相信群体水平并非处于稳态，则后者非常重要。不过模型显示，外来冲击最终会抹掉初始禀赋的差异，使其与长期的全球不平等无关。我们可以合理地推测制度的作用比禀赋差异更为持久，在本模型中也的确如此。从长期看，制度差异比禀赋对全球不平等具有更强的解释力。可是下节将会提到，关注历史冲突及随后的不平等状况的很多学者往往强调禀赋差异而非制度的作用。

禀赋

在1944年的标志性著作《资本主义与奴隶制》中，历史学家埃里克·威廉姆斯提出，来自奴隶贸易和奴隶制种植园的利润为英国工业革命提供了资金。他认为，当奴隶制不再符合资本的利益时，资产阶级与废奴主义者结成联盟推翻了这一制度。这部论著的第一部分探讨了奴隶制对英国经济发展的重要意义。尽管威廉姆斯的批评者们争辩说，来自奴隶贸易的利润率被高估了，或者这部分贸易的规模太小，不足以对其他经济部门造成显著影响，经济史学家依然普遍认可奴隶制对这段时期的英国经济增长发挥了某些作用。[6] 还有，如果像英尼科里所述，非洲或西印度地区对主要工业品的需求很强，那么规模较小的部门也可以对英国经济的重构做出贡献。[7] 类似观点亦可适用于英国对非洲大陆的殖民扩张。[8]

奴隶制发挥影响的作用机制，除奴隶贸易和美洲种植园产业带来的直接利润流入外，还有奴隶制给相关产业带来的溢出效应，包括航运、纺织、海事保险以及金融等。[9] 此类溢出效应可能意味着，即便来自奴隶贸易和种植园的直接利润规模较小，奴隶制对经济增长仍有较大的影响。

关于全球历史的新近观点聚焦于溢出效应（包括创新方面），由此挑战了规模较小的贸易或产业对整体经济只有较小作用的传统观点。如果廉价获得的原始投入品促进了创新，则与海外掠夺性制度有关的政治和经济联系就能带来持续的经济增长，放大资源禀赋的分化。对此的最佳诠释或许莫过于英国的纺织产业，而凸显这种溢出效应联系与海外殖民地位的关键大宗商品则是棉花。由奴隶在美国生产或者由殖民控制日益强化的印度生产的棉花，在英国经济发展中扮演了关键角色。例如，汉伦分析了南北战争对美国棉花供给的冲击如何大幅压低了印度棉花对美国棉花的相对价格。英国从印度进口的棉花急剧增加，但降低印度棉花加工成本的技术创新也在同步跟进，结果导致印度棉花的价格出现反弹，其进口份额却没有相应下降。在美国的奴隶制终结威胁到英国纺织产业的一个关键投入品来源的时刻，印度棉花的稳定供给发挥了关键作用，确保那些技术创新能够出现。[10] 确实在美国南北战争之后，英国维持了对棉花生产的统治地位，直至20世纪早期。[11]

其他学者还分析过奴隶制对金融市场发展的作用。冈萨雷斯等人利用马里兰州的历史商业报告指出，与没有蓄奴的同类人群相比，奴隶主开办更多新企业，这符合模型中的设定：贷款人愿意把奴隶作为抵押品，因为他们比土地有更强的流动性和迁移性。[12] 罗森塔尔分析了会计作为一门学科在美国的兴起，并注意到会计师在早期对种植园的影响。会计师与簿记员的职业化以及会计作为一门专业的发展受到了种植园主的激励，他们需要会计师在种植园业务中发展出来的专业服务和能力。[13]

经济史研究中关注较少的是奴隶制对现代医药产业进步的作用。在18世纪，医生从轻微感染的天花病人身上获取身体组织，放入未感染者身上的开放创口，以实现免疫接种。在古巴和其他西班牙属美洲地区，孤儿与奴隶都被用来充当疫苗传递的容器，用他们手臂上的脓疮承载疫苗。冈萨雷斯分析了19世纪早期古巴奴隶与接种人数之间的高度关联。由于担心天花从奴隶传染给其他人，各个港口均采取了严格的接种程序。奴隶制在古巴经济中的地位提高，刺激了对内外科医生的需求，使人均职业医生数量达到很高水平。当用于疫苗传递的孤儿群体耗尽时，可以购买奴隶来确保这一人体传递链条不会中断。运奴船和贸易路线为扩大对西班牙属美洲地区人群的接种提供了现成途径。[14] 这些证据意味着，奴隶制有潜在的巨大全要素生产率效应。促进医疗与管理科学的进步对所有要素均发挥了影响，提高了整体的生产率。

经济学家威廉·德瑞提把欧洲经济增长同非洲和美洲遭遇掠夺的关系概括为现代欧洲的"原罪"。不过这一原罪影响的时间有多长？按照上节设计的模型，禀赋差异在中短期影响较大，但在长期却被财富积累过程中反复出现的冲击消除了。最终，刺激财富积累并决定再分配政策的规则因素（即模型中的 β 项）存续下来，而禀赋差异退出了。换句话说，如果欧洲的原罪只是初期的资源禀赋差异，从全球再分配角度看这些禀赋的影响会随着时间无限缩小。一旦经济运行达到稳态，就只剩下制度差异继续发挥作用。[15] 然而，经济体在什么时点达到稳态呢？下一节将结合美国的奴隶制来探讨这个谜题。

冲击与制度惯性

皮凯蒂讨论了两次世界大战给资本收入比造成的打击，可是恐怕没有哪次现代战争能像美国内战那样，把某一类财富完全摧毁。短短数年，南方财富拥有者掌握的最活跃的资本类型——奴隶资本——就变成了历史文物。因此，南北战争正是上节定义的对历史禀赋的典型冲击事件。废奴对战后的财富分配带来了怎样的影响？这一冲击是否足以抹平南方精英人士组成的"公民"群体同包括贫困白人和自由人在内的"臣民"群体之间的界线？

得益于各宗谱协会对美国人口普查局历史数据的电子化以及综合公用微观数据系列（Integrated Public Use Microdata Series，IPUMS）的帮助，解答上述疑问所需的数据变得愈益丰富。杜邦与罗森布鲁姆利用IPUMS的普查数据，检测了奴隶主在内战之后的南方财富分配中依然保留在顶层的概率。[16] 之前有学者利用较为有限的数据发现，南方种植园主阶级在内战后强势维持了自己的地位。而杜邦等人的结论则更为复杂，他们发现在1870年位居南方财富持有人前5%群体的人里面，仅有不足一半是在1860年居于前10%的群体，这表明美国南方的财富分配格局出现了较大的扰动。在奴隶财富被最终消灭之后，一定数量的其他类型的人在1870年跻身顶层群体。值得注意的是，同一时期在北方的财富流动性更低。

此外，杜邦与罗森布鲁姆还发现，有大约1/3的南方富人从1860年到1870年维持了自己的地位，考虑到南北战争带来的冲击之严重，这个水平看起来算很高了。[17]他们的结论意味着，社会正走向稳态，其中公民与臣民的初始禀赋差异对财富分配将不再产生作用。阿格等人的研究则认为，持续到南北战争之前的奴隶财富数量对1870年的财富水平不再有预测作用，而房地产财富则在继续发挥影响。[18]

然而，我在一篇工作论文中指出，南方奴隶主的某些优势在长得多的时间范围内仍然延续。[19]借助1860年美国完整的奴隶记录文件（涉及近43万名奴隶主）和1940年美国人口普查的完整记录，并受克拉克关于社会经济流动性与家族姓氏研究工作的启发，我做了初步检验。[20]结果发现，对于能和1940年的南方姓氏相匹配的1860年奴隶记录文件中的近4万个奴隶主姓氏而言，奴隶财富同现代收入之间呈正相关。这个结果与杜邦等人的发现共同提出了一个疑问：在内战过去后的数十年中，以前的南方奴隶主是否实现了在经济上的重新崛起？[21]

奴隶制对财富与收入分配的持续影响或许并不奇怪，因为大量证据表明掠夺性制度有深远影响（下节将展开更详细的讨论）。针对美国的奴隶制，布莱克维尔及其合作者发现，奴隶制对20世纪的政治和文化发展具有非线性影响，似乎说明奴隶主家族在南北战争结束很久后重返其显赫地位。以棉花种植适合度差异作为大规模奴隶种植园农业的一个随机差异来源，他们发现1860年时较高的奴隶人口占比对应着更认同南方重建前的民主党，以及如今对非裔美国人的负面种族态度。这种相关性在20世纪早期达到顶峰，伴随着南方的救赎行动与重建运动，在之前奴隶人数最密集的地区表现得最为强烈。此类现实政治事件可能影响收入分配，让奴隶主家族重新崛起，并巩固他们在南方精英群体结构中的地位。[22] 因此在最重要的人身财富被转化为自由劳动力之后，以前的蓄奴家族可能转而寻求掌握政治权力，并以此再度制服刚获得解放的奴隶，重建自己在未来的经济统治。[23]

关于蓄奴与内战后流动性的新近研究文献表明，禀赋的确容易受到意外事件的冲击，这让人们想起杜波依斯给奴隶主集团宣读的讣告："随着内战的到来，种植园主作为一个阶级宣告死亡。"然而，1940年时的收入水平似乎仍与1860年时的奴隶主姓氏存在关联。此外，奴隶制对南方政治生活的长远影响显而易见：在1860年时奴隶人数较多的地区，到2008年大选中对奥巴马的支持较弱。所以即便禀赋优势会消退，带来这些优势的制度仍会对经济和政治结果产生持续的影响，甚至远在此类制度名义上不复存在之后。下一节将更深入地探讨制度同不平等的关系，特别是前欧洲殖民地在殖民时代的掠夺同此后的税收基础设施之间的相关性。

制度与不平等

为什么制度对全球不平等关系重大？首先，制度是理解相对经济发展成就的关键所在：历史冲突带来的制度分化影响全球公民群体与臣民群体之间及内部的不平等。前者已受到制度研究的广泛关注，我将对其加以回顾。接下来，我将通过殖民统治对税收基础设施的影响，深入分析制度同不平等的关系。所得税是一种重要的再分配政策工具，还给一个国家内部的收入分配状况提供了最权威的数据，尤其是它们不像许多家庭调查数据那样遮蔽了顶层群体的信息。借助制度研究中反映某个国家历史上殖民制度类型的一个常用变量，我测算了历史制度对于我本人收集的32个前殖民地的所得税引入时间的影响，以及对皮凯蒂及其合作者维护的世界财富与收入数据库中的所得税覆盖范围的影响。利用这些数据，我发现制度同税收基础设施之间存在系统的相关关系，凸显了掠夺性制度对收入分配以及（为我们的研究提供测算数据的）政府架构的有害影响。

制度或者说制约经济、社会和政治行动的规则，对长期的全球不平衡发展有强大解释力。包括道格拉斯·诺思、阿西莫格鲁、约翰逊和罗宾逊等人在内的经济学家已详细阐述了这一理论。[24] 过去二三十年，经济学家越来越多地借助历史上的自然实验来测算制度对经济发展的作用。[25] 在一项广为引用的研究中，阿西莫格鲁等人利用欧洲殖民统治时期的疾病死亡率，作为对制度差异大规模版本的自然实验。鉴于欧洲人当时并不清楚许多传染病的传播状况，如黄热病或疟疾等，他们在不同地区遇到的自然环境便成为判断欧洲人能否定居的外生变化因素。定居能力则决定了欧洲人在当地建立特定类型制度的激励。如果死亡率普遍较高，定居困难，那里就会形成掠夺性制度，主要依靠奴隶劳动生产经济作物，并限制授予公民权利。而如果死亡率较低，欧洲人就会普遍定居，建立相对包容的制度，包括政治体制的制衡以及重视私人财产保护等。[26]

疾病环境决定的初始制度差异预示了如今的经济制度和经济表现。在前殖民地中，疾病环境不利于欧洲人定居的地方在今天有着较弱的产权保护和较低的人均GDP。相反，欧洲人死亡率较低的地方在今天的发展水平较高。这些学者由此把此类实证结果解释为如下假说的证据：包容性制度促进了长期的经济表现，掠夺性制度则相反。

困难在于，制度创新以及对欧洲经济增长的初始刺激不是在真空中发生，而正好是在欧洲人探索和征服大片世界其他地区的时期。来自殖民活动和奴隶贸易的财富增长充实了商业中产阶级的力量，使他们可以抗衡君主权力，从而确保了欧洲的包容性制度建设。[27] 这一模式还延伸到新大陆后来的经济增长时期。在美洲内部，有着更具包容性制度的地方从广阔边疆的掠夺性活动中获益，包括侵占原住民的土地和残杀其人口。[28] 简而言之，增长依赖于包容性制度，但同时也可能同其他地方的掠夺性经济机遇相关。

以英国商人阶级的崛起为例，他们在国内对君主权力形成了制约，但同时也是整个欧洲最猖獗的奴隶贸易商。类似地，荷兰的民主制度发展伴随着他们为建立对东南亚香料贸易的垄断权而发动的残酷战争。这些历史时期成为具有分水岭意义的"关键节点"，初始制度决定了各个社会对经济机遇如何做出响应。然而促进一个社会形成包容性制度的因素，却可能是另一个社会形成同类制度的厄运，这正是西部非洲、加勒比地区以及东南亚在被英国与荷兰入侵后的情形。

测算殖民主义对群体内部不平等的影响，一个直接办法是分析殖民制度给税收基础设施留下的效应。政府对收入征税的能力是一个强烈信号，反映了它通过提供公共产品和开展再分配来缓解不平等的能力。在缺乏税收基础设施的国家，社会保障项目往往较少，产业进入壁垒较为普遍，精英人群的收入很少受到调节。

考察不同制度对不平等影响的一个关键障碍在于，某个地区的制度类型或许与经济发展数据的丰富程度相关。阿特金森试图利用英国在非洲的几个前殖民地的殖民税收数据来填补部分空白。这些数据本身是英国核心区域同其殖民地之间的掠夺性制度安排的遗产，只能用来分析财富分配顶层的部分，但通常能反映派驻殖民地的官员与本土居民之间的鲜明对比。对顶层数据的观察表明，部分殖民地的不平等程度很高，哪怕在税收数据能覆盖的有限的社会精英内部也是如此。阿特金森的研究对理解全球收入不平等变化做出了贡献，但这些数据未能覆盖超过90%的当地人群，我们对这些人群依然缺乏了解。另外，我们仍然不清楚殖民体制给殖民地带来的不同于非殖民地的影响，该问题将在本节的最后展开讨论。[29]

针对前殖民地国家，我发现某些直接证据表明，贫困国家的税收与统计基础设施薄弱有背后制度惯性机制的影响。具体来说，对32个前殖民地，我考察了欧洲定居者在前殖民地的历史死亡率（即阿西莫格鲁等人开创的指标）同首次开征所得税年份之间的关系。请记住，这些疾病死亡率数据给征服时代的欧洲人在各地的定居能力造成了随机差异，定居能力继而决定了殖民地建立的制度类型。欧洲人定居较少的地方倾向于建立掠夺性制度，基本上不对当地民众负责。相反在定居较多的地方，殖民者有建立包容性制度的激励，因为这有利于实现自己的经济成功。至于结果变量，我从各种学术研究文献中收集了首次实施所得税年份的数据。对于这32个前殖民地，既能够找到首次实施所得税法律的信息，又有欧洲定居者的死亡率数据。[30]

图20.1中的散点展示了如下关系：定居者死亡率（对数）代表的殖民制度类型同首次征收所得税的年份。观测值按照定居者死亡率的相同规模区间并入各组，纵轴则显示每个组首次实施所得税的平均年份。该散点图表现出了正相关，即殖民制度的掠夺性越强，所在国家的所得税引入时间越晚。由于个人所得税是约束不平等的主要政府工具之一，掠夺性殖民制度的影响便通过现代制度延续下来，表现为开

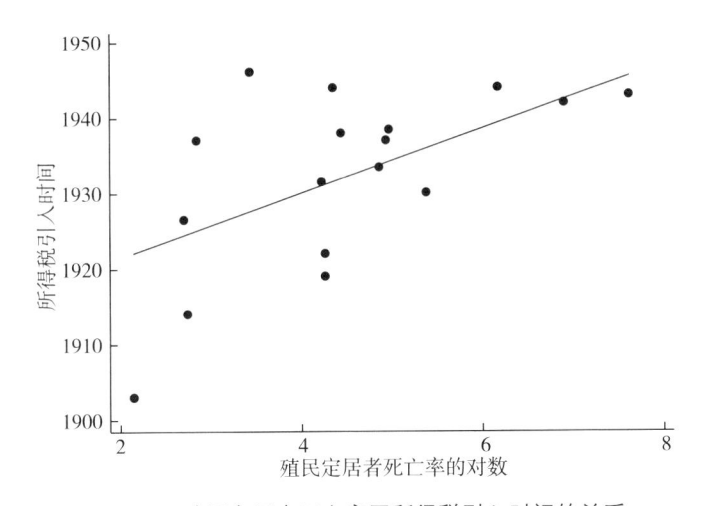

图20.1 殖民定居者死亡率同所得税引入时间的关系

注：个人收入所得税是制约不平等的一个关键的政府工具。这里显示的正相关表明，一个国家的殖民制度的掠夺性越强，引入所得税的时间越晚。

展再分配与筹资支持社会保障计划的能力较为薄弱。就这样，群体内部的不平等仍受制于殖民历史冲突中建立的制度类型。

　　制度因素影响全球不平等的第二条途径，在于决定我们能获得的不平等信息的质量。皮凯蒂及其合作者维护的世界财富与收入数据库旨在追踪全球40多个国家的收入与财富发展变化。[31] 但全球还有约150个国家未纳入其中，主要集中在南美洲、非洲和东欧。由于缺乏许多前殖民地国家的数据，人们难以全面评估历史制度对不平等和财富分配的影响。可是，数据缺乏本身也是一种数据，该数据库的覆盖范围要求有较为发达的税收基础设施。通常来说，一个国家较早实施个人所得税是财富与收入长期历史数据得以产生的前提条件。

　　图20.2展示的是，殖民定居者死亡率同世界财富与收入数据库覆盖的年数之间的关系。与图20.1的方法一样，图中的散点分组合并了某些观测值，结果表明殖民地时代的制度掠夺性越强，某个国家在数据库中的覆盖年数就越少。由此导致的一个重大缺陷是，某个地方的

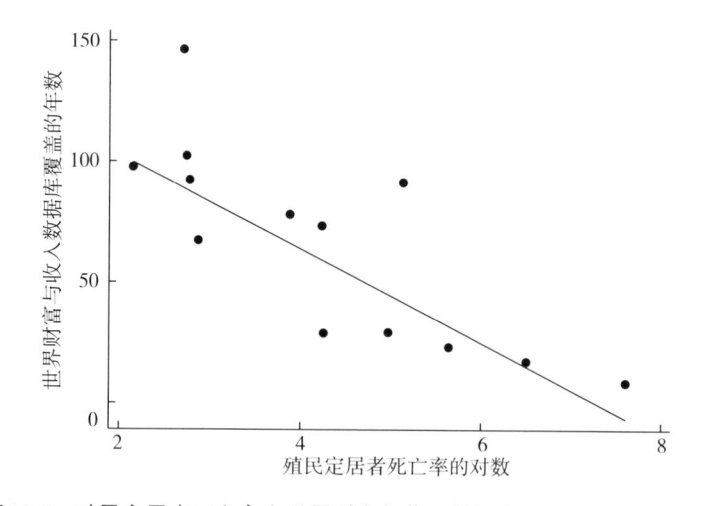

图20.2　殖民定居者死亡率和世界财富与收入数据库覆盖年数之间的关系

　　注：在殖民地时代有更强掠夺性制度的国家，在世界财富与收入数据库的数据覆盖年数通常越少。因此，对不平等的认识过度关注能提供不平等数据信息的地方，存在偏差。

殖民制度越具有掠夺性，我们今天对那里的收入分配状况就越不了解。所以，我们对不平等的认识有偏差，即过度强调能够获得不平等信息的地方。但显然，数据的可获得性受到了制度因素的系统性影响。数据覆盖的年数较少或许与税收制度持续时间较短、再分配能力不足相关，而量化分析可能让我们不自觉地忽略了缺乏详细收入分配数据的地区。这最终会导致我们对不平等决定因素的认识仅限于自己能够获得测算数据的地理范围。

以上发现说明，历史上的掠夺性制度通过影响后续税收基础设施以及我们对不平等的认识，依然对财富分配发挥着直接作用。由于税收是政府的主要再分配政策工具之一，这意味着掠夺性制度左右着前殖民地国家的不平等状况。制度对一个社会内部的产权保护与社会流动性水平有直接影响。制度变革可能带来税收或土地改革，对财产进行再分配，直接降低不平等程度。此类变革可能促进政治上的公平，使穷人有机会改善其相对于精英人群的弱势经济地位。改善知识信息也能带来好处，收入分配的透明度会使严重不平等的政治代价增大，从而增强对再分配措施的支持力度。

最后，试图解决全球不平等问题却不承认历史因素作用的政策在效果上可能会打折扣。我们或许需要更灵活的全球再分配工具，根据不同的制度（β项）定制，以便考虑和抵消影响公民群体与臣民群体内部不平等及两个群体之间不平等的历史轨迹的作用。

历史视角的全球再分配

本章提出的理论框架，把历史（通过初始禀赋与制度遗产）同当代全球不平等格局联系起来。财富积累有其自然运动规律，但历史发挥的作用不仅是给我们提供一个初始资本存量。如果我们用β作为代表过去制度的参数（即前文介绍的模型中的代际惯性系数），并让某个群体的初始财富同该群体及其他群体过去的制度挂钩,就可以发现历史上普遍存在许多"关键节点效应":某个群体的掠夺性活动对今天各群体间经济表现的巨大差异有重要影响。

我把这些群体称为全球的"公民"与"臣民",借用了马姆达尼关于殖民地非洲的制度隔离研究中的术语。世界的公民群体在政治统治体制中有代言人,生活中没有经常遭受剥夺的恐惧,拥有明确且普遍适用的社会运行规则。他们整体上能享受经济活动的成果,并由于社会政治和经济制度的开放性与包容性,有着在经济阶梯上进步的良好机遇。世界的臣民群体则依赖掌权者的仁慈而非普遍适用的规则,遭受剥夺属于常态,而非例外。他们的社会流动性很低,甚至生存都可能需要以对精英人士的臣服为代价。

如我们所见,只了解掠夺活动对过去禀赋分配的影响是不够的。从长期看,禀赋差异对全球不平等的解释力有限。当然,一个经济体是否已达到稳态还有待讨论。我以美国的蓄奴制度为背景对此做了探讨。经济史学家也探讨过,奴隶财富在多大程度上依然给南北战争后的奴隶主后代提供了优势。杜邦与罗森布鲁姆发现,内战导致美国南方的财富分配出现了比北方更大的扰动变化。而我找到的证据是,把1860年奴隶记录文件中的奴隶主姓氏与1940年美国人口调查的信息做比对,说明之前的财富优势甚至持续到20世纪后很久。这一发现可以从两条不同路径加以诠释:一方面,它表明美国还不是稳态均衡,某些群体通过历史上的剥夺而延续着优势地位;另一方面,某些证据表明奴隶主家族因为战争和政治制度的改变而失去之前的奴隶财富之后,转向了政治活动,并可能于20世纪早期重新掌控了权力。

这只是历史制度因素影响当代财富分配的众多途径中的一种。另外,上述案例还充分表明,制度是相关行为人策略行动的结果。精英人群维持或重获权力的能力与若干因素有关。在美国南方,民权运动或许成功扭转了南方精英人群维护其地位的势头,消除了该地区的制度化镇压手段。但总之，尽管奴隶制造成的南方财富禀赋受到南北战争的沉重打击，制度惯性的影响却重新恢复了公民群体同臣民群体在战前的财富不平等格局。

我借助制度增长理论说明，为什么历史上的掠夺性制度会影响公民群体和臣民群体的全球财富分配格局。在前殖民地国家，制度通过税收基础设施直接作用于不平等。历史上建立掠夺性制度的国家，所得税引入较晚。以世界财富与收入数据库的覆盖情况作为另一指标，我指出，历史上建立掠夺性制度的国家在数据库中的覆盖率更低。由于所得税是政府为社会保障计划或再分配筹资的一个主要工具，这种制度遗产对财富不平等或许有直接解释力。在缺乏税收基础设施时，即使打算推行再分配的仁慈型政府也无能为力。再分配还会进一步增强社会中穷人的政治实力。若没有税收基础设施，一个社会将长期被精英小集团俘获。此类制度影响的持续时间可能比禀赋差异长得多。根据本文之前介绍的模型，在稳态均衡中，持续影响当代财富分配状况的是过去的制度，而非资源禀赋的差异。因此，从政策视角看，问题主要不是追究欧洲的"原罪"，而在于解决掠夺性制度的残余，尤其是在关键节点时期形成的制度。

这对跨越不同制度的再分配有何启示？祖克曼等人建议的全球财富登记有助于把世界各地财富拥有者的信息集合起来，特别是在资本主要被外国人持有的地方。[32] 可是，这依然没能填补世界财富与收入数据库中的空白，那里只有通过所得税基础设施的建设才能弥补。这些空白地区显然伴随着发展不足以及社会内部的巨大不平等，收入和资本回报集中在顶层群体，而这批人属于全球精英人群的一部分，也是拟议中的全球财富税可能帮助识别的。

全球再分配政策不应只通过全球财富税实现禀赋的再分配，而是要迫使公民群体认识到，历史上的专制统治妨碍了臣民群体收获经济发展的果实。在臣民群体受统治精英压迫最严重的地方，增进和改善当地的制度有可能带来连锁效应。例如，全球劳动标准就可以首先把盈余从全球资本转移给纺织或智能手机等产业的劳动力。知识产权、移民、医疗和教育等政策可以重新调整，以补偿在过去500年的受挫折地区。因此，本章要表达的主旨是，在财富再分配之外，让有着共同历史经历的世界公民群体与臣民群体在制度上实现整合，是缩减全球不平等值得研究和实践的重要一步。

未来的研究人员应聚焦于两个方面。其一，我们需要对历史冲突与制度分化有更多的量化分析：不同经济行为人群体之间的历史冲突在何时、以何种方式造成了制度分化？其二，我们需要在政策建议中考虑制度分化因素，并致力于扩大全球臣民群体的制度特权。对此应该提出的问题是："为使臣民群体能跟上公民群体的制度进步，能够做些什么？"基于禀赋因素的补偿是不够的，也只是暂时的效应。有长久作用的再分配措施是取消制度隔离，也即把经济权利和政治权利扩大到全体公民群体与臣民群体。

第 21 章

《21世纪资本论》中的政治因素

无处不在又无迹可寻

伊丽莎白·雅各布斯

皮凯蒂的《21世纪资本论》既是一本激进的政治经济学著作,又是扎根于久远的传统经济学假设的论述。在他讲述的经济不平等与增长的关系中,政治因素既无处不在,又无迹可寻。社会学家伊丽莎白·雅各布斯在本章探讨了这一矛盾。她提出的疑问是:对于经济成果分配与经济增长速度之间的关系,我们如何才能把经济学的基本规律同受特定历史和制度约束的实际过程结合起来予以解释?来自政治学、政治社会学及相关学科的研究成果,可以给《21世纪资本论》中粗糙的政治学理论的明显内在矛盾提供何种启示?还有哪些问题尚未解答?在设计鼓励未来的公平经济增长的政策计划时,决策者该如何考虑政治改革的议题?

政治在托马斯·皮凯蒂的《21世纪资本论》中既无处不在，又无迹可寻。我们一方面看到作为激进政治经济学家的皮凯蒂，他在引言中宣称，"财富分配的历史总是极富政治色彩，不能被简化为纯粹的经济机制"，这意味着不平等历史"既受到经济、社会与政治行为人对何为公正、何为不公正观点的影响，又受到他们的相对权力较量及其导致的集体选择的影响"。[1] 以上是有深度政治视角的观点，有政治学和政治社会学数十年研究成果的广泛支持。可是在700多页的这部巨著中，皮凯蒂却反复回归"分化的基本力量"这一观点，即资本回报率（r）始终超出整体经济增长率（g）的事实。[2] 他认为这种作用规律"不可避免地造成继承财富将大大超过毕生劳动所积累的财富，资本的集中将达到极高水平，高到难以同作为现代民主社会基础的贤能主义价值观和社会正义原则相容的地步"。[3]

以上两种观点如何可以同时成立？如何能够既肯定分化的基本力量（$r>g$），又承认政治机制对不平等历史的显著作用？或者说，政治因素在皮凯蒂的著作中到底扮演何种角色，它与关于经济不平等的政治学的现有研究文献如何契合，皮凯蒂这部划时代巨著又留下了哪些悬而未决的问题？本章的目标是提供一个综述，对上述三个普遍问题均有触及。本章第一节将简要分析政治因素在《21世纪资本论》中的作用，同时评估其理论研究方法的强项与不足，以及这些强项与不足对其实证研究的优缺点又有何影响。第二节将回顾不平等政治学的当代研究成果，同时评估皮凯蒂的论述对这一方兴未艾的研究领域有何启发，以及是否反向启发皮凯蒂的研究，此外还将论及皮凯蒂提出的议题带来的未来研究机遇。结论性的第三节将基于《21世纪资本论》的启示，提供有关政治改革议程的建议。

政治因素与《21世纪资本论》

皮凯蒂把富裕国家不平等状况在20世纪的恶化归结于顶层1%人群

所占的收入份额上升。在解释富裕国家的收入不平等状况时，他通过数据分解强调资本所有权在收入中所占份额的提高，同时劳动收入中有更高份额流向企业高管与金融界。皮凯蒂认为，更多劳动收入归属顶层群体对经济并无好处，而属于经典经济学意义上的租金，也就是说它不会促进经济增长，一般来说超出了它对生产贡献的价值。皮凯蒂把资本回报定义为消极所有权的纯回报，这意味着顶层1%人群获得的劳动收入与资本收入都不具有"生产性"，也就是说，不会带来广泛分享的增长。

皮凯蒂反复指出，除两次世界大战到20世纪70年代这个较短时期之外，投资回报率一直普遍高于经济增长率。换句话说，中产阶级发展壮大的伟大时代、所有人共同繁荣的黄金时代似乎是某位杂志评论家口中的"历史闪光点"。[4]《21世纪资本论》的分析并非人们首次注意到两次大战间歇期的经济资源分配状况可能属于历史异类而非常态，例如，劳动经济学家克劳迪娅·戈尔丁与拉里·卡茨对工资不平等的历史研究表明，20世纪40年代至60年代相比之后的时期，劳动收入存在独特的"压缩"现象，他们还将两次大战之间的时期称作"大压缩时代"（The Great Compression）。[5] 皮凯蒂的亮点在于对资本不平等状况所做的精心实证记录。他指出，社会民主党与其他人士相信政府在创造和维持这一黄金时代中发挥了关键作用，而这在很大程度上是出于妄想。在他看来，不平等与增长之间的平衡在战后时代得以维持，其核心原因只是资本在战争中受到了严重毁坏。暂时的资本湮灭打击了食利者凭借资产获利的能力，带来了一种更为友善的新型资本主义幻觉，能在促进经济增长的同时让所有人受益。但实际上，水涨之后不是所有船都会被抬高。随着二战的影响开始消退，资本主义重新回到过去的轨道，回到无可阻挡的滑向不平等的进程。

尤其值得关注的是，《21世纪资本论》细致描述了顶层人群的收入份额在1900—2010年的变化，这或许是迄今为止最全面的跨国收入数据整理。虽然对大量国家而言,顶层10%人群所占的收入份额存在差异,但基本走向却大致相同:从镀金时代到20世纪70年代在全球范围内下降,此后不断攀升。需要指出的是,某些国家(如瑞典)的这一指标目前仍低于1900年的水平,而另一些国家则正在快速回归历史峰值。在某些情况下(尤其是美国),顶层10%人群在2010年的收入份额已高于镀金时代的峰值。这一不平等恶化部分来自公司高管和金融家等"超级经理人"获得的天价劳动收入,特别是在美国。但大部分仍反映了财富不平等恶化导致的非工资收入差距拉大。美国的财富不平等状况自20世纪70年代以来持续提升,顶层10%人群在2010年已持有国民全部资产的3/4。欧洲的趋势与美国类似,只是那里的财富不平等水平在二战后的下降更为剧烈,后来重返战前水平的进程也更为缓和。皮凯蒂将之归因于欧洲在20世纪中叶经历的剧烈打击,以及战后社会经济的转型速度较为缓慢。[6]

借用一位尖锐评论家的说法,数十年来,美国和其他地方的政策思考都被"魔力思维"(magical thinking)主导,其含义是,自由放任的资本主义制度自然会带来广泛分享的增长和繁荣。[7]皮凯蒂精心开展的实证评估则表明,除少见的特殊情形外,资本回报率的分布是高度不平均的,收益集中在少数人手里,并最终会压倒增长率。或者说,增长不会自动变成共享的繁荣。根据皮凯蒂的预测,在极长的时期里,资本主义的自然运动导致的不平等将最终完全压倒经济增长,社会将陷入停滞,进步过程会彻底停止。

那么,在《21世纪资本论》讲述的故事里,政治因素又居于何地?它们可谓无处不在,却又无迹可寻。

按皮凯蒂的说法,资本主义自有其基本逻辑。他在这部巨著的第一页宣称:"资本主义会自动导致专制与不可持续的不平等,而这将严重动摇作为民主社会基础的贤能主义价值观。"[8]这里的关键在于皮凯蒂采用的"自动"(automatically)一词,它显示了作者深厚的经济学根基。大众媒体乃至某些主流经济学家给皮凯蒂贴上激进的标签,然而从许多方面看,《21世纪资本论》中的政治经济学分析其实是关于经济与政治相互作用的非常传统的经济学观察。

对"基本的市场动态"这一观念的主要批评来自经济学内部。例如,经济学家达龙·阿西莫格鲁与政治学家詹姆斯·罗宾逊指出,"对资本主义基本定律的探究走错了方向,因为它忽略了影响经济体运转的若干关键因素:技术和制度的内生变化,以及政治的平衡,它们不只影响技术水平,还决定市场如何运转、来自不同经济安排的收益如何分配"。[9] 阿西莫格鲁与罗宾逊还认为,尽管皮凯蒂"讨论过某些制度和政策的影响,但既未考虑制度和政治因素在不平等形成过程中的系统性作用,也没有分析这些制度因素的内生变化"。[10] 他们指出,对所有权和资本积累的过分关注,让皮凯蒂忽略了决定经济发展与不平等的某些关键的基本社会特征。例如,乌兹别克斯坦与瑞士都有着资本的私人所有权,但这两个社会在繁荣和不平等上相去甚远,因为它们的政治和经济制度截然不同。实际上,乌兹别克斯坦的资本主义经济更接近朝鲜的非资本主义经济,而不是瑞士。[11]

阿西莫格鲁与罗宾逊的观点呼应了21世纪初政治学研究领域的腾飞:转向比较制度研究,以及关于"多种资本主义形态"的丰硕成果。例如,政治学家彼得·霍尔与戴维·索斯凯斯提出,资本主义经济可以划分为两种类型:以德国和瑞典为代表的协同市场经济,高度依赖非市场联系实现企业之间的协同;以美国和英国为代表的自由市场经济,主要通过市场协调各方的行动。[12] 制度因素不只是法律架构,还包括通过历史与文化而被行为人掌握的非正式规则和常识,它们影响着企业战略、创新能力、社会保障以及就业和收入分配等。在下一节中,我将更深入地回顾关于资本主义不同类型的研究文献如何考察各国之间经济不平等的恶化。目前只是简单指出,皮凯蒂关于资本主义基本定律的一般性概括掩盖了不同市场经济体之间的某些显著差异，而与这些差异有关的制度基础深刻影响着资本主义的不平等状况。

皮凯蒂力图调和政治学与经济学研究，以严肃看待政府发挥的作用。事实上，他把《21世纪资本论》介绍成一部政治经济学著作，书名则显示他可以被解读为马克思的继承者，希望通过一套政治经济学理论来描述当今时代的两难处境，并足以为政治解决方案提供思考框架。他反复指出，政策与制度在解释经济趋势中扮演着重要角色。他鄙视思想狭隘、沉迷于数学技巧的经济学家同行，视其为"披上科学外衣的取巧之道，并没有回答我们所在世界远为复杂的现实问题"。[13] 政府是《21世纪资本论》中的关键角色，因为它要征集税收、提供社会保障，这些是约束资本主义制度、维护贤能主义、保证民主国家能自由实现其理想目标的部分重要措施。皮凯蒂的统计数据记录了"社会国家"的表现，并用了整整一章探讨如下关键问题："政府在21世纪的生产与财富分配中起着怎样的作用，什么样的社会国家最适用这一时代？"[14] 他的论述追踪了政府角色在二战后几十年里的提升。

然而，政府对经济和社会生活的干预为什么会随时间收缩或扩张，皮凯蒂并未对此做出系统性的分析或解释。他描述了资本对政治的影响，却没有形成理论。简单地说，"政府"不是政治的同义词。最终，皮凯蒂论述中的欠缺还在于没有民间社会同政府关系的系统分析，因此难以解释财富的高度不平等如何转化为权力的高度不平等。[15] 富人群体通过怎样的操作把自己的经济利益变成政治利益？非富人群体在何种条件下可以拥有发言权和影响力？

另外，皮凯蒂关于政府作用的分析显然回避了任何关于权力作用机制的问题。例如他承认，"当然，政府的作用自20世纪70年代以来经常受到质疑"，[16] 这里使用的被动语气很说明问题：谁在质疑政府的作用，为什么，服务于何种目的？下一节将详细介绍，对于此类问题，政治学研究在过去十年取得了巨大进步。然而皮凯蒂关于社会权力的视角笼罩了其著作的大部分内容。在把政治因素纳入分析时，他坚信为了让民主国家采用必要的新政策工具来应对资本主义造成的问题，必须说服大多数公民，政府可以也确实在为他们的利益服务，"需要新的工具来控制疯狂发展的金融资本主义……但除非现有的政策工具能够有良好的表现，否则不可能让大多数公民相信，我们的治理机构（尤其是在超国家的层面）还需要新的工具"。[17]

皮凯蒂默认的政治学理论似乎深深植根于他对协商民主制度的力量深信不疑。在讨论政府通过税收和社会保险来缓和不平等的作用时，他指出，"（社会公正的抽象原则）问题永远不可能通过抽象原理或数学公式来回答，唯一的解决办法是通过民主协商与政治斗争。因此，规范民主讨论和决策过程的制度规则扮演着核心角色，另外还有不同社会群体的相对实力与劝说能力"。[18] 协商民主制当然是强大的民主社会追求的主要目标之一。政治学家阿米·古特曼指出，"协商民主制强调，公民及其代表做出的决策需要有正当的理由"，这种"给出理由的必要性"是由于民主社会实施政策的理由需要"被追求公平合作条件的自由平等的人们接受"。[19] 皮凯蒂对协商民主制度的力量持有哈贝马斯式的信仰，这反映了他对开展包容性批判讨论的愿望，以及如下简单的信念：在我们所处时代的社会经济权力架构（包括制度）下，这样的讨论是可行的。[20]

政治学家米里亚姆·隆佐尼准确地指出，《21世纪资本论》反映了皮凯蒂的矛盾之处：一方面，他的诊断"描绘出资本权势在21世纪早期制造的凄惨景象"，另一方面，他的处方"依赖于过分乐观的希望：觉醒的公众一旦认清问题，剩下的麻烦不过就是找到恰当的矫正政策"。[21] 隆佐尼怀疑，"皮凯蒂似乎不惜代价地寄希望于对社会民主制的各种乐观主义，但他的研究发现却把他推到了相反的方向"。隆佐尼所说的社会民主乐观主义意指,"一方面对利用政策和制度约束资本抱有希望……另一方面相信政治的基本任务就是通过友善理性的对话让民众看清问题之所在,然后就可以说服他们做正确的事情"。[22]

我们以皮凯蒂提议的财富税这一万能政策处方为例。在用500页篇幅描述导致资本主义走向不可逆转的不平等与不可持续的低增长的驱动力量之后,皮凯蒂提出,控制资本主义有害影响的最佳可行方案是对资本实施全球累进税,辅以高度的国际财务透明度。他坦承这是一个"乌托邦式的想法",并主张采用渐进式方法推行。全球财富税是不是一个可取的政策工具暂且不论,这里想强调的是,皮凯蒂的建议表明,他的分析视角并未强调不平等对权力、制度和代表性的影响。鉴于经济不平等与政治权力的相互作用,通过什么途径可以创设全球资本税呢?在皮凯蒂眼里,只要公众理解了他论证的野蛮生长的资本主义的阴暗面,他们就会要求各自的政府采取更好的21世纪解决方案。但在现实中,经济不平等会造成持续的政治不平等,给皮凯蒂关于全球资本税可行性的乐观展望蒙上了长期阴影。

皮凯蒂对经济不平等给民主制度造成的后果深感担忧,他反复强调过这一点,却对我们为何应给予重视的理由仅留下只言片语。例如,他警告过极端不平等可能诱发暴力冲突:"不平等总是存在基本的主观和心理维度,而这些不可避免地会激起普通科学研究难以调解的政治冲突。民主制度永远不能用专家组成的共和制取代,而这是件大好事……专家的分析永远不能结束不平等必然煽动起来的暴力政治冲突。"[23] 或者说,不平等令人不安,对民主制度构成了潜在威胁。然而更深入的原因是什么呢?皮凯蒂究竟为什么如此担忧经济不平等对民主制度的影响,以及我们对此为何应高度重视?

在资本主义制度走向过度经济不平等的内在动因下,皮凯蒂对民主制度的担忧可以大致划分为如下三个方面。首先,皮凯蒂担心不平等会背离发言权与代表权平等的基本原则。一个民主社会的公民如果没有平等的发言权与影响力，在道德上应受到谴责，因此他认为，对经济资源的控制权失衡可能无法保证平等代表权。其次，如果不平等导致政府在提供公共产品、解决公共问题、促进广泛分享的福利繁荣等方面的能力削弱，则我们应该高度关切经济不平等对政治进程的影响。最后，皮凯蒂担心过度不平等会催生暴力。当然我们并不清楚，如果经济福利维持在足够高的水平，这样的情形还会不会发生。美国有过一场漫长的辩论，始自政治评论家维尔纳·桑巴特在《为什么美国没有社会主义》一书中的观点，他认为美国相对较高的福利水平使得"在烤牛肉与苹果派上面，一切社会主义的乌托邦都烟消云散了"。[24] 简而言之，欧洲与美国在今天的政治辩论议题表明，尽管革命或许不是迫在眉睫，但民众的抨击之声和愤怒程度已相当之高。[25]

把资本加入研究对话

皮凯蒂或许相信经济不平等对民主制度构成了威胁，却没有深入探讨不平等可能腐蚀民主治理制度的相关机制。而这是一片快速进步的学术领域，来自政治学与政治社会学的研究成果影响了皮凯蒂对经济和政治不平等关系的思考视角。本节将借用阿尔伯特·赫希曼的经典著作《退出、呼吁与忠诚》中的理论架构，围绕皮凯蒂翔实描绘的经济不平等可能导致持续的政治不平等的三个主要渠道，回顾有关研究文献。[26] 第一，经济不平等导致发言权的不平等，进而破坏了民主制度的保障。第二，经济不平等造成退出机会的不平等，进而造成空间不平等，破坏共同繁荣与对共同原则的坚守。第三，经济不平等造成忠诚度的不平等，给作为民主制度前提的民族国家观念提出了根本挑战。需要注意的是，尽管皮凯蒂的研究重心放在法国，本章的着眼点却是美国，尤其是检验皮凯蒂对20世纪70年代至今的看法是否适用。本章主要关注美国，很大程度上正是由于美国的政治学研究特别重视经济与政治不平等的相互联系，因此可以得到关于美国政治不平等状况的大量可用数据。

发声

经济不平等转化成了美国民主制度中的发声不平等。数十年来，政治学家认为美式民主带有罗纳德·达尔所说的包容型多元主义的特点：个人由利益集团代表，若干利益集团在政治领域开展相互竞争，而政府的主要作用之一是充当这些集团的调解人。[27] 如今的现实则更多反映了政治学家谢茨施耐德对多元主义的开创性批判，尤其是他敏锐地发现"多元主义天堂的缺陷在于，神圣的合唱带有强烈上层阶级的腔调"。[28] 美国政治的任何业余观察者或许都能轻易看到，富人的声音远远强于收入分配底层的群体。

政治发言权对民主制度的意义来自两个主要原因：其一，政治发声向政策制定者传递了信息；其二，政治发声给政策制定者提供了激励。[29] 在政治发声高度不平等的民主社会，例如今天的美国，政策制定者得到的信息和激励会出现缺陷或扭曲。其结果是民主制度运转失灵，使初期带来损害作用的经济不平等被长期维持。政治发声的不平等通过两个主要渠道产生：个人与利益集团。

受过良好教育的富有个人在许多能提供发声和影响力的领域较为活跃，较为弱势的美国人则不然。作为目前唯一有代表性的美国富人样本，"美国经济成功人士调查"（SESA）报告了富人群体的政治活跃程度，给真正富有的美国人的政治倾向、信仰和行为提供了难得的观察窗口。调查结果表明，富人群体的政治活跃度和参与度比普通国民高得多。大约48%的人反映他们"多数时候会参与政治活动"，99%的人反映在最近的选举中投过票，41%的人参加过政治会议、公众集会、政治演讲或晚宴，68%的人曾为政治捐款，并有21%的人帮助筹集或积极组织过政治捐赠，这对普通公民而言是很不寻常的事务。大约

50%的受访者在过去6个月主动联系过当选官员或其职员,尤其是国会议员。超过40%的人联系过所在地区的参议员,37%的人联系过所在地区的众议员。或许最突出的是,约25%的人联系过其他州的参议员或立法者。总体来看,47%的富人在过去6个月内同至少一位联邦议员的办公室有过联系。富人群体同行政部门官员、白宫官员以及监管机构官员的联系频率要少一些,但并不罕见。大多数受访者提到了他们最经常联系的官员名字,例如,"拉姆"代表前任白宫幕僚长、现任芝加哥市长拉姆·伊曼纽尔(Rahm Emanuel)。在开放式回答关于人际联系性质的问题时,44%的富人声称是为了特定而有限的私人经济利益,例如,"试图让财政部信守承诺,把'问题资产救助计划'(TARP)的资金引入芝加哥的某家银行","我拥有几家银行的股票,我担心他正在起草的法案会损害自己在这些银行的利益",等等。[30]

发声至关重要。政策结果对富人偏好的响应程度比对其他任何人高得多。社会学家马蒂·吉伦斯与政治学家本·裴基分析了20多年内的近2 000个政策决策结果,得出如下结论,"经济精英与代表企业利益的有组织团体对美国政府的政策有巨大的独立影响力,而代表大众利益的团体与普通公民几乎没有独立影响力"。[31] 具体来说,经济精英人群的集体偏好在重要性上约为普通公民的15倍。与此类似,政治学家拉里·巴特尔斯发现,以国会唱票表决测算的参议员的行为同富人群体偏好的一致性远高于穷人群体。[32] 这些研究表明,不平等程度在过去30年的升幅如此之大,一个简单原因在于民主制度未能反映经济分配底层群体的要求。

如果美国的精英人群与普通公民有相同的政策偏好,代表人发声(representative voice)方面的不平等或许就不会成为问题。可是数据表明,事实远非如此。裴基及其合作者收集整理了富人与普通民众在政策偏好上的大量差异,发现总体而言,富人群体(其定义包含了皮凯蒂说的世袭中产阶层)比普通民众在经济领域保守得多,但在社会事务领域更倾向于进步派。[33]

　　结合皮凯蒂的著作来说，也许最值得关注的是富人群体对经济不平等的态度，以及为此应该做些什么或不做什么的偏好。美国有86%的富人知道收入与财富集中度在加剧，56%的富人并不赞成如下说法："较大的收入差距是维持美国经济繁荣的必要条件"。大约2/3（62%）的富人认为，目前的收入差距过大。美国的富人普遍认为，对冲基金经理人与大公司高管的报酬应该削减，低收入职业的报酬应该提高，但他们坚决强调（87%），"缩小高收入者与低收入者的差距"并不是政府的任务。83%的富人称，政府不应该以对富人征收重税来重新分配财富。与之相比，46%的普通公众认为，缩小收入差距应该是政府的任务；52%的人声称，政府应该尽量对富人征收重税。[34] 简而言之，富人群体并不支持皮凯蒂提议的全球财富税，甚至也不支持更为温和的国内财富税。

　　需要注意的是，针对富豪人群的政治和政策态度及行为，社会科学研究迫切需要更好的数据支持。在"美国经济成功人士调查"中，受访者的财富中位数为750万美元，平均数超过1 400万美元。受访者的平均收入为1 040 140美元，大约1/3的人表示其报告的收入达到或超过100万美元。有关政治态度的其他调查数据遮蔽了90百分位以上的顶层收入者的信息，使我们无法辨别普通富人同富豪人群的差异。要分析皮凯蒂长期关注的这些顶层精英人群，"美国经济成功人士调查"确实是已知的唯一有代表性的数据来源。这揭示了未来研究的一项重要任务：首先应致力于加强数据收集，通过远为严格和细致的方式，更深入地了解富豪人群的政治行为与偏好。[35]

　　当然，对不平等这个议题来说，仅从个人视角分析再分配政治仍过于简化。利益集团的政治发声可能比个人发声更缺乏普遍代表性，所以，此时需要制度视角的观察，把政治理解为复杂博弈，其中，利益冲突的各种组织利用政治体制提供的一切工具来影响国家的基本治理制度，尤其是经济制度。这一斗争不仅通过个人偏好与个人参与展开，还表现在制度层面，对收入与财富分配具有深远影响。对于过去数十年来经济不平等恶化的具体表现，这种思路有助于给出与众不同的解释。

政治学家雅各布·哈克与保罗·皮尔森的《赢家通吃政治学》对此做了有力论述，其中采用了皮凯蒂与赛斯的数据来描述顶层1%人群的崛起（很多内容在《21世纪资本论》出版前已经发表）。[36]哈克与皮尔森注意到，在整个20世纪90年代至21世纪头10年主导经济学领域的技能偏向型技术变革论无法解释顶层收入人群的偏离，于是，他们从政治和政策中寻找这一特定收入不平等形态的原因。需要指出的是，他们并不是第一个对技能偏向型技术变革论提出质疑的。这种技术变革论认为，个人计算机与相关信息技术的发展让某些类型的技能获得了特殊优势，由此引发的劳动力需求差异导致收入不平等扩大。但正如经济学家戴维·卡德与约翰·迪纳尔多所述，技能偏向型技术变革论难以解释20世纪90年代的工资不平等水平为何保持稳定，尽管计算机和其他技术在持续进步。[37]哈克与皮尔森进一步提出，技能偏向型技术变革无助于解释财富暴涨现象，这也是皮凯蒂观察到的方面。不过与皮凯蒂不同，他们讨论不平等恶化原因的理论聚焦于政治，即政治如何塑造市场。

哈克与皮尔森有三个主要观点。首先，不能只关心"选举盛况"，还需要重视议程设定的政治角力。其次，各种组织是理解何种政策出现变化的关键，并且鉴于选举政治无可否认的重要性，它们也是理解选举竞争这一作用机制的关键。再次，要理解议程设定的政治角力，关键在于认识到游戏规则的重要性。这三点都需要做进一步的说明。

第一，选举并非唯一需要做出政策选择的时刻。如政治学家亨利·法雷尔所言，"选举对于决定谁来制定政策显然发挥着作用，却不是做出政策选择的唯一时刻，也未必是最重要的时刻。公众对政策制定的实际过程往往缺乏了解，部分原因在于媒体对此不感兴趣"。[38] 当代的政治学家，包括关注经济不平等与政治不平等关系的学者也主要关心选举政治，而非影响政治版图的更广泛的作用因素。这部分是因为选举数据的普遍可得性，还有从调查数据里能得到来自个人大量的民意数据。不过，针对政治对不平等的影响议题，还需要关注更为广泛的内容，这正是哈克与皮尔森的主要议题。关键不在于某个时刻最终摆到桌面上的两三个具体政策选项，而是之前发生的事情：从哪些人的意见偏好中整理出"选项集合"，供最终行动者做决定。[39] 把焦点放到议程设定上，可以让我们看清美国政治生活的组织方式在过去半个世纪发生了怎样的重大变化，它们改变了谁来设定议程，由此决定了政治竞技场上开展什么样的角逐。

第二，对于政治活动如何造成和维持经济不平等的议题，关键在于弄清楚既定政体的组织架构。美国民间活动的核心组织支柱遭到削弱，对过去半个世纪的政治经济体系转变有重大影响。中产阶级的民主制度以工会和跨越阶级的民间组织为基础，它们发挥着两项核心功能：首先，此类组织把核心政策讨论涉及的利害信息传递给了工薪家庭；其次，它们为影响政策讨论提供了政治杠杆。在强大的民间组织没落之后，工薪家庭面临严峻挑战，难以把自身的经济窘境同政策制定者的行动和言论连接起来。另外也缺乏有效的沟通渠道，向他们阐述有关政策能如何缓解其困难。

社会学家西达·斯考切波总结道："自发的民间联合会既促进了公共社会计划的创立，也在这些计划创立后，同政府开展合作，给计划的实施和扩展提供了帮助。"[40] 民间联合会自20世纪60年代开始衰落，是受到多种社会和经济力量的推动，包括电视广告、民意调查和焦点团体（focus groups）的兴起，以及咨询顾问的精心密谋，这些咨询顾问的报酬则来自大笔的捐赠资金和通过群发邮件筹集到的大量资金。在民间联合会没落的同时，工会也式微。劳工力量衰落既有政治力量的作用，也有经济结构变化的因素，表明谈判天平出现倾斜，一方面使分配底层半数群体的工资降低，另一方面提高了顶层群体的寻租能力。这些因素结合起来，意味着关注工薪家庭的政治呼声被压到最低。斯考切波狡黠地总结说："对精英人群而言，有着活跃而畅通的新型联系渠道。有特权的美国人依旧活跃在智库、倡议团体、商会与职业协会中，穿梭于精致的社区和异国情调的休闲地。其他人则需要每个家庭承担两三份报酬微薄的工作，拖着疲惫的身体回家看电视，再接一些民意调查和商品促销的电话。"[41]

美国的民间社会衰败并非左右权力结构，进而影响政治格局和不平等演变趋势的唯一因素。在中产阶级家庭的常见组织力量发生根本性改变和衰退的同时，代表公司利益的组织势力却在膨胀。正如政治学家李·德鲁特曼的研究所示，几乎在每个指标上，公司利益在华盛顿都被显著过分代表。每年的公司游说总支出高达26亿美元，超过众议院和参议院运转所需的经费之和。工会与公众利益团体每花费1美元的游说支出，大公司及其联合会的花费将达到34美元。在游说开销最多的100个组织里，95个长期代表企业。或者说，美国企业界的有组织发声大大压过了主要替工薪家庭说话的人。另外，德鲁特曼还指出，如今的企业越来越强调把政府作为合作伙伴，而不再像过去那样，主张让政府远离企业事务。[42] 国会越来越依靠企业游说团体来提供决策信息。在公司势力远远压倒工薪家庭的时代，这对民主政治具有实实在在的影响。

政治学的一个悠久传统就是强调利益集团在形成影响政策结果的权力运行机制方面的重要性，这在很大程度上要归功于历史制度主义学者，他们对不同类型资本主义的研究成果日渐丰富。与大多数经济学家（包括某些时候的皮凯蒂）不同，历史制度学者把政策和政治结构视为复杂而相互依赖的历史嵌入因素共同作用的结果，而非如皮凯蒂描述的不堪大用的线性模型。[43] 用政治学家博·罗斯坦与斯文·斯坦莫的话来说，"随着人类建立、采纳以及改造各种社会、政治与经济制度，他们便能够并且在切实改变历史进程。简单来说，没有一套能适用于所有行动和所有时代的定律可以用来推演过去的所有事件，遑论预见未来。同原子、行星或云层不同，人类自己创造历史，其中一部分就是有意识地创立各种社会、政治和经济制度"。[44] 参与不同制度创立的权力作用机制则受到各种利益集团的左右。例如，政治社会学家弗朗西斯·卡斯尔斯、沃尔特·科尔皮等人就认为，政治活动是为了追求经济利益，不同民主社会之所以采用不同的公共政策体制，是因为各种利益集团掌握着不同的"权力资源"，为其代表的群体争取私利。[45]

斯坦莫的跨国税收体制比较是典型例证，表明历史制度视角可以帮助我们认识利益集团在经济不平等长期演变中可能发挥的关键作用。他证明，对税收体制国别差异的最佳解释是创建这些税收体制的制度架构。斯坦莫特别强调劳工与企业界内部的权力集中度，这些组织结构"给利益集团、政治家及官僚机构的政策偏好设定提供了背景"。[46] 例如在瑞典，企业与劳工均由高度集中、高度组织化与强势的利益集团代表，对政府决策均有强烈影响。而在美国，企业与劳工的利益较为分散，而且根据哈克与皮尔森等人的记述，随着有组织的企业势力的增长，有组织的劳工在政界的影响力更趋分散和薄弱。[47]

由此导致的税收政策反映了不同国家有组织的利益集团的结构。瑞典的税收体制属于"基础广泛、资金充裕的类型，在尽可能扩大税收收入的同时，尽量不影响经济增长和创造利润的能力，整个体制都在考虑维持效率和增加收入"。[48] 与之相比，美国税收体制的特点是分散、复杂、漏洞百出，在这种制度下，有组织的利益集团可以操纵并利用美国独特而又高度分散的政治架构为自己谋利。

要理解美国的利益集团为什么一直能够利用这样的政治进程，还必须从第二个渠道深入分析政治的制度结构。美国政治的一个普遍特征是：在制度设定上，权力和职责较为碎片化与分散化。玛格丽特·韦尔与西达·斯考切波总结称，美国"有着独特的复杂组合，弱势的联邦政府，分散而零碎的公共权威，以及无党纲政党"。[49] 美国税收支出的独特性是政治权威碎片化的直接结果。与议会体制下通过集权方式来制定税收政策不同，美国的税收政策是由国会这个高度碎片化的决策机构决定的。另外，由于缺乏可以强烈影响代表人选举结果的有力政党，美国国会代表对其地方选民的响应方式使他们特别容易受当地特殊要求与特定利益集团的影响。这种碎片化放大了富人群体的权势，加剧了他们对政策的超比例影响，使经济不平等导致政治不平等的周期循环得以长期维持。

由于缺乏强有力的制度支持以及同强势全国性政党的联系不足，国会中的各个议员纷纷变成"独立的政治企业家"，力争让那些关注税收修正案这类特定立法结果的利益团体支持选举。[50] 碎片化是美国政治制度的内在特征，詹姆斯·麦迪逊认为多元化利益群体的冲突能帮助达成妥协，避免极端主义，这一政治体制观自形成以来就被写入宪法。[51] 如斯坦莫所述，麦迪逊式联邦主义的一个意外后果成了关键的解释因素，"麦迪逊主张的碎片化政治制度提供了一个深刻的作用变量，可以解释美国税收体制的复杂性、税收收入的低水平，以及有效税负在全国的最终分配"。[52] 其后果是，美国的税法极其复杂，并向权贵人群的利益高度倾斜。

这里最重要的一点是，一国有组织利益集团的结构和该国政治制度特征可以成为政策决定的关键力量，而政策又深刻影响着不平等状况。税收政策只是一个例子，从监管政策中也能看到类似的情形，包括劳动力市场监管与金融监管，都对经济不平等有重要意义。政治创造了市场，使其主题反复上演。事实上，就不同政治体制或不同国家的制度以何种方式改变收入分配，学者们在关于不同类型资本主义的研究中已经得出了大量成果，只是迄今为止，他们几乎都聚焦于不同社会保障体制对贫困率和中产阶级命运的影响。[53] 据我所知，还没有哪位学者关注"不同类型资本主义"对顶层收入不平等现象的影响。对致力于理解政治制度如何影响经济分配的学者而言，《21世纪资本论》揭开的这一问题具有深刻意义，尤其是皮凯蒂的发现表明资本主义的不同制度类型对应着不同的资本集中度。

哈克与皮尔森关于政治对不平等影响的第三个主要论点强调了"游戏规则"的重要性，这是任何制度学说的基本组成部分。通过改变否决点（veto points），游戏规则可以让政策被体制采纳的过程变得更困难或更容易。制度规则可以有利于行为人通过体制推行自己主张的政策，也能助其伺机阻挠自己不喜欢的政策。

这种思路不但有助于解释哪些决策被采纳，也可以解释哪些决策由于受党派或利益集团的反对而未被接受。类似的"不决策"（nondecisions）远没有得到充分重视和研究，因为社会科学存在强烈的忽略"非结果"的倾向，在日益依靠统计分析与大数据的研究领域，要围绕没有发生的情形成功设计研究计划颇为困难。然而，理解这些不作为的情形，对于理解过去半个世纪美国政治背景下经济不平等的恶化至关重要。

随着时间流逝与社会变迁，法律可能逐渐脱离其初始目标，政策也可能出现始料未及的明显漏洞。这种"政策漂移"（policy drift）是社会学家史蒂文·卢克斯所说的权力的第二张面孔，即不做决策的典型例子。[54] 假如权力对比失衡，随时间发生的此类变化可能对经济政策制定有重大影响，一方面关系到工薪家庭困难的解决，另一方面涉及超级富豪权力的扩张。富人可以利用多种渠道，通过政策漂移发挥政治影响力，并继续巩固其经济地位。其中一个渠道就是设定政治议程，即借助利益集团开展有组织的斗争。

另一个渠道则更为微妙，但可能少了一些精心算计的成分。研究表明，经济不平等会明显加剧政治极端化，极端化则会造成政治僵局，从而有助于维持现状。[55] 例如，以政治学家诺兰·麦卡蒂关于收入不平等同政治极端化关系的突破性研究为基础，经济学家约翰·杜卡与杰森·萨温发现，收入不平等导致美国国会的极端化加剧，而更具极端化倾向的国会又导致收入不平等继续恶化。[56] 但需要注意，把政治极端化与财富不平等（即皮凯蒂精心描述的资本不平等）联系起来的研究基本上尚未开启，未来的研究在这个线索上大有可为。

总之，经济不平等会转化为政治发声上的不平等，而政治发声不平等不仅会改变政府的政策优先选项，还完全可以侵蚀政府达成任何目标的能力。对那些积极主张维持现状的人而言，这是笔绝佳的交易。可是对寻求改变的人以及迫切需要积极作为的政府来促进其经济福利的人而言，这是令人沮丧的局面。这一领域得出的研究结论没有太多异议，但并不意味着不存在新的重要研究方法，特别是对于希望理解资本不平等转化为发声不平等的过程，继而改变市场与政治关系的学者而言。

退出

发声的不平等是政治不平等转化为经济不平等，然后反作用于政治不平等的渠道之一。政治退出选项的不平等则是另一个重要渠道，让经济不平等与政治不平等可能形成反馈闭环。

阿尔伯特·赫希曼在50年前已经意识到，退出选项对社会经济凝聚力与健全政治制度极具重要性，尤其是在当今不平等时代的发动机刚开始加速转动时。他的论述值得在这里大段引述：

> 美国的传统成功观念肯定了退出对国民想象（national imagination）的意义……实际上，一系列身体力行的迁徙往往被推崇为成功的象征，在此过程中，某个成功人士脱离自己出身的贫困地区，加入条件越来越好的社区……这种退出意识在美国极为强大。乃至整个国家的

建立与繁荣都以退出选项为基础,毫无疑问,对退出的信仰是一种有益的基本社会机制。它或许可以解释为什么美国国民坚信两党制和竞争企业制度的优点,为什么他们并不相信经济学家认为的由两三家大企业控制的市场远离理想竞争模型的观点。只要人们能把对A企业的产品忠诚转移到其竞争对手B企业,国民热爱退出的基本象征就依然成立。[57]

赫希曼关于退出的直观认识在过去半个世纪以一种激烈方式走向终结。出于本节的论述目的,我把"退出"一词作为空间隔离及其对经济和政治不平等反馈循环产生影响的替代说法。或者说,经济不平等伴随着显著的隔离状态,富有的美国人过着同其他人迥然不同的生活。在某种意义上,富人们寻找机会,"退出"各种类型的公共制度,这可能破坏了人们对公共产品的集体认知。

经济不平等在美国已转化为严重的经济隔离。美国人的生活日益按照阶层来划分,在享受公共产品方面的差距日益加大。2014年在密苏里州弗格森市与2015年在巴尔的摩的骚乱,就充分说明了不平等和政府服务的地区差异。在警察暴行发生之后,这两个以非裔美国人为主的社区连续多日爆发集体抗议与抗争,表明美国人日常享受到的政府服务彼此大不相同,映射着种族和经济上的不平等。经济不平等的恶化,正好伴随着经济地理隔离程度的显著上升。

有许多研究记录了这一趋势。地理学家理查德·佛罗里达与夏洛特·梅兰德发现,在不同城市与都市区之间乃至各个城市内部,美国人越来越多地以阶层来划分,也就是说按收入、教育、职业以及社会经济地位的某个综合指标。此外,经济隔离主要取决于优势群体的决策。富人的隔离甚于穷人,而且程度高得多。[58]中产阶级社区走向消失,取而代之的是集中的贫困和集中的富裕。社会学家肯德拉·比肖夫与肖恩·里尔登研究了地理上的经济隔离加剧现象,发现1970年约有2/3

（65%）的美国人居住在中产阶级社区，如今这一数字略超过40%。同一时期，居住在富裕社区的家庭占比从7%提高至15%，居住在贫困社区的比例则从8%增加至18%。[59]

社会评论家科茨一针见血地指出，美国在地理上的不平等并非无缘无故出现，也不完全是"自由市场"机制作用的后果。相反，地理上的不平等在过去和现在都是由政治因素造成并维持的。在美国，地理上的不平等密切反映了地理上的种族隔离，种族隔离与经济不平等交织在一起，给美国共同繁荣的承诺投下了持久的阴影。种族隔离因素被加入罗斯福新政，这个在大萧条之后号称要缩小经济不平等、促进增长的政策组合其实有着不为人知的阴暗面。新政创立的联邦住房管理局为千百万美国中产阶级的资本存量积累发挥了关键作用，提供抵押贷款保险，从而降低了他们需要支付的贷款首付金和利率。与此同时，联邦住房管理局也设立了"红线"拒绝原则（redlining），把非裔购房者划入条件较差的社区，排斥在优级抵押贷款市场之外，这对持续的资本不平等与社区不平等起到了关键作用。在这个政策创造市场的典型案例中，私人保险业把政府政策当成了标准操作指南。[60]

社会学家梅尔·奥利弗与汤姆·夏皮罗总结了政治造成持续不平等的后果："由于被排除在美国历史上最伟大的大众财富积累机遇之外，愿意并有能力获得住房所有权的非裔美国人发现自己被安排在城市中心的社区，他们的投资受到联邦住房管理局评估师的'自我实现特性'的影响：由于缺乏新的投资来源，他们的住房和社区品质下降，相比住房管理局评估师更看好的其他住房和社区出现贬值。"[61]尽管这种划红线的做法目前已被法律禁止，但它对资本积累（财富不平等）的影响却延续至今。例如，画红线造成的居住隔离人为地压抑了需求，给在非白人社区拥有住房的非裔美国人的住房资产强行设置了价值上限。白人依靠历史上的财富积累，可以留下多得多的遗产，或在首付金上提供更多的家庭资助，这使得白人家庭购买住房并开始资本积累的时间比类似条件的黑人家庭平均早8年。由于白人提供资金支持的能力更强,他们支付的首付款更高,由此能获得比黑人家庭更低的利率和借款成本。[62] 在资本积累的不平等中,有很大部分可以追溯到早期的政策,它以若干重要机制改变了后来的资本获取。

这里需要记住以下三方面的要点。首先,资本会被政治参与者反复界定和重新定义,资本获取会受到制度因素的约束。其次,关于资本积累规则以及谁可以获取资本的早期政策会产生长远影响,既可能带来资本积累,也可能导致资本积累的不足。其次,这些作用机制往往发生在特定的地点,会造成政治地理上的不平等,并对政治权力与经济机遇产生持久影响。

经济学家拉贾·切蒂及其合作者关于经济流动性地理状况的研究被广泛引用,同样揭示了特定的地方性机制对经济不平等长期持续的重要性。切蒂等人利用数以百万计的儿童及其父母的官方收入记录,描述了为期30年的代际经济流动性,发现美国不同地区(为研究需要,定义为"通勤区域")的流动性前景差异极大。高流动性地区有着较低程度的收入不平等、较少的居住隔离、质量较好的小学、更丰富的社会资本,以及更稳定的家庭。[63] 所有这些因素都受到地方政治制度,乃至过去的政治和政策的持续潜在影响。

这种经济隔离和富人的"退出"选项对公共服务投资以及更普遍的政府职能有严重后果。经济不平等可能削弱公共产品供给,因为异质性社会无法在一般公共产品和服务上达成妥协。有某些实证成果支持这一假说,当然大多数研究的调查对象受种族隔离而非经济隔离的影响,说明还需要更多的研究去关注经济隔离造成的不同于种族隔离的效应。

例如,经济学家阿尔贝托·阿莱西纳及其同事发现,美国各城市的生产性公共产品(如教育、道路、供水和垃圾回收等)的支出比例同城市的种族碎片化状态呈现反向关系,而与城市整体的其他社会经济和人口特征无关。阿莱西纳等人总结称,"种族冲突是地方公共财政的重要决定因素"。[64] 政治学家丹尼尔·霍普金斯更近期开展的一些研究表明,只有在当地经历突然的人口结构变化时,种族和民族多样性才会降低当地的增税意愿,这意味着重要的不在于多样性本身,而是人口结构变化可能动摇居民的预期,并影响地方精英人群的决定。[65]

近期的这些实证研究显示,不平等恶化可能削弱地方社区提供充足公共产品和服务的能力,或者说削弱为此类公共产品和服务提供必要税基的能力。不过,这里还需要转而重新考虑地理分析单位的因素,即之前讨论经济隔离加剧伴随着经济不平等恶化时涉及的内容。根据地理分析单位的不同,经济隔离加剧或许不会导致地方的经济异质性加剧,而是可能导致异质性下降。当然由于低收入社区和高收入社区之间在权势上的差异,这未必会促进社会团结或增强公共制度。为理解高度不平等时代的经济隔离加剧同公共服务提供之间的关系,还需要开展大量的深入研究。而提供公共服务需要利用的渠道显然涉及政治因素,由政治制度约束,受政治权力的深刻影响。

对于公共服务如何提供的理论模型,经济隔离也关系重大。例如,经济学家戴维·卡特勒、道格拉斯·埃尔门多夫与理查德·泽克豪泽探讨了社区人口特征同政府提供的公共产品和服务数量的关系。他们对比了三种公共支出模型:传统的"自私型"公共选择模型,个人只考虑自身利益;"社区偏好"模型,个人的支出偏好水平取决于其社区的特征;分拣程序(或许最好理解为"选择")模型,个人根据自己对公共支出的意愿选择想要归属的社区。[66] 需要注意的是,上述模型均未考虑个人根据其偏好采取行动的能力可能受制于经济状况。也就是说,相比资源较为充足的人,低收入者"选择"其地理归属的能力会弱得多。在高度不平等的时代,根据其偏好而行动的能力的分布,可以从根本上改变人口特征与公共产品供给的关系。我们很清楚,公共产品供给与未来经济增长之间存在强烈相关性,教育就是典型的此类公共产品,对多代人健康的经济增长有强烈的涟漪效应,因此,理解经济隔离对公共产品供给的影响是未来值得开展的重要研究领域。

与关注地理因素如何影响公共产品和服务供给不平等的早期研究相比，经济学家利亚·布斯坦的研究发现，收入不平等扩大同美国各城市和学区的政府收入及多种类型服务的扩张相关。[67] 布斯坦及其合作者的结论同早期研究存在差异，不平等转化为公共产品供给的作用机制及其地理分析单位仍有待澄清，这些都说明针对经济不平等与政治不平等的潜在反馈循环，还需要开展更多的研究工作。

忠诚

在赫希曼的经典著作中，忠诚是决定公民（或机构）选择发声还是退出的关键因素，"退出选项的存在会显著降低发声选项被广泛和有效使用的可能性……而忠诚度会增加退出的成本"。[68] 赫希曼颇有前瞻性地看到了全球化对忠诚度的可能影响，他写道："只有当各国由于交通进步和全方位现代化而开始彼此接近时，不成熟或者过度的退出风险才会提高……届时，一定程度的忠诚将对我们很有利。"[69] 赫希曼另外还指出，"制度设计的细节可以对退出和发声选择之间的平衡产生重大作用"。[70] 高度不平等对忠诚度乃至不平等的政治生活意味着什么？这方面的探究还没有太多进展，给致力于深入理解经济不平等政治学的研究者留下了重要的开放问题集。

庞大的财富让全球人口中掌握广泛资源的极少数人有机会在各个民族国家测试其忠诚度。全球精英人群事实上在选择能给他们最有利条件的目的地，并让其经济实力带来的政治势力发挥跨越国界的影响。在全球资本主义时代，资本是高度流动的，而劳动的流动性则弱得多，全球资产阶级可以将自己的金钱投放到最有利可图的地方。[71] 他们掌握着滔天的政治权势，而且不同于皮凯蒂描述的欧洲美好时代（有时也称为大缓和时代）之前的情形，虽然都存在高度的资本不平等。在高度全球化的经济中，对民族国家的忠诚度是否已严重萎缩，资本的全球流动是否让金钱利益集团的退出威胁长期绑架了各国政府？

美国近期关于"公司倒置重组"（corporate inversion）的讨论是一个具体例子，说明忠诚度削弱增加了退出的可能性，并渗透到政治生活中。公司倒置操作是把企业的名义注册地迁往海外，通常是低税收国家，使公司可以规避在本国的正常税收负担。对于利用这些税收漏洞的跨国企业来说，它们享受了美国政治体制的好处（如稳定的政治环境、高素质的员工队伍等），却没有为这些好处支付足额成本。此类决策操作侵蚀了美国的税基，削减了公共产品投资的可用资金，因而损害了未来的经济增长。奥巴马政府治下的美国财政部由此推出了新的监管措施，旨在加大公司倒置操作的难度。对此类避税操作的公共议论也从低声细语变成了集体呐喊。与此同时，要完全刹住美国的公司倒置操作，国会的行动必不可少，但鉴于上文介绍的政治发声机制，国会采取行动的可能性极小。旨在缓和过度不平等的经济政策可以更直接地发挥作用，但不平等的政治格局总会扰乱精心设计的调节计划。

皮凯蒂认识到，资本的全球属性使跨国界的政策体制变得非常需要，甚至必要。这是他主张推行全球财富税的部分动机。然而他在《21世纪资本论》中勾勒的建议只是一份草案，忽略了前文详细讨论的权力和政治的大量关键细节。为实施对启动增长与缓和经济不平等恶化必不可少的经济政策解决方案，研究者和政策制定者还需要在经济学之外对不平等政治学有同样深刻的理解。

为何关注？以及该做些什么？

政治活动与政治制度同经济不平等的产生、扩大和维持密切相关。政治创造市场。经济不平等对民主制度构成威胁的原因有很多，皮凯蒂在书中阐明了若干具体原因。研究表明，实现民主制度的承诺可能需要采取措施来缓和极端的经济不平等。为捍卫民主制度实施成功的干预，就需要深入思考政治改革的内容，而不仅是经济政策处方。简而言之，经济不平等与政治不平等形成了反馈循环，打破这一循环除了需要有明智的经济政策建议，还需要对政治程序进行明智的改革。

政治改革中最令人鼓舞的主张不是限制顶层群体发声，而是扩大其他群体的发言权。传统的政治改革措施侧重于"把金钱逐出政治"，因为大笔财富的力量会把其他人全部淹没。今天的改革努力则应该关注扩大"政治机遇"（political opportunity）的概念。政治机遇强调把某些人或观念的地位提升到某个水平，使他们能在各种杂音中被大家听到。而在这个临界水平达到后，更多投入的回报可能会递减。正如研究民主政治的学者马克·施密特所述，"相比帮助其他人发声的改革建议，限制顶层群体支出的措施对提供平等机遇带来的影响可能更小"。[72]

施密特把政治机遇的特征总结为四个关键维度。第一，有广泛支持基础的候选人，或者缺乏其他渠道表达某种观点的代表人，都应该在没有大额资助的情况下，有机会在选举和其他场合响亮地发声。第二，每个公民都应该有机会实质性参与，不仅是作为选民，还包括作为资助人、志愿者、组织者，以及自身观点的表述者。第三，个人应该能自由表达其政治主张，不受雇主或其他机构的胁迫。第四，制度设计应该鼓励人的组织，而不仅是金钱的组织，尤其是涉及影响中低收入选民的议题时。[73]

对关注政治机遇的改革方案来说，关键在于它可以为消除政治不平等的有害后果发挥两项功能：首先，让目前沉默的群体发声，抵消富人群体的政治影响力，使体制变得更加公平；其次，迫使候选人围绕新的核心冲突议题展开竞争，形成新的妥协，兑现重建政治生活的活力与创造力的承诺。

不同于希望"把金钱逐出政治"的上一代竞选筹资，主张提升政治机遇的观点承认，金钱无论如何都能找到进入政治的渠道。关键在于，要通过扩大机遇给那些缺乏资源的人提供帮助，以形成制衡力量。因此，相比于要求推翻"联合公民案"（Citizens United）判决的修宪提议，主张保护投票权的修宪运动所起的作用可能大得多，在联合公民案中，法院判决企业有权利无限制地提供竞选献金，而关于投票权，与人们的普遍观念相反，美国宪法中并没有这一权利。为什么？原因在于投票权是积极权利，而不像控制竞选支出那样属于禁止性、限制性权利，而且这样做会把运动重心放在政治参与上。与失败的"平等权利修正案"运动（Equal Rights Amendment movement）类似，投票权修宪运动可以让社会关注今天大量美国人被剥夺权利的各种原因，从而持续积累力量，并在此过程中帮助实现某些政策变革，例如，允许在选举当日做选民登记，推翻限制性的选民身份确认法律等。[74]

应该承认，为打破政治不平等与经济不平等的恶性循环，聚焦于选举改革的努力还只是必要政治改革措施的一小步。总体目标是形成制衡的政治权力，构建政治平等格局，从而有可能通过改革缓解皮凯蒂在《21世纪资本论》中详细阐述的有害的经济不平等。如果不专注于这种类型的解决方案，类似皮凯蒂的全球财富税的乌托邦式经济政策建议将很可能始终停留于幻想。

第五篇

皮凯蒂的答复

第22章

走向经济学与其他社会科学的融合

来自《21世纪资本论》的教训

托马斯·皮凯蒂

我希望把《21世纪资本论》视为社会科学研究的一件半成品，而不是历史学或经济学领域的一本专著。在我看来，社会科学中关于学科边界和方法论出发点的无效争议浪费了太多时间。我相信，不同学科之间的这些对立是可以也应该被克服的，而最佳办法就是针对宏大议题，尽可能把各门学科可以适用的方法与传统调动起来，用于展示能在多大程度上提供帮助。各位专家在本书中从不同视野和方法出发撰写的多篇论述，是对我的研究思路出乎意料的尊重。[1] 现在这篇短文不可能对他们提及的所有观点都做出回应，并公正评价其中的丰富内容。我只是试图简单澄清几个问题，并对自己书中显然没有充分阐述的某些内容做些完善，特别是关于资本和权力关系的多维度历史视角，以及信念体系和经济模型在我的分析中发挥的作用。之后我还将谈谈自己书中的另一重大局限，即过于西方中心论。

资本与社会科学研究

首先，我想简要总结自己试图在《21世纪资本论》中所做的事情，以及该书在社会科学研究史上的位置，那里有多个研究传统和思想流派的交汇。这部作品基本上是有关资本、财富分配及不平等分配引发的冲突史，写作的主要目标是把20多个国家自18世纪以来的财富与收入变化的历史数据综合起来，这些数据资料来自大约30位学者的共同努力，尤其是安东尼·阿特金森、伊曼纽尔·赛斯、吉勒斯·波斯特尔-维奈（Gilles Postel-Vinay）、让-劳伦·罗森塔尔（Jean-Laurent Rosenthal）、法昆多·阿尔瓦雷多与加布里埃尔·祖克曼等。我希望通过该书把大量历史资料连贯地呈现出来。我的论述从数据开始，并提出了一个结合经济、社会、政治和文化过程的解释，使之可以概括我们在不同国家看到的自工业革命以来的变化。通过这一论述，我试图让社会各阶层之间的分配和不平等问题回归经济、社会与政治思考的中心。

19世纪的政治经济学，特别是托马斯·马尔萨斯、大卫·李嘉图与卡尔·马克思的著作，本就把分配问题放在研究的中心位置。这些学者往往被感受到的周围的深刻社会变化激发。马尔萨斯关注阿瑟·杨格对法国大革命前夕乡村贫困现象的描述，最担心人口过载会导致各地的贫困与革命纷争。李嘉图的分析基于他对土地价格以及英国在拿破仑战争后积累的公共债务会有何影响的直观认识。马克思则准确地观察到，利润与工资的变化在19世纪前60年的工业资本主义繁荣中出现了严重不平衡。尽管在研究上述变化时并没有系统性的历史资料可用，这些学者至少是问对了问题。然而在整个20世纪，经济学家都在忙着让自己脱离社会科学（这种诱惑其实只能是幻想），并忽略了经济学研究的社会和政治基础。只有部分学者，尤其是西蒙·库兹涅茨与安东尼·阿特金森，耐心地致力于收集收入与财富分配的历史数据这一细致任务。我的研究直接起源于他们的工作,并把历史数据的收集延伸到更广阔的地理和时代范围。这一延伸极大地受益于信息技术进步,它让我们获得了过去数代研究者难以企及的数据资料。[2]

在研究中,我还试图复兴曾在经济与历史研究中的一个显赫传统,特别是曾被法语学派在20世纪30—70年代广泛用于分析18—19世纪的价格、工资、收入与财富历史的历史学与社会学研究。在这一传统中,弗朗索瓦·西米昂、欧内斯特·拉布鲁斯、弗朗索瓦·傅勒与艾德琳·多马尔的著述尤其令我印象深刻。[3] 在我看来,这一堪称"连续"的传统到20世纪末由于错误的原因才不幸被中断。[4] 此外,关于文化资本不平等与工资水平差异的社会学研究也启发了我的研究方法,尤其是皮埃尔·布尔迪厄与克里斯蒂安·博德洛在同时期的不同论述。[5]

我还试图在《21世纪资本论》中展示,可以同时探讨社会不平等与金钱势力的集体代表在公共讨论和政治冲突、文学和影视作品中的演变,事实上这样做也确有必要。我坚信,对收入与财富分配的这一代表和信念体系的研究,不管在我的书中是多么初级和不完善,都对理解不平等的变化机制至关重要。在我看来,这是信念体系与不平等动态之间最重要的相互作用,值得在未来进行广泛研究,我本人也计划在今后数年深入探讨。金钱及其不平等分配构成了极重要的社会现象,不可能仅从经济学视角开展研究。在这个意义上,政治社会学与思想史领域中探讨平等和不平等问题的若干论述,正是《21世纪资本论》这类作品和灵感的源泉。[6]

事实上,《21世纪资本论》的主要结论是:"人们应该在财富与收入不平等问题上提防任何经济决定论。财富分配的历史一直带有高度政治化的色彩,不能被归结为纯粹的经济机制……不平等历史的塑造取决于经济、社会与政治行为人对何为公正、何为不公正的看法,这些行为人的相对权力和由此导致的集体决策,是所有相关行为人共同导致的结果。"[7]

在分析整个20世纪的收入与财产分配变化时,政治的核心作用与经济利益代表的变化显得分外突出。西方国家在1900—1920年和1950—1970年的不平等缓和很大程度上是由于当时的重大战争与革命,以及在这种动荡之后出现的新的社会和制度妥协。与之类似,自1970—1980年以来的不平等加剧则离不开最近几十年的政治和制度逆转,特别是在财政和金融等领域。我还试图说明,与收入和财富分配相关的信念体系所发挥的经济和社会职能对我们理解18—19世纪各种社会形态下的不平等状况十分重要。每个国家在不平等方面都有自己的特定历史,而我希望证明,各国经济和历史轨迹中带有的国民特性及其代表性,对不平等演变的认知和制度演变之间复杂的相互作用而言,都至关重要。[8]

具体来说,"北方国家的社会民主主义时代(1945—1980年)"——在本书引言中,布拉德福德·德龙、希瑟·布西与马歇尔·斯坦鲍姆对其做了很恰当的标注——显然可以被理解为一段不稳定的历史插曲,但同时,它也是关于资本主义和市场的信念体系发生深刻变革的产物。我完全赞同马歇尔·斯坦鲍姆(第18章)的说法,他强调两次世界大战与大萧条的决定性影响不全在其自身,而是源于它们"用民众普选权未能实现的方式摧毁了资本主义意识形态"。20世纪30年代的危机与两次世界大战期间欧洲国家间竞争体系的崩溃,导致基于自由放任意识形态与私人财产准神圣化的19世纪政治体制走向终结。社会主流信念体系出现的这一激进改变,正是卡尔·波兰尼在1944年出版的名著中探讨的所谓"大转型"。[9]

戴维·格雷瓦尔的精彩文章(第19章)同样强调了意识形态、法律体系与制度变迁之间的重要相互作用。他特别指出,17—18世纪的政治哲学如何把私有财产理论化为法律观念,并构建出一套资本主义意识形态来保护它。我自己在研究中则尤其关注19世纪后期到20世纪初期的法国共和派精英如何利用法国大革命与现代产权观念的兴起反对累进税制,对这一问题,我还将在本章结尾处加以阐述。

信念体系与不平等体制之间的相互作用产生了各种广泛的政治和制度形式,《21世纪资本论》中的理论架构对此仅点到为止,但它们在不平等的演变中起着核心作用,有待深入研究以了解其思想和政治起源,以及它们如何在实践中确立。我尤其看重教育制度的作用,以及它们在某些时候为何能够减缓或放大不平等[10],还有财政制度的作用,特别是关于收入、遗产和财富累进税艰难而脆弱的创立过程。[11] 大量的其他公共制度和社会政治制度同样发挥着重要作用,其中包括:广义社会国家的发展[12];货币制度、中央银行和通货膨胀;劳动法规、最低工资和集体谈判;国有化、征用和私有化;奴隶制与强迫劳动;公司治理和劳动者权利;租金监管,对价格和高利贷利率的其他管制办法;放松金融监管和资本流动;商贸和移民政策;对财富继承的监管规范和财产制度;人口和家庭政策;等等。我将在下文中对其中某些议题再做讨论。

关于资本与权力关系的多维度历史

现在可以更细致地谈谈我试图在书中阐述的关于资本的定义。我曾想撰写一部关于资本的多维度历史,以及财产所有权跟不同类型资产占有形式带来的支配权之间的关系。我试图展示,在每个阶段,资本的不同变体会如何导致新的社会与制度妥协的结果,使各种社会群体之间的关系和生产关系得到调节。我应该从一开始就澄清,这只是多维度历史叙述的序曲,因为其中的许多方面在我的书中仅仅做了概述。

在我的分析中,描述资本积累的单维度经济学模型、抽象概念与公式（如不等式 r>g，我认为它可以帮助读者在各种资本变体中抓住某些本质）显然也占有一席之地。但它只是起较为谨慎和有限的作用，在我看来，这与理论模型和公式可以给社会科学研究带来的帮助相称。对于现实的这种极度简化有时可以把两个给定抽象概念之间的有趣逻辑关系解析出来，它是有益的，但不可过于高估这种抽象过程的适用范围，也不能忘记研究中的所有概念最终都是由社会和历史决定的构造。只有与描述相同协商和冲突过程的其他表述形式相结合，理论模型采用的语言才能发挥作用。在下文中，我还将讨论经济学模型在其理论框架中扮演的特定和有限角色，对这方面的议题，我的书中或许没有阐述得足够清楚，并导致了某些疑惑。在我看来，资本最好被理解为一套多维度的复杂财产关系。

在《21世纪资本论》的第1章里，我就对该书要探讨的主要概念做了定义："私人能够拥有和不能拥有哪些东西的边界在世界各地随着时间有极大变化，例如奴隶制就是这方面的极端例子，对空气、海洋、山地、历史遗迹和知识的财产权同样如此。特定的私人利益希望获取这些东西的所有权，某些时候他们以效率而不仅是自利作为理由来支持类似愿望，却不能保证此类愿望同公共利益相符。资本并非一成不变的概念：它反映着每个社会的发展状态与占据主导的社会关系。"[13]

资本的占有形式与所有权的本质由历史决定，这显著体现在我对1865年之前美国南方奴隶制与奴隶资本作为财富形式的重要性的分析中，毫无疑问，那是所有权关系与所有者对他人统治权的最极端案例。[14]正如戴娜·贝里在本书第6章强调的那样，我的论著没有足够重视奴隶制在现代资本主义形成中所起的重要作用。不过也应该指出，我在书中陈述的对美国内战前奴隶总价值的估算以及同其他私人财富形式的比较，就我所知乃是首次明确尝试此类量化对比，并以此突出了奴隶资本的核心地位。[15]

财产权利具有历史和社会的属性，这一事实同样反映在我对德国公司相对于英美同行的股市资本化水平较低的研究中。[16] 该现象无疑与如下现实有关：德国的企业股东不像其他地方那样无所不能，必须在一定程度上同雇员、地方政府及其他利益相关方分享权力，而这显然并未妨碍其实现相当水平的生产效率。由此清晰地表明，资本的市场价值与社会价值是完全不同的事物，而法律体制对财产关系的塑造至关重要。

在更为一般的意义上，我试图展示资本在漫长历史上的多种形态及其市场价值表现，从农业用地到房地产，再到专业化、金融化和非物质化的现代资本。每种资产形式都有其经济和政治发展史，涉及权力关系与特定的社会妥协。因此，在过去数十年里，房地产价格和租金水平或上或下的大幅变化对房地产资本化进程产生了决定性影响，与20世纪上半叶的情况一样。[17] 这些价格变化本身是各种制度、社会、法律和技术因素复杂作用的产物，包括租金管制政策与规制业主和租户关系的其他法规截然不同的变化，经济地理与居住隔离的变化，以及建筑业和交通业相对于其他产业的技术革新节奏不同等。当然还有其他类似的案例，在《21世纪资本论》中的几个地方，我谈到了石油资本及其全球分布状况的重要性，与之相伴的统治和军事保护关系（尤其是在中东地区），以及相应的主权财富基金某些不同寻常的财务投资战略对此造成的影响。[18]

国家之间总资产持有水平的过度膨胀作为过去几十年金融去监管化过程的主要特征之一，在我的书中是另一个反复出现的主题。[19] 我还分析了英国和法国在19世纪后期到20世纪早期持有的极高水平的外国资产，那是两个国家都在世界其他地区占有极大份额的时代。由此带来的巨额租金、红利和利息，相当于法国在美好时代的整个东部工业区的产值，使英国和法国能支付持续的贸易逆差，并继续在世界其他地区扩张其势力范围，自然也刺激了殖民列强之间的紧张关系。我把英法两国的历史水平同德国、日本、中国及石油生产国在21世纪早期达到的跨国净资产水平做了对比，发现后者目前还低得多，但在迅速提高，以至于在法国等地引发担忧，唯恐有朝一日从宗主国变成"藩属国"。

在书中的几个地方，我强调了国际所有权关系总是伴随着复杂的紧张对立，同经济学家设想的由自然和谐与互利交换支配的理论模型相去甚远。一般而言，所有权关系总是非常复杂，难以在政治社会架构中平静地组织构建。例如，向业主支付租金，和平地接受所有权关系的制度设计和现状的永久持续（以及管制租金水平、延长租约和对遗产征税的各类制度），从来不是那么简单。然而，当整个国家向另一个国家支付租金和红利的时候，情况会变得更为紧张，调节此类关系的手段通常也更趋暴力，因而往往导致掌握所有权的国家对他国的军事统治。或者被他国统治的国家会卷入无尽的政治循环，极端自由主义与专制主义交互替代，间以短暂的混乱剥夺时期，这种现象长期破坏着许多国家的发展进程，尤其是在拉丁美洲和非洲地区。对社会不平等与所有权关系的和平调节，是建设法治体系与合法公共权力的最重要任务之一，另外还需要培育倡导公正的社会规范和复杂的制度架构。当不平等和所有权关系对某个政治社会来说主要是外来因素时，这种建设可能始终难以完善。事实上，经济理性会容忍不平等的长期维持，完全无法走向民主理性。

公共资本在我对资本历史的分析中同样扮演着中心角色。[20] 尤其是在加强公共投资和国有化（或相反的主张公共赤字和私有化）的政治与意识形态周期，它可能相应地发挥积极或消极的作用。在前一种情形下，公共资本会削弱私人资本对国家资本和社会的控制；在后一种情形下，则会使私人资本同政府的纽带成为所有权和统治权的辅助力量，强化私人资本的势力。我还探讨了通货膨胀对公共债务的重要性，以及更普遍的货币创造所起的作用和中央银行对国家资本再分配的不同操作手段。[21] 我关注到各国在公共债务方面的经历和趋势的多样性，特别对比了法国与英国在18—19世纪以及德国在20世纪的情况，这对欧洲当前的局势颇有参考意义，因为像法国和德国这样从未偿还在20世纪积累的公共债务的国家目前正在向南欧国家解释，为什么后者必须向债券持有人支付大笔利息，甚至超出它们今后数十年对学校教育的投资，英国人则在19世纪做过类似的事情。我们还能观察到各国趋同的阶段。例如，大多数欧洲国家的公共资本在二战后占据国家资本的相当大比例（1/4~1/3），最近几十年却跌落到极低水平，甚至在意大利成为负值。在很多情况下，公共资本和私有化的此类变化造成了某些个人极快地发家致富。当然不出所料，这不只出现在发达国家，在俄罗斯和中国这样的转型国家更显突出。

在整个《21世纪资本论》中，我试图展示资本历史具有多维度性质，而且资产与财产的每个类别都涉及广泛的制度机制和妥协共识。所有权采取的各种具体形式是由历史和社会决定的，并反映了大量的社会关系。我们可以把各种形式的财富加起来，计算资本存量的总货币价值，例如，用不同资产的市场现值（假设对此都有清晰的定义，虽然并不总是如此）为标准，但这一做法并不能改变现实的复杂性。这种抽象的研究测算可能带来帮助，例如，尽管资本有着如此丰富的变体，但我们仍看到21世纪早期的总市场价值（以国民年收入的倍数计算）似乎已回升到从18—19世纪到美好时代的世袭社会繁荣期的高水平。抽象思考提供了一种语言，让我们可以对彼此差异极大的不同社会形态的总财富市值进行比较。然而，这种总体测算不可能深入反映不同社会中发展出来的所有权关系与生产关系的多样性。

我在书中采用的方法实际上只是引介资本与占有形式的多维度历史描述，它忽略了大量关键内容，对其他一些相关方面也只是浅尝辄止。正如加雷斯·琼斯在本书第12章中提到的那样，深入探讨资本的地理和空间维度会大有裨益。人们非常关注法国和英国之外的财产占有状况，但对各国内部的情况却言之甚少，例如美国东北部与其他地方之间的比较。更普遍地说，调整分析的尺度，从全国层面到帝国层面再到世界经济层面，都会带来很大帮助。这将尤其便于分析殖民扩张对经济发展的影响，以及国内和国际不平等对于合法公共权力形成的总体作用，远比我在书中的论述更为直接。艾罗拉·德农古在本书第20章中恰当地强调，全球一体化首先采取跨大西洋奴隶贸易的形式，继而由欧洲人对美洲、非洲和亚洲的直接或间接殖民统治，以掠夺和严重权力失衡为特征，从16世纪初延续到20世纪60年代。而我对外国财富占有的分析基本上是西方中心式的，忽略了不平等制度的影响以及发展中国家的政府形成过程。下文我还将回到这一议题的讨论。

经济学模型的有限作用："驯化资本"与"野蛮资本"

现在我想澄清一下经济学模型在我的书中和研究中起有限作用的含义，特别是关于资本积累的新古典模型以及生产函数的概念。苏雷什·奈杜在本书第5章对理论框架的两种叙述和解释做了有意思的区分，在他看来，两者在我的书里同时存在：一方面是"驯化资本"，基于新古典模型和完全竞争假设；另一方面是"野蛮资本"，强调权力关系、政治冲突和制度变革发挥的作用。我需要声明，"野蛮资本"的解释比"驯化资本"远为靠近我的认识。假如我认为关于资本积累的单一维度的新古典模型〔以生产函数 $Y = F(K, L)$ 和完全竞争假设为基础〕足以描述经济结构和财产关系，那我的书只需要30页即可完成，而不是近800页的篇幅。《21世纪资本论》如此厚重的核心原因正在于，我试图描述资本的多维度变化以及伴随着这些变体的复杂的权力模式和财产关系（如上文提到的各种例子）。我或许应该在这个议题上做更为明确的陈述，感谢苏雷什提供的机会让我就此关键点加以澄清。

戴维·格雷瓦尔在本书第19章里敏锐地指出，《21世纪资本论》中第3章到第6章阐述的"资本主义的两条基本定律"应该被理解为"数据组织的方式",而无其他任何含义。"第一定律"只是一个定义:认为资本份额α可以分解为平均回报率r与资本收入比β的乘积。其目的不过是帮助读者记住基本的量级与核心概念之间的逻辑关系(例如,当r=5%,β=6时,α=30%)。可是这丝毫不会改变资本多维度本质的事实,以及不同的资产类型、社会和时代的回报率差异巨大,特别是受到制度和法律环境、有产者同劳动者权力对比等因素的影响,我在书中提供的历史叙述对此做了详细阐释。

概而言之,模型的使用应该极度谨慎,也就是当我们真正需要的时候,其作用不可被夸大。模型有助于处理和组织数据、厘清基本概念之间的简单逻辑关系,但无法代替历史解释,而后者在我看来必须是研究的真正核心,我认为我在《21世纪资本论》里也是这样做的。现实世界中的历史、社会和政治进程的复杂性与多维度性极为突出,没有办法仅用数学语言予以充分描述,因此我们还应主要依靠社会科学的自然语言,并在某些时候借助文学和影视语言。正如我在书中尝试的那样,同数学语言类似,它们可以作为描述社会历史现实的附加和补充。

同样的说法也适用于"第二定律"(即相对资产价格不变,不存在自然资源的条件下,以极长的时间跨度看,资本收入比β趋于靠近储蓄率和增长率的比值s/g)以及有关资本收入份额上升的讨论。从现有最充分的历史序列数据看,总资本收入比与总资本收入份额存在联动关系,都在20世纪中叶处于较低水平,而在19世纪和20世纪早期以及20世纪后期到21世纪初期处于较高水平。假如我们采用总生产函数的语言与完全竞争的假设,那么对于β和α在长期存在联动的事实,唯一的解释方法只能是假设替代弹性在长期显著大于1,使回报率r的下降幅度小于β的增幅。主流的实证测算结果表明,替代弹性值更小,德维什·拉瓦尔在本书第4章对此有恰当阐述,但这些结果通常不是长期测算值。还有一种可能性是,技术变革以及新型机械、机器人和资本密集型技术的兴起,将导致替代弹性随时间逐渐提高。在本书第8章中,劳拉·泰森和迈克尔·斯宾塞介绍了这一思路。

不过我需要说明,以上不符合我欣赏的对事实(或者说至少是长期历史事实)的解释。机器人和高资本劳动替代关系或许在未来会变得非常重要,然而在目前的阶段,重要的资本密集型产业还是房地产和能源等较为传统的产业。对于理解资本收入比和资本收入份额为何在长期联动,我相信正确的模型应该是关于资本积累的多部门模型,带有相对价格的显著变动,以及尤为重要的谈判权力和制度规则随时间的改变等。[22] 具体而言,房地产价格的上下浮动对总资产价值在近几十年的变化产生了重要影响,与20世纪上半叶的情况类似。[23] 这可以归结为若干制度和技术因素的复杂作用,包括租金管制政策和规范业主与租户关系的其他法规、经济地理结构的变迁,以及交通和建筑产业相对于其他产业的技术革新速度变化等。更一般地说,资本价值与资本收入份额在20世纪后期到21世纪初期处于较高水平,主要原因是最近数十年以来,制度和法律体系在逐渐变得对资本所有者(包括房地产资本所有者和企业资本所有者)有利,对租户和劳动者不利,大体上类似于曾在19世纪到20世纪早期盛行的体制,只是在具体制度安排上有所不同。相比之下,曾经在20世纪中期和"社会民主主义时代"(1945—1980年)盛行的法律和制度体系比较有利于租户和劳动者,因此那时的资本价值和资本收入份额在历史上处于较低水平。当然这并不意味着改变生产函数和替代弹性无关紧要,我相信,此类数学语言的描述形式有助于澄清某些概念与概念之间的逻辑关系。可是这些概念必须融入更广阔的社会制度理论与历史描述,才能对观测到的变化趋势做出充分解释。在某些情况下,制度变化同技术变革之间有直接的相互作用,例如戴维·韦尔在本书第9章中谈到的工会势力衰落与走向"裂变的职场"的变化趋势。

最后,同样的说法也适用于r与g在不等式中的关系。在我看来,r

与g之间的缺口是由历史、法律和社会等多方面的复杂因素决定的。具体而言，回报率主要受谈判权和制度变化的影响，增长率则取决于生育率和创新，而它们又受到各种社会和制度因素的作用。在正统经济学模型中，r始终高于g这一事实在数学上是由一些简单的技术和心理因素决定的。例如根据基准的动态经济增长模型，众所周知均衡回报率是由修正后的"黄金法则"（$r = \theta + \gamma g$）决定的，其中θ是时间偏好率，γ是效用函数的曲率。假如$\theta=3\%$，$\gamma=2$，$g=1\%$，则有$r=5\%$。在这一理论框架里，不等式$r > g$始终成立，可以从所谓的人类缺乏耐心这一普遍心理规律推导出来，使得即使$g=0$时r也为正值。另外，若$r < g$，会导致效用最大化的行为人从未来收入中无限借款，从而使r回升到g之上。这种模型显然反映了在历史数据中r高于g的某些基本心理因素，然而整体过程却复杂得多，涉及广泛的制度和社会因素，并且在回报率和增长率上都存在很大的历史差异。

以类似的方式，有多重冲击的财富积累动态模型也可以充分发挥作用，帮助我们理解为什么r高于g会导致较高的财富集中度稳态水平，并将其量化。例如像德纳尔蒂等人在本书第14章中指出的那样，回报率较高而人口增长率或生产率增长率较低的影响不是完全对称的。然而此类模型绝不可遮蔽以下事实：回报率、增长率和不平等变化之间的关系是由广泛的政治和法律因素决定的，而其中还有很多未被纳入模型，现有规范模型对此没有做充分考虑。

金融资本与文化资本：马克思与布尔迪厄的融合

下面我想回到资本多维度属性的另一重要方面。在整部书中，我划分了两个社会层级：财富与劳动收入。当然这两个层级的划分存在密切联系，并在某些社会中大体上重合。可是它们从来不是完全一致的，因为根据我选取的不同层级，50%的底层（在我的分析框架里有时被称作"下层阶级",以便做跨时间和空间的对比),40%的中层(中产阶级)和10%的顶层(上层阶级,其中我又经常把顶层1%的"统治阶级"单列出来)并不完全对应相同的社会群体。有时甚至完全不同,例如,在传统的世袭社会里,掌握大量财富的人对不事劳作且统治着社会中的大多数,并不觉得难堪。

最主要的一点是,在每个社会里,这两个层级对应着颇为不同的统治机制和制造不平等的机制,并具有潜在的互补和累加性质。上文已经提及,财富是由多种因素决定的,这些因素会影响房地产、专业技能和金融资本的积累。这些因素包括股票发行和投资策略、继承财产的法律法规和财产制度,以及金融市场和房地产市场的运转等因素。劳动收入层级很大程度上则取决于影响工资、工作地位和劳动合同的法规与制度,技能与关系的不平等,教育体系的运行,以及更普遍的文化资本等。这两个层级简单来说即金融资本和文化资本,它们对应着不同的话语与辩护体系。传统的世袭不平等通常不以人的成就或文化优越性作为统治基础,至少不是主要基础。相反,现代不平等试图用基于成就、生产率和道德的意识形态来证明自身的合理性。这种辩护体系以污名化"不值得帮助的穷人"和我所说的"极端贤能主义"为基础[24],并有着古老的源头。它可以追溯到中世纪,乃至奴隶制、强迫劳动以及富人阶级对穷人阶级拥有单纯所有权(如果一个穷人成为主体,而不只是物体的时候,他必须以其他形式被人占有)被终结之时[25],但到现代时期才发挥到极致。这种辩护的一个独特阐述见诸埃米尔·布特米(Emile Boutmy)发表的令人震惊的宣言,他于1872年创立了法国顶尖精英学校之一的巴黎政治学院,确定其使命为:"由于必须服从多数人的统治,自称为上层阶级的群体只能通过调动最有才干人群的正当权利来维持政治主导权。随着传统上层阶级特权的崩溃,民主浪潮将遇到第二道堡垒,其基础是卓越的才干、能够产生威望和能力的优越特质,这一堡垒对理性的社会来说是不可或缺的。"[26]

我们是否正在见证21世纪新的不平等模式的兴起，既包含向过去的世袭资本主义不平等回归，又加上新的极端统治形式，它基于文化资本与符号资本，并责怪体制的受害者？无论如何，这正是我在书中阐述的假说之一。我尤其注意到当代贤能主义学说令人惊诧的虚伪，例如，哈佛大学学生家长的平均收入，目前相当于美国顶层2%群体的平均收入水平。在法国，最精英的教育项目只从非常有限的社会群体中招募学生，投到他们身上的公共资源3~4倍于普通学生开放的项目，而任何人都对此无动于衷。[27] 除了获取文化资本和符号资本的特权，在过去几十年里，统治集团还扩张了以奢侈的薪酬和红利计划奖赏自己的能力，而工会与财政政策则受到削弱，无力做有效抵抗。[28]

拉贾·切蒂与伊曼纽尔·赛斯在近期通过"机会平等"计划开展的研究[29]，显示了美国高等教育机会的极端不平等：上大学的概率几乎呈线性上升态势，父母收入属于最低10%群体的孩子仅有20%，最高10%群体则超过90%。现实同官方的贤能主义论调与价值观之间可谓天渊之别。我完全同意埃里克·尼尔森在本书第7章的说法：早期教育阶段的强烈平等主义政策是部分解决办法，或许还应结合高等教育录取体制中更为透明化和平权性质的政策。[30] 需要注意，美国教育体系的极端不平等或许也是一个主要理由，可以解释为什么美国在最近几十年的收入不平等恶化程度远远超过欧洲和日本。反过来，不平等恶化又或许带来了若干长期负面效应，不仅关系到金融稳定，在本书中分别受到了萨尔瓦多·莫雷利（第17章）以及马克·赞迪（第16章）的关注，也影响长期增长潜力。

金融资本与文化资本效应的结合似乎在等级体系上造成了某些新的现象，尤其是相比于战后时代——在1914—1945年的军事、政治与社会动荡后，世袭性质的不平等地位大幅下降。正是在那段时期，更准确地说是20世纪60年代，皮埃尔·布尔迪厄发展出了基于文化与符号资本的统治形式的学说。此类概念在21世纪早期显然并未失效。到今天，伴随着房地产和金融资本势力的回归，它们的影响力堪比19世纪末至20世纪初的水平。在我看来，要理解21世纪的生产与权力之间的关系，就必须把马克思与布尔迪厄的观点结合起来，发展出关于资本和社会阶级不平等关系的真正的政治经济学与历史经济学。

超越关于不平等制度的西方中心论研究方法

下面谈谈我认为自己书中最严重的一处局限，即过于以西方国家为中心。部分原因是数据问题：关于收入、继承和财富的数据资料，在西欧、北美和日本比世界其他经济体丰富得多，也更容易获取。该书在全球畅销，亚瑟·戈德哈默在本书第1章提到，销售状况在世界范围内较为平衡，大约1/3为英文版，1/3为欧洲其他语言版，1/3为亚洲语言版，由此带来的一个积极效应是促使更多新兴经济体的政府与税收当局改善了获取财政和金融档案的便利性。得益于此，在撰写该书时尚未被世界财富与收入数据库覆盖的许多重要国家或地区如今已被纳入，或即将被纳入，包括巴西、韩国、墨西哥、中国台湾、智利、科特迪瓦及其他经济体。[31] 南非、印度和中国也公开了更多数据，虽然后者的进展依然缓慢。

更普遍地说，正如伊曼纽尔·赛斯在本书第13章所述，我们始终在尽力更新和扩展世界财富与收入数据库，首先是面向新兴国家，同时也希望更好地覆盖收入与财富分配的底层群体和顶层群体的情况（随着分配国民账户核算的进步），以及纳入尚未受到充分关注的其他维度的不平等状况。例如，希瑟·布西在本书第15章敏锐地指出，我的著作基本忽略了性别不平等问题。通过对越来越多国家的覆盖，我们还能把更广泛区域层面的甚至世界层面的不平等测算综合起来，追随并拓展克里斯托弗·拉克纳与布兰科·米兰诺维奇的开创性研究思路。未来我们所有人将能够利用更完善的全球不平等数据库，届时，超越西方中心论的研究方法和《21世纪资本论》的视野也会容易得多。

应该承认，缺乏数据只是《21世纪资本论》过于以西方为中心的原因之一，尽管这显然可以作为很大一部分原因。我的著作以西方为中心，甚至以欧洲为中心，还有部分是由于其他更深层的原因。总体而言，这是一部讲述20世纪西方不平等的作品，围绕两次世界大战在过去100年中对削弱不平等发挥的核心作用，围绕如下事实：通过激烈的政治冲击、战争和革命，西方（尤其是法国、德国和英国）精英群体才被迫接受了他们直至一战前还仍在抗拒的财政与社会改革，不平等状况才最终在二战后出现了较长时期的缓和。这个事实极其关键，也给其他国家提供了教训，无论是印度、巴西、南非还是中国，当然同样适用于如今的美国。但这并非故事的终结。超越西方中心论的研究方法之所以重要，首要原因还在于：不平等制度可以在世界不同地方表现出截然不同的面貌。在后种族隔离时代的南非、有过奴隶制历史的巴西、石油资源丰富的中东王国或共和国、后种姓制度的印度，不平等的基本结构各不相同。20世纪欧洲、北美和日本的不平等变化轨迹的教训，对理解其他国家的不平等演变当然会有帮助，但实话实说，也未必有特别大的帮助。

不管怎样，我们还应扭转视角并提出反向的疑问：从其他国家不平等制度的历史沿革中，西方国家又能领悟到哪些教训？按照西方主流意识形态，现代西方的不平等采取了显著不同的形式：它以个人成就以及权利和机遇平等为基础，而不同于古代的不平等制度，后者存在于大西洋两岸革命之前的西方以及今天的非西方体系国家，以地位、种族或种姓的僵化不平等为基础。这套信念在实践中显然包含强烈的自吹自擂成分：西方的兴起本来伴随着暴力的殖民统治和胁迫手段（完全不符合权利和机会的平等），现代的极端贤能主义学说则往往更像是胜利者为自身地位辩护的工具，而非对现实的客观描述。另外，后殖民地社会经常受困于广泛的劳动力市场歧视，不妨看看欧洲对穆斯林姓氏的歧视。印度这样的国家发起明确的平权主义政策，以便改善教育、工作和政治职位的获取机会，减轻性别、父母种姓或收入背景的影响，但这却在西方国家普遍受到轻视。这些政策固然不够完美，但西方国家同样存在广泛的性别、种族和社会歧视，它们并没有资格给世界其他地方就如何解决此类难题上课。恰恰相反，西方国家必须从印度和世界其他地方的经历中吸取教训。更一般地讲，所有国家都可以从关于不平等制度的全球化历史研究方法中获益良多。出于以上各种原因，我们急需超越关于不平等议题的西方中心论研究方法，超越《21世纪资本论》。

资本监管与制度变迁

作为总结，我需要重申，除地理和历史范围的局限外，《21世纪资本论》的一个主要缺陷无疑在于：我没有足够深入地分析制度变迁的社会和政治条件及其对不平等演变的影响。正如伊丽莎白·雅各布斯在本书第21章中所言，社会规范与政治结果的变化在我的分析中经常是外生和外在的因素，"在皮凯蒂的故事中，政治因素可谓无处不在，却又无迹可寻"。我曾试图说明代表权和信念体系的变化既涉及短期，也存在于长期，然而我对政治变革的分析无疑还需要未来的探索予以完善。

具体来说，在谈到对不平等和经济的看法时，我强调了激烈的政治冲击（战争、革命与经济危机等）的作用，更长期学习曲线的作用，以及国民身份的交叉效应。在20世纪20年代早期，国民阵线主导的法兰西共和国历史上最右翼色彩的下议院投票支持对富人实施最沉重的累进税（对最高收入的税率达到60%），而同样的政治群体曾在1914年夏天之前顽固地拒绝采纳顶级税率仅为2%的所得税。按精英群体在当时的主流意识形态，法国是一个由大量小地主组成的国家，通过大革命已经实现了平等，因此不需要累进制和掠夺性税收（与实行贵族制、高度不平等的英国相反）。这种意识形态对那次拒绝采纳顶级税率起到了关键作用，或者说至少深刻影响了为之提供辩护的学说体系。然而，财富继承数据无可争辩地证明，资本集中度在1914年的法国已达到极端水平，与英国同期乃至1789年之前的法国没有根本差别。尽管资本的性质已完全改变（以土地为主的财富变成了房地产、制造业、金融业和在国际上拥有的财富），集中度却与大革命前夕的状况非常接近。这充分说明在财产法律和市场面前，形式上的平等不足以带来平等的实际结果。无论如何，法兰西共和国的精英群体在20世纪20年代早期彻底调整了对累进税制的看法，不单是因为战争带来的人力和金融打击，更是由于布尔什维克革命与社会运动已完全改变了当时的政治和思想版图。

我试图以另一种方式说明20世纪80年代的新保守主义革命不仅源于20世纪70年代的金融危机和二战后增长奇迹的终结，也是（或许主要）因为若干国家担心丧失其领先地位，或至少是担心战争中的失败者会后来者居上。这种担心在美国和英国尤为强烈，而罗纳德·里根与玛格丽特·撒切尔很明白该如何利用局势，号召重返纯粹的资本主义，以摆脱干预主义者在大萧条后期和二战中实施的各种缓和性社会与财政制度。

当然，长期的底层运动在这些变化中所起的作用不容忽视。例如在19世纪后期到20世纪早期围绕累进税展开的意识形态争论就不应被低估，它们在许多方面给后期的发展奠定了基础。不过我认为，如果没有战争、革命和社会运动，法国和其他国家当时的政治经济精英群体依然会借助其游说技能和媒体影响力抗拒征收累进税的任何重大行动。如果认为欧洲国家在20世纪盛行的极端不平等和社会矛盾对民族主义兴起乃至战争本身起了推波助澜的作用，也不能算耸人听闻。因为对于之前数十年的资本积累和分配的社会经济动态来说，它们本来就不应被视为外生因素。

鉴于金融危机、革命与社会运动在过去多个世纪的不平等历史中发挥的关键作用，很难相信同样的因素不会在将来产生同样的影响。现代社会型与财政型国家的出现，让人类可以在20世纪发展出一套基本社会权利体系，深刻改变资本主义制度的运行逻辑，但这并非和平选举进程的产物。我在书中没有试图讨论将来会出现何种社会运动与政治变革方式，但假设它们确实会发挥关键作用。我还希望经济知识的普及能有助于经济与社会民主化的整体进程。我应该强调，如果没有政治代表制度的改革，我支持的经济和财政民主制的前景不可能完全实现。民主制度必须持续更新改造。例如，在欧洲现有的制度框架内，严格来说不可能在欧洲层面实施财政公正的政策，原因是财政决策的制定必须遵循全体一致的规则。所以，在地方层面与欧洲层面都应该就具体的民主组织形式展开讨论，才显得至关重要。[32]

该书的另一重要缺陷在于，我没有足够深入地考察所有权形式本身可能的演变路径。我坚决支持社会型国家及其权利体系，以及对收入和资本的累进税制。应该指出，资本累进税如果实施得当，可以抑制资本主义和私有财产，因为累进税将把后者变成暂时而非永久性的存在，尤其是对规模特别大的财产，可以适用相当高的税率，例如每年5%或10%，根据观察到的增长率和属意的社会目标或许还可以更高。这样的税收在许多方面相当于一场永久性的土地改革。此外，伴随着真正的资本累进税而来的财务透明度将显著促进资本主义的民主再造过程。最后，我没有充分考察未来可能发展出哪些新的所有权形式与参与式治理，例如在教育、医疗乃至媒体等领域，它们的属性可能介于私人财产（由于工薪劳动者更多地行使经济权力，本身会走向大众化）与公共财产（必须在若干领域继续扮演重要角色，当公共债务的数额大大超出贫乏的公共资产时，就很难发挥作用）之间。[33]

我书中的最后一章做了如下总结陈述："离开真正的会计和财务透

明度以及信息分享,就不可能有经济民主。反过来,离开参与公司决策的真正权利(包括劳动者在公司董事会中的席位),透明度也没有用处。信息必须给民主制度提供支持,它本身不是目的。如果民主制度希望有朝一日重新制服资本主义,它必须首先认识到承载民主和资本主义的具体制度需要反复改造更新。"[34] 在这段陈述之前的多个章节里,我没有更全面地讨论这些新的所有权和参与权形式,这无疑表明我的书至多是关于21世纪资本研究的一首序曲。尽管不够完美,我依然希望该书能够为经济学与其他社会科学逐渐走向调和的漫长征途贡献绵薄之力。

注 释

引言 《21世纪资本论》出版三年之后

1. Thomas Piketty, *Capital in the Twenty-First Century*, trans. Arthur Goldhammer (Cambridge, MA: Belknap Press of Harvard University Press, 2014).
2. 关于财富的论述，参见Thomas Piketty and Gabriel Zucman, "Capital Is Back: Wealth-Income Ratios in Rich Countries, 1700–2010," *Quarterly Journal of Economics* 129, no. 3 (August 1, 2014): 1255–1310, doi: 10.1093/qje/qju018。
3. Thomas Piketty, Thomas, Emmanuel Saez, and Gabriel Zucman (2016), "Distributional National Accounts: Methods and Estimates for the United States," Working Paper, http://gabriel-zucman.eu/files/PSZ2016.pdf.
4. Piketty, *Capital*, 571, Kindle location 10107.
5. John Maynard Keynes, *The General Theory of Employment, Interest, and Money* (New York: Harcourt Brace Jovanovich, 1953), 376.
6. See Robert J. Gordon, *The Rise and Fall of American Growth: The U.S. Standard of Living since the Civil War* (Princeton, NJ: Princeton University Press, 2016).
7. Matthew Rognlie, "A Note on Piketty and Diminishing Returns to Capital," Working Paper, 2014。
8. Tyler Cowen, "Capital Punishment," *Foreign Affairs*, June 2014, https://www.foreignaffairs.com/reviews/review-essay/capital-punishment.
9. Daron Acemoglu and James Robinson, "The Rise and Decline of General Laws of Capitalism," *Journal of Economic Perspectives* 29, no. 1 (Winter 2015): 9.
10. Allan Meltzer, "The United States of Envy," in *Defining Ideas: A Hoover Institution Journal*, April 17, 2014, http://www.hoover.org/research/united-states-envy.
11. Anne Case and Angus Deaton, "Rising Morbidity and Mortality in Midlife among White Non-Hispanic Americans in the 21st Century," *Proceedings of the National Academy of Sciences* 112, no. 49 (December 8, 2015): 15078–15083, doi: 10.1073/pnas.1518393112.
12. Derek Neal and Armin Rick, "The Prison Boom and the Lack of Black Progress after Smith and Welch," NBER Working Paper No. 20283 (2014), http://home.uchicago.edu/~arick/

prs_boom_201309.pdf.

13. Richard V. Reeves and Kimberly Howard, "The Glass Floor: Education, Downward Mobility, and Opportunity Hoarding," Brookings Institution (November 2013), http://www.brookings.edu/~/media/research/files/papers/2013/11/glass-floor-downward-mobility-equality-opportunity-hoarding-reeves-howard/glass-floor-downward-mobility-equality-opportunity-hoarding-reeves-howard.pdf.

14. Nelson Schwartz, "In an Age of Privilege, Not Everyone Is in the Same Boat," *New York Times*, April 23, 2016, http://www.nytimes.com/2016/04/24/business/economy/velvet-rope-economy.html? em_pos=large&emc=edit_nn_ 20160426&nl=morning-briefing&nlid=74144564.

15. Arthur M. Okun, *Equality and Efficiency: The Big Tradeoff*, 2nd ed. (Washington, DC: Brookings Institution Press, 2015).

16. Thomas Piketty, "Putting Distribution Back at the Center of Economics: Reflections on *Capital in the Twenty-First Century*," *Journal of Economic Perspectives* 29, no. 1 (Winter 2015): 75-76。

第1章 皮凯蒂现象

1. 销量数据是近似值,基于同哈佛大学出版社的私人联系。
2. 皮凯蒂在许多国家公开介绍过自己的发现,包括中国、日本、印度、南非和阿根廷等。有一次他的行程被迫推迟,因为其护照上已没有空白地方盖章,出入境官员拒绝让他登机。
3. http://www.bloomberg.com/bw/articles/2014-05-29/businessweeks-thomas-piketty-cover-how-we-made-it.
4. Craig Lambert, "The 'Wild West' of Academic Publishing," *Harvard Magazine*, January-February 2015, http://harvardmagazine.com/2015/01/the-wild-west-of-academic-publishing。Business Week, May 29, 2014, cover, http://www.businessweek.com/printer/articles/203578-pikettys-capital-an-economists-inequality-ideas-are-all-the-rage.
5. Chris Giles, "Piketty Findings Undercut by Errors," *Financial Times*, May 23, 2014, http://www.ft.com/intl/cms/s/2/e1f343ca-e281-11e3-89fd-00144feabdc0.html#axzz3mfDs2OBq。但皮凯蒂的回答很好地驳斥了Giles的批评。当时还有对皮凯蒂更实质性的批评,尤其是来自:Matt Rognlie, "Deciphering the Fall and Rise in the Net Capital Share," *Brookings Papers on Economic Activity*, March 19, 2015, http://www.brookings.edu/about/projects/bpea/papers/2015/land-prices-evolution-capitals-share;

以及 Odran Bonnet et al., "Capital Is Not Back," Vox EU, June 2014, http://www.voxeu.org/article/housing-capital-and-piketty-s-analysis。

6. Andrew Hill, "Thomas Piketty's *Capital* Wins Business Book of the Year," *Financial Times*, November 11, 2014, http://www.ft.com/intl/cms/s/0/b9e03c5c-6996-11e4-9f65-00144feabdc0.html。

7. 来自私人联系。

8. 来自私人联系。

9. 来自私人联系。

10. Thomas Piketty, *Les hauts revenus en France au 20e siècle: Inégalités et redistribution, 1901–1998* (Paris: B. Grasset, 2001)。在《21世纪资本论》成功出版后,这本700多页著作的英文版权也已被预定。

11. Jordan Ellenberg, "The Summer's Most Unread Book Is...," *Wall Street Journal*, July 3, 2014, http://www.wsj.com/articles/the-summers-most-unread-book-is-1404417569。

12. http://www.dailymotion.com/video/xgs61l_hollande-piketty-et-la-revolution-fiscale-1-2_news。

13. Olivier J. Blanchard, "The State of Macro," NBER Working Paper No. 14259 (August 2008), http://www.nber.org/papers/w14259。

14. O. Blanchard, G. Dell'Ariccia, and P. Mauro, "Rethinking Macroeconomic Policy," IMF Staff Position Note (February 12, 2010), https://www.imf.org/external/pubs/ft/spn/2010/spn1003.pdf。

15. Paul Krugman, "The Profession and the Crisis," *Eastern Economic Journal* 37, no. 3 (May 2011): 307–312, http://www.palgrave-journals.com/eej/journal/v37/n3/full/eej20118a.html。

16. Thomas Piketty and Emmanuel Saez, "Income Inequality in the United States, 1913–1998," *The Quarterly Journal of Economics* 118, no. 1 (February 2003); Thomas Piketty and Emmanuel Saez, "The Evolution of Top Incomes: A Historical and International Perspective," *American Economic Review: Papers and Proceedings* 96, no. 2 (May 2006): 200–205。

17. 在美国进步中心(Center for American Progress)主办的一次演讲中,时任总统奥巴马指出美国"面临危险而扩大的不平等状况,缺乏向上的社会流动性",并称之为"我们时代的决定性挑战"。他承诺"在下一年及余下的总统任期内,这将是我的政府集中全部努力要解决的问题"。Barack Obama, "Remarks by the President on Economic Mobility" (speech, Washington, DC, December 4, 2013), https://www.whitehouse.gov/the-press-office/2013/12/04/remarks-president-economic-mobility。

18. Lawrence H. Summers, "The Inequality Puzzle," *Democracy*, no. 33（Summer 2014）, http：//www.democracyjournal.org/33/the-inequality-puzzle.php? page=all.
19. Eugene Robinson, "Elizabeth Warren Makes a Powerful Case," *Washington Post*, October 20, 2014, https：//www.washingtonpost.com/opinions/eugene-robinson-elizabeth-warren-makes-the-case-on-income-inequality/2014/10/20/ba54c68e-588a-11e4-8264-deed989ae9a2_story.html.
20. Eric Alterman, "Inequality and the Blind Spots of the Democratic Party," *The Nation*, May 14, 2015, http：//www.thenation.com/article/bill-de-blasio-crisis-inequality-and-blind-spots-democratic-party/.
21. Lawrence Mishel, "Chair Yellen Is Right: Income and Wealth Inequality Hurts Economic Mobility," Economic Policy Institute, Working Economics Blog, http：//www.epi.org/blog/chair-yellen-income-wealth-inequalities/-his-critics.html.
22. Alan B. Krueger, "The Rise and Consequences of Inequality in the United States," speech（January 12, 2012）, https：//www.whitehouse.gov/sites/default/files/krueger_cap_speech_final_remarks.pdf.
23. Raj Chetty, Nathaniel Hendren, Patrick Kline, Emmanuel Saez, and Nicholas Turner, "Is the United States Still a Land of Opportunity? Recent Trends in Intergenerational Mobility," NBER Working Paper No. 19844（http：//www.nber.org/papers/w19844）："我们发现现代际流动性的所有这些基于收入阶层的测量指标都没有随时间显著改变。例如父母属于收入分配底层1/5，其子女达到收入分配顶层1/5的概率，对1971年出生的孩子为8.4%，对1986年出生的孩子为9.0%。对于1984年出生的孩子，最高收入家庭的孩子相比最低收入家庭的孩子，上大学的概率高出74.5个百分点，对1993年出生的孩子，为69.2个百分点。这表明代际流动性在近期或许稍有提高。此外，在美国的9个统计区划中，代际流动性在时间上都相当稳定，但各区划的水平大不相同。"但由于不平等程度扩大，作者们依然强调："出身的乐透彩票（父母背景）的影响在今天比过去更为显著。"
24. Jerome Karabel, *The Chosen: The Hidden History of Admission and Exclusion at Harvard, Yale, and Princeton*（New York: Houghton Mifflin Harcourt, 2005）.
25. Nicholas Lemann, *The Big Test: The Secret History of American Meritocracy*（New York: Farrar, Straus and Giroux, 2000）.
26. Theda Skocpol and Vanessa Williamson, *The Tea Party and the Remaking of American Conservatism*（New York: Oxford University Press, 2012）.
27. Branko Milanovic, "The Return of 'Patrimonial Capitalism': A Review of Thomas Piketty's *Capital in the Twenty-First Century*," *Journal of Economic Literature* 52, no. 2（2014）：

1—16.

28. *The Economist*, May 2014.
29. Thomas Edsall, "Capitalism vs. Democracy," *New York Times*, January 28, 2014, http：//www.nytimes.com/2014/01/29/opinion/capitalism-vs-democracy.html.
30. Krugman, "Why We're in a New Gilded Age," *New York Review of Books*, May 8, 2014（此文即为本书第3章）。
31. Robert M. Solow, "Thomas Piketty Is Right," *New Republic*, April 22, 2014（此文即为本书第2章）。
32. Lambert, "The 'Wild West'," no. 3.
33. Thomas Piketty, *Capital in the Twenty-First Century*, trans. Arthur Goldhammer（Cambridge, MA：Belknap Press of Harvard University Press, 2014）, 32, 15.
34. Thomas Edsall, "Thomas Piketty and His Critics," *New York Times*, May 14, 2014, http：//www.nytimes.com/2014/05/14/opinion/edsall-thomas-piketty-and-his-critics.html.
35. James K. Galbraith, "*Kapital for the Twenty-First Century?*," *Dissent*, Spring 2014, https：//www.dissentmagazine.org/article/kapital-for-the-twenty-first-century.
36. Timothy Shenk, "Apostles of Growth," *The Nation*, November 5, 2014, http：//www.thenation.com/article/apostles-growth/.
37. 需要指出，第二次讲座是在哈佛大学法学院举办的，其中一位评论人是法学教授。法律学者对皮凯蒂著作的兴趣很高，例如杜克法学院的Jedediah Purdy与耶鲁的David Grewal都发表过评论。Purdy的评论见：*Los Angeles Review of Books*, April 24, 2014。Grewal的评论见：*Harvard Law Review* 128, no. 626（December 10, 2014）。
38. 感谢Noam Maggor指出这点。
39. Krugman, "New Gilded Age".
40. *Lire* Le capital de *Thomas Piketty*, *special issue*, *Annales*：*Histoire, Sciences sociales* 70, no. 1（January-March 2015）：5.
41. Nicolas Delalande, "Vers une histoire politique de capital?," *Annales*：HSS 70, no. 1（January-March 2015）：50.
42. Alexis Spire, "Capital, reproduction sociale et fabrique des inégalités," *Annales*：HSS 70, no. 1（January-March 2015）：61.
43. Piketty, *Capital*, 573.
44. Spire, "Capital," 63.
45. Nancy Partner, "*Les mots et les choses and Beyond*," paper delivered at a colloquium on the work of Michel Foucault at Harvard's Center for European Studies, April 17-18, 2015.
46. 在《21世纪资本论》成功发售后，哈佛大学出版社又单独出版了皮凯蒂与不平等经济学研究先驱安东尼·阿特金森的一本早期著作,并与皮凯蒂的评论者布兰科·米兰诺维奇签约了一本书。这些使该出版社成为"不平等问题的领先出版商"(来自与出版社负责人William Sisler的私人通信)。作为皮凯蒂著作的译者,我收到多家出版社的消息,询问是否了解研究不平等领域的其他法国经济学家或社会科学家。如前文所述,皮凯蒂的法文著作《法国的高收入》(*Hauts revenus en France*)已被委托翻译。毫无疑问,这个研究领域是因为皮凯蒂的成功而成为热点。

47. 周恩来说出这句名言的时候,显然以为是被问及1968年5月巴黎社会运动的政治影响,而非历史上的法国大革命。

48. Galbraith,"*Kapital*".

49. 例如,Peter Spiegel,"EU Agrees Laws to End Banking Secrecy," *Financial Times*, October 14, 2014, http://www.ft.com/intl/cms/s/0/0ca39924-53b3-11e4-929b-00144feab7de.html#axzz3mfDs2OBq。

50. Piketty, *Capital*, 570.

第4章 《21世纪资本论》的经济学模型错在哪里?

1. Robert M. Solow, "A Contribution to the Theory of Economic Growth," *Quarterly Journal of Economics* 70, no. 1 (1956): 65-94; Trevor W. Swan, "Economic Growth and Capital Accumulation," *Economic Record* 32, no. 2 (1956): 334-361。

2. 克鲁塞尔与史密斯批评了皮凯蒂关于净储蓄率不变的假设,并指出不变毛储蓄率或内生储蓄率都会降低资本产出比随增长率下降而提升的幅度,并消除增长率降至零水平对资本产出比造成的极端影响。不过皮凯蒂模型中关于资本产出比会随着增长率下降而提升的定性结果不会改变。参见Per Krusell and Tony Smith, "Is Piketty's 'Second Law of Capitalism' Fundamental?," *Journal of Political Economy* 123, no. 4 (August 2015): 725-748。

3. 不变替代弹性生产函数(CES production function)适合若干特定情形,包括$\sigma=0$的里昂惕夫固定比例生产函数;σ为无限的线性生产函数;$\sigma=1$的柯布-道格拉斯生产函数(资本系数为a)。

4. 见皮凯蒂此文的第39页,"Technical Appendix of the book *Capital in the Twenty-First Century*," 2014, http://piketty.pse.ens.fr/files/capital21c/en/Piketty2014TechnicalAppendix.pdf。

5. Robert Rowthorn, "A Note on Piketty's *Capital in the Twenty-First Century*," *Cambridge Journal of Economics* 68, no. 1 (2014): 1275-1284; Matthew Rognlie, "Deciphering the Fall and Rise in the Net Capital Share," *Brookings Papers on Economic Activity*, March

2015, https://www.brookings.edu/bpea-articles/deciphering-the-fall-and-rise-in-the-net-capital-share/.

6. Rognlie, "Deciphering the Fall and Rise"; Odran Bonnet et al., "Does Housing Capital Contribute to Inequality? A Comment on Thomas Piketty's *Capital in the 21st Century*," Sciences Po Economic Discussion Paper 2014-07 (2014), http://econ.sciences-po.fr/sciences-po-economics-discussion-papers.

7. 罗根利推导的净弹性与毛弹性的关系为：$\dfrac{\sigma^N}{\sigma^G} = \dfrac{r^N K/Y^N}{r^G K/Y^G} = \dfrac{\alpha^N}{\alpha^G}$ （10）
其中，N代表净值，G代表毛价值。净弹性与毛弹性之比等于净资本占比与毛资本占比之比。净弹性始终低于毛弹性，因为净资产占比总是低于毛资本占比。这里的经济直觉是，毛回报的任何变化都大于净回报，因此在K/L变化的同时，净弹性必然小于毛弹性。利用皮凯蒂和祖克曼收集的数据，美国在1970—2010年的毛资本占比相比净资本占比高出约30%。参见Thomas Piketty and Gabriel Zucman, "Capital is Back: Wealth-Income Ratios in Rich Counties, 1700-2010," *Quartely Jounral of Economics* 129, no.3 (2014): 1255-1310。有关净资本占比和毛资本占比的差异，参见Benijamwn Bridgeman, "Is Labor's Loss Capital's Gain? Gross versus Net Labror Shares" (2014), http://bea.gov/papers/pdf/laborshare/410.pdf。

8. Robert S. Chirinko, "Sigma: The Long and Short of It," *Journal of Macroeconomics* 30 (2008): 671-686; Miguel A. Leon-Ledesma, Peter McAdam, and Alpo Willman, "Identifying the Elasticity of Substitution with Biased Technical Change," *American Economic Review* 100, no.4 (2010): 1330-1357。

9. Peter Diamond, Daniel McFadden, and Miguel Rodriguez, "Measurement of the Elasticity of Factor Substitution and Bias of Technical Change," chap. 5 in *Production Economics: A Dual Approach to Theory and Applications*, ed. Melvyn Fuss and Daniel McFadden (Amsterdam: North-Holland, 1978)。

10. Daron Acemoglu, "Labor and Capital Augmenting Technical Change," *Journal of the European Economic Association* 1, no.1 (2003): 1-37。

11. Pol Antras, "Is the US Aggregate Production Function Cobb-Douglas? New Estimates of the Elasticity of Substitution," *Contributions to Macroeconomics* 4, no.1 (2004)。另外有学者估计每年的升幅约为0.4个百分点（Klump、McAdam and Willman）。主要区别在于，Antras采用的资本通缩平减系列指数是基于Gordon之前的研究，相比Klump等人采用的NIPA平减指数，Antras采用的指数随时间平减的速度更快。参见Rainer Klump, Peter McAdam, and Alpo Willman, "Factor Substitution and Factor Augmenting Technical Progress in the US," *Review of Economics and Statistics* 89, no.1 (2007): 183-

192; Antras, "Is the US Aggregate"; Per Krusell et al., "Capital-Skill Complementarity and Inequality: A Macroeconomic Analysis," *Econometrica* 68, no. 5 (2000): 1029–1053; Robert J. Gordon, *The Measurement of Durable Goods Prices* (Chicago: University of Chicago Press, 1990)。

12. Klump, McAdam, and Willman, "Factor Substitution"。博克斯－考克斯转换意味着：$d\log \varphi = \gamma t^\lambda$；$\lambda$ 允许有偏向技术变革的速率随时间发生改变。
13. 另外可参见：Klump, McAdam, and Willman, "Factor Substitution"; Berthold Herrendorf, Christopher Herrington, and Ákos Valentinyi, "Sectoral Technology and Structural Transformation," American Economic Journal: *Macroeconomics* 7 no. 4 (2015): 104–133; Francisco Alvarez-Cuadrado, Ngo Van-Long, and Markus Poschke, *Capital-Labor Substitution, Structural Change and the Labor Income Share* (Munich: CESifo, 2014); Miguel Leon-Ledesma, Peter McAdam, and Alpo Willman, "Production Technology Estimates and Balanced Growth," *Oxford Bulletin of Economics and Statistics* 77, no. 1 (February 2015): 40–65; Lawrence, "Recent Declines in Labor's Share in US Income: A Preliminary Neoclassical Account," NBER Working Paper No. 21296, http://www.nber.org/papers/w21296。
14. Leon-Ledesma, McAdam, and Willman, "Identifying the Elasticity of Substitution".
15. Robert Chirinko and Debdulal Mallick, "The Substitution Elasticity, Factor Shares, Long-Run Growth, and the Low-Frequency Panel Model," CESifo Working Paper No. 4895 (2014).
16. Loukas Karabarbounis and Brent Neiman, "The Global Decline of the Labor Share," *Quarterly Journal of Economics* 129, no. 1 (2014): 61–103.
17. Piyusha Mutreja, B. Ravikumar, and Michael J. Sposi, "Capital Goods Trade and Economic Development," FRB of St. Louis Working Paper No. 2014-012A (2014).
18. Robert S. Chirinko, Steven M. Fazzari, and Andrew P. Meyer, "A New Approach to Estimating Production Function Parameters: The Elusive Capital-Labor Substitution Elasticity," *Journal of Business and Economic Statistics* 29, no. 4 (2011): 587–594.
19. Sebastian Barnes, Simon Price, and María Sebastiá Barriel, "The Elasticity of Substitution: Evidence from a UK Firm-Level Data Set," Bank of England Working Paper No. 348 (2008).
20. Devesh Raval, "The Micro Elasticity of Substitution and Non-Neutral Technology" (2015), http://www.devesh-raval.com/MicroElasticity.pdf.
21. Doraszelski 和 Jaumendreu 对资本、劳动和原料之间的替代弹性相等的结构模型做了估计，尽管对要素价格的估计变化是源于劳动和原料之间的价格差异，他们的弹性估计值区间依然为0.45~0.65，同上述估计一致。参见Ulrich Doraszelski and Jordi Jaumendreu，"Measuring the Bias of Technological Change"（2015），http：//economics.yale.edu/sites/default/files/ces20150319.pdf。

22. Hendrik Houthakker，"The Pareto Distribution and the Cobb-Douglas Production Function in Activity Analysis，" *Review of Economic Studies* 23，no. 1（1955）：27–31。该研究证明，如果A^K与A^L有独立的帕累托分布，企业的弹性为零的经济体将有柯布-道格拉斯式的总生产函数。

23. Piketty and Zucman，"Capital Is Back，"1271.

24. Ezra Oberfield and Devesh Raval，"Micro Data and Macro Technology，" NBER Working Paper No. 20452（September 2014）；Kazuo Satō，*Production Functions and Aggregation*（Amsterdam：Elsevier，1975）.

25. Oberfield and Raval，"Micro Data"，该研究将此情形做了一般化推广，可以适用多投入品和多产业。

26. Rainier Klump and Olivier De La Grandville，"Economic Growth and the Elasticity of Substitution：Two Theorems and Some Suggestions，" *American Economic Review* 90，no. 1（2000）：282–291.

27. Olivier De La Grandville，"In Quest of the Slutsky Diamond，" *American Economic Review* 79，no. 3（1989）：468–481.

28. Christophe Chamley，"The Welfare Cost of Capital Income Taxation in a Growing Economy，" *Journal of Political Economy* 89，no. 3（1981）：468–496.

29. 美国的进口占GDP比例的数据来自世界银行发展指数；中国在产品贸易中所占比例的数据来自美国人口普查局。

30. Michael W. L. Elsby，Bart Hobijn，and Aysegul Sahin，"The Decline of the U.S. Labor Share，" Brookings Papers on Economic Activity（2013）。

31. 他们把进口暴露程度定义为：如果所有产品都在国内生产，附加值会增加多少百分点。工资是劳动收入的一部分加上自雇收入。

32. Daron Acemoglu，David Autor，David Dorn，Gordon Hanson，and Brendan Price，"Import Competition and the Great US Employment Sag of the 2000s，" *Journal of Labor Economics* 34（2016）：S141–S198。

33. David Autor，David Dorn，and Gordon Hanson，"The China Syndrome：Local Labor Market Effects of Import Competition in the United States，" *American Economic Review* 103，no. 6（2013）：2121–2168。

34. 他们在定义中国劳均出口（Chinese exports per worker）时，根据期初的产业就业份额把中国进口分摊到各个地区，然后考察了1990—2000年与2000—2007年的变化。

35. Denis Chetverikov, Bradley Larsen, and Christopher Palmer, "IV Quantile Regression for Group-Level Treatments, with an Application to the Distributional Effects of Trade," *Econometrica* 84, no. 2 (2016): 809–833.

36. Andrew B. Bernard, J. Bradford Jensen, and Peter K. Schott, "Survival of the Best Fit: Exposure to Low-Wage Countries and the (Uneven) Growth of US Manufacturing Plants," *Journal of International Economics* 68, no. 1 (2006): 219–237.

37. James Schmitz, "What Determines Productivity? Lessons from the Dramatic Recovery of the U.S. and Canadian Iron Ore Industries Following Their Early 1980s Crisis," *Journal of Political Economy* 113, no. 3 (2005); Tim Dunne, Shawn Klimek, and James Schmitz, "Does Foreign Competition Spur Productivity? Evidence From Post WWII U.S. Cement Manufacturing" (2010), https://www.minneapolisfed.org/~/media/files/research/events/2010_04-23/papers/schmitz8.pdf?la=en.

38. Nicholas Bloom, Mirko Draca, and John Van Reenen, "Trade Induced Technical Change? The Impact of Chinese Imports on Innovation, IT and Productivity," *Review of Economic Studies* 83, no. 1 (2015): 87–117.

39. Timothy F. Bresnahan and Manuel Trajtenberg, "General Purpose Technologies 'Engines of Growth'?," *Journal of Econometrics* 65, no. 1 (1995): 83–108。关于电力应用对产业中劳动收入份额的历史影响，可参见Miguel Morin, "The Labor Market Consequences of Electricity Adoption: Concrete Evidence from the Great Depression" (2015), http://miguelmorin.com/docs/Miguel_Morin_Great_Depression.pdf。

40. David H. Autor, Frank Levy, and Richard J. Murnane, "The Skill Content of Recent Technological Change: An Empirical Exploration," *Quarterly Journal of Economics* 118, no. 4 (2003): 1279–1333.

41. Ibid.

42. James Bessen, "Toil and Technology," *Finance and Development* 52, no. 1 (2015).

43. Emek Basker, Lucia Foster, and Shawn Klimek, "Customer-Labor Substitution: Evidence from Gasoline Stations," U.S. Census Bureau Center for Economic Studies Paper No. CES-WP-15-45 (2015).

44. David Autor, David Dorn, and Gordon Hanson, "Untangling Trade and Technology: Evidence from Local Labor Markets," *Economic Journal* 125 (May 2015): 621–646.

45. Paul Beaudry, David A. Green, and Benjamin Sand, "The Great Reversal in the Demand for Skill and Cognitive Tasks," *Journal of Labor Economics* 34, no. S1 (2016): S199–S247.

46. Daron Acemoglu, "When Does Labor Scarcity Encourage Innovation?," *Journal of Political*

Economy 118, no. 6（2010）: 1037–1078.
47. Acemoglu, "Labor- and Capital-Augmenting Technical Change".

第5章 对财富收入比的政治经济学思考

1. Joan Robinson, "Open Letter from a Keynesian to a Marxist," *Jacobin*, July 17, 2011, https://www.jacobinmag.com/2011/07/joan-robinsons-open-letter-from-a-keynesian-to-a-marxist-2/.
2. Paul Krugman, "Wealth over Work," *New York Times*, March 23, 2014; Daron Acemoglu and James A. Robinson, "The Rise and Decline of General Laws of Capitalism," NBER Working Paper No. w20766（2014）.
3. José Azar, Martin C. Schmalz, and Isabel Tecu, "Anti-competitive Effects of Common Ownership," Ross School of Business Paper No. 1235（2015）; Einer Elhauge, "Horizontal Shareholding," *Harvard Law Review* 129（2016）: 1267–1811.
4. Jason Furman and Peter Orszag, "A Firm-Level Perspective on the Role of Rents in the Rise in Inequality," paper presented at "A Just Society" Centennial Event in Honor of Joseph Stiglitz Columbia University（2015）.
5. Simon Kuznets, "Economic Growth and Income Inequality," *American Economic Review* 45, no. 1（1955）: 1–28, quotation at 9.
6. Wojciech Kopczuk, "What Do We Know about the Evolution of Top Wealth Shares in the United States?," *Journal of Economic Perspectives* 29, no. 1（2015）: 47–66, discussing the capitalization estimates of wealth inequality created by Emmanuel Saez and Gabriel Zucman, "Who Benefits from Tax Expenditures on Capital? Evidence on Capital Income and Wealth Concentration," IRS Statistics of Income Working Paper Series（2014）.
7. Filipe R. Campante, "Redistribution in a Model of Voting and Campaign Contributions," *Journal of Public Economics* 95（August 2011）: 646–656, http://scholar.harvard.edu/files/campante/files/campanteredistribution.pdf.
8. Adam Bonica and Howard Rosenthal, "The Wealth Elasticity of Political Contributions by the Forbes 400"（2015）, https://papers.ssrn.com/sol3/papers.cfm?abstract_id=2668780.
9. Lee Drutman, *The Business of America Is Lobbying: How Corporations Became Politicized and Politics Became More Corporate*（Oxford: Oxford University Press, 2015）.
10. Joshua Kalla and David Broockman, "Congressional Officials Grant Access to Individuals Because They Have Contributed to Campaigns: A Randomized Field Experiment,"

American Journal of Political Science 33, no. 1 (2014): 1-24.

11. Gabriel Zucman, "Taxing across Borders: Tracking Personal Wealth and Corporate Profits," *Journal of Economic Perspectives* 28, no. 4 (2014): 121-148; and "What Are the Panama Papers?," *New York Times*, April 4, 2016, http://www.nytimes.com/2016/04/05/world/panama-papers-explainer.html?_r=0.

12. Matthew Ellman and Leonard Wantchekon, "Electoral Competition under the Threat of Political Unrest," *Quarterly Journal of Economics* (May 2000): 499-531.

13. Nicos Poulantzas, "The Problem of the Capitalist State," *New Left Review*, November-December 1969, 67; Ralph Miliband, "Poulantzas and the Capitalist State," *New Left Review*, November-December 1973, 83.

14. 长期以来认为,房主看待房产,好比奴隶主看待奴隶,保值至关重要。因此尽管实际出逃的奴隶人数很少,奴隶主仍狂热支持制定与逃亡奴隶相关的法律。

15. Alexander Hertel-Fernandez, "Who Passes Business's 'Model Bills'? Policy Capacity and Corporate Influence in US State Politics," *Perspectives on Politics* 12, no. 3 (2014): 582-602.

16. Marion Fourcade, Etienne Ollion, and Yann Algan, "The Superiority of Economists," *Journal of Economic Perspectives* 29, no. 1 (2015): 89-114.

17. Ibid., 17.

18. Brad DeLong, "The Market's Social Welfare Function," *Semi-Daily Journal* (blog), October 9, 2003, http://www.j-bradford-delong.net/movable_type/2003_archives/002449.html.

第6章 无所不在的奴隶资本

1. Southern Railroad Ledger, Purchases for 1848, Natchez Trace Slaves and Slavery Collection, no. 2E775, Dolph Briscoe Center for American History, University of Texas at Austin.

2. Robert S. Starobin, *Industrial Slavery in the Old South* (New York: Oxford University Press, 1970), 221-223; William G. Thomas, "Been Workin' on the Rail road," *Disunion: New York Times*, February 10, 2012。自20世纪60年代早期至今,经济史学家与经济学家撰写和发表了大量关于铁路与奴隶制课题的著作。参见 Robert Evans Jr., "The Economics of Negro Slavery, 1830-1860," in *Aspects of Labor Economics*, ed. Universities-National Bureau for Economic Research (Princeton, NJ: Princeton University Press, 1962), 185-256; Robert

Fogel, *Railroads and Economic Growth*: *Essays in Econometric History* (Baltimore: Johns Hopkins University Press, 1964); Mark A. Yanochik, Bradley T. Ewing, and Mark Thornton, "A New Perspective on Antebellum Slavery: Public Policy and Slave Prices," *Atlantic Economic Journal* (February 2006): 330–340。

3. Thomas Piketty, *Capital in the Twenty-First Century*, trans. Arthur Goldhammer (Cambridge, MA: Belknap Press of Harvard University Press, 2014), 46.
4. Ibid., quotation at 46, discussion at 158–163.
5. Ibid., 46.
6. 英国奴隶所有权遗产数据库（Legacies of British Slave-Ownership），参见http://www.ucl.ac.uk/lbs/；以及，"Britain's Forgotten Slave Owners," BBC Media Centre, http://www.bbc.co.uk/mediacentre/proginfo/2015/28/britains-forgotten-slave-owners/。
7. 加勒比奴隶制领域的历史学家贝克斯爵士（Sir Hilary Beckles）领导了西印度群岛的相关工作。参见Beckles, *Britain's Black Debt*: *Reparations for Caribbean Slavery and Native Genocide* (Kingston: University of West Indies Press, 2013); "CARICOM Reparations Commission Press Statement," http://caricom.org/jsp/pressreleases/press_releases_2013/pres285_13.jsp。
8. California Department of Insurance, "Slavery Era Insurance Registry," Report to the California Legislature, May 2002。芝加哥市与马里兰等州也实施了类似法律。
9. Jenny Bourne, "Slavery in the United States," EH-Net, https://eh.net/encyclopedia/slavery-in-the-united-states/。另外参见Robert William Fogel and Stanley L. Engerman, *Time on the Cross*: *The Economics of American Negro Slavery* (1971; reprint, New York: W. W. Norton, 1989); Stanley L. Engerman, Richard Sutch, and Gavin Wright, eds., *Slavery*: *For Historical Statistics of the United Sates Millennial Edition* (Riverside, CA: Center for Social and Economic Policy, 2003), 1–15; Ira Berlin and Philip Morgan, *Cultivation and Culture*: *Labor and the Shaping of the Americas* (Richmond: University Press of Virginia, 1993)。
10. Piketty, *Capital*, 162.
11. Walter Johnson, *Soul by Soul*: *Life in an Antebellum Slave Market* (Cambridge, MA: Harvard University Press, 1999).
12. Piketty, *Capital*, 46.
13. W. E. B. Du Bois, *The Suppression of the African Slave Trade to the United States of America* (New York: Longmans, Green and Co., 1896), preface.
14. Ibid.
15. Ibid., 12.

16. Ibid., 196.
17. Ulrich Bonnell Phillips, *American Negro Slavery* (New York: D. Appleton and Co., 1918), xxiii.
18. Eric Williams, *Capitalism & Slavery* (1944; reprint, Chapel Hill: University of North Carolina Press, 1994), xi.
19. Ibid., 197.
20. Alfred H. Conrad and John R. Meyer, "The Economics of Slavery in the Ante Bellum South," *Journal of Political Economy* 66 (April 1958): 95–130.
21. Fogel and Engerman, *Time on the Cross*, 39。关注非洲历史的学者也有若干与奴隶制经济有关的文献，但不属于本章的讨论范围，参见 David Eltis, *The Rise of African Slavery in the Americas* (Cambridge: Cambridge University Press, 2000)。
22. 关键的文献包括：Claudia Goldin, *Urban Slavery in the Antebellum South* (Chicago: University of Chicago Press, 1976); Roger Ransom and Richard Sutch, "Capitalists without Capital: The Burden of Slavery and the Impact of Emancipation," *Agricultural History* 62 (Summer 1988): 133–160; Laurence J. Kotlikoff, "The Structure of Slave Prices in New Orleans, 1804 to 1862," *Economic Inquiry* 17 (1979): 496–517; Richard Steckel, "Birth Weights and Infant Mortality among American Slaves," *Explorations in Economic History* 23 (April 1986): 173–198; Robert Margo and Gavin Wright, *The Political Economy of the Cotton South* (New York: W. W. Norton, 1978); Jonathan Pritchett, "Quantitative Estimates of the United States Interregional Slave Trade, 1820–1860," *Journal of Economic History* 61 (June 2001): 467–475。
23. Walter Johnson, *River of Dark Dreams: Slavery and Empire in the Cotton Kingdom* (Cambridge, MA: Harvard University Press, 2013).
24. Joshua Rothman, *Flush Times and Fever Dreams: The Story of Capitalism and Freedom in the Age of Jackson* (Athens: University of Georgia Press, 2012); Edward Baptist, *The Half Has Never Been Told: Slavery and the Making of Modern Capitalism* (New York: Basic Books, 2014); Sven Beckert, *Empire of Cotton: A Global History* (New York: Knopf, 2014); Calvin Shermerhorn, *The Business of Slavery and the Rise of American Capitalism*, 1815–1860 (New Haven, CT: Yale University Press, 2015).
25. "Blood Cotton," *The Economist*, September 4, 2014.
26. Editor's Note, "Our Withdrawn Review 'Blood Cotton,'" *The Economist*, September 4, 2014; and Edward Baptist, "What *The Economist* Doesn't Get About Slavery and My Book," *Politico*, September 7, 2014.
27. Alan Olmstead 与 Paul Rhode 一直在研究棉花生产率，他们认为棉花种植随着轧棉技术和其他生产工具的改进而发生变化。参见 Alan L. Olmstead and Paul W. Rhode, "Biological Innovation and Productivity Growth in the Antebellum Cotton Economy," *Journal of Economic History* 68 (December 2008): 1123–1171。

28. Herman Freudenberger and Jonathan B. Pritchett, "The Domestic United States Slave Trade: New Evidence," *Journal of Interdisciplinary History* 21, no. 3 (1991): 447–477; Freudenberger and Pritchett, "A Peculiar Sample: The Selection of Slaves for the New Orleans Market," *Journal of Economic History* 52 (March 1992): 109–127; Kotlikoff, "The Structure of Slave Prices"; B. Greenwald and R. Glasspiegel, "Adverse Selection in the Market for Slaves: New Orleans, 1830–1860," *Quarterly Journal of Economics*, 98, no. 3 (1989).

29. Sowande' Mustakeem, " 'She Must Go Overboard & Shall Go Overboard': Diseased Bodies and the Spectacle of Murder at Sea," *Atlantic Studies* 8, no. 3 (Fall 2011): 301–316; Mustakeem, " 'I Never Have Such a Sickly Ship Before': Diet, Disease, and Mortality in 18thCentury Atlantic Slaving Voyages," *Journal of African American History* 93 (Fall 2008): 474–496; Marcus Rediker, *The Slave Ship: A Human History* (New York: Viking Books, 2007); Stephanie Smallwood, *Saltwater Slavery: A Middle Passage from Africa to American Diaspora* (Cambridge, MA: Harvard University Press, 2007).

30. Seth Rothman, *Scraping By: Wage Labor, Slavery and Survival in Early Baltimore* (Philadelphia: University of Pennsylvania Press, 2009); Jessica Millward, *Finding Charity's Folk: Enslaved and Free Black Women in Maryland* (Athens: University of Georgia Press, 2015); Wilma King, *The Essence of Liberty: Free Black Women during the Era of Slavery* (Columbia: University of Missouri Press, 2006); Amrita Chakrabarti Myers, *Forging Freedom: Black Women and the Pursuit of Liberty in Antebellum Charleston* (Chapel Hill: University of North Carolina Press, 2011); Judith Schafer, *Slavery, the Civil Law, and the Supreme Court of Louisiana* (Baton Rouge: Louisiana State University Press, 1997); Leslie Harris and Daina Ramey Berry, *Slavery and Freedom in Savannah* (Athens: University of Georgia Press, 2014).

31. Richard Wade, *Slavery in the Cities: The South, 1820–1860* (New York: Oxford University Press, 1964), 44.

32. "Request for Slaves to Build Levee during Flood," Concordia Parish, LA, March 1815, Slaves and Slavery Collection, Mss. 2E777, no. 3, Dolph Briscoe Center for American History, University of Texas at Austin.

33. Savannah City Council Minutes, "Municipal Slavery," City of Savannah website, http://savannahga.gov/slavery.

34. 同前注，August 14, 1820, http：//savannahga.gov/slavery。关于奴隶贸易的终结，参见 Du Bois, *Suppression*; Erik Calonis, *The Wanderer*: *The Last American Slave Ship and the Conspiracy That Set Its Sails*（New York：St. Martin's Press, 2006）; Sylvianne Diouf, *Dreams of Africa in Alabama*: *The Slave Ship Clotilda and the Story of the Last Africans Brought to America*（New York：Oxford University Press, 2007）; Ernest Obadele Starks, *Footbooters and Smugglers*: *The Foreign Slave Trade in the United States after 1808*（Fayetteville：University of Arkansas Press, 2007）。

35. Savannah City Council Minutes, August 14, 1820, http：//savannahga.gov/slavery.

36. Ibid., Febreuary 24, 1831.

37. Ibid., 1842, 1831, http：//savannahga.gov/slavery。关于奴隶劳动力的价值，参见 Daina Ramey Berry, The Price for Their Pound of Flesh: *The Value of the Enslaved from the Womb to the Grave in the Building of a Nation*（Boston：Beacon Press, 2017）。

38. Wade, *Slavery in the Cities*, 45.

39. Robert S. Starobin, *Industrial Slavery in the Old South*（New York：Oxford University Press, 1970）, 18–19.

40. "Slaves Subject to Road Duty," Slaves and Slavery Records, Mss. 2E777, Natchez Trace Collection, Dolph Briscoe Center for American History, University of Texas at Austin, Ashford Family, 5, 407, 410, 480, and 481.

41. Jonathan Martin, *Divided Mastery*: *Slave Hiring in the American South*（Cambridge, MA：Harvard University Press, 2004）; John J. Zaborney, *Slaves for Hire*: *Renting Enslaved Laborers in Antebellum Virginia*（Baton Rouge：Louisiana State University Press, 2012）.关于城市地区的新获得自由的黑人劳动力的情况，参见 Jennifer Hull Dorsey, *Hirelings*: *African American Workers and Free Labor in Maryland*（Ithaca, NY：Cornell University Press, 2011）。

42. Savannah City Council Minutes, August 25 and 30, 1842.

43. Craig Steven Wilder, *Ebony & Ivy*: *Race, Slavery, and the Troubled History of America's Universities*（New York：Bloomsbury Press, 2013）, 9.

44. *Hillsborough Recorder*, Hillsborough, NC：Dennis Heartt, 1820–1879, November 29, 1829, http：//dc.lib.unc.edu/cdm/singleitem/collection/vir_museum/id/421.

45. 该研讨会由布朗大学与哈佛大学于2011年春举办，参见 *Slavery's Capitalism*: *A New History of America's Economic Development*（Philadelphia：University of Pennsylvania Press, 2016）。2011年，埃默里大学也举办了相关研讨会："Slavery and the University"，会议记录即将出版（http：//shared.web.emory.edu/emory/news/releases/2011/01/slavery-and-the-university-focus-of-emory-conference.html#.VhVKvUVrUvg）。关于女奴Kitty的情况，参

见Mark Aslunder, *The Accidental Slaveholder*: *Revisiting a Myth of Race and Finding an American Family*（Athens：University of Georgia Press，2011）。

46. 参见纪录片："The Ultimate Guide to the Presidents," on the History channel，http：//www.history.com/shows/the-ultimate-guide-to-the-presidents；以及大峡谷州立大学（Grand Valley State University）编辑的网站：http：//hauensteincenter.org/slaveholding/。

47. Piketty, *Capital*, 159.

48. 皮凯蒂的网站上没有说明生成图表所用的数据来源。

49. 参见Ira Berlin, *Many Thousands Gone*: *The First Two Centuries of Slavery in North America*（Cambridge，MA：Harvard University Press, 1998）；Leslie M. Harris, *In the Shadow of Slavery*: *African Americans in New York City, 1626–1863*（Chicago：University of Chicago Press, 2003）；Graham Russell Hodges, *Root and Branch*: *African Americans in New York and East Jersey, 1613–1863*（Chapel Hill：University of North Carolina Press, 1999）；Leon Litwack, *North of Slavery*: *The Negro in the Free States, 1790–1860*（Chicago：University of Chicago Press, 1961）；Joan Pope Melish, *Disowning Slavery*: *Gradual Emancipation and "Race" in New England, 1780–1860*（Ithaca, NY：Cornell University Press, 1998）；Wade, Slavery in the Cities；and Shane White, *Somewhat More Independent*: *The End of Slavery in New York City, 1770–1810*（Athens：University of Georgia Press, 1991）.

50. Beckles, *Britain's Black Debt*；Mary Frances Berry, *My Face Is Black Is True*: *Callie House and the Struggle for Ex-Slave Reparations*（New York：Vintage Books, 2006）；Ta-Nehisi Coates, "The Case for Reparations," *The Atlantic*, June 2014, 1–65.

51. Du Bois, *Suppression*, 197.

第7章　人力资本与财富

1. 奴隶制确实反映出了人力资本的价格，在历史上，奴隶发挥的作用与其他财富形式非常相似，被交易、投资和用作抵押品。在本书第6章，Daina Berry 讨论了奴隶作为一种资本形式的历史意义。

2. Thomas Piketty, *Capital in the Twenty-First Century*, trans. Arthur Goldhammer（Cambridge，MA：Belknap Press of Harvard University Press, 2014），46，163。

3. Ibid., 305–308。

4. Ibid., 163。

5. Ibid., 223–224。资本收入份额在20世纪呈现U形变化轨迹，目前约为国民收入的

25%~30%，仍低于一个世纪前较为普遍的35%~40%的水平。

6. Lawrence Katz and Kevin M. Murphy, "Changes in Relative Wages, 1963-1987: Supply and Demand Factors," *Quarterly Journal of Economics* 107 (1992): 35-78.

7. Alan Krueger, "Measuring Labor's Share," *AEA Papers and Proceedings* 89, no. 2 (1999): 45-51。Krueger估计，原始劳动在国民收入中的占比从1939年的0.1提高至1959年的0.13，然后到1996年下跌至0.049，大多数降幅发生在1979年之后。相反，人力资本在国民收入中的占比在20世纪呈现出U形变化轨迹，从1959年0.63的底部提升至1996年的0.72。

8. Mariacristina De Nardi, Eric French, and John Jones, "Saving after Retirement: A Survey," NBER Working Paper No. 21268 (2015); Karen Dynan, Jonathan Skinner, and Stephen Zeldes, "Do the Rich Save More?," *Journal of Political Economy* 112, no. 2 (2004): 397-444.

9. Mariacristina De Nardi, "Quantitative Models of Wealth Inequality: A Survey," NBER Working Paper No. 21106 (2015).

10. Michael Hurd, "Savings of the Elderly and Desired Bequests," *American Economic Review* 77, no. 3 (1987): 298-312；另外参见Wojciech Kopczuk and Joseph Lupton, "To Leave or Not to Leave: The Distribution of Bequest Motives," *Review of Economic Studies* 74, no. 1 (2007): 207-235。Hurd发现有子女的人消耗其财富的速度实际上快于没有子女的人。Kopczuk等人测算出遗赠动机有较大异质性，认为子女因素似乎不是决定谁会留下遗产的关键。Dynan等人的研究也发现，没有证据表明拥有子女的家庭的储蓄更多或者有更陡峭的储蓄收入比变化（Dynan et al., "Do the Rich Save More?"）。

11. Lena Edlund and Wojciech Kopczuk, "Women, Wealth, and Inequality," *American Economic Review* 99, no. 1 (2009): 146-178。该研究认为，继承财富在过去几十年的重要性下降了，因为女性在极富人群中的占比（继承财富的一个替代变量）自1960年以来下降了约40%。皮凯蒂认为20世纪上半叶的巨大财富破坏可以解释继承资本相对重要性的下降，另外今天的基本经济机制运行与过去并无太多不同。但他的观点是基于未经检验的假设，即高收入个人的储蓄和遗赠行为类似于一战之前盛行的模式。

12. Greg Duncan and Richard Murnane, "Figure 1.6: Enrichment Expenditures on Children, 1972-2006," Russell Sage Foundation (2011), http://www.russellsage.org/research/chartbook/enrichment-expenditures-children-1972-to-2006。有关父母时间分配的变化趋势，参见Jonathan Guryan, Erik Hurst, and Melissa Kearney, "Parental Education and Parental Time with Children," *Journal of Economic Perspectives* 22 (2008): 23-46; Anne Gauthier, Timothy Smeedeng, and Frank Furstenberg Jr., "Are Parents Investing

Less Time in Children? Trends in Selected Industrialized Countries," *Population and Development Review* 30 (2004): 647–671; Mark Aguiar and Erik Hurst, "Measuring Trends in Leisure: The Allocation of Time over Five Decades," *Quarterly Journal of Economics* 122 (2007): 969–1006.

13. Susan Mayer, *What Money Can't Buy: Family Income and Children's Life Chances* (Cambridge, MA: Harvard University Press, 1997); David Blau, "The Effect of Income on Child Development," *Review of Economics and Statistics* 81, no. 2 (1999): 261–276; Gordon Dahl and Lance Lochner, "The Impact of Family Income on Child Achievement: Evidence from the Earned Income Tax Credit," *American Economic Review* 102, no. 5 (2012): 1927–1956.

14. Sean Reardon, "The Widening Academic Achievement Gap between the Rich and the Poor: New Evidence and Possible Explanations," in *Whither Opportunity? Rising Inequality, Schools, and Children's Life Chances*, ed. Greg J. Duncan and Richard J. Murmane, 91–116 (New York: Russell Sage Foundation, 2011)。作为对比的观点,参见Eric Nielsen, "The Income-Achievement Gap and Adult Outcome Inequality," Finance and Economics Discussion Series, Board of Governors of the Federal Reserve System (2015)。

15. Douglas Almond and Janet Currie, "Killing Me Softly: The Fetal Origins Hypothesis," *Journal of Economic Perspectives* 25, no. 3 (2011): 153–172; 另外参见Sandra Black, Paul Devereaux, and Kjell Salvanes, "From the Cradle to the Labor Market? The Effect of Birth Weight on Adult Outcomes," *Quarterly Journal of Economics* 122, no. 1 (2007): 409–439。

16. 这方面的文献综述,参见James Heckman and Stefano Mosso, "The Economics of Human Development and Social Mobility," *Annual Review of Economics* 6 (2014): 689–733; Flavio Cunha, James J. Heckman, and Susan Schennach, "Estimating the Technology of Cognitive and Noncognitive Skill Formation," *Econometrica* 78 (2010): 883–931。

17. Gary Becker and Nigel Tomes, "Human Capital and the Rise and Fall of Families," *Journal of Labor Economics* 4 (1986): S1–S39; Bhashkar Mazumder, "Fortunate Sons: New Estimates of Intergenerational Mobility in the United States Using Social Security," *Review of Economic and Statistics* 87 (2005): 235–255; Miles Corak, Matthew Lindquist, and Bhashkar Mazumder, "A Comparison of Upward and Downward Intergenerational Mobility in Canada, Sweden, and the United States," *Labour Economics* 30 (C) (2014): 185–200。利用多年的收入数据,Mazumder得到的代际流动性估计值远低于早期的研究,如Becker and Tomes(利用每代人的单一年份的成年人收入数据)。不过,Corak等人得到的代际流动性估计值仅略低于Becker and Tomes(即使控制了临时收入的可变性)。

18. 对各种代际流动性研究文献的杰出综述，参见 Sandra Black and Paul Devereux, "Recent Developments in Intergenerational Mobility," in *Handbook of Labor Economics* 4, pt. B（2011）: 1487-1541。有关基因遗传对代际相关性的相对重要性的估计没有明确结论，某些论文发现基因作用很大，其他认为较小。有关父母教育对代际流动性的因果关系效应的测算得到的估计结果也差异较大。最后，与《21世纪资本论》关系最直接的对财富流动性的估计同样没有确定结论，不同作者对遗赠、环境影响和基因继承的重要性缺乏共识。参见 Casey Mulligan, *Parental Priorities and Economic Inequality*（Chicago: University of Chicago Press, 1997）; Kerwin Charles and Erik Hurst, "The Correlation of Wealth across Generations," *Journal of Political Economy* 111, no. 6（2003）: 1155-1182; Sandra Black, Paul Devereux, Petter Lundborg, and Kaveh Majlesi, "Poor Little Rich Kids? The Determinants of the Intergenerational Transmission of Wealth," NBER Working Paper No. 21409（2015）。

19. Susan Mayer and Leonard Lopoo, "Has the Intergenerational Transmission of Economic Status Changed?," *Journal of Human Resources* 40, no. 1（2005）: 169-185; Daniel Aaronson and Bhashkar Mazumder, "Intergenerational Economic Mobility in the United States, 1940-2000," *Journal of Human Resources* 43, no. 1（2008）: 139-172; Chul-In Lee and Gary Solon, "Trends in Intergenerational Income Mobility," *Review of Economics and Statistics* 91（2009）: 766-772。Mayer and Lopoo 估计，流动性对 1949—1956 年出生的人群可能有提高，对此后直到 1965 年出生的人群可能有下降。Aaronson and Mazumdar 认为，美国的流动性在 1950—1980 年有所提高，此后迅速下降。Lee and Solon 则没有发现明显的时间趋势。一项较新的重要补充研究参见 Raj Chetty, Nathaniel Hendren, Patrick Kline, and Emmanuel Saez, "Where Is the Land of Opportunity? The Geography of Intergenerational Mobility in the United States," *Quarterly Journal of Economics* 129, no. 4（2014）: 1553-1623。Chetty 等人发现，对 1971—1993 年间出生的美国人，代际流动性基本稳定，但在不同地区之间有显著的地理异质性。时间跨度更长的流动性研究可参见 Joseph Ferrie, "The End of American Exceptionalism? Mobility in the U.S. since 1850," *Journal of Economic Perspectives* 19（2005）: 199-215; Gregory Clark, *The Son Also Rises: Surnames and the History of Social Mobility*（Princeton, NJ: Princeton University Press, 2014）。Ferrie 发现，美国的职业流动性在 19 世纪下半叶特别高，到 1920 年以后快速下降。Clark 利用罕见姓氏来追踪多代人的社会地位，认为代际延续性比其他人之前的估计高得多，而且在时间和地理上的稳定性也强得多。

20. Becker and Tomes, "Human Capital." See also Gary Becker and Nigel Tomes, "An Equilibrium Theory of the Distribution of Income and Intergenerational Mobility," *Journal*

of Political Economy 87（1979）: 1153–1189.

21. Gary Solon, "A Model of Intergenerational Mobility Variation over Time and Place," in *Generational Income Mobility in North America and Europe*, ed. Miles Corak（Cambridge: Cambridge University Press, 2004）。Solon提出的理论模型中，父母选择对子女的人力资本做多少投资。孩子的人力资本还取决于政府投资与遗传禀赋。Solon通过该模型显示，流动性在几类情况下会降低：（1）政府投资累进性减弱；（2）人力资本投资（包括政府和父母的投资）的效率提高；（3）人力资本的收入回报提高；（4）能力更容易遗传。在理想情况下，我们可以用数据来检验这些理论，分析代际流动性的不同决定因素的相对重要性。

22. Anders Bjorklund, Mikael Lindahl, and Erik Plug, "The Origins of Intergenerational Association: Lessons from Swedish Adoption Data," *Quarterly Journal of Economics* 121（2006）: 999–1028。这几位学者利用子女的亲生父母与养父母的数据证明，出生前的环境同出生后的因素之间呈正相关。

23. Harry Frankfurt, "Equality as a Moral Ideal," *Ethics* 98, no. 1（1987）: 21–43。Frankfurt认为从道德意义上讲，重要的不是平等本身，而是穷人要获得"足够多"。

24. 参见：James Heckman, Seong Moon, Rodrigo Pinto, Peter Savelyev, and Adam Yavitz, "The Rate of Return to the High/Scope Perry Pre-school Program," *Journal of Public Economics* 94, nos. 1–2（2010）: 114–128；Frances Campbell, Gabriella Conti, James Heckman, Seong Hyeok Moon, Rodrigo Pinto, Elizabeth Pungello, and Yi Pan, "Early Childhood Investments Substantially Boost Adult Health," *Science* 343（2014）: 1478–1485，等等。Heckman教授的网站提供了早期儿童教育效果的丰富证据：http://heckmanequation.org/。

25. Janet Currie and Duncan Thomas, "Does Head Start Make a Difference?," *American Economic Review* 85（1995）: 341–364; Eliana Garces, Duncan Thomas, and Janet Currie, "Longer-Term Effects of Head Start," *American Economic Review* 92（2002）: 999–1012。Currie和Thomas发现，先行教育计划给白人学生带来了考试成绩与毕业完成率方面的持续提高，而黑人学生得到的促进更小，更短暂。Garces、Thomas和Currie则发现，先行计划对高中毕业率、大学入学率、收入和犯罪行为等都有较大积极效应，但种族间的差异较大。对于严重贫困儿童和一般贫困儿童的干预效应的差异分析，参见Marianne Bitler, Hilary Hoynes, and Thurston Domina, "Experimental Evidence on Distributional Effects of Head Start," NBER Working Paper No. 20434（2014）; David Deming, "Early Childhood Intervention and Life-Cycle Skill Development: Evidence from Head Start," *American Economic Journal*: *Applied Economics* 1（2009）: 111–134。Bitler等人认为，先行计划的收益有高度异质性，对最贫困的受助者的干预效应最大。Deming得到了类似的结论。

第8章 技术对收入与财富不平等的影响

1. Erik Brynjolfsson and Andrew McAfee, *The Second Machine Age: Work, Progress, and Prosperity in a Time of Brilliant Technologies* (New York: W. W. Norton, 2014).
2. Ezra Oberfield and Devesh Raval, "Micro Data and Macro Technology," NBER Working Paper No. 20452 (September 2014); Loukas Karabarbounis and Brent Neiman, "The Global Decline of the Labor Share," NBER Working Paper No. 19136 (June 2013).
3. David Michael, Antonio Varas, and Pete Engardio, "How Adding More Mobile Subscribers Will Drive Inclusive Growth," a proposal for discussion, submitted to the Symposium on Inclusive Growth, Harvard University, October 2, 2015.
4. Thomas Piketty, "Putting Distribution Back at the Center of Economics: Reflections on *Capital in the Twenty-First Century*," *Journal of Economic Perspectives* 29, no. 1 (Winter 2015): 67–88.
5. Claudia Goldin and Lawrence Katz, *The Race between Education and Technology: The Evolution of U.S. Educational Wage Differentials, 1890–2005* (Cambridge, MA: Belknap Press of Harvard University Press, 2010); David Autor, Lawrence Katz, and Melissa Kearney, "The Polarization of the U.S. Labor Market," *American Economic Review* 96, no. 2 (2006): 189–194; David Autor, "Polanyi's Paradox and the Shape of Employment Growth," NBER Working Paper No. 20485 (September 2014)。
6. Maarten Goos 与 Alan Manning 在其论文中采用了这一"极端化"的术语:"Lousy and Lovely Jobs: The Rising Polarization of Work in Britain," *Review of Economics and Statistics* 89, no. 1 (2007): 118–133。关于极端化现象的近期研究综述,参见 David Autor, "Why Are There Still So Many Jobs? The History and Future of Workplace Automation," *Journal of Economic Perspectives* 29, no. 3 (Summer 2015): 3–30。
7. *Hard Times Reports*, Center on Education and the Workforce, Georgetown University, 2014 and 2015.
8. James Manyika et al., "Digital America: A Tale of the Haves and the Have-Mores," McKinsey Global Institute, December 2015.
9. David Autor, "Skills, Education and the Rise of Earnings Inequality among the Other 99%," *Science*, May 23, 2014, 843–851。
10. 基尼系数根据世界银行数据和维基百科报道来测算,参见 https://en.wikipedia.org/wiki/List_of_countries_by_income_equality。对美国和其他发达国家工资不平等程度的比较,参见 James Gornick and Branko Milanovic, "Income Inequality in the United States in Cross-National Perspective: Redistribution Revisited," Research Brief, Luxembourg

Income Study Center, Graduate Center, City University of New York, May 2015。

11. Josh Bivens, Elise Gould, Lawrence Mishel, and Heidi Shierholz, "Raising America's Pay: Why It's Our Central Economic Policy Challenge," Briefing Paper No. 378m, *Economic Policy Institute*, June 4, 2014.

12. Lawrence Mishel and Alyssa Davis, "Top CEOs Make 300 Times More than Typical Workers," Issue Brief No. 399, *Economic Policy Institute*, June 21, 2015.

13. Kevin Murphy, "Executive Compensation: Where We Are and How We Got There," in *Handbook of the Economics of Finance*, ed. George Constantinides, Milton Harris, and Rene Stulz (Amsterdam: Elsevier Science North-Holland, 2012).

14. Erik Brynjolfsson, Heekyung Kim, and Guillaume Saint-Jacques, "CEO Pay and Information Technology," MIT Initiative on the Digital Economy Working Paper, February 2016。更早期的文稿参见ICIS 2009 Proceedings, AIS Electronic Library (AISeL), http://aisel.aisnet.org。

15. Jon Bakija, Adam Cole, and Bradley Heim, "Jobs and Income Growth of Top Earners and the Causes of Changing Income Inequality: Evidence from U.S. Tax Returns, William College," April 2012, https://web.williams.edu/Economics/wp/BakijaColeHeimJobsIncomeGrowthTopEarners.pdf.

16. Ulrike Malmendier and Geoffrey Tate, "Superstar CEOs," NBER Working Paper No. 14140 (June 2008).

17. Marianne Bertrand and Sendhil Mullainathan, "Are CEOs Rewarded for Luck? The Ones without Principals Are," *Quarterly Journal of Economics* 116, no. 3 (2001): 901–932.

18. 关于租金对美国的收入和财富不平等的影响，以及租金、技术与知识产权保护之间的联系，可参见Joseph Stiglitz, *The Price of Inequality* (New York: W. W. Norton, 2012); Robert Reich, *Saving Capitalism: For the Many, Not the Few* (New York: Knopf, 2015); Paul Krugman, "Challenging the Oligarchy," *New York Review of Books*, December 2015; Jason Furman and Peter Orzsag, "A Firm-Level Perspective on the Role of Rents in the Rise of Income Inequality," White House Council of Economic Advisers, October 2015; Dean Baker, "The Upward Redistribution of Income: Are Rents the Story?," Working Paper, Center for Economic and Policy Research, December 2015。

19. Robert M. Solow, "Thomas Piketty Is Right," *New Republic*, April 22, 2014 (this volume, Chapter 2).

20. Daron Acemoglu and David Autor, "Skills, Tasks and Technologies: Implications for Employment and Earnings," *Handbook of Labor Economics*, 2011.

21. Autor, "Polanyi's Paradox"; Manyika et al., "Digital America"; Carl Frey and Michael

Osborne,"The Future of Employment:How Susceptible Are Jobs to Computerization?,"Oxford Martin School(September 2013).

22. Autor,"Why Are There Still So Many Jobs?".

23. Nir Jaimovich and Henry E. Siu,"The Trend Is the Cycle:Job Polarization and Jobless Recoveries," National Bureau of Economic Research, Working Paper No. 18334(2012).

24. Daron Acemoglu, David Autor, David Dorn, Gordon Hanson, and Brendan Price,"Import Competition and the Great US Employment Sag of the 2000s," *Journal of Labor Economics* 34(2016):S141–S198; David Autor, David Dorn, and Gordon Hanson,"Untangling Trade and Technology:Evidence from Local Labor Markets," *Economic Journal* 125, no. 584(2015):641–646.

25. Manyika et al.,"Digital America".

26. Lawrence Mishel, Elise Gould, and Josh Bivens,"Wage Stagnation in Nine Charts," Report, Economic Policy Institute(January 6, 2015).

27. Autor,"Skills, Education".

28. Lawrence Mishel,"Unions, Inequality and Faltering Middle-Class Wages," *Economic Policy Institute*, Issue Brief No. 342(August 2012).

29. Florence Jaumotte and Carolina Osorio Buitron,"Inequality and Labor Market Institutions," International Monetary Fund Staff Discussion Note, July 2015.

30. David Cooper,"Raising the Minimum Wage to $12 by 2020 Would Lift Wages for 35 Million American Workers," Economic Policy Institute, EPI Briefing Paper No. 405(July 2015), http://www.epi.org/files/2015/raising-the-minimum-wage-to-12-dollars-by-2020-would-lift-wages-for-35-million-american-workers.pdf.

31. Michael Spence and Sandile Hlatshwayo,"The Evolving Structure of the American Economy and the Employment Challenge," Working Paper, Council on Foreign Relations(2011); Michael Spence,"The Impact of Globalization on Income and Employment," *Foreign Affairs*, July/August 2011.

32. 整体经济的生产率增速以人均增加值随时间变化测算，是可贸易部门和非贸易部门的人均增加值变化的加权平均数（权重是初始时的就业量占比），再减去可贸易部门同非贸易部门人均增加值的差额乘以非贸易部门在就业占比中的增量。

33. David Autor, David Dorn, and Gordon Hanson,"The China Syndrome:Local Labor Market Effects of Import Competition in the United States," *American Economic Review* 103, no. 6 (2013):2121–2168.

34. Robert Lawrence,"Recent Declines in Labor's Share in US Income:A Preliminary Neoclassical Account," Working Paper No. 15–10, Peterson Institute for International

Economics（June 2015）, http：//hks.harvard.edu/fs/rlawrence/wp15-10PIIE.pdf.

35. Josh Bivens and Lawrence Mishel,"Understanding the Historic Divergence between Productivity and a Typical Worker's Pay,"Economic Policy Institute, EPI Briefing Paper No. 406（September 2015）, http：//www.epi.org/files/2015/understanding-productivity-pay-divergence-final.pdf.

36. 关于机器人、人工智能、增材制造和其他技术突破及其对工作岗位和工资的影响的深入讨论，参见 Carl Benedikt Frey and Michael Osborne,"Technology at Work：The Future of Innovation and Employment,"Oxford Martin School and Citi GPS, February 2015, http：//www.oxfordmartin.ox.ac.uk/downloads/reports/Citi_GPS_Technology_Work.pdf。

37. Dani Rodrik,"Premature Industrialization,"NBER Working Paper No. 20935（February 2015）, http：//www.nber.org/papers/w20935.

38. Carl Benedikt Frey and Michael Osborne,"Technology at Work v.2.0：The Future Is Not What It Used to Be,"Oxford Martin School and Citi GPS（January 2016）, http：//www.oxfordmartin.ox.ac.uk/downloads/reports/Citi_GPS _Technology_Work_2.pdf.

39. Michael Greenstone, Adam Looney, Jeremy Patashnik, and Muxin Yu,"Thirteen Economic Facts about Social Mobility and the Role of Education,"The Hamilton Project（June 2013）, http：//www.hamiltonproject.org/assets/legacy/files/downloads_and_links/THP_13EconFacts_FINAL6.pdf.

40. Autor,"Why Are There Still So Many Jobs？"

41. Martin Ford, *Rise of the Robots：Technology and the Threat of a Jobless Future*（New York：Basic Books, 2015）.

42. Laura Tyson,"Intelligent Machines and Displaced Workers,"Project Syndicate, March 7, 2014.

第9章　收入不平等、工资水平决定与裂变的职场

1. Larry Mishel, Josh Bivens, Elise Gould, and Heidi Shierholz, *The State of Working America*, 12th ed.（Ithaca, NY：Cornell University Press, 2013）.

2. 参见 Thomas Piketty, *Capital in the Twenty-First Century*, trans. Arthur Goldhammer（Cambridge, MA：Belknap Press of Harvard University Press, 2014）；对相关领域的各种事实和理论综述，参见 David Autor, Lawrence Katz, and Melissa Kearney,"Trends in U.S. Wage Inequality：Revising the Revisionists,"*Review of Economics and Statistics* 90, no. 2（2008）：300–323；Daron Acemoglu and David Autor,"Skills, Tasks

and Technologies: Implications for Employment and Earnings," in *Handbook of Labor Economics*, vol. 4, pt. B, ed. David Card and Orley Ashenfelter (Amsterdam: Elsevier, 2011), 1043–1166。

3. David Weil, *The Fissured Workplace: Why Work Became So Bad for So Many and What Can Be Done to Improve It* (Cambridge, MA: Harvard University Press, 2014).

4. 这些标准的发展,即让裂变后的职场仍可以共同运转的"胶水"机制,随着数字技术降低了监督成本而变得更加普遍。参见 David Weil, *The Fissured Workplace: Why Work Became So Bad for So Many and What Can Be Done to Improve It* (Cambridge, MA: Harvard University Press, 2014), chap. 3。

5. 这些估计数据来自 Kevin Hallock, "Job Loss and the Fraying of the Implicit Employment Contract," *Journal of Economic Perspectives* 23, no. 4 (2009): 40–43,基于2011年的全国报酬调查数据(National Compensation Survey)。平均数掩盖了雇主单位工时成本组成在不同员工、职业和产业之间的区别。例如,服务业员工的工薪占71%,法定福利占9.3%,因为相比其他产业的员工,服务业的员工获得的保险和退休福利通常少得多。

6. Sidney Webb and Beatrice Webb, *Industrial Democracy* (London: Macmillan, 1897), 281.

7. 这里假设劳动力供给向上倾斜,也就是说,为吸引更多人加入劳动力市场,雇主在增加雇用的人数时必须支付越来越高的工资率。为吸引更多人进入市场,工资需要有多快的增长(即劳动的供给弹性),这会影响买方垄断雇主对劳动力市场的支配力度。更完整的相关讨论,参见 Alan Manning, *Monopsony in Motion: Imperfect Competition in Labor Markets* (Princeton, NJ: Princeton University Press, 2003), chap. 4。

8. 在竞争性劳动力市场中,一家企业面临的劳动力供给是完全弹性的,即企业可以按照市场价格购买任意多的某个技能水平的劳动力。但搜寻摩擦会降低劳动者的迁徙意愿,使劳动力供给向上倾斜,企业有能力设定工资水平。参见 William Boal and Michael Ransom, "Monopsony in the Labor Market," *Journal of Economic Literature* 35, no. 1 (1997): 86–112。有学者估算了杂货店产业的男性和女性的劳动力供给弹性,发现女性的供给弹性低于男性,因此其工资更容易受该产业的雇主买方垄断地位的影响,也表现为女性的相对薪酬更低。参见 Michael Ransom and Ronald Oaxaca, "New Market Power Models and Sex Differences in Pay," *Journal of Labor Economics* 28, no. 2 (2010): 267–315。

9. 他们认为,企业方支配力的另一个原因是闲暇在家庭层面是一种正常品,因此面对工资削减,男性劳动者会让妻子和子女加入劳动力市场。由于这一原因,即维持男性的高工资率，制度学派支持在法律上限制使用童工，限制女性的工作时长，并支持新兴的最低工资理念。参见 Richard Ely, *The Labor Movement in America* (New York: Thomas Y. Crowell and Co., 1886)。

10. Sumner Slichter, "Notes on the Structure of Wages," *Review of Economics and Statistics* 32, no. 1 (1950): 80–91; Sumner Slichter, James Healy, and Robert Livernash, *The Impact of Collective Bargaining on Management* (Washington, DC: Brookings Institution, 1960).

11. Fred Foulkes, *Personnel Policies in Large Non-Union Workplaces* (Englewood Cliffs, NJ: Prentice Hall, 1980).

12. 贝克尔等人（Gary Becker and Walter Oi）创建了模型来解释为什么"劳动力市场不是证券交易所"（John Dunlop 的常用评论），以及即时工资率本身不能实现劳动力的有效配置。劳动力存在准固定成本和需要提供特殊培训（对劳动者在特定企业有好处的培训），带来了一个补偿问题，企业必须找到办法加以解决，仿佛在 Oi 的模型中，只有部分补偿成本是可变性质，或者在 Becker 的模型中，把补偿政策理解为人力资本投资的一部分，企业需要在较长时间里收到回报。参见 Gary Becker, *Human Capital: A Theoretical and Empirical Analysis with Special Reference to Education* (New York: Columbia University Press, 1964); Walter Oi, "The Fixed Employment Costs of Specialized Labor," in *The Measurement of Labor Costs*, ed. Jack Triplett (Chicago: University Chicago Press, 1983), 63–122。

13. 以这种观点看，整个雇佣关系创造了一定价值，各方必须找到办法在雇佣过程中分享。雇佣合同既反映了外部劳动力市场的条件，也包含企业内部的相对谈判实力。该观点的进一步发展，参见 Paul Milgrom, "Employment Contracts, Influence Activities, and Efficient Organization Design," *Journal of Political Economy* 96, no. 1 (1988): 42–60。对雇佣关系中的隐含合同理论的综述，参见 Sherwin Rosen, "Implicit Contracts: A Survey," *Journal of Economic Literature* 25, no. 4 (1988): 1144–1175。

14. 最后通牒博弈与它的各种广泛变形（如"独裁者游戏"，建议方的分配方案的执行不需要第二位参与人的同意）既用于实验，让人们在决策实验室环境下玩游戏，但用真实的货币；也用于现场，实验主持人利用更现实的环境创造类似的实验条件。这些博弈还能在不同报酬水平上复制，也就是用大得多的金额来分配。通常而言，会得到相同的结果。较为详细的讨论和参考资料，可参见 Ernst Fehr and Klaus Schmidt, "A Theory of Fairness, Competition, and Cooperation," *American Economic Review* 114, no. 3 (1999): 177–181; Fehr and Schmidt, "Theories of Fairness and Reciprocity," in *Advances in Economics and Econometrics*, ed. Matthias Dewatripont, I. Hansen, and S. Turnovsly (New York: Cambridge University Press, 2002), 208–257;

Fehr and Schmidt, "A Theory of Fairness, Competition, and Cooperation," *Quarterly Journal of Economics* 97, no. 2（2007）：817–868；Colin Camerer, *Behavioral Game Theory*（Princeton, NJ：Princeton University Press, 2003）。

15. 在Bewley对薪酬政策的研究中，绝大多数（87%）经理人同意如下说法："全体或大多数雇员了解彼此的薪酬待遇"。参见Truman Bewley, *Why Wages Don't Fall during a Recession*（Cambridge, MA：Harvard University Press, 1999），table 6.6, p. 80。

16. 我在自己的书里详细讨论了两类公平概念：横向公平与纵向公平，参见*The Fissured Workplace*, chap. 4。

17. 把"工作业绩"和"避免歧视诉讼"作为内部薪酬公平的主要原因的占比分别为不到50%和7%。Bewley引用了一位来自有2.7万名雇员的有工会制造业公司的人力资源经理的谈话："不公平可能导致组织内部的动荡和活动紊乱。人们希望得到公平对待，其贡献被认可，而且这需要在不同场所和不同职业之间保持一致性"。参见Bewley, *Why Wages Don't Fall*, 79, 81。关于公平在职场的作用的规范理论模型，参见Oded Stark and Walter Hyll, "On the Economic Architecture of the Workplace：Repercussions of Social Comparisons among Heterogeneous Workers," *Journal of Labor Economics* 29, no. 2（2011）：349–375。

18. 参见Ernst Fehr, Lorenz Goette, and Christian Zehnder, "A Behavioral Account of the Labor Market：The Role of Fairness Concerns," *Annual Review of Economics* 1（2009）：355–384, quotation at 378，该文献对心理学中的损失厌恶和"框架效应"有深入介绍。Kahneman也总结了他的标志性著作（与Amos Tversky合作）出版之后几十年在该领域的丰富成果，参见Daniel Kahneman, *Thinking Fast and Slow*（New York：Farrar, Straus and Giroux, 2011）。

19. Fred Foulkes通过对20世纪70年代大选无工会职场的研究发现，"没有工会的大企业的薪酬政策设计提供和体现了公平（Foulkes, *Personnel Policies in Large Non-Union Workplaces* [Englewood Cliffs, NJ：Prentice Hall, 1980], 185）。Bewley也发现，尽管高管们承认不同级别之间的薪酬差异有利于带来激励，受访谈的企业中仍有69%把"内部平等、内部和谐、公平与良好士气"作为主要的正当理由。参见Bewley, *Why Wages Don't Fall*, table 6.4 and discussion at 75–79。

20. 关于这方面研究文献的综述，参见Walter Oi and Todd Idson, "Firm Size and Wages," in *Handbook of Labor Economics*, vol. 13, ed. Orley Ashenfelter and David Card（New York：Elsevier, 1999），2165–2214。对此类效应的两项突破性研究为Charles Brown and James Medoff, "The Employer Size-Wage Effect," *Journal of Political Economy* 97, no. 5（1989）：1027–1059；Charles Brown, James Hamilton, and James Medoff, *Employers Large and Small*（Cambridge, MA：Harvard University Press, 1990）。另外

可参见：Erica Groshen, "Five Reasons Why Wages Vary across Employers," *Industrial Relations* 30, no. 1（1991）: 350-381。更近期的一项研究发现工资方面的大企业效应在1988—2003年下降了约1/3，参见Matissa Hollister, "Does Firm Size Matter Anymore？The New Economy and Firm Size Wage Effect," *American Sociological Review* 69, no. 5（2004）: 659-676。还有研究发现，土耳其经济中的非正规工作的企业规模效应大于正规工作，对企业之间的工资设定差异提出了有趣的组织管理问题。参见Binnur Balkan and Semih Tumen, "Firm-Size Wage Gaps along the Formal-Informal Divide: Theory and Evidence," *Industrial Relations* 55, no. 2（2016）: 235-266。

21. 近期的若干实证研究论文估计了买方垄断权的程度，提供了有意思的证据。有关的综述，参见Orley Ashenfelter, Henry Farber, and Michael Ransom, "Labor Market Monopsony," *Journal of Labor Economics* 28, no. 2（2010）: 203-210。

22. Jim Rebitzer等人做了相关文献综述，关于员工有多方面努力需要监督的较复杂的监督代理问题。例如，有两方面的互补性质的努力，其中一个方面难以观察，雇主将面临设计薪酬模式的困难。在此情形下，把这类工作转移给独立承包商较为合适，报酬将更直接地同供应商的产出挂钩，而不是员工的努力投入。参见James Rebitzer and Lowell Taylor, "Extrinsic Rewards and Intrinsic Motives: Standard and Behavioral Approaches to Agency and Labor Markets," in Card and Ashenfelter *Handbook of Labor Economics*, vol. 4, pt. B。

23. 有些讽刺的是，这也会消除买方垄断带来的资源扭曲，因为在此情形下企业最终会把雇佣人数增加到竞争性市场的水平。但与竞争性市场不同，买方垄断者将占有工资率超出其产出边际贡献的员工的"红利"（即边际水平之下的员工的租金）。

24. 更具体地说，品牌或产品开发方面的核心竞争力意味着对这些公司产品的需求弹性更小，因此在给定成本水平上有更强能力收取高定价。在此情形下，裂变带来的劳动力成本节约将主要归属投资人。在组织协调（如零售业）或规模经济方面的核心竞争力，领先企业可能面临产品市场的更激烈竞争。劳动力成本节约可能更多通过降价而惠及消费者，当然也会给投资人带来更高回报。

25. 参见Matthew Dey, Susan Houseman, and Anne Polivka, "What Do We Know about Contracting Out in the United States？Evidence from Household and Establishment Surveys," in *Essays in Labor in the New Economy*, ed. Katherine Abraham, James Spletzer, and Michael Harper（Chicago: University of Chicago Press, 2010）, 267-304。

26. Abraham等人的研究表明，机构中给雇员队伍制定的通行工资水平越高，该机构越有可能把保洁后勤工作外包出去，另外把保洁外包的机构往往会把整个职能都外包出去。参见Katherine Abraham and Susan Taylor, "Firms' Use of Outside Contractors: Theory and Evidence," *Journal of Labor Economics* 14, no. 3（1996）: 394-424, esp.

tables 4 and 5 and pp. 407–410。

27. Samuel Berlinski, "Wages and Contracting Out: Does the Law of One Price Hold?" *British Journal of Industrial Relations* 46, no. 1 (2008): 59–75.

28. Arandajit Dube and Ethan Kaplan, "Does Outsourcing Reduce Wages in the Low-Wage Service Occupations? Evidence from Janitors and Guards," *Industrial and Labor Relations Review* 63, no. 2 (2010): 287–306. 这里引用的数据控制了若干与员工队伍和地点有关的差别因素。该研究还做了大量估计测算，可以排除外包与内部员工的若干潜在"未测量"特征造成的影响。

29. 参见 Deborah Goldschmidt and Johannes Schmieder, "The Rise of Domestic Outsourcing and the Evolution of the German Wage Structure," Working Paper, Boston University (2015)。该研究还表明，食品、安保和保洁类员工在外包前得到了与整个员工队伍相近的工资溢价。与之前的研究类似（Abraham and Taylor, "Firms' Use of Outside Contractors"），这说明把非核心竞争力外包出去有强烈动力，尤其是能找到其他方法监督提供服务的承包商的产出质量时。

30. Peter Cappelli and Monika Hamori, "Are Franchises Bad Employers?," *Industrial and Labor Relations Review* 61, no. 2 (2008): 146–162.

31. 加盟商（独立企业支付加盟费成为连锁体系的一部分）的回报率显著低于授权方（品牌或者说核心竞争力的拥有者，有时也经营少数"直营店"）。参见 Patrick J. Kaufmann and Francine Lafontaine, "Costs of Control: The Source of Economic Rents for McDonald's Franchisees," *Journal of Law and Economics* 37, no. 2 (1994): 417–453; Weil, The Fissured Workplace, chap. 6。

32. Alan Krueger 发现，快餐店加盟商的经理人的收入明细低于直营店的经理人，参见 Alan Krueger, "Ownership, Agency, and Wages: An Examination of Franchising in the Fast Food Industry," *Quarterly Journal of Economics* 106, no. 1 (1991): 75–101。MinWoong Ji 与我的研究发现，加盟店与直营店相比，在违反劳动标准的频率和程度上均更严重，参见 MinWoong Ji and David Weil, "The Impact of Franchising on Labor Standards Compliance," *Industrial and Labor Relations Review* 68, no. 5 (2015): 977–1006。关于裂变对酒店产业整体收入状况影响的类似证据，参见 Richard Freeman, "The Subcontracted Labor Market," *Perspectives on Work* 18 (2014): 38–42。

33. 这几位研究者利用了多个数据库的组合：the March Current Population Survey, the Census Longitudinal Business Data Base, the Longitudinal Employer-Household Dynamics data set, 从而掌握了员工及其所在企业的详细数据。由于在任意给定年份，大多数员工仍留在原有工作机构，观察留守者周围的不平等扩大的原因，可以提供一个锚点来分析收入离散度扩大的原因。参见 Erling Barth, Alex Bryson, James

Davis, and Richard Freeman, "It's Where You Work: Increases in Earnings Dispersion across Establishments and Individuals in the U.S.," *Journal of Labor Economics* 34, no. 2 (2016): S67–S97。

34. 这几位研究者利用美国社会保障局负责编制和维护的保密数据库（Master Earnings File，MEF）作为分析基础，其中的劳动收入数据与其他数据来源不同，没有设置封顶，并包含奖金、股票期权、有限制股票奖励（多少是针对高管）的估值等非工薪报酬形式。参见Jae Song, David Price, Nicholas Bloom, Faith Guvenen, and Till von Wachter, "Firming Up Inequality," NBER Working Paper No. 21199（2015）。

35. David Card, Jorg Heining, and Patrick Kline, "Workplace Heterogeneity and the Rise of West German Wage Inequality," *Quarterly Journal of Economics* 128, no. 3（2013）: 967–1015。在该研究团队更近期的一篇论文建立的理论模型中，企业有一定程度的买方垄断权，来自员工对不同雇主偏好的异质性（但该异质性的来源没有特殊影响）。此模型预先排除了员工异质性偏好导致的价格歧视，但允许企业"对每个技能群体设置统一工资，根据他们对企业的劳动供给弹性反比例地从边际产出水平上扣减"。参见David Card, Ana Rute Cardoso, Jörg Heining, and Patrick Kline, "Firms and Labor Market Inequality: Evidence and Some Theory," Working Paper, University of California, Berkeley（2016）。

36. John Dunlop在1957年的著作（*Industrial Relations Systems*）中表述过这一观点，并以许多方式创建了把经济学原理同工资决定实践结合的新研究领域。该书提出的理论框架可以帮助分析行为人在产业关系体系下（包括有工会和无工会的情况）所受的市场、制度、技术和社会驱动因素，以及如何得出劳动力市场上的观察结果。参见Dunlop, *Industrial Relations Systems*, rev. ed.（Cambridge, MA: Harvard Business School Press Classic, 1993）。

37. 作为经济理论同数学结合的典范，萨缪尔森的奠基性著作《经济分析基础》开篇便指出：不同理论的核心特征的相似性表明，存在一种通行理论作为各种特定理论的基础，并通过这些核心特征将其统一起来。以抽象性实现一般化的基本原则，由美国杰出数学家摩尔（E. H. Moore）在30多年前做了清晰阐述。本书的目标就是将此原则应用于理论和实践经济学。参见Samuelson, *Foundations of Economic Analysis*（Cambridge, MA: Harvard University Press, 1947）。

38. Ronald Coase对新古典研究方法压倒制度学派的评论是：在缺乏理论的情况下，他们没有东西可传承，只有一大堆描述性资料，在等着理论，或者等着烧毁。引自Richard Posner, "Nobel Laureate: Ronald Coase and Methodology," *Journal of Economic Perspectives* 7, no. 4（1993）: 195–210, quotation at 206。

39. Piketty, *Capital*, 333.

40. 参见Patrick Bayer, Stephen Ross, and Giorgio Topa, "Place of Work and Place of Residence: Informal Hiring Networks and Labor Market Outcomes," *Journal of Political Economy* 116, no. 6 (2008): 1150–1196; Judith Hellerstein, Melissa McInerney, and David Neumark, "Neighbors and Coworkers: The Importance of Residential Labor Market Networks," *Journal of Labor Economics* 29, no. 4 (2011): 659–695; Yves Zenou, "A Dynamic Model of Weak and Strong Ties in the Labor Market," *Journal of Labor Economics* 33, no. 4 (2015): 891–932。

41. 参见Freeman, "The Subcontracted Labor Market," 42。以类似的思路，David Card及其合作者提道：最后，认识到即使像美国这样的高度发达的劳动力市场也更适合描述为不完全竞争市场，给产业政策和劳动力市场制度的福利影响开辟了大量的新课题，包括最低工资、失业保险和劳动保护等。参见Card et al., "Firms and Labor Market Inequality," 24。

42. 裂变的职场现象在全球各国都受到关注和记录。之前提到的若干研究涉及对德国与土耳其的特定职业和岗位的收入的影响。David Card及其合作者总结的一系列研究考察了德国、葡萄牙、英国、意大利和其他国家的收入不平等变化，其综述参见Card et al., "Firms and Labor Market Inequality," appendix table 1。另有文献整理了9个国家的职场裂变的扩大和影响，包括法国、英国、以色列、巴西和日本等，参见*Comparative Labor Law and Policy Journal*, volume 27。

43. Piketty, *Capital*, 333.

第10章　资本收入份额增加及其对个人收入不平等的影响

1. "个人收入分配"（personal）与"个人间收入分配"（interpersonal）的说法在本文中通用。

2. Loukas Karabarbounis and Brent Neiman, "The Global Decline of the Labor Share," *Quarterly Journal of Economics* 129, no. 1 (October 24, 2013): 61–103; Michael Elsby, Bart Hobijn, and Ayşegül Şahin, "The Decline of the U.S. Labor Share," Brookings Papers on Economic Activity, Brookings Institution (Fall 2013), http://www.brookings.edu/~/media/Projects/BPEA/Fall%202013/2013b_elsby_labor_share.pdf.

3. Erik Bengtsson and Daniel Waldenström, "Capital Shares and Income Inequality: Evidence from the Long Run," Discussion Paper Series, Institute for the Study of Labor, Bonn, Germany (December 2015), table 5, http://ftp.iza.org/dp9581.pdf.

4. Margaret Jacobson and Filippo Occhino, "Labor's Declining Share of Income and Rising Inequality," Economic Commentary, Federal Reserve Bank of Cleveland, Ohio (September

25，2013），https：//www.clevelandfed.org/newsroom-and-events/publications/economic-commentary/2012-economic-commentaries/ec-201213-labors-declining-share-of-income-and-rising-inequality.aspx.

5. Maura Francese and Carlos Mulas-Granados，"Functional Income Distribution and Its Role in Explaining Inequality，" IMF Working Paper WP／15/244（November 2015），https：//www.imf.org/external/pubs/ft/wp/2015/wp15244.pdf.

6. Maura Francese and Carlos Mulas-Granados，"Functional Income Distribution and Its Role in Explaining Inequality，" IMF Working Paper WP／15.

7. 安东尼·阿特金森对此议题采取了略有不同的方法，参见 Anthony Atkinson，"Factor Shares：The Principal Problem of Political Economy？，" *Oxford Review of Economic Policy* 25, no. 1（2009）：3-16，see esp. 10-11。我这里采用了同质性资本的模型。有些批评意见，例如 Joseph Stiglitz，"New Theoretical Perspectives on the Distribution of Income and Wealth among Individuals：Part 1. The Wealth Residual，"NBER Working Paper No. 21189 [May 2015], http：//www.nber.org/papers/w21189.pdf, 以及其他几篇后续论文指出，资本的异质性（特别是房产的作用）是资本收入比提升的原因。或许是因为这些意见，皮凯蒂如今更多采用多部门资本积累模型，参见 Thomas Piketty "Capital, Predistribution and Redistribution，" Crooked Timber, January 4, 2016, http：//crookedtimber.org/2016/01/04/capital-predistribution-and-redistribution/。此类模型允许不同资本品的相对价格的不同变化，并且与房地产价格上涨的情形一样，可以导致资本收入比提高。此类模型也不需要资本劳动的替代弹性大于1作为资本收入份额提高的条件。这一方法显然具有更贴近现实的优点，但不像单部门模型那样能提供有力而聚焦的简化描述。

8. Debraj Ray，"Nit-Piketty：A Comment on Thomas Piketty's *Capital in the Twenty-First Century*，" Chhota Pegs, May 25, 2014, http：//debrajray.blogspot.co.uk/2014/05/nit-piketty.html；Ray，"Ray on Milanovic on Ray on Piketty，" Chhota Pegs, June 3, 2014, http：//debrajray.blogspot.com/2014/06/ray-on-milanovic-on-ray-on-piketty.html.

9. Yew-Kwang Ng，"Is an Increasing Capital Share under Capitalism Inevitable？" discussion paper, Nanyang Technological University, Singapore, August 13, 2014.

10. Michał Kalecki，"A Theory of Profits，" *Economic Journal* 52, nos. 206/207（1942）：258-267；Robert Solow，"A Contribution to the Theory of Economic Growth，" *Quarterly Journal of Economics* 70, no. 1（February 1956）：65-94；Branko Milanovic，"Where I Disagree and Agree with Debraj Ray's Critique of Piketty's Capital in the 21st Century，" *Globalinequality*, June 2, 2014, http：//glineq.blogspot.com/2014/06/where-i-disagree-and-agree-with-debraj.html。皮凯蒂在近期的两篇文章明确阐述了这个问题，参

见 Thomas Piketty and Gabriel Zucman, "Wealth and Inheritance in the Long Run," in *Handbook of Income Distribution*, ed. Anthony Atkinson and Bourguignon Francois, vol. 2B（Amsterdam: North-Holland, 2015）, 1303–1368; Piketty, "Capital, Predistribution and Redistribution"。他允许资本家把部分资本回报 r 用于消费，但指出一个家庭只需要把"资本收入中的一部分（g/r）用于再投资，即可确保其资本存量与整体经济保持同样增速"，参见 Piketty, "Capital, Predistribution, and Redistribution"。显然，任何更大的储蓄都将使资本存量扩大，使资本在净产出中的占比提升。与《21世纪资本论》相比，这两篇文章都不那么强调 $r > g$ 对于解释收入不平等扩大的重要性，而主要将它视为财富不平等水平长期变化的因素。"具体而言，r 与 g 的差距扩大将使财富分配的稳态不平等水平趋于放大"，参见 Piketty, "Capital, Predistribution, and Redistribution"。

11. S_c 相当于皮凯蒂采用的 α。
12. 条件是 $R_c G_c > R_l G_l$。
13. 可以认为，这种情形相当于：资本由私人拥有，但资本回报被执行100%的罚没税率，然后将资本收益按人头平均分配。也就是说，资本的禀赋并不相同，但收入被平均化。这一理念来自 Christoph Lakner。
14. James Meade, *Different Forms of Share Economy*（London: Public Policy Centre, 1986）; Anthony Atkinson, *Inequality: What Can Be Done?*（Cambridge, MA: Harvard University Press, 2015）。
15. 我们这里的隐含假设是，资本收入的随机分配数额等于资本收入在全部净收入中的通常份额（如30%以下）。显然，如果随机分配的资本收入远多于劳动收入，则可能使有人随机获得很大数额的资本收入，同时总收入也非常多。在此极端情形下，R_c 的数值会很高，甚至接近1。
16. 显然，仅有1位资本家（S_k 很低）不能确保 S_c 也很低：可能这位资本家非常富有，造成资本收入份额较高。在之后的讨论中，我假设 S_k 和 S_c 大致保持同步变化。
17. 有关新资本主义的实证研究，参见 Anthony Atkinson and Christoph Lakner, "Wages, Capital and Top Incomes: The Factor Income Composition of Top Incomes in the USA, 1960–2005," paper presented at Sixth ECINEQ Meeting in Luxembourg, July 2015, http://www.ecineq.org/ecineq_lux15/FILESx2015/CR2/p196.pdf。这篇文章表明，美国劳动和资本的高收入在过去半个世纪的联系在增加。皮凯蒂也提到过此类社会状态：Piketty（*Capital*, chap. 7, p. 416 in French edition）。
18. 新资本主义的这些特征与皮凯蒂反复提及的一个论点类似，即战后时期的独特之处是拥有财产的中产阶层的兴起，尽管他们在资本所有权中的份额还较低。参见 Piketty, *Capital in the Twenty-First Century*（Cambridge, MA: Belknap Press of Harvard

University Press，2014），410，552。

19. 来自与Christoph Lakner的交流。
20. "In It Together: Why Less Inequality Benefits All," OECD（May 21, 2015），http：//www.oecd.org/social/in-it-together-why-less-inequality-benefits-all-9789264235120-en.htm；Piketty, Capital, 549。
21. 需要提醒的是，我们不能判断这与"第二类新资本主义"有多接近，因为在那样的社会中，尽管资本收入份额提升与个人间不平等扩大的联系被切断，R_c仍然可以等于1。
22. Karabarbounis and Neiman, "Global Decline of the Labor Share," fig. 2.
23. Lance Taylor, Özlem Ömer, and Armon Rezai, "Wealth Concentration, Income Distribution, and Alternatives for the USA," Working Paper No. 17, Institute for New Economic Thinking（September 2015），https://ineteconomics.org/uploads/papers/WP17-Lance-Taylor-Income-dist-wealth-concentration-0915.pdf.
24. 皮凯蒂注意到，需要在税收和一般再分配政策之间实现相互补充，还需要改变对私人资本的治理方式。他在其著作的最后一章开头说，"如果没有实权干预企业决策（包括为劳动者提供董事会的席位），（由财富税带来的）财务透明度将无所作为"（Capital, 570）。
26. 假设回报率有一定的黏性。

第11章　全球不平等

1. T. Piketty, *Capital in the Twenty-First Century*, trans. Arthur Goldhammer（Cambridge, MA：Belknap Press of Harvard University Press, 2014）.
2. S. Anand and P. Segal, "The Global Distribution of Income," in *Handbook of Income Distribution*, vol. 2, ed. A. B. Atkinson and F. Bourguignon（Amsterdam：Elsevier, 2015）.
3. B. Milanovic, "The Return of 'Patrimonial Capitalism': A Review of Thomas Piketty's *Capital in the Twenty-First Century*," *Journal of Economic Literature* 52, no. 2（2014）: 519-534.
4. Ibid.
5. P. Brasor, "The Economics Book Everyone Is Talking About, but Has Anyone Read It?," *Japan Times*, February 14, 2015, http：//www.japantimes.co.jp/news/2015/02/14/national/media-national/economics-book-everyone-talking-anyone-read；S. Denney, "Piketty in Seoul：Rising Income Inequality in South Korea," *The Diplomat*, November 4, 2014, http：//thediplomat.com/2014/11/south-koreas-shocking-inequality/.

6. United Nations Development Programme（UNDP）, Bureau for Development Policy,"Humanity Divided: Confronting Inequality in Developing Countries"（2014）.
7. R. Kanbur and J. Zhuang,"Confronting Rising Inequality in Asia," in *Asian Development Outlook*（Washington, DC: Asian Development Bank, 2012）.
8. A. B. Atkinson and F. Bourguignon,"Introduction: Income Distribution Today," in Atkinson and Bourguignon, *Handbook of Income Distribution*.
9. C. Lakner and B. Milanovic,"Global Income Distribution: From the Fall of the Berlin Wall to the Great Recession," *World Bank Economic Review* 30, no. 2（2016）: 203–232.
10. 在本书第8章，Tyson与Spence详细探讨了技术对美国收入不平等的解释作用。
11. Lakner and Milanovic,"Global Income Distribution".
12. 因此，我们的结果可能低估国内不平等乃至全球不平等。不过有研究认为，这样的缺口可能相当小: Anand and Segal,"The Global Distribution of Income"。我们发现从百分位到十分位群组划分，会使全球基尼系数缩小0.5个百分点左右。
13. 收入与支出的差距为净储蓄；参见A. Deaton and S. Zaidi,"Guidelines for Constructing Consumption Aggregates for Welfare Analysis," World Bank（2002）, http: //documents.worldbank.org/curated/en/206561468781153320/Guidelines-for-constructing-consumption-aggregates-for-welfare-analysis。
14. Anand and Segal,"The Global Distribution of Income".
15. A. B. Atkinson, T. Piketty, and E. Saez,"Top Incomes in the Long Run of History," *Journal of Economic Literature* 49, no. 1（2011）: 3–71; F. Alvaredo and J. Londoño Vélez,"High incomes and personal taxation in a developing economy: Colombia 1993–2013," Commitment to Equity Working Paper No. 12（March 2013）, http: //www.commitmentoequity.org/publications_files/CEQWPNo12%20HighTaxationDevEconColombia1993-2010_19March2013.pdf.
16. F. Alvaredo and L. Gasparini,"Recent Trends in Inequality and Poverty in Developing Countries," in Atkinson and Bourguignon, *Handbook of Income Distribution*.
17. M. Aguiar and M. Bils,"Has Consumption Inequality Mirrored Income Inequality?" *American Economic Review* 105, no. 9（2015）: 2725–2756.
18. Alvaredo and Gasparini,"Recent Trends".
19. L. Karabarbounis and B. Neiman,"The Global Decline of the Labor Share," *Quarterly Journal of Economics* 129, no. 1（2014）: 61–103.
20. 家庭储蓄在GDP中的占比从2000年的17.5%提升至2008年的23.4%，参见G. Ma and W. Yi,"China's High Saving Rate: Myth and Reality," Bank for International Settlements Working Papers No. 312（2010）。
21. C. Lakner and C. Ruggeri Laderchi,"Top Incomes in East Asia: What We Know, Why It

Matters and What to Do About It," World Bank, forthcoming.

22. Hurun Report, "The Richest People in China," http://www.hurun.net/en/HuList.aspx, accessed November 16, 2015.

23. International Consortium of Investigative Journalists, "Giant Leak of Offshore Financial Records Exposes Global Array of Crime and Corruption," April 3, 2016, https://panamapapers.icij.org/20160403-panama-papers-global-overview.html.

24. 基准结果利用了各国每年的最大可能样本。与之密切相关但无法解决的一个问题，是某些国家的调查数据缺乏，对中东和非洲国家最为严重。受影响的国家大约占全球GDP的5%和人口的10%。

25. Anand and Segal, "The Global Distribution of Income".

26. Anand and Segal, ibid., 该研究利用不同方法处理顶层收入数据缺乏问题，得到的结果是全球基尼系数水平向上调整，幅度约为图11.1中展示的差距的一半。该研究假设，家庭调查没有反映顶层1%人群的情况，于是另外加了这部分人群的收入占比，或者直接取自税收记录，或者通过跨国回归（利用顶层10%人群收入占比和收入均值等数据）预测。这一方法会导致国家平均收入水平被提高，但其影响小于我与米兰诺维奇的国民账户调整方法，参见Lakner and Milanovic, "Global Income Distribution"（如图11.1所示）。在时间趋势上，Anand and Segal同样发现近期的不平等程度有所缓和（他们使用2002—2005年的数据），但2005年的不平等程度仍略高于1988年（分别为72.7%与72.6%）。

27. 根据有关评论（Anand and Segal, "The Global Distribution of Income"），这些研究方法的差异主要在：（1）利用人均GDP数据还是家庭调查的平均收入数据；（2）对收入与消费调查的差异的调整；（3）购买力平价汇率。有研究把调查收入针对人均GDP做了重新调整后发现，图11.1中展示的从20世纪90年代早期开始的下降更快了，参见F. Bourguignon, *The Globalization of Inequality*（Princeton, NJ: Princeton University Press, 2015）。

28. F. Bourguignon and C. Morrisson, "Inequality among World Citizens: 1820–1992," *American Economic Review* 92, no. 4 (2002): 727–744.

29. Bourguignon, *The Globalization of Inequality*; B. Milanovic, *Global Inequality: A New Approach for the Age of Globalization*（Cambridge, MA: Belknap Press of Harvard University Press, 2016）.

30. Milanovic, *Global Inequality*, 120. World Bank, *Poverty and Shared Prosperity 2016: Taking on Inequality*（Washington, DC: World Bank, 2016）.

31. 我采用了另一个不平等测算指标，因为基尼系数不能以这种方式分解。

32. 在撒哈拉以南非洲地区与东亚，区域不平等均有提高。非洲的提高是由各国之间的不平等扩大所致，东亚的提高则是由国内不平等扩大所致。参见 L. F. Jirasavetakul and C. Lakner, "The Distribution of Consumption Expenditure in Sub-Saharan Africa: The Inequality among All Africans," Policy Research Working Paper Series 7557, World Bank, 2016。

33. 当然这两方面不是完全独立的。国家之间的部分是通过各国平均收入与全球均值的差异来测算，而全球均值也受到中国快速增长的拉动。比全球均值增长更慢的穷国会导致国家之间不平等扩大（只要其收入均值低于全球均值）。

34. Bourguignon and Morrisson, "Inequality among World Citizens".

35. Milanovic, *Global Inequality*.

36. Bourguignon, *The Globalization of Inequality*; Milanovic, *Global Inequality*.

37. 利用全球金融危机后的数据（Milanovic, *Global Inequality*），或者利用非匿名增长发生曲线（此处未展示），都能得到非常类似的结果。在图11.3的匿名增长发生曲线中，全球收入百分位的构成（在各国的不同群体）可能随时间发生变化。也就是说，我们并未追踪特定国家的人群（如美国的底层10%）的时间变化，但这点有时会隐含在解释中。总体而言，两个图景是非常接近的。参见 Lakner and Milanovic, "Global Income Distribution"。

38. Milanovic, *Global Inequality*.

39. 对不平等的相对测算遵循尺度不变公理，意思是一种不平等测度标准应该同所有收入乘以某个共同常数的变换无关，例如把欧元单位换算为美元单位。一方面，对收入差距扩大的感受却经常带有绝对数值的含义。对德国、以色列、英国和美国的大学生开展的实验表明人们对绝对数和相对数的关心程度大致相当[M. Ravallion, *The Economics of Poverty: History, Measurement, and Policy*（Oxford: Oxford University Press, 2016）]。另一方面，米兰诺维奇强烈支持保留不平等测算的相对性，同时承认对绝对差距的分析可提供补充视角（Milanovic, *Global Inequality*）。阿特金森等人也认为，全球分析尤其需要同时考虑绝对差距和相对差距（A. B. Atkinson and A. Brandolini, "On Analyzing the World Distribution of Income," *World Bank Economic Review* 24, no. 1 [2010]: 1–37）。

40. 在美国，有研究发现在控制个人收入水平后，邻居的收入增加会降低自己的幸福度（针对的空间单位平均包含15万个居民），参见 E. Luttmer, "Neighbors as Negatives: Relative Earnings and Well-Being," *Quarterly Journal of Economics* 120, no. 3 [2005]: 963–1002。相比之下，这样的相对收入差距在马拉维不是主要担忧，只有较富裕人群除外，参见 M. Ravallion and M. Lokshin, "Who Cares about Relative Deprivation?," *Journal of Economic Behavior & Organization* 73, no. 2 [February 2010]: 171–185。

41. 这三个参考资料来源之间存在显著差异，因此需要仔细比较。Alvarado 和 Gasparini

也采用了世界银行的数据，但仅覆盖了发展中国家，并对收入调查和消费调查之间的差异做了调整。Morelli 等人覆盖了富裕国家和部分中等收入国家，通常采用了均等值方法，并把第一手和第二手数据来源混合。基于世界银行数据的更新测算（见图 11.4）覆盖了所有收入群组，把人均个人收入或消费数据混用，未做调整。参见 Alvaredo and Gasparini, "Recent Trends"; S. Morelli, T. Smeeding, and J. Thompson, "Post-1970 Trends in Within-Country Inequality and Poverty: Richand Middle-Income Countries," in Atkinson and Bourguignon, *Handbook of Income Distribution*; "PovcalNet: The On-Line Tool for Poverty Measurement Developed by the Development Research Group," http: //iresearch.worldbank.org/PovcalNet, accessed April, 16 2016。

42. L. F. Lopez-Calva and N. Lustig, eds., *Declining Inequality in Latin America: A Decade of Progress?* (Washington, DC: Brookings Institution and UNDP, 2010); N. Lustig, L. F. Lopez-Calva, and E. Ortiz-Juarez, "Declining Inequality in Latin America in the 2000s: The Cases of Argentina, Brazil, and Mexico," *World Development* 44 (2013): 129–141.

43. L. Cord, O. Barriga Cabanillas, L. Lucchetti, C. Rodriguez-Castelan, L. D. Sousa, and D. Valderrama, "Inequality Stagnation in Latin America in the Aftermath of the Global Financial Crisis," Policy Research Working Paper Series 7146, World Bank (2014); R. Kanbur, "Poverty and Distribution: Thirty Years Ago and Now," in *Inequality and Fiscal Policy*, ed. B. Clements, R. de Mooij, S. Gupta, and M. Keen (Washington, DC: International Monetary Fund, 2015).

44. M. Szekely and P. Mendoza, "Is the Decline in Inequality in Latin America Here to Stay?," in *Inequality and Human Development in Latin America: A Long-Run Perspective* (special issue), *Journal of Human Development and Capabilities* 16, no. 3 (2015): 397–419; 另外参见: the introduction to this special issue, L. F. Lopez-Calva, N. Lustig, and E. Ortiz-Juarez, "A Long-Term Perspective on Inequality and Human Development in Latin America," at 319–323.

45. R. Kanbur, "Globalization and Inequality," in Atkinson and Bourguignon, *Handbook of Income Distribution*.

46. B. Milanovic and L. Ersado, "Reform and Inequality during the Transition: An Analysis Using Panel Household Survey Data, 1990–2006," Working Paper Series wp2010-62, World Institute for Development Economic Research (2010).

47. Milanovic, *Global Inequality*.

48. K. Beegle, L. Christiaensen, A. Dabalen, and I. Gaddis, *Poverty in a Rising Africa: Africa Poverty Report* (Washington, DC: World Bank, 2016).

49. B. Milanovic, "Is Inequality in Africa Really Different?", World Bank Policy Research

Working Paper Series 3169（2003）.

50. 参见 Beegle et al., *Poverty in a Rising Africa*。调查的设计（如覆盖城市还是全国）、实施（如季节性因素的影响）、问卷（如消费支出的时期）等的变化可能使它们难以用于相互比较。国内不平等趋势的这一模式在更长时期内似乎也成立，参见 G. A. Cornia, "Income Inequality Levels, Trends and Determinants in Sub-Saharan Africa: An Overview of the Main Changes," Università degli Studi di Firenze, Florence, 2014。

51. Milanovic, *Global Inequality*; Morelli, Smeeding, and Thompson. "Post-1970 Trends".

52. Cord et al., "Inequality Stagnation"; L. Gasparini, G. Cruces, and L. Tornarolli, "Chronicle of a Deceleration Foretold: Income Inequality in Latin America in the 2010s," CEDLAS Working Paper No. 198（2016）.

53. 图 11.4 仅包含了可比时期，所以比纯粹的横截面分析包含的国家数量更少。可比样本覆盖了全球 GDP 和人口的 84%，少于拉克纳与米兰诺维奇的研究（2008 年全球 GDP 的 93% 和人口的 91%，Lakner and Milanovic, "Global Income Distribution"）。

54. Milanovic, *Global Inequality*.

55. F. H. G. Ferreira, "Kuznets Waves and the Great Epistemological Challenge to Inequality Analysis," World Bank Development Impact Blog（April 27, 2016）, http://blogs.worldbank.org/impactevaluations/kuznets-waves-and-great-epistemological-challenge-inequality-analysis.

56. 按照斯托尔珀—萨缪尔森理论，在发展中国家，对外贸易将增加较丰富的要素（非技能劳动力）的相对回报。东亚经济体（韩国与中国台湾等）在二战之后采取贸易自由化，并在创造增长的同时实现了较大平等，其经验符合这一理论。参见 A. Wood, "Openness and Wage Inequality in Developing Countries: The Latin American Challenge to East Asian Conventional Wisdom," *World Bank Economic Review* 11, no. 1 [1997]: 33–57. 不过该理论已受到挑战：实施自由化政策的劳动力丰裕经济体和劳动力稀缺经济体在 20 世纪 80—90 年代都出现不平等扩大。此外，东亚的经验正好伴随着支持性的初始条件，如土地改革和基础教育普及等，这些因素的重要性至少不亚于贸易自由化。参见 Kanbur, "Globalization and Inequality"。

57. K. Basu, "Globalization of Labor Markets and the Growth Prospects of Nations," World Bank Policy Research Working Paper Series 7590（2016）.

58. J. Tinbergen, *Income Distribution: Analysis and Policies*（Amsterdam: North-Holland, 1975）.

59. Atkinson and Bourguignon, "Introduction: Income Distribution Today".

60. J. E. Meade, Efficiency, *Equality and the Ownership of Property*（London: Allen and Unwin, 1964）.

61. E. Maskin, "Why Haven't Global Markets Reduced Inequality in Emerging Economies?," *World Bank Economic Review* 29（suppl. 1）（2015）: S48–S52.
62. R. B. Freeman, "Are Your Wages Set in Beijing?," *Journal of Economic Perspectives* 9, no. 3（1995）: 15–32.
63. A. B. Atkinson, *The Changing Distribution of Earnings in OECD Countries*（Oxford: Oxford University Press, 2008）.
64. Bourguignon, *The Globalization of Inequality*.
65. Basu, "Globalization of Labor Markets".
66. W. H. Davidow and M. S. Malone, "What Happens to Society When Robots Replace Workers?," *Harvard Business Review*, December 10, 2014.
67. Bourguignon, *The Globalization of Inequality*.
68. Karabarbounis and Neiman, "Global Decline of the Labor Share." See also Raval, Chapter 4 in this volume.
69. Bourguignon, *The Globalization of Inequality*.
70. F. Bourguignon, "Inequality and Globalization: How the Rich Get Richer as the Poor Catch Up," *Foreign Affairs*, January/February 2016, 11–15.
71. Bourguignon, *The Globalization of Inequality*.
72. Atkinson and Bourguignon, "Introduction: Income Distribution Today".
73. Kanbur, "Globalization and Inequality".
74. Lakner and Ruggeri Laderchi, "Top Incomes in East Asia".
75. 例如，在印度尼西亚，红利与利息收入分别以10%和20%的税率征，远远低于许多红利获得者在劳动收入中面临的30%的最高边际税率。资本收益则按标准个人收入纳税，却没有预扣安排，因此遵从度有限。参见 World Bank, "Indonesia's Rising Divide,"（Jakarta: World Bank, 2016）。结果导致该国仅有5%的个人所得税收入来自资本收入，其余都是工薪收入预扣。
76. 沃伦·巴菲特曾说，他的税率比自己的接待员还低（N. G. Mankiw, "Defending the One Percent," *Journal of Economic Perspectives* 27, no. 3 [2013]: 21–34），可能是因为他的大部分收入是采取红利和资本收益的形式。
77. J. Norregaard, "Taxing Immovable Property: Revenue Potential and Implementation Challenges," in Clements et al., *Inequality and Fiscal Policy*, 191–222.
78. G. Zucman, "Taxing across Borders: Tracking Personal Wealth and Corporate Profits," *Journal of Economic Perspectives* 28, no. 4（2014）: 121–148.
79. G. Zucman, "Taxing across Borders: Tracking Personal Wealth and Corporate Profits," *Journal of Economic Perspectives* 28, no. 4（2014）: 121–148.

80. United Nations Conference on Trade and Development,"World Investment Report 2015: Performing International Investment Governance,"http：//unctad.org/en/PublicationsLibrary/wir2015_en.pdf.

81. Milanovic, *Global Inequality*.

82. Kanbur, "Globalization and Inequality".

83. 同时还需要指出,有条件现金转移规模太小,不足以解释拉丁美洲的不平等趋势逆转,参见Kanbur, "Globalization and Inequality"。相反,低技能工资的增长似乎可以解释大部分降幅,参见Lopez-Calva and Lustig, *Declining Inequality in Latin America*; Lustig et al., "Declining Inequality in Latin America in the 2000s"; Cord et al., "Inequality Stagnation"。

84. Bourguignon, *The Globalization of Inequality*.

85. Basu, "Globalization of Labor Markets"; Milanovic, Global Inequality; A. B. Atkinson, "How to Spread the Wealth: Practical Policies for Reducing Inequality," *Foreign Affairs*, January / February 2016, 29–33.

86. A. B. Atkinson, *Inequality: What Can Be Done?* (Cambridge, MA: Harvard University Press, 2015).

87. Ibid.

88. Bourguignon, *The Globalization of Inequality*。韩国的财阀也是个例子,尽管它们在工业化时期发挥过重要的推动作用(参见T. Khanna and Y. Yafeh, "Business Groups in Emerging Markets: Paragons or Parasites?" *Journal of Economic Literature* 45, no. 2,2007: 331–372)。它们经常采用不透明的金字塔控股结构,三家最大财阀的董事长之前也都遭到了犯罪指控,参见"To Those That Have-The Dark Side of Family Capitalism" [April 18, 2015], http://www.economist.com/news/special-report/21648178-dark-side-family-capitalism-those-have)。

89. C. Freund, *Rich People Poor Countries: The Rise of Emerging-Market Tycoons and Their Mega Firms* (Washington, DC: Peterson Institute for International Economics, 2016).

90. Milanovic, *Global Inequality*.

91. Bourguignon, "Inequality and Globalization".

92. Milanovic, *Global Inequality*.

93. 有大量文献讨论了减贫与增长及不平等的关系,可参见相关回顾: F. H. G. Ferreira, "Distributions in Motion: Economic Growth, Inequality, and Poverty Dynamics," in *The Oxford Handbook of the Economics of Poverty*, ed. P. N. Jefferson (Oxford: Oxford University Press, 2012)。

94. 一个不太受欢迎的原因是,发达国家的生产率增长前景较为黯淡。参见R. J. Gordon,

The Rise and Fall of American Growth：*The U.S. Standard of Living since the Civil War*（Princeton，NJ：Princeton University Press，2016）。

95. 到2015年，增长率下降至3.5%，是过去15年以来的最低水平，参见Bourguignon，*The Globalization of Inequality*。

96. 大致说来，当中国的平均收入超过世界平均值后，中国的增长会对全球分配不平等带来恶化效应。这种情况可能很快会出现，详细解释参见Milanovic，"Global Income Distribution"。

97. T. Hellebrandt and P. Mauro，"The Future of Worldwide Income Distribution," Working Paper Series WP15-7, Peterson Institute for International Economics（2015）。

98. 个别国家在20年的时期内确实有过此类经历，但不太可能在全球所有国家发生。

99. World Bank，"World Bank's New End-Poverty Tool：Surveys in Poorest Countries," press release，October 15，2015，http：//www.worldbank.org/en/news/press-release/2015/10/15/world-bank-new-end-poverty-tool-surveys-in-poorest-countries.

100. 这并不必然适用对绝对贫困的测量指标，例如世界银行估计的每天1美元的贫困线。尽管农业部门的重要性在这些新兴经济体正趋于下降，其中许多最贫困的人群仍居住在农村地区，从事农业活动。另外底层群体的货币与非货币转移支付可能在收入调查中被低报。例如，与行政机构记录做比对时发现，美国当期人口普查就没有纳入底层群体的许多转移支付项目。参见 B. D. Meyer，W. K. C. Mok，and J. X. Sullivan，"Household Surveys in Crisis," *Journal of Economic Perspectives* 29，no. 4（2015）：199-226。结果使得，对于极低收入甚至零收入个人而言，消费水平相对来说出奇得高。参见M. Brewer，B. Etheridge，and C. O'Dea，"Why Are Households That Report the Lowest Incomes So Well-Off？," Economics Discussion Papers 8993, University of Essex, Department of Economics，2013。

101. 例如，法国近期开始利用以登记为基础的信息（如纳税记录）来回答其EU-SILC调查中的某些问题。参见C. Burricand，"Transition from Survey Data to Registers in the French SILC Survey," in *The Use of Registers in the Context of EU-SILC*：*Challenges and Opportunities*，ed. M. Jantti，V. Tormalehto，and E. Marlier, Eurostat Statistical Working Papers（2013），http：//ec.europa.eu/eurostat/documents/3888793/5856365/KS-TC-13-004-EN.PDF。

102. 类似的是，赛斯（本书第13章）也呼吁，采用与国民账户核算统一的方式，把调查与收入纳税数据整合起来。

第12章 《21世纪资本论》中的地理学

1. Thomas Piketty, *Capital in the Twenty-First Century*, trans. Arthur Goldhammer (Cambridge, MA: Belknap Press of Harvard University Press, 2014)。
2. 金融危机及之后的衰退对此观点提出了挑战,甚至促使国际货币基金组织考虑实施资本管制和改进监管。参见International Monetary Fund, *The Liberalization and Management of Capital Flows: An Institutionalist View* (Washington, DC: IMF, 2012), www.imf.org/external/np/pp/eng/2012/111412.pdf。
3. 包括S. Armstrong, *The Super-Rich Shall Inherit the Earth: The New Global Oligarchs and How They're Taking Over Our World* (London: Constable and Robinson, 2010); A. Atkinson, "Income Distribution in Europe and the United States," *Oxford Review of Economic Policy* 12, no. 1 (1996): 15–28; M. Davis and D. B. Monk, eds., *Evil Paradises: Dreamworlds of Neoliberalism* (New York: New Press, 2007); G. Irvin, *Super Rich: The Rise of Inequality in Britain and the United States* (Cambridge: Polity, 2008); J. Stiglitz, *Freefall: Free Markets and the Sinking of the Global Economy* (London: Allen Lane, 2010); Oxfam, *Working for the Few: Political Capture and Economic Inequality* (Oxford: Oxfam International, 2014)。
4. T. Piketty and E. Saez, "Top Incomes and the Great Recession: Recent Evolutions and Policy Implications," *IMF Economic Review* 61, no. 3 (2013): 456–478; T. Piketty and G. Zucman, "Capital Is Back: Wealth-Income Ratios in Rich Countries, 1700–2010," *Quarterly Journal of Economics* 129, no. 3 (2014): 1255–1310。
5. 正如Galbraith所述,皮凯蒂"对资本的测算不是指实物,而是指金融含义",这让他把房地产纳入定义(虽然不够有一致性),并把资本视为既有生产性("真"的资本),又可充当价值储藏工具。参见J. K. Galbraith, "*Kapital* for the Twenty-First Century?," *Dissent*, Spring 2014, 77–82, at 77。
6. D. Soskice, "*Capital in the Twenty-First Century*: A Critique," *British Journal of Sociology* 65, no. 4 (2014): 650–666.
7. D. Perrons, "Gendering Inequality: A Note on Piketty's *Capital in the Twenty-First Century*," *British Journal of Sociology* 65 (2014): 667–677.
8. Peter Lindner, "Problematising Inequality," *Geopolitics* 21, no. 3 (2016): 742–749, doi: 10.1080/14650045.2016.1139998.
9. G. A. Jones, "Where's the Capital? A Geographical Essay," *British Journal of Sociology* 65, no. 4 (2014): 721–735.
10. E. Sheppard, "Piketty and Friends: Capitalism, Inequality, Development, Territorialism,"

AAG Review of Books 3, no. 1（2015）：36–42.

11. Piketty, *Capital*, 48.
12. 这些有限的数据来源意味着皮凯蒂对世界上大多数地方的不平等难以做更多评述，尤其是发展中国家，那里的不平等程度比富裕国家更高，但近期有短暂下降，尤其是拉丁美洲在20世纪90年代至21世纪头10年。皮凯蒂只是在资本管制议题上对中国有简短评论。
13. T. Piketty and E. Saez, "Inequality in the Long Run," *Science*, May 23, 1014, 838–843.
14. Soskice, "Capital," 661, 650.
15. K. Ho, *Liquidated*：*An Ethnography of Wall Street*（Durham, NC：Duke University Press, 2009.
16. G. Zucman, *The Hidden Wealth of Nations*（Chicago：University of Chicago Press, 2015）.
17. 英国《每日邮报》（*Daily Mail*）报道说，金融时报指数（FTSE）100家公司中有47家似乎在英国没有纳税或者纳税极少，12家声称没有纳税，6家获得税收抵免。在某些情况下对低税收或负税收数字有某些合法理由，如对研发、投资的补贴，以及较值得怀疑的提前亏损分摊。不过，有些公司记录的销售收入数以10亿英镑计，其至全球的公司层面利润也数十亿英镑，却不缴纳公司税。亚马逊于2011年在英国的销售额达到33.5亿英镑，缴纳的税收仅为180万英镑，2014年的数字分别为53亿英镑和1 190万英镑；易趣公司2011年的数字分别定为8亿英镑和100万英镑，星巴克在1998—2012年这14年中，给英国缴纳的公司税仅为860万英镑，同期销售额却超过30亿英镑。
18. D. Rodrik, *The Globalization Paradox*：*Why Global Markets, States, and Democracy Can't Coexist*（Oxford：Oxford University Press, 2011）。另外参见 R. Reich, *Saving Capitalism*：*For the Many, Not the Few*（New York：Knopf, 2015）.
19. OECD / G20, *Base Erosion and Profit Shifting Project Final Report*（Paris：OECD, 2015）.
20. D. Harvey, *The Enigma of Capital*：*And the Crises of Capitalism*（London：Profile Books, 2011）.
21. K. Ho, "Supermanagers, Inequality, and Finance," *HAU*：*Journal of Ethnographic Theory* 5, no. 1（2015）：481–488.
22. Ibid., 483.
23. R. Palan, "Tax Havens and the Commercialization of State Sovereignty," *International Organization* 56（2002）：151–176；N. Shaxson, *Treasure Islands*：*Tax Havens and the Men Who Stole the World*（New York：Random House, 2012）；J. Urry, Offshoring（London：Polity Press, 2014）；Zucman, *Hidden Wealth of Nations*.

24. N. Gilman et al., eds., *Deviant Globalization: Black Market Economy in the 21st Century* (New York: Continuum Books, 2011), 5.
25. 参见 *Vermillion Sands* (1971), *Cocaine Nights* (1996), *Super-Cannes* (2000), all published by HarperPerennial.
26. S. Gill, "Constitutionalizing Inequality and the Clash of Globalizations," *International Studies Review* 4, no. 2 (2002): 47–65; Harvey, *The Enigma of Capital*.
27. S. Sassen, *Territory, Authority, Rights: From Medieval to Global Assemblages* (Princeton, NJ: Princeton University Press, 2008).
28. B. Chalfont, "Global Customs Regimes and the Traffic in Sovereignty: Enlarging the Anthropology of the State," *Current Anthropology* 47 (2006): 243–276; Sassen, *Territory, Authority, Rights*.
29. B. Neilson, "Zones: Beyond the Logic of Exception?," *Concentric: Literary and Cultural Studies* 40, no. 2 (2014): 11–28.
30. K. Easterling, *Extrastatecraft: The Power of Infrastructure Space* (London: Verso, 2014)。虽然各个特区在全球经济中似乎存在内部竞争，它们却通过公司、信息技术和国际标准化机构组成一个网络，形成 Easterling 类比的"全球操作系统"（global spatial operating system）。
31. Neilson, "Zones," 18, 11.
32. 引自 Easterling, *Extrastatecraft*, 49。特别在撒哈拉以南非洲国家，特区把多个民族国家连接成一个空间，作为通过伙伴关系来延伸经济和政治利益的手段。参见 D. Brautigam and T. Xiaoyang, "African Shenzhen: China's Special Economic Zones in Africa," *Journal of Modern African Studies* 49, no. 1 (2011): 27–54; L. Bremner, "Towards a Minor Global Architecture at Lamu, Kenya," *Social Dynamics* 39, no. 3 (2013): 397–413。
33. 正如 Levien 对印度的描述，政府在创建经济特区和走廊上发挥了积极作用，包括以"公共利益"的名义侵占土地（经常是取自农民）。参见 M. Levien, "The Land Question: Special Economic Zones and the Political Economy of Dispossession in India," *Journal of Peasant Studies* 39, nos. 3–4 (2012): 933–969。
34. J. Bach, "Modernity and the Urban Imagination in Economic Zones," *Theory, Culture and Society* 28, no. 5 (2011): 98–122; S. Opitz and U. Tellmann, "Global Territories: Zones of Economic and Legal Dis/Connectivity," *Distinktion: Scandinavian Journal of Social Theory* 13, no. 3 (2012): 261–282.
35. Easterling, *Extrastatecraft*, 15.
36. Brautigam and Xiaoyang, "African Shenzhen"; Bremner, "Minor Global Architecture"; I.

Dey and G. Grappi, "Beyond Zoning: India's Corridors of Development and New Frontiers of Capital," *South Atlantic Quarterly* 114, no. 1（2015）: 153–170.

37. Bach, "Modernity," 99.
38. 参见 Easterling, *Extrastatecraft*; Davis and Monk, *Evil Paradises*.
39. Easterling, *Extrastatecraft*, 67.
40. S. Ali, Dubai: *Gilded Cage*（New Haven, CT: Yale University Press, 2010）.
41. R. Abrahamsen and M. C. Williams, *Security beyond the State: Private Security in International Politics*（Cambridge: Cambridge University Press, 2010）.
42. Easterling suggests the zone is "perfectly apolitical" as a technocratic space "decoupled from its reality on the ground." In this sense she is right—the zone is perceived by those that run it as apolitical—but it is not "without politics".
43. Shaxson, *Treasure Islands*, 8.
44. Urry, *Offshoring*.
45. 这6个地方是荷兰、百慕大、卢森堡、爱尔兰、新加坡和瑞士。欧洲的情况更严重，据Urry测算，最大100家公司中有99家利用海外分支机构使其税收负担最小化。
46. G. Zucman, "Taxing across Borders: Tracking Personal Wealth and Corporate Profits," *Journal of Economic Perspectives* 28, no. 4（2014）: 121–148, at 140。另外参见 D. Haberly and D. Wojcik, "Tax Havens and the Production of Offshore FDI: An Empirical Analysis," *Journal of Economic Geography* 15, no. 1（2014）: 75–101。
47. 2016年4月，律师事务所Mossack Fonseca的超过1 140万份文件被泄露给德国报纸《南德日报》（*Süddeutsche Zeitung*）。这些文件自称显示了许多个人（从政客到名流）和公司如何在银行与律所的协助下，把各种资产（从房地产到艺术品）转移到巴拿马注册。来自70多个国家的调查者正在估算所涉资产的价值、交易的合法性以及潜在税收损失。参见International Consortium of Investigative Journalists（https://panamapapers.icij.org）。
48. 在强调过于依赖税收和国民账户问题时，皮凯蒂忽略了对不合规和不合法问题的关注，不过对世界许多地方的估算表明，有大量经济活动带有"黑市性质"。Gilman等人认为，在非正常全球化中，企业家"利用全球化技术基础设施来钻监管和法律的空子与差异的漏洞，从事有社会危害的产品和服务活动，挑战了对财富、发展和权力的传统定义。参见: Gilman et al., *Deviant Globalization*, 3。
49. 祖克曼把瑞士视作历史上领先的海外管辖地，之后是卢森堡与维尔京群岛，他称之为"邪恶三角"。
50. Zucman, "Taxing across Borders," 121.
51. Ibid., 144.

52. D. Wojcik, "Where Governance Fails: Advanced Business Services and the Offshore World," *Progress in Human Geography* 37, no. 3（2013）: 330–347.
53. A. Cobham, P. Jansky, and M. Meinzer, "The Financial Secrecy Index: Shedding New Light on the Geography of Secrecy," *Economic Geography* 91, no. 3（2015）: 281–303.
54. Wojcik, "Where Governance Fails." Also J. V. Beaverstock, S. Hall, and T. Wainwright, "Servicing the Super-Rich: New Financial Elites and the Rise of the Private Wealth Management Retail Ecology," *Regional Studies* 47, no. 6（2013）: 834–849.
55. T. Wainwright, "Tax Doesn't Have to Be Taxing: London's 'Onshore' Finance Industry and the Fiscal Spaces of a Global Crisis," *Environment and Planning* A 43, no. 6（2011）: 1287.
56. House of Commons Committee of Public Accounts, "Tax Avoidance: The Role of Large Accountancy Firms（Follow-Up）"（2015）, HC 860, available at www.publications.parliament.uk/pa/cm201415/cmselect/cmpubacc/1057/1057.pdf.
57. Zucman, *Hidden Wealth of Nations*, 44–45。祖克曼指出，如果把瑞士算作"税收天堂"的代表，那至少有80%的财富没有纳税申报。
58. 最知名的案例是星巴克，表面上你从瑞士购买它的咖啡，但咖啡豆是在荷兰烤制，然后被各国的分支机构以很大溢价购买走，其中包含品牌和标识使用费，并且把利润和纳税负担转移到瑞士。
59. Cobham et al., "The Financial Secrecy Index".
60. 与21世纪早期的开放市场说法相比，进入和充分利用此类空间似乎更不容易。瑞士联邦工学院（Swiss Federal Institute of Technology）开展了一项著名研究，分析了全球3 700万家公司和投资人的相互关系，发现有147家高度网络化的公司形成的"超级实体"，控制了全部财富的40%。
61. Piketty, *Capital*, 180.
62. 高净值个人是指有100万美元或更多资金可用于投资，是人数最多、增长最快的富人群体，在2011年的全球人数约有1 100万。但其总收入和财富远远不及人数约为10万人的极高净值个人，其可支配财富超过420万亿美元。有研究提出，这些经验分类的界限是较为主观随意的，如极高净值个人的标准可能在4 000万美元到100亿美元，参见 J. V. Beaverstock and J. R. Faulconbridge, "Wealth Segmentation and the Mobilities of the Super-Rich," in *Elite Mobilities*, ed. T. Birtchnell and J. Caletrio（New York: Routledge, 2013）, 40–61。
63. Birtchnell and Caletrio, Elite Mobilities; Urry, *Offshoring*.
64. A. Ong, "Please Stay: Pied-a-Terre Subjects in the Megacity," *Citizenship Studies* 11, no. 1（2007）: 83–93.

65. C. Freeland,"The Rise of the New Global Elite,"*The Atlantic*, January/February 2011, 2.
66. 例如，罗伯特·弗兰克（Robert Frank）带着戏谑地在其新书中把新贵人群划分为：住在上富人斯坦（Upper Richi$tan）与下富人斯坦（Lower Richi$tan）的两部分。参见*Richistan: A Journey Through the American Wealth Boom and the Lives of the New Rich*（London: Piatkus Books, 2007）。
67. A. Elliott. and J. Urry, *Mobile Lives*（New York: Routledge, 2010）.
68. Ong,"Please Stay,"89.
69. N. Cunningham and M. Savage,"The Secret Garden? Elite Metropolitan Geographies in the Contemporary UK,"*Sociological Review* 63（2015）: 321–348.
70. L. Sklair, and L. Gherardi,"Iconic Architecture as a Hegemonic Project of the Transnational Capitalist Class,"*City* 16, nos. 1–2（2012）: 57–73; Cunningham and Savage,"The Secret Garden?".
71. 关于精英特权意识及其如何被错误当作美德，或皮凯蒂可能称作"幸运"因素（Piketty, *Capital*, 315–321, 333–335）的有趣研究，参见S. Khan,"Privilege: The Making of an Adolescent Elite at St. Paul's School"（Princeton, NJ: Princeton University Press, 2012）。利用"遮蔽"的说法来描述精英群体依赖的服务经济的隐蔽存在，借鉴自R. Atkinson,"Limited Exposure: Social Concealment, Mobility and Engagement with Public Space by the Super-Rich in London,"*Environment and Planning* A 48, no. 7（2016）: 1302–1317, doi 10.1177/0308518X15598323。
72. 英国《卫报》于2016年1月24日报道，伦敦的肯辛顿和切尔西区批准了450个"重大地下室拓展"项目，其中某些的扩建不止一层，包括游泳池与家庭影院等。相比之下，2001年仅批准了46个。
73. Reich在20世纪90年代早期指出，"富有的1/5群体"已成功通过对更广大社群的现实隔绝和情感独立而脱离了这个国家。参见R. B. Reich, *The Work of Nations: Preparing Ourselves for 21st-Century Capitalism*（New York: Vintage Books, 1992），以及Davis and Monk, *Evil Paradises*。
74. R. Webber and R. Burrows,"Life in an Alpha Territory: Discontinuity and Conflict in an Elite London'Village,'"*Urban Studies* 53, no. 15（2015）: 3139–3154。
75. 纽约的情形，参见*Financial Times*,"Global Elite Buys Trophy Apartments,"September, 29, 2015, http://www.ft.com/cms/s/0/dd7ac2f2-472d-11e5-af2f-4d6e0e5eda22.html#axzz46kKTUoqH；伦敦的情形，参见*The Guardian*, July 22, 2013, www.theguardian.com/commentisfree/2013/jul/22/london-wealth-global-elite-home。
76. 2012年美国人口普查数据显示，50个最大城市里有31个的收入不平等程度超过美国的整体水平，并随时间愈加恶化。50个最大城市中的富人比一般城市中的富人更富，而50个最大城市中的穷人比一般城市中的穷人更穷。

77. Atkinson, "Limited Exposure," 1315.
78. A. Ong, "Mutations in Citizenship," *Theory, Culture & Society* 23, no. 2-3（2006）: 499-505.
79. S. Sassen, "Towards Post-National and Denationalized Citizenship," in *Handbook of Citizenship Studies*, ed. E. F. Isin and B. S. Turner（London: Sage, 2002）.
80. Cited in K. Jefford, "Homes Owned through Companies Falls Below 4,000, HMRC Figures show," *City AM*, February 15, 2016.
81. S. Sassen, "A Savage Sorting of Winners and Losers: Contemporary Versions of Primitive Accumulation," *Globalizations* 7, no. 1（2010）: 23-50.
82. Piketty, *Capital*, 336.
83. 这是皮凯蒂描述过的超级经理人现象，也属于金融资本主义的文化现象，参见Ho, *Liquidated*。
84. 参见M. Aalbers, ed., *Subprime Cities: The Political Economy of Mortgage Markets*（Chichester, U.K.: Wiley, 2012）; J. Crump, K. Newman, E. S. Belsky, P. Ashton, D. H. Kaplan, D. J. Hammel, and E. Wyly, "Cities Destroyed（Again）for Cash: Forum on the U.S. Foreclosure Crisis," *Urban Geography* 29, no. 8（2008）: 745-784。
85. E. Raymond, K. Wang, and D. Immergluck, "Race and Uneven Recovery: Neighborhood Home Value Trajectories in Atlanta before and after the Housing Crisis," *Housing Studies* 31, no. 3（2016）: 324-329.
86. Piketty, *Capital*, 244-246, 395.
87. 另外参见Stiglitz, Freefall; Zucman, *Hidden Wealth of Nations*.
88. *The Observer*, April 10, 2016, 7.
89. Galbraith, "*Kapital*"; Lindner, "Problematising Inequality"; Perrons, "Gendering Inequality".
90. 祖克曼指出，法律和监管约束使得美国财政部的统计专家无法获知瑞士和其他一些地方的银行账户持有的美国股票和债券的真实所有者。他们只能假设日内瓦银行账户中的财富是瑞士的资产，因此这些数据"没有揭示谁掌握着世界的财富，而只表明这些财富的管理地点在哪里——这是关于税收天堂的地理状况，而非真实财富的分布"（*Hidden Wealth of Nations*, 21）。他的看法凸显了对真实财富及其地理分布的客观测算存在怎样的相互矛盾，特别是后者对前者的创造和持有产生作用时。
91. https://www.youtube.com/watch?v=4S9AwO-rkJs.
92. M. Everest-Phillips, "When Do Elites Pay Taxes? Tax Morale and State-Building in Developing Countries," paper presented at WIDER Elites conference, June 12, 2009;

Wainwright, "Tax Doesn't Have to Be Taxing".

93. Easterling, *Extrastatecraft*, 232.

94. *The Guardian*, November 27, 2015, http://www.theguardian.com/news/2015/nov/27/hsbc-whistleblower-jailed-five-years-herve-falciani.

第13章 《21世纪资本论》之后的研究规划

1. Thomas Piketty and Emmanuel Saez, "Income Inequality in the United States, 1913–1998," *Quarterly Journal of Economics* 118 no. 1 (2003): 1–39. Series updated to 2014 in June 2015.

2. Thomas Piketty, *Les hauts revenus en France au 20 ème siècle-Inégalités et redistributions, 1901–1998* (Paris: Grasset, 2001).

3. Simon Kuznets, *Shares of Upper Income Groups in Income and Savings* (New York: National Bureau of Economic Research, 1953).

4. Simon Kuznets, "Economic Growth and Economic Inequality," *American Economic Review* 45 (1955): 1–28.

5. 对这一研究工作的综述，参见 Thomas Piketty and Emmanuel Saez, "Top Incomes in the Long Run of History," *Journal of Economic Literature* 49 (2011): 3–71。数据在线查询参见 http://www.wid.world/。

6. Thomas Piketty, *Capital in the Twenty-First Century*, trans. Arthur Goldhammer (Cambridge, MA: Belknap Press of Harvard University Press, 2014).

7. Simon Kuznets, *National Income and Its Composition, 1919–1938* (New York: National Bureau of Economic Research, 1941); Kuznets, *Shares of Upper Income Groups*.

8. 卢森堡收入研究项目付出了值得尊敬的努力，利用现有各国微观调查数据，建立了统一的国际微观数据库，参见 http://www.lisdatacenter.org/。该数据库非常有利用价值，但未能很好反映顶层收入群体的情况。

9. 最新版本的国民账户体系为SNA 2008。参见 *System of National Accounts 2008* (New York: European Communities, International Monetary Fund, Organisation for Economic Co-operation and Development, United Nations, and World Bank, 2009。美国现在使用的国民收入与产出账户（National Income and Product Accounts）尚未完全采纳SNA 2008的指导规则，但在缓慢朝该方向前进。

10. Facundo Alvaredo, Anthony B. Atkinson, Lucas Chancel, Thomas Piketty, Emmanuel Saez, and Gabriel Zucman, "Distributional National Accounts (DINA) Guidelines: Concepts and Methods used in the W2ID," Paris School of Economics Working Paper

（December 2016）.

11. Thomas Piketty, Emmanuel Saez, and Gabriel Zucman, "Distributional National Accounts: Methods and Estimates for the U.S.," NBER Working Paper No. 22945（December 2016）.

12. Bertrand Garbinti, Jonathan Goupille, and Thomas Piketty, "Inequality Dynamics in France, 1900–2014: Evidence from Distributional National Accounts（DINA），" Paris School of Economics（2016）.

13. Facundo Alvaredo et al., "Distributional National Accounts: Methods and Estimates for the UK," Paris School of Economics and Oxford University（2016）.

14. Dennis Fixler and David S. Johnson, "Accounting for the Distribution of Income in the US National Accounts," in *Measuring Economic Stability and Progress*, ed. D. Jorgenson, J. S. Landefeld, and P. Schreyer（Chicago: University of Chicago Press, 2014）; Dennis Fixler, David Johnson, Andrew Craig, and Kevin Furlong, "A Consistent Data Series to Evaluate Growth and Inequality in the National Accounts," Bureau of Economic Analysis Working Paper（2015）.

15. Maryse Fesseau and M. L. Mattonetti, "Distributional Measures across Household Groups in a National Accounts Framework: Results from an Experimental Cross-Country Exercise on Household Income, Consumption and Saving," OECD Statistics Working Papers（2013）.

16. Piketty, Saez, and Zucman, "Distributional National Accounts".

17. 经常有人批评，皮凯蒂与赛斯采纳的美国顶层收入系列数据忽略了政府转移支付，例如：Richard Berkhauser, Jeff Larrimore, and Kosali Simon, "A Second Opinion on the Economic Health of the American Middle Class and Why It Matters in Gauging the Impact of Government Policy," *National Tax Journal* 65（March 2012）: 7–32。实际上，税前与税后收入分配状况都极具研究价值。分配性国民账户是对此开展全面研究的极好的理论思路。官方的许多收入统计数据（如人口普查局通过当期人口调查得到的信息），在其收入定义中加入了部分（但非全部）转移支付，减去了部分（但非全部）税收，因此混淆了税前收入与税后收入的概念。可参见 Carmen DeNavas-Walt and Bernadette D. Proctor, U.S. Census Bureau, *Income and Poverty in the United States: 2014*（Washington, DC: U.S. Government Printing Office, 2015）。

18. 除政府之外，征信局与教育机构等若干组织也在产生微观管理数据，可以结合起来为政府的微观数据提供补充。北欧国家的中央统计机构最为发达，可以把多个不同来源的数据库合并，以用于研究。关于改进美国官方数据的研究利用，参见 David Card, Raj Chetty, Martin Feldstein, and Emmanuel Saez, "Expanding Access to Administrative Data for Research in the United States," White Paper for NSF 10-069 call for papers on "Future Research in the Social, Behavioral, and Economic Sciences"（2010）。

19. Wojciech Kopczuk and Emmanuel Saez, "Top Wealth Shares in the United States, 1916–2000: Evidence from Estate Tax Returns," *National Tax Journal* 57 (2004): 445–487.
20. Arthur Kennickell, "Tossed and Turned: Wealth Dynamics of US Households 2007–2009," Finance and Economics Discussion Series Working Paper, Board of Governors of the Federal Reserve System (2011); Edward Wolff, "Household Wealth Trends in the United States, 1962–2013: What Happened over the Great Recession?," NBER Working Paper No. 20733 (2014).
21. Piketty, *Capital*.
22. Chris Giles, "Data Problems with *Capital in the 21st Century*," *Financial Times*, May 23, 2014.
23. Edward Wolff, *Top Heavy: The Increasing Inequality of Wealth in America and What Can Be Done about It* (New York: New Press, 2002).
24. Emmanuel Saez and Gabriel Zucman, "Wealth Inequality in the United States since 1913: Evidence from Capitalized Income Tax Data," *Quarterly Journal of Economics* 131 (2016): 519–578.
25. Wolff, *Top Heavy*.
26. Saez and Zucman, "Wealth Inequality".
27. Ibid.
28. 详细统计数据，可参见Thomas Piketty and Gabriel Zucman, "Capital Is Back: Wealth-Income Ratios in Rich Countries, 1700–2010," *Quarterly Journal of Economics* 129 (2014): 1255–1310; and Saez and Zucman, "Wealth Inequality"。
29. Thomas Piketty, Gilles Postel-Vinay, and Jean-Laurent Rosenthal, "Inherited versus Self-Made Wealth: Theory and Evidence from a Rentier Society (1872–1927)," *Explorations in Economic History* 51 (2013): 21–40; Thomas Piketty and Gabriel Zucman, "Wealth and Inheritance in the Long Run," in *Handbook of Income Distribution*, vol. 2, ed. A. Atkinson and F. Bourguignon (Amsterdam: Elsevier, 2014), 167–216.
30. Franco Modigliani, "The Role of Intergenerational Transfers and Lifecycle Savings in the Accumulation of Wealth," *Journal of Economic Perspectives* 2 (1988): 15–40; Lawrence Kotlikoff and Lawrence Summers, "The Role of Intergenerational Transfers in Aggregate Capital Accumulation," *Journal of Political Economy* 89 (1981): 706–732。
31. Chetty等学者利用这一综合数据记录了各所大学的父母收入分布与学生在后期的收入分布的状况，参见Raj Chetty, John N. Friedman, Emmanuel Saez, Nicholas Turner, and Danny Yagan, "The Distribution of Student and Parent Income across Colleges in the United States", Working Paper, 2016。该研究结果表明，精英学校集中为高收入家庭

服务，高等教育对美国的经济特权的代际传递似乎发挥了较大作用。

32. Karen Dynan, Jonathan Skinner, and Stephen Zeldes, "Do the Rich Save More?," *Journal of Political Economy* 112（2004）: 397–443.
33. Saez and Zucman, "Wealth Inequality".
34. Kuznets, *Shares of Upper Income Groups.*
35. 可参见Raj Chetty, John Friedman, Soren Leth-Petersen, T. Nielsen, and Torre Olsen, "Active vs. Passive Decisions and Crowd-Out in Retirement Savings Accounts: Evidence from Denmark," *Quarterly Journal of Economics* 129（2014）: 1141–1219, 等文献。美国的某些近期研究已开始利用金融机构的数据，如银行、信用卡公司和其他金融服务商，可参见Michael Gelman et al., "Harnessing Naturally Occurring Data to Measure the Response of Spending to Income," *Science*, July 11, 2014, 212–215。尽管这些数据对储蓄行为的许多研究课题有帮助，却不是整个美国人口的代表性样本，所以不足以描述美国财富与储蓄分配的全貌。
36. Piketty and Saez, "Income Inequality".
37. Jon Bakija, Adam Cole, and Bradley Heim, "Jobs and Income Growth of Top Earners and the Causes of Changing Income Inequality: Evidence from U.S. Tax Return Data," unpublished working paper（2012）.
38. Xavier Gabaix and Augustin Landier, "Why Has CEO Pay Increased So Much?," *Quarterly Journal of Economics* 123（2008）: 49–100.
39. Marianne Bertrand and Sendhil Mullainathan, "Are CEOs Rewarded for Luck? The Ones without Principals Are," *Quarterly Journal of Economics* 116（2001）: 901–932; Lucian Bebchuk and Jesse Fried, *Pay without Performance: The Unfulfilled Promise of Executive Compensation*（Cambridge, MA: Harvard University Press, 2006）.
40. Piketty and Saez, "Income Inequality".
41. Thomas Piketty, Emmanuel Saez, and Stefanie Stantcheva, "Optimal Taxation of Top Labor Incomes: A Tale of Three Elasticities," *American Economic Journal: Economic Policy* 6（2014）: 230–271.
42. Anthony Atkinson, *Inequality: What Can Be Done?*（Cambridge, MA: Harvard University Press, 2015）.
43. Piketty, Saez, and Stantcheva, "Optimal Taxation".
44. Thomas Philippon and Ariell Reshef, "Wages and Human Capital in the U.S. Finance Industry: 1909–2006," *Quarterly Journal of Economics* 127（2012）: 1551–1609.
45. Brian Hall and Kevin Murphy, "The Trouble with Stock Options," *Journal of Economic Perspectives* 17（2003）: 49–70.

46. 遗产税在美国不受欢迎，并且在小布什政府时期几乎被完全取消。目前的美国遗产税大约只影响每年顶层的千分之一最富有逝者。不过，遗产税受到的抵制似乎主要是由于消息误导，以及保守派成功将其描述为不利于家族企业的死亡税。有研究显示，当人们认识到遗产税只是对极为富有的逝者的税收之后，支持度会倍增，参见Ilyana Kuziemko, Michael I. Norton, Emmanuel Saez, and Stefanie Stantcheva, "How Elastic Are Preferences for Redistribution? Evidence from Randomized Survey Experiments," *American Economic Review* 105（2015）: 1478–1508。

47. Marianne Bertrand and Adair Morse, "Trickle-Down Consumption," NBER Working Paper No. 18883（2013）.

48. Chetty et al., "Active vs. Passive Decisions".

49. Richard Thaler and Cass Sunstein, *Nudge: Improving Decisions about Health, Wealth, and Happiness*（New Haven, CT: Yale University Press, 2008）.

第14章　财富不平等的宏观模型

1. Thomas Piketty, *Capital in the Twenty-First* Century, trans. Arthur Goldhammer（Cambridge, MA: Belknap Press of Harvard University Press, 2014）. In this respect Piketty writes, "In a sense, it sums up the overall logic of my conclusions"（25）.

2. Jess Benhabib, Alberto Bisin, and Shenghao Zhu, "The Wealth Distribution in Bewley Models with Capital Income Risk," *Journal of Economic Theory* 159（2015）: 459–515; Shuhei Aoki and Makoto Nirei, "Pareto Distribution in Bewley Models with Capital Income Risk," Hitotsubashi University（2015）.

3. Karen E. Dynan, Jonathan Skinner, and Stephen P. Zeldes, "Do the Rich Save More?," *Journal of Political Economy* 112（2004）: 397–444.

4. 正是这一发现推动帕累托提出了以他命名的概率分布。参见Vilfredo Pareto, *Cours d'économie politique*, vol. 2（Lausanne: F. Rouge, 1897）。

5. Anthony B. Atkinson, *The Economics of Inequality*（Oxford: Clarendon Press, 1983）; Javier Díaz-Gimenez, Vincenzo Quadrini, and José-Victor Ríos-Rull, "Dimensions of Inequality: Facts on the U.S. Distributions of Earnings, Income and Wealth," *Federal Reserve Bank of Minneapolis Quarterly Review* 21（1997）: 3–21; Arthur B. Kennickell, "A Rolling Tide: Changes in the Distribution of Wealth in the U.S., 1989–2001"（2003）, https://www.federalreserve.gov/pubs/feds/2003/200324/200324pap.pdf; Santiago Budria Rodriguez, Javier Díaz-Gimenez, Vincenzo Quadrini, and José-Victor Ríos-Rull, "Updated Facts on the U.S. Distributions of Earnings, Income, and Wealth," *Federal Reserve Bank*

of Minneapolis Quarterly Review 26（2002）: 2-35; Herman O. Wold and Peter Whittle, "A Model Explaining the Pareto Distribution of Wealth," Econometrica 25（1957）: 591-595; Edward N. Wolff, "Changing Inequality of Wealth," American Economic Review 82（1992）: 552-558; Wolff, "Recent Trends in the Size Distribution of Household Wealth," Journal of Economic Perspectives 12（1998）: 131-150.
6. Erik Hurst, Ming Ching Luoh, and Frank P. Stafford, "The Wealth Dynamics of American Families, 1984-94," Brookings Papers on Economic Activity 29（1998）: 267-338.
7. 有研究发现，瑞典的总体五分位财富流动性与美国相当，当然两国的财富不平等程度差异较大。参见 N. Anders Klevmarken, Joseph P. Lupton, and Frank P. Stafford, "Wealth Dynamics in the 1980s and 1990s: Sweden and the United States," Journal of Human Resources 38（2003）: 322-353。
8. Casey B. Mulligan, Parental Priorities and Economic Inequality（Chicago: University of Chicago Press, 1997）.
9. Kerwin Kofi Charles and Erik Hurst, "The Correlation of Wealth across Generations," Journal of Political Economy 111（2003）: 1155-1182.
10. 马利根的样本中采用的子女年龄低于35岁，而查尔斯等人的样本中的父母均已死亡的父母-子女配对数太少。参见 Charles and Hurst, "Correlation of Wealth"; Mulligan, Parental Priorities。
11. Adrian Adermon, Mikael Lindahl, and Daniel Waldenstrom, "Intergenerational Wealth Mobility and the Role of Inheritance: Evidence from Multiple Generations," IZA Discussion Paper No. 10126（2015）; Simon Halphen Boserup, Wojciech Kopczuk, and Claus Thustrup Kreiner, "Stability and Persistence of Intergenerational Wealth Formation: Evidence from Danish Wealth Records of Three Generations," 2015, http://eml.berkeley.edu/~saez/course131/WealthAcrossGen.pdf; Gregory Clark and Neil Cummins, "Intergenerational Wealth Mobility in England, 1858-2012: Surnames and Social Mobility," Economic Journal 125（2015）: 61-85.
12. 早期试图分析20世纪财富分配演变的工作包括 Lampman 对美国的研究，以及 Atkinson 和 Harrison 对英国的研究。参见 Robert J. Lampman, The Share of Top Wealth-Holders in National Wealth, 1922-1956（Princeton, NJ: Princeton University Press, 1962）; Anthony B. Atkinson and Allan J. Harrison, Distribution of Personal Wealth in Britain, 1923-1972（Cambridge: Cambridge University Press, 1983）。
13. Emmanuel Saez and Gabriel Zucman, "Wealth Inequality in the United States since 1913: Evidence from Capitalized Income Tax Data," 2015, http://gabriel-zucman.eu/files/

SaezZucman2015.pdf.

14. Kopczuk 讨论了现有估计值的差异以及导致差异的可能原因。参见 Wojciech Kopczuk, "What Do We Know about the Evolution of Top Wealth Shares in the United States？," *Journal of Economic Perspectives* 29（2015）：47–66.

15. James E Meade, *Efficiency, Equality and the Ownership of Property*（London：Allen and Unwin, 1964）.

16. 准确地说，来自非资本收入的储蓄流等于非资本收入为零条件下的消费流的负值。

17. Wold 和 Whittle 的研究是采用财富积累外生比率的早期范例。后来的文章中则利用最优化模型将其内生化，包括 Benhabib 和 Bisin；Jones。参见 Jess Benhabib and Alberto Bisin, "The Distribution of Wealth and Redistributive Policies," 2006, http：//www.econ.nyu.edu/user/benhabib/parvolt3.PDF； Charles I. Jones, "Pareto and Piketty：The Macroeconomics of Top Income and Wealth Inequality," *Journal of Economic Perspectives* 29（2015）：29–46； Wold and Whittle, "Pareto Distribution of Wealth"。

18. Benhabib and Bisin, "The Distribution of Wealth".

19. Champernowne 的论文是对早期纯统计领域的贡献。后来的论文利用行为人最优化的经济模型深入探讨了早期的创见，包括 Benhabib, Bisin, and Zhu； Aoki and Nirei； Piketty and Zucman； Gabaix, Lasry, Lions, and Moll。参见 D. G. Champernowne, "A Model of Income Distribution," *Economics Journal* 63（1953）：318–351； Jess Benhabib, Alberto Bisin, and Shenghao Zhu, "The Distribution of Wealth and Fiscal Policy in Economies with Finitely Lived Agents," *Econometrica* 79（2011）：123–157； Benhabib, Bisin, and Zhu, "The Wealth Distribution"； Aoki and Nirei, "Pareto Distribution"； Thomas Piketty and Gabriel Zucman, "Wealth and Inheritance in the Long Run," in *Handbook of Income Distribution*, vol. 2B, ed. A. J. Atkinson and F. Bourguignon （Amsterdam：Elsevier, 2014）, 1303–1368； Xavier Gabaix, Jean-Michel Lasry, Pierre-Louis Lions, and Benjamin Moll, "The Dynamics of Inequality," NBER Working Paper No. 21363（2015）。

20. Benhabib, Bisin, and Zhu, "The Distribution of Wealth"； Piketty and Zucman, "Wealth and Inheritance".

21. Benhabib, Bisin, and Zhu, "The Wealth Distribution"； Aoki and Nirei, "Pareto Distribution".

22. Aoki and Nirei, "Pareto Distribution"； Benhabib, Bisin, and Zhu, "The Distribution of Wealth".

23. Benhabib, Bisin, and Zhu, "The Distribution of Wealth"； Benhabib, Bisin, Zhu, "The Wealth Distribution".

24. Jones, "Pareto and Piketty".
25. Aoki and Nirei, "Pareto Distribution"; Jones, "Pareto and Piketty".
26. Saez and Zucman, "Wealth Inequality".
27. Ana Castañeda, Javier Díaz-Giménez, and José-Víctor Ríos-Rull, "Accounting for U.S. Earnings and Wealth Inequality," *Journal of Political Economy* 111 (2003): 818–857.
28. Vincenzo Quadrini, "Entrepreneurship in Macroeconomics," *Annals of Finance* 5 (2009): 295–311.
29. Francisco Buera, "Persistency of Poverty, Financial Frictions, and Entrepreneurship," Working paper, Northwestern University, 2008, http: //www.iadb.org/library/repository/paper120071217.pdf; Mariacristina De Nardi, Phil Doctor, and Spencer D. Krane, "Evidence on Entrepreneurs in the United States: Data from the 1989–2004 Survey of Consumer Finances," *Economic Perspectives* 4 (2007): 18–36; William M. Gentry and R. Glenn Hubbard, "Entrepreneurship and Household Savings," *Berkeley Economic Journal: Advances in Macroeconomics* 4 (2004); Vincenzo Quadrini, "Entrepreneurship, Saving and Social Mobility," *Review of Economic Dynamics* 3 (2000): 1–40.
30. Marco Cagetti and Mariacristina De Nardi, "Entrepreneurship, Frictions and Wealth," *Journal of Political Economy* 114 (2006): 835–870.
31. Cagetti and De Nardi, "Entrepreneurship, Frictions and Wealth"; Erik Hurst and Annamaria Lusardi, "Liquidity Constraints, Wealth Accumulation and Entrepreneurship," *Journal of Political Economy* 112 (2004): 319–347; Katya Kartashova, "Private Equity Premium Puzzle Revisited," *American Economic Review* 104 (2014): 3297–3394; Tobias J. Moskowitz and Annette Vissing-Jørgensen, "The Returns to Entrepreneurial Investment: A Private Equity Premium Puzzle?," *American Economic Review* 92 (2002): 745–778.
32. Sagiri Kitao, "Entrepreneurship, Taxation, and Capital Investment," *Review of Economic Dynamics* 11 (2008): 44–69.
33. Marcin Kacperczyk, Jaromir Nosal, and Luminita Stevens, "Investor Sophistication and Capital Income Inequality," 2015, http: //econweb.umd.edu/~stevens/KNS_Sophistication.pdf.
34. Christopher D. Carroll, "Precautionary Saving and the Marginal Propensity to Consume out of Permanent Income," *Journal of Monetary Economics* 56 (2007): 780–790.
35. Castañeda, Díaz-Giménez, and Ríos-Rull, "Accounting for U.S. Earnings".
36. Ibid., "Wealth Inequality".
37. Sherwin Rosen, "The Economics of Superstars," *American Economic Review* 71 (1981): 845–858; Xavier Gabaix and Augustin Landier, "Why Has CEO Pay Increased So

Much?,"*Quarterly Journal of Economics* 123(2008):49–100;Sang Yoon(Tim)Lee,"Entrepreneurs,Managers and Inequality,"2015,http://lee.vwl.uni-mannheim.de/materials/ent_mgr_ineq.pdf.

38. 这套完整的研究被收集在：Atkinson, Piketty, and Saez。数据库可以查阅：Alvaredo, Atkinson, Piketty, and Saez。参见 Anthony B. Atkinson, Thomas Piketty, and Emmanuel Saez, "Top Incomes in the Long Run of History," *Journal of Economic Literature* 49(2010): 3–71; Facundo Alvaredo, Anthony B. Atkinson, Thomas Piketty, and Emmanuel Saez, "The World Top Incomes Database," http://topincomes.g-mond.parisschoolofeconomics.eu/, 2015; Thomas Piketty and Emmanuel Saez, "Income Inequality in the United States, 1913–1998," *Quarterly Journal of Economics* 118(2003): 1–39。

39. Fatih Guvenen, Fatih Karahan, Serdar Ozkan, and Jae Song, "What Do Data on Millions of U.S. Workers Reveal about Life-Cycle Earnings Risk?," Federal Reserve Bank of New York Staff Report, 2015, https://www.newyorkfed.org/medialibrary/media/research/staff_reports/sr710.pdf.

40. Jonathan A. Parker and Annette Vissing-Jørgensen, "Who Bears Aggregate Fluctuations and How?," *American Economic Review* 99(2009): 399–405.

41. William G. Gale and John Karl Scholz, "Intergenerational Transfers and the Accumulation of Wealth," *Journal of Economic Perspectives* 8(1994): 145–160; Dynan, Skinner, and Zeldes, "Do the Rich Save More?"; Christopher D. Carroll, "Why Do the Rich Save So Much?" in *Does Atlas Shrug? The Economic Consequences of Taxing the Rich*, ed. J. B. Slemrod(Cambridge, MA: Harvard University Press, 2000); Carroll, "Portfolios of the Rich," in *Household Portfolios: Theory and Evidence*, ed. L. Guiso, M. Haliassos, and T. Jappelli(Cambridge, MA: MIT Press, 2002); Mariacristina De Nardi, Eric French, and John B. Jones, "Why Do the Elderly Save? The Role of Medical Expenses," *Journal of Political Economy* 118(2010): 39–75.

42. Mariacristina De Nardi, "Wealth Inequality and Intergenerational Links," *Review of Economic Studies* 71(2004): 734–768; Joseph G. Altonji and Ernesto Villanueva, "The Effect of Parental Income on Wealth and Bequests," NBER Working Paper No. 9811(2002); Mark Huggett, "Wealth Distribution in Life-Cycle Economies," *Journal of Monetary Economics* 38(1996): 469–494.

43. De Nardi、French 和 Jones 认为，医疗支出是可能导致这种缓慢财富消耗的另一种重要机制。Lockwood 认为，医疗支出与奢侈性遗赠动机对低财产消耗率和医疗支出的低保险率都是必要条件。参见 De Nardi, French, and Jones, "Why Do the Elderly Save?"; Lee M. Lockwood, "Incidental Bequests: Bequest Motives and the Choice to

Self-Insure Late-Life Risks," NBER Working Paper No. 20745 (December 2014)。

44. Nishiyama利用同一家族谱系的家庭有遗赠与生前转移行为的叠代模型,得到了类似结果。参见Shinichi Nishiyama, "Bequests, Inter Vivos Transfers, and Wealth Distribution," *Review of Economic Dynamics* 5 (2002): 892–931。

45. Castañeda, Díaz-Giménez, and Ríos-Rull, "Accounting for U.S. Earnings"; Mariacristina De Nardi and Fang Yang, "Wealth Inequality, Family Background, and Estate Taxation," NBER Working Paper No. 21047 (2015)。

46. Steven F. Venti and David A. Wise, "The Cause of Wealth Dispersion at Retirement: Choice or Chance?," *American Economic Review* 88 (1988): 185–191; B. Douglas Bernheim, Jonathan Skinner, and Steven Weimberg, "What Accounts for the Variation in Retirement Wealth among U.S. Households?," *American Economic Review* 91 (2001): 832–857; Lutz Hendricks, "Retirement Wealth and Lifetime Earnings," *International Economic Review* 48 (2007): 421–456; Mariacristina De Nardi and Fang Yang, "Bequests and Heterogeneity in Retirement Wealth," *European Economic Review* 72 (2014): 182–196.

47. Marco Cagetti, "Wealth Accumulation over the Life Cycle and Precautionary Savings," *Journal of Business and Economic Statistics* 21 (2003): 339–353; Emily Lawrance, "Poverty and the Rate of Time Preference: Evidence from Panel Data," *Journal of Political Economy* 99 (1991): 54–77.

48. 尽管该模型也允许总量冲击,但对财富分配没有数量上的重要影响。参见Per Krusell and Anthony Smith Jr., "Income and Wealth Heterogeneity in the Macroeconomy," *Journal of Political Economy* 106 (1998): 867–896。

49. 他们还发现,风险厌恶的异质性对结果没有太多影响。不过Cagetti的研究表明,该结果对效用参数值的选择很敏感,参见Marco Cagetti, "Interest Elasticity in a Life-Cycle Model with Precautionary Savings," *American Economic Review* 91 (2001): 418–421。

50. Lutz Hendricks, "How Important Is Preference Heterogeneity for Wealth Inequality?" *Journal of Economics Dynamics and Control* 31 (2007): 3042–3068.

51. Chong Wang, Neng Wang, and Jinqiang Yang, "Optimal Consumption and Savings with Stochastic Income and Recursive Utility," NBER Working Paper No. 19319 (2013), http://www.nber.org/papers/w19319.

52. Gabaix, Lasry, Lions, and Moll, "The Dynamics of Inequality"; Saez and Zucman, "Wealth Inequality".

53. B. Kaymak and M. Poschke, "The Evolution of Wealth Inequality over Half a Century: The Role of Taxes, Transfers and Technology," *Journal of Monetary Economics* (2015), http://dx.doi.org/10.1016/j.jmoneco.2015.10.004i; Castañeda, Díaz-Giménez, and Ríos-Rull,

"Accounting for U.S. Earnings".

54. Gabaix, Lasry, Lions, and Moll, "The Dynamics of Inequality"; Kaymak and Poschke, "Evolution of Wealth Inequality".
55. Castañeda, Díaz-Giménez, and Ríos-Rull, "Accounting for U.S. Earnings"; De Nardi and Yang, "Wealth Inequality".
56. Castañeda, Díaz-Giménez, and Ríos-Rull, "Accounting for U.S. Earnings".
57. 在该数据中,如果把生前财产转移与大学支出纳入,这部分比例会提高到3.8%。
58. Jeffrey R. Campbell and Mariacristina De Nardi, "A Conversation with 590 Entrepreneurs," *Annals of Finance* 5(2009): 313–327.
59. 突出家庭生产在生命周期环境下的重要性的定量研究,可参见Michael Dotsey, Wenli Li, and Fang Yang, "Consumption and Time Use over the Life Cycle," *International Economic Review* 55(2014): 665–692; Michael Dotsey, Wenli Li, and Fang Yang, "Home Production and Social Security Reform," *European Economic Review* 73(2015): 131–150。
60. De Nardi, French, and Jones, "Why Do the Elderly Save?".
61. Mariacristina De Nardi, Giulio Fella, and Gonzalo Paz Pardo, "Fat Tails in Life-Cycle Earnings and Wealth Inequality," 2015; Guvenen, Karahan, Ozkan, and Song, "What Do Data on Millions".
62. 为缩短计算时间,我们假设人们在65岁之前不会死亡。该假设对结果没有太大影响,因为美国的成年人在65岁之前去世的人数很少。
63. De Nardi, "Wealth Inequality and Intergenerational Links"; De Nardi and Yang, "Bequests and Heterogeneity"; Fang Yang, "Social Security Reform with Impure Intergenerational Altruism," *Journal of Economic Dynamics and Control* 37(2013): 52–67.
64. De Nardi and Yang, "Wealth Inequality".
65. Ibid.
66. 例如,可参见Barry P. Bosworth and Sarah Anders, "Saving and Wealth Accumulation in the PSID, 1984–2005," NBER Working Paper No. 17689(2011)。
67. Castañeda, Díaz-Giménez, and Ríos-Rull, "Accounting for U.S. Earnings".
68. De Nardi, "Wealth Inequality and Intergenerational Links"; George Tauchen, "Finite State Markov-Chain Approximations to Univariate and Vector Autoregressions," *Economic Letters* 20(1986): 177–181.
69. De Nardi, "Wealth Inequality"; Tauchen, "Finite State Markov-Chain Approximations".
70. Jason DeBacker, Vasia Panousi, and Shanthi Ramnath, "The Properties of Income Risk in Privately Held Businesses," Federal Reserve Board Working Paper No. 2012-69(2012).
71. De Nardi and Yang, "Wealth Inequality".

第15章 对世袭资本主义的女性主义解释

1. Thomas Piketty, "Putting Distribution Back at the Center of Economics: Reflections on *Capital in the Twenty-First Century*," *Journal of Economic Perspectives* 29, no. 1 (Winter 2015): 69, quoting himself in C21, 20, 35.
2. Thomas Piketty, *Capital in the Twenty-First Century*, trans. Arthur Goldhammer (Cambridge, MA: Belknap Press of Harvard University Press, 2014), 378.
3. Ibid.
4. 自创立以来,女性主义经济学便有意识地关注交叉课题。继承财富模式在不同种族群体之间差别很大,特别是在有着非裔美国人受奴役历史的美国。本书的第6章与第20章专门探讨了种族平等议题。
5. Bradford DeLong, "Bequests: An Historical Perspective," University of California, Berkeley (2003). http://www.j-bradford-delong.net/econ_articles/estates/delongestatesmunnell.pdf.
6. Simon Kuznets, "Economic Growth and Income Inequality," *American Economic Review* 45, no. 1 (March 1955): 26.
7. Piketty, *Capital*, 11.
8. J. B. Clark, "Distribution as Determined by a Law of Rent," *Quarterly Journal of Economics* 5, no. 3 (1891): 289–318, at 313.
9. Piketty, *Capital*, 11.
10. N. Gregory Mankiw, David Romer, and David N. Weil, "A Contribution to the Empirics of Economic Growth," *Quarterly Journal of Economics* 107, no. 2 (1992): 407–437.
11. J. Bradford DeLong, Claudia Goldin, and Lawrence Katz, "Sustaining U.S. Economic Growth," in *Agenda for the Nation*, ed. Henry J. Aaron, James M. Lindsay, and Pietro S. Nivola (Washington, DC: Brookings Institution, 2003).
12. Paul M. Romer, "Human Capital and Growth: Theory and Evidence," Working Paper (National Bureau of Economic Research, November 1989), http://www.nber.org/papers/w3173; Paul Romer, "Increasing Returns and Long-Run Growth," *Journal of Political Economy* 94, no. 5 (October 1986): 1002–1037, http://www.apec.umn.edu/grad/jdiaz/Romer%201986.pdf.
13. Jacob A. Mincer, *Schooling, Experience, and Earnings* (New York: Columbia University Press, 1974), http://papers.nber.org/books/minc74-1; 另外参见 Thomas Lemieux, "The 'Mincer Equation' Thirty Years after Schooling, Experience, and Earnings," in *Jacob Mincer: A Pioneer of Modern Labor Economics* (New York: Springer Science and Business Media, 2006), 127–145。

14. Gary S. Becker, *The Economics of Discrimination*, 2nd ed. (Chicago: University of Chicago Press, 1971).
15. Kenneth Arrow, "Some Mathematical Models of Race in the Labor Market," in *Racial Discrimination in Economic Life*, ed. A. H. Pascal (Lexington, MA: Lexington Books, 1972).
16. Chang-Tai Hsieh, Erik Hurst, Charles Jones, and Peter Klenow, "The Allocation of Talent and U.S. Economic Growth," NBER Working Paper No. 18639 (January 2013), http://www.nber.org/papers/w18693.
17. U.S. Bureau of Labor Statistics, "Civilian Labor Force Participation Rate: Women" (LNS11300002), https://research.stlouisfed.org/fred2/series/LNS11300002, accessed May 16, 2016.
18. Katrin Elborgh-Woytek et al., "Women, Work, and the Economy: Macroeconomic Gains from Gender Equity," IMF Staff Discussion Note, September 2013, http://www.imf.org/external/pubs/ft/sdn/2013/sdn1310.pdf; DeAnne Aguirre et al., "Empowering the Third Billion: Women and the World of Work in 2012" (Booz & Company, October 15, 2012), http://www.strategyand.pwc.com/reports/empowering-third-billion-women-world-2.
19. Eileen Appelbaum, Heather Boushey, and John Schmitt, "The Economic Importance of Women's Rising Hours of Work," Center for Economic and Policy Research and Center for American Progress, April 2014.
20. Benjamin Bridgman, Andrew Dugan, Mikhael Lal, Matthew Osborne, and Shaunda Villones, "Accounting for Household Production in the National Accounts, 1965–2010," Bureau of Economic Analysis, May 2012, https://www.bea.gov/scb/pdf/2012/05%20May/0512_household.pdf; Bridgman, "Accounting for Household Production in the National Accounts: An Update, 1965–2014," Bureau of Economic Analysis, February 2016, https://www.bea.gov/scb/pdf/2016/2%20February/0216_accounting_for_household_production_in_the_national_accounts.pdf.
21. IGM Forum "Inequality and Skills," panelist poll, University of Chicago, Booth School of Business, The Initiative on Global Markets, January 24, 2012, http://www.igmchicago.org/igm-economic-experts-panel/poll-results?SurveyID=SV_0IA1hdDH2FoRDrm.
22. 在《21世纪资本论》引言中介绍研究方法论时，皮凯蒂直言不讳地批评了现代经济学："坦率地说，经济学科还需要克服对数学方法、对纯理论和往往有高度意识形态色彩的猜想的幼稚迷恋，这种迷恋忽略了历史研究以及同其他社会科学的合作。"参见Piketty, *Capital*, 32。
23. Thomas Piketty and Emmanuel Saez, "Income Inequality in the United States, 1913–

1998," *Quarterly Journal of Economics* 118, no. 1（February 2003）: 1–39.
24. Piketty, *Capital*, 1.
25. 关于 r > g 是否描述了现实经济状况，可参见本书其他章节的讨论。
26. Ibid., 173, 是第二次提到该术语"世袭资本主义", 第一次参见 Piketty, *Capital*, 154。
27. Ibid., 571.
28. Piketty, "Putting Distribution Back at the Center," 84.
29. Ibid.
30. Daron Acemoglu and James Robinson, "The Rise and Decline of General Laws of Capitalism," *Journal of Economic Perspectives* 29, no. 1（Winter 2015）: 9.
31. 关于劳动力市场的经典研究，可参见 David Card and Alan Krueger, *Myth and Measurement: The New Economics of the Minimum Wage*（Princeton, NJ: Princeton University Press, 1995）。
32. Julie Nelson, "Feminist Economics," in *The New Palgrave Dictionary of Economics*, ed. Steven N. Durlauf and Lawrence E. Blume（New York: Palgrave Macmillan, 2008）, http://www.sdum.uminho.pt/uploads/palgrave1.pdf.
33. Marilyn Waring, *If Women Counted: A New Feminist Economics*, with an introduction by Gloria Steinem（San Francisco: Harper, 1990）.
34. Bridgman et al., "Accounting for Household Production in the National Accounts, 1965–2010"; Bridgman, "Accounting for Household Production in the National Accounts: An Update, 1965–2014"; Bridgman, "Home Productivity," Bureau of Economic Analysis, February 2013, http://bea.gov/papers/pdf/homeproductivity.pdf。另外参见 Duncan Ironmonger and Faye Soupourmas, "Output-Based Estimates of the Gross Household Product of the United States 2003–2010: And Some Interactions of GHP with Gross Market Product during the Great Financial Crisis（2008–2009），" paper presented at the 32nd General Conference of the International Association for Research in Income and Wealth, Boston, 2012, http://www.iariw.org/papers/2012/IronmongerPaper.pdf。
35. Thomas Piketty, Emmanuel Saez, and Gabriel Zucman, "Distributional National Accounts: Methods and Estimates for the United States," Working Paper（December 2, 2016）, http://gabriel-zucman.eu/files/PSZ2016.pdf.
36. Nelson, "Feminist Economics".
37. Julie A. Nelson and Marianne A. Ferber, *Beyond Economic Man: Feminist Theory and Economics*（Chicago: University of Chicago Press, 1993）.
38. 这方面有丰富的研究文献，例如可参见 Sheldon Danziger and Peter Gottschalk, *America

Unequal（New York：Russell Sage Foundation，1995）。

39. 我曾向戈德哈默（《21世纪资本论》的英文译者）求教："patrimony"一词在法文中是否有性别含义。他回复说：没有，在法文原文中，"patrimonie"是一个性别中性的词汇……只代表财富、继承或遗产，"Le patrimoine national"代表经济和文化意义上的国民财富，例如，可以认为博物馆保护着"国家遗产"。戈德哈默还指出，对世袭"patrimony"的翻译曾引起讨论，"在多次反复后，他们决定最好的办法是尽量贴近法文原文，由上下文来解释皮凯蒂对这一术语的理解"。

40. Jane Humphries，"Capital in the Twenty-First Century，" *Feminist Economics* 21，no. 1（January 2，2015）：164–173，doi：10.1080/13545701.2014.950679。

41. Kathleen Geier，"How Gender Changes Piketty's 'Capital in the Twenty-First Century,'" *The Nation*，August 6，2014，http：//www.thenation.com/article/how-gender-changes-pikettys-capital-twenty-first-century/。

42. Diane Perrons，"Gendering Inequality：A Note on Piketty's *Capital in the Twenty-First Century*，" *British Journal of Sociology* 65，no. 4（2014）：667–677，doi：10.1111/1468-4446.12114。

43. 引文出自：John Ermisch，Marco Francesconi，and Thomas Siedler，"Intergenerational Mobility and Martial Sorting，" *Economic Journal* 116（July 2006）：659–679；另外参见 Lawrence Stone，*The Family，Sex and Marriage：In England，1500–1800*（New York：Harper and Row，1977）。

44. Stone，*Family，Sex and Marriage*；Roger Chatier，ed.，*Passions of the Renaissance*，trans. Arthur Goldhammer，vol. 3 of *A History of Private Life*（Cambridge，MA：Belknap Press of Harvard University Press，1993），http：//www.hup.harvard.edu/catalog.php?isbn=9780674400023；Michelle Perrot，ed.，*From the Fires of Revolution to the Great War*，trans. Arthur Goldhammer，vol. 4 of *A History of Private Life*（Cambridge，MA：Belknap Press of Harvard University Press，1990），http：//www.hup.harvard.edu/catalog.php?isbn=9780674400023。

45. Piketty，*Capital*，240。

46. 这一观点的更多内容，可参见 chapter 4 of Heather Boushey，*Finding Time：The Economics of Work-Life Conflict*（Cambridge，MA：Harvard University Press，2016）。

47. David M. Buss et al.，"A Half Century of Mate Preferences：The Cultural Evolution of Values，" *Journal of Marriage and Family* 63，no. 2（May 1，2001）：491–503，doi：10.1111/j.1741-3737.2001.00491.x。

48. U.S. Bureau of Economic Analysis，"Table CA1. Personal Income Summary：Personal Income，Population，Per Capita Personal Income，" http：//www.bea.gov/iTable/iTableHtml.

cfm? reqid=70&step=30&isuri=1&7022=20&7023=7&7024=non-industry&7033=-1&7025=5&7026=xx&7027=2014&7001=720&7028=-1&7031=5&7040=-1&7083=levels&7029=20&7090=70,（accessed May 17, 2016）.

49. Susan Patton, "Letter to the Editor: Advice for the Young Women of Princeton: The Daughters I Never Had," *Daily Princetonian*, March 29, 2013, http: //dailyprincetonian. com/opinion/2013/03/letter-to-the-editor-advice-for-the-young-women-of-princeton-the-daughters-i-never-had/.

50. Laura Chadwick and Gary Solon, "Intergenerational Income Mobility among Daughters," *American Economic Review* 92, no. 1（March 2002）: 343.

51. Ibid.

52. Ermisch, Francesconi, and Siedler, "Intergenerational Mobility and Marital Sorting".

53. Sheryl Sandberg, *Lean In: Women, Work, and the Will to Lead*（New York: Alfred A. Knopf, 2013）.

54. Brendan Duke, "How Married Women's Rising Earnings Have Reduced Inequality," Center for American Progress, September 2015, https: //www.americanprogress.org/issues/women/news/2015/09/29/122033/how-married-womens-rising-earnings-have-reduced-inequality/; Maria Cancian and Deborah Reed, "Assessing the Effects of Wives' Earnings on Family Income Inequality," *Review of Economics and Statistics* 80, no. 1（February 1, 1998）: 73-79.

55. Duke, "Married Women's Rising Earnings".

56. Philip Cohen, "Family Diversity Is the New Normal for America's Children," Council on Contemporary Families Brief Reports, September 4, 2014.

57. Boushey, *Finding Time*, fig. 3.2.

58. Andrew J. Cherlin, *Labor's Love Lost: The Rise and Fall of the Working-Class Family in America*（New York: Russell Sage Foundation, 2014）.

59. Sara McLanahan, "Diverging Destinies: How Children Are Faring under the Second Demographic Transition," *Demography* 41, no. 4（2004）: 607-627, doi: 10.1353/dem.2004.0033。根据Andrew Cherlin等人的研究，针对2011年曾生育子女的26~31岁的女性，有大学学位的人中未婚的不足1/3，没有大学学位的人中未婚的达到63%。参见Andrew J. Cherlin, Elizabeth Talbert, and Suzumi Yasutake, "Changing Fertility Regimes and the Transition to Adulthood: Evidence from a Recent Cohort," Johns Hopkins University, May 3, 2014。

60. Annette Lareau, *Unequal Childhoods: Class, Race, and Family Life*, 2nd ed.（Berkeley: University of California Press, 2011）.

61. Piketty, *Capital*, 80.
62. Linda Speth, "The Married Women's Property Acts, 1839–1865: Reform, Reaction, or Revolution?," in *The Law of Sex Discrimination*, ed. J. Ralph Lindgren et al., 4th ed. (Boston, MA: Wadsworth, 2010), 12–17; Equal Opportunity Credit Act, 15 U.S. Code § 1691.
63. Nick Clegg, "Commencement of Succession to the Crown Act 2013," U.K. Parliament, March 26, 2015, http://www.parliament.uk/business/publications/written-questions-answers-statements/written-statement/Commons/2015-03-26/HCWS490/.
64. Paul Menchik, "Primogeniture, Equal Sharing, and the U.S. Distribution of Wealth," *Quarterly Journal of Economics* 94, no. 2 (March 1980): 314.
65. Paul Menchik, "Primogeniture, Equal Sharing, and the U.S. Distribution of Wealth," *Quarterly Journal of Economics* 94, no. 2 (March 1980): 301。Menchik指出, "尽管各种理论模型(Blinder, Stiglitz, Pryor等)在方法和假设上差异较大, 却有一个共同之处: 与长子继承制相比, 平均分配遗产会使分配不平等程度降低, 并且一般而言, 家庭内部的遗产不平等程度越低, 分配不平等的预期水平也越低"。
66. Ibid., 314.
67. Seth Stephens-Davidowitz, "Google, Tell Me. Is My Son a Genius?," *New York Times*, January 18, 2014, http://www.nytimes.com/2014/01/19/opinion/sunday/google-tell-me-is-my-son-a-genius.html.
68. Council of Economic Advisers, "Women's Participation in Education and the Workforce," October 14, 2014, https://www.whitehouse.gov/sites/default/files/docs/womens_slides_final.pdf.
69. Piketty, *Capital*, 421.
70. Ibid., 332.
71. 自1978年以来, 社会保障收入数据没有顶层编码; 在1951—1977年, 研究者可以利用季度收入数据来推算相当于年度封顶数4倍的收入水平。参见Wojciech Kopczuk, Emmanuel Saez, and Jae Song, "Uncovering the American Dream: Inequality and Mobility in Social Security Earnings Data since 1937," NBER Working Paper No. 13345 (August 2007), http://www.nber.org/papers/w13345.pdf。
72. Lena Edlund and Wojciech Kopczuk, "Women, Wealth, and Mobility," NBER Working Paper No. 13162 (June 2007), http://www.nber.org/papers/w13162.pdf; Caroline Freund and Sarah Oliver, "The Missing Women in the Inequality Discussion," *Realtime Economic Issues Watch*, August 5, 2014, http://blogs.piie.com/realtime/?p=4430.
73. Piketty, "Putting Distribution Back at the Center," 70.
74. Piketty, *Capital*, 80.

第16章 不平等扩大对宏观经济意味着什么？

1. 若有读者垂询，笔者可提供针对美国经济的穆迪分析模型的详细描述。
2. 各收入群体的净财富数据是基于美联储的消费者金融调查。
3. 以收入群体划分的个人支出数据是基于美联储的消费者金融调查和美国的金融账户数据。若读者垂询，笔者可提供有关的测算方法。
4. 其他因素也在影响信息处理设备投资的平减指数，近年来最为突出的因素是此类设备的进口份额。
5. 对这一判断的出色阐述，可参见Frank Levy and Richard Murane, "Dancing with Robots: Human Skills for Computerized Work," Third Way white paper, July 17, 2013, http: //www.thirdway.org/report/dancing-with-robots-human-skills-for-computerized-work。
6. 消费者支出调查数据有多项用途，最主要的是用于编制美国消费价格指数（U.S. Consumer Price Index）。根据2014年的调查，位居第一五分位群体的年收入不足15 500美元，第二五分位群体的收入为15 500～32 000美元，第三五分位群体的收入为32 000～55 000美元，第四五分位群体的收入为55 000～90 000美元，第五五分位的群体的年收入高于90 000美元。
7. The Congressional Budget Office, "Housing Wealth and Consumer Spending," CBO Background Paper, 2007, https://www.cbo.gov/sites/default/files/110th-congress-2007-2008/reports/01-05-housing.pdf，对此类研究结果做了很好的总结，重点是关于美国的情况。
8. 美国联邦政府财政收入占GDP的比例自二战以来平均而言略高于17.5%，目前超过19%，距离高技术繁荣时期达到的最高水平不远。
9. 参见Olivier Coibion, Yuriy Gorodnichenko, Marianna Kudlyak, and John Mondragon, "Does Greater Inequality Lead to More Household Borrowing?," Federal Reserve Bank of Richmond Working Paper No. 14-01, January 2014, https://www.richmondfed.org/publications/research/working_papers/2014/wp_14-01。
10. 这一分析参见Mark Zandi, Brian Poi, and Scott Hoyt, "Wealth Matters (A Lot)," Moody's Analytics white paper, October 2015, https://www.economy.com/mark-zandi/documents/2015-10-10-Wealth-Matters-A-Lot.pdf。

第17章 不平等扩大与经济稳定

1. Thomas Piketty, *Capital in the Twenty-First Century*, trans. Arthur Goldhammer

（Cambridge, MA：Belknap Press of Harvard University Press, 2014）。皮凯蒂提到，"在某种意义上，这是对我的结论的总体逻辑的总结"。

2. 总体上，我的讨论不涉及政治不稳定或社会不稳定，尽管这些问题显然密切相关。相关内容可参见本书中其他章节的讨论。

3. J. E. Stiglitz, "Macroeconomic Fluctuations, Inequality, and Human Development," *Journal of Human Development and Capabilities* 13, no. 1（2012）: 31–58.

4. Piketty, *Capital*, 471, 515.

5. Ibid., 515。阿特金森在近期出版的著作提出了一系列其他措施，从建立参与性基本收入制度，到各国政府如何通过影响技术变革的方向和市场竞争政策来解决分配问题。参见 A. B. Atkinson, *Inequality: What Can Be Done?*（Cambridge, MA：Harvard University Press, 2015）。

6. Atkinson, *Inequality*, 11.

7. A. Demirgüç-Kunt and E. Detragiache, "Cross-Country Empirical Studies of Systemic Bank Distress: A Survey," *National Institute Economic Review* 192, no. 1（2005）: 68–83.

8. P. Aghion, A. Banerjee, and T. Piketty, "Dualism and Macroeconomic Volatility," *Quarterly Journal of Economics* 114, no. 4（1999）: 1359–1397.

9. 该模型借用了 Goodwin 采用的更传统的宏观经济理论架构：R. M. Goodwin, *A Growth Cycle*（Cambridge：Cambridge University Press, 1967）。在模型中，功能性收入分配（而非个人收入分配）对导致内生性增长周期起着关键作用。更高的利润占比会促进更多的投资，继而带来就业岗位。但后者会提高工资所占份额，然后引起投资水平与经济增长率的下降。

10. John Kenneth Galbraith, *The Great Crash*, 1929（Boston: Houghton Mifflin, 1954）.

11. 对20世纪70年之后的经济不平等趋势，参见 S. Morelli, T. Smeeding, and J. Thompson, "Post-1970 Trends in Within-Country Inequality and Poverty," in *Handbook of Income Distribution*, vol. 2, ed. A. B. Atkinson and Francois Bourguignon（Amsterdam: Elsevier North Holland, 2015）。关于美国的更为细致的分析，参见 J. A. Parker and A. Vissing-Jorgensen, "Who Bears Aggregate Fluctuations and How?," *American Economic Review* 99, no. 2（2009）: 399–405; S. Morelli, "Banking Crises in the US: The Response of Top Income Shares in a Historical Perspective," CSEF Working Paper No. 359（April 2014）; F. Guvenen, G. Kaplan, and J. Song, "How Risky Are Recessions for Top Earners?," *American Economic Review* 104, no. 5（2014）: 148–153; F. Guvenen, S. Ozkan, and J. Song, "The Nature of Countercyclical Income Risk," *Journal of Political Economy* 122, no. 3（2014）: 621–660。

12. R. Frank, *The High-Beta Rich: How the Manic Wealthy Will Take Us to the Next Boom*,

Bubble, and Bust（New York：Random House，2011），157.

13. B. B. Bakker and J. Felman,"The Rich and the Great Recession,"*IMF Working Paper WP/14/225*（December 2014）.

14. A. Mian and A. Sufi, *House of Debt：How They（and You）Caused the Great Recession, and How We Can Prevent It from Happening Again*（Chicago：University of Chicago Press, 2014）.

15. 下文还将深入讨论此议题。

16. A. Berg, J. D. Ostry, and J. Zettelmeyer,"What Makes Growth Sustained？,"*Journal of Development Economics* 98, no. 2（2012）：149–166.

17. B. Z. Cynamon and S. M. Fazzari,"Inequality, the Great Recession and Slow Recovery,"*Cambridge Journal of Economics*, no. 5（2015）；T. Neal,"Essays on Panel Econometrics and the Distribution of Income"（PhD thesis, University of New South Wales, 2016）.

18. D. Rodrik,"Where Did All the Growth Go？ External Shocks, Social Conflict, and Growth Collapses,"*Journal of Economic Growth* 4, no. 4（1999）：385–412.

19. Ibid.

20. Stiglitz,"Macroeconomic Fluctuations".

21. Piketty, *Capital.*

22. 例如，在完全竞争与总生产函数回报不变的情形下，"收入与财富分配同总量变量的决定无关"。参见G. Bertola, R. Foellmi, and J. Zweimuller, *Income Distribution in Macroeconomic Models*（Princeton, NJ：Princeton University Press, 2006），15。实际上，这是因为在新古典经济增长模型中，线性储蓄函数（独立于财富或收入）会导致同收入和财富分配无关的资本总积累规律。参见J. E. Stiglitz,"Distribution of Income and Wealth Among Individuals,"*Econometrica* 37, no. 3（1969）：382–397。该结果还会导致普遍采用代表性行为人假说，从模型构造上排除了行为人的异质性。

23. 有关的详细介绍，可参见P. Aghion, E. Caroli, and C. Garcia-Penalosa,"Inequality and Economic Growth：The Perspective of the New Growth Theories,"*Journal of Economic Literature* 37, no. 4（1999）：1615–1660；G. Bertola,"Macroeconomics of Distribution and Growth," in Atkinson and Bourguignon, *Handbook of Income Distribution*, 1：477–540.

24. Benhabib的理论研究突显了这一理念，参见J. Benhabib,"The Tradeoff between Inequality and Growth,"*Annals of Economics and Finance* 4（2003）：491–507。

25. 关于机会不平等的影响，参见F. Bourguignon, F. Ferreira, and M. Menendez,"Inequality of Opportunity in Brazil,"*Review of Income and Wealth* 53, no. 4（2007）：585–618。

26. O. Galor and O. Moav, "From Physical to Human Capital Accumulation: Inequality and the Process of Development," *Review of Economic Studies* 71, no. 4(2004): 1001–1026.

27. 确实, 在劳动者（依靠工资为生）的边际储蓄倾向低于资本家（以资本回报为生）的假设下, 利润工资比提高意味着实物资本积累率提高, 长期的经济活动也会因此增加。这一内容还将在下节深入讨论。参见 N. Kaldor, "A Model of Economic Growth," *Economic Journal* 67(1957): 591–624; L. L. Pasinetti, "Rate of Profit and Income Distribution in Relation to the Rate of Economic Growth," *Review of Economic Studies* 29, no. 4(1962): 267–279。

28. F. H. Ferreira, C. Lakner, M. A. Lugo, and B. Ozler, "Inequality of Opportunity and Economic Growth: A Cross-Country Analysis," IZA Discussion Paper No. 8243(June 2014).

29. 发现不平等与增长率之间存在负向关联的第一批研究利用了跨国回归方法, 把初始的收入不平等水平与之后的平均增长率联系起来。这些发现很快受到质疑, 有了更好的数据以及面板分析结构之后, 可以减少测算误差和因为省略时间不变变量造成的估计偏差, 以前的结论被认为缺乏稳健性。

30. A. V. Banerjee and E. Duflo, "Inequality and Growth: What Can the Data Say?," *Journal of Economic Growth* 8, no. 3(2003): 267–299; D. J. Henderson, J. Qian, and L. Wang, "The Inequality Growth Plateau," *Economics Letters* 128(2015): 17–20。这些研究利用非参数回归来估计不平等与增长率之间的非线性关系, 其结论部分符合 Benhabib 的理论预测: Benhabib, "The Tradeoff"。

31. S. Voitchovsky, "Does the Profile of Income Inequality Matter for Economic Growth?," *Journal of Economic Growth* 10, no. 3(2005): 273–296.

32. F. Cingano, "Trends in Income Inequality and Its Impact on Economic Growth," OECD Social, Employment and Migration Working Paper No. 163(2014).

33. M. Ravallion, "Why Don't We See Poverty Convergence?," *American Economic Review* 102, no. 1(2012): 504–523.

34. G. A. Marrero and J. G. Rodriguez, "Inequality of Opportunity and Growth," *Journal of Development Economics* 104(2013): 107–122.

35. F. H. Ferreira et al., "Inequality of Opportunity".

36. Piketty, *Capital*, 39.

37. T. Persson and G. Tabellini, "Is Inequality Harmful for Growth?" *American Economic Review* 84, no. 3(1994): 600–621; and A. Alesina and D. Rodrik, "Distributive Politics and Economic Growth," *Quarterly Journal of Economics* 109, no. 2(1994): 465–490.

38. 从本质上看, 对于奥肯利用著名的"漏桶"比喻描述资源转移推导出的效率与公平的经典二元理论而言，这些观点可以提供补充。具体来说，奥肯认为从富人到穷人的再分配会浪费资源，甚至不利于生产，因为较贫困的家庭在得到更多政府转移后会减少工作努力，而较富裕的人群由于面临更高的边际税率，其工作激励也会下降。参见 A. M. Okun, *Equality and Efficiency*: *The Big Tradeoff*（Washington, DC: Brookings Institution, 1975）。

39. Piketty, *Capital*, 499.

40. J. Benhabib and A. Rustichini, "Social Conflict and Growth," *Journal of Economic Growth* 1, no. 1（1996）: 125–142. 634.

41. A. Jayadev and S. Bowles, "Guard Labor," *Journal of Development Economics* 79, no. 2（2006）: 328–348.

42. E. Glaeser, J. Scheinkman, and A. Shleifer, "The Injustice of Inequality," *Journal of Monetary Economics* 50, no. 1（2003）: 199–222, at 200.

43. 另外可参见 J. A. Robinson and D. Acemoglu, *Why Nations Fail*: *The Origins of Power, Prosperity, and Poverty*（New York: Crown, 2012）。

44. A. Bonica and H. Rosenthal, "The Wealth Elasticity of Political Contributions by the Forbes 400"（2015）, https: //papers.ssrn.com/sol3/papers.cfm? abstract_id=2668780.

45. B. I. Page, L. M. Bartels, and J. Seawright, "Democracy and the Policy Preferences of Wealthy Americans," *Perspectives on Politics* 11, no. 1（2013）: 51–73.

46. S. Bagchi and J. Svejnar, "Does Wealth Inequality Matter for Growth？ The Effect of Billionaire Wealth, Income Distribution, and Poverty," *Journal of Comparative Economics* 43, no. 3（2015）: 505–530.

47. J. E. Stiglitz, "New Theoretical Perspectives on the Distribution of Income and Wealth among Individuals," in *Inequality and Growth*: *Patterns and Policy*, vol. 1, *Concepts and Analysis*, ed. K. Basu and J. E. Stiglitz（Houndsmill, Basing-stoke: Palgrave Macmillan, 2016）.

48. J. Stiglitz, "Inequality and Economic Growth," in *Rethinking Capitalism*, ed. M. Mazzucato and M. Jacobs（Hoboken, NJ: Wiley-Blackwell, 2016）, 9.

49. O. Galor and J. Zeira, in "Income Distribution and Macroeconomics," *Review of Economic Studies* 60, no. 1（1993）: 35–52。该研究假设，对借款人存在执行和监督成本，因此借款利率不同于贷款利率。或者说，信贷只能提供给那些继承了足够多财富的人。于是，金融市场不能给大量有利可图的投资机遇提供资金，会导致资源配置失当，从而降低总体的生产率与增长率。

50. A. V. Banerjee and A. F. Newman, in "Occupational Choice and the Process of Development," *Journal of Political Economy* 101, no. 2（1993）: 274–298。该研究采取的信贷市场缺陷

结构不同于以下研究：O. Galor and J. Zeira, "Income Distribution and Macroeconomics," *Review of Economic Studies* 60, no. 1（1993）：35–52。简单地说是指，有限责任的存在（借款人对贷款人的偿还受到个人财富价值上限的约束）造成了一种道德风险，降低了借款人愿意付出的最优努力的水平（这种努力要付出成本，但不能观察到），继而压低了高风险项目投资的成功概率。

51. J. Furman and J. E. Stiglitz, "Economic Consequences of Income Inequality," in *Income Inequality：Issues and Policy Options—A Symposium*（Kansas City, MO：Federal Reserve Bank of Kansas City, 1998），255.

52. A. S. Blinder, "Distribution Effects and the Aggregate Consumption Function," *Journal of Political Economy* 83, no. 3（1975）：447–475。该原理在凯恩斯的论述中也有明确阐述："我认为消费倾向会造成随着收入提高，收入与消费之间的缺口拉大，这自然又会得出，社会总体的集体消费倾向可能与内部的收入分配状况有关。"参见J. M. Keynes, "Mr. Keynes on the Distribution of Incomes and 'Propensity to Consume'：A Reply," *Review of Economics and Statistics* 21, no. 3（1939）：129。

53. 近期的危机再次给我们展现了中央银行要面临的这一问题：在零利率下限（名义利率达到或接近零）时，经济体会陷入流动性陷阱。该理论认为，在零利率下限时，为稳定宏观经济，要么需要巨大的财政刺激措施，要么需要非常规的货币政策（例如购买政府债券，或直接向居民家庭转移货币）。

54. Friedman-Modigliani-Blumberg类型的永久性收入假说通常预计边际消费倾向不变，如果收入差距取决于同永久性收入水平的暂时偏离，则消费函数在不同水平上仍会保持凹性。意思是说，对收入暂时低于永久性水平的人，其消费水平会大大高于收入暂时高于永久水平的人。而一旦把不确定性引入最优化问题，最优消费函数就会回到严格凹性的形式。参见C. D. Carroll and M. S. Kimball, "On the Concavity of the Consumption Function," *Econometrica：Journal of the Econometric Society* 64, no. 4（1996）：981–992。此外，现有和未来的不确定性会导致预防性储蓄的需求，对于"完美前瞻"的基准模型（预防性储蓄动机在现金水平较低时更强，导致边际消费倾向较高）来说，会大幅降低消费水平。包含流动性约束的模型同样借鉴了消费函数的凹性特征，参见C. D. Carroll and M. S. Kimball, "Liquidity Constraints and Precautionary Saving," NBER Working Paper No. 8496（2001）。

55. 数据基于1984年到2000—2001年的家庭支出调查（FES），2000—2001年到2007年的支出与食品调查（Expenditure and Food Survey, EFS），以及之后的生活成本和食品调查（Living Costs and Food Survey, LCF）。

56. E. Saez and G. Zucman, "Wealth Inequality in the United States since 1913：Evidence from Capitalized Income Tax Data," NBER Working Paper No. 20625（2014）；T. Jappelli

and L. Pistaferri, "Fiscal Policy and MPC Heterogeneity," *American Economic Journal: Macroeconomics* 6, no. 4 (2014): 107–136.

57. J. E. Stiglitz, *The Price of Inequality* (London: Penguin, 2012), 85.

58. 这一效应对底层1/10群体要强得多，在1993-2006年，平均储蓄率下降了约15个百分点，幅度是同期的顶层1/10群体的储蓄率降幅的3倍。因此，不同十分位群体的储蓄率差异在过去的数十年里趋于扩大。

59. K. Schmidt-Hebbel and L. Serven, "Does Income Inequality Raise Aggregate Saving?," *Journal of Development Economics* 61, no. 2 (2000): 417–446; J. C. 636 Cuaresma, J. Kubala, and K. Petrikova, "Does Income Inequality Affect Aggregate Consumption? Revisiting the Evidence," Vienna University Department of Economics Working Paper No. 210 (2016).

60. 针对2007—2008年美国的危机，有关讨论可参见B. Milanovic, "Two Views on the Cause of the Global Crisis?," YaleGlobal Online (2009), http://yaleglobal.yale.edu/content/two-views-global-crisis; J. Fitoussi and F. Saraceno, "Inequality and Macroeconomic Performance," *Documents de Travail de lOFCE* (2010), 13; 以及R. G. Rajan, *Fault Lines: How Hidden Fractures Still Threaten the Global Economy* (Princeton, NJ: Princeton University Press, 2010)。

61. 例如，可参见O. P. Attanasio and G. Weber, "Is Consumption Growth Consistent with Intertemporal Optimization? Evidence from the Consumer Expenditure Survey," NBER Working Paper No. 4795 (1994)。

62. 关于资产价值提高（住房财富与金融财富），可参见A. Mian and A. Sufi, *House of Debt: How They (and You) Caused the Great Recession, and How We Can Prevent It from Happening Again* (Chicago: University of Chicago Press, 2014)。关于信贷的获取，可参见Mian and Sufi, "House Prices, Home Equity-Based Borrowing, and the U.S. Household Leverage Crisis," NBER Working Paper No. 15283 (2009); and K. E. Dynan and D. L. Kohn, "The Rise in US Household Indebtedness: Causes and Consequences," Divisions of Research & Statistics and Monetary Affairs, Federal Reserve Board (2007)。

63. M. Bertrand and A. Morse, "Trickle-Down Consumption," NBER Working Paper No. 18883 (2013)。

64. 研究者合并了美国消费者支出调查（U.S. Consumer Expenditure survey，CEX）、收入动态专项调查（Panel Study of Income Dynamics，PSID）、3月份的当前人口调查（Current Population Survey，CPS）及密歇根大学的消费者调查（Survey of Consumers）的数据。

65. Blinder, "Distribution Effects," 472.

66. 另外参见 K. Arrow et al., "Are We Consuming Too Much?," *Journal of Economic Perspectives* 18, no. 3 (2004): 147–172, at 158。

67. 个人层面的相对状况可能导致次优消费水平, 对这方面的理论条件的深入讨论, 可参见 K. J. Arrow and P. S. Dasgupta, "Conspicuous Consumption, Inconspicuous Leisure," *Economic Journal* 119 (2009): F497–F516; and C. Quintana-Domeque and F. Turino, "Relative Concerns on Visible Consumption: A Source of Economic Distortions," B.E. *Journal of Theoretical Economics* 16, no. 1 (2016): 33–45。关于消费对收入分配变化的反应, 更完整的描述可参见"支出连锁效应"模型: R. Frank, A. Levine, and O. Dijk, "Expenditure Cascades" (September 2010), doi: 10.2139/ssrn.1690612。

68. A. B. Atkinson and S. Morelli, "Inequality and Banking Crises: A First Look," report for the International Labour Organisation (2010), https://www.nuffield.ox.ac.uk/Users/Atkinson/Paper-Inequality%20and%20Banking%20Crises-A%20First%20Look.pdf; Atkinson and Morelli, "Economic Crises and Inequality," UN Development Programme Human Development Research Paper 2011.06 (2011), http://hdr.undp.org/en/content/economic-crises-and-inequality; 以及 M. D. Bordo and C. M. Meissner, "Does Inequality Lead to a Financial Crisis?," *Journal of International Money and Finance* 31, no. 8 (2012): 2147–2161。

69. S. Morelli, and A. B. Atkinson, "Inequality and Crises Revisited," *Economia Politica* 32, no. 1 (2015): 31–51。

70. 数据来源为 A. B. Atkinson and S. Morelli, "Chartbook of Economic Inequality," ECINEQ Working Paper 324 (2014)。

71. S. Morelli, and A. B. Atkinson, *Inequality and Crises Revisited*, 48。

72. 详细描述可参见 O. J. Blanchard, D. Romer, M. Spence, and J. E. Stiglitz, *In the Wake of the Crisis: Leading Economists Reassess Economic Policy* (Cambridge, MA: MIT Press, 2012)。

73. Stiglitz, "Macroeconomic Fluctuations".

74. 该理论看似与上一节讨论的信贷约束理论相反, 但未必存在不一致。

75. J. Zinman, "Household Debt: Facts, Puzzles, Theories, and Policies," *Annual Review of Economics* 7 (2015): 251–276, 该研究对家庭债务决定因素做了全面而清晰的描述。

76. 该模型强调了要素收入之间的极高不平等 (即资本占比提升) 加上投资者和储蓄者的严重分离, 决定了经济周期变得更长的条件是形成"债务积累阶段"。参见 Aghion, Banerjee, and Piketty, "Dualism"。

77. M. Iacoviello, "Household Debt and Income Inequality, 1963–2003," *Journal of Money, Credit and Banking* 40, no. 5 (2008): 929–965; M. Kumhof and R. Ranciere, "Inequality,

Leverage and Crises," IMF Working Paper WP/10/268（November 2010）; and M. Kumhof, R. Rancière, and P. Winant, "Inequality, Leverage, and Crises," *American Economic Review* 105, no. 3（2015）: 1217-1245.

78. W. Kopczuk and E. Saez, "Top Wealth Shares in the United States: 1916-2000: Evidence from Estate Tax Returns," NBER Working Paper No. 10399（2004）.

79. S. P. Jenkins, "Has the Instability of Personal Incomes Been Increasing?," *National Institute Economic Review* 218, no. 1（2011）: R33-R43.

80. 债务与不平等指标之间的相关关系远高于0.8，并在1%的统计水平上显著。

81. C. Perugini, J. Hölscher, 和 S. Collie, "Inequality, Credit Expansion and Financial Crises," MPRA Paper No. 51336（2013）, https://mpra.ub.uni-muenchen.de/51336/。该研究与上文提到的Bordo and Meissner的研究（Does Inequality）存在分歧，后者利用1920—2000年14个发达国家同样的面板数据，发现顶层收入份额提升没有导致信贷繁荣。

82. A. Scognamillo et al., "Inequality Indebtedness and Financial Crises," technical report, Universita degli Studi di Firenze, Dipartimento di Scienze per l'Economia e l'Impresa（2015）.

83. O. Coibion, Y. Gorodnichenko, M. Kudlyak, and J. Mondragon, "Does Greater Inequality Lead to More Household Borrowing? New Evidence from Household Data," IZA Discussion Paper No. 7910（2014）, http://ftp.iza.org/dp7910.pdf.

84. M. Carr, and A. Jayadev, "Relative Income and Indebtedness: Evidence from Panel Data," Department of Economics, University of Massachusetts Boston, Working Paper No. 2013-02（2013）, http://repec.umb.edu/RePEc/files/2013_02.pdf.

85. D. Georgarakos, M. Haliassos, and G. Pasini, "Household Debt and Social Interactions," Netspar Discussion Paper No. 11/2012-042（2012）, http://arno.uvt.nl/show.cgi?fid=127996.

86. 一个例外是荷兰的家庭调查，让每个人回答他们判断的参考人群的平均收入水平。

87. 例如，G. De Giorgi, A. Frederiksen, and L. Pistaferri, "Consumption Network Effects," CEPR Discussion Paper, No. DP11332,（2016）, 该研究利用丹麦的政府微观数据做了这样的分析。

88. D. Rodrik, "Good and Bad Inequality," Project Syndicate, December 11, 2014, http://www.project-syndicate.org/commentary/equality-economic-growth-tradeoff-by-dani-rodrik-2014-12.

第18章　不平等与社会民主主义的崛起

1. 关于民众普选权对税后和转移支付后收入不平等程度的限制，正式理论分析可参见 A. H. Meltzer and S. F. Richard, "A Rational Theory of the Size of Government," *Journal of Political Economy* 89, no. 5 (1981): 914–927。另一种观点把民主制度同公共教育联系起来，明确视为政治可以缩小不平等的一种途径，参见 John E. Roemer, *Democracy, Education, and Equality*, Graz-Schumpeter Lectures, Econometric Society Monographs (2006)。

2. 收入与财富税政策是不平等动态变化的关键决定因素的观点，参见 Thomas Piketty, *Capital in the Twenty-First Century*, trans. Arthur Goldhammer (Cambridge, MA: Belknap Press of Harvard University Press, 2014)，以及 T. Piketty and G. Zucman, "Capital Is Back: Wealth-Income Ratios in Rich Countries 1700–2010," *Quarterly Journal of Economics* 129, no. 3 (2013): 1255–1310。

3. 工会运动与劳动力市场监管对不平等下降的作用，参见 G. E. Gilmore and T. J. Sugrue, *These United States: A Nation in the Making, 1890 to the Present* (New York: W. W. Norton, 2015)。

4. 医疗、教育和基础设施改善对缩小不平等的作用，参见 R. Fogel, *The Escape from Hunger and Premature Death, 1700–2100* (Cambridge: Cambridge University Press, 2004); D. L. Cosa, "Health and the Economy in the United States from 1750 to the Present," *Journal of Economic Literature* 53, no. 3 (2015): 503–570; J. Ferrie and W. Troesken, "Water and Chicago's Mortality Transition," *Explorations in Economic History* 45, no. 1 (2008): 1–16。

5. 19世纪后期到20世纪早期的若干次经济危机如此严重，劳动力市场的复苏漫长且痛苦，金本位制度是主要原因。参见：M. Friedman and A. J. Schwartz, *A Monetary History of the United States, 1867–1960*. National Bureau of Economic Research Publications (1963)。

6. 对德国来说，这一过程的失败是因为斯巴达克同盟从社会民主党分裂出来，最终组成德国共产党，双方再也没有联合起来，从而给纳粹上台提供了必要条件。而在美国，最终是更古老的政治团体，民主党生存下来，把更年轻的左翼运动合并，形成与早期的民主党大相径庭的政治联盟。在法国，人民阵线从未促成其基础选民的彻底整合，政坛在纳粹入侵威胁面前四分五裂。见下文的介绍。

7. 大量研究认为，与之相反，正是民主化让资本主义意识形态在法国战胜了旧制度的社团主义。可参见本书第19章，以及 Pierre Rosanvallon, *The Demands of Liberty: Civil Society in France since the Revolution* (Cambridge, MA: Harvard University Press,

2007）。Mayer认为（*Persistence of the Old Regime*），正是资本主义意识形态的统一及资产阶级给予的政治支持，让旧制度的政治权力运行机制维持到了民众普选权时代。

8. 参见 E. Foner, *America's Unfinished Revolution, 1863–1877*, updated ed.（New York：Harper Perennial Modern Classics, 2014）; I. Katzelson, *Fear Itself: The New Deal and the Origins of Our Time*（New York: Liveright, 2013）。

9. 有关 Henry George 及单一税的争议，可参见 Mary O. Furner, *Advocacy and Objectivity: A Crisis in the Professionalization of American Social Science, 1865–1905*（Lexington：University Press of Kentucky, 1975）。

10. S. C. Walker, "The Movement in the Northern States," *Publications of the American Economic Association* 8（1893）: 62–74。这一参考来源要感谢 Jenny Bourne 教授。

11. 皮凯蒂写道："贝克尔从未明确阐述人力资本崛起会削弱继承财富重要性的观点，但这经常隐含在他的著作中。尤其是，他经常提到，由于教育的重要性提高，社会已变得'越来越有贤能主义色彩'，但没有做详细讨论。" Piketty, *Capital*, 616。

12. P. Temin and B. A. Wigmore, "The End of One Big Deflation," *Explorations in Economic History* 27（1990）: 483–502。

13. 即使根据《第三改革法案》（Third Reform Act），许多男性和全体女性仍没有普选权。缺乏普选权的比例在爱尔兰尤其严重。

14. Pierre Rosanvallon 和 David Grewal（本书第19章）都认为，民主政治是一个关键要素，通过创造资产阶级这一选民群体支持限制政府的经济权力，从而树立资本主义意识形态。Arno Mayer 则认为，正是一个意识形态之后的两种政治利益（资产阶级与贵族）的联合支撑了整个19世纪的右翼政治。参见 Mayer, *Persistence of the Old Regime*; Rosanvallon, *The Demands of Liberty*。

15. Mayer, *Persistence of the Old Regime*.

16. F. Scheuer and A. Wolitzky, "Capital Taxation under Political Constraints," working paper（2015）, http://web.stanford.edu/~scheuer/capital_tax_reforms.pdf.

17. 在某种意义上，他的这一姿态类似于近期的希腊历届政府试图就该国对欧元区债务开展重新谈判，且不出人意料地因为同样原由而失败：假如你不愿意扣动扳机的话（即使愿意也显然不明智），拿枪对着自己的脑袋并不是好策略。

19. 对于魏玛共和国的恶性通货膨胀的历史记述，至少有两个不同的错误思路。在经济学家中，最普遍引用的研究来自 Sargent, "The Ends of Four Big Inflations," *in Inflation: Causes and Effects*, ed. R. E. Hall（Chicago：University of Chicago Press, 1982）。这部著作不合时宜地把德国、奥地利、匈牙利和波兰在当时发生的恶性通胀解释为独立的现象，并以未发生恶性通胀的捷克斯洛伐克作为有效的控制对象。

Sargent 认为，责任在于弱势的中央银行受不负责任的财政部指挥，而每个国家的问题解决都发生在国内政治当局允许建立独立的中央银行并施行财政紧缩的时候。但事实上，这些恶性通胀都是因为过于繁重的赔款计划，以任何税率都无法支撑。恶性通胀的结束都是因为协约国决定下调赔款要求，并允许战后的战败国政府（特别是魏玛共和国）生存下去。Sargent 的事后解释受到了20世纪70年代滞胀现象的深刻影响，但对当时关于恶性通胀原因的右翼言论有重要暗示。德国政府在国内的反对派除了责怪《凡尔赛和约》、德国战败及被人出卖以外，还指责左翼社会政策的政府开支。另外一套错误历史记述思路则认为，恶性通胀是奉行民族主义、扩张主义的德国政治体制为逃避合理赔款而做的精心算计，这些势力并未因为输掉战争而被充分击垮。该思路认为协约国最终软化赔款政策是长期绥靖政策的开端，这一懦弱导致了纳粹上台。关于魏玛共和国恶性通胀的历史记述，可参见 M. Steinbaum, "The End of One Big Inflation and the Beginning of One Big Myth"（2015），The Steinblog, http://steinbaum.blogspot.com/2015/01/the-end-of-one-big-inflation-and.html。

19. Weitz, *Weimar Germany*, 145.
20. 与10年后美国通过的《公平劳动标准法案》类似，德国的立法把农业工人和临时工排除在外。Katzelson 认为，美国法律中的此类规定是白人优越性的政治特征的产物，但德国的情况构成了反例。
21. George Orwell, *The Road to Wigan Pier*（New York: Harcourt, 1958）。该书在英国由 Left Book Club 于1937年首次出版。

第19章 资本主义的法律架构

1. Thomas Piketty, *Capital in the Twenty-First Century*, trans. Arthur Goldhammer（Cambridge, MA: Belknap Press of Harvard University Press, 2014）.
2. 参见 fig. 10.9 in Piketty, *Capital*, 354.
3. Ibid., 571.
4. Keynes, *The General Theory of Employment, Interest, and Money*（London: Har-court, 1964）: 217-221, 372-384.
5. Marx, *Capital*, vol. 3, pt. 3, 尤其是 chap. 13。马克思认为，利润率下降是"不变资本"对"可变资本"（即资本相对于劳动）的比率在资本主义生产中不断提高的自然结果。由于马克思认为利润来自对剩余劳动的剥削，这一比率的不断提高将把"活的资本"排挤出体系，从而降低利润率。
6. 在解释数据时，皮凯蒂提出了"资本主义第一定律"：国民收入中归属资本的比例（α）等于资本回报率（r）乘以资本收入比（β），参见 Piketty, *Capital*, 50-55。这个会计恒等式让皮凯蒂把资本资产价值同年产出价值的比率（β）和资本所有者在总收入中的占比，通过资产回报率联系起来。参见图6.5，Piketty, *Capital*, 222。

7. 皮凯蒂提出的第二定律是说，资本收入比反映了储蓄率同经济增长率的比率，参见Piketty, *Capital*, 166–170。该定律并非精算结论，而是渐进结果：从长期看，在若干假设下，国民资产的价值同国民收入的关系将由储蓄率同年增长率的比率决定。

8. 皮凯蒂给出的不同论述分别是，"当资本回报率超过增长率时……资本主义会自动导致……不平等"（Piketty, *Capital*, 1），"假如……资本回报率仍显著高于增长率……财富分配两极分化的风险会非常高"（Piketty, *Capital*, 25），后一句在描述某种趋势，而非自动发生的过程。更普遍地说，皮凯蒂写道，"不等式 $r > g$ 应该理解为基于若干机制的历史现实，而非绝对的必然逻辑结果"（Piketty, *Capital*, 361）。

9. 分别参见Piketty, *Capital*, 25, 350, 353, 358, 571, 572。

10. Ibid., 361–366, 372–375.

11. Ibid., 30–33, 573–575.

12. Adam Smith, *The Wealth of Nations*, 1.1.

13. 对此可参见Istvan Hont and Michael Ignatieff, "Needs and Justice in *The Wealth of Nations*," in *Wealth and Virtue: The Shaping of Political Economy in the Scottish Enlightenment*, ed. Hont and Ignatieff (Cambridge: Cambridge University Press, 1983), 3–6, 23–25。

14. 斯密在生前被视为社会激进派，死后又被重新评价，这方面的讨论可参见Emma Rothschild, "Adam Smith and Conservative Economics," *Economic History Review* 45 (1992): 74–96。

15. Henry Maine, *Ancient Law* (1861), chap. 5.

16. 可参见John Stuart Mill, *Chapters on Socialism* (1879)。关于穆勒思想的关键转变（与他晚年对工联主义的支持态度一致），可参见Mill, "Thornton on Labour and Its Claims," pt. 1, *Fortnightly Review*, May 1869, 505–518; Mill, "Thornton on Labor and Its Claims," pt. 2, *Fortnightly Review*, June 1869, 680–700。马克思对此类议题的评论散见于多部著述，关于他的思想中的解放与平等理想，可参见Allen Wood, *The Free Development of Each* (Oxford: Oxford University Press, 2014), 252–273。

17. 库兹涅茨因为对美国1913—1948年的经济增长与国民收入的研究，而获得1971年诺贝尔经济学奖。参见Simon Kuznets, *Shares of Upper Income Groups in Income and Savings* (New York: National Bureau of Economic Research, 1953)。

18. Hans Ritter, *Dictionary of Concepts in History* (Westport, CT: Greenwood Press, 1986), 26–27。需要注意，"资本"与"资本家"这些术语在18世纪已被广泛采用。

19. Istvan Hont, Bela Kapossy, and Michael Sonenscher, *Politics in Commercial Society*

(Cambridge, MA: Harvard University Press, 2015); C. J. Berry, *The Idea of Commercial Society in the Scottish Enlightenment*(Edinburgh: Edinburgh University Press, 2013).

20. Smith, *Wealth of Nations*, 1.4.
21. 关于这些讨论的介绍, 可参阅 Jean-Claude Perrot, L'histoire intellectuelle de l'économie politique, 17e–18e siecles (Paris: Éditions de L'EHESS, 1992); Peter Groenewegen, *Eighteenth Century Economics*(New York: Routledge, 2002)。
22. Johan Heilbron, "French Moralists and the Anthropology of the Modern Era: On the Genesis of the Notions of 'Interest' and 'Commercial Society,' " in *The Rise of the Social Sciences and the Formation of Modernity: Conceptual Change in Context, 1750–1850*, ed. Johan Heilbron, Lars Magnusson, and Bjorn Wittrock (Dordrecht: Kluwer Academic, 1998), 77–106.
23. 普芬道夫承认, 对于决定前政治社会的商业特征的作用而言, 他把自然法与罗马法基本等同看待, 可参见 *De Jure naturae et gentium*, *libri octo*, trans. and ed. C. H. Old-father and W. A. Oldfather (Oxford: Clarendon Press, 1934), 226–227。关于普芬道夫在经济思想史中的地位的严肃讨论, 可参阅 Istvan Hont, "The Language of Sociability and Commerce: Samuel Pufendorf and the Theoretical Foundations of the 'Four Stages Theory,' " in *The Languages of Political Theory in Early-Modern Europe*, ed. Anthony Pagden (Cambridge: Cambridge University Press, 1987), 253–276。
24. 这不等于否认17世纪后期的契约理论同18世纪的政治经济学存在重要差别。参见 John Dunn, "From Applied Theology to Social Analysis: The Break between John Locke and the Scottish Enlightenment," in Hont and Ignatieff, *Wealth and Virtue*。
25. 参见 James Gordley, *The Jurists: A Critical History* (Oxford: Oxford University Press, 2013); Peter Stein, *Roman Law in European History* (Cambridge: Cambridge University Press, 1999)。
26. 更确切地说, "economy" 这一现代用法来自古代的 "oikonomia"(家政管理)一词, 甚至在古代用于描述宇宙的管理者(有时把上帝说成宇宙的经济师), 后来用于描述遵循神旨而管理的商业交换的社会环境。可参见笔者即将出版的著作 *Invention of the Economy*。普芬道夫对 "oeconomic" 术语的含义改变起了关键作用, 他采用 Lutheran Dreistandelehre 关于经济国家(economic state)的理论, 不再是描述熟悉的家庭事务, 而是指基于个人意愿、并追求商业利益的 "私有" 状态。参阅 Pufendorf, *Elementorum jurisprudentiae universalis libri II* (Cambridge: John Hayes (for the university), 1672), 16。
27. 关于自由放任学说的政治理论和神学理论基础, 可参阅笔者的 "The Political Theology of Laissez-Faire: From Philia to Self-Love in Commercial Society," *Political*

Theology 17(September 2016): 417–433。

28. Pierre Nicole, *Oeuvres philosophiques et morales de Nicole: Comprenant un choix de ses essais*, ed. Charles Jourdain(Paris: L. Hachette, 1845); 另外参阅 Grewal, "Political Theology of Laissez-Faire"。关于布阿吉尔贝尔的著作及二手参考资料,参见 *Pierre de Boisguilbert ou la naissance de l'economie politique*, 2 vols., ed. Alfred Sauvy(Paris: Institut National d'Etudes Demographiques, 1966); Gilbert Faccarello, *The Foundations of Laissez-Faire: The Economics of Pierre de Boisguilbert*(New York: Routledge, 1999)。

29. 传统上认为维桑·古尔内(Vincent de Gournay)最早发明了"自由放任"(Laissez faire, laissez passer)这一口号,或许是借鉴了17世纪的一位名为勒让德(Le Gendre)的商人,或许是改信胡格诺派的富有商人托马斯对路易十四的财政大臣柯尔贝尔的反驳。当时柯尔贝尔发问说,政府如何能够鼓励商业发展,他回答说"放任我们去做"。参阅 Gustav Schelle, *Vincent de Gournay*(Paris: Guillaumin, 1897), 214–221。

30. Michel Foucault, *Security, Territory, Population: Lectures at the Collège de France, 1977–78*(London: Palgrave Macmillan, 2009), 346–357。

31. 关于古尔内,可参阅 Loïc Charles, Frédéric Lefebvre, and Christine Théré, eds., *Le cercle de Vincent de Gournay: Savoirs économiques et pratiques administratives en France au milieu du XVIIIe siècle*(Paris: Institute National d'Études Démographiques, 2011); 关于重农学派,可参阅 Liana Vardi, *The Physiocrats and the World of the Enlightenment*(Cambridge: Cambridge University Press, 2012)。

32. Smith, *Wealth of Nations*, 4.9。

33. 在詹森派的神学家尼古拉(Pierre Nicole)首次提出有罪的自恋交易的有益影响观点后不久,出现了布阿吉尔贝尔被公认为关于市场的首部经济学研究著作。布阿吉尔贝尔是诺曼底贵族和行政官,曾在詹森派在田园皇家港(Port-Royal des Champs)的学校与尼古拉共同学习。他利用对市场交换无意带来的好处的研究,来批评路易十四过分扩张的政府官僚机构。关于布阿吉尔贝尔的著作及二手参考资料,参见 *Pierre de Boisguilbert*; Faccarello, *Foundations of Laissez-Faire*。马克思后来把布阿吉尔贝尔视为法国政治经济学的创建者,参见 Marx, *Grundrisse*(1973 ed.), 883。

34. 参见 Adam Smith, *Lectures on Jurisprudence*, ed. R. L. Meek et al.(Oxford: Clarendon Press, 1978)。关于重农学派理论的经典陈述,参见 Pierre-Paul Le Mercier de la Rivière, *L'Ordre naturel et essentiel des sociétés politiques*(1767); 关于谷物政策的讨论,参见 Steven Kaplan, Provisioning Paris(Ithaca, NY: Cornell University Press, 1984), 420–440。关于马克思对工作日时长的讨论,参见 Marx, *Capital*, Vol. 1,

III.10。

35. Hilary Putnam, *The Collapse of the Fact / Value Dichotomy*（Cambridge, MA: Harvard University Press, 2002）, 7–45。

36. 该主题将在笔者即将出版的著作中讨论: *Invention of the Economy*。另外可参阅 Michel Foucault, *The Birth of Biopolitics*, ed. Michel Senellart（Basingstoke: Palgrave Macmillan, 2008）; Karl Polanyi's work—see, e.g., "The Economy as an Instituted Process," in *Trade and Market in the Early Empires*, ed. Polanyi et al.（Boston: Beacon Press, 1957）, 243–270.

37. Edward P. Thompson, "The Moral Economy of the English Crowd in the Eighteenth Century," *Past & Present*（February 1971）: 76–136。关于反封建的监管规定，可参见 John Markoff, *The Abolition of Feudalism*（University Park: Pennsylvania State University, 1996）, 554–556。

38. 参见 Hont and Ignatieff, "Needs and Justice," 13–26; Emma Rothschild, *Economic Sentiments*（Cambridge, MA: Harvard University Press, 2001）, 72–86。

39. 此类议题的讨论可参阅 Steven L. Kaplan, ed., *Bagarre: Galiani's "Lost" Parody*（Boston: M. Nijhoff, 1979）; 以及 Hont and Ignatieff, "Needs and Justice," 17–19。

40. Boisguilbert, *Dissertation sur la nature des richesses*（1704）; Smith, *Wealth of Nations*, eds. Andrew S. Skinner and R. H. Campbell（Oxford: Clarendon Press, 1979）, 135–159, 469–471, 524–543.

41. Peter Groenewegen, "Boisguilbert and Eighteenth-Century Economics," in *Eighteenth Century Economics*（New York: Routledge, 2002）.

42. 类似讨论可参见 Foucault, *The Birth of Biopolitics*, 把自由放任意识形态作为对政府功能的内部限制的理由，又被政府为了自身利益而建议使用。

43. Jedediah Purdy, *The Meaning of Property*（New Haven, CT: Yale University Press, 2010）, 9–43; Foucault, *Security, Territory, Population*, 311–357。

44. 关于"私域"的现代概念的起源，参见 Raymond Geuss, *Public Goods, Private Goods*（Princeton, NJ: Princeton University Press, 2001）。

45. 关于英国，参见 P. J. Cain, "British Capitalism and the State: An Historical Perspective," *Political Quarterly* 68（1997）: 95–98; David McNally, *Political Economy and the Rise of Capitalism*（Berkeley: University of California Press, 1988）; John Shovlin, *The Political Economy of Virtue*（Ithaca, NY: Cornell University Press, 2006）; David Laven and Lucy Riall, eds., *Napoleon's Legacy*（Oxford: Berg, 2000）。

46. 关于多玛的背景，可参阅 James Gordley, *The Jurists: A Critical History*（Oxford: Oxford University Press, 2013）, 141–155。

47. 关于Portalis，可参阅Jean-Luc Chartier, *Portalis：Pere du Code Civil*（Paris：Fayard, 2004）; A. A. Levasseur, "Code Napoleon or Code Portalis?," *Tulane Law Review* 43（1969）: 762–774。

48. Jean-Louis Halpérin, *L'Impossible Code Civil*（Paris：Presses Universitaires de France, 1992）。

49. 关于"法律专制"作为重农学派思想的特征，可参阅Shovlin, *Political Economy of Virtue*, 107–109。督政府的经济导向在第二手文献研究中非常丰富，可参阅Judith Miller, "The Aftermath of the *Assignat*," in *Taking Liberties：Problems of a New Order From the French Revolution to Napoleon*, ed. Howard G. Brown and Judith A. Miller（Manchester：Manchester University Press, 2002）, 1–72。

50. 这些法令的英译本，可参阅J. M. Roberts, *French Revolution Documents*, vol. 1（Oxford：Basil Blackwell, 1966）, 151–153。

51. McNally, *Political Economy*, 122–129.

52. 关于资本理论的探讨历史，可参阅Avi Cohen and Geoffrey Harcourt, "Retrospectives：Whatever Happened to the Cambridge Capital Theory Controversies?," *Journal of Economic Perspectives* 17, no. 1（Winter, 2003）: 199–214。

53. 皮凯蒂既有存量–流量角度的概念（Piketty, *Capital*, 47–50），又经常讨论资本回报的政治决定因素（例如，Piketty, Capital, 20, 47, 55, 372–375）。

54. 可参阅：Cohen and Harcourt, "Retrospectives," 202–206; Piero Sraffa, *Production of Commodities by Means of Commodities*（Cambridge：Cambridge University Press, 1960）, 33–44。

55. Piketty, *Capital*, 372–75.

56. 在马克思主义的框架下，法国大革命在多大程度上属于"资产阶级"性质的革命，依然存在许多争议。不过，《八月法令》在很大程度上直接废除了与传统的农民劳动义务有关的各种封建财产权和特权，并由《民法典》最终完成。关于这场革命的资产阶级性质的辩护，可参见Colin Mooers, *The Making of Bourgeois Europe*（London：Verso, 1991）; 关于资产阶级国家形式的概念的关键考察，可参见Heide Gerstenberger, "The Bourgeois State Form Revisited," in *Open Marxism*, ed. Werner Bonefeld et al.（London：Pluto Press, 1995）: 151–176。

57. 对资本主义的这种政治剖析，一条思路是审视马克思主义的"资产阶级国家"概念，尤其是从法律的维度去理解，且并不必然依赖传统的马克思主义革命理论。沿这一思路对19世纪德国历史的记述，可参见David Blackbourn and Geoff Eley, *The Peculiarities of German History*（New York：Oxford University Press, 1984）, 190–

210；对法国和英国早期历史的类似记述，可参见 Heide Gerstenberger, *Impersonal Power*, trans. David Fernbach（Leiden: Brill, 2007）, 662–687。另外可参阅 *Open Marxism*（Pluto Press, 1992）第一卷中的许多文章，特别是 Werner Bonefeld, "Social Constitution and the Form of the Capitalist State," 93–132。

58. 有关公共产品和私人产品的讨论，参阅 Geuss, *Public Goods, Private Goods*；关于有各自规范秩序与目标的各类人类活动的叙述，可参阅 Michael Walzer, *Spheres of Justice*（New York: Basic Books, 1983）。

59. 对 Bodin 提出的这一概念区分的起源，及随后被霍布斯、卢梭及法国和美国革命队伍中的理论家采用的历史，可参阅 Richard Tuck, *The Sleeping Sovereign*（Cambridge, MA: Harvard University Press, 2016）；关于这些理念在现代宪法理论中的应用，可参阅 Daniel E. Herz-Roiphe and David Singh Grewal, "Make Me Democratic but Not Yet: Sunrise Lawmaking and Democratic Constitutionalism," *New York University Law Review* 90, no. 6（December 2015）, 1975–2028。

60. 可参阅 Tuck, *The Sleeping Sovereign*, 8–16, 26–27。

61. 从 18 世纪开始，就有了把主权和政府的区别做适当制度化的讨论。常见的现代形式的成文宪法（由单独的创始性立法机构来颁布）首先在美国的各州起草和批准（最早的马萨诸塞州是在 1778 年），10 年之后是美国的联邦宪法，以及大革命时代法国的多部宪法。对这些政治工程来说，主权同政府的区分是核心内容之一，当然具体的实现方式各不相同。可参阅 Tuck, *The Sleeping Sovereign*, 117–119, 154–155, 159–160。

62. 参见 Hobbes, *On the Citizen*, ed. Richard Tuck（New York: Cambridge University Press, 1998）99–100；Tuck 的著作名也由此而来：*The Sleeping Sovereign*。

63. 这一结果被 Hirschl 描述为新型的"司法能动体制"（juristocracy）。参见 Ran Hirschl, *Towards Juristocracy: The Origins and Consequences of the New Constitutionalism*（Cambridge, MA: Harvard University Press, 2004）, 97–99, 146–148。

64. Ralph Miliband, "Reform and Revolution," in *Marxism and Politics*（Oxford: Oxford University Press, 1977）, 154–190，尤其是 183–189。

65. Martin Gilens, *Affluence and Influence*（Princeton, NJ: Princeton University Press, 2012）；Martin Gilens and Benjamin Page, "Testing Theories of American Politics: Elites, Interest Groups, and Average Citizens," *Perspectives on Politics* 12, no. 3（2014）: 564–581。

66. 可参阅 David Singh Grewal and Jedediah Purdy, "Law and Inequality after the Golden Age of Capitalism," *Theoretical Inquiries in Law*（forthcoming, 2017）。

67. 可参见 the collection of essays in John Holloway and Sol Picciotto, eds., *State and Capital*:

A Marxist Debate（Austin：University of Texas Press，1978）。

68. 通过资本主义国家的阶级斗争理论最终调和"斗争"与"结构"的分析，可参见Bonefeld，"Social Constitution"。这一理论要求大体上在体制的历史性演化中调和剥削的同步分析，包括反体制的各种倾向。

69. 关于制度政治经济学的讨论和例子，参见Charles Maier，*In Search of Stability*（Cambridge：Cambridge University Press，1987），6。

70. Wolfgang Streeck，"Taking Capitalism Seriously：Towards an Institutionalist Approach to Contemporary Political Economy，" *Socio-Economic Review* 96（2011）：137-167，See，140，137-138.

71. Ibid.，147，150，143-146，147-148.

72. C. A. R. Crosland，*The Future of Socialism*（London：Jonathan Cape，1956），56-76.

73. John Commons，*Legal Foundations of Capitalism*（Madison：University of Wisconsin Press，1924）；Robert Hale，*Freedom through Law*（New York：Columbia University Press，1952）；Barbara Fried，*The Progressive Assault on Laissez Faire*（Cambridge，MA：Harvard University Press，1998），10-15.

74. Samuel Bowles and Herbert Gintis，"Contested Exchange：Political Economy and Modern Economic Theory，" *American Economic Review* 78，no. 2（2003）：145-150.

75. 对此类和相关议题的法律学者的更多思考，可参阅Grewal，"The Laws of Capitalism，" *Harvard Law Review* 128，no. 2（2014）：658-659。

76. Piketty，*Capital*，83-84.

77. John Stuart Mill，"The Remedies for Low Wages Further Considered，" *Principles of Political Economy*（1848），Book II.13。穆勒在自传中认为，自己的激进思想"从反面借助了马尔萨斯的思想"：*Autobiography*（1873），ed. John Robson，London：Penguin，1989，94。

78. Piketty，*Capital*，397（on "reconstruction capitalism"）.

79. Andrajit Dube and Sanjay Reddy，"Threat Effects and Trade：Wage Discipline through Product Market Competition，" *Journal of Globalization and Development* 4，no. 2（2014）.

80. 沿着这些思路，Dean Baker指出，在皮凯蒂对近期经济走势的分析中，缺乏有关中国低成本劳动力的讨论。参阅Dean Baker，"Capital in the Twenty-First Century：Still Mired in the Nineteenth，" Huffington Post，May 9，2014。

81. 关于这一点可参阅笔者的"The Demographic Contradiction of Capitalism, or, What Will Bosses Do？，" Rethinking Development Conference，Southern New Hampshire University，April 8，2007（on file with author）。

82. Karl Marx，"The Civil War in France，" reprinted in Karl Marx and Friedrich Engels，*On*

the Paris Commune (1871; Moscow: Progress, 1971), 68.

83. Gilens, *Affluence and Influence*; Martin Gilens and Benjamin Page, "Testing Theories of American Politics: Elites, Interest Groups, and Average Citizens," *Perspectives on Politics* 12, no. 3 (2014): 564–581.

第20章 全球不平等的历史起源

1. 按照制度学派的观点，包容性的政治与经济制度的特点是：约束政府行政部门，有效执行私人财产权利，集中政府权力，保证市场良好运行，给经济增长奠定基础。相反，掠夺性制度的特点是：胁迫劳动，政治权利分配范围有限，经常存在被征收的高风险，从而会破坏经济发展。参见 Douglass C. North, *Institutions, Institutional Change and Economic Performance* (Cambridge: Cambridge University Press, 1990); Daron Acemoglu, Simon Johnson, and James Robinson, "Institutions as a Fundamental Cause of Long-Run Growth," in *Handbook of Economic Growth*, vol. 1 (Amsterdam: Elsevier, 2005), 385–472。

2. Mamdani 对于生活在制度隔离的后殖民地非洲人民的描述预示了南非的种族隔离状态，很容易引申到本文探讨的更长时间跨度的财富榨取情形。Mamdani 借助这些术语描述白人城市殖民精英群体与黑人本土农村贫民的不同社会，前者享有公民权，生活在"法治和相关权利体系保证的"世界里，后者作为臣民饱受煎熬，被习惯法制约，受到当地精英的主宰。可参阅 Mahmood Mamdani, *Citizen and Subject: Contemporary Africa and the Legacy of Late Colonialism* (Princeton, NJ: Princeton University Press, 1996), 19。

3. Thomas Piketty, *Capital in the Twenty-First Century*, trans. Arthur Goldhammer (Cambridge, MA: Belknap Press of Harvard University Press, 2014)。

4. Daron Acemoglu, Simon Johnson, and James A Robinson, "The Colonial Origins of Comparative Development: An Empirical Investigation," *American Economic Review* 91 (2001): 1369–1401。对此并非没有争议，可参阅 David Albouy, "The Colonial Origins of Comparative Development: An Empirical Investigation: Comment," *American Economic Review* 102, no. 6 (2012): 3059–3076, 以及 Alexandre Belloni, Victor Chernozhukov, and Christian Hansen, "High-Dimensional Methods and Inference on Structural and Treatment Effects," *Journal of Economic Perspectives* 28, no. 2 (2014): 29–50。Belloni 等人的研究表明，定居者死亡率这一工具变量对于 LASSO-penalized 回归选择的广泛类型的地理控制变量具有稳健性。

5. Monique B. Mulder et al., "Intergenerational Wealth Transmission and the Dynamics of

Inequality in Small-Scale Societies," *Science*, October 30, 2009, 682–688.

6. 可参阅R. P. Thomas and D. N. McCloskey, "Overseas Trade and Empire 1700–1860," in *The Economic History of Britain since 1700* (Cambridge: Cambridge University Press, 1981), 87–102; 另外参见Barbara L. Solow and Stanley Engerman, *British Capitalism and Caribbean Slavery: The Legacy of Eric Williams* (Cambridge: Cambridge University Press, 2000); Kenneth Morgan, *Slavery, Atlantic Trade and the British Economy, 1660–1800* (Cambridge: Cambridge University Press, 2000)。

7. Joseph E. Inikori, *Africans and the Industrial Revolution in England: A Study in International Trade and Economic Development* (Cambridge: Cambridge University Press, 2002).

8. Richard D. Wolff, *The Economics of Colonialism: Britain and Kenya, 1870–1930* (New Haven, CT: Yale University Press, 1974).

9. Morgan, *Slavery*, 4.

10. Walker W. Hanlon, "Necessity Is the Mother of Invention: Input Supplies and Directed Technical Change," *Econometrica* 83 (2015): 67–100.

11. Gregory Clark, "Why Isn't the Whole World Developed? Lessons from the Cotton Mills," *Journal of Economic History* 47, no. 1 (1987): 141–173, at 143。关于英国棉纺织业在两次大战期间衰落的讨论，可参见Sven Beckert, *Empire of Cotton: A New History of Global Capitalism* (New York: Knopf, 2014), 381–382。

12. Felipe Gonzalez, Guillermo Marshall, and Suresh Naidu, "Start-up Nation? Slave Wealth and Entrepreneurship in Civil War Maryland," *Journal of Economic History*, forthcoming.

13. Caitlin C. Rosenthal, "Slavery's Scientific Management: Accounting for Mastery," in *Slavery's Capitalism*, ed. Seth Rockman, Sven Beckert, and David Waldstreicher (University of Pennsylvania Press, forthcoming).

14. Greg Grandin, *The Empire of Necessity: Slavery, Freedom, and Deception in the New World* (New York: Metropolitan Books, 2014); Stephanie Gonzalez, "The Double-Edged Sword: Smallpox Vaccination and the Politics of Public Health in Cuba" (PhD diss., City University of New York, 2014); José Tuells and José Luis Duro-Torrijos, "The Journey of the Vaccine against Smallpox: One Expedition, Two Oceans, Three Continents, and Thousands of Children," *Gaceta Médica De México* 151, no. 3 (2015): 416–425; Cristóbal S. Berry-Cabán, "Cuba's First Smallpox Vaccination Campaign," *International Journal of History and Philosophy of Medicine* 5 (2015): 1–4.

15. William Darity Jr., "A Model of 'Original Sin': Rise of the West and Lag of the Rest," *American Economic Review* 182 (1992): 162–167。另外参见Ronald Findlay, "The

'Triangular Trade' and the Atlantic Economy of the Eighteenth Century: A Simple General-Equilibrium Model," *Essays in International Finance* 177 (1990): 1–33。

16. Brandon Dupont and Joshua Rosenbloom, "The Impact of the Civil War on Southern Wealth Holders," NBER Working Paper No. 22184 (April 2016).

17. Ibid.

18. Philipp Ager, Leah Boustan, and Katherine Eriksson, "Intergenerational Mobility in the 19th Century: Evidence from the Civil War" (manuscript, 2016).

19. Ellora Derenoncourt, "Testing for Persistent Slaveholder Dynastic Advantage, 1860–1940," working paper, 2016.

20. Gregory Clark, *The Son Also Rises: Surnames and the History of Social Mobility* (Princeton, NJ: Princeton University Press, 2014).

21. Derenoncourt, "Testing".

22. Avidit Acharya, Matthew Blackwell, and Maya Sen, "The Political Legacy of American Slavery," *Journal of Politics* 78, no. 3 (May 2016).

23. 这些非线性效应进一步表明，存在本章早些时候描述的模型没有反映的制度作用机制。历史决定的制度在该模型中是静态的，因此难以判断公民群体与臣民群体后代的当代状态。事实上，制度或许更多是按照过去的制度来复制，具有相似的分配效果。作家兼记者Ta-Nehisi Coates认为应该给非裔美国人提供补偿，主要是因为20世纪的政策把他们排除在美国最普遍的资产积累，即住房所有权之外。他把连续线索从奴隶制追踪到《吉姆·克劳法案》，再到芝加哥的联邦贷款红线标准。他的观点充分反映了制度的路径依赖：即使某种剥削制度已被终结，新的制度却可能出现，继续维持"公民"与"臣民"之间的界限。Coates关注的制度有着动态的因素，延续过去制度对分配的影响。美国的案例表明，应该反思历史制度影响当今经济结果的机制。参见Coates, "The Case for Reparations," *Atlantic Monthly*, June 2014, 54。

24. Douglass C. North, "Institutions," *Journal of Economic Perspectives* 5 (1991): 97–112; Daron Acemoglu, Simon Johnson, and James Robinson, "Institutions," in Handbook of Economic Growth, vol. 1 (2005): 385–472.

25. 参见Melissa Dell, "The Persistent Effects of Peru's Mining Mita," *Econometrica* 78 (2010): 1863–1903; Acemoglu, Johnson, and Robinson, "Colonial Origins"。

26. Acemoglu, Johnson, and Robinson, "Colonial Origins".

27. Daron Acemoglu, Simon Johnson, and James Robinson, "The Rise of Europe: Atlantic Trade, Institutional Change, and Economic Growth," *American Economic Review* 95 (2005): 546–579.

28. Camilo García-Jimeno and James Robinson, "The Myth of the Frontier" in *Understanding Long-*

Run Economic Growth: Geography, Institutions, and the Knowledge Economy, ed. Dora L. Costa and Naomi R. Lamoreaux (Chicago: University of Chicago Press, 2011), 49–88.

29. Acemoglu, Johnson, and Robinson, "Colonial Origins"; Anthony B. Atkinson, "The Colonial Legacy: Income Inequality in Former British African Colonies," WIDER Working Paper 45/2014 (2014).

30. 我找到了如下国家或地区首次征收所得税的年份：委内瑞拉、南非、印度尼西亚、乌拉圭、哥伦比亚、墨西哥、尼日利亚、乌干达、坦桑尼亚、新加坡、马来西亚、澳大利亚、加拿大、美国、牙买加、新西兰、孟加拉国、巴基斯坦、智利、阿根廷、肯尼亚、埃及、特立尼达和多巴哥、冈比亚、中国香港、加纳、埃塞俄比亚、塞拉利昂、海地、巴西、越南、哥斯达黎加。我用世界财富与收入数据库对几个国家做了交叉比较。对非洲的前英国殖民地，我采用了如下参考资料：Atkinson, "The Colonial Legacy"。若需要数据来源的完整清单，请联系本人：elloraderenoncourt@fas.harvard.edu。

31. www.wid.world/.

32. Gabriel Zucman, *The Hidden Wealth of Nations: The Scourge of Tax Havens*, trans. Teresa Fagan (Chicago: University of Chicago Press, 2014).

第21章 《21世纪资本论》中的政治因素

1. Thomas Piketty, *Capital in the Twenty-First Century*, trans. Arthur Goldhammer (Cambridge, MA: Belknap Press of Harvard University Press 2014), 20.
2. Ibid., 25.
3. Ibid., 26.
4. Stephen Marche, "The Most Important Book of the Twenty-First Century," *Esquire*, April 24, 2014.
5. Claudia Goldin and Lawrence Katz, "Long Run Changes in the Wage Structure: Narrowing, Widening, Polarizing," *Brookings Papers on Economic Activity* 2 (2007).
6. Piketty, *Capital*, 350.
7. Marche, "The Most Important Book".
8. Piketty, *Capital*, 1.
9. Daron Acemoglu and James Robinson. "The Rise and Decline of General Laws of Capitalism." *Journal of Economic Perspectives* 29 (2005): 3–28, at 3.
10. Ibid., 4.
11. Daron Acemoglu and James Robinson. *Why Nations Fail: The Origins of Power, Prosperity, and Poverty* (New York: Crown, 2012).

12. Peter Hall and David Soskice, eds., *Varieties of Capitalism: The Institutional Foundations of Comparative Advantage* (Oxford: Oxford University Press, 2001).
13. Piketty, *Capital*, 32.
14. Ibid., 474–475.
15. Margaret Levi, "A New Agenda for the Social Sciences," paper presented at the Crooked Timber Seminar on Thomas Piketty's *Capital in the Twenty-First Century*, January 2016, http://crookedtimber.org/wp-content/uploads/2016/01/piketty-final.pdf, 13.
16. Piketty, *Capital*, 474.
17. Ibid.
18. Ibid., 480.
19. Amy Gutman and Dennis Thompson, *Why Deliberative Democracy?* (Princeton, NJ: Princeton University Press, 2004), 3.
20. Jürgen Habermas, *Between Facts and Norms: Contributions to a Discourse Theory of Law and Democracy*, trans. W. Reng (Cambridge, MA: MIT Press, 1996).
21. Miriam Ronzoni, "Where Are the Power Relations in Piketty's *Capital*?," paper presented at the Crooked Timber Seminar on Thomas Piketty's *Capital in the Twenty-First Century*, January 2016, http://crookedtimber.org/wp-content/uploads/2016/01/piketty-final.pdf, 34.
22. Ibid., 35.
23. Piketty, *Capital*, 2–3.
24. Werner Sombart, *Why Is There No Socialism in the United States?*, trans. Patricia M. Hocking and C. T. Husbands (New York: M. E. Sharpe, 1979), originally published in German in 1906.
25. 例如，美国共和党总统候选人特朗普曾在2016年大选中发表煽动性言论。对他的竞选演讲的文本分析表明，他通过强烈的"我们对抗他们"的模式，来利用美国人极度的经济不安全感和愤怒情绪，这种风格让人想起历史上的煽动家。参见Patrick Healy and Maggie Haberman, "95,000 Words, Many of Them Ominous, from Donald Trump's Tongue," *New York Times*, December 5, 2015。
26. Albert Hirschman, *Exit, Voice, and Loyalty* (Cambridge, MA: Harvard University Press, 1970).
27. Robert Dahl, *Who Governs? Democracy and Power in an American City* (New Haven, CT: Yale University Press, 1961).
28. E. E. Schattschneider, *The Semisovereign People: A Realist's View of Democracy in America* (New York: Holt, Rinehart and Winston, 1960).
29. Kay Lehman Schlozman, Sidney Verba, and Henry E. Brady, *The Unheavenly Chorus:*

Unequal Political Voice and the Broken Promise of American Democracy (Princeton, NJ: Princeton University Press, 2012).

30. Benjamin Page, Larry Bartels, and Jason Seawright, "Democracy and the Policy Preferences of Wealthy Americans," *Perspectives on Politics* 11 (2013): 51–73.

31. Martin Gilens and Benjamin Page, "Testing Theories of American Politics: Elites, Interest Groups, and Average Citizens," *Perspectives on Politics* 12 (2014): 564–581, quotation at 564.

32. Larry Bartels, *Unequal Democracy: The Political Economy of the New Gilded Age* (Princeton, NJ: Princeton University Press, 2008).

33. Page, Bartels, and Seawright, "Democracy".

34. Ibid.

35. 可查阅相关网页: Survey of Economically Successful Americans at the National Opinion Research Center, University of Chicago, http://www.norc.org/Research/Projects/Pages/survey-of-economically-successful-americans.aspx。关于这项调查的设计构建的更多细节, 可参阅 Page, Bartels, and Seawright, "Democracy"。

36. Jacob Hacker and Paul Pierson, *Winner-Take-All Politics: How Washington Made the Rich Richer—and Turned Its Back on the Middle Class* (New York: Simon and Schuster, 2011).

37. David Card and John DiNardo, "Skill Biased Technological Change and Rising Wage Inequality: Some Problems and Puzzles," *Journal of Labor Economics* 20, no. 4 (2002): 733–783.

38. Henry Farrell, "Review: Jacob Hacker and Paul Pierson-Winner Take All Politics," Crooked Timber (blog), September 15, 2010, http://crookedtimber.org/2010/09/15/review-jacob-hacker-and-paul-pierson-winner-take-all-politics/.

39. Kathleen Thelen, *How Institutions Evolve: The Political Economy of Skills in Germany, Britain, the United States, and Japan* (Cambridge: Cambridge University Press, 2004).

40. Theda Skocpol, "Unravelling from Above," *American Prospect*, March–April 1996, 20–25.

41. Ibid.

42. Lee Drutman, *The Business of America Is Lobbying: How Corporations Became Politicized and Politics Became More Corporate* (Oxford: Oxford University Press, 2015); Drutman, "How Corporate Lobbyists Conquered American Democracy," *The Atlantic*, April 20, 2015.

43. Peter Hall, "Historical Institutionalism in Rationalist and Sociological Perspective," in *Explaining Institutional Change: Ambiguity, Agency, and Power*, ed. James Mahoney and Kathleen Thelen (New York: Cambridge University Press, 2009)。

44. Bo Rothstein and Sven Steinmo, *Restructuring the Welfare State: Political Institutions and Policy Change* (London: Palgrave MacMillan, 2002), 2.
45. Francis G. Castles, *The Impact of Parties: Politics and Parties in Democratic Capitalist States* (Beverly Hills, CA: Sage, 1982); Walter Korpi, *The Democratic Class Struggle* (London: Routledge, 1980).
46. Sven Steinmo, "Political Institutions and Tax Policy in the United States, Sweden, and Britain," *World Politics* 41 (1989): 500–535, at 504.
47. Hacker and Pierson, *Winner-Take-All Politics*; Drutman, *The Business of America*.
48. Steinmo, "Political Institutions and Tax Policy," 523.
49. Margaret Weir and Theda Skocpol, "State Structure and the Possibilities for Keynesian Response to the Great Depression in Sweden, Britain and the United States," in *Bringing the State Back In*, ed. Peter Evans, Dietrich Rueschmeyer, and Theda Skocpol (Cambridge: Cambridge University Press, 1985).
50. Steinmo, "Political Institutions and Tax Policy," 512.
51. 关于麦迪逊对"派系"的危险的讨论，可参见 *The Federalist Papers: Alexander Hamilton, James Madison, John Jay*, ed. Ian Shapiro (New Haven, CT: Yale University Press, 2009)。
52. Steinmo, "Political Institutions and Tax Policy," 512.
53. 例如，可参阅 Pablo Baramendi et al., eds., *Democracy, Inequality, and Representation* (New York: Russell Sage Foundation, 2011)。
54. Stephen Lukes, *Power: A Radical View* (New York: Macmillan, 1974).
55. Nolan McCarty, Keith Poole, and Howard Rosenthal, *Polarized America: The Dance of Ideology and Unequal Riches* (Cambridge, MA: MIT Press, 2006).
56. John V. Duca and Jason L. Saving, "Income Inequality and Political Polarization: Time Series Evidence over Nine Decades," Federal Reserve Bank of Dallas Working Paper No. 1408 (2014).
57. Hirschman, *Exit, Voice, and Loyalty*, 272, 274.
58. Richard Florida and Charlotte Mellander, "Segregated City: The Geography of Economic Segregation in America's Metros," Martin Prosperity Institute at the University of Toronto's Rotman School of Management (2015), http://martinprosperity.org/media/Segregatedpercent20City.pdf.
59. Kendra Bischoff and Sean Reardon, "Residential Segregation by Income: 1970–2009," in *The Lost Decade? Social Change in the U.S. after 2000*, ed. John Logan (New York: Russell Sage Foundation, 2013).

60. Ta-Nahesi Coates, "The Case for Reparations," *The Atlantic*, June 2014.
61. Mel Oliver and Thomas Shapiro, *Black Wealth / White Wealth: A New Perspective on Racial Inequality* (New York: Routledge, 1995).
62. Thomas Shapiro, Tatjana Meschede, and Sam Osoro, "The Roots of the Widening Racial Wealth Gap: Explaining the Black-White Economic Divide," Brandeis University Institute on Assets and Social Policy Research Brief (2015), http://iasp.brandeis.edu/pdfs/Author/shapiro-thomas-m/racialwealthgapbrief.pdf.
63. Raj Chetty, Nathan Hendren, Patrick Kline, and Emmanuel Saez, "Where Is the Land of Opportunity? The Geography of Intergenerational Mobility in the United States," *Quarterly Journal of Economics* 128 (2014): 1553–1623.
64. Alberto Alesina, Reza Baqir, and William Easterly, "Public Goods and Ethnic Divisions," *Quarterly Journal of Economics* 114 (1999): 1243–1284.
65. Daniel Hopkins, "The Diversity Discount: When Increasing Ethnic and Racial Diversity Prevents Tax Increases," *Journal of Politics* 71 (2009): 160–177.
66. David Cutler, Douglas Elmendorf, and Richard Zeckhauser, "Demographic Characteristics and the Public Bundle," *Public Finance/Finance Publique* 48 (1993): 178–198.
67. Leah Platt Boustan, Fernando Ferreira, Hernan Winkler, and Eric M. Zolt, "The Effects of Rising Income Inequality on Taxation and Public Expenditures: Evidence from U.S. Municipalities and School Districts, 1970–2000," *Review of Economics and Statistics* 95 (2013): 1291–1302.
68. Hirschman, *Exit, Voice, and Loyalty*, 76.
69. Ibid., 81.
70. Ibid., 85.
71. 可参阅Gabriel Zucman, *The Hidden Wealth of Nations*, trans. Therese Lavender Fagan (Chicago: University of Chicago Press, 2015).
72. Mark Schmitt, "Political Opportunity: A New Framework for Democratic Reform," Brennan Center for Justice Working Paper (2015).
73. Ibid.
74. Mark Schmitt. "The Wrong Way to Fix Citizens United," *New Republic*, January 20, 2012.

第22章 走向经济学与其他社会科学的融合

1. 笔者在此感谢Bradford Delong、Heather Boushey和Marshall Steinbaum对这些文章的收集整理,感谢本书的诸位作者愿意为我的研究付出关注和时间。

2. 尤其是如下两项基础性研究工作：Simon Kuznets, *Shares of Upper Income Groups in Income and Savings* (New York：National Bureau of Economic Research, 1953); Anthony Atkinson and Alan Harrison, *Distribution of Personal Wealth in Britain* (Cambridge：Cambridge University Press, 1978)。关于我书中收集的数据的不同构建阶段，可参见 *Capital in the Twenty-First Century*, trans. Arthur Goldhammer (Cambridge, MA：Belknap Press of Harvard University Press, 2014), 16–20。

3. 尤其是可参见 François Simiand, *Le salaire, l'évolution sociale et la monnaie：Essai de théorie expérimentale du salaire, introduction et étude globale* (Paris：Alcan, 1932); Ernest Labrousse, *Esquisse du mouvement des prix et des revenus en France au XVIIIe siècle* (Paris：Dalloz, 1933); Jean Bouvier, François Furet, and Marcel Gillet, *Le mouvement du profit en France au XIXe siècle：Matériaux et études* (Paris：Mouton, 1965); and Adeline Daumard, ed., *Les fortunes françaises au XIXe siècle：Enquête sur la répartition et la composition des capitaux privés à Paris, Lyon, Lille, Bordeaux et Toulouse d'après l'enregistrement des déclarations de successions* (Paris：Mouton, 1973)。

4. 可参见 *Capital*, 575–577。

5. 尤其是可参见 Pierre Bourdieu and Jean-Claude Passeron, *The Inheritors：French Students and Their Relation to Culture* (Chicago：University of Chicago Press, 1979); Bourdieu and Passeron, *Reproduction in Education, Society and Culture* (London：Sage, 1990); and Christian Baudelot and Anne Lebeaupin, "Les salaires de 1950 à 1975 dans l'industrie, le commerce et les services" (Paris：INSEE, 1979)。

6. 例如，可参见 Michèle Lamont, *Money, Morals and Manners：The Culture of the French and American Upper-Middle Class* (Chicago：University of Chicago Press, 1992); Jens Beckert, *Inherited Wealth*, trans. Thomas Dunlap (Princeton, NJ：Princeton University Press, 2004; repr. 2008); Pierre Rosanvallon, *The Society of Equals*, trans. Arthur Goldhammer (Cambridge, MA：Harvard University Press, 2013); and Jules Naudet, *Entrer dans l'élite：Parcours de réussite en France, aux États-Unis et en Inde* (Paris：Puf, 2012)。

7. Piketty, *Capital*, 20.

8. 具体而言，关于美国和英国发生的保守革命的例子，可参见 Piketty, Capital, chaps. 2 and 14。

9. Karl Polanyi, *The Great Transformation* (New York：Farrar and Rinehart, 1944).

10. Ibid., chaps. 8 and 13.

11. Ibid., chaps. 14 and 15.

12. Ibid., chap. 13.

13. Ibid., 47.

14. Ibid., chap. 4.
15. 需要注意，这些计算是基于人口普查中记录的全部奴隶人数，无论他们是归属私人、公司或市政府。因此我并不确定，如Daina Ramey Barry认为的那样，这些计算存在严重低估（数字已经非常大了）。当然无论如何，这些显然都是需要更多关注和研究的重要议题。
16. Ibid., chap.5.
17. Ibid., chaps. 3–6.
18. Ibid., chap. 12.
19. Ibid., chaps. 1, 5, 12, 15, and 16.
20. Ibid., chaps. 3 and 4.
21. Ibid., chap. 16.
22. Ibid., chaps. 3–6.
23. 住房价值上涨能解释近几十年来资本收入比升幅中的很大一部分（但在各国之间存在很大差异），对不平等演化机制而言并非很好的消息。特别是，住房价值高企将使家族财富有限的新世代人群难以获得地产。另外可以看到，新兴的顶级亿万富翁的财富（或顶级金融人才的财富）与住房价值没有多大关系。
24. Ibid., chaps. 11, 12, and 13.
25. Giacomo Todeschini, "Servitude and Labor at the Dawn of the Early Modern Era: The Devaluation of Salaried Workers and the 'Undeserving Poor,'" *Annales HSS*（English ed.）70, no. 1（2015）.
26. Cited in Piketty, *Capital*, 487.
27. Ibid., 485–486.
28. See ibid., chaps. 8 and 14, esp. 508–512.
29. http://www.equality-of-opportunity.org/.
30. 一般而言，我完全赞同埃里克·尼尔森的观点：知识、技能和人力资本的普及从长期看是减少不平等最强大的力量，我的书中也经常提及。可是我并不确定，把人力资本转化为货币价值并将其同其他资产价值累计起来有特别的意义。资本的这两个维度（人力与非人力）都极为重要，但它们涉及不同的议题，也应该单独展开分析。
31. www.wid.world.
32. Ibid., 558–562.
33. 关于这一课题，可参阅Julia Cagé, *Saving the Media: Capitalism, Crowdfunding and Democracy*（Cambridge, MA: Harvard University Press, 2016）.
34. Piketty, *Capital*, 570.

致　谢

编著者感谢伊恩·马尔科姆（Ian Malcolm）和哈佛大学出版社团队对整本书的帮助。我们还要感谢每一章的作者，其中许多人在2015年12月为期三天的会议上慷慨地贡献了时间和思想，让我们在那次会议上理顺了思路。两位作者提供了以前在别处发表的论文：罗伯特·索洛的《皮凯蒂是对的》（第2章）最早发表于2014年4月22日的《新共和》杂志（版权归该杂志所有，经许可使用，受美国版权法保护，未经明确书面许可，禁止打印、复制、重新分发或传输其内容）；保罗·克鲁格曼的《为什么我们正处在新镀金时代》（第3章）最早发表于《纽约书评》第61卷第8期（2014年5月8日），经作者许可重新发表。

最后，我们感谢华盛顿公平增长中心的工作人员为本书提供的支持。